Александр Зак, Констанс и Набоков.
Берлин 1925 г.

Владимир Набоков,
Корнели

БОРИС НОСИК

МИР И ДАР НАБОКОВА

ПЕРВАЯ
РУССКАЯ БИОГРАФИЯ ПИСАТЕЛЯ

ИЗДАТЕЛЬСТВО «ПЕНАТЫ» МОСКВА

ББК
83.3.Р
№ 84

Автор благодарит Е.В. Набокову-Сикорскую,
проф. Ж. Нива, С.П. Маркиша, В.В. Сикорского (Женева),
И.Н. Набокова и м-м Набокову-Жокс, З.А. Шаховскую,
Т.А. Осоргину-Бакунину, Л..А. Ширман, В.С. Клячкину,
Н.Б. Сологуб, А.В. Сологуба, Б.Н. Лосского, Т.Л. Гладкову,
Д. Гаскеса, С. Астрик, Д. Витале, М. де Агостини,
проф. Н.А. Струве (Париж), Л. Фельдмана (Нью-Йорк),
А. Донде, Т. Бен, Н. Ставискую, Н. Рубинштейн,
проф. А. Пятигорского, С. Уолдрона (Лондон),
А. Носик-Попову (Бостон), В. Хинкиса, Л. Васильеву,
Н. Казарцеву, В. Ашкинази, Г. Анджапаридзе, В. Рубцова,
В. Чеботарева, М. Климову, Э. Раузину (Москва) —
за помощь в работе.

Художник книги — Нина Пескова

Совместное издание
издательство "ПЕНАТЫ" и фирма "РиД"

ISBN 5-7480-0012-1

«...Россия будет прямо изнывать по тебе,— когда слишком поздно спохватится...»

(«Дар»)

СПОР О МИРЕ И ДАРЕ

Трудность создания книги о Набокове для всякого несомненна. Она в том хотя бы, что сам Набоков написал тысячи страниц. И в том, что о нем написаны в англоязычных странах (а теперь уже и у нас тоже) — многие тысячи. И в том, что писатель он сложный, да и человек был сложный. Что существует множество трактовок каждой им написанной строчки. Что он сам писал критику на самого себя, писал романы в биографическом жанре, фаршируя их кусками своей жизни,— творил свою биографию, дурача и современников и будущих биографов. Эту игру с биографами он затеял давно, еще в своих русских романах, где то и дело появлялись «ненадежные» рассказчики и биографы, где рассыпаны намеки на невозможность проникнуть в чужую жизнь, которую можно только сочинить заново. В первом своем английском романе «Истинная жизнь Себастьяна Найта» Набоков давал понять, что «истинная жизнь» другого человека всегда будет от нас ускользать и что писать биографию может взяться только фанфарон и пошляк, вроде мистера Гудмена. «Я не хочу сказать, что о нем нельзя написать книгу,— заявляет Гудмен.— Можно. Но в этом случае ее следует писать с особой точки зрения, которая сделала бы предмет исследования увлекательным. Иначе книгу ждет провал...» Рассказчик в этом романе тоже пишет историю Найта — и тоже без особого успеха, а для нас с вами автор припас впрок «своевременное напоминание»: «Помни, что все, что тебе говорится, по сути тройственно: истолковано рассказчиком, перетолковано слушателем, утаено от обоих покойным героем рассказа». Но и «покойный герой рассказа» (в данном случае сам Найт, а может,— и сам Набоков), он нас морочит без зазрения совести: «Говоря о самом первом своем романе (неопубликованном и уничтоженном), Себастьян объясняет, что речь там шла о юном толстяке-студенте, который, приехав домой, обнаружил, что мать вышла замуж за его дядю (а, «Подвиг»! — встрепенется просвещенный читатель.— *Б. Н.*); дядя этот, специалист по болезням уха, убил отца нашего студента. Мистер Гудмен не понял шутки». Мы-то с вами эту шекспироведческую шутку поняли. Во всяком случае, поняли, что над нами будут подшучивать; будут сбивать нас со следа; будут ставить нам флажки ограждения — сюда нельзя, туда нельзя, это не для вас, а это не вашего ума дело. Но мы (и читатели и биографы) — мы этого не любим.

«А нужно ли вообще пытаться реконструировать Мир писателя, его жизнь? — спросят иные.— Разве может это помочь нам понять его произведения? И, наоборот, разве расскажут нам произведения о его жизни?» Думается, и на первый и на второй вопрос следует ответить положительно. Набоков загодя предостерегал нас от критиков «доброй старой школы «проецированной биографии», изучающей произведение автора, которого они не понимают, сквозь призму его жизни, которой они не знают». Но Набоков рассматривает здесь «биографичность» и «автобиографичность» в том примитивном виде, как ее понимали многие критики этой школы. А между тем возможен и более внимательный, более осторожный подход, при котором произведение рассматривается как «аутентичное свидетельство содержания... духовной жизни» писателя, ибо, как писал русский философ С. Л. Франк в работах о Пушкине, «при всем различии между эмпирической жизнью поэта и его поэтическим творчеством, духовная личность его остается единой, и его творения так же рождаются из глубины этой личности, как и его личная жизнь и его воззрения как человека...»

О Набокове у нас теперь пишут много — главным образом критики. Одни пишут так лихо и пренебрежительно, что диву даешься, чем обеспечено это их чувство превосходства и над замечательным писателем и над полюбившим его читателем. И зачем вообще писать, если ты писателя этого не любишь, не понимаешь, не ценишь, да и, судя по всему, читал его мало? Другие пишут более уважительно, порой даже с блеском, но увы, не слишком понятно. Конечно, это можно оправдать тем, что ведь и проза-то набоковская, несмотря на гигантские тиражи его книг, тоже непроста, она как бы пока проза для немногих. Растите, граждане, тянитесь — и поймете. Но уж тогда вам, пожалуй, и не нужна будет никакая критическая сопроводиловка. А пока... Пока самая блестящая, но при этом непонятная критика мало кому может помочь. Да и Мир набоковский часто ускользает от внимания критиков, хотя они неплохо пишут о его Даре. Есть у нас в Москве один почти идеальный критик — сам он талантливый писатель и написать мог бы лихо, но вот за книгу не берется пока. А между тем книжка о Мире и Даре Набокова, на мой взгляд, очень нужна. На Западе есть такие книги, даже две. Два молодых, бородатых автора, оба отчего-то из Океании, не щадя себя, рылись в архивах, общались с писателем и его семейством, ворошили горы бумаг, собирали по крохам информацию. Первый из них любопытством своим, нарушением семейных табу, фрейдистскими своими гипотезами и многими неточностями изложения огорчил и рассердил своего героя, был отлучен от семейства. Второй позднее ободрен был семьею писателя, допущен в архив и выпустил монументальное сочинение о жизни и творчестве Набокова. Отчего же, спрашивается, я, больше уже не молодой и не бородатый, принимаюсь еще за один, за новый и тоже весьма обширный труд? В чем будет отличие этого труда от двух упомянутых выше? И вообще, отчего я решил, что труд мой будет отличен от двух первых? Ну, может, оттого, что я не из Океании. Обе эти книги (неплохие книги, а вторая — так просто хорошая) показались мне сильно нерусскими. А любимый мой писатель был русский (хотя и американский писатель тоже). К тому же был он русский эмигрант, и у меня такое чувство, что был он у нас с вами насильственно отобран — вместе со всем его Миром и целой эмигрантской литературой. Отсюда у меня непроходящее это желание вернуть на родину отобранное... Родилось оно у меня, это желание, лет тридцать назад. Отлично помню, как все начиналось...

Покойный мой друг (прекрасный переводчик с английского) уезжал в геологическую экспедицию — лечить мучительную бессонницу, а мне оставил ключ от комнаты на Сретенке — царственный подарок для молодого, стесненного коммуналкой москвича. Подав ему вещи в кузов грузовика, я вер-

21

нулся в его узкую, как пенал, комнату, присел на диван, оттягивая телефонные переговоры с подругой, рассеянно протянул руку к полке и снял с нее синий том с незнакомым названием — «Дар». Имя автора я уже слышал в связи с редкостной «Лолитой», которую мне давали когда-то на одну ночь. Но тут был не переводной, а русский роман, названия которого я сроду не слышал...

Так вот я никому не позвонил в тот вечер. И не попал домой. Я сидел до утра в этой узкой прохладной комнате и читал. Я был сбит с толку, потрясен, очарован, измучен... Что это? Откуда? Отчего? Отчего я даже не знал про эту книгу?

После этого я стал искать его книги — и находить. Железный занавес дал тогда трещину, самые смелые привозили кое-что почитать. Щель в занавесе становилась все шире, а еще лет пятнадцать спустя и я, наконец, оказался за бугром, впервые — во Франции, сошел с борта по трапу в Марселе и понял вдруг, что меня не интересуют ни тюрьма графа Монте-Кристо, ни родина провансальских трубадуров, ни мельница Альфонса Доде. Я понял, что больше всего мне хочется увидеть Его, сказать Ему нечто (я, пожалуй, и не знал толком, что именно, хотя мы добрый час обсуждали возможность такой беседы с Андреем Битовым за столиком в ленинградском Доме литераторов). Я знал, что Он не во Франции, а в Швейцарии (туда же мне визы никто не давал), понимал, что у меня может нехватить денег на дорогу. К тому же он не слышал обо мне, не ждет меня и, скорей всего, не пожелает со мной беседовать. Однако какое это все имеет значение, если ты, наконец, прорвался через границу, которая чуть не полвека была для тебя «на замке», если тебе всего каких-нибудь сорок шесть лет... Я ринулся тогда в сторону Швейцарии, и я непременно расскажу позднее (дойдя по порядку до одна тысяча девятьсот семьдесят седьмого года) обо всем, что было со мной, потому что речь пойдет не обо мне только, а о Нем, о нас обо всех, о судьбе... Пока же мне пора начать рассказ о Мире и Даре Владимира Набокова.

О его Даре сказано немало на многих языках мира. Одаренность Владимира Набокова удивляла уже его соучеников в детстве (например, есть воспоминания об этом бывшего тенишевца писателя Олега Волкова) — его многосторонняя одаренность и в первую очередь его литературный дар, дар русского слова, дар английского слова (Набоков писал еще и по-французски: многие считают, что он мог бы стать знаменитым французским писателем).

Автор новейшей (и полнейшей) монографии о Набокове новозеландец Брайан Бойд считает, что Набокову ниспосланы были два главных дара — литературный гений и дар личного счастья, столь ценный для писателя великий талант радоваться жизни, быть счастливым. Бойд отмечает, впрочем, что у этой способности радоваться жизни есть и оборотная сторона — предчувствие утраты (утраты любви, родины, языка, этого вот самого мгновения счастья).

О «даре, который он как бремя чувствовал в себе», писали набоковеды и набокофилы, однако мы можем обратиться и к свидетельствам набокофобов, например, критика Георгия Адамовича, который немало крови попортил в свое время Набокову. Адамович тоже признавал набоковскую «способность высекать огонь отовсюду», его «дар найти свою, ничью другую, а именно свою тему и как-то ее так вывернуть, обглодать, выжать, что, кажется, больше ничего из нее уж и извлечь было невозможно». Но были у Набокова и противники, ставившие его Дар под сомнение. Такие сомнения высказывал не только наш соотечественник Д. Урнов, но и профессор Сорбонны Никита Струве. Он не считал дар Набокова боговдохновенным (как дар Солженицына). «Истинный Дар Божий был у Ходасевича,— сказал, беседуя со мной однажды, Н. А. Струве.— А вот что касается Набокова... Возьмите мой доклад о Ходасевиче и Набокове, и вы все поймете». В докладе Н. А. Струве сказано: «...дана ли была эта таинственная потусторонность сверходаренному Набокову, чей дар долгие годы был ему в бремя? Или та постоянная тревога об «утечке поэзии», та великая тоска по дару свыше, не есть ли они именно тот внутренний слепок, что возносит набоковскую игру слов, «несдержанную виртуозность» (выражение Ходасевича) до высокого, а потом и потустороннего искусства?»

Таким образом, сам Н. А. Струве ответа на вопрос не дает, однако отсылает нас к мнению Ходасевича, который, к слову сказать, был и для Набокова высшим судьей в искусстве. Ходасевич в статье о Набокове так пишет о божественной природе дара: «Пытаясь быть «средь детей ничтожных мира» даже «всех ничтожней», поэт сознает божественную природу своего уродства — юродства — свою одержимость, свою, не страшную, не темную, как у слепорожденного, а светлую, хоть не менее роковую, отмеченность перстом Божиим. Даже более всего в жизни дорожит он теми тайными минутами, когда Аполлон требует его к священной жертве... поэт готов жертвовать жизнью. Он ею и жертвует: в смысле символическом — всегда, в смысле прямом, буквальном — иногда, но это «иногда» случается чаще, чем кажется.

В художественном творчестве есть момент ремесла, хладного и обдуманного *делания*. Но природа творчества экстатична. По природе искусство религиозно, ибо оно, не будучи молитвой, подобно молитве и есть выраженное отношение к миру и Богу... Это экстатическое состояние... есть вдохновение. Оно и есть то неизбывное «юродство», которым художник отличен от не-художника... оно-то и есть его наслаждение и страсть...»

Итак, речь идет о Даре. И еще, конечно, о Мире Набокова — о мире, в котором он начинал жизнь, и о том мире, в котором довелось ему жить после «крушения миров»; о Мире, который был создан силой его воображения, переустроен и заселен — с помощью его Дара. О мире внутреннем и внешнем. Впрочем, сначала речь пойдет у нас даже не о мире, а о черной бездне, о хаосе и тьме...

ГЛАВА ПЕРВАЯ

ФОТОГРАФИЯ ПОД ДЕРЕВОМ

ВИДЕНИЯ ЗАТОНУВШЕЙ АТЛАНТИДЫ

ВЕСТМИНСТЕРСКИЕ КУРАНТЫ

ДЕВОЧКА ВАЛЯ И КРУШЕНЬЕ ИМПЕРИИ

Май 1934 года - рождение сына.

ФОТОГРАФИЯ ПОД ДРЕВОМ

С хаоса и тьмы начинается автобиография Набокова: «Колыбель качается над бездной». Бездна, которая существовала до нас с вами, и бездна, к которой мы с вами «летим со скоростью четырех тысяч пятисот ударов сердца в час». И наша жизнь между ними — «только щель слабого света между двумя идеально черными вечностями». Впрочем, это ведь только восприимчивый, чувствительный ребенок (или писатель) с таким страхом расспрашивает от том, как это так, что его когда-нибудь не было, вернее, что его не было в мире (помню, как неистово кричал мой маленький сын: «А где же я был?»). Взрослые приучаются «ограничивать воображение»: «...рядовой читатель так привыкает к непонятности ежедневной жизни, что относится с равнодушием к обеим черным пустотам, между которыми ему улыбается мираж, принимаемый им за ландшафт». Итак, младенчество — это пограничная полоса между нашей краткой жизнью и нашей черной вечностью. Младенчество и вечность всегда будут притягивать к себе Набокова, и он создаст свою философию детства. А пока вглядимся в освещенную часть вселенной, в которой качается колыбель. В ней младенец, рожденный 22 апреля 1899 года,— Набоков Владимир Владимирович, сын Владимира Дмитриевича Набокова и Елены Ивановны Набоковой, урожденной Рукавишниковой. Он выбрал для рождения замечательную семью, прекрасных родителей, удивительный город... Чуть-чуть, пожалуй, не подгадал со временем, но это обнаружится гораздо позднее. Пока же вглядимся в семейную фотографию, с юмором описанную когда-то отцовским другом Иосифом Гессеном: детская коляска в оборочках; над ней умиленно склоняются красивый, благородный, высокообразованный джентльмен Владимир Набоков Старший, его нежная жена, его миллионер-свояк... Чуть сзади, невидимая, маячит стена, а на ней — фамильный герб Набоковых, шутливо описанный позднее самим писателем: «...нечто вроде шашечницы с двумя медведями, держащими ее с боков: приглашение на шахматную партию, у камина, после облавы в майоратском бору...» Описание это вовсе не было (при набоковской-то феноменальной памяти) «маленькой, очаровательной неточностью», как определил его в своем генеалогическом очерке С. С. Набоков, кузен писателя. Это, конечно же, была насмешка: англоман и «сноб» Владимир Дмитриевич Набоков Старший не терпел аристократического снобизма, а сын его гордился прежде всего тем, что отец принадлежал «к великой бесклассовой русской интеллигенции». Познакомившись в английском варианте набоковской автобиографии с этим описанием герба, С. С. Набоков решил смолчать, но младший брат написал В. В. Набокову о досадной неточности и даже послал ему рисунок фамильного герба, после чего увлеченный геральдикой С. С. Набоков и получил от своего знаменитого кузена-писателя любопытное письмо, которое мне приходится, к сожалению, приводить в переводе с французского:

«Неопытный геральдист подобен одному из тех средневековых путешественников, что привозили с Востока фантастические рассказы о тамошнем зверье, навеянные скорее собственным домашним бестиарием, засевшим в уголках памяти, чем новыми зоологическими находками. Так и я в первой версии этой главы, описывая фамильный герб Набоковых (мельком виденный мною много лет назад на крышке какой-то шкатулки, в ворохе семейных реликвий), ухитрился, сам уж не знаю как, преобразовать его в этакое прикаминное чудо — двух медведей, что держат по бокам огромную шахматную доску. Сейчас, внимательно рассматривая герб, я с сожалением отмечаю, что речь идет всего-навсего о паре львов, то есть совершенно иных тварей, хотя тоже достаточно смуглых и волосатых... Над щитом можно разглядеть то, что осталось от рыцаря: его неистребимый шлем, его несгораемый ворот, а также его неустрашимую руку, еще торчащую из его узорных ламбрекенов, тоже лазурных и червленых, и потрясающую мечом. Девиз гласит: „За храбрость"».

В этом письме к кузену, увлеченному геральдикой и генеалогией, вы без труда различите интонации нормального русского интеллигента, выходца из либеральной среды (а «дух просвещенного либерализма» Набоков принимал всерьез, ибо без него «цивилизация не более чем игрушка в руках идиота»). Очень похоже, например, отзывался о своем княжеском происхождении юный монах Иоанн (князь Дмитрий Шаховской, позднее архиепископ Иоанн Сан-Францисский). Вспоминают, что в пору гражданской войны (когда вопрос о «благородстве» и «черни» стоял так остро), услышав от любимого друга и кузена Юрика Рауша фон Траубенберга похвальбу о древнем его баронстве, юный Набоков спросил задорно: «Ну, а Набоковы что? Бывшие придворные лакеи?»

На седьмом десятке жизни Владимир Набоков начинает проявлять несколько больший интерес к своим предкам, однако чаще всего не из тщеславия (хотя редко можно наблюдать, чтобы тщеславие с возрастом убывало), а оттого, что по-прежнему ищет в прошлом «полнозначные очертания, а именно: развитие и повторение тайных тем в явной судьбе». Именно поэтому взволновало его, например, сообщение кузена о том, что прадед их Николай Набоков (1795—1873), по всей видимости, участвовал в русской картографической экспедиции на Новую Землю (у писателя Набокова еще за два года до этого сообщения появилась в новом романе некая, столь похожая на Россию загадочная Нова Зембля). «Когда подумаешь,— написал Набоков кузену по этому поводу,— что сын мой Дмитрий — альпинист (и вскарабкался на непокоренную еще вершину в Британской Колумбии) и что я сам открыл и дал имя нескольким видам бабочек (а некоторым из них — например, редкостной аляскинской бабочке, одной моли из Уты и прочим, было присвоено мое имя), то река Набокова на Новой Земле приобретает почти мистический смысл».

«Я люблю сцепление времен...» — говорит Набоков в той главе автобиографической книги, которая посвящена предкам. Давая их краткий перечень, он выбирает из череды славных, служилых, усыпанных бриллиантовыми знаками военной доблести или просто деньгами таких, в чьей судьбе можно проследить это вот самое «сцепление»: «По отцовской линии мы состоим в разнообразном родстве или свойстве с Аксаковыми, Шишковыми, Пущиными, Данзасами. Думаю, что было уже почти темно, когда по скрипучему снегу внесли раненого в геккернскую карету...»

Обратите внимание, как свободно, с чисто набоковским изяществом фраза соскальзывает от всех этих немецких баронов, русских бояр и татарских мирз к главному родству — с Пушкиным, пусть хоть через друзей его, через секунданта... Соскальзывает к той самой минуте, воспоминание о которой уже полтора столетия заставляет учащенно биться русское сердце. Да ведь и само это сердце — оно потому и русское, что бьется при этом воспоминании так взволнованно. Что же касается крови, которую перегоняет оно по жилам, то разве русское это занятие — выявлять и вычислять процент разнообразных примесей в головокружительном коктейле такой еще молодой русской крови. То же и у Набоковых. Утверждают, что они ведут свой род от татарского князька, от мирзы Набока. Вполне вероятно, что это легенда, ибо вести свой род от иноземного, хотя бы и татарского аристократа было на Руси почетно (вон и Романовы, и Годуновы, и Зерновы, и Шеины гордились, что ведут свой род от татарского мирзы Чета, о чем велели начертать на памятной доске, выставив ее для всеобщего обозрения). Бабушка Набокова «была из древнего немецкого (вестфальского) рода и находила простую прелесть в том, что в честь предка-крестоносца был будто бы назван остров Корфу[1]». В результате всех этих смесей уже и отец писателя был истинно русский человек, русский аристократ и русский интеллигент. В толпе отдаленных предков внимание Набокова задерживают все те же «мистические смыслы», то же «сцепление времен», то же наследие, не измеримое капиталом. В восемнадцатом веке среди предков по материнской линии был композитор Карл Генрих Граун, обладавший замечательным тенором (не пропало даром, пригодилось Митеньке, единственному сыну). Был с материнской стороны ученый, президент медико-хирургической академии и патолог Николай Козлов, изучавший «сужение яремной дыры у людей умопомешанных и самоубийц» и писавший научные труды

---

[1] Господь судил мне побывать однажды на прелестном этом острове и узнать там с тоской, что еще во времена набоковского детства жители острова кормились тем, что доставляли в Европу суда с русским зерном. (Здесь и далее прим. авт.)

(«в каком-то смысле,— отмечает Набоков,— служащие забавным прототипом и литературных и лепидоптерологических[1] моих работ»). Дочь этого Козлова «много писала по половым вопросам; она умерла в 1913 году, кажется, и ее странные, ясно произнесенные последние слова были „Теперь понимаю: все — вода“».

Из рассказов о предках писатель Набоков особенно ценил воспоминание матери о том, как в крымском имении ее деда Василия Рукавишникова, золотопромышленника и миллионщика, знаменитый Айвазовский рассказывал, «как он, юношей, видел Пушкина и его высокую жену». Среди предков со стороны отца «есть герой Фридляндского, Бородинского, Лейпцигского и многих других сражений, генерал от инфантерии Иван Набоков (брат моего прадеда), он же директор Чесменской богадельни и комендант С.-Петербургской крепости — той, в которой сидел супостат Достоевский (рапорты доброго Ивана Александровича царю напечатаны — кажется, в „Красном Архиве“.» Этот «добрый тюремщик» оттого и прослыл «добрым тюремщиком», что был не тюремщик по духу и воспитанию, а русский аристократ и боевой генерал, уже двадцати шести лет от роду получивший генеральский чин. Женат он был на Екатерине Ивановне Пущиной, и, когда брат ее Иван Иванович Пущин ехал в сельцо Михайловское навестить своего опального друга, останавливался он у сестры в Пскове, где муж ее командовал дивизией. Не смущаясь неудовольствием начальства, генерал не только принимал у себя Пущина, но и позднее, после декабря, когда Пущин уже был в Сибири, ходатайствовал об облегчении его участи, вступался за брата своей свояченицы декабриста Назимова; вступался и за Муравьевых, приходившихся кузенами Ольге Назарьевне Набоковой (урожденной Муравьевой). Может, тем и навлек неудовольствие, ибо был понижен в должности. «Добрым тюремщиком» из комендантского Белого дома Петропавловской крепости называл его и постоялец одной из крепостных камер Михаил Бакунин. Когда же комендант умер, мятежный Бакунин передал из крепости просьбу его свояченице Аннет Пущиной — чтоб за него (знали бы об этом нынешние анархисты!) поцеловала руку доброму генералу Ивану Набокову, лежащему во гробе. Прах

---

[1] Лепидоптерия, лепидоптерология — раздел энтомологии, имеющий дело с бабочками.

генерала Набокова покоится в Петропавловском соборе крепости.

Знаменитый дед писателя — Дмитрий Николаевич Набоков — был судебный деятель эпохи великой русской судебной реформы 1864 года, человек близкий к окружению великого князя Константина и, по существу, один из творцов знаменитой реформы. В то время, когда, сменив графа Палена, он стал министром юстиции, русское независимое правосудие (не уступавшее в своей демократичности правосудию французскому или немецкому) стало подвергаться немалому давлению со стороны кругов, напуганных ростом терроризма в стране. Д. Н. Набоков как мог противостоял этому давлению, отстаивая независимость правосудия. В конце февраля 1881 года Александр II одобрил проект реформы, который даже крайние радикалы, даже начинающий юрист В. И. Ленин (впоследствии покончивший с русским демократическим правосудием) называли шагом к конституции. Речь шла о создании конституционного законодательного совета, и правительственное коммюнике, возвещавшее о намерении создать такой совет, было, как многие считают, написано Дмитрием Николаевичем Набоковым. 12 марта 1881 года под вечер Д. Н. Набоков получил записку от Александра II: «Дмитрий Николаевич, нынче, после вечерней службы, принесите мне новый закон. Александр». Наутро император отдал проект коммюнике на отзыв одному из своих министров, однако пополудни того же дня, в результате третьего покушения на его жизнь, он был убит бедолагами-террористами, спешившими достичь «зияющих вершин» любой ценой и как можно скорее.

Д. Н. Набоков бросился в Зимний дворец и очутился у смертного ложа императора. Несколько времени спустя новый император (при котором он еще четыре года оставался министром) вручил ему на память пуговицы с окровавленной рубашки отца. Но в 1885-м Катков и Победоносцев все же добились отставки Д. Н. Набокова, одного из последних защитников судебных реформ. В момент отставки «Александр III предложил ему на выбор либо графский титул, либо денежное вознаграждение; благоразумный Набоков выбрал второе»,— пишет внук-писатель. Благоразумие оставило его в конце жизни, и В. В. Набоков поразительно рассказывает о дедовом безумии, о его комнате в Петербурге с декорацией Ривьеры. Преодолев соблазн дать это красочное описание дедова безумия из «Других берегов», отсылаю читателя к этой знаменитой книге, в которой ироничный внук-писатель не рассказывает, однако, о некоторых странностях дедовой женитьбы. Высокий, стройный, всегда элегантный, не обделенный остроумием, имевший некрасивое, несколько «азиатское» лицо, Дмитрий Николаевич Набоков был с молодых лет влюблен в красивую и страстную придворную даму, жену русского генерала баронессу Нину фон Корф (в девичестве Нину Шишкову), ту самую, что отказалась однажды в Париже платить портнихе за бальные платья, в которых декольте показалось ей слишком глубоким. Рассказывая эту забавную историю, В. В. Набоков роняет мимоходом, что его прабабка (Нина фон Корф) была «женщина страстного нрава (и не столь добродетельная, как можно было заключить из ее возмущения низким вырезом)». Кузен писателя композитор Н. Д. Набоков (по-семейному — Ника), тоже человек пишущий, не менее ироничный, чем сам В. В. Набоков, и, пожалуй, еще более раскованный, так излагает эту историю, ссылаясь на рассказы бабушки, дочери баронессы Нины фон Корф госпожи Марии фон Корф, в замужестве Марии Набоковой, с которой Николай Набоков общался уже в эмиграции, в Берлине (не следует конечно, забывать, что Ника Набоков такой же выдумщик, как и его кузен, о чем он сам и предупреждает в предисловии к своему прелестному «Багажу»): «Она вышла замуж в возрасте пятнадцати лет за чиновника. Ее муж был любовником ее матери. Тогда было так принято, в этом стыдливом XIX веке,— иметь почти что официальные внебрачные связи, что давало известную свободу, не подвергая опасности внешние приличия. Втроем они отправлялись в заграничные путешествия, и, судя по рассказам Бабушки, любовники были вполне счастливы, оберегаемые «законным» присутствием супруги.

Я была их гид и дуэнья,— говорила она мне,— но уверяю тебя, мне эта роль вовсе не была по душе».

Дмитрий Николаевич Набоков, муж-любовник этого семейного треугольника, был намного старше своей жены. Но по всей видимости, он отлично исполнял свой долг в отношении двух баронесс, дочки и матери, ибо за шесть лет сделал бабушке Набоковой четверых детей, несмотря на отвращение, которое она испытывала, разделяя с ним ложе. «Ноги у него были холодные, как лягушка»,— рассказывала она.

Она не испытывала к любовнику матери никаких чувств,

так что отцовство последующих ее пяти детей так и не было с точностью установлено. Отцовство троих из них приписывали очень высокопоставленным персонам, четвертый был самого смутного происхождения; что касается последнего, то он был, по всей вероятности, плодом нежной ее привязанности к наставнику одного из старших сыновей. Она говорила об этом намеками, никогда не называя ни имен, ни точных дат.

«В конце концов,— добавляла она,— разве мать Петра Великого не имела великого множества любовников, да и отцом Петра тоже ведь был вовсе не царь Алексей, а человек по фамилии Стрешнев...»

Ее мотовство доставило мужу немало неприятностей, и, возможно, именно его последствия побудили уходящего в отставку министра предпочесть денежный дар графскому титулу...

Если мы несколько задержались на специфическом семейном устройстве министра юстиции и на его безумной кончине, то вовсе не для того только, чтобы развлечь нашего серьезного читателя. Мы ведь тоже ищем «развития и повторения тайных тем в явной судьбе» и, пусть даже несколько забегая вперед, пытаемся ответить на вопросы, которые так часто задавали Набокову его критики и читатели: «Откуда все эти странности в ваших романах? Все эти безумцы, извращенцы? Да где вы их видели в жизни?» Набоков обычно отвечал, что он просто-напросто выдумщик, но мог бы ответить и по-другому. Кстати, дедова история в перевернутом виде (зато именно в том, в каком она реализовалась в жизни Эдгара По) отражена и в «Волшебнике», и в «Лолите».

Несмотря на эти странности брака Д. Н. Набокова, девять его детей с благодарностью вспоминали свое счастливое детство. Из всех девяти нас в наибольшей степени интересует шестой, самый любимый сын матери,— это он стал не только любимым отцом главного героя нашей книги, но и одним из главных героев набоковских книг. Речь идет о Владимире Дмитриевиче Набокове. Он родился в 1870 году в Царском Селе под Петербургом. Отец его в ту пору еще был полновластным министром юстиции. Впрочем, и позднее он оставался близок ко двору и получил еще Крест Святого Андрея, так что перед самым блестящим, самым любимым, самым способным и красивым из его сыновей открывалась великолепная карьера. Вначале он успешно проходил курс домашнего обучения с лучшими учителями и наставниками, потом (чтоб лучше подготовить его к университету) отдан был в престижную Третью гимназию, которую (несмотря на свое отвращение к гимназической рутине) закончил с золотой медалью. Ненависть к гимназическому духу, насаждаемому министром просвещения гр. Толстым, возможно, уже тогда сместила его симпатии влево, к бунту, что произошло и со многими его соучениками, например, с братом его Константином или знаменитым Петром Струве. У юного Набокова были уже тогда и стремление первенствовать, и все данные для первенства. После гимназии он отдан был в то же Императорское училище правоведения, что и старший брат Сергей, но вскоре обогнал брата: если Сергей окончил училище с золотой медалью девятнадцати лет от роду, то Владимир ту же золотую медаль получил в шестнадцать. Осенью 1887-го Владимир Набоков Старший поступил на юридический факультет университета, где, по свидетельству современников, атмосфера в те годы была не менее удручающей, чем в гимназии. В марте 1890 года в университете началось движение протеста, и во время студенческой демонстрации 19 марта вместе с другими смутьянами был арестован и Владимир Набоков, сын бывшего министра юстиции. Испытывая некоторую неловкость, начальство попыталось отпустить его, невинно напомнив, что отец ждет его к ужину. Будущий юрист дерзко осведомился, будут ли остальные арестованные также ужинать у себя дома. Получив отрицательный ответ, он сказал, что останется с товарищами. Тогда он и познакомился с тюрьмой «Кресты», откуда все они были выпущены через четыре дня: друзья его считали, что скорым освобождением обязаны именно его упрямству. Или его благородству, которому он оставался верен до последней минуты своей жизни (в дни трагической весны его гибели один из его товарищей по университету вспомнил вдруг эту первую, далекую уже бунтарскую весну их юности и написал о благородной роли, которую играл тогда студент Набоков).

Итак, он все решительней склонялся к бунту. Незадолго до мартовской забастовки студентов министр юстиции Манассеин разразился антисемитским докладом о «засилье» евреев в адвокатуре. Умеренный либерал Дмитрий Николаевич Набоков в бытность свою министром никому не позволял подобных выходок, однако к тому времени он уже четыре года находился в отставке. Сын его остро переживал всю унизительность этих «государственных соображений» для его «расово неполноценных» соучеников и друзей. Так день за днем среди многих умеренных или просто правых Набоковых созревал протестант, левак, или, как писал позднее его сын (в неопубликованной главе автобиографической книги), «здоровый и жизнерадостный бунтарь». Изучая право, В. Д. Набоков все больше проникался идеями конституции, индивидуальной свободы и либерализма. Окончив в 1892 году университет и отбыв военную службу, В. Д. Набоков поступил на службу в престижную канцелярию, а потом уехал изучать право в Германию. Там он и получил письмо от знаменитого Таганцева, приглашавшего его преподавать в Императорском училище правоведения. Таганцев видел в блестящем молодом ученом своего законного преемника. В 1896 году В. Д. Набоков начал читать курс в этом прославленном училище. Уже во вводной лекции он говорил о правах индивида перед лицом закона и его ответственности перед законом, равной для всех членов общества. Индивидуальные эти права и ответственность принадлежат личности, и их нельзя вменять целым группам и категориям людей, которые отчего-либо представляются власти опасными или просто отличными от других групп и категорий — будь то бродяги или гомосексуалисты, бывшие узники или евреи, политические ссыльные или цыгане. Именно эти взгляды В. Д. Набокова довольно последовательно отстаивал позднее в своем творчестве его знаменитый сын-писатель, которому пришлось быть свидетелем классовых и расовых притеснений в странах изгнания, где ему довелось жить и откуда он бежал, гонимый тоталитаризмом; подобно отцу, он с неизменностью отстаивал права личности, пусть даже самой непредсказуемой, самой извращенной личности; однако при этом всегда настаивал и на индивидуальной ответственности каждого...

Итак, молодой юрист Набоков, поклонник либеральных западных свобод, стал добиваться прав и свобод для России. Еще до преподавания в училище он начал печатать научные статьи. Теперь он мог проповедовать свои взгляды с престижной кафедры. Он был очень увлечен наукой. Однако он был и человек светский. Блистательный Петербург был открыт для красивого, одаренного молодого юриста, имеющего вдобавок придворный чин камер-юнкера, и Набоков не пренебрегал ни дружескими сборищами, ни балами, ни театральными премьерами, ни художественными выставками, ни скачками, ни охотой, ни семейными празднествами, ни задумчивой прохладой библиотек. Вскоре после начала его профессорской деятельности в жизни его произошло очень существенное для него и для нашего повествования событие. Чтоб представить его с некоторыми подробностями, приглашаем вас, читатель, на природу, так сказать, на пленэр, в места, где нам с вами еще не раз придется бывать.

В шестидесяти пяти километрах от Санкт-Петербурга, в живописной местности, называвшейся некогда Ингрией, раскинулись по берегам речки Оредежи леса, поля и усадьбы русской аристократии. Здесь, в родительском Батове (полученном его отцом в приданое за Марией фон Корф) В. Д. Набоков провел немало счастливых дней детства, а затем и юности. Ближнее к Батову селение Рождествено принадлежало мировому судье и миллионеру Ивану Рукавишникову, сыну богача-золотопромышленника, старообрядца Василья Рукавишникова. Судя по рассказам людей, знавших его, Иван Рукавишников был тяжелый деспот, немало мучивший своих двух (было больше, да выжило всего двое) детей — дочь Елену и сына Василия. Впрочем, предоставим слово его гениальному и безжалостному внуку-писателю: «На старых снимках это был благообразный господин с цепью мирового судьи, а в жизни тревожно-размашистый чудак с дикой страстью к охоте... с собственной гимназией для сыновей, где преподавали лучшие петербургские профессора, с частным театром, на котором у него играли Варламов и Давыдов, с картинной галереей, на три четверти полной всякого темного вздора. По поздним рассказам матери, бешеный его нрав угрожал чуть ли не жизни сына, и ужасные сцены разыгрывались в мрачном его кабинете...» В то же время он широко занимался благотворительностью, а в соседней деревушке Рождествено построил три школы, бесплатную библиотеку и двухэтажную больницу на восемьдесят коек.

Женился этот деспот на дочери первого президента русской Императорской медицинской академии. Жена его Ольга, бабушка будущего писателя (как, впрочем, и сестра ее, которая стала позднее психиатром и антропологом), увлекалась естественными науками и даже завела у себя в деревенском дворце химическую лабораторию. Для своей дочери Елены она приглашала на дом знаменитого университетского зоолога профессора Шимкевича. Елена получила прекрасное образование. Это была тонкая, нервная девушка, чувствительная к красоте. Как рассказывает ее дочь, живущая ныне в Женеве, к Елене сватался уже один из соседских сыновей (Д. Д. Набоков), но получил отказ. Владимир Дмитриевич Набоков познакомился с ней на рыбалке и вскоре, во время велосипедной прогулки по гористой дороге, ведущей через имение, сделал ей предложение (позднее они вдвоем посадили на этом месте липку). Он был очень хорош собой, умен, красноречив. Они поженились в ноябре 1897 года и уехали в свадебное путешествие во Флоренцию. Это был во всех отношениях счастливый брак. Через полгода Елена почувствовала, что носит под сердцем первенца.

Владимир Дмитриевич продолжал преподавать в знаменитом училище, писать научные статьи и жить жизнью истинного петербуржца из очень богатой, интеллигентной, знаменитой, близкой ко двору семьи. Он серьезно увлекался театром, дружил с художниками и все больше втягивался в общественную и политическую деятельность. Он был либерал, бунтарь, сторонник свобод и терпимости. Тысячи толстых книг и статей, написанных знающими людьми, пытаются раз и навсегда объяснить зарождение освободительных настроений у целых классов, групп и категорий людей, и все же каждый отдельный случай требует особого объяснения, так как снова ставит нас в тупик. Как объяснить, что из четырех братьев Набоковых, сыновей бывшего министра юстиции, два стали консерваторами, а два либералами? Один из двух либералов, Константин (кто-то из близких злоязычно писал о нем, что он был «левое ничто»), принадлежал к той категории людей, которых ныне с серьезностью называют «половыми меньшинствами». Племянник-писатель упоминает в автобиографии, что дядя был «равнодушен к женщинам» и что лондонская квартира его была завешана фотографиями молодых британских офицеров (в индийских главах своих воспоминаний К. Набоков и правда с большой теплотой пишет о британских военнослужащих). Когда представитель преследуемого, пусть даже сексуального, а не социального или национального, меньшинства занимает место на левом фланге, объяснение находится без труда. Но отчего стал либералом Владимир Дмитриевич Набоков, этот красавец, спортсмен, богач, женолюб, жизнелюб? Ни одно из воспоминаний о нем не дает ответа на этот вопрос. Он ведь был очень сдержан (и многих этим, между прочим, отталкивал), редко кого пускал в душу. Сын унаследовал эту редкую среди

русских сдержанность, которую квалифицировали как надменность, снобизм, англицизм. У сына, конечно, наступали
минуты, когда скрывать нельзя ничего: что у других на уме,
то у писателя на кончике пера. Владимир Набоков Старший
сохранял сдержанность до последней минуты своей жизни.
Он так и не раскрылся — ни чужим, ни близким. И все же
были на свете люди, которые наверняка понимали его, потому что любили его беззаветно,— мать, сын, жена, дочь,
Август Каменка... Остальные только пытались его понять,
без особого успеха. В этом смысле одна из самых характерных страниц, написанных о нем,— страничка из воспоминаний его товарища по партии князя В. А. Оболенского («Моя
жизнь. Мои современники». Париж, ИМКА-ПРЕСС, 1988):

«Достаточно было взглянуть на этого стройного, красивого, всегда изящно одетого человека с холодно-надменным
лицом римского патриция и с характерным говором петербургских придворных, чтобы безошибочно определить среду,
из которой он вышел. Всем бытом своей молодости, привыч-
ками и знакомствами он был тесно связан с петербургской
сановной средой... Постепенно он порывает свои старые связи и заводит знакомства в кругах радикальной петербургской
интеллигенции... Вступив в новую среду, Набоков, однако,
сохранил как внешний облик, так и все привычки богатого
барина-аристократа. В его особняке на Морской, в котором
стали появляться лохматые петербургские интеллигенты, на-
полнявшие его изящный кабинет клубами табачного дыма,
они чувствовали себя неуютно, нарушая непривычный им
этикет налаженной жизни барского дома. Удобства жизни,
к которым Набоков с детства привык, он очень ценил...
В Государственной Думе я не мог не любоваться этим стиль-
ным аристократом, но его внешняя холодность и надменность в обращении мешали сближению с ним. Да и сам он не
искал сближения с новыми знакомыми. Впоследствии,
в Крыму и за границей, мне пришлось ближе с ним познакомиться, и я понял, что типичная для него надменность была
отчасти внешней формой, прикрывавшей свойственную ему
замкнутость, отчасти же вытекала из глубокой эстетичности
его натуры, которой органически противна была человеческая пошлость, не чуждая даже очень крупным людям. Все-
таки он был, вероятно, холодным человеком, не только
внешне, но и внутренне, однако сильные эстетические эмоции
заменяли ему теплоту и глубину чувств, и внутренне он был

так же изящен, как внешне. Все его речи и поступки поэтому отличались особым тактом и благородством. И умер Набоков так же красиво, как жил...»

Как видите, мы подошли здесь весьма близко к загадкам характера В. В. Набокова, главного героя нашей книги, однако так и не объяснили ни причин бунтарства, ни истоков либеральных эмоций его отца. Можно предположить, что, умевший скрывать свои чувства, В. Д. Набоков наделен был благородным сочувствием к обделенным, к униженным и ежечасно унижаемым. Что он ненавидел насилие, содрогался при мысли о самодовольных и самонадеянных палачах, посылающих на смерть себе подобных. Чем же иначе объяснить его неустанную (до последнего дня) борьбу против смертной казни? Его ненависть к расистам и погромщикам? Ненависть к пошлым диктаторам и убийцам? Его заступничество за слабых, за жалких, непохожих на других? А может, это вовсе необъяснимо. Как необъяснимо само добро. Существует, и ни в зуб ногой, как говорил злополучный тезка нашего героя.

Жизнь и смерть В. Д. Набокова сыграли совершенно особую роль в творчестве его сына, который собирался написать об отце подробнее. Все собирался, собирался — и, конечно, не успел... Впрочем, среди написанного им очень многое навеяно и этой жизнью, и этой гибелью...

В ту самую пору, когда жена его ждала рождения первенца, В. Д. Набоков сблизился с несколькими юристами леволиберального направления, затевавшими издание бюллетеня «Право». Они искали специалиста для отдела уголовного права, но не сразу решились предложить этот пост Набокову — он был человек другого круга («с другой планеты», как написал поздней издатель бюллетеня И. Гессен). К их удивлению, Набоков пошел к ним охотно. Он оказался отличным работником, старательным, честным, смелым. И, что еще удивительней,— прекрасным товарищем.

В апреле 1903 года, не без тайных стараний правительства, в Кишиневе грянул еврейский погром. Полсотни невинных жителей было убито, почти полторы сотни тяжело ранено, четыре тысячи семей пущено по миру. Газеты, подстрекавшие к резне, плохо прятали свое торжество. Власти, как всегда, разводили руками: никто ничего не знал, никто не предвидел... И вот тут прозвучал на всю Россию голос знаменитого юриста, гласного Петербургской думы и деятеля международных ассоциаций юристов — голос Владимира Дмитриевича Набокова. В статье «Кровавая кишиневская баня» (напечатанной в «Праве» 27 апреля 1903 года) Набоков поставил все точки над «i». Он писал, что при чтении правительственного сообщения о погроме «изумляет прежде всего возможность подобных событий в большом и благоустроенном городе, с администрацией, полицией и значительной военной силой. Изумление возрастает, когда узнаешь, что погром предвиделся заранее и, стало быть, никого, кроме несчастных жертв, врасплох не захватил... Вполне естественно, что в печати поднят вопрос о возможной ответственности — уголовной и гражданской — кишиневских властей за бездействие... Не знаем, будет ли поставлен вопрос об их уголовной и гражданской ответственности: от нравственной ответственности перед культурным обществом и перед историей им не уйти, она ложится на них всей тяжестью погибших человеческих жизней, разоренных и обездоленных семей».

В своей статье В. Д. Набоков занялся и антисемитской печатью (в частности, газетой «Знамя»), которая обнаружила «полнейшую... духовную солидарность» с «той разнузданной чернью, которая бушевала в Кишиневе»: «Как бы то ни было,— писало «Знамя»,— ужасная трагедия разразилась. Остается пожелать, чтобы она послужила искупительным уроком для евреев... а главное, чтобы из-за нее не пострадали те несчастные христиане, которые не по своей вине обречены жить вместе с ними...» Приводя эту цитату, Набоков густо испещрил ее в скобках вопросительными и восклицательными знаками, отметив напоследок, что газета рекомендует евреям немедленно доказать, что они готовы отдать за родину «свою жизнь до последней капли крови (?!)».

«Крики и вопли избиваемых презрительно именуются жидовским гвалтом,— пишет В. Д. Набоков,— матери, оплакивающей убитых своих сыновей, внушается, что она должна воспринять это убийство как искупительный урок за прегрешения еврейского племени...»

Разделавшись с шовинистской газетой, ученый-юрист и камер-юнкер Набоков переходит к главному виновнику событий: «Такого рода проповедь представляется хотя и уродливым, но, к несчастью, естественным плодом того режима, который, между прочим, ею же и поддерживается,— режима угнетения и бесправия». Дав детальное опровержение легенде о вине евреев, Набоков снова выявляет связь погромщиков и их прессы с властью: «Недостает немногого для того, чтобы объявить буйную кишиневскую чернь защитницей «устоев», давшей хороший урок подкапывающимся под эти устои... Истинное объяснение... в том законодательном и административном режиме, под влиянием которого создаются отношения христианского населения к евреям. С точки зрения этого режима еврей — пария, существо низшего порядка, нечто зловредное... Его можно только терпеть, но его следует всячески ограничить и связать, замыкая его в тесные пределы искусственной черты. В слоях населения, чуждого истинной культуре, от поколения к поколению переходит исторически сложившееся воззрение на еврея как на «жида», виноватого уже в том одном, что он родился «жидом». Такое жестокое и грубое отношение к целой народности встречает себе в государственном режиме как бы косвенное подтверждение и признание, в результате оказывается возможным чистосердечное убеждение крестьянского парня, убившего еврея, что «за них суда нету». Можно быть совершенно уверенным, что огромное большинство участников кишиневского погрома... никаких опасных последствий для себя не предвидело. В этом, несомненно, самая трагическая сторона происшедших событий. Они действительно являются «искупительным уроком»... Но только не для евреев!»

Можно себе без труда представить, какое впечатление произвела статья в придворных кругах, щеголявших в той или иной степени небрежным антисемитизмом, в кругах ярых защитников власти, среди которых было немало Набоковых — братьев и сестер, дядьев и теток, кузенов и кузин. Мятежный Владимир Набоков, любимый сын бывшего министра юстиции и столь таинственно близкой ко двору Марии фон Корф, выступил с открытым забралом. Он выступил против нарушения прав человека и против живучего средневековья, выступил за права слабых и униженных. Бунт — да еще по такому поводу! Ранние впечатления детства, «слепое обожание», с которым будущий писатель Владимир Набоков относился к родителям, достаточно объясняют то, к чему современные набоковеды «почвеннической» школы относятся с не вполне искренним удивлением,— нетерпимость В. В. Сирина-Набокова к черносотенцам и антисемитам. Внимательный читатель не разделит этого удивления. Особенно, если он помнит «Другие берега»: «Для теток моих выступления отца против погромов и других мерзостей российской

42

и мировой жизни были прихотью русского дворянина, забывшего своего царя...» Бунт в изнеженных и осыпанных привилегиями верхах общества не был в России новинкой. Уже среди декабрьских бунтовщиков 1825 года и сторонников конституции было немало людей, родственных набоковскому клану или стоящих выше их на социальной лестнице. В первые годы века В. Д. Набоков все активнее вовлекается в движение, сотрясающее Россию.

Когда в ноябре 1904-го в Петербурге проходил Первый всероссийский съезд земских союзов, новый министр юстиции (сменивший убитого террористами фон Плеве), вынужденный запретить продолжение съезда, разрешил завершить его частным образом у кого-нибудь дома. Земцы встретились на Морской улице в особняке флорентийского стиля, принадлежавшем В. Д. Набокову, и это собрание многие считали самым важным общественным собранием из всех, что когда-либо происходили в России. Петербургские почтальоны наизусть знали, куда нести вороха приветственных телеграмм с адресом: «В Петербург. На съезд земства».

Последние резолюции съезда были подписаны в музыкальной зале этого прекрасного особняка, и участники собрания уверены были, что когда-нибудь мемориальная доска на его стене увековечит происходящее. Остроумная судьба все переиграла по-своему. Вряд ли кто-нибудь из участников этого исторического события мог тогда догадаться, что если такая доска и появится когда-нибудь на фасаде дома, то посвящена она будет пятилетнему ангелоподобному сыну их гостеприимного соратника В. Д. Набокова.

Между тем страсти в стране разгорались. Передовая Россия все решительнее требовала реформ — пока, правда, чаще на многочасовых банкетах, чем на митингах. В том же 1904 году на одном из официальных банкетов В. Д. Набоков отказался пить за здоровье царя. Он отказался также от высокого поста в правительстве, предложенного ему Витте, заявив, что решительно не желает служить подобному режиму. В январе 1905 года многолюдная мирная процессия с иконами и царскими портретами, возглавленная популярным священником (по совместительству агентом полиции), шла по Невскому проспекту, когда войска начали неожиданно стрелять по толпе. Убито и ранено было больше тысячи человек. Многие из тех, кто спасались бегством, были убиты близ набоковского дома. В автобиографии В. В. Набоков рассказывал через полвека о том, как «конные жандармы, укрощавшие Первую Революцию, точно хлопая по воробьям, сбивали удалыми выстрелами ребятишек, вскарабкавшихся на ветки» и наблюдавших за процессией.

Через три дня, на заседании Городской думы, гласный думы В. Д. Набоков осудил расправу над демонстрантами и предложил перечислить 25 000 рублей семьям пострадавших. Хотя газетам запрещено было печатать эту речь, весть о ней разнеслась по всей России. Через несколько дней В. Д. Набоков был отстранен от преподавания в школе правоведения и лишен камер-юнкерского звания. Его отклик на эти репрессии был презрительно спокойным и воистину набоковским: он дал в петербургские газеты объявление о продаже камер-юнкерского мундира.

* * *

С блестящим военным мундиром отца связано первое земное воспоминание Владимира-младшего, первый осознанный им день жизни — тридцать третий день рождения отца, 21 июля 1902 года: «...отбыв воинскую повинность задолго до моего рождения, отец в тот знаменательный день, вероятно, надел свои полковые регалии ради праздничной шутки. Шутке, значит, я обязан первым проблеском полноценного сознания...» В автобиографической книге «Другие берега» (имеющей два не вполне совпадающих с русской книгой английских варианта) писатель дает удивительно красочную картинку пробуждения сознания, как бы включения света, подключения тока, этого, так сказать, второго крещения, «более действительного, чем первое»: «Я вдруг понял, что двадцатисемилетнее, в чем-то бело-розовом и мягком, создание, владеющее моей левой рукой,— моя мать, а создание тридцатитрехлетнее, в бело-золотом и твердом, держащее меня за правую руку,— отец... До этого оба моих водителя, и левый и правый, если и существовали в тумане моего младенчества, появлялись там лишь инкогнито, нежными анонимами; но теперь, при созвучии трех цифр, крепкая, облая, крепкоблестящая кавалергардская кираса, обхватывавшая грудь и спину отца, взошла, как солнце, и слева, как дневная луна, повис парасоль матери...»

И потом, когда так трагически и безвременно зайдет это ослепительное, без пятнышка, отцовское солнце, когда останется в недоступной дали рай его детства, они будут неисчерпаемо жить в феноменальной памяти Владимира Набокова, возникая в его стихах, рассказах, романах,— и через тридцать, и через пятьдесят, и через семьдесят лет, снова и снова поражая читателей яркими красками воспоминаний, осязаемостью деталей, ощутимостью запахов... Он идет из детства, этот уникальный, без труда узнаваемый нами в каждом произведении Мир Набокова. В умении удержать и воссоздать рай детства, поделиться с нами его богатствами была одна из главных особенностей набоковского Дара. Оно ведь и было ему ниспослано, это детство (или этот дар детства), как часть его Дара. Любой из романов Набокова, его стихи и пьесы говорят нам, что детство — это ничем не омраченная радость, это чувственное и физическое постижение мира, что в детстве мы ближе всего стоим к другим, непознаваемым и непостижимым мирам, к «мирам иным», что в детстве мы близки к постижению и времени и вечности. Драгоценное богатство детских впечатлений Набоков раздавал позднее героям своих книг, «чтобы как-нибудь отделаться от бремени этого богатства», однако богатство не иссякало: «Загадочно болезненное блаженство не изошло за полвека, если и ныне возвращаюсь к этим первичным чувствам. Они принадлежат гармонии моего совершеннейшего, счастливейшего детства, и в силу этой гармонии, они с волшебной легкостью, сами по себе, без поэтического участия, откладываются в памяти сразу перебеленными черновиками». Набоков высказывает предположение, «что в смысле этого раннего набирания мира русские дети» его, набоковского, поколения и круга «одарены были восприимчивостью поистине гениальной, точно судьба в предвидении катастрофы, которой предстояло убрать сразу и навсегда прелестную декорацию, честно пыталась возместить будущую потерю, наделяя их души и тем, что по годам им еще не причиталось...».

Не верьте лукавому автору. Это его особенный Дар погружает нас в его особенный Мир. Десятки томов были написаны бесконечно тоскующими, и даже вполне одаренными, беженцами об их утраченном русском рае — увы, не было в этих книгах страниц, похожих на его страницы о детстве, и Набоков не мог не знать об этом. Как не было, вероятно, ни у кого, уже и в расцвете молодых сил и счастья, этой не убывающей тоски по детству, мерилу всякого счастья: «чудное дрожащее счастье, чем-то схожее и с его детством»

(«Облако, озеро, башня»); «тысяча мелочей, запахов, оттенков, которые все вместе составляли что-то упоительное, и раздирающее, и ничем не заменимое» («Защита Лужина»)... Мы могли бы цитировать до бесконечности, ибо все его шестнадцать законченных и два незаконченных романа так или иначе касаются неотвязного («Отвяжись, я тебя заклинаю»), счастливого детства.

Рай набоковского детства радует читателя и дает обильную пищу для сочинений набоковедов, из которых нас более интересуют русские, к тому же хорошо написанные по-русски. Скажем, Виктор Ерофеев замечает:

«Набоковский рай нельзя назвать языческим, несмотря на его чувственность, по причине того, что в нем есть парафраз христианской божественной иерархии, во всяком случае, ее элементы, связанные с существованием абсолютного авторитета в лице бога-отца или, вернее сказать, отца-бога, который, впрочем, выполняет функции не ветхозаветного карающего божества, но бога любви, любимого и любящего, идеального существа, воплощающего в себе черты отцовской и сыновней ипостасей, ибо ему надлежит погибнуть насильственной смертью по какому-то неумолимому закону бытия (и его воскрешения с безумной надеждой будет ждать герой романа «Дар», и оно в конце концов произойдет в его сновидении).

...Память об изначальном, идеальном состоянии мира является основой набоковской этики... укорененной скорее в ощущении, в чувстве, нежели в категорическом императиве...»

Детство — это мир света и многоцветья, острых запахов, тонких и острых ощущений (которые наименее доброжелательные из критиков Набокова непременно называют «физиологическими»). Владимир Набоков сумел удержать их в памяти и воспроизвести с необычайной силой. Вы, наверное, помните, что первое воспоминание писателя связано с цветом, солнцем, блеском отцовской кирасы. И не случайно, ибо у маленького Володи (его звали на английский манер — Лоди) было очень острое ощущение цвета, воистину «ненасытное зрение», которому потакала его нежная, чувствительная матушка. Как поразительны эти детские игры с красным стеклянным яйцом, которое он заворачивал в специально смоченную простыню, или его «одисьон колорэ», цветовой слух. Строя однажды замок из разноцветных азбучных кубиков, маленький Лоди сказал матери, что кубики окрашены неправильно, у этой буквы цвет должен быть другой. Тогда-то мать с сыном и выяснили, что для них обоих всякая звучащая буква имеет свой цвет (разные, впрочем, цвета для сына и для матери, для букв латинского и русского алфавита). Представление о цвете вызывали у маленького Лоди и самые разнообразные ощущения — обонятельные, тактильные: перегородки, разделяющие чувства, у этого странного ребенка были проницаемыми, они не защищали от «просачиваний и смешений чувств»...

Вообразим эту сцену: молодая Елена Набокова обнаруживает, что ее гениальный первенец так же слышит цвет, как она сама. К музыке, впрочем, в отличие от страстных меломанов-родителей, он оказался глух, но вот цвет... Елена пишет для него, совсем крошечного, яркие акварели («Какое это было откровение, когда из легкой смеси красного и синего вырастал куст персидской сирени в райском цвету!»). Она вынимает из тайника в стене петербургского дома груду своих драгоценностей и дает их малышу Лоди, для которого они подобны в своем «загадочном очаровании табельным иллюминациям, когда в ватной тишине зимней ночи гигантские монограммы и венцы, составленные из цветных электрических лампочек — сапфирных, изумрудных, рубиновых,— глухо горели над отороченными снегом карнизами домов».

Автор монографии «Чужой язык», посвященной двуязычным русским писателям, Элизабет Костли Божур, опираясь на наблюдения нейропсихологов, именно с двуязычием маленького Набокова связывает эту остроту восприятия и эту «синэстезию». Двуязычный (и трехъязычный) ребенок вообще, по наблюдениям психологов, весьма чувствительное и не вполне обычное существо.

Если верить Набокову, всякого ребенка посещают удивительные видения, у всякого бывают случаи прозрения и ясновидения. Не только перегородки между чувствами тонки: сужены расстояния между предметами, удаленными в пространстве и во времени, перегородки между этим и каким-то другим, неведомым миром. Да и сам здешний, с такой остротой воспринимаемый им мир, он для ребенка словно отзвук, оттиск, отпечаток того, другого, недоступного и непостижимого мира, той томящей тайны, которую писатель преследовал всю жизнь, подходя к ней совсем близко, однако не умея открыть (эти вот ощущения детства, этот видимый мир детства отчасти, может, все же приоткрывают ее).

Эпизоды и ощущения детства, все эти магически осязаемые, видимые, слышимые дни и минуты он потом щедро раздаривал своим героям, иногда вдруг огорчаясь, что воспоминания тускнеют. Но и потом, еще десятилетье спустя, они с той же яркостью вдруг возникали в его новом американском романе, и еще поздней, и еще — до последнего дня. Детские будни, детские болезни: «логика жара» («Другие берега»), «бедная куколка в коконе» компресса, узоры на обоях в детской, преследующие его в температурном жару («Пнин»), тропинка на акварели, в которую он, может быть, все же прыгнул однажды («Подвиг»).

У него были замечательные игрушки, купленные в Петербурге, в Биаррице, в Берлине — сохраненные в памяти, принесенные в зрелость и даже в старость, населившие его романы и ставшие символами утраченного рая: модели поездов и самолетов, английские велосипеды с ребристыми покрышками, теннисные ракетки и, конечно, мячи, мячи, мячи,— они катятся в его пьесах по сцене, закатываются под кровати, сверкают разноцветными боками, похрустывают кожей...

Поезда игрушечные, поезда настоящие... Международные экспрессы, воспоминание о которых томило всю жизнь (пока, может быть, не воплотилось отчасти в интерьере старомодного швейцарского отеля) — тяжелозвонные вагоны высшего класса, кожаные шторки окна, проводники в кофейной униформе, составы, окрашенные под дубовую обшивку, и тысячи искр за окном, и откидное сиденье в длинном коридоре...

Эти коричневые экспрессы в конце лета или в самом начале осени (когда так сыро и серо становится в Петербурге) увозили Набоковых в Париж и дальше, на берег Атлантики, в Биарриц, что всего в нескольких километрах от испанской границы, на Французскую Ривьеру или в Аббацию. Пляж, променад, парусиновые стулья, дети, играющие на песке, продавцы разной соблазнительной дряни, купальные кабинки, прислуга — «океанские банщики», спасатели, французская девочка Колетт, ее тоненькая искусанная шейка (предтеча всех этих женских шеек из его романов), его ранняя любовь Колетт, предтеча других его героинь-девочек, которым он, став знаменитым, дал родовое название, вошедшее во многие языки...

* * *

Так сложилась судьба, что на протяжении последних лет мне доводилось жить по две-три летних недели на Атлантике, на островке Олерон, в пансионате, разместившемся близ пляжа и форта Бойярд. И вот однажды на воскресном базаре, перебирая картинки на лотке старьевщика, я увидел на старой открытке знакомый пляж, но в иные, далекие времена, до нас, до меня — не слишком обнаженные дамы в соломенных шляпках и в блузках с оборочками, и кабинки, и дети в коротких штанишках... Все казалось отчего-то странно знакомым. Откуда?

— Вот наш Бойярд,— сказал я жене, протягивая ей открытку.

— А ты прочел, кто эти люди? — спросила она.

Я водрузил на нос очки и прочел, что к 1910 году дачники из России облюбовали пляж Бойярд. На снимке как раз и была русская колония на пляже. Тут мне все вспомнилось — «Другие берега», «Подвиг»...

ВИДЕНИЯ ЗАТОНУВШЕЙ АТЛАНТИДЫ

И все же главные видения его детского рая пришли с других широт, из других краев. Тех самых краев, о которых он однажды написал сестре Елене, что любит эти места больше всего на свете. Это были те самые места и пейзажи, увидев которые в советском фильме через тридцать лет после бегства «из ленинизированной России», его стареющий Пнин плакал в затемненном зрительном зале. Только сердце писателя может быть так привязано к родной земле и родному пейзажу — до смертного дня, а может, и за порогом смерти. «Ощущение предельной беззаботности, благоденствия, густого летнего тепла затопляет память и образует такую сверкающую действительность, что по сравнению с ней паркерово перо в моей руке, и сама рука с глянцем на уже веснушчатой коже кажутся мне довольно аляповатым обманом. Зеркало насыщено июльским днем. Лиственная тень играет по белой с голубыми мельницами печке. Влетевший шмель, как шар на резинке, ударяется во все лепные углы потолка и удачно отскакивает обратно в окно. Все так, как должно быть, ничто никогда не изменится, никто никогда не умрет».

Близкое его сердцу место России называется Выра, оно в шестидесяти пяти километрах от Петербурга (это здесь на путевой станции жил придуманный Пушкиным станционный смотритель Семен Вырин). Неподалеку от Выры — набоковское Батово и более пышное рукавишниковское Рождествено, принадлежавшее в годы его детства дяде Василию, а перед самой революцией, совсем недолго,— и юному Набокову. Этот северный русский пейзаж и эти летние месяцы навек остались для него Россией. Эту Россию он и подарил своим читателям — русским, американским, прочим. Кто после этого дерзнет тягаться с ним в русскости?

Цепкая память Набокова унесла в изгнание каждый уголок этой его затонувшей Атлантиды. Восстанавливать по памяти каждый поворот дороги и тропки было его вечной утехой и его писательским упражнением: «С праздничной ясностью восстанавливаю родной, как собственное кровообращение, путь из нашей Выры в село Рождествено, по ту сторону Оредежи: красноватую дорогу, сперва шедшую между Старым парком и Новым, а затем колоннадой толстых берез, мимо некошенных полей; а дальше: поворот, спуск к реке, искрящейся промеж парчовой тины, мост, вдруг разговорившийся под копытами, ослепительный блеск жестянки, оставленной удильщиком на перилах, белую усадьбу дяди на муравчатом холму, другой мост, другой холм, с липами, розовой церковью, мраморным склепом Рукавишниковых...»

Дом в Выре, доставшийся (как и трехэтажный из розового гранита петербургский дом на Морской) Елене Рукавишниковой в приданое, был, конечно, скромней белого дворца ее брата в селе Рождествено. Это был обширный трехэтажный деревянный дом со сквозною деревянной резьбой на фасаде, с множеством уютных помещений и укромных уголков, с балконами и верандами, застекленными цветными стеклами, где циновки и плетеные кресла пахнут из-за жары вафлями и ванилью: «Летний день, проходя сквозь ромбы и квадраты цветных стекол, ложится драгоценной росписью по беленым подоконникам и оживляет арлекиновыми заплатами сизый коленкор одного из длинных диванчиков, расположенных по бокам веранды...»

Из рассказа в рассказ, из романа в роман переходили эти счастливые солнечные пятна, эти цветные стекла и их арлекиновые отражения, эти дорожки, усыпанные ярко-красным песком, эти аллеи в трепете листвы и теней.

Аллея уводила в глубину парка, отделявшего усадьбу от полей и лесов, и парк этот «был дик и дремуч в приречной своей части... В некошеных полях за парком воздух переливался бабочками среди чудного обилья ромашек, скабиоз, колокольчиков... А за полями поднимался, как темная стена, лес». В чащобе этого леса маленький Лоди искал бабочек (мелких пядениц). Даже на ранних его фотографиях можно заметить, что он разглядывает специальные энтомологические журналы. Увлечение бабочками росло с годами, и лето дарило ему счастье охоты... «С детства утренний блеск в окне говорил мне одно, и только одно: есть солнце — будут и бабочки». Увлечение бабочками началось на седьмом году жизни и скрасило последующие семьдесят лет, дав Набокову вторую профессию (а может, она была первой?), так прекрасно дополнявшую писательское ремесло, ибо эта его энтомологическая страсть сделала его своим среди цветов, трав и живых тварей этого мира. Очень рано он убедился, что не только редкие бабочки, но и редкие растения, которые «пошлые ботанические атласы не находят нужным иллюстрировать», чаще попадаются тому, кто умеет читать книгу окружающего мира: «Я видел их не только воочию, не только вживе, а в естественном гармоническом взаимоотношении с их родимой средой». Позднее он так сформулирует важные последствия этого знания, этого ощущения природы: «Мне кажется, что острое и чем-то приятно волнующее ощущение экологического единства, столь хорошо знакомое современным натуралистам, есть новое, или по крайней мере по-новому осознанное чувство,— и что только тут, по этой линии парадоксально намечается возможность связать в синтез идею личности и идею общества». Все более детальное изучение и раскрытие тайн «реального» мира вовсе не противоречило его ощущению глубокой и нераскрытой тайны, ибо чем глубже уходило его конкретное познание мира, тем больше открывалось поразительных тайн, разрушавших несложные схемы вроде «теории происхождения видов». А зарождавшееся при этом чувство благодарности было, без сомнения, религиозным чувством.

Первые его яркие впечатления детства связаны скорее

с предметами, красками, интерьерами, пейзажами, чем с людьми (если не считать родителей в самом первом воспоминанье), ибо главное у этого ребенка — чувственное восприятие окружающего мира, его красок, света, запахов. Но и люди, конечно,— и взрослые, и дети,— они тоже населяли этот мир. Первенцу Лоди досталось куда больше родительского внимания, чем последующим набоковским детям (в подобной семье родители ведь могли вручить детей заботам нянек, учителей, гувернанток и видеть их при этом достаточно редко). Через год после Владимира у Набоковых родился сын Сергей (этот бедный Сергей!), потом Ольга, потом Елена, потом Кирилл (Владимир был уже его крестным отцом). Обширный вырский дом был населен густо. Кроме постоянных его обитателей, их слуг и воспитателей, здесь всегда жили гости, приживальщики, приживалки.

Из Батова в Выру часто наезжали родственники отца, их было великое множество. Кроме любимого сына Владимира, у министра юстиции Д. Н. Набокова и его мотовки-жены было ведь еще восемь детей, и каждый из них (кроме «равнодушного к женщинам» Константина) вступил в свое время в брак (как правило, вполне удачный, в том числе и с материальной точки зрения) и произвел потомство. Дмитрий Дмитриевич женился на Лидии Фальц-Фейн: она принесла мужу богатейшую Асканию-Нову в Таврической губернии и среди прочих детей родила ему веселого композитора Николая (Нику). Сергей Дмитриевич, бывший одно время губернатором Курляндии, женился на Дарье Тучковой. Елизавета Дмитриевна была замужем за князем Сайн-Витгенштейном, Вера Дмитриевна — за Пахачевым, Надежда Дмитриевна (есть знаменитый портрет этой красавицы в боярском костюме, спроектированном Дягилевым) — за Вонлярлярским. Легко представить себе, как часто случались именины и прочие семейные торжества при таком обилии теток, дядьев и кузенов (в разное время Лоди дружил почти с каждым из кузенов и влюблен был в своих сверстниц-кузин): «Летом редко садилось меньше двенадцати человек за стол, а в дни именин и рождений бывало по крайней мере втрое больше...

...Мне нравится представить себе при громком ликующем разрешении собранных звуков сначала какую-то солнечную пятнистость, а затем, в проясняющемся фокусе, праздничный стол, накрытый в аллее. Там, в самом устье ее, у песчаной площадки вырской усадьбы, пили шоколад в дни летних именин и рождений... Мреет пар над шоколадом, синим блеском отливают тарталетки с черничным вареньем. Крылатое семя спускается как маленький геликоптер с дерева на скатерть, и через скатерть легла, бирюзовыми жилками внутренней стороны к переливчатому солнцу, голая рука девочки, лениво вытянувшаяся с открытой ладонью в ожидании чего-то — быть может, щипцов для орехов... Голоса, говорящие вместе, треск расколотого ореха, полушаг небрежно переданных щипцов. Шумят на вечном вырском ветру старые деревья, громко поют птицы, а из-за реки доносится нестройный и восторженный гам купающейся деревенской молодежи, как дикие звуки растущих оваций».

(Читатель простит мне столь длинное ведение в Мир Набокова — ведь через него мы приобщаемся и к его Дару.)

Из упомянутых кузенов Лоди больше всего дружил с Юриком Раушем фон Траубенбергом.

Особо следует сказать о гувернерах, гувернантках и домашних учителях.

Набоковед-австралиец Эндрю Филд писал как-то, что поток английско-русско-французской речи, который обрушивается на читателя в романе «Ада», как раз позволяет представить, как разговаривали в семье Набоковых. Американская лингвистка Э. К. Божур привлекает внимание к одному из замечательных эпизодов в книге «Другие берега». Оставшись в Берлине с гувернером и с братом, Лоди посещает каток и там влюбляется в прекрасную волоокую Луизу, которая, к его разочарованию, оказалась танцовщицей из вульгарного шоу. Мальчик пытается забыть о ней, но это ему не сразу удается: «Я вскоре заметил в порядке новых отроческих чудес, что теперь уже не только она, но любой женский образ, позирующий академической рабыней моему ночному мечтанию, возбуждает знакомое мне, все еще загадочное неудобство. Об этих симптомах я простодушно спросил родителей, которые как раз приехали в Берлин из Мюнхена или Милана, и отец деловито зашуршал немецкой газетой, только что им развернутой, и ответил по-английски, начиная — по-видимому, длинное — объяснение интонацией «мнимой цитаты», при помощи которой он любил разгоняться в речах: «Это, мой друг, всего лишь одна из абсурдных комбинаций в природе — вроде того, как связаны между собой смущение и зардевшиеся щеки, горе и красные глаза; «shame and blushes, grief and red eyes... Tolstoy vient de mourir»,— вдруг перебил он самого себя другим, ошеломленным голосом, обращаясь к моей матери, тут же сидевшей у вечерней лампы. «Да что ты,— удрученно и тихо воскликнула она, соединив руки, и затем прибавила: Пора домой»,— точно смерть Толстого была предвестником каких-то апокалиптических бед».

В этом совершенно набоковском эпизоде, кроме откровений отрочества и поразительного разговора с отцом, кроме новости о смерти Толстого, настигшей чету русских интеллигентов за границей, присутствует еще и это самое многоязычие, свободный выбор языка — переход с немецкого на домашний английский, потом вдруг на интимный французский и, наконец (как крик души),— на русский.

Первой няней Набокова была англичанка, и он упомянул ее особо через полвека, говоря в предисловии к «Лолите», что на сей раз старая тема была им развита на языке первой его гувернантки «некой мисс Рейчел Хоум». «Эта простая толстуха в переднике» запомнилась тем, что давала им с братом Сергеем перед сном английские бисквиты и читала ему «Маленького лорда Фаунтлероя». После нее были Виктория Артуровна Шелдон (Клейтон), томная, черноволосая красавица мисс Норкот (которая, увы, оказалась лесбиянкой) и кислая, близорукая мисс Хант, от которой они с братом сбежали в Висбадене; потом еще одна «ужасная старуха», и мистер Куммингс, и мистер Бэрнес (о котором только через четверть века его воспитанник узнал, что он был переводчиком русских стихов). Позднее пошли французы и француженки, среди которых запомнилась толстая мадмуазель из Лозанны, ей был посвящен его единственный написанный по-французски рассказ; ее мы узнаем и в романе «Защита Лужина», герой которого недоумевает, «почему образ толстой француженки с тремя костяными пуговицами сбоку на юбке, которые сближались, когда ее огромный круп опускался в кресло,— почему образ, так его раздражавший в то время, теперь вызывает чувство нежного ущемления в груди». В «Других берегах» есть трогательное описание ее старости в родной Лозанне, где она, как и вся лозанская колония бывших гувернанток, жила воспоминаниями о России («Человек всегда чувствует себя дома в своем прошлом...»).

«При переходе нашем в отрочество,— вспоминает Набоков,— англичанок и француженок постепенно стали вытеснять отечественные воспитатели и репетиторы, причем нанимая их, отец как будто следовал остроумному плану выбирать каждый раз представителя другого сословия или племени...»

Впрочем, первый русский учитель появился в доме довольно рано. Однажды, приехав в Выру и разговорившись с сыновьями (им было тогда шесть и пять), В. Д. Набоков заметил, что они совсем плохо знают русский. Тогда он и пригласил для них сельского учителя Василия Мартыновича, жившего неподалеку. После сельского учителя был сын дьякона, который влюбился в хозяйку дома, потом — симпатичный усатый украинец, потом — могучий латыш, умевший ходить на руках, затем — щеголь и красавец поляк, затеявший интрижку с соседкой по Выре, и наконец, лютеранин-еврей Зеленский (в мемуарах Набоков называет его Ленским), смешной и безъюморный человек, зато отличный учитель. «В тонкое отличие от всех своих предшественников», он нуждался в особой защите мальчиков, ибо «чувствовал себя «в нравственной безопасности» (как он выражался), только пока один из наших родителей присутствовал за обеденным столом. Но когда они были в отъезде, это чувство могло быть мгновенно нарушено какой-нибудь выходкой со стороны любой из наших родственниц или случайного гостя... Я не раз подслушивал их речи насчет происхождения Ленского, происков кагала и попустительства моей матери, и, бывало, я грубил им за это и, потрясенный собственной грубостью, рыдал в клозете. Отрадная чистота моих чувств, если отчасти и была внушена слепым обожанием, с которым я относился к родителям, зато подтверждается тем, что Ленского я совершенно не любил».

Среди серьезных увлечений маленького Лоди были шахматы, теннис и бокс. Бокс давал уверенность в себе, способность постоять за себя, а иногда и вступиться за слабого. Очень рано начались его детские влюбленности — пляжно-зарубежные, городские, деревенские. Румынская девочка на Лазурном Берегу Франции, маленькая сербка, француженка Колетт в Биаррице, кузины в Петербурге, крестьянская девочка Поленька в Выре... Детские его любови предстают в его книгах ярче и отчетливее, чем взрослые. Этим он, впрочем, не нарушил набоковской традиции. Одни из Набоковых были отчаянные женолюбы (кузен Ника официально был женат пять раз), другие оставались «равнодушны к женщинам» и относились к «половым меньшинствам», чьи проблемы так искренне занимали ученого юриста В. Д. Набокова, а позднее и его сына-писателя. Среди «равнодушных к женщинам» был, например, брат В. Д. Набокова Константин, дипломат, в молодости участвовавший в подписании Портсмутского мира, служивший при посольстве в Индии, а позднее в Англии, где после смерти русского посла даже исполнял одно время его обязанности, однако был вскоре смещен, а потом и вовсе вытеснен из сферы дипломатии большевиками (обо всем этом подробно рассказано в его «Записках дипломата», которые его племянник, лукаво искажая их название, упоминает как «Злоключения дипломата»). Предисловие к этой книге сообщает, что «высокий пост, который занимал автор, делал его особенно чувствительным к ущербу нашего национального достоинства», однако все это выражено в книге довольно невнятно, хотя заключительная фраза и сообщает, что Красин теперь «подъезжает к «парадному» ходу дома, в котором живет Ллойд Джордж». Забавен рассказ о том, что русский посол в Лондоне граф Бенкендорф владел «в совершенстве французским, немецким и итальянским», конечно, довольно свободно говорил по-английски, но, «к сожалению, русский язык знал недостаточно, а потому на соотечественников производил впечатление иностранца. Впечатление, разумеется, поверхностное и в корне ложное, ибо граф Бенкендорф принадлежал к самому тесному придворному кругу».

Сохранилась переписка Константина Набокова с Корнеем Чуковским. Чуковский (видимо, он познакомился с Константином Дмитриевичем в Лондоне, где по протекции В. Жаботинского некоторое время представлял «Одесские ведомости») восхищался множественностью талантов К. Д. Набокова, чертой тоже вполне набоковской (в полной мере, кстати, унаследованной сыном писателя Д. В. Набоковым), столь часто, увы, производящей на свет милых дилетантов. К. Д. Набоков по большей части находился за границей, как, впрочем, и другой набоковский родственник, тоже дипломат, милый, утонченный и мягкий брат Елены Рукавишниковой Василий Иванович, дядя Рука, отмеченный тем же отклонением от принимаемой нами за любовную норму гетеросексуальности, что и К. Д. Набоков. Легко представить себе, как нервничал отец Лоди, когда милый его свояк, заглядывая к ним в гости, сажал на колени и начинал «ласкать милого ребенка» — племянника. Дядя Рука умер совсем молодым близ Парижа в 1916 году (обстоятельствами его смерти навеяны некоторые сцены из «Истинной жизни Себастьяна Найта»), оставив племяннику миллионное состояние и свой великолепный дом с колоннами, построенный в восемнадцатом веке для канцлера Безбородко (как полагают, дом строил тот же самый Иван Старов, что построил для Потемкина Таврический дворец, где позднее заседал в Думе среди прочих депутатов В. Д. Набоков).

При такой наследственности (В. В. Набоков считал позднее, что отклонение от любовной нормы является наследственным, и история набоковского семейства не может послужить опровержению его теории) естественной была тревога В. Д. Набокова за судьбу трех своих сыновей. К несчастью, опасения его оправдались. Позднее Лоди попала в руки любовная записка брата Сергея, свидетельствующая о необычном выборе объекта любви. Лоди рассказал об этом гувернеру Зеленскому (Ленскому), а тот — В. Д. Набокову. Это, впрочем, случилось уже в пору учебы в Тенишевском училище, откуда Сергея в связи с этим открытием сразу же пришлось забрать. Об этих тревогах среди набоковской семейной идиллии можно было б и не упоминать, если бы не отразились они столь многообразно в прозе писателя В. В. Набокова. К Сергею старший брат всю жизнь относился довольно равнодушно и по-настоящему пожалел его только после второй мировой войны, узнав о его трагической и, как все полагали, абсурдной и случайной гибели в немецком лагере. На наш взгляд, нет ничего нелогичного в том, что сын либерала В. Д. Набокова, презиравший фашистов, да еще и относившийся к «половому меньшинству», попал в лагерь или в нацистскую тюрьму, а если и есть в этом элемент случайности, то ничуть не больший, чем в случайной гибели его отца за двадцать лет до этого.

Вероятно, столь же холодно относился Лоди к младшей сестре Ольге, существу довольно странному, зато с сестрой Еленой у него было много общего (это ярко выявилось через четыре десятилетия — в их переписке). Некоторые биографы вообще считают, что В. В. Набоков был не слишком предрасположен к любовям и дружбам. Это справедливо только отчасти. И осведомленный новозеландский биограф Набокова, и его студент А. Аппель, и даже разочаровавшийся в их дружбе Э. Уилсон справедливо отмечали, что он умел быть в высшей степени нежным и преданным, даже очень чувствительным — сыном, отцом, мужем, а в ранние годы, может быть, и другом. Во всяком случае, у меня при чтении его книг не создалось впечатления, что этот терзаемый угрызениями чувствительной совести человек был равнодушным и прожил безлюбовную жизнь. Что касается его самых горячих родственных чувств, то они, как писали те же Бойд и Аппель, были сосредоточены на немногих (зато с очень высокой концентрацией чувства) — на отце с матерью, на жене с сыном. Легко понять, что у прочих любящих его людей это могло вызывать иногда и досаду («Ему никто, наверное, был не нужен,— сказала мне совершенно неожиданно его сестра, самая пылкая защитница В. В. Набокова от стрел критики.— Сидел бы себе один с книжкой...»).

Некоторые исследователи считают этот дефицит любви к ближним результатом его воспитания: он был самый любимый и самый избалованный из набоковских детей. Мне связь между избалованностью ребенка и букетом пороков у взрослого не кажется такой уж бесспорной. Друг набоковской семьи И. В. Гессен опасался, что избалованный Лоди вырастет лентяем и никчемушным бездельником,— и рад был ошибиться. Сам В. В. Набоков в ту пору, когда миновал уже самые тяжкие испытания эмигрантской жизни, однако не избавился еще от бремени изнурительного труда, обратился с таким призывом к родителям: «Балуйте детей побольше, господа, вы не знаете, что их ожидает!» Призыв этот произнесен достаточно серьезно — как на основе сыновнего («Был я трудный, своенравный, до прекрасной крайности избалованный ребенок...»), так и на основе отцовского опыта.

Прежде чем увести вас из безоблачного дачно-заграничного рая в тоже сладостный, хотя и менее солнечный петербургский рай, хотелось бы сказать еще об одной особенности этого земного (впрочем, не будем все же преувеличивать его реальности и реалистичности), преходящего рая детства — о его отношениях с вечным раем, с Небом.

В набоковском доме исполнялись, конечно, обряды православия. Как и его герой Лужин, Набоков помнил «ночные вербные возвращения со свечкой, метавшейся в руках, ошалевшей от того, что вынесли ее из теплой церкви в неизвестную ночь, и наконец умиравшей от разрыва сердца, когда на углу улицы налетал ветер с Невы». И «исповеди в домовой церкви на Почтамтской», и «пасхальные ночи он помнил: дьякон читал рыдающим басом и, все еще всхлипывая, широким движением закрывал огромное Евангелие... Был запах ладана, и горячее падение восковой капли на костяшки руки, и темный, медовый лоск образа, ожидавшего лобзания». (Еще через двадцать лет сестра в письме к В. В. Набокову напишет ему о Пасхе в Праге: «...это мне всегда напоминает Почтамтскую».)

Однако при внешнем соблюдении обрядов нетрудно было заметить в набоковском доме и начало отхода от традиционного православия, как общего для значительной части тогдашней русской интеллигенции отхода от церкви, так и своего, индивидуального. Вот как описывал позднее В. В. Набоков верования своей матери, с которой он был так близок душевно: «Среди отдаленных ее предков были староверы... и звучало что-то твердо-сектантское в ее отталкивании от обрядов православной церкви. Евангелие она любила какой-то вдохновенной любовью, но в опоре догмы никак не нуждалась; страшная беззащитность души в вечности и отсутствие там своего угла просто не интересовали ее. Ее проникновенная и невинная вера одинаково принимала и существование вечного, и невозможность осмыслить его в условиях временного. Она верила, что единственно доступное земной душе — это ловить далеко впереди, сквозь туман и грезу жизни, проблеск чего-то настоящего. Так люди, дневное мышление которых особенно неуимчиво, иногда чуют во сне, где-то за щекочущей путаницей и нелепицей видений,— стройную действительность прошедшей и предстоящей яви».

Нетрудно предположить, что у либерала и бунтаря В. Д. Набокова были свои претензии к официальной церкви, нередко выступавшей заодно с властью. Он даже сказал мальчику однажды, что тот может не ходить в церковь, если ему не хочется. Все это объясняет отчасти несколько экзотический ритуал вечерней детской молитвы, который описан в «Других берегах»: «Стоя коленями на подушке, в которой через полминуты предстояло потонуть моей звенящей от сонливости голове, я без мысли говорил английскую молитву для детей, предлагавшую — в хореических стихах с парными мужскими рифмами — кроткому Иисусу благословить малого дитятю. В соединении с православной иконкой в головах, на которой виднелся смуглый святой в прорези темной фольги, все это составляло довольно поэтическую смесь...»

Может, именно эта особенность набоковского рая детства обусловила отчасти столь мучительные метафизические поиски на протяжении всей взрослой жизни писателя: «Сколько раз я чуть не вывихивал разума, стараясь высмотреть малейший луч личного среди безличной тьмы по оба предела жизни!.. Я забирался мыслью в серую от звезд даль — но ладонь скользила все по той же совершенно непроницаемой глади. Казалось, кроме самоубийства, я перепробовал все выходы...»

Конечно, немалую роль в этих трудностях сыграли неизбежный индивидуализм и писательская неконформность, нежелание идти в толпе, за толпой: «...в метафизических вопросах я враг всяких объединений и не желаю участвовать в организованных экскурсиях по антропоморфическим парадизам, мне приходится полагаться на собственные слабые свои силы, когда думаю о лучших своих переживаниях...»

Набоков объяснял, что именно поиски вечности привели его назад к детству и младенчеству: «...не умея пробиться в свою вечность, я обратился к изучению ее пограничной полосы — своего младенчества». Рай младенчества и детства оказывается способом приблизиться к вечности и заменой другого рая.

Детство — это время провидения и ясновидения, и события будущего словно отбрасывают свою тень в детство. Напомним один из эпизодов такого провиденья. Крестьяне приходят для переговоров с барином и, получив от В. Д. Набокова какие-то уступки, начинают качать его под окном столовой, через которое сыновья его, продолжающие обедать, видят взлетающего на воздух отца:

«Там, за стеклом, на секунду являлась, в лежачем положении, торжественно и удобно раскинувшись в воздухе, крупная фигура моего отца; его белый костюм слегка зыбился, прекрасное невозмутимое лицо было обращено к небу. Дважды, трижды он возносился, под уханье и ура незримых качальщиков, и третий взлет был выше второго, и вот в последний раз вижу его покоящимся навзничь, и как бы навек, на кубовом фоне знойного полдня, как те внушительных размеров небожители, которые, в непринужденных позах, поражающих обилием и силой красок, парят на церковных сводах в звездах, между тем как внизу одна за другой загораются в смертных руках восковые свечи, образуя рой огней в мрении ладана, и иерей читает о покое и памяти, и лоснящиеся траурные лилии застят лицо того, кто лежит там, среди плывучих огней, в еще не закрытом гробу».

Те, кто читал «Другие берега», помнят, наверно, и эпизоды детского ясновиденья: поездка матери за подарком для больного Лоди на Невский, гигантский карандаш в витрине...

Напомним уже приведенное выше мнение одного из лучших российских набоковедов (В. Ерофеева) о том, что «набоковский рай трудно назвать языческим... По причине того, что в нем есть парафраз христианской божественной иерархии», есть бог-отец, выполняющий «функции... бога любви».

Так или иначе, для меня несомненно, что В. В. Набоков был человек верующий (хотя, конечно, вера его была не вполне ортодоксальной, не церковной). Претензии к нему по этой линии слышатся чаще всего от людей, для которых собственная монополия на веру и духовность отчего-то несомненна. А также от тех, для кого форма верования важнее его истинного содержания.

ВЕСТМИНСТЕРСКИЕ КУРАНТЫ

Однако вернемся в Петербург набоковского детства, в знаменитый дом на Большой Морской: «...у нас был на Морской (№ 47) трехэтажный, розового гранита особняк с цветистой полоской мозаики над верхними окнами».

Ведомый своей безотказной памятью, Набоков и через пятьдесят лет бродит по этому дому, ожидая в зимних сумерках урока с очередным наставником-англичанином. «Приходил камердинер, звучно включал электричество, неслышно опускал пышно-синие шторы, с перестуком колец затягивал цветные гардины и уходил. Покинув верхний, «детский», этаж, я лениво обнимал лаковую балюстраду и в мутном трансе, полуразинув рот, соскальзывал вдоль по накалявшимся перилам лестницы на второй этаж, где находились апартаменты родителей...»

С трепетом входит мальчик в кабинет отца: «Там и сям, бликом на бронзе, бельмом на черном дереве, блеском на стекле фотографий, глянцем на полотне картин, отражался в потемках случайный луч, проникавший с улицы, где уже горели лунные глобусы газа. Тени, точно тени самой метели, ходили по потолку...»

Магический дом. В нем есть еще гостиная, будуар с «фонарем», откуда видна Морская, есть концертная зала, проходной кабинетик, откуда «низвергается желтый паркет из овального зеркала над карельской березы диваном (всем этим я не раз меблировал детство героев)». На стенах комнат — замечательные картины. Среди их создателей и модные мирискусники, и тронутые патиной времени традиционалисты, мимо которых, фыркая, проходит Александр Бенуа, — он дает уроки рисования маленькой Елене Набоковой. Владимиру уроки дает сам Добужинский...

Отец с матерью не пропускают ни хороших концертов, ни интересных спектаклей (в день своей гибели театрал и знаток В. Д. Набоков закончил новую главу воспоминаний о театральной жизни Петербурга). В их доме на Морской дают концерты замечательные музыканты, поют знаменитые певцы. И все чаще собираются здесь бунтари-либералы, кому этот строй, дающий им столько привилегий и благ, кажется устаревшим, несправедливым. Юный Лоди, в отличие от этого поколения народолюбцев, не питает особых иллюзий в отношении простых людей, с которыми ему доводится иметь дело (правда, это по большей части петербургская прислуга, лакеи, может, и впрямь не лучшая часть русского населения). Что до В. Д. Набокова, то он не нуждается ни в какой эмпирической опоре для своих принципов. Он убежден, что справедливость и закон должны охранять права всех без исключения граждан, что права эти гарантирует конституция, их гарантирует избранный народом парламент — как в Англии... В доме культ всего английского. Вслед за парламентскими идеями проникают в набоковский дом английское мыло, прозрачное в мокром виде и черное — в сухом, английские пудинги, английские игрушки, «и хрустящее английское печенье, и приключения Артуровых рыцарей, та сладкая минута, когда юноша, племянник, быть может, сэра Тристрама, в первый раз надевает по частям блестящие выпуклые латы и едет на свой первый поединок» («Подвиг»). Эдемский сад представлялся маленькому Лоди британской колонией. Он и читать по-английски научился раньше, чем по-русски. Первые легенды и сказки этого ребенка были не русские, но «не все ли равно, откуда приходит нежный толчок, от которого трогается и катится душа, обреченная после сего никогда не прекращать движения?» («Подвиг»). Следом за английскими книжками пришли французские и русские. В петербургском доме В. Д. Набокова была огромная библиотека (а в ней даже библиотекарша, составлявшая каталог). Восьми лет от роду Лоди обнаружил там монументальные издания по энтомологии — голландские, немецкие, французские, английские. Чуть позже он стал зачитываться английскими энтомологическими журналами. Потом пришли романы, поэзия. Сперва он увлекался Майн Ридом и ковбойскими играми, потом открыл Уэллса, По, Браунинг, Китса, Киплинга, Конрада, Честертона, Уайлда, Флобера, Верлена, Рембо, Чехова, Блока. Флобера он, конечно, читал по-французски, Шекспира — по-английски, а Толстого снова и снова перечитывал по-русски. Чуть позднее, когда русские стихи стали его «алтарем, жизнью, безумием», у него, наряду с Пушкиным, с Блоком, появилось немало любимых поэтов, чьи имена вдруг всплывают ненароком то в поздних его интервью, то в письмах. Скажем, имя Апухтина. Или Случевского, упомянутого через сорок лет сестрой Еленой. Елена пишет брату из Женевы, что наткнулась на любимое стихотворение их отрочества:

> Упала молния в ручей.
> Вода не стала горячей.
> А что ручей до дна пронзен,
> Сквозь шелест струй не слышит он.
> Зато и молнии струя,
> Упав, лишилась бытия.
> Другого не было пути...
> И я прощу, и ты прости.

В недрах отцовской библиотеки были соблазнительные для всякого подростка сочинения по вопросам секса — знаменитые книги Крафта-Эбинга, Эллиса и других сексологов. Вспоминая о затянувшейся своей невинности, Набоков писал полвека спустя: «Невинность наша кажется мне теперь почти чудовищной при свете разных исповедей за те годы, приводимых Хавелок Эллисом, где речь идет о каких-то малютках всевозможных полов, занимающихся всеми греко-римскими грехами, постоянно и всюду, от англо-саксонских промышленных центров до Украины (откуда имеется одно особенно вавилонское донесение от помещика)».

В одном из уголков обширной отцовской библиотеки «приятно совмещались науки и спорт: кожа переплетов и кожа боксовых перчаток». Здесь, чуть поодаль от глубоких клубных кресел, отец брал уроки фехтования, а маленький Лоди колотил по грушевидному мешку для бокса. После революции, когда семья Набоковых покинула Петербург, «отцовская библиотека распалась, кое-что ушло на папиросную завертку, а некоторые довольно странные остаточки и бездомные тени появлялись,— как на спиритическом сеансе,— за границей. Прошли еще годы — и вот держу в руках обнаруженный в Нью-Йоркской публичной библиотеке экземпляр каталога отцовских книг, который был отпечатан еще тогда, когда они стояли, плотные и полнокровные, на дубовых полках, и застенчивая старуха-библиотекарша в пенсне работала над картотекой в неприметном углу».

Была у этого дома и другая жизнь, хотя и не составлявшая тайны, а все же, вследствие высокого понятия о «государственной безопасности», неизменно привлекавшая внимание шпиков, старавшихся подкупить прислугу (один из этих нерасторопных агентов, будучи обнаружен Лоди и Юриком Раушем в каком-то чуланчике за библиотекой, «неторопливо и тяжело опустился на колени перед старой библиотекаршей, Людмилой Абрамовной Гринберг»).

«Около восьми вечера,— вспоминает Набоков в «Других берегах»,— в распоряжение Устина поступали многочисленные галоши и шубы. Похожий несколько на Теодора Рузвельта, но в более розовых тонах, появлялся Милюков в своем целлулоидовом воротничке. И. В. Гессен, потирая руки и слегка наклонив набок умную лысую голову, вглядывался сквозь очки в присутствующих... постепенно переходили в комитетскую, рядом с библиотекой. Там, на темно-красном сукне длинного стола, были разложены стройные карандаши, блестели стаканы, толпились на полках переплетенные журналы и стучали маятником высокие часы с вестминстерскими курантами».

О, вряд ли они здесь случайны, эти вестминстерские куранты (как и все прочие детали у Набокова). Ведь собирались в доме товарищи В. Д. Набокова по кадетской партии, ее создатели и вожди, а пафос этой партии был в ее «правовом романтизме», в том, что Маклаков назвал «мистикой конституции». Эта самая молодая из либеральных партий Европы и, наверное, единственная в истории России (так, во всяком случае, считает историк М. Я. Геллер) либеральная партия, строя свою доктрину на основе европейской правовой науки, приучала население (да и власти заодно) к гражданственности и политическому мышлению, провозглашая необходимость подчинения «всех без исключения» закону, необходимость обеспечения «основных гражданских свобод» для всех. Программа партии подчеркивала внеклассовый и всенародный характер ее и объявляла высшей ценностью Россию, сильное русское государство. «Мы мечтали,— вспоминала деятельница кадетской партии Ариадна Тыркова-Вильямс,— мирным путем, через парламент осчастливить Россию, дать ей свободу мысли, создать для каждого обитателя великой империи, без различия сословий и национальностей, просторную, достойную жизнь». Парламент появился чуть позже — Первая Дума: «...прожила она недолго,— продолжает А. Тыркова,— и промелькнула через русскую историю... как выражение чаяний целого ряда идеологов, а не как законодательная палата». И здесь же, конечно,— о В. Д. Набокове, который «был искренний конституционалист, горячий защитник правового строя. Он был счастлив, что наконец мог в высоком собрании, открыто, во всей их полноте, высказывать свои политические воззрения...»

В речи, с которой тридцать лет спустя Владимир Набоков обратился к верному другу своего отца кадету Иосифу Гессену, содержались такие очень важные для нашей книги признания: «...хотя я и тогда, в детстве, как и теперь, достаточно чужд общественных так называемых интересов, но Вы уже принадлежали в моем тогдашнем сознании к тому державному порядку существ и вещей, который определялся смутными, но добрыми понятиями, такими, как «Речь» или Дума, и откуда, говоря точнее, исходил этот дух просвещенного либерализма, без коего цивилизации — не более, чем развлечение идиота. Я сейчас с завистью думаю о той климатической полосе русской истории, где Вы расцветали, и мучительно стараюсь вообразить многое, очень многое, что легко вспоминаете Вы...»

Вспоминая об этой деятельности отца еще тридцать лет спустя, писатель отмечал, что в его отношении к ней было множество «разных оттенков,— безоговорочная, как бы беспредметная, гордость, и нежная снисходительность, и тонкий учет мельчайших личных его способностей...».

О думских речах В. Д. Набокова и о нем самом написано немало. Вот как вспоминает самого́ Набокова и его речи Ариадна Тыркова-Вильямс: «По Таврическому дворцу он скользил танцующей походкой, как прежде по бальным залам, где не раз искусно дирижировал котильоном. Но все эти мелькающие подробности своей блестящей жизни он рано перерос. У него был слишком деятельный ум, чтобы долго удовлетворяться бальными успехами. В нем, как и во многих тогдашних просвещенных русских людях, загорелась политическая совесть. Он стал выдающимся правоведом, профессором, одним из виднейших деятелей Освободительного Движения...» А. Тыркова пишет о набоковской ясности мысли, привычке к юридическому анализу, его умении излагать сложные вопросы с изящной точностью: «Некоторые фразы Набокова запоминались, повторялись. Большой успех имела его длинная речь по поводу адреса, где он подробно развил идею, очень дорогую кадетам, но совершенно неприемлемую для правительства, об ответственности министров перед Государственной Думой. Эту речь Набоков закончил словами, которые и теперь иногда повторяются людьми, не забывшими думский период русской истории:

— Власть исполнительная да подчинится власти законодательной.

Бросив этот вызов, Набоков под гром аплодисментов, легко, несмотря на некоторую раннюю грузность, сбежал по ступенькам думской трибуны, украдкой посылая очаровательные улыбки наверх, на галерею, где среди публики бывало немало хорошеньких женщин... Все же и одобрение красивых женщин его немало тешило».

Замечания В. В. Набокова к книге Э. Филда уточняют, что на галерее в тот день сидела Елена Ивановна Набокова, которая до конца своих дней гордилась этой речью мужа. И. Гессен вспоминает, с каким удивлением во время этой речи смотрел на оратора министр двора старый граф Фредерикс («Неужто это тот самый Набоков, который недавно еще был камер-юнкером?»).

«В... усмешке, которая часто мелькала на его правильном, цветущем, холеном лице,— продолжает А. Тыркова-Вильямс,— Аладьин и некоторые его товарищи видели барское высокомерие. Хотя на самом деле, если в ней была доля высокомерия, то, конечно, интеллектуального, никак не классового. С политическими мыслями этого талантливого депутата и трудовики не могли не соглашаться. Все же сам Набоков вызывал в некоторых из них классовое недружелюбие, которого он к ним совсем не испытывал.

...Среди разных думских зрелищ одним из развлечений

были набоковские галстуки. Набоков почти каждый день появлялся в новом костюме и каждый день в новом галстуке, еще более изысканном, чем галстук предыдущего дня... Эти галстуки для трудовиков стали враждебным символом кадетской партии, мешали сближению, расхолаживали. Но вредной исторической роли они все же не сыграли...»

Попавший на заседание Первой Думы известный английский историк Бернард Пэарз писал, что «в самой Думе первенствует в дебатах молодой кадет, обладающий замечательным умением и многообещающими парламентскими талантами,— Владимир Набоков».

Один из соратников В. Д. Набокова по партии (Максим Винавер) вспоминал, что время Первой Думы было, конечно, самым счастливым периодом в деятельности Владимира Дмитриевича Набокова. Он не желал ограничиваться кабинетной работой, но он не годился и для митингов. Ему нужна была интеллигентная аудитория, способная оценить ясность мысли, точность выражения, иронию, великолепие русского языка, блеск формулировок. Такую аудиторию он получил в Первой Думе и стал одним из ведущих ее ораторов.

Последние месяцы работы Первой Думы отмечены были некоторым спадом, хотя Набокову и приходилось еще иногда выступать. Он выступил против еврейских погромов и в защиту закона, запрещающего смертную казнь (закон этот был принят Думой). Борьба против смертной казни проходит через всю жизнь В. Д. Набокова: его последняя статья, написанная по-английски и отданная в журнал накануне гибели, тоже была посвящена этой проблеме.

Министр финансов Коковцов вспоминает в мемуарах, что император Николай II показывал ему список «министрабельных», с точки зрения его окружения, лиц, и в списке этом, где большинство составляли члены кадетской партии, против графы «министр юстиции» стояло имя Набокова. Список был составлен умеренным октябристом и представлен царю Треповым. Царь не мог ни на что решиться, а когда газета «Таймс» (со слов Трепова) предала этот список гласности, царь вернул его Трепову. Можно только гадать (а сейчас, вероятно, самое время для таких гаданий), как повернулись бы события, если б у правительства еще в ту пору появилось либеральное министерство...

Когда в июле 1906 года правительство в нарушение конституции распустило Первую Думу, В. Д. Набоков вместе с двумя сотнями депутатов отправился в Выборг протестовать против роспуска Думы.

Гессен не без удивления вспоминает, как провожал бунтаря Набокова в Финляндию: первым пришел к поезду камердинер Владимира Дмитриевича, принес сельтерскую воду и корзину с фруктами от Елисеева, поставил на столик фотографию Елены, навел порядок в купе...

Из Выборга депутаты обратились к населению страны с призывом отказаться от уплаты налогов и прохождения воинской повинности в знак протеста против роспуска Думы. Как и все, кто поставил подпись под этим, так называемым «Выборгским воззванием», — а В. Д. Набоков был к тому же одним из его авторов, — он был привлечен к суду и лишен права баллотироваться на выборах во Вторую Думу.

«Похоже, что все наши труды за последние два года похоронены, — писал тогда В. Д. Набоков брату Константину, — и надо все начинать сначала. Мы оглушены этим тяжелым ударом и еще не можем от него оправиться».

В конце июля черносотенцами был убит кадетский депутат Герценштейн. В августе Набоковы вдруг отправились в Голландию, а по дороге заехали в Брюссель, где находился в это время К. Д. Набоков. Елена Ивановна нервничала, так как причины их внезапного отъезда были ей неизвестны. По всей вероятности, их не узнал и В. В. Набоков. Объяснения событиям того лета Б. Бойд обнаружил недавно в письме К. Д. Набокова (от 23 августа 1906 года) к его знакомому Доналду Несбиту. К. Д. Набоков пишет, что Герценштейн был первым из шести депутатов, обреченных черносотенцами на смерть, следующим в списке шел В. Д. Набоков. «Его друзья, узнавшие об этом, убедили его покинуть Россию на некоторое время», — пишет К. Д. Набоков.

12 декабря 1907 года начался суд над депутатами, подписавшими «Выборгское воззвание». Адвокат В. Д. Набокова О. О. Грузенберг вспоминал, что Набоков держался с абсолютным спокойствием и, хотя был непроницаем, не скрывал своего презрения к судьям.

В. Д. Набоков был приговорен к трем месяцам одиночного заключения и препровожден в петербургскую тюрьму «Кресты». Письма, которые он писал жене из тюремной камеры (он писал их на туалетной бумаге и передавал через своего друга Августа Исаковича Каменку), были спустя почти шестьдесят лет опубликованы его сыном в американском альманахе «Воздушные пути». Было бы жаль не привести хоть несколько отрывков из этих писем.

«17 мая 1908 г. ...День у меня... распределен. 5 ч.— вставанье, туалет, чтение Библии; от 6 до 6½ — чай, от 6½ до 7-ми одевание, от 7-ми до 9½ — итальянский язык и первая прогулка, от 9½ до 12 — занятия уголовным правом, от 12 до 1 ч.— обед, и отдых от 1 ч. до 4 и вторая прогулка; от 4-х до половины 7-го — серьезное чтение, стоя, и гимнастика, от половины 7-го до 7 — ужин и отдых, от 7-ми до половины 9-го — чтение по-итальянски; в 8½ — 9½ легкое чтение, от половины 10-го до десяти укладываюсь спать... Могу только желать, чтобы все мои товарищи чувствовали себя так бодро, хорошо и весело, как я. Одна у меня забота: о тебе, не изводят ли тебя, не беспокоят ли напрасно...

21 мая 1908 г... Вчера вечером я был осчастливлен твоими тремя открытками, в одной из них — дорогие строки Lody. Спасибо ему, маленькому. Это — огромная радость.

...1 июня, 5 часов.

Радость моя, мое солнышко, я был несказанно счастлив видеть сегодня твое дорогое, родное личико и слышать твой обожаемый голосок. Я стараюсь не слишком это показывать, чтобы не растрогать тебя и себя, но теперь я мысленно обращаю к тебе все нежности, которые не мог сказать. Боюсь одного, что эти свидания тебя расстраивают, это меня мучит...

4 июня 1908 г., среда.

Мое солнышко, я еще не получил твоих Cartes postales... Но получил уже книги от Тура сегодня, а вчера, от Каменки, Данте и словарь. Большое спасибо... Я теперь читаю, кроме Библии и уголовного права: 1. Куно Фишера о Канте, 2. Ницше — Заратустру, 3. Михайловского «Литературные встречи» и 4. d'Annunzio «Trionfo della morte». Я нахожу, что гораздо менее утомительно читать сразу несколько книг, правильно распределенных, чем одну сплошь. Только что перечитал «Карамазовых»...

5 июня, четверг, 8¾ ч. вечера.

...сегодня я получил твои два длинных письма (от 2-го и 3-го): это такое счастье! Когда мне их приносят, я из жадности их не сразу читаю. Получил... множество открыток: от мамы, 5 от верного Кам., еще от Гессена. Ты мое сокровище, я тебя обожаю, надеюсь, что ты до конца будешь храбренькая. Помни все время, как ничтожны те неприятности, которые мы переживаем, сравнительно со столькими ужасными страданьями. Здесь как раз есть один бывший член совета раб. депутатов, старик дряхлый. Он был приговорен к поселению, и оно ему заменено пятью годами тюрьмы. Не говоря уже о других, об ушедших на каторгу, на поселение... Читаю много, очень совершенствуюсь в итальянском языке. Скажи Авг. Ис., что я так ему бесконечно признателен за все, что он для меня и тебя делает, что я не только готов простить ему пари, но взять проигрыш на себя. Серьезно, я страшно тронут его дружбой и никогда не забуду его доброты...

7 июня, суббота.

Сейчас получил твое драгоценное письмецо с бабочкой от Володи. Был очень тронут. Скажи ему, что здесь в саду, кроме rhamni и P. brassicae, никаких бабочек нет. Нашли ли вы egeria? Радость моя, я тебя люблю. Я бодр и здоров и... Я тоже хочу, чтобы ты была одна на свидании, чтобы ничто меня от тебя не отвлекало, но сделай так, чтобы мама не обиделась. Я хожу в голубой шелковой рубахе, очень эффектно. Целую без конца.

16 июня, 1908 г.

...Вчера ночью, часов в 10 с четвертью, на Неве проходил пароход, очевидно de plaisance, что-то играли, орали «ура», чуть ли не по адресу Крестов. На «ура» мы всегда способны.

25 июня в 8½ ч. вечера.

...само собой, поездка с детьми должна быть решена только зрело обдумав... A Lody уже знает об этом плане? Как я буду счастлив увидеть его и всех их...

6 июля 1908 г.

Солнышко мое ненаглядное, я был страшно счастлив видеть сегодня твое дорогое прелестное личико и слышать твой голос, такая радость думать, что через неделю опять тебя увижу... я с восторгом думаю о поездке в конце августа вдвоем с тобой. Думаю так: 5 дней в Мюнхене, 5 дней озеро (Белладжио), 5 дней — Венеция... Жду от детей писем, мысленно покрываю их поцелуями, цыпочных... Я кончил «Fuoco», есть удивительные места по яркости, красоте и глубине психологического анализа. Там появляется Вагнер. Это очень красиво. Но все же чувствуется какая-то impudeur в том, что он (меняя лишь имена и время) так подробно рассказывает свой роман с Дузе... я чувствую себя отлично несмотря на жару, делаю ежедневно гимнастику, ем и сплю хорошо, и бодро ожидаю конца этой дурацкой, позорной и низкой комедии. Целую тебя нежно, нежно. Обожаю тебя больше всего на свете».

* * *

Счастливый мир набоковского детства был до краев заполнен занятиями, увлеченьями, впечатлениями... Бабочки и книги, велосипед, коньки, теннис, бокс, и ранние влюбленности, и живопись, и языки, и шахматы, и таинственный мир цифр, и магия, и стихи... Легко понять, отчего одиннадцатилетнему Лоди не так уж хотелось уходить из этого увлекательного, своего мира в чужой мир школы. Для его маленького героя (Лужина) поступление в школу становится настоящей трагедией. Лоди чувствовал себя неловко в коллективе, в толпе чужих сверстников, где вряд ли отыщешь и полдюжины симпатичных лиц, а общаться надо со всеми. И ведь именно эти другие, наименее симпатичные, будут притязать на твое внимание, вторгаться в твой мир, требовать, чтоб ты был с ними заодно, чтоб ты становился существом «общественным». И уж непременно среди этого множества людей найдется один такой, кто попытается превратить твою жизнь в истинный ад. Лоди уже в этом возрасте не любил общества и оттого в обществе очень часто был малоприятен. Ясно, что, хотя он еще не был тогда признанным художником, индивидуалистом он уже был.

Школа, в которую его отдали, называлась Тенишевским училищем (это было так называемое «коммерческое» училище, основанное князем Тенишевым). По небрежному замечанию Набокова, отличие его от других школ и гимназий было не так уж велико: чуть меньше формализма, чуть больше спорта, тут не носили гимназической формы, не было классовых и религиозных ограничений. Воспоминания других писателей, обучавшихся там, дают училищу более высокую оценку: можно привести такой неординарный пример, как «Шум времени» Осипа Мандельштама. Однако и претензии Набокова к школе не кажутся такими уж чрезмерными. «Как во всех школах, — вспоминает Набоков, отмечая, что при этом сам он то ли сбивается, то ли «подделывается» «под толстовский дидактический говорок», — между мальчиками происходил постоянный обмен непристойных острот и физиологических сведений и, как во всех школах, не полагалось слишком выделяться». Не выделяться же ему было трудно. У него был знаменитый, очень знаменитый отец, его привозил на машине шофер «в ливрее», школьные сочинения его пестрели английскими и французскими выражениями («которые попадали в мои русские сочинения только потому, что я валял первое, что приходило на язык»). Одноклассник Набокова тенишевец Олег Волков (ныне писатель) вспоминает, что Набоков выделялся также своими способностями — все ему давалось: «И в теннис всех нас обыгрывал, и в шахматы. За что бы он ни брался, поражал всех своей талантливостью...» (из беседы О. В. Волкова с Д. М. Урновым.) Волков утверждает также, что Набоков ни с кем не дружил в классе и что «юношеский снобизм делал его белой вороной» (из письма О. В. Волкова в Париж З. А. Шаховской). В. В. Набоков и сам рассказывает об этом, не скрывая своего индивидуализма: «Я был превосходным спортсменом; учился без особых потуг, балансируя между настроением и необходимостью; не отдавая школе ни одной крупицы души, сберегая все свои силы для домашних отрад, — *своих* игр, *своих* увлечений и причуд, *своих* бабочек, *своих* любимых книг, — и в общем не очень бы страдал в школе, если бы дирекция только поменьше заботилась о спасении моей гражданской души. Меня обвиняли в нежелании „приобщиться к среде“...»

Дирекцию в то время уже, видимо, представлял «темпераментный В. В. Гиппиус... довольно необыкновенный рыжеволосый человек с острым плечом (тайный автор замечательных стихов, которые он печатал под псевдонимами)». В. В. Гиппиус, чьи стихи удостоились тут редкостной набоковской похвалы, пытался втянуть мальчика в какие-то кружки, «где избиралось «правление»... а впоследствии даже происходили дискуссии на политические темы». Странный мальчик сопротивлялся «этой скуке, этим бесплатным добавлениям к школьному дню», подняться же до уважения детской свободы не могли ни эти «прекраснейшие благонамеренные люди», ни даже поэт Гиппиус. В упомянутом уже письме к З. Шаховской Олег Волков вспоминает, что «ни с кем не друживший» Набоков все же «несколько отличал» своих соперников-спортсменов: «сына английского пастора, стопроцентного бритта Любоше» и «отпрыска торгового дома Мандель и К°, не уступавшего ему на корте». Между тем и память В. В. Набокова, и его биографы, работавшие в архиве, извлекли на свет Божий по меньшей мере двух школьных друзей юного Лоди, и это мемуарное расхождение отчасти проясняется, если мы продолжим (с любезного позволения З. А. Шаховской) цитировать это письмо О. В. Волкова: «Тенишевское училище было Ноевым ковчегом, особенно когда влились в него учащиеся из западных местечек — беженцы-евреи, так что наставники и учителя наши умели обращаться с самой разношерстной публикой...» О. В. Волков этим подтверждал, что в училище царила терпимость, и только «белая ворона» Набоков держался от «публики» подальше. Но старые письма свидетельствуют, что сын либерала В. Д. Набокова, напрочь отметавшего расовые и классовые отличия, юный Лоди как раз и дружил с представителями «разношерстной публики». Одним из его лучших друзей был Саба (Савелий) Кянжунцев, прелестный охальник, классный гений и шутник, родом из карабахских армян. Это он, обнаружив, что скелет в анатомическом кабинете женский, во всеуслышание заявил, что отныне бросает мастурбацию и заводит новый роман. А лучшим другом Лоди был маленький, симпатичный Самуил Розов, всеобщий любимец, всем дававший списывать на контрольных. С Набоковым их объединяло раннее ощущение мистической тайны, скрытой за поверхностью жизни, умение наблюдать, страсть к поэзии и к Чехову. Розов (уехавший позднее в Израиль) вспоминал, что они однажды обсуждали с Набоковым все, вплоть до проблем сионизма. Их дружеская симпатия сохранялась долго, и, судя по письму С. Розова, написанному через шестьдесят лет, «разношерстная публика» умела ценить в Лоди не только его многочисленные таланты, но и привитое ему либеральным отцом презрение к расово-классовому разделению человечества: «Классификаций для тебя не существовало — Кянджунцев, *армянин*, Розов, *еврей*, Неллис, *немец*. Ты различал людей только в соответствии с их индивидуальными особенностями, а не по каким бы то ни было ярлыкам».

Как во всякой школе, в Тенишевском были один-два любимых учителя и множество нелюбимых. Набоков с благодарностью вспоминал историка Вебера и с насмешкой — надменного географа Березина (это за ним Лоди поправил на доске ошибку в названии «Нил», написанном как бы по-иностранному, и можно посочувствовать учителю: легко ли иметь дело с трехъязычным учеником). И с настоящим содроганием вспоминал он школьную ежеутреннюю повинность (он ведь до старости любил валяться по утрам и сочинять в постели): «Когда камердинер... будил меня, смуглая мгла еще стояла за окнами, жужжало в ушах, поташнивало, и электрический свет в спальне резал глаза мрачным йодистым блеском. За какие-нибудь полчаса надо было подготовить скрытый накануне от репетитора урок (о, счастливое время, когда я мог сфотографировать мозгом десять страниц в столько же минут!), выкупаться, одеться, побрекфастать. Таким образом утра мои были скомканы, и пришлось временно отменить уроки бокса и фехтованья с удивительно гуттаперчевым французом Лустало».

Но еще страшней, чем эти лихорадочные предрассветные сборы, была неизбежность общения с развязной толпой одногодков, которые лезут тебе в душу, насмешничают, улюлюкают, пытаются проникнуть во все, самые заветные твои тайны. Именно с этими классными пересудами и любопытными взглядами связана в воспоминаниях Набокова (и в его рассказе «Лебеда») история отцовской дуэли. Газета «Речь» (одним из редакторов которой был В. Д. Набоков) обвинила сотрудника суворинского «Нового времени» (Снесарева) в коррупции. Снесарев отомстил богатому Набокову карикатурой, намекавшей на «его брак по расчету». Позднее В. Д. Набоков (не раз публично выступавший против дуэлей) объяснял, что у него не было другого выхода, как вызвать оскорбителя на дуэль. Конечно, не журналиста Снесарева, который был взяточник, негодяй и лицо, с точки зрения Набокова, «недуэлеспособное», а редактора газеты. Секундантом Владимира Дмитриевича согласился быть его свояк, второй муж его сестры Нины Дмитриевны и отчим Юрика Рауша адмирал Коломейцев, герой Цусимы. Узнав об этом от мальчиков в школе, Лоди испытал смертельный страх за отца (еще одна репетиция судьбы перед трагическим 1922 годом). И только добравшись домой и услышав на лестнице в передней громкие веселые голоса, он «понял, что дуэли не будет»: «Николай Николаевич Коломейцев в своих морских регалиях спускался по мраморной лестнице... мое сердце поднялось,— поднялось, как на зыби поднялся «Буйный», когда его палуба на мгновенье сравнялась со срезом «Князя Суворова», и у меня не было носового платка». (Привыкнув уже к чтению Набокова, мы догадываемся, что тут, на волне облегчения и счастливых слез, проносится в памяти мемуариста эпизод спасения Коломейцевым командующего флотом.)

Забегая вперед на много десятилетий, процитирую две строчки из послевоенного письма В. В. Набокова сестре, где он вспоминает о своем отъезде из Парижа в 1940 году: «...провожали нас Иосиф Владимирович [1] (здесь потом умерший) и тетя Нина (умершая в прошлом году в Париже. Ник. Ник., возвращаясь с похорон, попал под автомобиль и был убит)». Речь идет о матери Юрика Нине Дмитриевне и адмирале Коломейцеве.

В классе у Набокова (как, вероятно, в любом классе) был свой верзила-второгодник, который снился потом Набокову в дурных снах. Это на него, сжав крошечные кулачки, бросился однажды бесстрашный Розов. Лоди же, прежде чем быть изрядно измолоченным, успел разбить ему нос боксовым ударом. Этот обычный классный набор [2] — остряк, силач, тихоня — переходит у Набокова из книги в книгу. Иногда тень будущего ложится на повествование об этих последних годах перед катастрофой: тихоня из лужинского класса стал георгиевским кавалером в годы мировой войны, потом потерял руку в гражданскую... Когда Набоков оказался по ту сторону железного занавеса, по нашей земле еще бродили недобитые безжалостной властью интеллигенты-тенишевцы. Помню, как появился в писательском Доме творчества под Москвой высоченный, очень худой человек, борода лопатой — вернулся из долгой тьмы сталинских лагерей. Это был Олег Васильевич Волков. В воспоминаниях физиолога Евгения Михайловича Крепса (не отсюда ли лужинский одноклассник Кребс?) есть эпизод лагерной ночи, в самых дебрях ГУЛАГа.

Соученик Набокова и Евгения Эмильевича Мандельштама, заключенный Крепс подошел к костру и обратился к собрату по страданиям.

— Осип Эмильевич, я тоже тенишевец — брат Термена Крепса...

Но больной человек у костра был уже неспособен к воспоминаниям. Впрочем, он успел все сказать раньше. Еще до лагеря. Еще до ссылки: «век-волкодав»...

---

[1] И. В. Гессен.
[2] Почти буквальное совпадение его с описанием класса в романе М. Агеева послужило одним из аргументов Н. А. Струве, считавшему подлинным автором «Романа с кокаином» В. В. Набокова.

Однажды летом Елена Ивановна с детьми поехала в гости в имение сестры В. Д. Набокова (той, что была замужем за Сайн-Витгенштейном), в Каменку, близ Подольска. Это было одно из сравнительно немногих путешествий будущего писателя по России, и, видимо, от этого лета и тех впечатлений идет запущенное имение в «Пнине», которое писатель, впрочем, перенес в Прибалтику. Юный Лоди с прежним неистовством охотился здесь на бабочек, но иногда, в самый разгар охоты, вдруг замирал, увидев на небе «грозный в своем великолепии закат». Тогда он «еще не умел — как теперь отлично умею — справляться с такими небесами... и тогдашнее мое неумение отвязаться от красоты усугубляло томление». Томление было теперь чаще всего любовное: «Мои мысли в кои-то веки были далеко от воспитания бабочек. Колетт, моя пляжная подруга; танцовщица Луиза; все те раскрасневшиеся, душисто-волосатые, в низко повязанных, ярких шелковых поясах, девочки, с которыми я играл на детских праздниках; графиня Г., таинственная пассия моего двоюродного брата; Поленька, прислонившаяся с улыбкой странной муки к двери в огне моих новых снов; все это сливалось в один образ, мне еще неизвестный, но который мне скоро предстояло узнать». Он жил предчувствием большой любви.

Юрик Рауш приехал в Выру и похвастал обновой — портсигаром, на внутренней стороне которого были награвированы загадочные цифры 3, 4, 12. Это был счет гордых побед, одержанных в те безумные ночи, которыми графиня Г. наградила наконец своего юного поклонника. Юрик прочел кузену и наперснику свои первые стихи. И тут Лоди спохватился: разве он еще не пишет стихов? Упущение было столь очевидным, что он сходу стал читать кузену что-то вполне складное, еще, кажется, и не совсем свое (увы, «совсем свое» появится лишь через десятилетия труда). Он засел за стихи почти сразу — писал по-русски, по-английски и по-французски. Господи, да кто же из русских мальчиков не пишет стихов?

Уголовная хроника в любые времена может представить публике немало кровавых историй. Среди жутких находок киевской полиции оказалось в один из дней 1913 года тело мальчика Андрюши Ющинского, носящее следы множества ножевых ударов. Министр юстиции Щегловитов и активисты черносотенных организаций решили из чужой трагедии извлечь пользу. Пользу, конечно, называли государственной, хотя ничего, кроме убытков и позора, русскому государству затея эта не принесла. Был арестован приказчик кирпичного завода Бейлис, и из него два с половиной года вытягивали признание в том, что это он убил мальчика, желая надоить из него крови для успешного производства мацы,— ритуальное убийство. Работали под процесс Дрейфуса, однако со средневековым жутким колоритом. Из Италии были выписаны «научные» книги, которые призваны были доказать, что такие убийства происходят. Или хотя бы происходили когда-то. Денег было истрачено до черта, но кончилось все позором. Приличные люди в России считали этот грязный процесс оскорблением русскому достоинству. Именно так восприняли его и Короленко, и Леонид Андреев, и, конечно, В. Д. Набоков, который присутствовал на процессе. Главный защитник Бейлиса О. Грузенберг, удивлявшийся спокойствию своего клиента во время суда над ним в 1908 году, видел в глазах В. Д. Набокова постоянное выражение боли и ужаса...

Елена Ивановна вырезала карикатуры на мужа из газет и журналов, раздосадованных провалом киевской фальшивки. «Русское знамя», которое только недавно рекомендовало правительству «поощрять законом» уничтожение евреев, пояснило для непонятливых: «Жидов надо поставить искусственно в такие условия, чтобы они постоянно вымирали: вот в чем состоит ныне обязанность правительства и лучших людей страны». И вот такой провал.

В. Д. Набоков за свои репортажи о процессе был снова наказан властями — оштрафован на... сто рублей.

Елена Набокова показала сыну карикатуру, на которой от ее мужа «и от многозубого котоусого Милюкова благодарное Мировое Еврейство (нос и бриллианты) принимает блюдо с хлеб-солью — матушку Россию». Такие обвинения были настолько популярны среди публики (как до революции, в России, так и потом, в эмиграции), что Ариадна Тыркова и спустя много лет сочла необходимым объяснять эмигрантскому читателю: «...еврейское равноправие... было обязательным пунктом в программе всех оппозиционных партий, не потому, что так хотели евреи, а потому, что этого требовало чувство справедливости и интересы государства. Милюков не был ни евреем, ни еврейским наймитом, как его грубо называли правые. Его вообще нельзя было ни нанять, ни подкупить...». И уж тем более — это вы, вероятно, уже поняли — невозможно было подкупить В. Д. Набокова. Впрочем, так же невозможно было и убедить в чем-либо дремучего черносотенного «зубра» (Марков 2-й сам назвал «зубрами» себя и себе подобных).

...Пуля, предназначавшаяся В. Д. Набокову, уже была дослана в ствол.

ДЕВОЧКА ВАЛЯ И КРУШЕНЬЕ ИМПЕРИИ

Мир вступил в войну, которую, вероятно, за ее неслыханно кровопролитный характер, называют во всем мире Великой. У нас она забыта больше, чем на Западе, где с тех пор ничего равного ей по разрушительности и кровопролитности не случалось. В России чаще помнят лишь то, что война эта привела к еще более опустошительным бедствиям — к революции, октябрьскому перевороту, гражданской войне и тоталитарному террору. И уж, конечно, памятнее для нас новая кровопролитная (а следовательно, тоже Великая) вторая война. И все же можно ли было, живя в те годы, почти не заметить такую войну, как Великая первая? Конечно, можно. Он ее почти и не заметил, Володя Набоков, с которым случилось в ту пору самое главное, что может случиться с юношей: он влюбился. И это была не просто любовь — это была Первая любовь, подобная новому рождению, вознесшему его на высшую ступень блаженства перед окончательным изгнанием из рая русского детства. Эта первая любовь так властно заполняет его романы и стихи, так ощутимо пронизывает его творчество, что чуть не все его последующие женские образы, все любови и все искусительницы, как бы он ни называл их — Машенька, Тамара, Магда, Мариет, Лолита, Люсет, Марфинька, — все они хоть что-нибудь да унаследовали от этой его Первой Возлюбленной. Не многим земным женщинам выпало на долю столько литературной славы.

Его Беатриче звали не Люся, не Тамара и не Машенька, а Валечка, Валентина, Валя Шульгина. «„Что ж, мы мещаночки, мы ничего, значит, и не знаем,“ — говорила она... но на самом деле она была и тоньше, и лучше, и умнее меня». Вот оно, признанье в любви через пятьдесят лет, еще и еще одно признанье. В любви к женщине, к девочке, к воспоминанию. Точнее, к девочке, сотворенной воспоминаньем. Сила этих сотен строк, о ней написанных, так впечатляюща, что какая-то юная то ли внучка, то ли внучатая племянница Вали Шульгиной и посегодня пишет из России почти родственные письма сестре покойного писателя (и Вали-то этой сроду не видевшей), не сознавая, что всей этой близостью, и этим родством, и этим бессмертием любви, ее неувядающей свежестью мы обязаны не какой-то там несравненной бабушке Вале, а несравненной литературе. «Ее юмор, чудный беспечный смешок, быстрота речи, картавость, блеск и скользкая гладкость зубов, волосы, влажные веки, нежная грудь, старые туфельки, нос с горбинкой, дешевые сладкие духи, все это, смешавшись, составило необыкновенную, восхитительную дымку, в которой совершенно потонули все мои чувства».

Где все это теперь? Была ли девочка? Но вот она есть, есть и пребудет, пока люди читают по-русски, по-английски, по-испански... Пока вообще еще читают...

Ее характер, ее гибкая фигурка, гибкость стана и тонкие щиколотки, ее очаровательная шея, которая «была всегда обнажена, даже зимой», и еще множество дорогих черточек — все это на протяжении десятилетий будет вновь и вновь возникать в его стихах и рассказах, будет то с восторгом, то с легкой усмешкой описано в его романах. Если принять версию нашего героя, то именно от нее, низкорослой петербургской школьницы, идет прекрасная или преступная страсть его героев к девочкам, или к девушкам, похожим на девочек, к нимфеткам, к нимфеточному в женщине.

Все, даже самые смешные черточки ее были милы, самые пошлые стихи в ее устах (а у нее был «огромный запас второстепенных стихов — ...и Жадовская, и Виктор Гофман, и К. Р., и Мережковский, и Мазуркевич, и Бог знает еще какие дамы и мужчины...») звучали чарующе и мило, как и ужимочки ее, и словечки («В обчем — холодный червячок»). Иногда черточки ее вдруг проглядывают в каком-нибудь, казалось бы, далеком от нее, с иронией написанном женском образе (скажем, в Лиде из «Отчаяния»): «Ходит по книги в русскую библиотеку, сидит там у стола и долго выбирает, ощупывает, перелистывает, заглядывает в книгу боком, как курица, высматривающая зерно,— откладыва-ет,— берет другую, открывает,— все это делается одной ру-кой, не снимая со стола,— заметив, что открыла вверх нога-ми, поворачивает на девяносто градусов,— тут же быстро тянется к той, которую библиотекарь готовится предложить другой даме, все это длится больше часа, а чем определяется ее конечный выбор, не знаю, быть может, заглавием...»

* * *

Палящий июльский полдень. Мы пьем чай с любимой сестрой В. В. Набокова Еленой Владимировной в ее сумрач-ной женевской квартирке, и она показывает присланные недавно из России статьи, письма и подарки от родных Валентины Шульгиной, письмо от ее внучки. Я начинаю читать статью (что-то про «музу Набокова»), я разглядываю шкатулку, подарки семьи Шульгиных с золотой, «подароч-ной» каллиграфической надписью, я пробегаю строчки пись-ма, и мне вдруг начинает казаться, что ничто не кончено, что протянулась какая-то живая нить и сейчас я услышу те же самые нехитрые шуточки и тот же набор «второстепенных стишков» (ну, может, чуть поновей — «любовь не вздохи на скамейке и не прогулки...»), голосок напоет мне что-нибудь на ухо («ландыши, ландыши», «феличита»), и пахнёт сире-нью, как летними вечерами в Сестрорецке и Валентиновке, и зашаркают по асфальту старые туфельки, возвращаясь с танцплощадки,— та же скользкая гладкость зубов, тот же сладкий запах дешевых духов, та же восхитительная дымка, в которой тонут чувства десятиклассника... Но героя нашего давно уже нет на свете, и нам давно уже не шестнадцать, и оценить великую живучесть Валиного говорка никому из нас уже не по силам...

* * *

Валина матушка снимала дачу в Рождествене, между церковью и яблоневым садом. Когда он впервые попал к ним в сад, Валя сидела высоко на яблоневом дереве (может, оттого через полвека он усадил на дерево Люсет, что и Вален-тину свою он любил называть Люсей). Позднее она пришла с подружками к ним в Выру. Это было 9 августа 1915 года.

Встречались они в имении дяди Рýки, который в то лето

не приезжал из Италии, — на муравчатом холме и среди белых колонн загадочного дома (который еще через год должен был достаться ему по наследству, а через два уйти на дно затонувшей Атлантиды — России). Его последний гувернер, негодяй по фамилии Волгин, попробовал наблюдать за объятиями юной четы в громоздкий телескоп. Однако дядин камердинер рассказал об этом молодому барину, и тот пожаловался матери. Роман этот ее беспокоил, конечно, но «куст и труба столь же оскорбили ее», как и сына. Она озабоченно качала головой, однако напоминала лакею, чтоб не забыл поставить на стол простокваши и фруктов для сына, когда он вернется с ночного свидания. Отец, приезжавший из полка, узнав о подвигах сына, поговорил с ним по-мужски, объяснив, от чего джентльмен должен оберегать неопытную девушку.

По вечерам Лоди «заряжал велосипедный фонарь магическими кусками карбида» и «осторожно углублялся во мрак»: «За мостом тропинка, отороченная мокрыми кустами жасмина, круто шла вверх... Наверху мертвенный свет карбида мелькал по лоснящимся колоннам, образующим портик с задней стороны дядиного дома. Там, в приютном углу у закрытых ставень окна, под аркадой, ждала меня Тамара...»

Шли последние недели лета, последние дни рая... Что им было до какой-то войны, хотя бы и Великой!

В городе юных влюбленных ждали трудности — «постоянные искания приюта» и «странное чувство бездомности». Они пропускали школу, мерзли на скамейках Таврического сада или забредали в закоулки города, облюбованные также хулиганами (Лоди на всякий случай носил кастет в бархатном кармане пальто), прятались в укромных уголках Эрмитажа, Музея Александра III или Музея Суворова, «скрывались в последний ряд одного из кинематографов на Невском» (конечно, меблируя эти свидания через полвека, гений биографического жанра Набоков воспроизводит не только вереницу курьезных музейных экспонатов, вроде картин Харламова или придворных карет, но и образчики тогдашнего кинематографа с участием первого «любимца мирового экрана» Мозжухина).

.Город оказался враждебен их роману.

«Позднее, в редкие минуты уныния, Тамара говорила, что наша любовь как-то не справилась с той трудной петербургской порой и дала длинную тонкую трещину».

Потом была яркая петербургская весна 1916 года и удачный футбольный матч, на котором присутствовала Валентина. Ее мать, уступив уговорам дочери, снова сняла дачу в Рождествене — и тогда наступило одно совершенно счастливое лето: «Мы забирались очень далеко, в леса за Рождество, в мшистую глубину бора, и купались в заветном затоне, и клялись в вечной любви, и собирали кольцовские цветы для венков, которые она, как всякая русская русалочка, так хорошо умела сплетать...»

Все первое лето любви и первую ее зиму влюбленный Лоди писал стихи; «по две-три «пьески» в неделю». Отчего-то уже тогда стихи были о разлуках, утратах и расставании. В автобиографии Набоков спешит оговориться, что стихи эти были исключительно плохи, однако тогда он, вероятно, не думал так, потому что издал их за свой счет. И. В. Гессен вспоминает, что он критически высказался об идее такого издания, когда его друг В. Д. Набоков (который с очень большим энтузиазмом относился к литературным опытам сына, тем более, что сам он, при всей его серьезной преданности журналистике, литературным даром не обладал) сообщил ему о намерениях сына. На это В. Д. Набоков сказал только: «Ведь у него свое состояние. Как же мне помешать его намерению?»

Но, думается, он и не стал бы никогда останавливать сына. «Володя пишет стихи, и очень недурные», — с серьезностью сказал он тому же Гессену еще в довоенную пору, а позднее пожаловался однажды ему же, что Володька бездельничает и мало пишет. Возможно, именно эта отцовская серьезность поддержала начинающего поэта в выборе нелегкого пути.

Первый сборник юного поэта никак не выдавал в нем рано созревшего гения. Он был еще довольно ученическим, и «бедняге-автору» воздали по заслугам. «Рыжебородый огненный господин» и «большой хищник» В. В. Гиппиус, учитель Лоди и сам хороший поэт, разнес стихи юного Набокова на своем уроке, отметив, однако, что стихи эти объясняют частые прошлогодние прогулы автора. Кузина В. Гиппиуса, знаменитая Зинаида Гиппиус, встретив В. Д. Набокова на заседании Литературного фонда, которого он был председателем, просила его передать сыну, «что он никогда писателем не будет». «Своего пророчества она потом мне тридцать лет не могла забыть», — пишет В. В. Набоков, но думается, что и он ей этого никогда не забыл,— писатели такого не прощают. Наконец, Корней Чуковский (В. Д. Набоков посетил его однажды с сыном, и оба оставили свои записи в знаменитой «Чукоккале». Смиренно признаюсь, что в 50-е годы, когда Корней Иванович демонстрировал мне свою «Чукоккалу», я еще даже не знал этой фамилии — Набоков) написал вежливый отзыв о посланной ему В. Д. Набоковым книжке. Он без труда догадался, как гордится председатель Литфонда успехами старшего сына, однако, как бы по забывчивости, оставил между страницами наброски сокрушительного разноса. Он тоже получит свое, Корней Иванович, хотя и не скоро. В том самом 1916 году Чуковский ездил в Англию в одной делегации с В. Д. Набоковым, и вполне возможно, что по возвращении блестящий англоман Набоков потешал домашних рассказом о том, как К. И. Чуковский пытался на «невероятном своем английском», выученном на медные деньги в Одессе, непринужденно побеседовать с королем Англии о произведениях («дзи воркс») Оскара Уайлда.

Если, конечно, рассказ этот не был целиком придуман В. В. Набоковым для «Других берегов» (Чуковскому на девятом десятке лет еще довелось познакомиться с ним — и огорчиться...).

Один бедолага-журналист из благодарности к отцу поэта хотел напечатать панегирическую рецензию, но В. Д. Набоков успел этому воспрепятствовать. В автобиографической повести В. В. Набоков пишет, что «эта история навсегда излечила его от интереса к „рецензиям“». Впрочем, не будем принимать эти слова слишком всерьез.

Странно, что ранние стихи Набокова были столь традиционны. Он знаком был уже очень неплохо с русской поэзией Серебряного века, увлекался Блоком, знал, конечно, и эксперименты тогдашнего авангарда, хотя сразу довольно враждебно отнесся к футуристам. Но традиционность сама по себе не является грехом.

> Воздух живителен, влажен, душист.
> Как жимолость благоухает!
> Кончиком вниз наклоняется лист
> И с кончика жемчуг роняет.

Здесь еще мало, как будто, от будущего Набокова, хотя уже и ощущается кое-что, скажем, точность описания, внимательность к растениям, преклонение перед листом (бывало, дядя Рука, срывая лист с дерева, дарил его племяннику — дарил как высочайшее творение природы...)

Итак, снова лето, Выра, долгие обеды и ужины, застольные литературные споры. Сестра Елена лет через тридцать вспомнила в письме дачный спор о Фете. Отвечая ей, брат-писатель уточнил подробности того вечера: «Нет, это не совсем было так, а вот как: я доказывал ... что «Сияла ночь» Апухтин написал, а папа не хотел даже спорить (он изумительно знал Фета). Фета не было в доме, и я взялся поехать за ним к дяде Васе. Дело было в конце лета, холодный, темный вечер, карбид в велосипедном фонарике... Это было в предпоследний ... раз, что дядя Вася приезжал в Рождествено... По некоторым причинам он не любил, чтобы к нему заглядывали без предупреждения, и встретил меня довольно сухо, сразу, впрочем, нашелся Фет — с «Ночью»...»

В. Д. Набоков «изумительно знал» не только стихи Фета или музыку Вагнера. Он, например, обожал и хорошо знал Диккенса и в дождливые дачные вечера любил читать вслух своим детям «Большие ожидания» (чем, кажется, и отбил у старшего сына интерес к Диккенсу).

В Выре появился в то лето Юрик Рауш, и кузены обменялись стихами. На Юрике была военная форма. Они устраивали испытание храбрости, ложась под доску летящих над ними качелей. Лоди прогулялся по даче в военной форме Юрика. Потом снова был Петербург, и пришел конец его первой любви. Позднее он винил в этом себя одного: «Несколько месяцев я не видел ее вовсе, будучи поглощен по душевной нерасторопности и сердечной бездарности разнообразными похождениями, которыми, я считал, молодой литератор должен заниматься для приобретения опыта». Может быть, однако, эта поздняя фраза призвана лишь прикрыть тогдашнюю горечь разочарования или измены. «Эти женские тени» измены упомянуты вскользь, как, впрочем, и Валина привычка рассказывать ему о любовных историях своих подруг — странные истории, в героине каждой из которых он вдруг с ревностью угадывал ее собственные черты. Дотошный биограф Брайан Бойд сообщает, что у него и впрямь было несколько мимолетных романов в ту роковую для России зиму, в частности, с сестрой Юрика некой Татьяной Зегерфельд («В эти дни он успел сойтись и порвать с нарядной, милой, белокурой дамой, муж которой воевал в Галиции» — «Машенька»). В романе «Машенька», написанном на четверть века раньше, чем автобиография, и теснее связанном с истинными событиями (по собственному признанию, он еще не научился тогда перетряхивать и перемалывать действительность, превращая ее в литературу), версия их разрыва выглядит, на мой взгляд, более правдоподобно (похоже, что и сама героиня поздней автобиографии списана скорее с Машеньки, чем с ее реального прообраза). Вспомните, как осенью, после месяцев платонической любви, герой встречается с Машенькой в городском парке:

«В этот странный осторожно-темнеющий вечер ... на каменной плите, вбитой в мох, Ганин, за один недолгий час, полюбил ее острее прежнего и разлюбил ее как будто навсегда.

... — Я твоя,— сказала она.— Делай со мной что хочешь.

... коленям было твердо и холодно на каменной плите. Машенька лежала слишком покорно, слишком неподвижно.

... И потом, когда они шли к воротам по пятнистой от луны дорожке, Машенька подобрала с травы бледно-зеленого светляка. Она держала его на ладони, наклонив голову, и вдруг рассмеялась, сказала с чуть деревенской ужимочкой: «В обчем — холодный червячок».

И в это время Ганин, усталый, недовольный собой, озябший в своей легкой рубашке, думал о том, что все кончено. Машеньку он разлюбил,— и когда через несколько минут он покатил в лунную мглу домой по бледной полосе шоссе, то знал, что больше к ней не приедет».

Рискуя навлечь на себя гнев набоковедов и наследников набоковской славы, берусь высказать предположение, что эта первая по времени (осужденная позднее самим творцом как слишком буквальная и безыскусная) литературная версия его разрыва с Валентиной представляется мне и самой близкой к действительности. Сближение убивает любовь — так было не у одного Ганина (у которого, кстати, почти то же произошло и с Людмилой). Так бывало и у других литературных героев и их творцов (скажем, у Волошина). Там же, где начиналось со сближения (как, например, в истории Набокова с «нарядной, милой, белокурой дамой»),— там любви не случалось и вовсе. Рискнув применением фрейдистского термина, мы могли бы предположить, что для него любовь, как и искусство,— скорее плод сублимации, чем «свершения». Зная, однако, ненависть нашего героя к фрейдизму, не станем рисковать так безрассудно ...

В ту зиму Лоди перенес воспаление легких, и мать увезла его для поправки на финский курорт. Там, набираясь сил и выздоравливая, он увлекся интеллигентной молодой полькой, Эвой Любжиньской. Эва не верила в счастье и так же, как юный Лоди, любила воспоминания детства: они еще долго переписывались и время от времени встречались в Петербурге.

Отец приехал, чтобы забрать их, в конце февраля. В Петербурге было неспокойно. 8 марта (по новому стилю) на демонстрацию (приуроченную к Женскому дню) с криками «Хлеба!» вышли женщины.

27 февраля в городе началась стрельба. На следующий день В. Д. Набоков не ходил на службу. Близ Морской, на Мариинской площади шла стрельба, солдаты осаждали гостиницу «Астория», где жили офицеры и военные атташе союзных стран. Русских офицеров выволакивали на улицу и расстреливали. Так что и февральская революция не была вовсе уж бескровной. В доме Набоковых на Морской появились первые беженцы из «Астории», среди них сестра В. Д. Набокова Нина Дмитриевна, ее муж адмирал Коломейцев, английская семья с маленькими детьми, которую привели знакомые английские офицеры, еще одна семья Набоковских родственников. Всех нужно было устроить и успокоить, и только 2 марта В. Д. Набоков собрался на службу. Коллеги попросили его выступить, и он сказал, что «деспотизм и бесправие свергнуты, что победила свобода, что теперь долг всей страны ее укрепить, что для этого необходима неустанная работа и огромная дисциплина»[1]. После обеда В. Д. Набоков вышел из дому с намереньем пробраться в Государственную Думу. Вот как он вспоминает об этом: «Мне казалось, что в самом деле произошло нечто великое и священное, что народ сбросил цепи, что рухнул деспотизм... Я не отдавал себе тогда отчета в том, что основой происшедшего был военный бунт, вспыхнувший стихийно вследствие условий, созданных тремя годами войны, и что в этой основе лежит семя будущей анархии и гибели... Если такие мысли и являлись, то я гнал их прочь».

Дальше — отречение Великого Князя Михаила (акт которого Набоков редактировал вместе с Нольде и Шульгиным), «опьянение переворотом» и «бессознательный большевизм»

---

[1] Набоков В. Д. Временное правительство и большевистский переворот.

в Петербурге, истеричный (до обмороков) Керенский, человек, по мнению Набокова, «огромного и болезненного» самолюбия. Набоков занял во Временном правительстве скромный пост управляющего делами (министра без портфеля). Ему претила всякая жестокость, жаль было служащих старого правительства, которых он должен был выгонять. Он пишет о «несовершенствах» своих «как политического деятеля»: «В революционную эпоху политическому деятелю приходится быть жестоким и безжалостным. Тяжело тем, кто к этому органически неспособен!»

Один из тех, кто умел быть жестоким и гордился этим (Л. Троцкий), прочитав позднее воспоминания Набокова, прокомментировал их с присущей ему самоуверенностью, цветистостью и игрой воображения: «В течение этих пяти дней февраля, когда кипела революционная борьба на студеных улицах столицы, перед нами не раз, словно тень, мелькал силуэт либерала из дворянской семьи, сына бывшего царского министра юстиции Набокова — почти символ человека, поглощенного самим собой, эгоиста. Набоков провел эти решающие дни восстания, запершись в четырех стенах своей канцелярии и своего домашнего кабинета «в грустном и тревожном ожидании»... Во время своего берлинского изгнания, где он был убит случайной пулей белогвардейца, он написал мемуары о Временном правительстве, не лишенные интереса. Зачтем это в его пользу» (цитата из английского издания воспоминаний Л. Троцкого, приведенная Ж. Ферраном и С. Набоковым в их генеалогическом очерке семьи Набоковых).

Отмечая предельную честность и скромность В. Д. Набокова, занявшего столь небольшой пост в правительстве своих друзей, историк Михаил Геллер в предисловии к парижскому изданию воспоминаний В. Д. Набокова писал, что человек этот «принадлежал к лучшим представителям «ордена» русской интеллигенции. Обладал всеми ее достоинствами. И ее недостатками, которые обнажились в первые же месяцы после революции. Русская интеллигенция, русские либералы оказались неподготовленными к революции, о которой столько времени мечтали, которую столько времени готовили.

Положительные качества оборачивались отрицательными: общественное служение становилось слепой верой «в народушко», идеализм превращался в политическую незрелость, жертвенность — в безволие, личная отвага — в беспечность, вера в будущее — в отсутствие представления о реальности».

...Занятия в Тенишевском училище между тем продолжались, и младший Набоков все с той же последовательностью отказывался интересоваться политикой, приводя этим в ярость темпераментного поэта-директора В. Гиппиуса.

Потом он снова отлеживался дома — ему вырезали аппендикс. А потом было лето в Выре, их последнее лето. Однажды он встретил в поезде Валю Шульгину и ощутил укол прежней нежности (а может, и прежней ревности тоже,— вспомните описание этой встречи в «Машеньке»: «на нежной шее были лиловые кровоподтеки»). Она вышла на какой-то станции (в «Других берегах», «сошла по ступенькам вагона в жасмином насыщенную тьму». В «Машеньке» тьмы в этой сцене нет, зато есть другое: «чем дальше она отходила, тем яснее ему становилось, что он никогда не разлюбит ее»).

Лоди наезжал иногда из Выры в Петербург — виделся с Эвой, гулял по городу с Самуилом Розовым ...

Тем временем под нажимом Советов Временное правительство шло влево, все же не поспевая за требованиями масс и за такими общепонятными и радикальными лозунгами Ленина, как «Долой войну!» или «Грабь награбленное!».

Барон Нольде в своих воспоминаниях писал, что по инициативе министра внутренних дел Терещенко он поднимал вопрос о назначении на место покойного графа Бенкендорфа послом в Лондон В. Д. Набокова, который, уйдя из Временного правительства в мае, много сил уделял внешней политике. Нольде пишет, что вряд ли можно было бы найти в тогдашних правительственных верхах более блестящую кандидатуру на пост русского посла в Лондоне, чем Набоков: «У него для этого были все данные — глубокая интеллектуальная культура и светское образование, отличная политическая подготовка и совершенное знание языков, умение владеть собой и упорство, гибкость и находчивость. Однако по неизвестным мне причинам проект его посылки в Лондон так и не был осуществлен». Не довелось стать Набокову и министром юстиции — этот пост предложил ему Керенский, однако Милюков выдвинул встречные требования, которые Керенский выполнить не мог.

Тем временем Владимир Набоков Младший жил в Выре, усердно заполняя стихами новый альбом. Теперь большинство его стихов были посвящены Эве, хотя и на Валину долю пришлось не менее трех десятков стихотворений. Октябрь того года принес события, которые не прошли незамеченными даже для столь равнодушного ко всем политическим переменам юноши, как сын кадетского лидера В. Д. Набокова,— большевики захватили власть.

7 ноября Набоков отправил другу Сабе на Кавказ шуточное в целом стихотворное послание, в котором отразились и нешуточные события тех дней:

... Все печально,
алеет кровь на мостовых.
Людишки серые нахально
из норок выползли своих.

Они кричат на перекрестках,
и страшен их блудливый бред.
Чернеет на ладонях жестких
неизгладимый рабства след...

Они хотят уничтоженья
страстей, мечтаний, красоты...
«Свобода» — вот их объясненье,
а что свободнее мечты?

Впрочем, очень скоро стало очевидно, что со свободой придется подождать (со всякой), а вот зажим, террор и разруха начнутся незамедлительно. В. В. Набоков писал об этом позднее в автобиографической книге:

«...эра кровопролития, концентрационных лагерей и заложничества началась немедленно после того, что Ленин и его помощники захватили власть. Зимой 1917 года демократия еще верила, что можно предотвратить большевистскую диктатуру. Мой отец решил до последней возможности оставаться в Петербурге. Семью же он отправил в еще жилой Крым... Мне было восемнадцать лет. В ускоренном порядке, за месяц до формального срока, я сдал выпускные экзамены и рассчитывал закончить образование в Англии, а затем организовать энтомологическую экспедицию в горы Западного Китая... поездка в Симферополь началась в довольно еще приличной атмосфере...»

В. Д. Набоков провожал сыновей, первыми уезжавших в Крым. В буфете на Николаевском вокзале он дописывал передовую для «Речи». Потом он перекрестил сыновей и ушел в туман петербургских сумерек. Он остался бороться с диктатурой при помощи Учредительного собрания, созыв которого большевики в ту пору еще поторапливали. Он был председателем избирательной комиссии, активно участвовал в деятельности Городской думы, а также социалистического Комитета спасения родины и революции. «Речь» была вскоре закрыта большевиками, а редакция разгромлена. 6 декабря на заседание избирательной комиссии явились солдаты с приказом Ленина об аресте этой «кадетской комиссии». Пять дней В. Д. Набоков и его соратники провели в Смольном под арестом. Освобожденный из-под ареста Набоков отправился в Мариинский театр на благотворительный концерт в пользу Литературного фонда, председателем которого все еще был. Назавтра предстояло открытие Учредительного собрания. Он явился с утра в избирательную комиссию и узнал, что графиня Панина, Шингарев, Кокошкин, кн. П. Долгоруков и другие лидеры кадетской партии уже арестованы. Несмотря на приказ военного коменданта разойтись, комиссия продолжала работу. Явился Урицкий («плюгавый человечек со шляпой на голове, с наглой еврейской физиономией») и пригрозил пустить в ход оружие («Мы потребовали, чтобы Урицкий снял шляпу,— он поспешил это сделать»). Только закончив работу, комиссия разошлась. Назавтра, по дороге в комиссию Набоков увидел декрет, объявляющий кадетскую партию вне закона и предписывающий арест ее руководителей. Друзья убеждали его уехать в Крым... 16 декабря он добрался в Гаспру, где жила его семья. В этот день под впечатлением отцовских рассказов Владимир написал стихи, обращенные к свободе:

> обманутая вновь, ты вновь уходишь прочь,
> а за тобой, увы, стоит все та же ночь.

Он ошибся — новая тьма была инфернальнее прежней.

ГЛАВА ВТОРАЯ

В СТРАШНЫЙ ЧАС НАД ЧЕРНЫМ МОРЕМ...

В СТРАШНЫЙ ЧАС НАД ЧЕРНЫМ МОРЕМ

Гаспра, что километрах в пятнадцати от Ялты, недалеко от Кореиза, нынче застраивается блочными домами так же стремительно и безобразно, как весь Южный берег Крыма. В набоковские времена, как, впрочем, и в те времена, когда я впервые приехал туда погостить к другу, в его дом, выросший на горе — над парком, над панинским дворцом, над берегом Черного моря,— Гаспра была еще совсем крошечная. Дом графини Паниной, построенный, как и большинство здешних дореволюционных дач, с размахом и в подражание чему-либо «историческому» — ханским гаремам, Букингемскому дворцу, средневековым замкам, мавританским хоромам или еще чему-то не вполне внятному, что пригрезилось состоятельным жителям столицы в промозглую петербургскую непогоду, когда с тоской вспоминается то прошлогодняя Майорка, то Альгамбра, то русское подворье в Иерусалиме,— стоял в великолепном парке, круто спускавшемся к морю. Дом принадлежал падчерице товарища В. Д. Набокова по партии Ивана Ильича Петрункевича графине С. В. Паниной. В этом доме гостил в 1904 году Л. Н. Толстой, на террасе этого дома он беседовал с Чеховым.

Набоковы поселились во флигеле, отделенном от главного дома деревьями парка. Здесь были длинные коридоры и множество комнат.

Крым поразил юного Набокова своей нерусскостью: «Все было не русское, запахи, звуки, потемкинская флора в парках побережья, сладковатый дымок, разлитый в воздухе татарских деревень, рев осла, крик муэдзина, его бирюзовая башенка на фоне персикового неба; все это решительно напоминало Багдад — и я немедленно окунулся в пушкинские ориенталии». Но не только восточные мотивы поэзии и легкий след его крошечной ноги на крымском берегу сближали сейчас юного поэта с Пушкиным, этим вечным изгнанником в собственной стране (разве ссылка не изгнанье?), но и пришедшее вдруг к нему ощущение утраты, изгнания из России, невозможности возврата и встречи. Чувства эти с особой остротой нахлынули на него, когда случайно дошло письмо Валентины, адресованное ею в Петербург: «Вдруг, с неменьшей силой, чем в последующие годы, я ощутил горечь и вдохновение изгнания. Тут не только влияли пушкинские элегии и привозные кипарисы, тут было настоящее...»

Поэзия его эмигрантской тоски по России началась уже тогда, в нерусской Гаспре:

> Была ты и будешь. Таинственно создан я
> из блеска и дымки твоих облаков.
> Когда надо мною ночь плещется звездная,
> я слышу твой реющий зов.
> Ты — в сердце, Россия. Ты — цель и подножие,
> ты — в ропоте крови, в смятенье мечты.
> И мне ли плутать в этот век бездорожья?
> Мне светишь по-прежнему ты.

Из Петербурга пришла страшная весть — друзья В. Д. Набокова, кадетские лидеры Шингарев и Кокошкин были заколоты матросскими штыками на больничной койке. В Ялте было спокойно — новая власть лютовала пока где-то в Севастополе. «Тревоги, страхи...— записал в дневнике В. Д. Набоков.— Страшно угнетающее состояние... По вечерам шахматы с Володей». Они теперь много времени проводили вместе. Все утро переносили мебель к себе во флигель из главного дома. «Вот так,— спокойно сказал отец,— ты поможешь донести мой гроб до могилы». Ему еще не было пятидесяти, он был здоров и силен, но смерть царила вокруг, и он чувствовал, как сужается кольцо.

Потом и в Ялте произошла смена власти: «Городок примерял то одну власть, то другую и все привередничал»,— с легкой усмешкой сказано в «Подвиге». На самом деле все выглядело гораздо более трагично, и Набоков рассказал об этом в «Других берегах»: «Местное татарское правительство сменили новенькие советы, из Севастополя прибыли опытные пулеметчики и палачи, и мы попали в самое скучное и унизительное положение, в котором могут быть люди, — то положение, когда вокруг все время ходит идиотская преждевременная смерть, оттого, что хозяйничают человекоподобные, и обижаются, если им что-нибудь не по ноздре. Тупая эта опасность плелась за нами до апреля 1918 года. На ялтинском молу, где Дама с собачкой потеряла когда-то лорнет, большевистские матросы привязывали тяжести к ногам арестованных жителей и, поставив спиной к морю, расстреливали их; год спустя водолаз докладывал, что на дне очутился в густой толпе стоящих на вытяжку мертвецов». Этой картиной навеяно было стихотворение Набокова «Ялтинский мол».

Стихи в его альбомах уже насчитывались сотнями. Однажды он учинил строгую ревизию всему написанному с 1916 года и, забраковав около сотни стихотворений, оставил двести двадцать для включения в новую книгу, которой так и не суждено было выйти в свет.

По ночам вместе с отцом или с братом Набоков выходил караулить дом и сад. Он проникся уже красотой крымских ночей, возникавших поднее в его прозе и стихах:

«Сразу под ногами была широкая темная бездна, а за ней — как будто близкое, как будто приподнятое море с цареградской стезей посредине, лунной стезей, суживающейся к горизонту» («Подвиг»).

«Слева, во мраке, в таинственной глубине, дрожащими алмазными огнями играла Ялта... Стрекотали кузнечики, по временам несло сладкой хвойной гарью,— и над черной Яйлой, над шелковым морем, огромное, всепоглощающее, сизое от звезд небо было головокружительно, и Мартын вдруг опять ощутил то, что уже ощущал не раз в детстве,— невыносимый подъем всех чувств, что-то очаровательное и требовательное, присутствие такого, для чего только и стоит жить» («Подвиг»).

Это головокружительное упоение жизнью нарастало в юном поэте с приходом весны, с появлением крокусов и первых бабочек... Весной Набоков пишет свою первую пьесу: она еще совсем короткая, немногим больше полусотни стихотворных строк, однако, как отмечает Брайан Бойд, в ней уже есть многое из того, что неизменно встречается у зрелого Набокова: «Шахматы, судьба, сдвиг реальностей, время как неизбежность потери».

В апреле немцы без единого выстрела вступили в Ялту, и местные жители с облегчением встретили долгожданные тишину и порядок. Это был один из тех редких случаев, когда юный Набоков отметил перемену власти и разделил радость населения: «Розовый дымок цветущего миндаля уже оживлял прибрежные склоны, и я давно занимался первыми бабочками, когда большевики исчезли и скромно появились немцы».

Набоков ловил бабочек на кладбище прибрежной татарской деревни, на Ай-Петри, наконец, в Чуфут-кале и в Бахчисарае, после чего написал свой собственный «Бахчисарайский фонтан», опубликованный в газете «Ялтинский голос», — первая, но далеко не последняя газетная публикация его стихов.

Набоков Старший много времени проводил за письменным столом — он решил описать для потомков события рокового года России (не в Берлине он писал свои воспоминания, а в Крыму, вопреки утверждению невнимательного Троцкого).

Иногда вместе с сыном и соседом он отправлялся в далекие прогулки по окрестностям Гаспры («крутой обрыв Яйлы, по самые скалы венца обросший каракулем таврической сосны», «дубняк и магнолии между горой и морем»). Соседом их был крошечный энергичный человек, Владимир Поль, муж камерной певицы Ян-Рубан, свойственницы гр. Паниной, сам тоже музыкант, аккомпаниатор и композитор (его друг Рахманинов высоко ценил его «Поэму для левой руки»). Перенеся в молодости какое-то тяжелое заболевание, В. Поль всерьез занялся своим здоровьем и при помощи йоги, мистики, Блаватской и прочих таинств безмерно это здоровье укрепил (по сообщению З. А. Шаховской, которая видела его совсем старым в Париже, он, намного переживший свою жену, все еще регулярно стоял на голове и собирался прожить сто лет, что, кстати, довольно часто удавалось представителям Первой русской эмиграции). На крымских прогулках В. Поль шел впереди и совершенно загонял отца и сына Набоковых (младший в своих воспоминаниях называл его гигантом). По сообщению З. Шаховской, Владимир Поль якобы говорил позднее К. С. Григорович, что это по его наущению юный Набоков, прочитав кое-какие книги по мистике и магии, написал цикл стихов об ангелах (никаких подтверждений этому нам найти не удалось). С музыкальным семейством В. Поля связан первый эстрадный успех юного Набокова (позднее эстрадные выступления, точнее, литературные чтения на долгие годы станут для него необходимостью). На даче страстного меломана генерала Мальцева в Симеизе дачники и беженцы готовились к благотворительному концерту. Ян-Рубан собиралась петь романс Шумана на слова Гейне и попросила юного поэта (о чьих успехах, конечно, была наслышана) перевести эти стихи на русский. Несмотря на весьма скромное знание немецкого, юный Набоков сделал перевод (может, просто Гейне пришелся ему под настроение:

«...нет злобы, нет,
все глубже боль, острей,
счастье навек ушло...»),

и публика устроила овацию не только певице, но и начинающему переводчику. Здесь же в Крыму Владимир Поль написал музыку на стихи Набокова «Дождь пролетел» (те самые вырские стихи о листе, роняющем жемчуг), а кузен Ника, будущий композитор, сочинил музыку на его стихи о Тайной Вечере.

З. Шаховская считает, что религиозное чувство автора «ангельского цикла» было вполне искренним и «какая-то часть его личных переживаний входила в его юношеские стихи». В позднем предисловии к своим стихам Набоков уверял, что интерес к религии у него «ограничивается... литературной стилизацией» и «стремлением развить византийскую образность». Шаховская предупреждает в этой связи, что поздний Набоков был «великим камуфлятором», желающим сбить со следа и читателя и исследователя. Прислушаемся к голосу юного поэта, звучащему в «ангельском цикле»:

Я верю — ты придешь, наставник неземной,
на миг, на краткий миг восстанешь предо мной.
Я верю, ты придешь.
Ты знаешь мира ложь,
бессилье, сумрак наш,
невидимого мне попутчика ты дашь.
Ты знаешь мира ложь.

Итак, юный Набоков в Крыму. Он ловит бабочек. Он впитывает красоту мира. Он снова влюбляется, но томится и прежней «большой любовью». Он много общается с любимым своим отцом, играет с ним в шахматы. Он читает запоем. Он валяется на гальке пляжа («было удивительно приятно нагишом лечь на раскаленные камни и смотреть, запрокинув голову, на черные кинжалы кипарисов, глубоко вдвинутые в небо»). И, конечно, он пишет стихи — каждый Божий день. За два или три первых июньских дня он написал свою первую, вполне еще скромную поэму «Светлой осенью», где присутствует многое из того, что находим потом у зрелого Набокова (хотя, конечно, и на другом уровне), в первую очередь его способность соединять зрительные и слуховые образы. Стихотворение говорит о первых днях золотой вырской осени (где же и когда ж погрустить о них, как не в блистающем весеннем Крыму?), о молодых влюбленных, забредших в пустой многоколонный дом и заснувших в объятьях друга, а поутру увидевших мир сквозь цветные стекла веранды... В тот же вечер он прочел поэму родителям, и отец с гордостью отметил в своем дневнике несомненный прогресс. За эти же первые дни июня, насыщенные поэзией, он успел взойти на Ай-Петри в погоне за бабочками. Ай-Петри! Неожиданные порывы буйного ветра, почти зимнего, а рядом, за кромкой луга, за обрывом, внизу — ликующая зелень парков, кипарисы, морская синь... И при виде этой буйной крымской красы — тоска по скромной красоте русского Севера. Она уже началась, эта его тоска, и не уймется до старости. Он признавался и на исходе шестого десятка лет: «Нынче, если воображаю колтунную траву Яйлы... я остаюся так же холоден в патриотическом и ностальгическом смысле, как в отношении, скажем, полынной полосы Невады... но дайте мне, на любом материке, лес, поле и воздух, напоминающие петербургскую губернию, и тогда душа вся переворачивается». Вот она где — знаменитая преданность «малой Родине», и какой же нынешний «славофил» или «почвенник» выразил ее сильнее, чем этот писатель, признанный космополитом?

В Крыму юный Набоков в полной мере познал радость сочинительства, «блаженнейшее чувство», когда «пульсирующий туман» вдруг «начинает говорить человеческим голосом»: «Лучше этих мгновений ничего не могло быть на свете».

Однако от писательства его еще отвлекало многое. Крым

был населен тогда цветом столичной интеллигенции. Здесь жили художники, композиторы и актеры, здесь ставили спектакли и снимали кино. На горной тропинке юный Набоков, искавший бабочек, наткнулся однажды на знаменитого актера Мозжухина в гриме Хаджи-Мурата. Лошадь понесла поддельного татарина вниз, через заросли, и самые настоящие, некиношные крымские татары поспешили ему на помощь.

В Ялте открылись многочисленные кафе на набережной — веселье накануне катастрофы было особенно буйным. А когда ж веселиться, как не в девятнадцать лет, и где ж, как не в Крыму и не в Ялте! («Разве может быть скучно в Эльдорадо?» — спросила как-то по телефону моя юная жена, когда я пожаловался ей по телефону из Ялты на скуку.)

Набоков принял участие в спектакле — он играл студента Фрица Лобгеймера в «Забаве» Артура Шницлера, драматурга, весьма популярного в ту пору в России. Сорок лет спустя он так рассказывал об этом спектакле в «Пнине»: «Передние ряды были установлены так близко к сцене, что когда обманутый муж вытаскивал пачку любовных писем, посланных его жене драгуном и студентом Фрицем Лобгеймером и бросал их в лицо этому Фрицу, то можно было со всей отчетливостью видеть, что это старые открытки, у которых даже срезаны уголки с маркой».

Вместе с братом Сергеем он часто бывал на соседской даче Токмаковых в Олеизе («Адреиз» в романе «Подвиг»): «Вечером поднимались узкими кипарисовыми коридорами в Адреиз, и большая нелепая дача с нелепыми лесенками, переходами, галереями, так забавно построенная, что порой никак нельзя было установить, в каком этаже находишься, ибо, поднявшись по каким-нибудь крутым ступеням, ты вдруг оказывался не в мезонине, а на террасе сада — уже была пронизана желтым керосиновым светом, и с главной веранды слышались голоса, звон посуды... Гостей вообще бывало много — смешливые барышни в ярких платках, офицеры из Ялты, и панические пожилые соседи, уходившие скопом в горы при зимнем нашествии красных. Было всегда неясно, кто кого привел, кто с кем дружен, но хлебосольство Лидиной матери... не знало предела». Я черпаю с такой свободой из «Подвига», потому что Набоков и сам отсылал своего биографа к этому роману за подробностями крымской жизни. Автобиографические детали точнее переданы в ранних его романах (в «Машеньке», «Подвиге» и даже «Даре»), чем в написанных еще через четверть века трех вариантах автобиографии. Английский вариант автобиографии добавляет, впрочем, к списку гостей, приведенному выше, загорелых красавиц с браслетами, одного танцора балета и одного известного художника, горяченогих дев в купальниках, пикники под луной на морском берегу близ фосфоресцирующих волн, добрый запас крымского муската и любовные приключения...

У старшего из братьев завязался флирт с его сверстницей Лидией Токмаковой, он ее поддразнивал, и оба, кажется, не могли забыть о крымской истории Пушкина. Автобиография Набокова утверждает, что много лет спустя Лидия писала в манере мемуаристок пушкинской поры: «Набоков любил черешни, особенно спелые... Он прищуривался, когда глядел на заходящее солнце... Я помню одну ночь, когда, склонившись на муравчатый скат берега, оба мы...» Поскольку и мускат-люнель, и черешни, и муравчатый скат были уже в романе «Подвиг», то тем, кто ищет в автобиографиях «истинную жизнь», трудно будет решить, где истина.

В мае вместе с Белой армией появился в Крыму Юрик Рауш фон Траубенберг. Братья теперь проводили время в веселой Ялте, и Набоков даже собирался записаться добровольцем в один полк со своим любимым кузеном. Нет, не сейчас, конечно, а когда кончатся бабочки. Да и то для того лишь, чтобы добраться вместе с деникинской армией до хутора, где жила теперь Валентина.

В начале июня В. Д. Набоков уехал в Киев, надеясь пробраться оттуда в Петербург. В Киеве вождь кадетов, тонкий политик Милюков, стоявший до сих пор на неистово антигерманской позиции, призвал вдруг поддержать немцев. Крымские кадеты решили сохранять нейтралитет. Лозунги Милюкова уже и в Петербурге стали вызывать сомнения у его соратника В. Д. Набокова. Не сумев пробраться в Петербург, В. Д. Набоков вернулся в Гаспру.

Вскоре он встретил в Ялте Волошина, знакомого ему, как и многие другие литераторы, по работе в Литературном фонде. Набоков представил Волошину сына-поэта. Эта была одна из самых удачных затей гордого отца, ибо знаменитый эрудит и поэт, грузный человек с львиной гривой торчащих во все стороны седых и русых волос, не был ни заносчивым, ни равнодушным. Он был один из добрейших людей в русской поэзии (наподобие «кормилицы русской поэзии» В. А. Жуковского). Некогда он сам явился на дом к юной Марине Цветаевой, прочитав впервые ее стихи. И кого он только не опекал, кто только не живал в его коктебельском доме (который был вовсе не «пансионом», как показалось Б. Бойду, а просто-напросто гостеприимной русской дачей). А в ту пору, когда встретились в Ялте старый и молодой поэт, коктебельский Дом поэта был истинным ковчегом, где искали приюта «и красный вождь, и юный офицер, фанатики непримиримых вер». Грянула наконец искупительная революция, которую так долго пророчили Волошин и другие русские интеллигенты, и Волошин считал, что теперь он вместе со всей Россией должен испить до дна эту чашу испытаний. Может, именно оттого этот самый парижский не только из крымских, но и петербургских литераторов не двинулся в эмиграцию вместе со всеми. Чуть позднее Волошин стал свидетелем страшных большевистских расстрелов в Крыму. Потрясенный, он написал об этом цикл стихов и рискнул отправить их в Берлин. Однако в тот ветреный, непогожий августовский вечер, когда два поэта встретились на набережной, в татарской харчевне, они не говорили ни о политике, ни о судьбах России, ни о грядущем Апокалипсисе. Они говорили о стихосложении. Волошин обнаружил, что его юный собрат не знаком с теориями Андрея Белого, и не думаю, чтоб Набокову пришлось много говорить в тот вечер. Говорил эрудит Волошин. Он то декламировал под шум волны, ударявшей в набережную, строки из своего нового стихотворения «Родина» — пример четырехстопного ямба, где первая, вторая и четвертая стопа не имели ударения. То чертил на салфетке метрические схемы Белого, под обаянием которых Набоков потом находился очень долго. Как и сын известного математика странный гений Андрей Бугаев-Белый, молодой Владимир Набоков имел пристрастие к чертежам и схемам, к магии цифр и выкладок, к шахматным и литературным головоломкам. Позднее, в своем вполне автобиографическом «Даре» он вспоминал: «Монументальное исследование Андрея Белого о ритмах загипнотизировало меня своей системой наглядного отмечания и подсчитывания полуударений, так что все свои старые четырехстопные стихи я немедленно просмотрел с этой новой точки зрения и страшно был огорчен преобладанием прямой линии, с пробелами и одиночными точками, при отсутствии каких-либо трапеций и прямоугольников; и с той поры, в продолжение почти года, — скверного, грешного года, — я старался писать так, чтобы получалась как можно более сложная и богатая схема... язык спотыкался, но честь была спасена. При изображении ритмической структуры этого чудовища получалось нечто вроде той шаткой башни из кофейниц, корзин, подносов, ваз, которою балансирует на палке клоун, пока не наступает на барьер, и тогда все медленно наклоняется над истошно вопящей ложей, а при падении оказывается безопасно нанизанным на привязь».

Самых любопытных из читателей мы отсылаем здесь к соответствующей главе «Дара» и специальной работе о просодии, приложенной к набоковскому переводу «Евгения Онегина».

Мне показалось, что Брайан Бойд прав был, предположив, что именно волошинская поэзия, а не восточные волшебства Блаватской и Владимира Поля навеяла юному Набокову его «ангельские» стихи...

(А еще мне грезилось иногда, что если б не было революции, то, может, Набоков поехал бы в Коктебель к Волошину (кто к нему только не приезжал!) и они допоздна говорили бы на «башне» под звездным небом о стихосложении, о Бодлере, о Карадаге, об акварели и цвете... Впервые эта мысль пришла мне в голову весенним вечером, когда мы шли втроем по берегу от волошинского дома к «Элладе». Олег Чухонцев и Фазиль Искандер пересказывали друг другу «цветные сны». Я вспомнил тогда, что, по Волошину, именно те, кто «видит сны, кто помнит имена», становятся поэтами.)

В конце сентября В. Д. Набоков подошел к концу своих записок о Временном правительстве и большевистском перевороте. Семье его в ту пору пришлось переехать ближе к Ялте, в Ливадию, так как младшие дети должны были начать в сентябре учебу в ялтинской гимназии.

Белый ливадийский дворец царя стоял над морем. («Сам дворец и его сады, террасами спускавшиеся с холма, и город под дворцовым холмом...» — «Пнин».) Набоковы поселились в двухэтажном Доме певчих капеллы. Окна выходили на белый дворец императорской семьи, где над дверьми еще можно было прочесть инициалы всех членов царствовавшей фамилии. Сам дворец был теперь пуст, а судьба прежних его обитателей никому не известна. Братья и сестры юного поэта начали учебу в ялтинской гимназии (той самой, где когда-то попечителем состоял Чехов и где учились одно время сестры Цветаевы). Первенец В. Д. Набокова составил себе программу домашних занятий. Во-первых, он решил самостоятельно пройти курс университета за первый год, чтоб сразу поступать на второй курс. Во-вторых, составил для ялтинской библиотеки список необходимых ему книг (книги по энтомологии, книги о дуэлях, труды об исследователях-натуралистах, труды Ницше). В Ялте он брал также уроки латыни, а в Ливадии пользовался императорской библиотекой ливадийского дворца, где было много исторических журналов и богатейшее собрание новых русских поэтов, например, Белого, Брюсова. Он очень много читал в эти месяцы. Увлеченный теориями Белого, он вычерчивал ритмические схемы стихов, и в нескольких его уцелевших блокнотах того времени можно найти разбор стихов Жуковского, Баратынского, Ломоносова, Бенедиктова. Он усердно пытается проникнуть в тайны реальности и творенья, в очертания, которые таятся за подробностями устройства, — будь то цветок, бабочка или стих. Позднее он и в прозе искал тайный смысл, а прочитав позднее «Петербург» Белого, где разорванные связи призваны были помочь постижению иррационального, пережил огромное потрясение. Впрочем, там, где у Белого возбужденно сплетались ритмы и смыслы, в прозе самого Набокова все выстраивалось с точностью шахматной задачи.

Упорное чтение той осени и учеба у классиков русской поэзии ощутимы не только в его тогдашнем «ангельском цикле», но и в более поздних произведениях. В наши дни одна из множества американских набоковедок поставила себе задачей понять, почему две немецкие баллады, переведенные Жуковским, «играют такую странную, столь важную роль в американских романах Набокова». Мы же по-просту вспомним библиотеку ливадийского дворца, парк над морем, поэтические штудии юного Лоди...

Цикл из девяти стихотворений об ангелах — каждое посвящено какому-нибудь ангельскому чину — одна из самых серьезных его работ этой осени. Конечно, стихи эти были далеки от ортодоксальной трактовки сюжета, однако выдавали серьезные размышления о надземной красоте. Набоков часто думал тогда о вечном, в свою рабочую тетрадь он записал: «Существование вечной жизни — это продукт человеческой трусости; отрицание ее — ложь перед самим собой.

Тот, кто говорит: «Души нет и нет вечности»,— тот думает втайне: «и все же, быть может?»

В. Д. Набоков теперь реже оставался дома. В середине ноября немцы ушли из Крыма, и по инициативе кадетов здесь было сформировано местное правительство Соломона Крыма, в котором В. Д. Набоков стал министром юстиции. Ему теперь часто приходилось бывать в Симферополе, и он предпринимал отчаянные попытки восстановить на прекрасном полуострове Южной России, истерзанном беззаконием, истинные закон и правосудие.

Крымское правительство пыталось наладить земледелие в Крыму без уничтожения высококультурных хозяйств, обогащавших край. Крымское земледелие получило надежду выйти на одно из первых мест в Европе (Аксеновская утопия «Острова Крыма» не так уж фантастична). Новое правительство позаботилось о торговле, ввело разумные налоги, создало городскую милицию. По мнению как друзей так и врагов, самую активную деятельность в этом правительстве развил В. Д. Набоков, восстанавливавший суды и почти забытое в пору войны правосудие. На земско-городском съезде в Крыму в ноябре один из ораторов (В. В. Руднев) воскликнул: «Невольное изумление охватывает нас, когда видим, что здесь, в Крыму, посреди полыхающего вокруг пожара гражданской войны, словно на каком-то счастливом острове (вернее — полуострове) Утопии, создан свободный строй силами демократии, гарантирующей права всех граждан...»

Крымское правительство ставило своей задачей временное управление Крымом до прихода демократической общероссийской власти, и, как отмечал историк, это было единственное из всех правительств, которое, не имея никаких сепаратистских намерений, «выявило высшую меру культурной деятельности». По мнению того же историка (д-р Даниил Пасманик), проводником такого «культурного парламентаризма был В. Д. Набоков». Д-р Пасманик полагал, что «основная ошибка Крымского правительства состояла в том, что оно в военной обстановке хотело осуществить идеально-парламентарный строй в Крыму... Революционная эпоха не время для мирного парламентаризма». Книга об истории Крыма была выпущена Д. Пасмаником в 1926 году в эмиграции, но с критикой либеральных кадетов он выступил еще в Крыму — на собрании, приуроченном к годовщине гибели Шингарева и Кокошкина, заколотых матросами на больничной койке. После выступлений Набокова, Винавера и Оболенского, воздавших должное гуманизму убиенных товарищей, Д. Пасманник сказал, что в тот день убита была традиция русской интеллигенции, отличавшейся именно гуманностью, то есть отсутствием воли к власти. Пасманник сказал, что нужна новая интеллигенция, которая сможет быть жестокой во имя государственных интересов (он не представлял еще, с какой людоедской последовательностью будет осуществляться его теория). Пасманнику ответил позднее Иван Ильич Петрункевич, написавший, что Ленин, Троцкий и К^0 как раз и есть та самая интеллигенция, отказавшаяся от бессмертных идей гуманизма, в которые веровали Шингарев и Кокошкин.

Министру юстиции Набокову приходилось решать в ту пору довольно сложные практические задачи. Ялтинские гостиницы были забиты офицерами могучего штаба, рассчитанного на огромную армию, а имевшего в своем распоряжении всего несколько рот. Привычки и взгляды этих людей были сформированы нескончаемым побоищем, войной и революцией. Вдобавок они были «социалистоеды, жидоеды, кадетоеды, для которых даже октябрист Гучков был первым кандидатом на виселицу, а Соломон Крым — вторым» (С. Крым — местный караим, видный крымский общественный деятель, кадет и друг В. Д. Набокова). Человеческая жизнь стоила для них недорого. Военное командование, как правило, покрывало преступников, а кадетских законников подозревало в тайных симпатиях к большевикам. Либерал В. Д. Набоков ненавидел беззаконие и грубую жестокость, которые, по верному наблюдению Бр. Бойда, сын его включал позднее в понятие «пошлости». Впрочем, уже и написанная в Крыму поэма В. В. Набокова «Двое» рассказывала о том, как разнузданная толпа мятежников преследует и убивает молодого ученого и его жену. В поэме — скрытая полемика со знаменитой поэмой Блока, который, как писал Набоков позднее, прилепил в конец розовую картинку с Христом. Разнузданный, одичавший сброд (его, конечно, сумел разглядеть в ту пору не один Набоков) не внушал симпатии юному поэту, по какую сторону баррикады он бы ни лютовал, и «лебединый стан», такой, каким он предстал перед юным Набоковым в Крыму, был уже не только незапятнанно романтичным. Может быть, отчасти и это объясняет неучастие молодого Набокова в «мерзкой гражданской суете» (так он выразился позднее о войне в романе «Отчаяние»).

В эту пору в Ялте снова появился Юрик Рауш. Толпа набоковских кузенов весело праздновала его отпуск — веселой, лихой шеренгой (кроме Владимировичей, в Крыму были и Дмитриевичи, и Сергеевичи) братья шли по нарядной ялтинской набережной, громко шутили, смеялись. И снова два близких друга, Юрик и Лоди, мечтали, что они будут служить в одном полку. Как и в прошлый приезд, Юрик обещал похлопотать об этом и даже дал кузену примерить свои военные ботинки. Ведь они были товарищи отроческих игр, и военных и ковбойских, оба любили веселую опасность (Набоков написал об этом позднее в стихотворении, посвященном Юрику). Отчего же так долго колебался юный Набоков? Оттого ли только, что не обладал цельной монархической верой Юрика? Что симпатии его к деникинской армии могли быть в ту пору омрачены множеством противоречивых и кровавых фактов, сообщаемых отцом? Или тем, что он жил в Крыму такой насыщенной духовной и физической жизнью? Вероятно, и то, и другое, и третье, и еще многое. Одной из причин могло быть живое воображение поэта. Ему достаточно было примерить военную форму Юрика и его ботинки, чтоб пережить в воображении все, что готовит судьба. А воображение его не могло примириться со смертью. Множество раз пишет он (в Крыму и позднее) о том, как ужасна преждевременная и насильственная смерть, как она нестерпима и бессмысленна. Может быть, эта живость воображения и есть трусость. Во всяком случае, герои его романов бесконечно терзаются преодолением страха, колебаниями, раздумьями. Именно об этом ведь в значительной степени роман «Подвиг». Юный герой «Подвига» повторяет фразу своего профессора о нелепости Гражданской войны: «Одни бьются за призрак прошлого, другие за призрак будущего». Но если логические и психологические аргументы еще могли оправдать его неучастие в тогдашней борьбе, то избавиться от терзаний совести он так и не смог, и это для писателя, пожалуй, небесплодно. Справедливость требует отметить, что тему эту подняла в своей книге З. Шаховская, но именно ее книга и определила позицию «суда чести» по отношению к юному Набокову. Любопытно, что брат З. А. Шаховской о. Иоанн Санфранцисский в «Биографии юности» пишет о своем участии в братоубийственной войне без особой гордости.

Сам Набоков рассказывал о своих колебаниях по-разному в разных вариантах автобиографии, однако речь всякий раз шла о работе воображения, о решительности, которая ослабевала в результате раздумий. Происходило то же, что произошло позднее с его давней мечтой пробраться в Россию, о которой Набоков говорит так: «...вряд ли я когда-нибудь сделаю это. Слишком долго, слишком поздно, слишком расточительно я об этом мечтал. Я промотал мечту. Разглядываньем мучительных миниатюр, мелким шрифтом, двойным светом, я безнадежно испортил себе внутреннее зрение. Совершенно так же я истратился, когда в 1918-ом году мечтал, что к зиме, когда покончу с энтомологическими прогулками, поступлю в Деникинскую армию и доберусь до тамариного хуторка...»

Юрик Рауш уехал на фронт из Ялты, и уже через неделю его привезли мертвым: «Весь перед черепа был сдвинут назад силой пяти пуль, убивших его наповал, когда он один поскакал на красный пулемет. Может быть, я невольно подгоняю прошлое под известную стилизацию, но мне сдается теперь, что мой так рано погибший товарищ в сущности не успел выйти из воинственно-романтической майн-ридовой грезы, которая поглощала его настолько полнее, чем меня, во время наших, не таких уж частых и не очень долгих летних встреч». В английском варианте книги как всепоглощающую черту Юрика Набоков отмечал его «чувство чести»...

Юрика отпевали в православной церкви близ набережной (звон ее колоколов доносится сейчас ко мне на Дарсан, в комнату ялтинского Дома творчества). Из церкви процессия шла по набережной, где шеренга английских солдат выстроилась в почетный караул. Володя вместе с другими нес гроб...

Позднее события стали развиваться стремительно. Белое командование потребовало введения чрезвычайного положения в Ялте. Хотя правительство Крыма согласилось на это, отношения его с командованием все обострялись: Белая армия больше не обеспечивала защиты города. С. Крым и В. Д. Набоков обратились к французскому командованию, взявшему на себя после ухода немцев защиту севастопольского порта. Французы обещали прислать войска, однако так их и не прислали, а в начале апреля Красная Армия прорвала оборонительную линию белых и стала быстро продвигаться в Крым. Началась эвакуация. 8 апреля Набоковы покинули Ливадию. После всех петербургских потерь юный поэт понес еще одну потерю: он оставил в Ливадии всю свою новую коллекцию — больше двухсот крымских бабочек. Что ж поделаешь — «в свое время он растерял, рассорил, рассеял по свету много вещей, представлявших и большую ценность» («Пнин»).

По тряской дороге они добрались до Севастополя и остановились в местной гостинице, номер которой В. Д. Набоков тут же и описал:

> Не то кровать, не то скамья.
> Угрюмо-желтые обои.
> Два стула. Зеркало кривое.
> Мы входим — я и тень моя.

По соседству, здесь же в Севастополе, были и другие Набоковы (Сергеевичи и Дмитриевичи). В дневнике юного композитора Ники Набокова осталась запись: «26 марта 1919. Севастополь. Гостиница «Россия» переполнена. Спекулянты... буржуазные семейства... киноактеры и киноактрисы... В вестибюле базар... все места заняты... везде груды багажа... Дядюшка Сергей Набоков здесь. Он добрался по большаку уже несколько дней тому назад...

Тревожные слухи ползут по берегу. Говорят, что красные преодолели последний рубеж сопротивления Белой армии. Они вот-вот перейдут перешеек. Никто из союзников нам помогать не будет».

А в убогом номере гостиницы «Метрополь», невдалеке от переполненной «России», кузен композитора, разобравшись на сегодня с неотвязным своим двойником, так завершил новое стихотворение:

> Я замираю у окна,
> и в черной чаше небосвода,
> как золотая капля меда,
> сверкает сладостно луна.

Вот она — сладостная капля меда в черном мраке эвакуации. Когда тебе двадцать, сладость жизни неистребима!

10 апреля министры Крымского правительства вместе с семьями (всего тридцать пять человек) взошли на борт

греческого судна «Трапезунд», державшего курс на Констан-тинополь. Однако около пяти пополудни французское коман-дование вдруг потребовало от министров отчета о расходова-нии правительственных фондов. Правительство предостави-ло отчет: при всей военной неразберихе, столь благоприят-ной, как правило, для грабителей, в тогдашнем Крымском правительстве (может, самом пристойном правительстве за всю русскую историю) жуликов не было. Однако назавтра от французов поступил приказ министрам и их семьям сойти на берег. Сергеевичи и Дмитриевичи вышли в море без Владими-ровичей. Семьи министров были затем переведены на «не-вероятно грязное» греческое суденышко с оптимистическим названием «Надежда», однако разрешение на отход получено не было и тогда, когда французы разобрались наконец с чу-жими финансами. Красные заняли холмы, окружавшие город, и начали артиллерийский обстрел порта. После четырехчасового боя французов и греков против Красной Армии греческое суденышко начало наконец выруливать из гавани. Осколки снарядов уже ударяли по его корпусу... В. Д. Набоков играл с сыном в шахматы на палубе, пытаясь сосредоточиться на партии и ни о чем не думать. Поздним вечером 15 апреля русский берег скрылся из глаз. Кто знал, что навсегда?

Через много лет другой поэт, злейший враг знаменитого писателя Набокова — Сирина писал:

> И сорок лет спустя мы спорим,
> Кто виноват и почему.
> Так, в страшный час
> Над Черным морем
> Россия рухнула во тьму.

ГЛАВА ТРЕТЬЯ

«И СЛОВО НЕПОСТИЖИМОЕ: ДОМОЙ!»

126 судов увозили морем на Константинополь сорок пять с лишним тысяч русских. Герой «Машеньки» вспоминал «чудеснейшие грустные морские дни» на грязном греческом пароходике. Пассажиры спали на деревянных лавках в единственной, не слишком чистоплотной каюте, так что героя «Подвига» автору пришлось пересаживать на другой пароход (тот, на котором уплывала в эмиграцию его будущая жена) — чтоб юный герой смог довести до конца свой роман с замужней поэтессой. В Стамбуле их не пустили на берег, а в Пирее продержали два дня на карантинном рейде. Зато уж потом они поселились в хорошей гостинице и поехали смотреть Афины. Может, там и произошел роман автора с поэтессой. Позднее Набоков сообщал биографу, что у него было в Греции целых три романа. И впрямь, один из Сергеевичей вспоминал, что ночью им довелось видеть кузена Лоди на Акрополе с какой-то хорошенькой женщиной.

Через Марсель и Париж семья Набоковых добралась наконец в Лондон, где ее встретил К. Д. Набоков, все еще дипломат, хотя теперь уже, кажется, ничей.

Набоковы поселились сперва в Южном Кенсингтоне, потом сняли дом в Челси. Братья Владимир и Сергей ездили к Глебу Струве — советоваться по поводу университета. Струве посоветовал Владимиру поступать в Кембридж. В уплату за обучение пошли нитки материнского жемчуга. Прочие драгоценности пошли в уплату за дом.

113

В Лондоне Владимир веселился, бывал на балах и даже танцевал однажды фокстрот с самой Анной Павловой. Он гулял по городу и играл на бильярде со школьным приятелем Самуилом Розовым. Чтоб не сдавать «предварительные экзамены» в Кембридж, он взял у Розова его отличный «табель успеваемости» из Тенишевского, здраво рассудив, что англичане не разберутся, чей это документ и что там написано по-русски.

1 октября 1919 года он начал занятия в кембриджском коледже Святой Троицы (Тринити-Коледж): «Помню мутный, мокрый, мрачный октябрьский день, когда с неловким чувством, что участвую в каком-то ряженье, я в первый раз надел тонкотканный иссиня-черный плащ средневекового покроя и черный квадратный головной убор с кисточкой...»

Итак, он был студент Кембриджа, сбылась давняя, еще петербургская его мечта. Если б не было всех потрясений, и потери дома, и потери Выры, и Крыма, и бегства из России, он все равно поехал бы учиться в Англию, в прославленный Кембридж, может, даже в этот вот самый Тринити-Коледж. Все так и все же не так. Не только оттого, что реальная жизнь насыщена деталями, которыми так успешно пренебрегает наша мечта. Не оттого только, что небо над Кембриджем серое, как овсяная каша. Не оттого, что «он ждал от Англии больше, чем она могла дать» («Истинная жизнь Себастьяна Найта»). Причиной не были ни «очки юркой старушки, у которой снимаешь комнату», ни сама комната с грязно-красным диваном, угрюмым камином, нелепыми вазочками на нелепых полочках, ни ветхая пианола с грыжей, ни пылью пахнущий просиженный диван и частые простуды, ибо мудрено здесь не простудиться: «Из всех щелей дуло, постель была как глетчер, в кувшине за ночь набирался лед, не было ни ванны, ни даже проточной воды: приходилось поэтому по утрам совершать унылое паломничество в ванное заведение при коледже... среди туманной стужи, в тонком халате поверх пижамы, с губкой в клеенчатом мешке под мышкой». Не было причиной и то, что в этом краю свободы, как выяснилось, существует «тьютор», который следит за тем, как ты учишься, как ты себя ведешь, и еще Бог знает за чем: «То, что кое-кто совершенно посторонний мог мне что-нибудь позволять или запрещать, было мне настолько внове, что сначала я был уверен, что штрафы, которыми толстомордые коледжевые швейцары в котелках грозили, скажем, за гулянье на мураве,— просто традиционная шутка». Однако штрафы ему приходилось платить, а «тьютор» вызывал его для беседы. И все же дело было не только в расхожденье «нарядной и сказочной» Англии его младенчества со спартанской Англией его кембриджских лет. Ведь почти то же разочарованье испытали более зрелые Бунин и Цветаева, и еще многие-многие, попав уже *эмигрантами* в те самые места, которые были когда-то нарядной заграницей их благополучной юности или детства. Все для них переменилось теперь. Они больше не были здесь желанными и богатыми гостями-туристами, которые, наглядевшись досыта на заграницу, уедут домой. У этих людей больше не было дома, и главное было в их эмигрантском ощущении бездомности. Доводилось слышать, что у Набокова не было этого эмигрантского ощущения, что он, по существу, и не был никогда эмигрантским писателем, поскольку с детства знал английский и был космополит. А один из моих блистательных московских друзей-диссидентов (ныне не менее блистательный лондонский профессор) даже сообщил однажды в высоколобом эмигрантском журнале, что вот, мол, был в эмиграции писатель, у которого, в отличие от множества других, измученных тоской по родине, не было никакой ностальгии, поскольку он унес Россию с собой, в себе. К сожалению, все было не так. Ощущение изгнанничества, посетившее юного Набокова уже в Крыму, именно в Кембридже стало пронзительно острым: «У меня было чувство, что Кембридж и все его знаменитые особенности,— величественные ильмы, расписные окна, башенные часы с курантами, аркады, серо-розовые стены в пиковых тузах плюща,— не имеют сами по себе никакого значения, существуя только для того, чтобы обрамлять и подпирать мою невыносимую ностальгию. Я был в состоянии человека, который, только что потеряв нетребовательную, нежно к нему относившуюся родственницу, вдруг понимает, что из-за какой-то лености души, усыпленной дурманом житейского, он как-то никогда не удосужился узнать покойную по-настоящему и никогда не высказал своей, тогда мало осознанной любви, которую теперь уже ничем нельзя было разрешить и облегчить».

Нетрудно догадаться, что чувство это он изливал в стихах и что стихи эти во множестве были про милую Выру, про возвращенье домой, наяву и во сне (извечный и неизбывный сон эмигранта).

Все ясно, ясно; мне открыты
Все тайны счастья; вот оно:
сырой дороги блеск лиловый;
по сторонам то куст ольховый,
то ива; бледное пятно
усадьбы дальней; рощи, нивы,
среди колосьев васильки...

...Мои деревья, ветер мой
и слезы чудные, и слово
непостижимое: домой!

Конечно, несколько неожиданной была суровость этой жизни, где все оказалось не таким, как мечталось, и даже ты сам не такой, как думал («и английское произношение, которым Мартын тихо гордился, тоже послужило поводом для изысканно насмешливых поправок»). Незримая стена отгораживала его от, казалось, таких близких и понятных ему англичан, а тоска по оставленному вдруг навалилась на плечи юного Набокова, и он, умевший с такой полнотой чувствовать радость жизни, вдруг познал, что́ значит быть одиноким и несчастливым.

В неволе я, в неволе я, в неволе!
На пыльном подоконнике моем
Следы локтей. Передо мною дом
Туманится. От несравненной боли
Я изнемог...

Юный поэт глядит в узкий проулок, куда выходит его окно, и видит влюбленную пару. И ему вдруг кажется (о, этот слуховой обман, так хорошо знакомый всякому русскому эмигранту!), «что тихо говорят они по-русски».

Как и прочие эмигранты, он называет предмет своей любви. Россия. Русская речь. Русский пейзаж. Русская поэзия...

«Под бременем этой любви я сидел часами у камина, и слезы навертывались на глаза от напора чувств, от размывчивой банальности тлеющих углей, одиночества, отдаленных курантов,— мучила мысль о том, сколько я пропустил в России, сколько я бы успел рассовать по всем карманам души и увезти с собой, кабы предвидел разлуку».

В долгожданном английском университете главным для

него становится — удержать в себе Россию: «Настоящая история моего пребывания в английском университете есть история моих потуг удержать Россию».

Да, конечно, при этом он слушал курсы русского и французского, он даже записался на «зоологию», которую вскоре поменял на «ихтиологию». Заниматься ихтиологией подбил его цейлонец Леирис (которого Набоков назвал отчего-то в воспоминаниях восточным принцем), тот самый, что во время бокса подпортил ему линию носа. Да, конечно, он продолжал заниматься и боксом, и теннисом (в теннис он играл с братом Сергеем и теперь, благодаря теннису общался с ним больше, чем в детстве) и, конечно, стоял в воротах одной из футбольных команд.

Увидя мой удар, уверенно-умелый,
Спросила ты, следя вращающийся мяч:
знаком ли он тебе — вон тот, в фуфайке белой,
худой, лохматый, как скрипач.
Твой спутник отвечал, что, кажется, я родом
из дикой той страны, где каплет кровь на снег,
и, трубку пососав, заметил мимоходом,
что я — приятный человек.
...А там все прыгал мяч, и ведать не могли вы,
что вот один из тех беспечных игроков
в молчанье, по ночам, творит, неторопливый,
созвучья для иных веков.

Вот так, с немалой нежностью к себе любимому, описывал он главное свое занятие и самого себя, сообщая заодно и о впечатлении, производимом на девушку, на приятеля-англичанина. В его стихах, в этих «созвучьях», рождение которых оставалось для него всегда чудом, воскресали недавнее прошлое, утраченный рай:

я гляжу, изумленно внимая
голосам моих первых стихов,
воскрешаю я все, что бывало,
хоть на миг умиляло меня:
ствол сосны пламенеющий, алый,
на закате июльского дня...

После ночных стихотворных бдений, после раннего подъема и путешествия в умывальную приходилось на велосипеде добираться до лекционных корпусов, разбросанных по всему городку, где студенты, «схватив в охапку тетрадь и форменный плащ, спешат на лекции, гуськом пробираются в залы, сонно слушают, как с кафедры мямлит мудрая мумия, и, очнувшись, выражают одобренье свое переливчатым топаньем, когда в тусклом потоке научной речи рыбкой плеснется красное словцо».

Потом спортивное поле, потом кондитерская, где «чужие гладкие лица, очень милые, что и говорить,— но всегда напоминающие объявления о мыле для бритья, и вдруг становится так скучно, так нудно, что хоть гикни и окна перебей...»

Довольно неожиданно для сдержанного англомана Лоди из англоманской Набоковской семьи. А с другой стороны, ничего странного — мало ли русских франкофилов становилось в парижском изгнании и франкофобами, и русофилами, и евразийцами, и малороссами, и «друзьями советского отечества», или даже попросту агентами ГПУ. (Я встретил как-то в Лондоне знаменитого московского «западника», который, попав на Запад, напрочь вдруг перестал говорить на всех западных языках. Он забыл их. Это защитная реакция. Говорят, что и русский наш акцент от того же. Сам я, впервые попав на Запад, во Францию далеко за середину земной жизни, обнаружил, что больше всего в парижской истории интересует меня межвоенная жизнь русской эмиграции. Ностальгия не тетка...) А тут еще молодой, не вполне зрелый, обожаемый родителями сын впервые оказался один, без семьи.

Утешали родительские письма. Он и сам писал им в недалекий Лондон не реже двух раз в неделю. Владимир Дмитриевич сообщал сыну всякие новости — то про смерть французского писателя, то про чемпионат по боксу; а то и анализировал шахматную задачу из последней газеты. Про свои дела не писал, боясь наскучить (дела у него в Лондоне не клеились), но от нежностей удержаться не мог — «Володюшка», «пупсик»...

Двадцатилетний «пупсик» чаще писал матери, чем отцу. Их духовная связь была очень тесной — он знал, что она, подобно ему, тоскует по России, по Выре. Вот одно из его тогдашних стихотворений, посвященных матери:

Людям ты скажешь: настало.
Завтра я в путь соберусь.
(Голуби. Двор постоялый,
Ржавая вывеска: Русь.)
Скажешь ты Богу: я дома.
(Кладбище. Мост. Поворот.)
Будет старик незнакомый
Вместо дубка у ворот.

Против ожидания он оказался втянутым в политические споры, «спорил о политике». Шла гражданская война, что-то невероятное и, похоже, совсем новое творилось на Востоке, в этой огромной, дотоле недвижной России, так что англичане его то и дело спрашивали: «А что в России? А кто Ленин? А кто Троцкий?» Позднее, излагая эти споры в «Других берегах», Набоков упорядочил их и ввел туда многое из своей полемики с Эдмундом Уилсоном в сороковые и пятидесятые годы, но сохранились подлинные записи дебатов, в которых юный Набоков принял участие через полтора месяца после поступления в Тринити-Коледж. Конечно, его юношеское выступление не идет ни в какое сравнение с полемическими страницами поздней автобиографии, зато оно приближает нас к тогдашнему Набокову. Записи эти приводит в своей книге Брайан Бойд: «Мистер Набоков охарактеризовал большевизм на основе своего личного опыта как отвратительную болезнь. Ленин — это безумец, а остальные мерзавцы. Он сказал, что Англия должна немедленно оказать помощь Колчаку и Деникину и отказаться иметь дело с большевиками». Набоков рассказывал, что для этого 18-минутного выступления он выучил наизусть отцовскую статью. Закончил он заявлением, «что это его первое и последнее политическое выступление». На собрании царила, конечно, горячая симпатия к революции, хотя и было высказано мнение, что в Кембридж большевизм допускать не следует. Увы, прошло еще полтора десятка лет и из недр Кембриджа вышли такие убежденные коммунисты и видные советские разведчики, как Ким Филби, Доналд Маклин, Берджес и другие.

В автобиографии Набоков выводит своего (скорей всего, выдуманного) кембриджского оппонента под именем Бомстон. Бомстон утверждал, что, не будь союзной блокады, в большевистской России не было бы и террора. Всех врагов Советов он сбивал в единую кучу «царистских элементов», а господство тоталитарной идеологии при большевиках или то, «что он довольно жеманно называл «некоторое единообразие политических убеждений», он объяснял «отсутствием всякой традиции свободомыслия в России». Но больше всего Набокова «раздражало отношение Бомстона к самому Ильичу, который, как известно всякому образованному русскому, был совершенный мещанин в своем отношении к искусству, знал Пушкина по Чайковскому и Белинскому и «не одобрял модернистов», причем под «модернистами» понимал Луначарского и каких-то шумных итальянцев; но для Бомстона и его друзей, столь тонко судивших о Донне и Хопкинсе... наш убогий Ленин был чувствительнейшим, проницательнейшим знатоком и поборником новейших течений в литературе, и Бомстон только снисходительно улыбался, когда я, продолжая кричать, доказывал ему, что... на самом деле чем радикальнее русский человек в своих политических взглядах, тем обыкновенно консервативнее он в художественных[1]... Я, кстати, горжусь,— продолжает Набоков,— что уже тогда, в моей туманной, но независимой юности, разглядел признаки того...» К тому, что удалось и что не удалось ему разглядеть в пору туманной юности, мы и обратимся сейчас.

«Тьютор» Набокова, его надзиратель-наставник, может, даже и догадываясь о муках его ностальгии, решил подселить в его квартиру еще одного «белогвардейца», фамилия которого была Калашников. Это была, вероятно, не такая уж глупая затея. Хотя в «Подвиге» у главного героя есть друг, очень симпатичный англичанин с «обезьяньей фамилией» (Дарвин), подружиться с англичанами даже англофилу Набокову оказалось не так уж просто. «Между ними и нами, русскими,— писал Набоков в очерке о Кембридже,— некая стена стеклянная; у них свой мир, круглый и твердый, похожий на тщательно расцвеченный глобус. В их душе нет того вдохновенного вихря, биения, сияния, плясового неистовства, той злобы и нежности, которые заводят нас, Бог знает, в какие небеса и бездны; у нас бывают минуты, когда облака на плечо и море по колено,— гуляй, душа! Для англичанина это непонятно, ново... никогда самый разымчивый хмель не заставит его расчувствоваться, оголить грудь, хлопнуть шапку оземь...»

---

[1] Похоже, что вся эта полемика перекочевала в книгу из позднейших споров Набокова с Уилсоном.

У Миши Калашникова, соседа и приятеля Набокова, эти лихость и неистовство были, кажется, в избытке. Они приятельствовали довольно долго: вместе развлекались, вместе влюблялись, потом вместе переехали на новую квартиру. Оно и понятно — не все же только писать, только читать, только грустить, когда тебе двадцать. Калашников, впрочем, читать не любил и не терпел, чтоб при нем что-нибудь читали. При виде книг ему не только хотелось хлопнуть шапку оземь, но и швырнуть раскрытую книгу в камин. Однако когда он узнал, что Набоков не читал его любимое произведение, так сказать, «книгу жизни», он стал ее немедленно всучивать приятелю. Это было новое берлинское издание «Протоколов сионских мудрецов», знаменитый текст, извлеченный из книги Нилуса и напечатанный с новым предисловием в берлинском альманахе «Луч света». Конечно, еще дома, в Петербурге, Набоков не раз слышал историю знаменитого шедевра анонимных авторов департамента полиции. Слышал про то, как царь пришел от него в восторг (все объяснялось так просто — смятение в стране и революция 1905 года,— что нельзя было не поверить, что все зло от евреев). Про то, как затем, приказав по совету благоразумного Столыпина, проверить подлинность этой довольно наивной исповеди «мудрецов», самодержец убедился, что это свой, российский «самодел». И как он обрек с некоторой брезгливостью и сожаленьем этот полезный текст на внегосударственное существование, начертав на его полях, что «чистое дело» расизма должно делаться «чистыми средствами».

Теперь, в Кембридже, юный Набоков отмахнулся было от полицейского апокрифа (отметив про себя всю уморительность этой сцены, чтоб потом и раз, и два, и три вставлять ее в свои произведения), однако Миша Калашников был уязвлен в своих лучших чувствах и стал настаивать, чтоб Лоди убедился в точности и правдивости этого текста. Для этого начитанный его сосед должен был по меньшей мере проштудировать все три книжки альманаха «Луч света» (название почти добролюбовское). Издавали его три таинственных сочинителя, которые чаще всего подписывались инициалами — Ф. В., П. Б. и С. Т.,— однако, обратившись к выходным данным, можно было выяснить, что зовут их Федор (Теодор) Винберг, Петр Шабельский-Борк и Сергей Таборицкий. Набоков небрежно пробежал глазами «Берлинские письма» Винберга, рекомендовавшего себя как «истинно русского человека», «подлинного великоросса», а также «выразителя Русского Духа». «Письма» извещали читателя, что русский человек (а о «русских жидках» и говорить нечего) — скот, безумец, хам, а точнее, «дикий зверь с низкими ухватками», и что он невыгодно отличается от немецкого «стального народа — государственника», у которого все «ganz akkurat». Глаз Набокова с любопытством выхватил стихи:

> Ваш взгляд по мне приветливо скользнул...
> Он мне про чувство Ваше намекнул.

Подпись под ними была С. Т. — Сергей Таборицкий. Дальше были еще нежные стишата, его же:

> Ароматны, нежны туберозы в цвету,
> Как прекрасен их чудный наряд,
> Как они разливают вокруг чистоту,
> Как любил их мой маленький сад...

Чувствительный человек Сергей Таборицкий, голубиная душа! П. Б., впрочем, тоже не брезгал стихами, только уже не любовного, а героического содержания... Миша Калашников с удовлетворением следил за соседом: ага, читает вслух, проняло. А Набоков вдохновенно декламировал «песнь о вещем Радзевиче». Он, всю жизнь пытавшийся разгадать тайные ходы судьбы, не почувствовал сейчас ее могильного дыхания, и голос его не дрогнул, оглашая шедевр Петра Шабельского-Борка, того самого, чью руку два года спустя стискивал в предсмертной судороге его благородный отец...

> Бесстрашно за правду, всю правду узнав
> О происках тайных кагала,
> В защиту евреями попранных прав
> Ты выступил в бой без забрала.
> ...Ты выбыл из строя, ушел без борьбы,
> Но стяг твой подхвачен уж нами,
> И мы не боимся такой же судьбы,
> Сомкнувшись стальными рядами...

Большего Набоков не выдержал. Он катался про проданному хозяйскому дивану, выбивая из него столетнюю пыль и всхлипывая от смеха. Тут-то Калашников, вырвав у него альманах, и нанес ему первый, довольно неловкий, впрочем, удар. Матч кончился в пользу Набокова, который был и старше и опытней в боксе, после чего приятели вскладчину оплатили хозяйке внеочередную уборку и помирились. В те дни, когда он не впадал в «плясовое неистовство» или русскую хандру, этот Мишка был в общем-то вполне симпатичный парень. Ему не надо было объяснять про ностальгию — он это знал сам. И внезапная откровенность его не коробила, как коробит самого симпатичного англичанина: «Говоришь, бывало, с товарищем о том, о сем, о стачках, о скачках, да и сболтнешь по простоте душевной, что вот, кажется, всю кровь отдал бы, чтобы снова увидеть какое-нибудь болотце под Петербургом,— но высказывать мысли такие непристойно; он на тебя так взглянет, словно ты в церкви рассвистался». Поразительные приходят на ум сопоставления, когда читаешь этот ранний очерк Набокова. Разнеженный воспоминаниями русский юноша Набоков и сдерживаемые приличиями, зажатые англичане. А чуть раньше: раскованные русские школяры и сдержанный англоман Лоди Набоков. А чуть позже: русская эмигрантская среда, расхристанные спорщики, это вот самое «оголить грудь, хлопнуть шапку оземь» — и по-британски сдержанный, надменный молодой Набоков в кембриджском блэйзере с золотыми пуговицами. Везде он не такой, как все. Что это за явление? Можно высказать гипотезу (не рискуя при этом сделать открытие), что это и есть нонконформизм поэта, нежелание «каплей литься с массами», стремление любой ценой (пусть даже весьма дорогой) сохранить свою особость, свою особую позицию, а как же иначе писателю? Как же иначе интеллигенту, который не желает растворяться ни в «прогрессивной», ни в «консервативной общественности»? У Набокова эти несовпадения с окруженьем были выражены особенно ярко. Вот реестрик подобных его несовпадений, составленный американской набоковисткой (Элизабет Костли Божур): «В России он учился писать по-английски; в Англии он все больше писал по-русски. В творческом отношении его берлинские годы почти не затронуты были немецким и были посвящены исключительно русскому... Находясь во Франции, он не пробавлялся французским, но именно там, а не в Соединенных Штатах написал свой первый английский роман. Набоков «русифицировал» свою книгу «Память, говори», превращенную в «Другие берега», находясь на Западе и Среднем Западе Америки...» — и так далее и так далее.

Поскольку ни дружба с англичанами, ни общение с ними, скажем, в кофейне или в клубе («беседа еле плетется в промежутке между сдобной лепешкой и трубкой — каждый тщательно обходит все, чего не касаются остальные») не удавались, Набоков поневоле держался русской компании, не слишком многолюдной в Кембридже. Кроме него самого и Калашникова, в нее входили князь Никита Романов и граф Роберт (Бобби) де Кальри. Были еще Алекс Понизовский, очень симпатичный полурусский брат Эвы Любжиньской, Петр Мрозовский, брат Сергей, которому очень нравилось в Кембридже (может, отчасти из-за специфической «голубой» атмосферы), но которого Лоди редко видел вне теннисного корта, кузен Петер де Петерсон. И князь Никита Романов и граф де Кальри были оба любезные и обходительные юноши, и первый из них послужил прототипом для Вадима в «Подвиге». Не откажу себе в удовольствии хотя бы выборочно привести описание этого героя:

«Лицо, покрытое необыкновенно нежным и ровным румянцем, выражало оторопелое смущение; он его скрывал, быстро дыша, словно запыхался, да потягивая носом, в котором всегда было сыро... Был он, впрочем, милый, привязчивый, привлекательный человек, падкий на смешное и способный живо чувствовать... Его прибаутки, бальные туфли, застенчивость и хулиганство, нежный профиль, обведенный на свет золотистым пушком,— все это, в сочетании с великолепием титула, действовало ... неотразимо» (в «Подвиге» действовало в первую очередь на профессора Муна, что в общем-то не противоречит атмосфере некоторой бисексуальности, видимо, уже тогда характерной для Кембриджа).

В компании этих русских друзей они нередко учиняли самые разнообразные шалости, которые даже в самом кратком пересказе кажутся скучными всем, кроме их участников. Последним они запоминаются как счастливые подвиги их бесшабашной юности. (Однажды мне довелось провести в Москве довольно тоскливый вечер, слушая рассказы новозеландского дипломата о том, какие номера он и его друзья откалывали в Кембридже в счастливые студенческие годы.)

Иногда друзья все вместе (или Лоди вдвоем с Мишкой) наезжали в Лондон. Дядюшка Константин Дмитриевич ввел их в обширный круг своих знакомых. Здесь Лоди встретил

Эву Любжиньску и Нину Чавчавадзе (по рождению она была из великокняжеской семьи), с которой ходил на каток, а однажды на благотворительном балу он увидел очаровательную девушку, продававшую воздушные шарики, и лицо ее показалось ему знакомым. «Так это же Маринка!» — воскликнул Миша. Набоков уже и сам узнал свою детскую любовь Марианну Шрайбер. Ей было девять, когда он был в нее влюблен, теперь она была балерина, и если верить обоим биографам Набокова (и их столь лукавому информатору), в Англии они стали встречаться снова. Набоков даже делал ей предложение (которое было отвергнуто), и она перестала ездить к нему в Кембридж, лишь когда узнала, что он встречается также с другими. Среди других была, вероятно, и Эва Любжиньска, которой он также делал предложение и тоже неудачно. Была у него еще, как утверждают и сам Набоков и его биографы, какая-то датская вдовушка, местная официантка (нечто подобное рассказано и в «Подвиге»)... Обилие женских имен создает впечатление, что легкомысленные отношения с женщинами (вполне, впрочем, естественные для молодого, не обремененного строгими правилами красивого аристократа) были в его поздние годы частью творимой им легенды о молодом Лоди, создаваемого им образа. Конечно же, знаменитому писателю, прожившему так много лет в благополучном браке (и описавшему при этом столько неблагополучных любовных историй), вовсе не хотелось допускать в свой интимный мир любопытных, а порой и наглых репортеров или дотошных биографов (вам бы захотелось?). Оттого, предчувствуя заранее их пересуды и праздные догадки, Набоков загодя обрушивал на этих биографов свои сарказмы, высмеивал слишком уж любопытных, мешал их с грязью, водил за нос, сбивал со следа. Неудивительно, что так много тумаков досталось при этом безжалостной «венской делегации» во главе с З. Фрейдом: Набоков предчувствовал, что фрейдистам будет чем поживиться на страницах его романов. Худшие его опасения сбылись: первый же обласканный им биограф-австралиец не только наделал всяческих ошибок в чужестранной биографии, но и сразу предположил, что его герой или влюблен был в свою собственную матушку (которая, таким образом, и была для него Лолитой) или страдал жесточайшей формой самолюбования, нарциссизма (какой же из писателей хоть чуточку не Нарцисс?). Наше не то чтоб скептическое, а все же осторожное отношение к позднему (и явно «самодельному») лихому образу победоносного плэйбоя имеет источником лишь знакомство с его произведениями, с его юными героями: вспомните их неуклюжесть, их неловкость, стеснительность, их недовольство собой (не только у Лужина, но и у прочих тоже), вспомните «беспомощное замешательство» Себастьяна Найта в его кембриджские годы, когда он «принялся угрюмо культивировать собственную застенчивость, словно редкостный дар или страсть» («он даже стал находить отраду в самом ее чудовищном разрастании и перестал страдать — правда, уже много позже — из-за своей неуклюжей чужеродности»). Мы, конечно, далеки от того, чтоб совершенно отождествлять автора с его героями, однако не можем отделаться от впечатления, что в каждого из них он вложил частицу себя, своего многостороннего «я».

Зачастую Набоков ощущал отчуждение и от русских своих друзей тоже, даже неприязнь к ним, ибо остро чувствовал в эти минуты свою непохожесть, «свое ненужное призванье».

> Ненужное тебе, рабыня губ моих,
> и от тебя его я скрою,
> и скрою от друзей, нечистых и пустых,
> полузавистливых порою.

Объятый авторской гордыней, чувствующий себя в такие минуты обладателем особого «света», юный поэт обличал «слепоту» не только в дремучем своем соседе Калашникове, но и в малообразованном Великом Князе Никите Романове. Однако приходил вечер, приближалась первая его студенческая весна — и все забывалось. Они вместе шли на Кем, протекавший позади университетских зданий, шли в кофейную, ехали на бал или вместе знакомились с девушками. Мишка был в этих делах незаменимый человек.

Весна с новой силой разбудила в Набокове ностальгические воспоминания[1]. Где еще, как не в России, как не долгой русской весною так пьяно пахнет земля, освободившись от долгого сна под снегом? Да и кто же из нас не испытал,

---

[1] В январе 1992 г. московский исследователь Р. Янгиров опубликовал отрывки из анонимных писем 1922 года, адресованных А. Тырковой-Вильямс. Там есть такая строчка о юном Набокове: «Он ведь вообще каждую весну тоскует по Родине».

как мучительно северянину не хватает на чужбине русской весны?

> Я без слез не могу
> тебя видеть, весна...
> Если б вдруг мне в глаза
> мокрый ландыш блеснул —
> в этот миг, на лугу,
> я бы умер, весна...

Впрочем, умирать ему не хотелось. Хотелось жить, радоваться жизни. Погрусти и живи, потом будет радость. Вот его весеннее письмо матери из Кембриджа (к сожалению, в обратном переводе с английского): «Кембридж охвачен трепетом весны, и в одном из уголков нашего сада пахнет так же, как пахло по вечерам в последние десять дней мая на самых дальних дорожках Нового парка — помнишь? Вчера при угасании дня мы бегали по полям и дорожкам, как безумные, и смеялись беспричинно, и когда я закрывал глаза, мне казалось, что я в Выре. «Выра» — что за странное слово... Я пришел домой пьяный от воспоминаний, с головой, гудящей от зуда — с гудом майских жуков, с ладонями в липкой земле, с младенческим одуванчиком в петлице. Как весело! Какая радость! Какое веселье! Какая боль, какая душераздирающая, будоражащая, невыразимая боль. Мама, милая, никто кроме нас с тобой не сможет этого понять... Мне так хорошо, я бесконечно счастлив, и так взбудоражен сегодня, и так печален...»

Молодость брала свое, радость теснила грусть, и он очень много стихов писал в ту весну. Одно из стихотворений он отослал родителям с припиской, что это «неопубликованное стихотворение Александра Сергеевича». Оно называлось «Ласточки», и в нем попадались великолепные строчки:

> Инок ласковый, мы реем
> над твоим монастырем,
> да над озером, горящим
> синеватым серебром.
> Завтра, милый, улетаем
> — утром сонным в сентябре.
> В Цареграде — на закате,
> в Назарете — на заре.

Но на север мы в апреле
возвращаемся, и вот
ты срываешь, инок тонкий,
первый ландыш у ворот...

Лондонскому житью набоковского семейства пришел конец... Делать В. Д. Набокову в Лондоне оказалось нечего. Сотрудничество в газете «Нью Раша» интересовало его все меньше. Друзья звали в Берлин. Там был И. А. Гессен, который вел успешные переговоры с немецким магнатом Ульштейном о создании издательства «Слово». Гессен полагал печатать «Архив русской революции» и открыть его воспоминаниями В. Д. Набокова. В Берлин переселился из Финляндии и А. И. Каменка, заявлявший, что необходимо приступить к изданию газеты. «Это убеждение,— вспоминал И. В. Гессен,— тесно сплеталось у него с личным мотивом: верный и заботливый друг, он считал необходимым вернуть В. Д. Набокова к активной деятельности не только из дружеской близости к нему, а и потому, что очень высоко ставил моральный авторитет, которым Набоков пользовался в России... само собой разумелось, что если газета осуществится, я должен стать рядом с Набоковым — нас связывали узы двадцатилетней, совместной и согласной общественной деятельности и все крепнувшей безоблачной дружбы. За неимением у В. Д. редакторского опыта ... оставить его одного было по меньшей мере некорректно».

Будущие сотрудники искали название для новой газеты, созвучное прежней «Речи». Младший Владимир Набоков предложил назвать газету «Слезы». В. Д. Набоков предлагал название «Долг», имея в виду долг перед Россией. Газета вышла под названием «Руль». Выход первого номера совпал с поражением Врангеля и новой эвакуацией из Крыма. Примерно в то же время наметился и раскол в кадетской партии. Милюков призывал отказаться от надклассового характера партии и сблизиться с эсерами — он тянул партию влево, и часть кадетов пошла за ним. В. Д. Набоков остался верен прежним кадетским идеалам.

Летом отец и сын Набоковы заключили пари. Разговор зашел у них как-то о романе Ромэна Роллана «Кола Брюньон», книге, написанной старинным языком, изобилующим аллитерациями, ассонансами, внутренними рифмами, игрой ритма: говорили о том, как трудно такую книгу переводить.

Лоди сказал, что берется перевести эту книгу на русский, сохранив всю игру языка и стиля. Вот тогда и было заключено пари.

В Кембридже Лоди много работал в ту пору над переводами английской поэзии. Он переводил Руперта Брука, О. Сэлливэна, Теннисона. Теперь прибавился перевод повести Роллана, которую он решил окрестить «Николка Персик».

И все же главным увлечением В. В. Набокова в ту пору оставались русская литература и русский язык. «Из моего английского камина,— вспоминал он впоследствии,— заполыхали на меня те червленые щиты и синие молнии, которыми началась русская словесность. Пушкин и Толстой, Тютчев и Гоголь встали по четырем углам моего мира».

Однажды на книжном развале он купил у букиниста четырехтомный словарь Даля. Четырехтомник этот стал его любимым чтением и позднее путешествовал за ним по свету, с неизбежностью размещаясь на рабочем столе или близ кушетки вместе с пепельницей и пачкой сигарет. Курил он беспрерывно...

В августе Набоковское семейство (вместе с бабушкой Марией Фердинандовной) перебралось в Берлин и поселилось на окраине города, в Грюневальде (по грюневальдскому лесу и нынче бродят тени набоковских героев).

В октябре возобновились занятия в Кембридже, и Набоков писал матери в Берлин: «Мама, милая, вчера я проснулся среди ночи и спросил у кого-то — сам не знаю, у кого — у ночи, у звезд, у Бога, неужели мы и в самом деле больше никогда не вернемся, неужели все и в самом деле кончено, стерто, уничтожено...?.. Мама, мы ведь должны вернуться, правда, не может быть, чтобы все это умерло, обратилось в прах — подобная мысль может свести с ума! Мне так хочется описать каждый кустик, каждую веточку в нашем чудном парке в Выре — этого никому не понять...»

Разве не удивительно, что он сумел поделиться этим унесенным в изгнание царством — парком, домом,— поделиться не только с сотнями русских эмигрантов, но и с миллионами людей, русских и нерусских, населяющих эту планету и еще не разучившихся читать? Разве не удивительно, что он сумел до старости сохранить это желание, с такой силой владевшее им уже в двадцать лет?

Вы заметили, конечно, что Набоков очень откровенен с матерью, очень близок к ней духовно — ей он все мог рассказать, зная, что она все сможет понять, простить ему, все оправдать. Когда писал отцу, он был сдержанней — он должен был думать о том, чтоб выдерживать высочайший уровень отцовского благородства. Характерно письмо к матери в начале ноября 1920 года. Невольно задумываешься, смог ли бы он так написать отцу? Письмо посвящено было политике, да еще и выражало солидарность с той критикой Г. Уэллса, с которой В. Д. Набоков выступил в лондонской газете «Нью Раша». Любимый писатель отца и сына Набоковых Г. Дж. Уэллс (некогда бывавший у них в гостях в Петербурге, в доме на Морской) совершил двухнедельную поездку в Россию вместе со своим сыном Дж. Уэллсом. Фабианский социалист Уэллс полон был надежд на свершения «кремлевского мечтателя» и политику большевиков. Конечно, они там допускают кое-какие жестокости, но виновата в этом блокада союзников, а вовсе не теории большевистского марксизма. Словом, поездка в кровавую Россию 1920 года произвела на Уэллса обнадеживающее впечатление. А в ноябре того же года молодой Набоков и его сосед Миша Калашников провели вечер в гостях у одного из соучеников по Тринити Коледжу, где присутствовал сын Уэллса Джордж. Вот что Лоди писал матери об этой встрече:

«Если верить Уэллсу, то все великолепно, и если Иван Иваныч еще не может купить ананасы, то это лишь по вине блокады... Взгляни только на этих путешественников... по-русски говорят хуже, чем я по-исландски.

«В целом, знаете ли, там вовсе не плохо. Работяги по-настоящему довольны. Очень трогательно видеть их деток — такие веселые ребятишки — носятся по школьному двору» и так далее и тому подобное.

Мы с Калашниковым вышли из себя. Дошло до того, что я обозвал социалистов мерзавцами. А кончилось тем, что Мишка вскочил и с бешено пылающим взором стал орать: «Смерть евреям!» Смех и грех...

...Я сказал ему [Уэллсу]: «Но ведь столько людей убито, столько душ искалечено, угнетено»... И этот фабий сын ответил: «А казаки? А кишиневский погром?» Болван.».

С сыном Уэллса все ясно — отец его всю жизнь был социалистом и хотел видеть лишь то, что подтверждало его теории. Блокада и царский террор (довольно ведь умеренный по сравнению с эскалацией ленинского террора) сгодились ему лишь как аргументы для защиты своей веры. Парадокс в том, что и В. Д. Набоков, который первым выступил некогда против кишиневского погрома, из-за одного только разоблачения большевизма рисковал нынче оказаться для западных социалистов в одной куче с «монархическим отребьем».

Парадоксально и другое. Молодой Набоков выступил в одной компании с монархистом Калашниковым, отстранившись от него не слишком выразительным комментарием («смех и грех»). Как верно замечает благожелательный биограф Набокова Брайан Бойд, «эксплуатация классовой ненависти кажется ему менее извинительной, чем что бы то ни было на свете». Снисходительная реплика Лоди о выкриках Калашникова была, пожалуй, даже предательством по отношению к идеалам отца, по отношению к его друзьям — трогательно преданному Каменке, верному единомышленнику Гессену... «История показала ему в совсем недалеком времени, что расовая ненависть может быть еще более грязной», — завершает Б. Бойд. Молодой новозеландский исследователь прав — уроки, которые вскоре преподала Набокову судьба, были жестокими. Не пришлось ждать недалекого фашистского шабаша в Берлине, ибо первые фашисты — русские и немецкие — уже бродили в ту пору по берлинским улицам. Они были неподалеку и уже занесли руку над семьей Набокова... Промозглой берлинской ночью перед особняком, где жил старый Эмиль Ратенау, отец немецкого министра иностранных дел Вальтера Ратенау, одаренного философа и политэконома, блестящего политика и крупного промышленника, бродил странный, полупомешанный человек. Его звали Людвиг Мюллер. Встав в тени дома, он разглядывал фриз на фасаде, водил пальцем, шевелил губами: «Сорок шесть, сорок семь, сорок восемь, ага, шестьдесят шесть! Люциферство... Еще раз... Сорок два, сорок три...» Таращась в полумрак, он насчитал на скульптурном фризе 66 статуэток и понял, что набор этот символизирует число коронованных голов в Европе, которые должны пасть на плахе. Он понял, что в этом фризе крылась тайна русской и немецкой революции. Ибо Вальтер Ратенау, сын старого Эмиля, без сомнения, мудреца Сиона, был наверняка агентом Сиона, а ведь существовал и еще один страшный агент Сиона по фамилии Милюков. Безумный полуночник Мюллер узнал о нем от своего русско-немецкого друга Теодора Винберга. Теодор Винберг дал Мюллеру для перевода великую книгу — «Протоколы сионских мудрецов». Теодор Винберг был уверен, что эта книга откроет глаза немецкому народу...

Теодор (Федор) Винберг не был так уж неправ в своем предвидении: книга имела успех. Поначалу, впрочем, лишь в ближайшем окружении его друга Альфреда Розенберга, тоже российского, точнее, балтийского немца. В книге Розенберга «Чума в России» и в его книге «Миф XX века», великой библии геноцида, есть целые куски из сочинений самого Винберга...

Чуть позднее, когда в зале Берлинской филармонии так страшно сошлись все линии и тайные узоры судьбы («Протоколы», Винберг, Борк с Таборицким, немецкие монархисты), и еще позднее, когда запылали костры из книг на берлинских улицах, воспоминания о дружбе с Калашниковым стали для Набокова непереносимыми, прошлое надо было забыть, изгнать из памяти. В «Других берегах» он почти небрежно описывает появление по соседству с ним в Кембридже «озадаченного соотечественника», который всучивал ему «Протоколы...» и который исчез куда-то «в конце года». Калашников два десятилетия не попадался Набокову на глаза, и только после войны, в Америке, где оживали все тени (вот и прелестная Нина Чавчавадзе поселилась на Кейп Коде, рядом с Эдмундом Уилсоном, хотя, вероятно, больше уже не прелестная, но зато усидчивая, поскольку принялась за перевод древнерусской литературы), Эдмунд Уилсон вдруг написал Набокову, что повстречал его старого друга Калашникова. Набоков ответил Уилсону раздраженно, почти яростно, что «этот К. был — и вероятно, остался таким — типичный русский фашист старой школы, черносотенец и дурак»: «он был моим сожителем по квартире, хвала Богу, только один семестр... Более того, он был отвратительнейший сноб, но женщины находили его остроумным и в высшей степени привлекательным (не говорите обо всем этом Нине Чавч., она в полной уверенности, что мы с ним были друзья-приятели. Мы часто играли вместе в теннис и т. д., а в начале двадцатых годов я чуть не женился на его кузине, вот и все)». Позднее Набоков и сам встретил в Нью-Йорке процветающего маклера Калашникова в отливающем сталью блестящем костюме, и старый приятель показался ему похожим на гангстера. Каковым он, возможно, и был...

Все это, впрочем, было уже в конце сороковых, а наш рассказ дошел пока до ноября 1920-го.

В середине ноября в университетском журнале «Тринити Мэгэзин» появилось английское стихотворение Набокова.

А еще через дней десять его стихи впервые появились на страницах отцовского «Руля», газеты, которая, считая себя преемницей славной петербургской «Речи», намеревалась продолжить ее давнюю традицию — поддерживать хорошую литературу. Для первых номеров редакторы ничего не нашли, но уже 27 ноября газета смогла напечатать рассказ самого маститого из эмигрантских писателей, академика Ивана Бунина рядом с молодым поэтом В. Набоковым (как было не спутать его с редактором газеты и ее постоянным автором В. Набоковым-Старшим?). Конечно, появиться на одной полосе с Буниным — большая честь для начинающего поэта. Бунин для юного Набокова был не просто знаменитый русский писатель. Бунин был его любимый поэт, может быть, лучший современный поэт — Набоков в тогдашних стихах присягал на верность бунинской музе:

> Твой стих роскошный и скупой, холодный
> и жгучий стих один горит, один
> над маревом губительных годин,
> и весь в цветах твой жертвенник свободный...
> Безвестен я и молод в мире новом,
> кощунственном, но светит все ясней
> мой строгий путь: ни помыслом, ни словом
> не согрешу пред музою твоей».

Вряд ли к кому-нибудь еще обращался Набоков так восторженно, так открыто.

Газета «Руль» успела за свое почти двадцатилетнее существование напечатать стихи и прозу множества эмигрантских и советских русских писателей (Вс. Иванова, М. Пришвина, В. Лидина, Б. Пильняка, К. Чуковского, В. Инбер., И. Ильфа и Е. Петрова, В. Маяковского и многих других). Однако чтобы навсегда войти в историю русской литературы, газете хватило бы и того, что 7 января 1920 года на ее страницах родился новый писатель — Вл. Сирин. Псевдоним для одного из двух В. Набоковых был, конечно, необходимостью. Можно спорить (о чем только не спорят набоковеды!) удачен ли этот псевдоним, потому что уже были тогда современные писатели, которые так подписывались, было даже издательство с таким названием, был старинный писатель Ефрем Сирин. Сирин — чудесная птица из русской мифологии, которой молодой Набоков тогда увлекался (писал о леших, о жар-птице). Писатель Сирин перестал существовать еще через двадцать лет на борту теплохода, увозившего Набоковых за океан. Тогда и родился писатель Владимир Набоков. Ушли из жизни поколения читателей, привыкшие к главному русскому псевдониму В. В. Набокова, отчего мы и предпочитаем называть его в нашей книге его настоящим именем...

В эту зиму ему пришлось много работать. Он опаздывал с переводом «Николки Персика». Кроме того он сильно увлекся английской поэзией начала века («грегорианской») — Рупертом Бруком, Хаустоном и другими. Английские стихи бегали к нему, «как мыши», и в те часы, когда он отдавался русской поэзии. В одном из писем он рассказывал родителям о своем романе с Музой. Он часто выводил ее гулять по субботам, а когда Калашников уезжал на уик-энд в Лондон, даже зазывал домой и угощал чайком, клубничным вдохновеньем, сливочными дактилями и сушеными амфибрахиями.

Во время своих велосипедных прогулок он иногда заезжал в Гранчестер. То была Выра поэта Руперта Брука. С каким упоением, сидя до войны в каком-нибудь берлинском кафе, Брук вспоминал, бывало, о «мглисто-зеленой, тенисто-студеной реке, которая протекала мимо Гранчестера...» Юный Набоков с недоумением оглядывался: «заборы, сложные железные калитки, колючие проволоки. От грязных, кирпичных домишек веяло смиренной скукой. Ветер сдуру вздувал подштанники, развешанные для сушки, меж двух зеленых колов, над грядками нищенского огорода. С реки доносился тенорок хриплого граммофона».

И вот сюда, в этот убогий Гранчестер рвалась душа Руперта Брука, погибшего на недавней войне. Родина... Ну, а наш Лермонтов с его «четой белеющих берез» или Пушкин с двумя рябинами перед избушкой. «Сердце человека так невелико,— писал Киплинг,— что всю Божью землю он любить не в состоянии, а любит только родину свою, да и то один какой-нибудь ее уголок...»

...Вернувшись домой с прогулки, Набоков записал эти свои мысли о Гранчестере — для будущей статьи о Руперте Бруке.

К середине марта он сдал «Николку Персика». Это было для него неплохое упражнение в современном и в средневековом французском, а главное — упражнение в переводе на русский. Просматривая корректуры, издатель (все тот же

Гессен) внес кое-какие поправки и отослал их переводчику через своего друга В. Д. Набокова. Позднее Гессен вспоминал этот случай вполне добродушно и даже умиленно: «Возвращая корректуры, В. Д. однажды с улыбкой заметил: «А знаете, что Володя шепнул мне: ты меня только не выдавай. Я все его (т. е. мои) поправки потихоньку резинкой стер». На мгновение шевельнулось чувство досады на мальчишескую самоуверенность, но тотчас же подвернулась на язык сохранившаяся почему-то фраза из учебника Иловайского: «Да будет ему триумф!»

Сценка любопытная. Здесь и нежно любящий отец, изумленный талантом своего первенца. И молодой Набоков, уже понимающий, зачем существует редактор. И самонадеянный Гессен, верный друг, не способный обидеть почитаемого им В. Д.

До литературного триумфа было еще, впрочем, далеко. В апреле Набоков с успехом сдал устные экзамены по русскому и французскому, в мае сделал на экзамене письменный перевод из Скотта и Диккенса. Быстро покончив с переводом, он здесь же, в экзаменационном зале, принялся за стихи. Была весна, и стихи его одолевали. Они были снова о Вале и об оставленной родине:

> ...мы встретимся вновь, — о, Боже,
> как мы будем плакать тогда
> о том, что мы стали несхожи
> за эти глухие года...

И еще стихотворение, и еще, и еще — все «о ней, о девочке, о дальней», снова с обращеньем к Господу, чтоб дал им «вновь под теми деревцами хоть миг, да постоять».

Экзамены кончались, весна томила, и сердце жаждало новой, настоящей любви. Именно в такие дни и появляется, как правило, новая любовь. В июне, вскоре после возвращения Набокова в Берлин, Миша Калашников повез его в гости к своим кузинам, в берлинский пригород Лихтерфельде. Так Набоков познакомился с прелестной темноволосой семнадцатилетней Светланой Зиверт, в которую, по недавнему свидетельству 90-летнего московского писателя Олега Волкова, были в Петербурге влюблены все ее кузены (включая самого Волкова и Калашникова).

З. Шаховская (со ссылкой на письмо кн. Н. А. Оболенской) дает в своей книге портрет тогдашней Светланы: «Она была высокая хорошенькая девушка, с большими черными глазами, как-то по-особенному сияющими, с темными волосами, с смугло-золотистой кожей. От нее исходили радость и теплота».

У стихов Набокова появилась новая героиня — Светлана. Первое время они развлекались вчетвером — с ними всюду ходили Калашников и Светланина сестра Таня. Молодые люди гуляли по берегу Ванзее, дурачились на дачной платформе в Лихтерфельде.

В заполненную до краев жизнь вошла любовь, и жизнь стала еще полней и прекрасней. Свою новую статью — о Руперте Бруке, в котором он обнаружил родственную душу, Набоков закончил так: «Руперт Брук любит мир, с его озерами и водопадами, страстной, пронзительной, головокружительной любовью... Чуя близкий конец, он пишет восторженное завещанье,— пересчитывает свои богатства, и, торопясь, составляет сумбурный список всего того, что любил он на земле. А любит он многое: белые тарелки и чашки, чисто-блестящие, обведенные тонкой синью; и перистую прозрачную пыль; мокрые крыши при свете фонарей; крепкую корку дружеского хлеба; и разноцветную пищу; радуги; и синий горький древесный дымок; и сияющие капли дождя, спящие в холодных венчиках цветов; и самые цветы, колеблющиеся по зыби солнечных дней и мечтающие о ночных бабочках, которые пьют из них, под луной; также — свежую ласковость простынь... и жесткий мужской поцелуй одеяла...» (Через четверть века в письме Набокову сестра Елена напомнит об этом памятном Бруковском перечне.)

Набоков перевел добрую сотню строк Брука, в ту пору еще вовсе неизвестного в России и на Западе. В стихах англичанина Набоков отмечал «тютчевскую любовь ко всему струящемуся, журчащему, светло-студеному», которая выражена в его стихах так ярко, что «хочется их не читать, а всасывать через соломинку, прижимать к лицу, как росистые цветы, погружаться в них, как в свежесть лазоревого озера...»

В одном из своих стихотворений того времени Набоков, обращаясь к любимой девушке, призывает ее полюбить все, что любит он сам, а в перечне того, что он любит (во многом подобном Бруковскому), мы найдем — и ветер, и сырые ветки, и Божьих зверьков, и шорох лесов, и тучи, и мохнатых цветных червячков,— «все пылинки в луче бытия». Поэт утверждает, что это и есть вера («Вот вся вера моя»).

В сентябре семья Набоковых переехала ближе к центру города, в Вильмерсдорф, в большую квартиру на Зэксишештрассе. Русских в Берлине становилось в ту пору все больше, многие из них селились близ Вильмерсдорфа. «Руль» пользовался среди эмигрантов большой популярностью, и квартира Набоковых стала центром культурной берлинской жизни. Кузен Владимира Николай Набоков через пятьдесят лет с благодарностью вспоминал в мемуарной книге «Багаж» о берлинском доме своего дяди, куда Набоковы перенесли «всю атмосферу своего непринужденно-либерального петербургского дома» (при том, что они не были больше богаты и даже сдавали две комнаты своей квартиры какому-то англичанину). Будущий композитор Ника Набоков вспоминает о страсти своего дяди В. Д. Набокова к музыке. По воскресеньям дядя и племянник вместе отправлялись утренним поездом метро на репетиции лучших берлинских оркестров, и там, разместившись поближе к свету, следили за оркестром по карманной партитуре, которая у дяди была всегда с собой. «...Сама набоковская квартира,— вспоминает Н. Д. Набоков,— была в то время одним из центров культурной жизни эмиграции. Здесь не убывал поток самых разнообразных посетителей: писателей, ученых, поэтов, артистов, политиков и журналистов... Неудивительно, что я предпочитал проводить вечера у них, а не оставаться в родительском доме в обществе всех этих «экс» — экс-генералов, экс-полковников, экс-владельцев, экс-графов и экс-баронов... Дядюшка Владимир был поразительно красив... И если он бывал... в своих манерах... как русские либералы его эпохи — светским, ироничным и слегка надменным, то в кругу семьи он был совершенно другим. Он становился веселым, остроумным, у него возникали интереснейшие идеи и знакомства. Его жена, гораздо более нервная и застенчивая, чем он, была очень умна; она была к тому же человек более сложный и резкий. Нелегко было снискать ее дружбу, но если уж ты ей понравился, как это случилось со мной, это была дружба навечно.

Во время обеда у Набоковых всегда шел оживленный и веселый разговор. Говорили о политике или обсуждали события литературной и художественной жизни... Когда за обедом бывали мои кузены Владимир и Сергей, разговор превращался в марафон вопросов и ответов, сопровождавшихся подтруниванием и насмешками. Игра состояла в том, что кого-нибудь подвергали допросу — обычно это бывали бабушка или кузина Ольга — ему задавали вопросы, на которые трудно было бы ответить (Кто был чемпионом по шахматам до Ласкера? Что сказал Наполеон во время коронации? Какая гусеница питается листьями бирючины? Что написал Пушкин Гоголю, когда прочел то-то и то-то? и т. д.). Иногда кузен Владимир изобретал какого-нибудь писателя, поэта, короля или генерала и задавал вопросы, касающиеся их фиктивной биографии... Во всех поступках кузена Владимира была, как говорят французы, надменность превосходства и ошеломляющий запас знаний, который меня несколько даже пугал...»

«Как и его отец, Владимир был поразительно трудоспособным... — добавляет Н. Д. Набоков, припоминая их ялтинскую жизнь в конце 1918 года. — Мой кузен Владимир всегда жил в строго очерченном кругу занятий. Он не был похож на отшельника, просто наши ежедневные игры, музицированье и развлечения его не интересовали. У него были свои занятия: он собирал бабочек, играл в шахматы, в теннис. Его любимые развлечения очень скоро стали для него профессиональными занятиями, и он достиг в них успехов».

Позднее, еще до того как Ника Набоков стал писать рецензии для «Руля», он научился добывать корреспондентские пропуска на концерты, и теперь они бывали с дядей на концертах не только по воскресеньям, но и по понедельникам. В. Д. Набоков не пропускал также театральных гастролей. Он писал в это время воспоминания о театральной жизни Петербурга и занимался переводами. Среди прочего он перевел с английского письма императрицы Александры Федоровны, отосланные мужу в Ставку в годы мировой войны. Эти два тома писем, переведенных Набоковым, производят бо́льшее впечатление (и переводчик это, конечно, понимал), чем самые пылкие выступления тогдашних публицистов, обличавших «прогнивший режим». Читая эти письма, умиляешься поначалу, встречая здесь то же привычное английское обращение, что и в семейных письмах Набоковых, трогательные любовные признания и нежные прозвища. Однако мало-помалу истерика этой неистовой женщины начинает действовать на нервы: Боже, как она терзает своего мужа абсурдными советами, нареканиями, политическими рекомендациями и неуемными требованиями (еще и с вечными ссылками на источник ее мудрости — «наш друг не советует»). Она требует назначать одних и смещать других министров, предпринимать совершенно катастрофические меры — бедная наша страна... Нет, это было, конечно, чтение не для ясной монархической души. И конечно же, для всякого добропорядочного монархиста человек, решившийся перевести эту апокалиптическую переписку с незамысловатого английского и предать ее гласности, был агент сионских мудрецов.

Не обладая настоящим писательским талантом, В. Д. Набоков, однако, занимался журналистикой с увлечением. В январском номере «Руля» за 1921 год рядом с рассказиком В. Сирина «Нежить» и его тремя стихотворениями о Христе и Вифлееме напечатана рецензия Набокова-отца, посвященная новой работе Ленина «Детская болезнь «левизны» в коммунизме» и рассматривающая это знакомое нам сызмальства сочинение с несколько непривычной точки зрения. Набоков, политический деятель, мечтавший о «строительстве» государства, пишет, что страшно снова слышать все эти отвлеченные формулы и догмы из уст человека, который уже четвертый год должен бы «кипеть» практической работой.

Хотя Набоков и Гессен представляли теперь более или менее «правое» крыло кадетского движения, для эмигрантских зубров они оставались губителями империи, «сделавшими» революцию, которая привела в конце концов к победе большевиков. В эмиграции модно было цитировать предсказание из «Подростка» Достоевского о том, что «начнется жидовское царство». Дальше предпочитали не цитировать, ибо дальше у Достоевского — про «восстание нищих», а хотелось верить, что революцию сделали только инородцы и жидо-масоны, а свои нищие были тут ни при чем, хотелось забыть, что «орден русской интеллигенции» сложился еще в ту пору, когда евреи были заперты в своих местечках и гетто. Милюков и Струве были для «зубров» эмиграции — главные враги, похуже Ленина, и либералы вызывали у них бо́льшую ненависть, чем вполне понятные большевики (в конце концов многие «зубры» и ушли на службу к большевикам).

Среди литературных друзей Владимира Дмитриевича Набокова был знаменитый Саша Черный, чьи стихи, полные горького юмора, были широко известны в России до революции. Набоков-сын высоко ценил не только довоенные стихи Черного (где, по его наблюдениям, всегда можно было обнаружить какого-нибудь зверька, по которому их легко было узнать, как по мягкой игрушке под креслом узнаешь о том, что в доме есть ребенок), но и его поздние стихи, навеянные трагическими событиями этих лет. Поселившись в Берлине, Саша Черный приступил к изданию великолепного иллюстрированного журнала «Жар-птица». Он готовил также альманахи «Грани» и «Радуга». Число русских эмигрантов в Берлине росло, и в отличие от более поздних волн русской эмиграции (скажем, второй или третьей, нынешней) тогдашние русские эмигранты не собирались устраиваться за границей надолго. Они намерены были при первой возможности вернуться в Россию, так что здешнее их житье было временное, и по-настоящему значение для них имело лишь то, что происходило в России, или уж в узком эмигрантском кругу. Им не нужно (да и не на что) было покупать квартиры и мебель, они старались жить той же «культурной жизнью», что жили в России, и оттого русская печать и русские книги были им так же необходимы, как русское общение, как обмен мнениями по всем животрепещущим вопросам. Нетрудно определить круг этих вопросов. В чем была наша вина или ошибка? Когда рухнет нынешний нечеловеческий режим в России? Что будет дальше? С каким духовным опытом мы вернемся в Россию? Чем мы можем помочь?.. И так далее, в том же духе.

Саша Черный благожелательно ознакомился с ворохом творений Набокова-сына, которые трепетно вручил ему старый друг, этот добрейший, тончайший Владимир Дмитриевич. Все написанное поражало размахом поисков, несомненным, но еще не определившимся языковым даром, эрудицией, головокружительными перепадами от взлетов к беспомощности, от своего к заимствованию, от веры к язычеству. Вместе с В. Д. Набоковым Саша Черный листал объемистые альбомы, выбирая стихи для сборника (объявление о котором он загодя, за два года вперед, уже дал в своей «Жар-птице»), для подборки в альманахе «Грани».

Переводы из Руперта Брука и статью о поэте Саша Черный взял для первого выпуска «Граней». Для второго Набоков прислал из Кембриджа (где уже начался последний его учебный год) маленькую пьесу в стихах «Скитальцы». Он подписал ее анаграммой своего имени — Вивиан Калмбруд (имя как бы должно было свидетельствовать о склонности к спокойным раздумьям), но сообщил, что это перевод английской пьесы, написанной в конце XVIII века, точнее, в 1786 году. Позднее дотошный Эндрю Филд отыскал похожую английскую пьесу, написанную в том самом 1786 году Ричардом Камберлендом, но лукавый мистификатор Набоков, конечно, сказал своему первому биографу, что он и не слышал никогда ни про какого Камберленда.

Саша Черный наставил аккуратных птичек на полях набоковских стихов, и можно быть уверенным, что молодой поэт не отмахнулся от них с той же легкостью, как от замечаний Гессена. Стихи самого Черного настолько ему нравились, что, нам показалось, один глагол из поэмы Черного, напечатанной в том же выпуске «Граней», не раз сгодился поздней молодому прозаику («мреет»).

В августе в Петербурге умер Александр Блок. В одном из ближайших номеров «Руля» были напечатаны воспоминания В. Д. Набокова о Блоке, а также посвященные Блоку и его Прекрасной Даме стихи Вл. Сирина. Отец и сын дружно отвергали поэму «Двенадцать» и воздавали должное Певцу Прекрасной Дамы. В середине сентября на вечере памяти Блока в берлинском Союзе журналистов и писателей выступили оба Владимира Набокова, отец и сын. В первый и в последний раз они выступали вместе.

В октябре начались занятия в Кембридже. Здесь произошли некоторые перемены. Уехал, так и не осилив английского, Миша Калашников. Уехал и Никита Романов. Набоков еще больше сблизился с добрым, обязательным и милым Бобби де Кальри. Они даже занимались некоторое время вместе итальянским (который был для графа Роберта де Кальри не чужим языком). Но главные занятия у Набокова были все те же — стихи, чтение, словарь Даля, новая и древняя литература, зоология, бабочки, футбол, теннис. И, конечно, Светлана, на которой он намерен жениться...

К нему давно вернулась неистребимая набоковская радость жизни. Он пишет в эти дни матери, что настроение у него, как всегда, радужное и что душа его, проживи он и сто лет, всегда, наверно, будет ходить в коротких штанишках. Он посылает ей новые стихи — о радостях одиночества, о снежинке, о капле меда, о счастье ежедневного утреннего воскресения, о райской капле росы и алмазе ушедшего дня...

В суете этой полнокровной, насыщенной событиями жизни вряд ли кто обратил в те дни внимание на маленькое газетное сообщение о том, что какой-то безумец по фамилии Таборицкий, вооруженный лишь зонтиком, напал на Гучкова при выходе из вокзала на Ноллендорфплатц. А между тем судьба продолжала плести свой незримый узор...

В декабре Бобби предложил другу Набокову покататься на лыжах в Сент-Морице. Надо было убедить родителей в целесообразности этой дорогостоящей вылазки. В письме к матери Набоков сумел найти веские аргументы — он хочет снова увидеть снег и деревья, которые напомнят ему о России.

Юноши сперва катались на коньках, потом отправились выше, на лыжные склоны, и действительно с подъемом в горы воздух и деревья становились все больше похожими на русские, северные... Отголоски этих впечатлений мы находим в романе «Подвиг» («...Мартын вспомнил густую, еловую опушку русского парка... его поразил запах земли и тающего снега, шероховатый свежий запах... идя по тропинке в черной еловой чаще, где, там и сям, сияла желтизной тонкая береза, он с восторгом предвкушал... вдруг просвет, и дальше — простор... на пригорке плотную белую церковку, пасущую несколько бревенчатых изб... Он был почти удивлен, когда, сквозь черноту хвой, глянул альпийский склон»).

На обратном пути, в Лозанне, юноши посетили старую гувернантку Набоковской семьи мадемуазель Сесиль Миотон, позднее выведенную Набоковым в нескольких произведениях, в том числе в единственном написанном им по-французски рассказе «Мадемуазель О». Старая дама доживала свой век в обществе таких же, как она, бывших русских гувернанток, томившихся воспоминаниями о Петербурге, в котором они некогда томились воспоминаниями о Лозанне.

По возвращении Набоков узнал, что «Руль» благосклонно отозвался о его поэме «Детство» (в том же «Руле» и напечатанной) и что Саша Черный с отцом ищут название для его нового сборника стихов. Он предложил назвать его или «Светлица» (Светлана в этом названии, несомненно, присутствует), или «Тропинки Божия». Они выбрали среднее — «Горний путь».

ЗАБЫТЬ ЭТОТ ГОД...

В конце марта в Берлине стало известно о предстоящем приезде Милюкова, старого соратника по партии и кадетского вождя. Милюков тогда все дальше уходил влево. К оправданию сталинизма он, правда, пришел только в глубокой старости, перед самой смертью, во время войны (а может, и в результате войны) и в предсмертной своей статье написал, что любые зверства и «методы» могут быть поняты в свете сопротивления фашизму, оказанного Советским Союзом. Эти кровавые «методы» в пору европейского военного краха показались умирающему политику лишь хитрыми, но вполне оправданными ходами чужой неведомой ему стратегии. Впрочем, в марте 1922 года до этих старческих признаний было еще далеко. В зале Берлинской филармонии Милюков намерен был выступить с лекцией «Америка и восстановление России».

Одновременно с этой лекцией на Ноллендорфплатце, в ресторане, носящем по иронии судьбы название «Красный дом», проходил съезд русских монархистов, в котором приняли участие и немецкие монархисты (сбывалась мечта Федора Винберга о монархическом единстве). На совпадение это поначалу, кажется, никто не обратил внимания.

Для сотрудников кадетского «Руля» приезд Милюкова был событием непростым. «Руль» не мог промолчать, хотя пути набоковского и милюковского крыла партии разошлись бесповоротно. «На устроенном в Париже съезде,— вспоминал позднее Гессен,— он и Набоков скрестили шпаги... Тем не менее утром этого рокового дня Набоков встретил меня в редакции вопросом: «Как Вы думаете, уместно ли напечатать это приветствие Павлу Николаевичу?» — и протянул мне два узеньких листочка, исписанных его изящным, заостренным уверенным почерком...»

«...Наша полемика,— писал благороднейший из противников Милюкова,— не мешает нам искренне приветствовать выступление в Берлине одного из крупнейших, авторитетнейших русских деятелей... И мы сегодня хотели бы думать не о том временном и преходящем, что нас разъединяет, а о тех наших общих целях и стремлениях, которыми мы были так крепко спаяны в прошлом,— и которые остались неизменными».

Заметка «К приезду П. Н. Милюкова» была напечатана

без подписи, и Гессен, отправляясь на свидание с Милюковым, взял с собой свежеотпечатанный номер. Прочитав заметку, Милюков, однако (как сообщает Гессен), «остался непреклонен: «Нет, И. В., примирение невозможно. Вам удавалось удерживать Набокова рядом с собою до революции, но она вырыла глубокую пропасть, и мы оказались на противоположных краях ее».

Лекция состоялась в назначенный час. Никто из семьи Набоковых не решился подвергнуть себя этому скучному испытанию. Владимир Дмитриевич сказал, что он должен пойти, чтобы представить Милюкова берлинской аудитории. Елена пришила отцу пуговицу на пиджак. Владимир Дмитриевич уехал один...

Власти все же предвидели возможность скандала. Милюков недавно объявил о своем убеждении, что новая Россия обойдется без царя, тем самым еще раз обнаружив свою масонскую сущность. Так что в первом ряду сидел переодетый полицейский агент. Однако лекция прошла без происшествий. По воспоминанию Гессена, «Милюков, как всегда спокойно и уверенно излагал... мысли свои». Послышались аплодисменты. Докладчик сказал, что после перерыва он ответит на вопросы публики, и сошел с эстрады. Набоков обернулся к Каменке и спросил, отчего его друг не аплодирует. И тут раздался первый выстрел. «Лысый блондин с неприятным лицом дегенерата», как писал репортер, что-то бормоча, палил в Милюкова с пяти шагов и не мог попасть. Это был Петр Шабельский-Борк. Пока агент в штатском размышлял, куда ему спрятаться (в конце концов бедняга тоже был ранен беспорядочной стрельбой), Набоков бросился на террориста и схватил его за руку. Загремели выстрелы. Оба повалились в проходе на пол. Появился еще один террорист. Это был автор нежных пошлостей о туберозах Сергей Таборицкий. Выпустив несколько пуль в спину лежащего Набокова, он стал истерично кричать о мести за царя, о жидо-масонах и люциферстве. Впрочем, все это уже не имело никакого значения. Набоков был мертв...

«Для меня назначались эти пули,— писал в тот вечер Милюков,— но я жив, а ты лежишь без дыхания. Маленькая красная точка под сердцем, две таких же на спине. Три пули, выпущенные безумным фанатиком,— вот все, что было нужно, чтобы разбить тонкий изящный сосуд из драгоценного сплава и превратить в недвижную массу.

А всего за несколько минут мы так дружно встретились после политического разрыва... Мы поцеловались. Кто мог думать, что твой поцелуй будет прощальный?»

Кто мог думать? В то утро Набоков написал о «временном и преходящем», что их разъединяет. Может, он ощутил уже в тот миг временность и преходящесть земного существования: это был тонко чувствующий человек...

Есть несколько газетных отчетов и мемуарных записей, рассказывающих о том, как ловили убийц, били их и волокли к полицейской машине. Федора Винберга, руководившего «операцией» из зала, никто не заметил. Впрочем, позднее он присутствовал на суде.

Гессен, приехав, увидел уже «спокойно-серьезного» Милюкова, раненного в ногу и ошалевшего от горя Каменку, тяжело-неподвижного Набокова на полу у стены... Теперь предстояло самое трудное — сообщить семье.

Позднее В. В. Набоков написал немало страниц, навеянных событиями этого самого страшного дня своей жизни, однако он избегал говорить об этом с кем бы то ни было, тем более с репортерами и биографами. Брайан Бойд приводит в своей книге дневниковую запись Владимира Набокова за 28 марта 1922 года. Вот она, эта удивительная и страшная запись...

«28 марта. Я вернулся домой около 9 часов вечера, проведя райский день. После ужина я сел на стул возле дивана и раскрыл томик Блока. Мама полулежа раскладывала пасьянс. В доме стояла тишина — сестры уже спали. Сергея не было дома. Я читал вслух эти нежные стихи об Италии, о сырой, благозвучной Венеции, о Флоренции, подобной дымному ирису. «Как это великолепно,— сказала мать,— да, да, именно так: «дымный ирис». Потом в прихожей зазвонил телефон. В этом ничего необычного не было, я просто был недоволен, что пришлось прервать чтение. Я подошел к телефону. Голос Гессена: «Кто это?» «Володя. Здравствуйте, Иосиф Владимирович». «Я звоню, потому что... Я хотел сказать тебе, предупредить тебя...» «Да, я слушаю». «С твоим отцом случилось ужасное». «Что именно?» «Совершенно ужасное... за вами пошла машина». «Но что именно случилось?» «Машина уже идет. Отоприте внизу дверь». «Хорошо». Я повесил трубку, поднялся. Мать стояла в дверях. Она спросила, и брови ее вздрогнули: «Что случилось?» Я сказал: «Ничего особенного». Голос мой был сдержан, почти сух.

«Скажи мне». «Ничего особенного. Дело в том, что отца сшибла машина и поранила ему ногу». Я пошел через гостиную, направляясь к себе в спальню. Мать шла за мной. «Умоляю, скажи мне». «Не нужно беспокоиться. Они сейчас заедут за мной...» Она и верила мне и не верила. Я переоделся, переложил в портсигар сигареты. Мысли мои, все мои мысли как бы стиснули зубы. «Сердце мое разорвется,— сказала мать,— оно разорвется, если ты что-нибудь скрываешь». «Отец поранил ногу. Гессен говорит, это довольно серьезно. Вот и все». Мать всхлипнула, опустилась передо мной на колени. «Умоляю тебя». Я продолжал успокаивать ее как умел...

Да, мое сердце знало, это конец, но что же все-таки случилось, оставалось неизвестным, и пока я этого не знал, могла еще теплиться надежда. Почему-то ни я ни мама не связали сообщение Гессена с тем, что отец пошел в тот вечер на лекцию Милюкова, и не подумали, что там могло случиться что-нибудь. Отчего-то мне припомнился весь этот день: когда мы ехали со Светланой в поезде, я написал на затуманенном стекле вагона слово «счастье» — и от буквы потекла вниз светлая дорожка, влажный узор. Да, мое счастье утекло...

Наконец машина подъехала. Вышли Штейн, которого я никогда раньше не видел, и Яковлев. Я открыл дверь. Яковлев вошел за мной, придержал меня за руку. «Соблюдайте спокойствие. На собрании стреляли. Ваш отец был ранен». «Тяжело?» «Да, тяжело». Они остались внизу. Я пошел за матерью. Повторил ей то, что я слышал, зная про себя, что они смягчили случившееся. Мы спустились... Поехали...

Это ночное путешествие помнится мне как нечто происходившее вне жизни и нечто мучительно медленное, как те математические головоломки, что мучают нас в полусне температурного бреда. Я смотрел на огни, проплывавшие мимо, на белеющие полосы освещенной мостовой, на спиральное отражение в зеркально-черном асфальте, и мне казалось, что я каким-то роковым образом отрезан от всего этого — что уличные огни и черные тени прохожих — это лишь случайные видения, а единственным отчетливым, и веским, и единственно реальным на целом свете было горе, облепившее меня, душившее меня, сжимавшее мне сердце. «Отца нет на свете». Эти четыре слова грохотали в моем мозгу, и я пытался представить себе его лицо, его движения. Вчерашний вечер был такой счастливый, такой нежный. Он смеялся, он стал бороться со мной, когда я хотел показать ему боксерский захват. Потом мы все отправились спать, и отец раздевался в своей комнате, по соседству с моей. Мы беседовали с ним через раскрытую дверь, говорили о Сергее, о его странных, противоестественных склонностях. Потом отец помог мне уложить брюки под пресс, вытащил их, отвинчивая болты, и сказал, улыбнувшись: ему б было не по себе. Я присел в своей пижаме на ручку кресла, а отец чистил, сидя на корточках, свои ботинки. Мы говорили об опере «Борис Годунов». Он пытался вспомнить, как и когда вернулся Ваня после того, как отец его отослал. И не мог вспомнить. Потом я лег в постель и, слыша, что отец тоже собирается лечь, попросил его дать мне газеты, он передал их в щель полуоткрытой двери — и я даже не видел его руки. И я помню, что газетные листы продвигались так устрашающе призрачно, точно они сами входили в щель... А на следующее утро отец отправился в «Руль», когда я еще спал, и я больше его не видел. И вот теперь я покачивался в закрытой машине, сияли огни, янтарные огни, дребезжали трамваи, и путь был таким долгим, долгим, а улицы, которые, сверкая, пробегали за окном, казались незнакомыми...

Наконец мы приехали. Вход в филармонию. Гессен и Каменка идут через улицу нам навстречу. Они подходят. Я поддерживаю мать. «Август Исаакович, Август Исаакович, что случилось, скажите мне, что случилось?» — спрашивает она, цепляясь за его рукав. Он всплеснул руками. «Случилось ужасное». Он рыдает, он не может договорить. «Значит, все кончено, все кончено?». Он молчит. Гессен тоже молчит. Зубы их выбивают дробь, они прячут взгляд. — И мать поняла. Я думал, она упадет. Она откинула голову и пошла, глядя прямо перед собой, протягивая руки навстречу чему-то невидимому. «Значит это?» — тихо повторила она. Как будто она все уже обдумала. «Как это может быть?» и потом: «Володя, ты понял?» Мы идем по длинному коридору. Через открытую боковую дверь я увидел зал, где в одно из мгновений прошлого случилось *это*. Некоторые стулья там были сдвинуты, другие валялись на полу... Наконец мы вошли в какой-то холл; люди толпились вокруг; зеленые мундиры полицейских. «Я хочу видеть его», — монотонно повторяла мать. Из одной двери вышел чернобородый человек с перевязанной рукой и пробормотал, как-то растерянно улыбаясь: «Видите ли, я.. я тоже ранен». Я попросил стул, усадил мать. Люди растерянно толпились вокруг. Я понял, что полиция не пустит нас в ту комнату, где лежит тело. В этой комнате человек, в которого стрелял один из этих сумасшедших, бодрствовал всю ночь. Я мгновенно представил себе, как он стоит над телом, сухой, розоватый, седоволосый человек, который ничего не боится и ничего не любит. И вдруг мать, сидевшая на стуле посреди этого вестибюля, заполненного незнакомыми, растерянными людьми, начала громко рыдать, издавая какие-то неестественные стоны. Я прильнул к ней, прижался щекой к ее трепещущему, пылающему виску и прошептал ей только одно слово. Тогда она начала читать «Отче наш...», и когда она закончила, то словно окаменела. Я понял, что нам незачем больше оставаться в этой безумной комнате».

Они еще долго были в этом оцепенении (из которого Елена Ивановна так, мне кажется, никогда и не вышла), а друзья Владимира Дмитриевича занялись грустными хлопотами похорон. Почта приносила вороха траурных телеграмм — все видные люди русского зарубежья выражали свою скорбь, говорили о невосполнимой утрате, которую понесла Россия. Этот человек олицетворял ее совесть в пору кишиневского погрома, «кровавого воскресенья», процесса Бейлиса и смертных казней; он работал над созданием самого демократического в мире избирательного закона. «За свою революционную деятельность Владимиру Дмитриевичу пришлось немало претерпеть от насильников слева,— писал товарищ по кадетской партии.— Горшую участь приготовили ему насильники справа». Куприн, Бунин, Мережковский писали о своем горе. «Ему не надо было казаться,— писали о нем.— Не нужно было подчеркивать своих дарований. Столь много их было, так ярко и неизменно светились они, что всякий — даже политические противники — невольно поддавались чарам природы, так щедро взыскавшей своего избранника». Телеграмма из «Современных записок»: «Россия потеряла одного из лучших своих сыновей». Но точнее всех, наверно, сказал об этой русской утрате Иван Бунин: даже если Господь пошлет в будущем «новой» России самые щедрые блага, когда еще снова увидит она Набоковых? (Пришел день — бушуют стотысячные демонстрации на улицах русских городов, неделями заседают парламенты, а Набоковы — строители государства, где они?) Бунин писал, что скорбь в те дни разделяла с ним вся русская эмиграция. Но это было, конечно, не так. На задворах черносотенной эмиграции был в тот день праздник. Незадолго до берлинского убийства в истерзанной распрями русской церкви произошел новый раскол. Митрополит эмигрантской церкви Евлогий не пожелал сделать Зарубежную православную церковь орудием политических распрей и рупором самых неистовых правых сил. Тогда в Сремских Карловцах, в Югославии, возникло еще одно ответвление православной церкви, так называемая Карловацкая церковь. Ее деятели и нынче зовут к ненависти, возвещая на страницах правой печати угрозу масонского нашествия, которое, по словам первоиерея владыки Виталия, «пострашнее, чем Гитлер»: оно и естественно, так как Гитлер был к этой церкви вполне благосклонен. У истории, как видите, нет ни конца ни начала... В те же мартовские дни из кругов «карловацкого синода» и персонально от генерала Батюшина последовал окрик: по «жиду» Набокову панихиду не служить!

Митрополит Евлогий, отказавшись стоять навытяжку перед генералами от карловацкого православия, отслужил по убиенному панихиду — сперва в бывшей посольской церкви в Берлине, потом в Тегеле, где на маленьком кладбище и был похоронен В. Д. Набоков.

Позднее состоялся суд над убийцами. Их ждало на суде радостное открытие: они узнали, кто́ был ими убит. У них появилось законное сознание, что убийство было не таким уж случайным (как не вовсе случайными оказались жертвы сталинских «слепых» репрессий: злодеи убивают лучших). Выяснилось, кто́ были подсудимые. Молодые русские офицеры Петр Шабельский-Борк и Сергей Таборицкий служили на Кавказе. Немцы предложили им уйти с ними во время своего отступления в гражданскую войну, и они ушли, ибо главную ставку делали на немцев. Мать Петра Борка была богатая помещица, член «Союза русского народа» и «братства Михаила Архангела», автор книги «Сатанисты XX века». Перед убийством оба не работали и жили в убогом мюнхенском пансиончике (кто-то дал им деньги на дорогу до Берлина). В момент убийства они были пьяны (кто-то привел их в зал филармонии, дал деньги на выпивку). Руководил акцией полковник Федор (Теодор) Винберг, сидевший в зале,— сын генерала, активный черносотенец и член «Братства Михаила

Архангела». Связь его с мюнхенскими монархистами и Альфредом Розенбергом ни для кого не была тайной. Германские независимые внесли по поводу убийства Набокова запрос в прусский ландтаг. Там говорилось: «Преступление несомненно находится в связи с монархическим движением в Баварии, где русские монархисты уже пользуются благосклонностью властей, а также находится несомненно в связи с русским монархическим съездом, в котором принимают участие германские монархисты».

Полиция прикрыла съезд монархистов. Но немецкий суд отпустил Винберга: «Никто ничего не нашел». Через два месяца был убит Вальтер Ратенау. Потом Гитлер жег книги и завоевывал мир. При Гитлере вышел досрочно из тюрьмы Петр Шабельский-Борк и получил пенсию героя от ведомства Альфреда Розенберга — вместе с заданием организовать русское фашистское движение. Вышел и Сергей Таборицкий, стал правой рукой генерала Бискупского, ведавшего при Гитлере делами русских эмигрантов. Тут уж и Набокову-сыну (в ту пору знаменитому эмигрантскому писателю) пришлось бежать из Германии. И вот не так давно в московской книге В. Лаврова о Бунине среди прочих черносотенных перлов невежества, без всякой связи с сюжетом, появляются убийцы В. Д. Набокова — два славных бесшабашных парня, измученных тоской по родине, которые от этой якобы тоски пили, гуляли и «стреляли друг в друга». Словно В. Д. Набоков стал бы стреляться с «недуэлеспособным» Таборицким...

* * *

— Во время войны я была в Праге,— начала свой рассказ Елена Владимировна Сикорская-Набокова, та самая, что пришила новую пуговицу на пиджак отцу, уходившему на лекцию Милюкова. Та самая Елена, в которую был влюблен когда-то кузен Ника, будущий композитор. Любимая сестра Владимира Набокова-Сирина...

В открытое окно доносится приглушенный шум женевского полдня. Мы говорим о 1922-м, о Володе, об их отце...

— В Праге мне как-то в войну понадобилась справка о расовой полноценности...

— Да, слышал уже, князю Дмитрию Алексеевичу Шаховскому, тогда уже отцу Иоанну, тоже пришлось доставать такую справку.

— У них было в Берлине какое-то бюро по делам эмигрантов, которое выдавало справки... Зачем-то она была нужна...

— А как же без справки? И без полноценности? Мы к этому привыкли в России.

— Вот мне и прислали из Берлина такую справку. А под ней стояла подпись... убийцы моего отца...

— Ясно. Мы им всегда всем были обязаны...

* * *

Шла пасхальная неделя, праздник воскресения из мертвых. Набоков без конца повторял про себя и поверял бумаге слово, которое он шепнул тогда матери в безумном холле Берлинской филармонии. Воскресение. А может, Господь. Это было единственное, что могло спасти их сейчас, в ликующую весеннюю пору черного отчаяния. Надо верить в воскресение близкого человека. Разве он умер, если он все время с тобой? Если ты собеседуешь с ним ежечасно? Это «сладчайшее «воскресни» появляется в стихах, написанных в те пасхальные дни:

Но если все ручьи о чуде вдруг запели,
но если перезвон и золото капели —
не ослепительная ложь,
а трепетный призыв, сладчайшее «воскресни»,
великое «цвети»,— тогда ты в этой песне,
ты в этом блеске, ты живешь!..

«Ты живешь» — заклинает он отца в своих стихах, а позднее и в каждом своем романе. Близкие не покидают нас. Они живут в нашей памяти, и память эта всесильна. Чудо существует. Набоков живет верой в чудо — один из самых верующих писателей на свете. Конечно, вера его мало-помалу трансформируется. Она становится тайной. Он до крайних пределов развивает теперь в себе эту самую английскую скрытность, которой в кембриджские годы попрекал англичан. «Он на тебя так взглянет, словно ты в церкви рассвистался». Именно такой взгляд ловил на себе в поздние его годы репортер, дерзнувший спросить: «А вот, когда ваш отец был убит...» Позднее, упоминая свои стихи о Боге, он сочиняет (мало, впрочем, кого обманувшую) фразу насчет «византийской образности», ибо считает, что обнаруживать «мысли такие непристойно», в той же степени, что и свистеть в церкви. Тайна души обнаруживается в стихах и романах, но никогда — за их рамками. Порой же она скрыта и от стихов:.

Эта тайна та-та, та-та-та-та та-та,
а точнее сказать я не вправе.

Исследователи, ухитрившиеся разгадать самые хитроумные ребусы из романа «Ада», так и не расшифровали эти восемь слогов. Но религиозность этого замечательного писателя не оставляет сомнений...

В ту весну и в то лето, впрочем, он еще ни из чего не делал тайны. Он был открытым, почти распахнутым, изливая в стихах свое чувство общения с Богом («Мой Бог и я — мы лучше знаем...»), свою веру в приход утра, когда «огненный промчится вестник», когда «он протрубит, дыханьем расплавляя чаши неупиваемых обид». Свою любовь к «сокровищницам Божьим», к «Божьим звездам». Он чувствовал себя неподкупным «рыцарем из рати Христовой» и верил, что в конце пути, когда он придет с заплатанным узелком к вратам рая, старый рыбак Петр, на ладони которого «каждый изгиб пахнет еще гефсиманской росою и чещуей иорданских рыб», этот плешивый привратник рая улыбнется и пропустит его, поэта, в рай, а ему непременно нужно туда, ибо там его любимый отец...

Нелегко ему было пережить ту весну. Анонимный автор писем, адресованных другу набоковской семьи А. Тырковой, писала в те дни о Владимире-младшем: «Он, бедный, тяжелее всех переживает потерю... Жаль мне его, беднягу. С матерью он такой нежный, ласковый, бодрый, но иногда вырывается и стон...»[1] Помогли новые обязанности, необходимость сдать экзамены в Кембридже: он сдавал французскую литературу и философию, русскую историю и литературу... Перед каждым экзаменом он смотрел «на портрет отца, как на икону» («и я знал, что он помогает мне»).

Экзамены были сданы успешно, с Кембриджем покончено. Набоков, подводя итоги, писал про последний год учебы: «Кропотливая реставрация моей, может быть, искусственной, но восхитительной России была наконец закончена, т. е.

---

[1] Публикация Р. Янгирова.

я уже знал, что закрепил ее в душе навсегда». Он сожалел, правда, что потратил толику этого своего богатства на последнем экзамене в Кембридже, где «едва ли не самым замысловатым вопросом было предложение описать сад Плюшкина, — тот сад, который Гоголь так живописно завалил всем, что набрал из мастерских русских художников в Риме». Ему, конечно, очень понравился этот вопрос, он тоже, подобно Гоголю, нагружал кладовые своей памяти упоительными словами и деталями, из которых лишь каких-нибудь два-три года спустя начал возводить свои литературные замки... В этих признаниях, кстати, и содержится ответ на утилитарный, вполне советский вопрос — на кого же он все-таки учился в университете, занимаясь старой французской и русской литературой, ихтиологией, энтомологией, теннисом, боксом, футболом? Ответ прост: он учился на писателя Сирина.

Добросовестный Б. Бойд дает в своей книге реестр всего, что успел написать и напечатать Набоков за три кембриджских года. Реестр внушительный: статья про крымских бабочек в журнале «Энтомология», два стихотворения, написанных по-английски, виртуозный перевод Роллана с французского, переводы английской поэзии, первый русский рассказик, первый очерк, первая драма в стихах и, конечно, русские стихи. Стихи, стихи, стихи...

Прежде чем покинуть вместе с нашим героем Коледж Святой Троицы, следует напомнить очень важный для писателя Сирина-Набокова эпизод. Однажды к нему прибежал Петр Мрозовский и принес ему парижскую новинку — роман Джойса «Улисс». Для литературы, особенно европейской, 1922 год значителен именно этим событием. 2 февраля, в день сорокалетия Джеймса Джойса американка Сильвия Бич, владелица очаровательной книжной лавки «Шекспир и компания», той, что напротив Нотр-Дам, на набережной Сены (я и сам немало часов провел в ней, листая книги в пропыленном салончике на втором этаже), вручила имениннику подарок — издание его «Улисса». Как утверждает критика, это был самый новаторский и самый значительный роман века, целая галактика новых приемов и словесных трюков. Надменный, неистовый, разухабистый, нежный, лиричный роман, который то ли кончается, то ли просто оборван на монологе Молли Блум. Этим-то монологом и наслаждались Мрозовский с Набоковым, чего и вам, мой читатель, искренне желаю. Набоков до конца своих дней считал, что это и есть самое лучшее, упоительнейшее чтение. Он заявлял, кстати, что у Джойса был наш, русский предшественник — Андрей Белый. Джойс семь лет сочинял эту книгу, где каждая глава написана новым стилем, где рассказчиков много и они не всегда опознаваемы, а присутствующий неизменно автор редко признается в том, что он здесь. После Пруста, считавшего, что единственный наш рай — это потерянный рай (строки об утраченном рае русского детства многократно повторяются у раннего Набокова), Джойс становится любимейшим писателем и одним из учителей Набокова, который, как вы, наверно, уже отметили, долго учился и вовсе не начинал с шедевров.

МАЧЕХА РУССКИХ ГОРОДОВ

Уехав из Кембриджа, он поселяется в Берлине с семьей — в прежней набоковской квартире. Ему двадцать три. Это молодой человек «на диво стройный, с неотразимо привлекательным тонким умным лицом, страстный знаток физического спорта и шахмат» (И. Гессен). Характер его отмечен «ненасытимой беспечной жизнерадостностью», которая в тот роковой год, конечно, омрачена была самой страшной трагедией его жизни, однако позднее снова взяла верх над всеми невзгодами. На кармане спортивной куртки Тринити Коледжа у него — маленькая корона, и немцы, останавливая его на улице, спрашивают, не является ли он офицером британского флота или английским спортсменом, а знакомые актрисули кинематографа даже прозвали его между собой «английский принц». Обо всем этом он рассказывал позднее в письме матери. Он знал, как радует матушку всякий его успех — у прохожих немцев, у издателей, у фильмовых актрисочек. От времени Кембриджа у него остался вполне приличный гардероб, а уезжая оттуда, он, в лучших аристократических традициях, не заплатил долг портному...

Теперь, когда мы вывели молодого Набокова на берлинскую улицу, надо подробнее представить место действия и декорации, которые будут служить нам еще добрых полтора десятка лет (вероятно, самых важных, а может, и самых счастливых лет его жизни). Владислав Ходасевич, в том же самом году уехавший из России «по болезни» и прибывший в Берлин, остроумно назвал этот город «мачехой русских городов». Количество русских эмигрантов в Берлине все росло — их гнали из России террор, страх и разруха, однако все они надеялись вернуться, а Берлин стоял на пути из России на Запад и с Запада — обратно в Россию. (Странное дело, и нынче, всякий раз, как парижский «Норд-экспресс» прибывает около полуночи на берлинский «Ост-банхоф», у меня появляется ощущение, что я подъезжаю к России).

В Берлине многим из эмигрантов было поначалу не так уж трудно выжить: русский золотой рубль стоил дорого, а беспечные немецкие и прочие богачи охотно скупали призрачные русские имения, земли, дома́ (ведь не вечно же будет длиться в России этот кошмар!). При нэпе русских стало еще больше: теперь легче было выехать из России. Человек, попадавший в западные кварталы Берлина, с изумлением слышал повсюду русскую речь, и Глеб Струве пересказывал в своей книге популярнейший анекдот о немце, который, слыша вокруг себя на Курфюрстендамм одну только русскую речь, повесился от тоски по родине. Для юного героя набоковского «Подвига» самым неожиданным в знакомом ему с детства Берлине оказалась «та развязная, громкоголосая Россия, которая тараторила повсюду — в трамваях, на углах, в магазинах, на балконах домов».

Странно, что никто из американских аспирантов не написал диссертации на тему «Русские в берлинских трамваях набоковской прозы с точки зрения...» Перечитаем небольшой отрывок из «Подвига»: «Когда, в трамвае, толстая расписная дама уныло повисала на ремне и, гремя роскошными русскими звуками, говорила через плечо своему спутнику, старику в седых усах: «Поразительно, прямо поразительно,— ни один из этих невеж не уступит место»,— Мартын вскакивал... и восклицал: «Пожалуйста!» — и, сразу побледнев от волнения, повисал в свою очередь на ремне».

Русский герой «Дара» совершает совершенно отечественную прогулку по берлинской улице: «Как бывало всегда, когда он попадал на эту улицу... он встретил пожилого, болезненно озлобленного петербургского литератора, носящего летом пальто, чтобы скрыть убожество костюма... Едва Федор Константинович развязался с ним, как завидел двух других литераторов, добродушно-мрачного москвича... и сатирического поэта из «Газеты»... Эти двое, как и предыдущий, неизменно попадались в данном районе, которым пользовались для неторопливых прогулок, богатых встречами, так что получалось, как если бы тут, на немецкой улице, блуждал призрак русского бульвара, или даже наоборот: улица в России, несколько прохлаждающихся жителей и бледные тени бесчисленных инородцев, мелькавших промеж них, как привычное и едва заметное наваждение».

Среди книг о берлинской эмиграции любопытно отметить книгу Виктора Шкловского «Zoo...» — в ней те же, казалось бы, улицы и пейзажи, что у Набокова, но нет ярких набоковских деталей. Книга написана в модно-публицистической манере, а автор ее окончательно настроился на отъезд в Россию и даже завершает книгу петицией в ЦК. Вот Берлин Шкловского: «Русские живут, как известно, в Берлине вокруг Зоо. Известность этого факта нерадостна... По улицам ходят спекулянты в шершавых пальто и русские профессора попарно, заложив руки с зонтиком за спину. Трамваев много, но... Мы никуда не ездим. Живем кучей среди немцев, как озера среди берегов». Еще через десятилетия Набоков снова написал (в «Других берегах») о жизни среди «призрачных иностранцев, в чьих городах нам, изгнанникам, доводилось физически существовать. Туземцы эти были, как прозрачные, плоские фигуры из целлофана... между ними и нами не было и подобия тех человеческих отношений, которые у большинства эмигрантов были между собой».

На долю эмигранта достаются не самые приятные контакты с аборигенами — с домохозяйкой, которая всегда готова к тому, что нищий жилец сбежит, не заплатив за квартиру. С участковым. С полицейским управлением. С нормальным хамом, который оказывается ничуть не противней отечественного хама, но вызывает отчего-то большее отвращение. Может, потому, что дома ты мог и не общаться с хамом, ты был от него независим — не то здесь, где ты гражданин второго сорта, человек с апатридским паспортом, не без дрожи проходящий мимо простого полицейского. Так зарождается эта эмигрантская ксенофобия, которой не избежали и самые терпимые, самые интеллигентные, самые благородные (они же при этом самые уязвимые и тонкокожие) эмигранты, не избежали даже писатели: достаточно вспомнить, как писала о французах Цветаева. Для Набокова такими людьми иной породы стали в годы эмиграции прежде всего немцы. То, что бабушку, живущую вместе с семьей, звали в девичестве Марией Фердинандовной Корф, ничего не меняло: как и многие другие русские с приместью немецкой или какой бы то ни было крови, он чувствовал себя совершеннейшим русским. Писатель иронического склада, Набоков сказал немало жестких и несправедливых слов о немцах — думается, оттого, что рядом с ним, бесправным эмигрантом, были именно немцы, а не французы и не албанцы. То, что некоторые немецкие набоковеды (скажем, Дитер Циммер) выражают по этому поводу неудовольствие, вполне понятно. Временами Набоков спохватывался, что его склонность судить целую нацию — это тоже «пошлость»: тогда и появлялись у него строки, напоминавшие о том, что он все-таки сын В. Д. Набокова. Увы, это случалось не всегда — и тут правота на стороне Дитера Циммера. Разве не было в то время в Германии ни идеалистов, ни настоящих писателей, ни благородных людей? Конечно же, были. Просто западное общество оказалось еще более кастовым, чем былое петербургское, и в среду благородных немецких идеалистов (чуть позднее вырезанных Гитлером или изгнанных из страны) эмигрант не попадал. Да и зачем это было эмигранту? Он надеялся, что задержится здесь ненадолго (надо было только выжить, только подготовить себя морально к возвращению в Россию). И все же я пригласил бы Дитера Циммера перечитать кое-какие берлинские сценки из набоковской прозы. Вы еще помните, как юный Мартын из «Подвига», уступив место в трамвае «толстой расписной» русской даме, повис на ремне? Дальше там комментарий автора: «Мирные немцы, которых дама звала невежами, были все усталые, голодные, работящие, и серые бутерброды, которые они жевали в трамвае, пускай раздражали русских, но были необходимы: настоящие обеды обходились дорого в тот год...» А вот сцена из «Дара», самого антинемецкого, по мнению Циммера, романа, увы, сцена снова трамвайная: «... в нем росла смутная, скверная ненависть... к ногам, бокам, затылкам туземных пассажиров... Русское убеждение, что в малом количестве немец пошл, а в большом пошл нестерпимо, было, он знал это, убеждением, недостойным художника; а все-таки его пробирала дрожь,— и только угрюмый кондуктор с загнанными глазами... внешне казался ему, если не человеком, то хоть бедным родственником. На второй остановке... перед Федором Константиновичем сел сухощавый, в полупальто с лисьим воротником, в зеленой шляпе и потрепанных гетрах, мужчина,— севши, толкнул его коленом да углом толстого, с кожаной хваткой, портфеля — и тем самым обратил его раздражение в какое-то ясное бешенство, так что, взглянув пристально на сидящего, читая его черты, он мгновенно сосредоточил на нем всю свою грешную ненависть (к жалкой, бедной, вымирающей нации) и отчетливо знал, за что ненавидит его: за этот низкий лоб, за эти бледные глаза... за любовь к частоколу, ряду, заурядности; за культ конторы; за то, что, если прислушаться, что у него говорится внутри... неизбежно услышишь цифры, деньги; за дубовый юмор и пипифаксовый смех; за толщину задов у обоего пола... Так он нанизывал пунты пристрастного обвинения, глядя на сидящего против него,— покуда тот не вынул из кармана номер васильевской «Газеты», равнодушно кашлянув с русской интонацией.

«Вот это славно»,— подумал Федор Константинович, едва не улыбнувшись от восхищения. Как умна, изящно лукава и в сущности добра жизнь! Теперь в чертах читавшего газету он различал такую отечественную мягкость — морщины у глаз, большие ноздри, по-русски подстриженные усы,— что сразу стало и смешно, и непонятно, как это можно было обмануться».

В сущности, ощущение чужести, противопоставления себя бюргерской толпе и свободного, вдобавок почти безъязыкого одиночества (которое Набоков ценил в Берлине) обусловлено больше всего индивидуальностью Владимира Набокова. Похоже, кузен Ника редко оставался в полном одиночестве в Берлине, а у Гессена так просто минуты спокойной не было. И как мы уже могли заметить из приведенного выше отрывка, не менее остро, чем немецкую «пошлость», молодой Набоков отмечал небезобидную российскую пошлость. Позднее он передает любимый читательский набор Калашникова и излюбленные фразочки черносотенных «зубров» Щеголеву из «Дара», Лиде из «Отчаяния», тестю Лужина, Комарову из «Пнина» — а одна фраза пошляка Алферова из «Машеньки» будет подозрительно напоминать бесконечные рассуждения Ф. Винберга в «Луче света» о том, что «богоносец... оказался серой сволочью».

Впрочем, не так уж много знакомых было у него среди «зубров». Близкими людьми оставались для него друзья отца — И. В. Гессен и его сын Георгий, семья Каменки, Саша Черный... Потом появились приятели среди молодых литераторов. Русских литераторов (и притом не второсортных) в Берлине было в то время не меньше, чем в русском городе. Берлин становился крупной столицей русского книгоиздания и прессы. Один из пионеров берлинской издательской деятельности И. В. Гессен рассылал теперь свой «Руль» в 396 городов 34 стран мира — везде были русские читатели. Горький убедил Ленина разрешить его другу издателю Гржебину печатать дешевые книги для России (в самой России уже тогда, за семьдесят лет до окончательного разора, стало не хватать и бумаги, и красок, и машин). К 1924 году в Берлине открылось 86(!) русских издательств. Всё новые русские писатели приезжали теперь в Берлин, еще не решив наверняка, будут ли они просто пережидать там падение большевистской власти, останутся насовсем или вернутся домой, не дожидаясь перемен, тем более что во многих из них нэп уже вселил надежду на то, что перемены начинают происходить или даже произошли. В таком неопределенном положении находились к тому времени Андрей Белый и А. Толстой, Эренбург, Ходасевич, Шкловский и сам Горький. Между Россией и Берлином шел обмен рукописями и готовыми книгами, а в самом Берлине возникали почти советские или просоветские издания, вроде «Нового мира» и «Накануне». Тоска по Родине, непредвиденные сложности эмигрантской жизни, желание вернуться домой (вдобавок еще и умелый нажим московских наставников) рождали в среде эмиграции самые разнообразные течения «сменовеховства» и «возвращенчества». Несмотря на свою ностальгию, молодой Набоков держался от них в стороне, о чем с гордостью писал через три десятилетия: «Горжусь, что уже тогда, в моей туманной, но независимой юности, разглядел признаки того, что с такой страшной очевидностью выявилось ныне, когда постепенно образовался некий семейный круг, связывающий представителей всех наций; жовиальных строителей империи на своих просеках среди джунглей; немецких мистиков и палачей; матерых погромщиков из славян; жилистого американца-линчера; и, на продолжении того же семейного круга, тех одинаковых, мордастых, довольно бледных и пухлых автоматов с широкими квадратными плечами, которых советская власть производит в изобилии после тридцати с лишним лет искусственного подбора».

Молодой Набоков был разборчив в знакомствах, избегал «большевизанствующих» (к которым относил даже Андрея Белого), не слишком охотно примыкал к каким-либо группам и группировкам. И все же в начале своей самостоятельной берлинской жизни он оказывался причастным и к групповой акции, и к разнообразным сообществам. С конца 1921 года молодой прозаик Александр Дроздов (Набоков играл с ним в одной команде в футбол в Берлине) организовал журнал «Сполохи», где печатал стихи Бунина, Бальмонта, Ходасевича, Крандиевской, Минского. Там же печатались молодой Набоков и его приятель Владимир Пиотровский. Дроздов организовал также содружество «Веретено», пообещав, что оно будет стоять в стороне от всякой политики. Но вот в ноябре 1922 года Дроздов пригласил на вечер «Веретена» Алексея Толстого, сотрудничавшего в просоветском «Накануне», и тогда Амфитеатров, Бунин, Лукаш, Набоков и другие вышли из «Веретена». Некоторые из молодых литераторов, покинувших «Веретено», в том числе Набоков, Лукаш и Струве, создали «тайный кружок поэтов», который по предложению Леонида Чацкого (настоящая его фамилия Страховский — сын вятского губернатора, расстрелянного одновременно с Гумилевым) назван был «Братством Круглого Стола». Страховский, как и Глеб Струве, был еще по Лондону знаком с Набоковым, а Струве жил в Вильмерсдорфе, неподалеку от Набоковых. Собирались в первое время у Струве, и у него сохранился протокол заседания, где перечислены восемь членов-учредителей «Братства» — В. А. Амфитеатров-Кадашев (председатель), сын знаменитого А. Амфитеатрова, Сергей Горный (брат Николая Оцупа), Сергей Кречетов, Иван Лукаш (товарищ председателя), Владимир Набоков, Глеб Струве, Владимир Татаринов и Леонид Чацкий (секретарь). На одном из заседаний, где Владимир Пиотровский читал свой рассказ, присутствовали жены Татаринова (работавшего в то время в «Руле») и Лукаша. Вспоминая об этом кружке через полвека, Глеб Струве упоминал также о заседании в доме В. Е. и Р. А. Татариновых, где В. Набоков «читал очень «вольные» стихи, которые он не мог ни напечатать, ни читать публично», хотя «технически они были прекрасно сделаны». Вполне вероятно, что это было стихотворение «Лилит», о котором сам Набоков сообщал в примечании к американскому изданию, что оно «не могло быть опубликовано ни в одном благопристойном журнале того времени», и добавлял лукаво: «Догадливый читатель воздержится от поисков в этой абстрактной фантазии какой-либо связи с моей позднейшей прозой». Догадливый читатель, пожалуй, усомнится и в датировке этого стихотворения, о котором автор сообщает: «Манускрипт его только недавно обнаружился среди моих старых бумаг». И все же не исключено, что именно эти «прекрасно сделанные» стихи были прочитаны на упомянутом Струве заседании «Братства». Вот они:

Я умер...
...От солнца заслонясь, сверкая
подмышкой рыжею, в дверях
вдруг встала девочка нагая
с речною лилией в кудрях,
стройна, как женщина, и нежно
цвели сосцы — и вспомнил я
весну земного бытия,
когда из-за ольхи прибрежной
я близко-близко видеть мог,
как дочка мельника меньшая
шла из воды, вся золотая,
с бородкой мокрой между ног.
И вот теперь, в том самом фраке,
в котором был вчера убит,
с усмешкой хищного гуляки
я подошел к моей Лилит...
Двумя холодными перстами
по-детски взяв меня за пламя:
«Сюда», — промолвила она.
Без принужденья, без усилья,
лишь с медленностью озорной,
она раздвинула, как крылья,
свои коленки предо мной.
И обольстителен и весел
был запрокинувшийся лик,
и яростным ударом чресел
я в незабытую проник.
Змея в змее, сосуд в сосуде,
к ней пригнанный, я в ней скользил,
уже восторг в растущем зуде
неописуемый сквозил, —
как вдруг она легко рванулась,

отпрянула и, ноги сжав,
вуаль какую-то подняв,
в нее по бедра завернулась,
и полон сил, на полпути
к блаженству, я ни с чем остался...
...Молчала дверь. И перед всеми
мучительно я пролил семя
и понял вдруг, что я в аду.

Бывший «независимый» редактор «Сполохов» и «Веретена» Александр Дроздов вскоре уехал вслед за Алексеем Толстым в Советский Союз, однако не сгинул там, как большинство «возвращенцев», а еще и в пору моего студенчества занимал какие-то редакторские посты в «Октябре» и «Молодой гвардии». Из собратьев Набокова по «Круглому столу» по меньшей мере двое — Пиотровский и Лукаш — стали его приятелями...

В литературной берлинской среде царил Владислав Ходасевич. Набоков познакомился с ним гораздо позже, однако его присутствие в Берлине и его властное влияние молодой поэт, похоже, ощущал. Ходасевич приехал в Берлин в конце июня 1922 года. Он несколько раз выступал в кафе «Прагер диле» и в клубе писателей (где его «Пробочка» привела в восторг Андрея Белого). Писал он медленно и на выступлении в кафе «Прагер диле» признался, что иногда пишет одно стихотворение целых четыре года. Его стихотворение «Берлинское» появилось в «Современных записках» в конце того же 1922 года. Мне кажется, что это стихотворение оказало не меньшее влияние на прозу Набокова, чем на его зрелую поэзию (последнее же признают многие исследователи).

Герой стихотворения — поэт — сидит в кафе и смотрит через окно на мокрую берлинскую улицу:

А там, за толстым и огромным
Отполированным стеклом,
Как бы в аквариуме темном,
В аквариуме голубом —
Многоочитые трамваи
Плывут между подводных лип,
Как электрические стаи
Светящихся ленивых рыб.

В написанной вскоре после этих стихов набоковской прозе немало похожего — и в многочисленных у Набокова «многоочитых» машинах и трамваях, и в особом желтом оттенке зажженных витрин, в отливах, в текучих огнях,— во всем этом «болезненном недержании электрического света», и в отражениях на блестящих плоскостях автомобилей, и в излюбленных набоковских отражениях на стеклах, и в светлом космосе, который в одном из стихотворений Ходасевича тоже «расцветает огнем велосипедных спиц». Берлин, о котором Шкловский говорил, что он «весь... одинаков», у Ходасевича и Набокова поражает многообразием ярких деталей, цветовых и световых эффектов — здесь и зелень лип, и чернота асфальта, апельсиновый свет рано зажженных витрин, изумруд рекламы. Пейзажи «Zoo...» напоминают о «святой ненаблюдательности» писателя Ширина из «Дара», который был «слеп, как Мильтон» и «глух, как Бетховен»: это он назначил кому-то свидание в Зоологическом саду (уж не автор ли «Zoo...»?) и тогда обнаружилось, что он вряд ли осознавал, что там бывают звери...

Водоворот литературной жизни захватил молодого Набокова. В отличие от молодых парижских поэтов-парнасцев у Набокова не было трудностей с публикацией стихов. Восхищавшийся им Гессен печатал в «Руле» все, что приносил талантливый Володя, сын его незабвенного друга. В то лето Набоков написал много стихов. У него был и новый заказ на перевод: издательство «Гамаюн» заказало ему перевести на русский язык «Алису в стране чудес» Льюиса Кэрролла. Вероятно, книжку для перевода предложил сам переводчик. Можно вспомнить, что у автора этой до крайности популярной в Англии книги тоже была когда-то своя маленькая Лолита, для которой и была рассказана эта не слишком простая, но остроумная история.

Литературная суета отвлекала молодого Набокова от его горя, но когда он оставался один, недавняя катастрофа подступала, и тогда он чаще всего брался за перо... Те, кто знал его раньше, замечали перемены в его лице, в его взгляде. Шестьдесят два года спустя, вспоминая ту весну, мадам Светлана Андро де Ланжерон (а тогда совсем еще юная Светочка Зиверт) рассказывала Брайану Бойду, что когда Володя сделал ей предложение среди текучих стеклянных стен берлинского аквариума, она просто не смогла ему отказать — так он был грустен, так непохож на себя. Во всяком случае, именно так виделось это восьмидесятилетней монахине за текучей аквариумной далью десятилетий...

Родители Светланы горный инженер Роман Зиверт и его жена Клавдия Зиверт (чем поживились от них тесть и теща Лужина?) дали тогда согласие на помолвку их юной дочери, поставив условием, чтобы молодой человек нашел себе настоящую работу, такую, за которую регулярно платят жалованье. Каждый месяц — ибо семью нужно содержать каждый месяц, а может, и каждый день. А писание, а свобода? Да много ли и сегодня «свободных художников» в какой-нибудь процветающей Франции или Америке? Пишущие люди повсюду прикованы к тачке ежедневной работы — кто в конторе, кто в школе, кто в редакции газеты (и при этом, конечно, все мечтают о побеге). Легче всего свобода давалась до последнего времени писателю в России, где престиж писателя был высок, а гонорар, пусть даже нищенский, не выглядел столь уж ничтожным на фоне всеобщей нищеты. Может, поэтому о каторге ежедневной неписательской работы именно русские писатели говорили с особым трагизмом...

В то лето отцовские друзья подыскали братьям, Сергею и Владимиру Набоковым, «настоящую работу» — в немецком банке. Сергей ходил на работу целую неделю: он ведь тоже был и многообразно талантлив, и всесторонне образован. Владимира хватило на три дня. И дело, конечно, не в том, что он явился на работу в свитере. Он ни за что не стал бы сидеть в банке. Да он ведь не бездельничал. Дел у него было по горло. Он переводил «Алису». Он писал стихи. У Лукаша была для него идея сценария... Однако и Роман Зиверт, отец Светланы, был по-своему прав: это все была не «настоящая» работа, и она не могла приносить постоянный доход. Клавдия Зиверт, вероятно, решила приглядеться к жениху Светланы поближе. Она пригласила Набокова, взяла дочерей — Светлану и Таню, а также своего младшенького — Кирилла, и они поехали все вместе на курорт Ротерфельде, что в Тевтобургском лесу. Молодой Набоков мог бы проявить себя в сфере репетиторства и гувернерства, которые в недалеком будущем станут для него в Берлине источником дохода. Однако в Ротерфельде в то лето он предпочел гувернерству писательство и жениховство. Тогда, вероятно, и матери Светланы стало очевидно, какую страшную обузу судьба вознамерилась взвалить на хрупкие плечи ее совсем юной дочери: ненужную ей литературу и этого заумного, нервного и странного жреца литературы, обреченного в лучшем случае на полунищету.

Перевод «Алисы» продвигался успешно, и щедрое издательство «Гамаюн» вручило молодому автору аванс — пятидолларовую бумажку, котору он за неимением прочих денег протянул в трамвае кондуктору. Для берлинского кондуктора это было не меньшим событием, чем для самого переводчика: в Германии, истерзанной инфляцией, зелененький доллар был баснословной суммой. Кондуктор остановил трамвай и начал отсчитывать сдачу в марках — целую кучу денег. Пятидолларовая бумажка Алисиного аванса перешла позднее в роман «Подвиг», изменив (не согласно курсу, а согласно законам жанра) свое достоинство: «Когда Мартын менял в трамвае доллар,— вместо того, чтобы на этот доллар купить доходный дом,— у кондуктора от счастья и удивления тряслись руки».

«Алиса» (переименованная им в Аню) показалась Набокову не такой трудной, как «Николка Персик». И язык здесь был посовременнее, чем у Роллана, да и характер юмора, намеки, скрытые смыслы, все виды словесных игр были ему по душе. Он, конечно, был еще молодой переводчик, однако и не совсем новичок. Он перевел в Кембридже немало английских поэтов. Принцип ему был ясен: надо стараться, чтоб русский читатель получил по возможности столько же удовольствия от книги, сколько и читатель английский. Чтоб он улыбнулся, чтоб он задумался, чтоб он восхитился, ощутил веянье тайны. Чтоб тайные смыслы проступили за игрой слов, образов и созвучий, за сплетеньем ассоциаций. Он переводил в русской традиции (успешно развитой потом советской школой перевода). Он переводил так, как переводил потом еще добрых тридцать лет (до «Евгения Онегина»), после чего он стал ратовать за буквальный и подстрочный перевод, хотя свои собственные вещи переводил так и позже. Стихи у него звучали в переводе как стихи, поговорки и присказки — так, что могли стать поговоркой и присказкой на новой почве («Ох, мои ушки и усики...»). На месте чужой, английской школьной истории возникала в переводе наша школьная история. Мышь Вильгельма Завоевателя — не объяснять же детям, кто был этот Вильгельм — благополучно превратилась в мышь, которая осталась при отступлении Наполеона; ненароком появилась в «Алисе» — то бишь в «Ане» — история Киевской Руси. И мелодии знакомых школьных стихов тоже нетрудно было здесь узнать русскому читателю — как правило, стихов Лермонтова, кого ж больше всех учат наизусть — «Скажи-ка, дядя: ведь недаром...» или «Спи, младенец мой прекрасный»:

> Вой, младенец мой прекрасный,
> а чихнешь — убью.

Ползала по сказке Чепупаха, мельтешил дворянин кролик Трусиков, а слуга увещевал его: «Не ндравится мне она, Ваше Благородие».

Понятно, не всегда все удается передать в русском, что было в оригинале, но за потери читателя надо вознаградить, надо ему компенсировать потери, и молодой Набоков это уже знал. Так, на месте нейтрального английского «Побега в норку» появился «Нырок в норку» — в возмещение прежних потерь.

Один из многих университетских набоковедов США (на сей раз висконсинский) считает этот перевод «Алисы» лучшим на свете (набоковеды не мелочатся). Не зная всех языков на свете, не берусь судить, так ли это, а самых любопытных читателей отсылаю к сравнению набоковского перевода с двумя советскими. Мне показалось, что перевод молодого Набокова очень талантлив, однако не всегда убедителен. Хотя бы потому, что он сделан давно, а живой язык не стоит на месте. Отчего и появляются новые переводы — «перепереводы». «Я бы до чертиков испугала их своей величиной», — говорит набоковская Аня. Что вы на это скажете, дети?

Лет через двадцать перевод этот сослужил добрую службу писателю В. В. Набокову и помог ему найти первую «настоящую работу» за океаном. Как знать, повлияла бы эта перспектива на решение Светланиных родителей, если б они могли заглянуть так далеко, в заокеанское будущее?..

«Николка Персик» вышел в свет в ноябре. Вслед за ним вышли из печати сразу два стихотворных сборника Набокова — «Гроздь» и «Горний путь». Большинство стихотворений, составивших «Гроздь», были написаны за последние полгода-год и навеяны его любовью к Светлане. Он поспешил подарить ей книжечку, не дожидаясь Рождества. В поздние годы, отбирая стихи для сборника, Набоков взял из «Грозди» только семь стихотворений, зато из «Горнего пути» больше трех десятков. Так же оценивал сравнительное достоинство этих сборников самый знаменитый, он же и самый благожелательный из набоковских критиков той ранней поры, Юлий Айхенвальд. Айхенвальд был только что выслан из России вместе с большой группой интеллигентов (философов, экономистов, кооператоров). Высылка эта, придуманная Лениным и нанесшая непоправимый удар философской науке в России, была приурочена к роспуску Комитета помощи голодающим, в котором русская интеллигенция, в последний раз приглашенная большевистским правительством принять участие в жизни народа, пыталась спасти (и спасла) тысячи русских крестьян от неслыханного голода (в значительной степени вызванного мероприятиями большевиков). Этот комитет, организованный по предложению и с участием членов правительства, был вскоре распущен, помощь голодающим благополучно прекращена, а интеллигентам были предложены — на выбор — расстрел или заграничное изгнание.

Айхенвальд оказался в Берлине, где стал постоянным литературным обозревателем «Руля», а потом — первым критиком и старшим другом Набокова. Как и другие критики, Айхенвальд отмечал талант молодого поэта, его техническое мастерство (не прошло незамеченным «в Назарете на заре» из «пушкинского» стихотворения о ласточках), его наблюдательность, неожиданность деталей, поразительную остроту видения. И все же стихи Набокова ему, как и другим критикам, казались еще незрелыми. Критики и поздней дружно отмечали в этих стихах самые разнообразные влияния, сперва главным образом Фета и Майкова, но позднее и Бунина, и Бальмонта, и Гумилева, и Саши Черного, а также поэтов помельче, вроде Щербины или Ратгауза. Целый список «повлиявших» на Набокова поэтов приводит в своей известной книге об эмигрантской литературе Глеб Струве, с удивлением отмечая, что «молодой Набоков не отдал обычной дани никаким модным увлечениям». «Его современники,— пишет Г. Струве,— смотрели на него как на поэтического старовера».

Набоков и сам писал позднее (в предисловии к парижскому изданию своих стихов в 1952 году), что стихотворением 1929 года у него «заканчивается период юношеского творчества». А ведь к тому времени тридцатилетний Набоков был уже зрелым прозаиком. Через полтора десятилетия, в Париже, он и сам, с некоторым недоумением перечитывая свои старые стихи, восклицает:

до чего ты мне кажешься, юность моя,
по цветам не моей, по чертам недействительной!

И все же это были его стихи, его юность, его судьба. И эта судьба готовила ему новый удар. 9 января 1923 года Зиверты объявили ему, что на семейном совете решено расторгнуть их со Светланой помолвку: она слишком еще молода, а он пока не может взять на себя ответственность за семью. Светлана смирилась. Позднее мадам Светлана Андро де Ланжерон рассказала биографу В. В. Набокова, что, если память ее не обманывает, слезы стояли на глазах у ее жениха, когда ему было объявлено о разрыве. Светлану увезли в Бад Кисинген, а он предался безутешному сочинению стихов. За оставшиеся дни января он сочинил двадцать стихотворений, из которых позднее пятнадцать счел достойными включения в свой сборник. Этот взлет поэтического творчества начался в тот самый день, 9 января, когда он, вернувшись от Зивертов, написал прекрасное стихотворение «Finis» (Конец). Если судить по этому стихотворению, слезы стояли в тот день не только на его глазах:

Не надо плакать. Видишь, — там — звезда,
там, над листвою, справа. Ах, не надо,
прошу тебя! О чем я начал? Да,
— о той звезде над чернотою сада...
Не то. О чем я говорил? Есть слово:
любовь — глухой глагол: любить... Цветы
какие-то мне помешали. Ты
должна простить. Ну вот — ты плачешь снова.
Не надо слез! Ах, кто так мучит нас?
Не надо помнить, ничего не надо...
Вон там — звезда над чернотою сада...
Скажи — а вдруг проснемся мы сейчас?

Итак, снова сон — спасение для обездоленного. Светлана является ему во сне мертвой, как отец. И такой же, как он, живой. Оба они теперь в раю, и рай отдаляет их от поэта...

Стихов о рае у молодого Набокова много. И все же большинство стихов в том январе не о смерти и безнадежности — они о возможности счастья. Чувствуется, что огромный запас радости и здоровья, накопленный им в райском детстве, в России, поможет ему справиться и с этой новой бедой.

В эту же пору Набоков пишет свой второй (после напечатанной в «Руле» «Нечисти») рассказ — «Слово». Здесь тоже рай, тоже ангелы и атмосфера Эдгара По. Но есть здесь и линия, предвосхищающая (хотя и несколько впрямую) тему великой тайны, которая открывается человеку перед смертью. Это ещё не раз появится у Набокова, на другом уровне — и в рассказе «Ультима Туле», и в «Подлинной жизни Себастьяна Найта», и в «Бледном огне»...

Новая пьеса «Смерть» — опять о возможности общения между теми, кто уже перешагнул, и теми, кто еще не перешагнул порог смерти. Как и в двух других коротких пьесах, написанных Набоковым в последний год, здесь заметно влияние маленьких трагедий Пушкина. Пушкин постоянно маячит на горизонте его жизни, и даже из самой новой русской поэзии для Набокова уцелело «только то, что естественно продолжает Пушкина».

В марте Набоков узнал о расстреле Гумилева в Петербурге. Весть о смерти поэта от рук тирана его потрясла.

Набоков написал в тот день:

Гордо и ясно ты умер, умер, как Муза учила.
Ныне в тиши Елисейской, с тобой говорит о летящем
медном Петре и о диких ветрах африканских — Пушкин.

Чуть позднее Набоков так напомнил о Гумилеве в одной из рецензий: «О Гумилеве нельзя говорить без волнения. Еще придет время, когда Россия будет им гордиться». Как и его отцу, самый обычай смертной казни казался Набокову чудовищным. В России в ту пору уже стреляли кого ни попадя. О расстрелах рассказывали в каждой эмигрантской семье. У новой знакомой Набокова, прелестной Ромы, дочери петербургского адвоката Семена Клячкина, из восьми братьев и сестер погибло трое. Расстрел становится навязчивым видением, он преследует Набокова во сне, позднее входит и в сны его героев — и юного Мартына, и старого поэта Подтягина, и Тимофея Пнина — мучит страхом и угрызениями совести:

Бывают ночи: только лягу,
в Россию поплывет кровать;
и вот ведут меня к оврагу,
ведут к оврагу убивать.

Проснусь, и в темноте со стула,
где спички и часы лежат,
в глаза, как пристальное дуло,
глядит горящий циферблат.
...благополучного изгнанья
я снова чувствую покров.
Но сердце, как бы ты хотело,
чтоб это вправду было так:
Россия, звезды, ночь расстрела
и весь в черемухах овраг.

Уже здесь это загадочное, непреодолимое стремление в Россию, к опасности, к последнему, предсмертному глотку русского воздуха, к искупительной смерти — все, что легло в основу будущего романа «Подвиг».

В начале апреля он читал свои стихи в Шубертзаале на Бюловштрассе, был вечер русского студенческого союза, и выступало все их «Братство Круглого Стола» — и Лукаш, и Струве, и Горный, и Амфитеатров, и Кречетов. На вечере, среди прочих зрителей присутствовала маленькая, хрупкая, очаровательная блондинка. У нее были красивый рот и потрясающие глаза — синие, ромбовидные («В двух бархатных и пристальных мирах...») И еще у нее была сильная воля — Набоков любил таких. «В двух бархатных и пристальных мирах...»

* * *

— Только эти две строчки и помню,— говорит мне Вера Семеновна Клячкина.

В двух бархатных и пристальных мирах
Хоть миг один, как Бог, я прожил...

— Она поцеловала его на прощанье?
— Почему вы так думаете?
— Не знаю... Просто Соня поцеловала Мартына. И мне показалось. Впрочем, я ни в чем не уверен.
— Кто теперь скажет...
Мы сидим за чайным столом в уютной квартирке на авеню де Сакс в Париже. На столе обильное угощение: русский дом!

170

— Он ведь рассказывал сестре про свою любовь, про ту девочку в Биаррице... А я как раз приехала к ней в Берлин на три месяца и увидела его, у сестры Романы. Я младше ее была, так что на меня внимания не обращали. А он был просто удивительный — тоненький, как жердочка, и словно бы весь стремился вверх. Он влюбился в нашу Роману... Он ей тоже нравился. Хотел на ней жениться. И мне он очень понравился. Но турок больше понравился...

— Какой еще турок?

— Молодой поэт. Нижат Нихат. Он Романы был сверстником и стихи писал по-французски. Поклонник Леконта де Лилля. У них была настоящая любовь. Вот поэтому Романа и не могла за Володю пойти. А потом жалела, когда уже ей было за пятьдесят... Ей очень Елена Ивановна Набокова нравилась — настоящая аристократка, и такая доброта в ней была, тонкость. Она тоже Елене Ивановне нравилась. Но Володе Романа все же отказала, потому что у нее турок был. А родители наши не захотели, чтоб еще и турок... И так уж... Она из Берлина уехала в Париж и там даже заболела от горя...

Вера Семеновна рассказывает удивительные истории. Больше всего про сестру, конечно,— Роману. В ней была искра Божия, и талант был — отец прочил ей блестящую адвокатскую карьеру, да только учиться ей не пришлось. Потом она сотрудничала с матерью Марией в «Православном деле». Они прятали евреев в войну, спасали от смерти. А сама Романа чудом избежала ареста — уехала на каникулы в Перигор, в именье сестры, а тут их всех и арестовали в Париже — мать Марию, сына ее, помощников, погибли в лагере. Романа уже после войны помогала Михаилу Корякову бежать с советской службы. Потом она книжку его перевела на французский — «Москва слезам не верит». Дружила она с Бердяевым и с Мочульским... Воспоминания ее есть о Мочульском... Вот ее фотография, видите — встала на цыпочки... Такая маленькая, хрупкая, а сильная...

Я смотрю на фотографию набоковской любви и слушаю эти удивительные рассказы. Про вторую сестру, которая вышла замуж за адъютанта Пилсудского Болеслава Игнацы Венява-Длугошовского. В войну он, не пережив польских бед, покончил с собой в Нью-Йорке, а этой осенью торжественно перенесли его прах в Краков... Пришли к ней как-то в гости Ариадна Скрябина, дочь композитора, с мужем своим, поэтом. Довид Кнут его звали. Ариадна-то в иудаизм перешла, а в войну была в Сопротивлении, погибла, памятник ей стоит в Тулузе... А с ними поляк один пришел, поэт тоже, Юлек Тувим, он и остался тут у нас жить, больше ему негде было, месяца два жил...

— Знаю. Он потом с Набоковым в Нью-Йорке встречался. Я его переводил как-то, для певицы Эвы Демарчик... Но вот где я это имя и раньше встречал — Романа Семеновна Клячкина?

— Где ж вы могли встречать...

Вера Семеновна рассказывает, что старшая сестра в последнее время совсем стала равнодушна к жизни, к чужой беде, к людям, а потом вдруг как очнулась. Звонит по телефону и спрашивает — как ты думаешь, Вера, писатель тут русский умер, хороший, говорят человек,— можно ли его к нашим положить в Сен-Женевьев де Буа?.. Вообще-то там мест уже давно нет...

Вспомнил!

— Виктор Некрасов? — говорю я.

— Ну да. Вы что, знали его? Камень-то ихний мне совсем не нравится...

Вспомнил! Уголок русского кладбища в Сен-Женевьев де Буа. «И березы, березы, могилы, могилы, и знакомые русские все имена...» И еще одно, совсем недавнее имя: Виктор Платонович Некрасов. Милейший мой коктебельский знакомый. И на том же камне — Романа Семеновна Клячкина. Любовь Владимира Набокова. Романа задолго до того скончалась от рака. И положили Виктора Платоновича в ту же самую могилу, что и юную любовь Володи Набокова. Тайные темы, и узоры судьбы, и сцепленье времен, которые так любил Набоков. Как ими пренебречь биографу?

* * *

В апреле Набоков принес в благосклонный «Руль» новый, совсем не похожий на прежние, плод своего творчества. И как всегда, И. В. Гессен, близко поднеся листок к близоруким глазам, иронически хмыкнул и отправил сочинение в набор. Он нашел шахматную задачу своего протеже остроумной: черные должны закончить партию ходом пешки В7—В5. Думайте, думайте... Позднее подобных мозговых усилий требовали от читателя сюжетные построения его прозы. Ни одно

172

из увлечений Набокова не прошло, кажется, без пользы для его творчества: ни ловля бабочек, ни теннис, ни шахматы. Все они сыграли свою роль в его произведениях.

Было у Набокова уже в ту пору еще одно довольно простенькое и даже простонародное (во всяком случае, на элитарном фоне его прозы) увлечение — кинематограф. «Для самого Сирина,— писал в своих воспоминаниях И. В. Гессен,— нет как будто большего удовольствия, чем смотреть нарочито нелепую американскую картину. Чем она беззаботно глупей, тем сильней задыхается и буквально сотрясается он от смеха, до того, что иногда вынужден покинуть зал». Набокову мечталось не только смотреть фильмы, но когда-нибудь и поработать для кино. Писательские услуги Набокова пригодились кинематографу лет на тридцать пять позже, чем он сделал первые попытки работать в нем, и все же вряд ли найдешь другого прозаика, который оставил бы в своих произведениях столько пересказов идиотских фильмов и столько описаний героев, хлюпающих носом в темноте зрительной залы. Чаще всего эти набоковские пересказы были, конечно, пародией на пошлые фильмы. Иногда попадались ему в темной зале и продукты советского производства. Например, «русская фильма» в «Даре», в которой «с особым шиком были поданы виноградины пота, катящиеся по блестящим лицам фабричных, а фабрикант все курил сигарету». Читатель старшего поколения без труда опознает в набоковском описании и «советский документальный фильм, снятый в конце сороковых годов» — мы таких видели множество: «Предполагалось, что в нем нет ни на грош пропаганды, все только одно сплошное искусство, и безудержное веселье, и эйфория гордого труда. Статные, неухоженные девчата маршировали на каком-то незапамятном Весеннем фестивале со знаменами, на которых были обрывки из русского народного эпоса вроде «Ruki proch ot Korei». Самолет скорой помощи преодолевал снежный хребет в Таджикистане. Киргизские актеры приезжали в шахтерский санаторий и давали там под пальмами импровизированное представление. На горном пастбище где-то в легендарной Осетии пастух докладывал по рации республиканскому министерству земледелия о рожденье ягненка. Московское метро сияло всеми своими статуями и колоннами, и шесть якобы пассажиров были усажены на трех мраморных скамьях. Семья заводского рабочего проводила мирный вечер в семейном кругу, члены семьи, наряженные во все лучшее, восседали под большим шелковым абажуром в гостиной, до удушья заставленной комнатными растениями. Восемь тысяч болельщиков наблюдали за футбольным матчем между «Торпедо» и «Динамо». Восемь тысяч граждан единодушно выдвигали Сталина своим кандидатом от Сталинского избирательного округа Москвы. Новая легковая машина «ЗИМ» вывозила семью заводского рабочего и еще несколько персон на загородный пикник...» («Пнин»).

И все же, несмотря на воинствующую пошлость новой музы, Набокова волновало это превращение человеческой плоти в тень на белом экране, отделение тени от ее владельца, ее особенная жизнь и живучесть...

Уже в ту самую пору юности будущий сценарист, романист и профессор послужил гордому кинематографу безымянным статистом. Участие в массовках и эпизодах стало для Набокова одним из видов заработка в счастливую и нищую берлинскую пору. Кинематограф в те годы процветал в Берлине, занимавшем по числу кинотеатров второе место в Европе и славившемся своими студиями, на которых снимали знаменитый Абель Ганс, Офюльс, а также множество славных русских кинематографистов. Весной 1923 года Набоков впервые стал сниматься в эпизодах. В одном из фильмов он участвовал в массовке, представлявшей театральную публику. Он стоял в ложе и хлопал, обратясь лицом к воображаемой сцене, и поскольку он единственный явился в «театр» в настоящем (еще от кембриджских времен) вечернем костюме, камера задержалась на нем чуть дольше, чем на других. Когда фильм вышел наконец, Набоков повел на него Лукаша и возбужденно тыкал в экран, когда на нем неясно промелькнуло его лицо. Лукаш не успел ничего увидеть и обиженно заявил, что Набоков выдумал этот эпизод своей фильмовой славы.

НО ЕСЛИ ТЫ МОЯ СУДЬБА...

Труды и беды минувшего года, несмотря на весь оптимизм и юный запас жизненной силы, все же пошатнули здоровье

Набокова, и тут подвернулась вдруг замечательная возможность встряхнуться. Старый друг отца, бывший глава Крымского правительства, милейший Соломон Крым (тот самый, что, по воспоминаниям Ники Набокова, в марте 1919 года угощал Сергеевичей последним роскошным обедом в севастопольском ресторане) сообщил Набоковым о своем новом эмигрантском занятии: агроном и винодел по образованию, он управлял теперь богатейшим Беспаловским имением на Юге Франции, в Провансе. «Так вот, отчего бы Володе не наняться к нам летом сезонным рабочим? — предложил Крым.— Переменить обстановку...» Интеллигентный кадет-караим и сам не чужд был литературного труда. Как раз в то время он готовил к изданию легенды родного Крыма... Набоков стал собираться в путешествие на юг Франции, ведя пока светскую жизнь в Берлине. Ему было двадцать четыре, и едва не каждый вечер молодого литератора, интеллектуала и спортсмена, влюбчивого стройного юношу в элегантном кембриджском блейзере вытягивали из дому то премьеры МХАТа, то благотворительные спектакли, то «показательные процессы» в журналистском клубе (или в редакции «Руля») над... художественными произведениями и их героями. Шел, скажем, процесс над «Крейцеровой сонатой», и Набоков, игравший роль убийцы, читал защитительную речь. Шел процесс над знаменитой пьесой Евреинова «Самое главное», и Набоков в роли самого драматурга отстаивал его теорию счастья. Вспомним, что романы «Отчаяние» и «Лолита» представляют собой по форме защитительную речь убийцы, а многие идеи Евреинова нашли потом отражение и в драматургии и в прозе Набокова. Так что и эти светские развлечения пошли впрок целеустремленному писателю. Были, впрочем, и развлечения менее «высоколобые». В ту пору Берлин был охвачен эпидемией танцев. Рассказывают, что в простых берлинских кабачках видели вдохновенные плясовые импровизации Андрея Белого. Судя по одному из рассказов Набокова, ему тоже были не чужды эти простонародные развлечения: «Люблю посмотреть, как в здешних кабачках танцуют... Мода через века дышит... В конце концов наши танцы очень естественны... Что же касается падения нравов... Знаешь ли, что я нашел в записках господина д'Агрикура? «Я ничего не видел более развратного, чем менуэт, который у нас изволят танцевать».

Бывал молодой Набоков и на столь популярных в среде

эмигрантов благотворительных балах. Вроде того, что описан в «Защите Лужина»: «Было очень много народу на этом балу, — был с трудом добытый иностранный посланник и знаменитый русский певец, и две кинематографические актрисы... было лотерейное нагромождение: представительный самовар в красно-синих бликах... куклы в сарафанах, граммофон, ликеры (дар Смирновского)... сандвичи, итальянский салат, икра... А дальше, в другом зале, была уже музыка, и в пространстве между столиками топтались и кружились танцующие...»

Вот на таком балу 8 мая 1923 года — то ли в танцевальной зале, то ли у буфетной стойки с крюшоном произошло по его собственной (то есть официальной) версии знакомство Владимира Набокова с Верой Слоним. Эта осторожная фраза нуждается сразу в нескольких уточнениях. Во-первых, выяснилось мало-помалу, что он мог видеть ее раньше, — например, за секретарским столиком в недолго просуществовавшем издательстве ее отца, куда он приходил с какой-то литературной идеей; во-вторых, что она, конечно же, видела его и раньше неоднократно: на эстраде, во время его выступлений, среди публики на литературных и прочих вечерах... И вот на этом балу... Что же, собственно случилось на балу? Он пригласил ее на танец? Или она его? Кто первый заговорил? К тому же она была в маске и не сняла ее, даже выйдя из зала. Так что же — он не увидел ее лица при первой встрече? А что он увидел? Что взволновало его? Линия шеи (он прочерчивал эту линию чуть ли не в каждом из своих женских портретов)? Весенняя белизна кожи? Или он успел приметить «какую-то давно знакомую, золотую, летучую линию, тотчас исчезнувшую навсегда», линию, при виде которой он почувствовал «наплыв безнадежного желания, вся прелесть и богатство которого были в его неутолимости»? (Обратите внимание, читатель, и на эту безнадежность желания, и на его неутолимость). Он, конечно, успел отметить особую речь молодой женщины в маске, может быть, и родство душ, и «то, что его больше всего восхищало в ней», — ее совершенную понятливость, абсолютность слуха по отношению ко всему, что он сам любил»: «не успевал он заметить какую-нибудь забавную черту ночи, как уже она указывала ее». Итак, версия номер один, официальная: благотворительный бал, ночная прогулка — девушка в маске, разговор у моста... Эту версию знакомства повторяют оба тихооокеанских биографа Набокова — и увлекающийся Филд и солидный Бойд. Я предлагаю свою, третью...

* * *

Женевский день догорал за окном. Чай был выпит, и Елена Владимировна Сикорская-Набокова уже порывалась добраться до кухни, чтобы начать меня кормить (неистребимое, чисто русское стремление). Однако мне еще хотелось расспрашивать, уточнять и ставить в блокноте огорченные крестики близ погребенных доморощенных гипотез.

— А вот еще, Елена Владимировна... Одна дама в Париже, очень достойная дама и нисколько даже не сплетница, упаси Боже, передала мне среди прочих версий знакомства и такую... Там, кстати, в Париже ходят самые невероятные версии их знакомства, и в некоторых Вера Евсеевна предстает этакой «железной женщиной», а ля Нина Берберова... Но эта вот версия как раз очень милая... Так вот, говорят, что Вера Евсеевна сама письмом назначила свидание вашему брату в парке, в Тиргартене, у моста, в полночь. Если это так, это просто гениально. Так его знать! А сама она пришла на свидание в маске. Такой вот рассказ...

Я замолчал, ожидая опровержения, однако его не последовало. Подтверждения, впрочем, тоже.

— Снимите, пожалуйста, с полки, вон там — мне трудно встать, да, здесь, золотая такая книжка — «Стихи».

— А, вижу, издание «Ардиса»! Взял. Что дальше?

— Откройте на странице 106. Читайте...

— Страница 106.

> Тоска, и тайна, и услада...
> Как бы из зыбкой черноты
> медлительного маскарада
> на смутный мост явилась ты.
> И ночь текла, и плыли молча
> в её атласные струи
> Той черной маски профиль волчий
> и губы нежные твои.
> И под каштаны вдоль канала...

— Что ж, — сказал я, — «как бы» из черноты медлительного маскарада — вовсе не обязательно, чтоб действительно был маскарад. Могло быть, и просто свидание...

— Читайте дальше.

> — И романтическая жалость
> тебя, быть может, привела
> понять, какая задрожала
> стихи пронзившая стрела?
> Я ничего не знаю. Странно
> трепещет стих, и в нем — стрела...
> Быть может, необманной, жданной
> ты, безымянная, была?

— Я понял так, Елена Владимировна,— это просто его стихи 23-го года, пронзенные болью,— она читала их. А про Светлану ведь в узком берлинском мирке все знали, и об их разрыве тоже... Он ищет причину ее прихода и видит ее только в романтической жалости. Но это уж обычное рыцарское унижение паче гордости. Помните, как в песне «Гаральда Храброго», где он про дочь Ярослава Мудрого говорит: «А меня ни во что ставит девка русская...» А уж такой был молодец, что наш В. В. Может, про стрелу, трепещущую в стихе, это Вера Евсеевна сказала... Такой взгляд со стороны на стихи всегда ведь волнует автора...

— Читайте.

> — Но недоплаканная горесть
> наш замутила звездный час.
> Вернулась в ночь двойная прорезь
> твоих — непросиявших — глаз...
> Надолго ли? Навек? Далече
> брожу и вслушиваюсь я
> в движенье звезд над нашей встречей...

— А может, это уже в Провансе написано, как вы думаете, Елена Владимировна?

> И если ты — судьба моя....
> Тоска, и тайна, и услада,
> и словно дальняя мольба...
> Еще душе скитаться надо.
> Но если ты моя судьба...

— Понятно. Он ждал такой встречи, но был еще к ней не готов. Он не был еще свободен от того, что с ним произошло за последнее время. От Светланы не был свободен (он ей еще писал из Франции), может, и от Ромы — тоже был удар по самолюбию... Душа его еще должна скитаться, но оба они верят в благоприятное расположение звезд, в свой «звездный час».

— Теперь откройте на странице 115!

— А что здесь? Ага, здесь даже дата: «25 сентября». Конечно, она могла быть и задним числом поставлена, и все же... «Вчера нам снились за каналом...» Так, значит, это уже не первое свидание... Накануне они виделись в сквере и он нашел веер под скамьей...

> — во мглу, где под железным кленом
> я ждал, где, завернув с угла,
> сквозные янтари со стоном
> текли в сырые зеркала, —

— глядите, почти что ходасевичевский трамвай...

> безгласно в эту мглу вошла ты,
> и все, что скучно стыло встарь,

(аллитерации, как в «тоскливой постылости», правда?)

> все сказкой стало: клен зубчатый,
> геометрический фонарь...

(а может, это звук ее речи, она не грассирует, нет?)

> Ты... Платье черное мне снится,
> во взгляде сдержанный огонь...

(Да, да, это понятно. Вся история любви в «Даре» — это история неосуществленного, неутоленного и неутолимого желания — лучше не придумаешь для поэта.)

> мне тихо на рукав ложится
> продолговатая ладонь...
> ...Гадая, все ты отмечаешь,
> все игры вырезов ночных,

179

заговорю ли — отвечаешь,
как бы заканчивая стих.
Таинственно скользя по гласным,
ты шепчешь, замираешь ты,
и на лице твоем неясном
ловлю я тень моей мечты.
А там, над улицею сонной,
черты земные затая,
стеною странно освещенной
стоит за мною жизнь моя.

— Да, Елена Владимировна, за такое можно потом всю жизнь...

— Она и была, Вера, на всю жизнь... Она и теперь — мало уже что помнит вокруг, но все, что его касается, его стихов, романов, всех его дел — она еще помнит, все-все...[1]

Тут я понял, что Вера Евсеевна и то помнит, наверное, что есть в Москве какой-то дерзостный переводчик, который без ее разрешения и ее просмотра дерзнул заново перевести роман, перевод которого был ею некогда завизирован и даже подписан («при участии...»), и что переводчик этот я... Я понял это и сник, и стал собираться на поезд, чтобы ехать обратно в Париж, не близкую прогулку проделал я в тот день, тыщу с лишним на поезде туда-обратно — чтоб погрузиться хоть на несколько часов в чужую (да уж и не очень чужую) жизнь.

А все же похоронный крестик против парижской нашей гипотезы знакомства В. В. и В. Е. Набоковых я в тот день не поставил...

* * *

В середине мая — через Дрезден, Страсбург, Лион и Марсель — поезд повез его в сторону Тулона, Приморских Альп и усадьбы Больё, что близ городка Солье-Понт. Путешествие взволновало его. «То, что он родом из далекой северной страны», приобретало в среде разнообразных попутчиков-иноземцев «оттенок обольстительной тайны. Вольным заморским гостем он разгуливал по басурманским базарам» и «где бы он ни бывал, ничто не могло в нем ослабить удивительное

---

[1] Разговор происходил всего за несколько месяцев до смерти В. Е. Набоковой.

ощущение избранности. Таких слов, таких понятий и образов, какие создала Россия, не было в других странах,— и часто он доходил до косноязычия, до нервного смеха, пытаясь объяснить иноземцу, что такое «оскомина» или «пошлость». Ему льстила влюбленность англичан в Чехова, влюбленность немцев в Достоевского...»

Это из той главы романа «Подвиг», где описана жизнь в Больё... Не правда ли, странные мысли владеют этим молодым, полуголым, дочерна загорелым батраком, собирающим черешни в саду?

В середине июня он писал из Больё матери в Берлин:

«Радость моя, получил сегодня твою дорогую карточку, где ты говоришь, что получила только два стиха («Черешни» и другой). Меж тем до них я послал тебе длинное письмо и два стиха... «Вечер» и «Кресты»... Теперь шлю тебе два снимка (пошлю завтра другие, гораздо лучше) и стихотворенье...

Сейчас — вечер, трогательные тучки. Я гулял по плантации за пробковой рощей, ел персики и абрикосы, смотрел на закат, слушал, как чмокал и свистал соловей — и у песни его и заката был вкус абрикосов и персиков.

А в большой клетке, у дома живут все вместе (и довольно грязно) — куры, утки, петухи, цесарки и белые кролики. Один такой кролик лежал, вытянув передние лапы: — лопоухий сфинкс. Потом цыпленок влез ему на спину, и оба испугались...

Меня эти дни все тянет к чернильнице, а писать некогда. Поэтому — и еще потому, что без тебя солнце не в солнце, я возвращусь не позже 20-го июля.

Разжирел я и весь почернел, так как работаю теперь в одних кальсонах. Вообще я бесконечно рад, что приехал, и бесконечно благодарен Сол. Сам. (который все не едет)». К письму приложен подробный план имения с обозначением дома, а в доме — окна́ общей комнаты, где он спит...

Конечно же, ему тоскливо бывало по вечерам, и в один из таких вечеров он написал жалостное письмо Светлане, а если история эта точно изложена в его надежно биографическом «Подвиге», то успел еще получить решительный ответ («Ради Бога, довольно») — и вздохнул с облегчением. Тем более, что на страницах «Руля» уже происходили новые, интимно-публичные встречи. 24 июня в «Руле» было напечатано его любовное стихотворение «Встреча». То самое, что семьдесят лет спустя я читал, сидя в гостях у Елены Владимировны: «И под каштаны, вдоль канала...» Та, к кому было обращено стихотворение, прочла его, без сомнения (тем более, что в том же номере «Руля» печатались ее собственные переводы). В июле их переводы появились в «Руле» бок о бок: он перевел Э. По, а она подписалась под своим переводом — В. С. — чем не Владимир Сирин? В промежутке между двумя публикациями они успели обменяться письмами, где за вежливыми фразами стояло многое. Главное, впрочем, было уже сказано им в стихах. Душа его освободилась, чтобы принять в себя новое чувство, и все решительнее брало верх его ликующее ощущение радости жизни.

Его батрацкая эпопея позднее довольно подробно была описана в «Подвиге».

«Глубоко внизу бежала под ветром люцерна, сверху наваливалась жаркая синева, у самой щеки шелестели листья в серебристых прожилках, и клеенчатая корзинка, нацепленная на сук, постепенно тяжелела, наполняясь крупными, глянцевито-черными черешнями, которые Мартын срывал за тугие хвосты... и как же весело было, когда из дворового бассейна проводилась вода к питомнику, где киркой проложенные борозды соединялись между собой и с чашками, расцарапанными вокруг деревец; блистая на солнце, растекалась по всему питомнику напущенная вода, пробиралась, как живая... и что-то изумительно легчало, вода просачивалась, благодатно омывала корни. Он был счастлив, что умеет утолить жажду растения, счастлив, что случай помог ему найти труд, на котором он может проверить и сметливость свою и выносливость. Он жил вместе с другими рабочими, в сарае, выпивал, как они, полтора литра вина в сутки и находил спортивную отраду в том, что от них не отличается ничем, — разве только светлой бородкой, незаметно им отпущенной».

Он и правда мало чем отличался от них на вид — полуголый, загорелый, с натруженными руками... И проезжий пожилой англичанин, попросивший его покараулить лошадь, пока он будет бегать с сачком за бабочкой, немало был удивлен, когда молодой батрак (судя по всему, итальянец, южанин) очень точно назвал на латыни вид пойманной им бабочки. Когда Соломон Крым вернулся в имение, он стал время от времени отпускать молодого рабочего погоняться за бабочками. А как же литература? Он привык писать по ночам или утром, в постели, а спальня тут была общая, да

182

к тому же в шесть утра надо было уже выходить на работу. Все же он ухитрился написать там еще две коротенькие пьесы, которые была напечатаны в «Руле». Над обеими тяготеют образы смерти. В них — размышления о путях судьбы, о том, можно ли избежать смерти или хоть на время от нее уклониться. Обстановка первой из этих пьес («Дедушка») навеяна жизнью на французской ферме: путник, французский аристократ, сбежавший с эшафота, останавливается на ночлег у фермера и узнает в мирно доживающем здесь свой век дедушке бывшего своего палача. Другая пьеска — «Полюс» — о гибели полярного исследователя капитана Скотта в снегах Арктики: герой из смерти переходит в легенду... Исследователи часто искали параллелей набоковским пьесам в стихах, находя их то у Шекспира, то у Пушкина. Симон Карлинский указывал в этой связи на традицию стихотворной драмы у русских символистов, у Блока, потом у Цветаевой. В одном сходятся и русские и западные исследователи — вся обширная литературная продукция Набокова в начале двадцатых годов, уже содержавшая и многие приемы, и многие образы поздней прозы, а также чуть не все его поздние темы, была все же еще довольно слабой и служила как бы разминкой, разбегом перед неожиданным, удивившим русскую читающую публику скачком, который произошел всего три-четыре года спустя после провансальской вылазки и сразу вывел Владимира Сирина на его совершенно особое, никем не оспариваемое и никем не поколебленное место в молодой эмигрантской литературе.

В конце июля Набоков в Марселе забрел в самой мрачной части города в портовый кабачок, где собирались русские моряки. Никто из посетителей, конечно, не догадывался, что он тоже русский, и вот он писал за столиком письмо Вере Слоним, удивляясь тому, что это он сидит здесь, в ночном порту, куда доносится с моря веянье африканского берега, в кабачке, где звучит грубая матросская речь, он, знающий названья морских рыб, и костей черепахи, и видов растений, он, помнящий наизусть строки Ронсара... — очень любопытное письмо. Набоков словно бы призывает девушку не только разделить его ощущения, но и вместе полюбоваться его столь странной, необычной, неординарной фигурой. После гибели отца оставался только один человек, которому было интересно, сильно ли он загорел и поправился, или что говорят о нем кинозвездочки, когда видят его в кембриджском блейзере.

Теперь появился в Берлине еще один такой человек — Вера. А рассказать «о себе, любимом», кому-нибудь, кому ты небезразличен, это ведь совершенно необходимо — особенно если ты давно уже привык быть самым любимым в семье, самым красивым, самым талантливым...

Кабачок этот и марсельские вечера всплыли еще через полгода в его рассказе «Порт».

* * *

В августе Набоков вернулся в Берлин и вскоре встретился с Верой. Встречи их стали регулярными, однако она ни разу не приходила домой к Набоковым. Встречались они на улицах и в парках, обживая Берлин, который приобретал для влюбленных особое очарование — у них обоих хватало воображения, чтоб оживить городские пейзажи. «Ночные наши, бедные владения,— забор, фонарь, асфальтовую гладь — поставим на туза воображения, чтоб целый мир у ночи отыграть! Не облака, а горные отроги; костер в лесу — не лампа у окна... О поклянись, что до конца дороги ты будешь только вымыслу верна...» Вот и получалось, что даже Берлин может быть таинственным. Под липовым цветением мигает фонарь. Темно, душисто, тихо. «Тень прохожего по тумбе пробегает, как соболь пробегает через пень. За пустырем, как персик, небо тает: вода в огнях, Венеция сквозит,— а улица кончается в Китае, а та звезда над Волгою висит...» Это из «Дара», где много доподлинно автобиографических страниц о Вере, о любви, о Берлине...[1]

Кроме родных и Веры, он повидался по приезде с друзьями-литераторами, членами их «Братства», в первую очередь — с Иваном Лукашем, с которым они сходятся все ближе. У Лукаша в ту пору псевдоним был совершенно вырский — Иван Оредеж. Объединяла их прежде всего работа. У Лукаша всегда было много разнообразных идей, заказов, и он привлекал к работе Набокова. Энергичный и способный Лукаш вынужден был работать много, у него уже была семья. Роман Гуль (в те годы еще «человек из „Накануне"») писал позднее, что автор доброй дюжины книг (среди них такие, как «Бедная любовь Мусоргского» и «Дворцовые гренадеры»), Лукаш был недооценен современниками. Среди

---

[1] Об этом со всей определенностью говорила мне Е. В. Сикорская.

прочих трудов Лукаша была написанная им по заказу жены генерала Скоблина, знаменитой певицы Надежды Плевицкой, ее биография «Дежкин карагод». Деньги на издание дал богатый покровитель Плевицкой Марк Эйтингон или Эйтингтон, друг Фрейда и принцессы Марии Бонапарт. Позднее, два, а может, и все три главных действующих лица этой истории (Плевицкая, Эйтингтон и Скоблин) стали агентами ГПУ, о чем Набоков еще лет через двадцать написал рассказ по-английски. Впрочем, тогда, в 20-е годы, все еще выглядело вполне пристойно: книгу Плевицкой издал высоко ценивший ее Рахманинов, предисловие написал Ремизов, а Лукаш получил столь необходимые для семьи деньги. Набоков был теперь свободный художник и тоже изыскивал самые разнообразные виды литературного заработка. Поэтому он сразу согласился на авантюрное предложение Лукаша — писать либретто для пантомимы, сопровождающей симфонию композитора Якобсона «Агасфер».

В ту осень Набоков написал несколько рассказов — «Звуки», «Удар крыла», «Боги», «Говорят по-русски». Все это — и либретто, и рассказы, и стихи, и шахматные задачи для «Руля» — приносило ничтожно малый доход. Зато ему удавалось продать почти все: что не пошло в «Руле», можно было отослать в Ригу или отдать в «Русское эхо». Тогда же началась и его репетиторская эпопея. Работать приходилось все больше, потому что марка катастрофически падала. В августе 1923 года, когда Набоков вернулся из Прованса, номер «Руля» стоил еще 40 000 марок, к декабрю уже двести миллиардов. Русской печати приходилось туго. Начинали мало-помалу разъезжаться литераторы, да и прочий эмигрантский народ. Семья Набоковых тоже решила перебраться в Прагу. Чешское правительство объявило «русскую акцию» — акцию помощи русской эмиграции: пенсии, стипендии для студентов, субсидии русским школам и науке. Политический деятель-русофил Карел Крамарж предложил Елене Ивановне и ее дочери Елене погостить для начала у него на вилле. В декабре к ним уехала и Ольга. Позднее Набоков отвез в Прагу младшего брата Кирилла, бывшую гувернантку сестер, лучшую подругу матери Евгению Карловну Гофельд, а также семейного пса. В Праге Набоковы сняли довольно убогую квартиру, где стояли несколько стульев и диван с клопами. В комнатах было холодно и неуютно. Набоков ворчал, что вот уж он заработает немножко денег и тут же заберет мать обратно в Берлин...

В Праге он познакомился с Мариной Цветаевой. Позднее он вспоминал, что они совершили поэтическую прогулку в ветреный день. Бойд пишет, что «Набоков нашел Марину очаровательной», однако, судя по тогдашним рецензиям Набокова, общего языка они найти не могли.

В Праге Набоков работал над «Трагедией мистера Морна» и, только закончив пьесу, вернулся в Берлин, где занял просторную комнату на третьем этаже пансиона Андерсен на Лютерштрассе. Началась новая, самостоятельная жизнь, полная трудов, радостей, лишений, разочарований, успехов. Забегая вперед, напомним, что Елена Ивановна Рукавишникова осталась в Праге до конца своих дней. Сын так и не забрал ее в Берлин — его случайных заработков никогда не хватило бы на содержание матери, ее подруги, собаки, младших сестер и брата. Он уже сделал свой выбор, когда отказался служить в банке: отказался не только от устройства своих собственных дел, но и от бремени главы семейства. Но кому судить победителя, человека, совершившего подвиг, не зарывшего в землю талант? У него был один долг, который он принимал всерьез: долг перед его безжалостным Даром. И этот долг он выполнял неукоснительно, до самой смерти, тут уж никто не сможет его упрекнуть. Но человеку, всерьез принимающему свой Дар, приходится совершать в своей жизни поступки довольно жестокие, на общебытовом уровне, может быть, даже непростительные...

* * *

Пансион на Лютерштрассе оказался вполне сносным. Хозяйка-испанка не домогалась от постояльца ни чистоты, ни дисциплины. Всю ночь он писал, просыпался в одиннадцать, но вставал лишь тогда, когда надо было бежать на урок. Если же он был свободен с утра, он поджимал свои худые длинные ноги и, пристроив тетрадь на коленях, писал. Блаженство этих часов творчества с большим чувством описано в «Даре». О них он ностальгически вспомнил через полвека, выступая в Париже по телевидению...

Работал он много, хотя стихов теперь писал меньше: писал рассказы, не сулившие никакого заработка. Некоторая надежда была у него на театр и на кино: Берлин оставался пока городом театров и киностудий. Его короткие пьесы в стихах никого, впрочем, не заинтересовали.

Вместе с Лукашем он продолжал писать сценарии и либретто. Самым популярным русским кабаре в Берлине была «Синяя птица» Я. Д. Южного, продолжавшая традиции балиевской «Летучей мыши». Для «Синей птицы» Лукаш с Набоковым и написали свою первую пантомиму «Вода живая». Представления начались в январе 1924 года. Однако их финансовые ожидания были обмануты — они не получили суммы, на которую рассчитывали. «Я пишу с Лукашем, пишу с Черным, пишу с Александровым, пишу один»,— сообщал Набоков матери в Прагу.

Конечно, главным из того, что он писал в 1924 году, была проза. Она становилась все более «набоковской». Эти рассказики были как бы зародышами его будущих романов, и в них уже было многое из того, что поздней привлекало в его романах,— драгоценные детали и наблюдения, острота переживаний, бурная, плещущая через край радость жизни и пристальное к ней внимание. Пройдет каких-нибудь лет пять, и самые внимательные из русских критиков Набокова (сразу после выхода его первых романов) вспомнят об этих рассказах. Некоторые из его тогдашних рассказов и задумывались как фрагменты будущего романа «Счастье», из замысла которого в конце концов родилась «Машенька»: например, рассказы «Письмо в Россию» и «Благость». В первом из них, совсем крошечном рассказе — ночной Берлин, так хорошо знакомый нам по ранним стихам Набокова: «Прокатывает автомобиль на столбах мокрого блеска... В сыром, смазанном черным салом, берлинском асфальте текут отблески фонарей...» И здесь же, конечно, визжащий берлинский трамвай. Толстая проститутка в черных мехах. Реклама кинотеатра, светлое, как луна, полотно экрана, а на нем — громадное женское лицо с медленной глицериновой слезой. Беззаботная радость, танцы в кабачках. И вдруг: «В такую ночь на православном кладбище далеко за городом покончила с собой на могиле недавно умершего мужа семидесятилетняя старушка». Она повесилась на невысоком кресте: «приставшие желтые ниточки там, где натерла веревка», «серповидные следы, оставленные ее маленькими, словно детскими каблучками в сырой земле у подножья», спокойный кладбищенский сторож — «легкая и нежная смерть», «детская улыбка в смерти» (от смерти молодому Набокову пока не уйти). И сразу после этой «детской улыбки смерти» — бурное признание героя: «Слушай, я совершенно счастлив. Счастье

187

мое — вызов. Блуждая по улицам, по площадям, по набережным вдоль канала,— рассеянно чувствуя губу сырости сквозь дырявые подошвы,— я с гордостью несу свое необъяснимое счастье. Прокатят века, школьники будут скучать над историей наших потрясений, все пройдет, все пройдет, но счастье мое, милый друг, счастье мое останется, в мокром отражении фонаря, в осторожном повороте каменных ступеней, спускающихся в черные воды канала, в улыбке танцующей четы, во всем, чем Бог окружает так щедро человеческое одиночество».

Вот и в рассказе «Благость» то же самое ощущение нежности мира, доброты, благости, счастья. Скульптор идет на свидание с неверной и лживой возлюбленной. Он почти уверен, что она не придет, и, чтоб отвлечься, он наблюдает за нищей старушкой, продающей открытки на холодном ветру. Солдат-караульный дарит старушке кружку горячего кофе с молоком, и скульптор наблюдает, с каким наслаждением она пьет, как «благоговейно слизывает бахрому пенки», а в душу его тоже вливается «темная, сладкая теплота», «душа... тоже пила, тоже грелась»:

«Тогда я почувствовал нежность мира, глубокую благость всего, что окружало меня, сладостную связь между мной и всем сущим,— и понял, что радость, которую я искал в тебе, не только в тебе таится, а дышит вокруг меня повсюду, в пролетающих уличных звуках, в подоле смешно подтянутой юбки, в железном и нежном гудении ветра, в осенних тучах, набухающих дождем. Я понял, что мир вовсе не борьба, не череда хищных случайностей, а мерцающая радость, благостное волнение, подарок, неоцененный нами».

Эндрю Филд утверждает, что после гибели отца Набоков отшатнулся от Бога. Сдается, что два приведенных отрывка достаточно ясно свидетельствуют: есть в них и Бог, и религиозное чувство благодарности Творцу.

Герой «Благости», скульптор, больше не ждет прихода неверной возлюбленной, он покидает место свидания, а дорогой ловит на лицах прохожих «изумительные маленькие движения» и уже чувствует в пальцах «мягкую щекотку мысли, начинающей творить».

Среди многочисленных рассказов той поры («Пасхальный дождь», «Катастрофа», «Наташа», «Картофельный эльф», «Случайность» и еще, и еще) есть один очень любопытный, на наш взгляд, рассказ — «Бахман» — о любви стареющей, некрасивой женщины и нелепого, смешного, полоумного, гениального музыканта. В герое рассказа можно разглядеть некоторые черты будущего Лужина, однако к подобной перекличке нам надо привыкать: большинство рассказов Набокова — это личинки будущих его бабочек-романов (так же, как будущие его английские романы — отражение его прежних русских романов). Может, наша метафора и не совсем точна, ибо сам мастер, знаток-энтомолог, считал, что рассказы его — это тоже бабочки, только иной породы, помельче. «Многие широко распространенные виды бабочек за пределами лесной зоны производят мелкие, но не обязательно хилые разновидности, — говорил он интервьюеру. — По отношению к типичному роману рассказ представляет такую мелкую альпийскую или арктическую форму. У нее иной внешний вид, но она принадлежит к тому же виду, что и роман, и связана с ним несколькими последующими клайнами». Так вот, «Бахман» — это уже скорей маленькая бабочка, чем куколка. В рассказе этом не только поразительная фигура музыканта и влюбленной в него женщины; в этом крошечном рассказе — довольно сложное построение: здесь два рассказчика, излагающих события (и на обоих у автора, то есть, у третьего рассказчика, хватает и места и средств); в нем присутствуют собутыльники героя, кабаки, зрительная зала и концертная публика; в нем — тайна любви и тайна творчества, и набоковское благоговение перед тайной: «Я думаю, что это была единственная счастливая ночь в жизни Перовой. Думаю, что эти двое, полоумный музыкант и умирающая женщина, нашли в эту ночь слова, какие и не снились величайшим поэтам мира. Когда негодующий Зак явился наутро в гостиницу, он нашел Бахмана, глядевшего с тихой восторженной улыбкой на Перову, которая лежала без сознания под клетчатым одеялом поперек широкой постели. Неизвестно, о чем думал Бахман, глядя на пылающее лицо подруги и слушая ее судорожное дыхание; вероятно, он понимал по-своему волнение ее тела, трепет и жар болезни, мысль о которой не приходила ему в голову... Она умерла в тот же день, не приходя в сознание. Выражение счастья так и не сошло у нее с лица. На ночном столике Зак нашел скомканную страницу нотной бумаги, но фиолетовые точки музыки, рассыпанные по ней, никто не мог разобрать».

Чуть позднее (уже после того, как его романы заработали ему ветхую заплату эмигрантской славы, которую впору было пришить на его вконец обветшавший кембриджский костюм) придирчивая эмигрантская критика оценила его рассказы (собранные к тому времени в первую книгу), отметив в них ту же, что и в его романах, «заостренность языка и повествования, построенного по принципу обновления материала», ту же «намеренную случайность отправной точки», ту же «утонченную наблюдательность человека, любящего жизнь за то, что она единственный и прекрасный материал для творческого перевоплощения» (журнал «Воля России»). Тогда же критик лучшего эмигрантского журнала «Современные записки», поэт Михаил Цетлин, писал, что в то время как традиция русского рассказа диктовала, чтоб «в нем решительно ничего не происходило», «рассказы Сирина читаются с захватывающим интересом». «И не только те, в которых есть внешне занимательная фабула...— продолжал Цетлин,— но и те, где увлекает только интенсивность внутреннего переживания». Как мы упомянули уже, это признание пришло позднее, в конце 20-х годов, а многие великолепные страницы набоковской прозы были написаны уже в 1924-м. И все же кое-какая слава досталась ему уже тогда. Ее отблески освещали лицо Веры Слоним, и это льстило ему бесконечно. В письме матери Набоков рассказывал, что дня не проходит, чтобы какой-нибудь соотечественник не обернулся на кишащей русскими берлинской улице и не прошептал спутникам: «Глядите! Это Сирин!» Лоди просил, чтоб мать рассказала об этом сестрам...

Итак, слава коснулась его своим легким крылом, литературной работы было невпроворот, выступлений хватало тоже, оставалось только заработать на хлеб и на комнату в пансионе. Именно с этой целью обитатель пансиона на Лютерштрассе покидал по утрам свою столь удобную для сочинительства койку и выходил под дождь. Начиная трамвайный объезд города, он являлся к первому за день ученику. Преподавал он в ту пору больше всего языки — английский и французский. Летом к этому прибавлялись иногда уроки тенниса, а позднее он давал даже уроки просодии. За эти годы у него было множество учеников, и нельзя сказать, чтоб эта вереница лиц и характеров, и эти разнообразные, порой не слишком приятные педагогические ситуации не сослужили службу прозаику Набокову. И если у нас нет возможности перечислить всю вереницу его учеников, то, представляя Мир Набокова, стоит вспомнить хоть некоторых из этих персонажей.

Например, толстого и бледного русского юношу в роговых очках, который «настолько пропитался местным бытом, что и в английской речи делал те же невытравимые ошибки, которые сделал бы кегельноголовый немец». Философия жизни у этого бедняги сократилась уже до простейшего положения: бедный несчастлив, богатый счастлив. На урок он норовил прийти пораньше, а уйти попозже, и скорей всего именно о нем вспоминал Набоков, рассказывая лет тридцать спустя, как в Берлине (Берлин уже казался ему тогда «чужим и ненавистным», но всегда ли он был таким?) «ждал одного особенно упрямого и бездарного ученика, который с каменной неизбежностью наконец появлялся (и необыкновенно аккуратно складывал пальто на добротной подкладке, этаким пакетом на стуле), несмотря на все баррикады, которые я мысленно строил поперек его длинного и трудного пути».

Или корреспондента английской газеты Коростовцева, которому Набоков «помогал» переводить его статьи о советской и эмигрантской жизни на английский. Эти занятия с журналистом забавно описаны в «Даре»: «Несколько зная язык, он писал статьи начерно, оставляя пробелы, вкрапливая русские фразы и требуя... дословного перевода своих передовичных словец: быль молодцу не в укор, чудеса в решете, как дошла ты до жизни такой, се лев, а не собака... И очень часто попадалось выражение: «произвело впечатление разорвавшейся бомбы»... вероятно, метод применения басенной морали сгущенно передавал метод «moralités», присущий всем сознательным проявлениям советской власти...»

Или молодого Дитриха, который коллекционировал фотографические снимки казней (он тоже не пропал для прозаика) и даже путешествовал, чтобы присутствовать при экзекуциях.

Или дельца с бледными ресницами, смотревшего на учителя «с недобрым недоумением, когда он ему беспечно читал Шекспира».

Или гимназистку «в черном джемпере, которую ему иногда хотелось поцеловать в склоненную желтоватую шею».

Или развеселого, коренастого морского офицера, «который говорил «есть» и «обмозговать» и готовился «дать драпу» в Мексику, тайно от своей сожительницы, шестипудовой, страстной и скорбной старухи, случайно бежавшей в одних розвальнях с ним в Финляндию и с тех пор в вечном отчаянии ревности кормившей его кулебяками, варенцом, грибками.

Или Коноплина из «Руля», который оказался агентом ГПУ...

В более позднюю пору жизни он рассказывал об этой нищей беготне по урокам иронично и весело. К чести его, если и не всегда, то достаточно часто он умел принимать без трагизма унижение эмигрантской жизни. И все же она существовала, эта «всегдашняя холодненькая мысль» о себе, взгляд со стороны, точнее, «с высоты»: «Вот он, особенный, редкий, еще не описанный и не названный вариант человека, занимается Бог знает чем, мчится с урока на урок, тратит юность на скучное и пустое дело, на скверное преподавание чужих языков,— когда у него свой, из которого он может сделать все, что угодно — и мошку, и мамонта, и тысячу разных туч. Вот бы и преподавал то таинственнейшее и изысканнейшее, что он, один из десяти тысяч, ста тысяч, быть может, даже миллиона людей, мог преподавать: например — многопланность мышления...[1] И вместе с тем он находил забавным себя же опровергнуть: все это пустяки, тени пустяков, заносчивые мечтания. Я просто бедный молодой россиянин, распродающий излишек барского воспитания, а в свободное время пописывающий стихи, вот и все мое маленькое бессмертие. Но даже этому переливу многогранной мысли, игре мысли с самою собой, некому было учить».

Репетиторство приносило небольшой, но надежный заработок. Малую толику добавляли к этому всякие литературные чтения. Он выступал вместе с Айхенвальдом на байроновском вечере, потом читал на пушкинском вечере, потом вместе с Лукашем читал в литературно-артистическом кружке, потом в Литературном клубе. На счастье, культурная жизнь эмиграции била ключом...

Самые большие надежды Набоков с Лукашем возлагали на театр и на золотую жилу киноиндустрии. В 1931 году Набоков был ближе всего к киноуспеху, когда знаменитый Льюис Майлстоун чуть было не клюнул на перевод его «Картофельного эльфа». Но все же не клюнул. Впрочем, и то, что покупали у них с Лукашем театр или композиторы, тоже не приносило ожидаемых тысяч. Весной 1924 года, надеясь по-

---

[1] Не имея возможности привести его полностью, настоятельно рекомендуем читателю не пропустить это описание Дара в одноименном романе.

лучить тысячу или полторы от композитора Якобсона или от «Синей птицы», Набоков написал матери, что скоро заберет ее в веселую Аскону. Там, на итальянско-швейцарской границе пасется литературно-артистическая богема, там можно прожить «на марку в день». Увы, он получил лишь очередные сорок марок от Коростовцева за урок да еще тридцать за рассказ в «Руле». Вместо ста долларов, что он рассчитывал получить в «Синей птице» за либретто, ему дали пятнадцать. Так что, когда плата в пансионе выросла до 75 марок в неделю, он понял, что придется искать жилье подешевле. Тут уж было не до Асконы.

Пансион ему пришлось менять сразу после отпуска, проведенного с матерью в Чехословакии. Там он, вероятно, и сказал ей, что помолвлен с Верой Слоним. Если у Елены Ивановны и возникали сомнения по поводу происхождения его нареченной, то в переписке они не отразились. Скорее всего, для Елены Ивановны желание сына было главным. Что до остальных Набоковых, то некоторых этот выбор, может быть, и шокировал, но что с того? Уже и покойный Владимир Дмитриевич окружал себя Бог знает какого происхождения друзьями, стоит ли удивляться тому, что сын его довел свое расовое безразличие до пределов возможного... Нельзя сказать, чтобы странный поступок писателя Владимира Набокова, остановившего свой выбор на худородной дочери Евсея (авторы генеалогического очерка называют его даже Исааком) Слонима и Славы Фейгиной, вовсе не волновал биографов. Целая школа набоковедения пытается представить себе, что было бы, если б Набоков не женился на Вере, а взял хорошую девушку из достойной русской семьи. Может, он перестал бы быть снобом и англоманом? Может, он стал бы монархистом? Может, написал бы что-нибудь лирически-прекрасное про войну, как генерал Краснов или Гуль, а вовсе не про нимфеток? Но рассуждения эти бесполезны...

* * *

В одном из писем того времени Набоков написал Вере Слоним про свой сон. Ему снилось, что он играет на фортепьяно, а она переворачивает страницы. При всей своей фантастичности (Набоков и фортепьяно) сон был, что называется, в руку.

Вернувшись в Берлин из Праги, Набоков обнаружил, что

хозяйка пансиона спрятала его пальто, боясь, что он убежит, не заплатив. Вере пришлось выручать и его самого, и его пальто. Он нашла ему новое жилье — в немецком пансионе на Траутенауштрассе, неподалеку от того места, где жили ее родители. Теперь он вынужден был давать еще больше уроков. Но и рассказы он писал теперь без конца. От некоторых из них до нас дошли только названия (скажем, «Наташа» или «Удар крыла»), даже самые дотошные биографы не сыскали их пока в дебрях эмигрантской периодики; другие появляются на свет Божий из архива — сначала в переводах, на английский или французский[1], потом по-русски. Еще не все эти рассказы на набоковском уровне, но в некоторых уже несомненно свое, отличающее его от других русских авторов того времени, так что в берлинских литературных кругах его и до появления первого романа выделяла не одна только Вера Слоним.

Когда Набоков выправил свой новый рассказ «Рождество», Вера забрала его перепечатывать («перебеливать»). Это был рассказ про зимнюю Выру, про детство, только сын с отцом словно бы поменялись местами: погибал сын, а не отец. Отец привозит из города гроб с телом своего мальчика, умершего от внезапной простуды, чтоб установить этот гроб в семейном склепе. «Изнемогающий от горя», он поселяется во флигеле, утопающем среди снегов, бродит по пустынному летнему дому, везде натыкаясь на игрушки сына, на его дневники. Горе невыносимо... Подходит Рождество. Во флигеле, где жарко натоплено, появляется елка. Отец решает, что жить он больше не сможет — надо умереть.

«И в то же мгновение щелкнуло что-то — тонкий звук — как будто лопнула натянутая резина. Слепцов открыл глаза и увидел: в бисквитной коробке торчит кокон, а по стене, над столом, быстро ползет сморщенное существо величиной с мышь... Оно вылупилось оттого, что изнемогающий от горя человек перенес жестяную коробку к себе, в теплую комнату... и вот теперь, вырвавшись, медленно и чудесно росло... Оно стало крылатым незаметно, как незаметно становится прекрасным мужающее лицо. И крылья — еще слабые, еще влажные — все продолжали расти, расправляться.

---

[1] В 1990 году появился в Париже на французском языке сборник «Венецианка», содержащий по меньшей мере четыре никогда не публиковавшихся русских рассказа Набокова.

И тогда простертые крылья, загнутые на концах, темно-бархатные, с четырьмя слюдяными оконцами, вздохнули в порыве нежного, восхитительного, почти человеческого счастья».

Вера перепечатывала теперь рассказ за рассказом. Позднее, в первом своем английском романе Набоков так рассказал о возлюбленной: «Множество летних вечеров двадцать четвертого[1] обратились для нее в белые листья, заползавшие в каретку, чтобы выкатиться наружу сплошь в черных и лиловых буковках. Вижу, как она стучит по блестящим клавишам взапуски с теплым дождем, шумящим в темных вязах за распахнутыми окнами, а голос Себастьяна... разгуливает по комнате... Клэр, в жизни не сочинившая ни одной поэтической или прозаической строчки, так хорошо видела (и в этом состоял ее персональный феномен) все перипетии Себастьяновых борений, что выходившие из машинки его слова были для нее не столько носителями присущего им смысла, сколько отмечали изгибы, провалы, зигзаги, которые он одолевал, двигаясь на ощупь вдоль некоей идеальной линии выражения... А еще я знаю, что Клэр, печатая под диктовку слова, которые он высвобождал из рукописного хаоса, порой вдруг останавливалась, поднимала, чуть хмурясь, верхушку пленного листа и говорила, перечитав строчку:

— Нет, милый, так по-английски не говорят».[2]

Биографы отмечают, что после знакомства с Верой Набоков стал писать по-другому: он резко «поднял планку», изменился уровень его прозы. Не удовлетворяясь многочисленными явными причинами этого (ее нежное одобрение, столь необходимое художнику, ее помощь, неизбежный переход от накопления, от подготовительного периода, отнюдь у него не короткого, к настоящему), многие из биографов (даже рассудительный Бойд) ищут каких-то тайных причин этого. Ну, скажем: она шепнула, подсказала ему некое важное слово. Думается, здесь нет никакой тайны, ибо многие из тех слов, что она шептала ему, можно найти в столь откровенном «Даре»:

«Мне жалко, что ты так и не написал своей книги. Ах, у меня тысяча планов для тебя. Я так ясно чувствую, что ты когда-нибудь размахнешься. Напиши что-нибудь огромное,

---

[1] То есть, того самого — 1924 года.
[2] Пер. А. Горянина и М. Мейлаха.

чтоб все ахнули... Все, что хочешь. Но чтобы это было совсем, совсем настоящее. Мне нечего тебе говорить, как я люблю твои стихи, но они всегда не совсем по твоему росту, все слова на номер меньше, чем твои настоящие слова».

Итак, Вера, по признанию набоковедов всех школ, была его музой и вдохновительницей, хранительницей очага и матерью его ребенка, его первой читательницей, его секретарем и машинисткой, критиком той единственной категории, которая способна писателю помочь (понимающим, одобряющим и подбадривающим), его литературным агентом, шефером, душеприказчицей и биографом... Сегодня, когда я пишу эти строки в Ялте, близ Ливадии, близ Гаспры, на берегу Черного моря, по которому семьдесят лет назад все они уплыли из Крыма в изгнание, Вере Евсеевне Набоковой исполняется 88 лет...

Ее отец, как и отец жениха, изучал право в Петербурге, однако из гордости так и не стал юристом, ему, как говорят у нас сегодня, мешал «пятый пункт». Чтобы обойти процентную норму для иудеев, он должен был креститься, а он хоть и был, как большинство современных русских евреев, равнодушен к иудаизму, считал ниже своего достоинства примыкать к какой-либо церкви или партии из выгоды («хлебная карточка»,— говорил некогда о партийности мой школьный друг, ныне видный политический деятель). Евсей Слоним нашел в себе силы пренебречь полученным образованием и освоить новую профессию — он стал лесопромышленником и лесоторговцем. Его дочь с гордостью вспоминала, что он вел хозяйство по-новому и на месте каждого поваленного дерева сажал новое, что он начал строить на юге России какой-то образцовый современный город. Достроить не успел. Ему тоже пришлось бежать от расправы: ни торговцы, ни промышленники больше не нужны были России. В Берлине ему повезло. Его бывший компаньон-голландец помог ему продать знаменитому магнату Стиннесу часть русских владений (тогда все скупали и продавали русское имущество). Он даже открыл лесоторговое дело, а также издательство «Орбис», решив издавать русскую литературу в английских переводах. Инфляция его разорила. И он, и жена его умерли в 1928 году, однако он успел еще пообщаться с зятем, и они не раз играли в шахматы по вечерам. Вероятно, он тоже не считал тощего поэта лучшей партией для своей средней дочери, однако он знал, что совета у него спрашивать не будут: Вера была очень самостоятельной и сама зарабатывала себе на жизнь. Ну что ж, она умная девочка, а он как-никак сын этого удивительного В. Д. Набокова, этот Володя, так что, может, и не станет под горячую руку бросать ей в физиономию (э, чего не бывает в семейной жизни) это визжащее и словно бы в самом нерусском звучанье своем грязное слово. Владимир Набоков, кажется, успел оценить в своем тесте одно несомненное достоинство — шестидесятилетний Слоним не давал ему ценных советов по части выбора профессии: ну что ж, бывают и такие занятия, каждому свое. В старой России это занятие, кстати, очень высоко ценилось — неудивительно, что Верочке это до сих пор кажется чем-нибудь особенным... Что думал В. В. Набоков о своей теще, биографы не сообщают. С сестрами жены он дружил всю жизнь.

Вера получила в Петербурге прекрасное образование. Гувернантки научили ее хорошему английскому и неплохому французскому. У нее была блестящая память. Она посещала гимназию княгини Оболенской, собираясь изучать физику и математику; как все русские подростки, читала запоем и писала стихи. Для нее русский поэт был, конечно, существом иной, высшей породы, небожителем. Владимир Набоков был еще и одной из самых романтических фигур на берлинском литературном небосклоне — стройный «английский принц», сын убиенного Набокова, автор этих вот, помните? — удивительных строк, как, разве вы не читали — «вон там — звезда над чернотою сада»? — уж она-то знала наизусть все его стихи.

А он? Когда Небо замышляет для нас брак, оно не столько мудрит над выбором невесты (Набокову просто повезло, могло и не повезти), сколько над выбором подходящего времени. Набоков оставался один в Берлине. Он только что потерял отца и вынужден был отлепиться от матери. Он был отвергнут маленькой и несамостоятельной Светочкой (не умевшей настоять на своем, да и не знавшей еще — для чего), был отвергнут Романой, которая была влюблена в другого поэта. Он не только готов был к новой любви, он сейчас нуждался в любви, в поклонении, в самоотверженной дружбе, в бескорыстной поддержке. Его жизнь, успехи, он сам всегда составляли содержание жизни любящих его родителей, и вот — катастрофа. Черная пустота. Один... Он хотел быть самостоятельным. Он был индивидуалист. Но он не умел быть совсем одиноким и нелюбимым (сперва он писал о себе отцу и матери каждые три дня, потом Вере — ежедневно).

Набоков не раз писал об особой «работе судьбы в *нашем отношении*». Но ведь и шестидесятилетний Жуковский, решив жениться на двадцатилетней немочке, столь же подробно разбирал в письмах все неизбежные ходы Провидения в пользу его брака. У Набокова, правда, нет слова Провидение, но набоковские описания этих же ходов только стилем отличны от длинного объяснительного письма Жуковского: судьба настойчиво подстраивала свиданья — но они с Верой уклонялись от них. Она танцевала с Сабой Кянжунцевым в Петербурге, она дружила с мальчиками из Тенишевского, а он ее не знал; он приходил с Глебом Струве в издательство ее отца, но ее не было на месте. И все в том же духе. Бесконечные усилия судьбы. На самом деле это Вера проявила решительность, а не судьба. В «Даре» мы находим довольно близкую к действительности (насколько это возможно в романе) историю их любви. Герой «Дара» замечал в своей возлюбленной «смесь женской застенчивости и неженской решительности во всем. Несмотря на сложность ее ума ей была свойственна убедительнейшая простота, так что она могла позволить себе многое, что другим бы не разрешалось, и самая быстрота их сближения казалась... совершенно естественной при резком свете ее прямоты».

Однако и «сближение» это не надо понимать слишком уж впрямую. У нее были правила, вероятно, достаточно строгие, так что приходилось потерпеть (может, даже и до брака, а не только «до обрученья»). Однако и это было ему по душе. Мы уже высказывали предположение, что (как для многих людей с живым воображением — вспомним Волошина) «жар соблазна» был для него и ярче и драгоценнее самого (зачастую ведь разочаровывающего художника) последнего сближения. Это можно понять из многих произведений Набокова, в том числе из вполне автобиографического «Дара». Признания его героя кажутся куда более убедительными, чем поздние рассказы о сексуальных эскападах, которыми Набоков в старости сбивал со следа биографов и репортеров. Вспомните, как герой «Дара» выходит от соблазняющей его одинокой молодой ученицы и, ощутив на миг то, «что пошлее всего на свете: укол упущенного случая», в конце концов сознает, что «ничего не упустил», устояв против соблазна: «За последние десять лет одинокой и сдержанной молодости, живя на скале, где всегда немножко снега и откуда было далеко спускаться в пивоваренный городок под горой, он привык к мысли, что между обманом походной любви и сладостью ее соблазна — пустота, провал жизни, отсутствие всяких реальных действий с его стороны, так что иной раз, когда он заглядывался на прохожую, он крупно переживал и потрясающую возможность счастья, и отвращение к его неизбежному несовершенству... иногда он завидовал простому любовному быту других мужчин и тому, как они, должно быть, посвистывают, разуваясь».

Вряд ли персонаж, имеющий одновременно не меньше четырех любовниц (таким предстает молодой Набоков даже у самых солидных его биографов), завидовал бы «простому любовному быту других мужчин». Истории его любви к Валентине, Светлане, Романе и Вере плохо «стыкуются» с лукавыми набоковскими историями о связях с балеринами, актрисулями, чужими женами (отметьте, что среди последних не нашлось ни одной словоохотливой мемуаристки, которая уж непременно доказывала бы в старости, что он сделал неправильный выбор, женившись на другой).

Однако вернемся к Вере. Они встречались на улице, и воздержание только раздувало пламя их любви. Он все более убеждался в том, что «не только остроумно и изящно она была создана ему по мерке очень постаравшейся судьбой, но оба они, образуя одну тень, были созданы по мерке чего-то не совсем понятного, но дивного и благожелательного, бессменно окружавшего их». Мы уже упоминали про ее понятливость, чувство юмора, ее восприимчивость к окружающему миру, абсолютный слух, совпадение их вкусов — во всем. Однако мы еще почти не говорили о ее неотразимой юной прелести. О тех мгновеньях свидания, когда «она, как тень, внезапно появлялась, от родственной стихии отделясь. Сначала появлялись только ноги, ставимые так тесно, что казалось, что она идет по тонкому канату». Он «целовал ее в мягкие губы, и затем она на мгновение опускала голову к нему на ключицу и, быстро высвободившись, шла рядом с ним, сперва с такой грустью на лице, словно за двадцать часов их разлуки произошло какое-то небывалое несчастье, но мало-помалу она приходила в себя и вот улыбалась — так, как днем не улыбалась никогда... Ее бледные волосы, светло и незаметно переходившие в солнечный воздух вокруг головы, голубая жилка на виске, другая — на длинной и нежной шее, тонкая кисть, острый локоть, узость боков, слабость плеч и своеобразный наклон стройного стана, как если б пол, по которому она, разогнавшись как на коньках, устремлялась, спускался всегда чуть полого к пристани стула или стола...»

Все эти черты он потом на протяжении полувека будет дарить своим героиням (особенно эту нежную шею, волновавшую его безмерно!), а пока, в ту весну он впивал все разом, мучась несказанной «прелестью несбыточных объятий».

Было еще одно, очень важное для любого мужчины, для его ранимого достоинства, и уж совершенно исключительно важное для выживания еще недооцененного (всегда, даже на вершине славы недооцененного) мужчины-писателя,— безоговорочность признания. В «Даре» с этого по существу и начинается их любовная история:

«Как-то, спустя дней десять после знакомства, она вдруг вечером постучалась к нему и надменно-решительным шагом, с почти презрительным выражением на лице, вошла, держа в руке небольшую, спрятанную в розовой обертке, книгу. «У меня к вам просьба,— сказала она быстро и сухо.— Сделайте мне тут надпись». Федор Константинович книгу взял — и узнал в ней приятно потрепанный, приятно размягченный двухлетним пользованием (это было ему совершенно внове) сборничек своих стихов...»

Это очень важная сцена. И не случайно в конце романа именно она, Зина-Вера говорит слова, которые так и не произнесли ни Ходасевич, ни Степун, ни Бунин, ни Фондаминский, а только она, думающая так же, как он,— воистину пророческие слова: «Я думаю, ты будешь таким писателем, какого еще не было, и Россия будет прямо изнывать по тебе,— когда слишком поздно спохватится...»

Итак, он решил жениться. Хотя и сознавал (не пытаясь, впрочем, выпрыгнуть в окно в последний момент), что не умеет, теряя голову, любить безоглядно — да, вероятно, и она тоже знала об этом. Его колебания были заметны («а нужна ли мне жена?»), а его признания в любви достаточно искренни:

«Если в те дни ему пришлось бы отвечать перед каким-нибудь сверхчувственным судом... то вряд ли он бы решился сказать, что любит ее, ибо давно догадывался, что никому и ничего всецело отдать душу не способен: оборотный капитал ему был слишком нужен для своих частных дел...»

Как бы застеснявшись разговора о самом интимном, о Главной Любви, он, заметьте, обратился вдруг к самой заземленной, деловой, финансовой лексике (это он-то, выдержавший лишь три дня банковской службы!). Но суть сказанного от этого не меняется. Он действительно не был свободен, он был пленником своего Дара, он уже был обручен с Музой (еще в Кембридже забредавшей к нему на чай). И земная жена была нужна ему именно для того, чтобы целиком отдаться своей первой страсти. Оставалось найти земную женщину, которая приняла бы его, поэта, таким, какой он есть, и вот она нашлась. Принимая все поправки к этим его «высотам нежности, страсти и жалости», она соглашалась на второе (после музы) место в его жизни, так что дело неукоснительно шло к женитьбе, и, проснувшись поутру, «он сразу попадал в самую гущу счастья, засасывающую сердце, и было весело жить, и теплилось в тумане восхитительное событие, которое вот-вот должно было случиться».

Он начал писать свой первый роман, свою книгу о счастье, она так и называться должна была — «Счастье». Вскоре уже готовы были две главы, которые он чистил и скреб до тех пор, пока от них не осталось лишь три замечательных, но совсем небольших рассказика, которые мы уже упоминали выше — «Письмо в Россию», «Путеводитель по Берлину» и «Благость».

Кроме писания рассказов, кроме встреч с Верой, у него была еще тысяча дел в Берлине. Бегать надо было не только на уроки: вольного художника кормят не только голова, но и ноги. В письме к матери в середине марта Набоков описывает один день своей жизни. В семь утра он помчался на киностудию, где участвовал в массовке и снимался в эпизодах. Вернулся в город в пять часов, сжимая в кулаке десятидолларовую бумажку (на лице еще были пятна грима, а в глазах маячили блики от юпитеров). С пяти до восьми давал уроки. Потом участвовал в репетициях пантомимы «Балаган», под руководством жены приятеля по «Братству» Сергея Кречетова, начинающей режиссерши. Пантомима никуда не годилась, и он был возмущен, что у занятых людей отняли столько времени...

В Кенигсберге с успехом шел балет Эйлюхина по их с Лукашем либретто. Вместе с Айхенвальдом и Лукашем они основали писательский кооператив «Арзамас».

Накануне годовщины, 28 марта, Набоков на весь день уехал в Тегель, чтоб побыть на отцовском кладбище. Он написал матери, что всякая мелочь, связанная с отцом, живет в нем; он верит, что снова увидит отца на каком-то неожиданном, невообразимом, но совершенно естественном небе, в том мире, где все будет сиянье и радость, их общая лучезарная вечность. Отец по своему обыкновению пожмет плечами, и они смогут без удивления поцеловать родинку у него на руке. Не надо только поддаваться отчаянью, потому что все вернется...

КАК БЫТЬ СЧАСТЛИВЫМ?

Он бегал по урокам, брался за новые либретто и сценарии, писал стихи и рассказы, сочинял шахматные задачи (сколько мог платить «Руль» за такую безделку, если даже за рассказ давали тридцать уцененных немецких марок?). В тот год он начал поставлять «Рулю» новую английскую головоломку, и придумал для нее русское название, с замечательной точностью воспроизводившее английское,— «крестословица» (кроссворд).

Набоков участвовал в чтениях, давал объявления об уроках тенниса и бокса. За все, что он мог предложить, платили гроши, но он не унывал. Он гордился тем, что не сел за конторку банка, что все-таки выжил, гордился своей «богатой нищетой» и своей «нищей свободой».

Несмотря на все беды и потери, стихи его, и рассказы, и наброски его первого романа переполняло ощущение счастья: «Куда мне девать все эти подарки, которыми летнее утро награждает меня — и только меня? Употребить немедленно для составления практического руководства: «Как быть Счастливым?» Или глубже, дотошнее: понять, *что* скрывается за всем этим, за игрой, за блеском, за жирным, зеленым гримом листвы? А что-то ведь есть, что-то есть! И хочется благодарить, а благодарить некого. Список уже поступивших пожертвований: 10 000 дней — от Неизвестного».

Итак, он не сломался, не сдался в борьбе с нищетой, с соблазнами «настоящей работы», отстоял свое право на роскошь нищей свободы и писательства. Теперь у него появилась союзница в этой борьбе. 15 апреля 1925 года Вера стала его женой. Они расписались в ратуше. Свидетелями были два дальних родственника. Один из них — «настоящий немец». Пришлось уплатить какую-то скромную сумму за регистрацию. Позже Набоков рассказывал Филду, что привратник в ратуше сказал им что-то на прощанье — в расчете на чаевые. «Он вас поздравляет!» — с готовностью перевел немецкий родственник. «Как это мило с его стороны»,— буркнул Набоков. «У меня не было ни копейки в кармане»,— объяснил он Филду.

Вечером они ужинали у Слонимов, и за столом Вера обронила невзначай: «Нынче утром мы поженились». Родителям пришлось проглотить и это.

В тот год у него появился ученик, с которым он прозанимался больше года — до самой осени 1926-го, мальчик из богатой русской семьи, неглупый, весьма способный, но очень застенчивый. Набоков подружился с этим семнадцатилетним Шурой Заком и стал по существу его гувернером. Регулярно, в 7.30 утра он начинал заниматься с Шурой английским, потом гимнастикой, теннисом, боксом. После обеда отправлялся к другим ученикам — он подсчитал позднее, что за эти годы европейского изгнания у него было восемьдесят пять учеников. Если он попадал на урок к своему ученику Сереже Каплану под вечер, его кормили там сытным ужином. Когда уроков было достаточно (многие родители знали его имя по публикациям в «Руле», это была неплохая реклама), ему удавалось неплохо зарабатывать и он отсылал матери до двухсот и более марок в месяц. Позднее он писал: «Я никогда не ощущал необходимости помогать другим. Но с 1922 по 1939 я помогал матери, когда только мог. Ее собственная жизнь в Праге, сперва с тремя детьми, потом с одним младшим, потом с внуком — и с милой, преданной, но смехотворно беспомощной Евгенией Гофельд — отличалась совершенно трагической бесхозяйственностью».

8 июня, впервые в эмиграции, проводился День русской культуры, приуроченный к дню рождения Пушкина. Набоков читал на праздничном вечере стихотворение, посвященное Пушкину.

Когда в конце июля они уезжали на новую квартиру, хозяйка спрятала Верино пальто, пытаясь получить с них плату за лишний месяц. Хозяин вмешался и восстановил справедливость. В то лето Набоков возил жену в Чехословакию — представлять ее сестрам (Елена Ивановна гостила у него в мае). Вряд ли у нее могли сложиться добрые отношения с Ольгой. Судя по рассказам тогдашних русских парижан (в частности, моего доброго парижского знакомого Б. Н. Лосского), от Ольги можно было ожидать любых, самых черносотенных выходок, да и через полсотни лет Набоков настоятельно отговаривал своего биографа от знакомства с ней.

Вера и Набоков провели неделю в Констанце, на Боденском озере. Потом наставник две недели купался на Балтике со своим питомцем Шурой. В конце сентября молодые супруги переехали в двухкомнатную квартиру майорской вдовы фрау Лептель («Она сама могла бы быть майором»,— с содроганием говорил ее русский квартирант), и Набоков засел (точнее, залег) за свой первый роман. Тот самый, что сперва назывался «Счастье», а в конце концов стал называться «Машенька».

* * *

Весь запас впечатлений, накопленный его цепкой памятью (любимый им Бунин говорил о себе, что у него «паучья» цепкость памяти), вся тоска по утраченному раю, все приемы, им уже опробованные в ранних произведениях, вся его чуткость к чудесам жизни и умение оживить их в слове, вся его страсть к изобретательству и мудрствованию (а он ведь иногда целые ночи проводил за составлением шахматных задач или крестословиц) — все это пригодилось ему сейчас. Уже первый его роман избежал соблазна и угрозы разбухнуть под стихийным напором воспоминаний: он выстроен очень строго и стройно, с мастерством, которое показалось неожиданным для тех, кто не знал его так хорошо, как, скажем, Айхенвальд или Вера. Он был на первый взгляд очень прост, этот его роман,— прост, лиричен, даже реалистичен, только странен чуть-чуть... По содержанию он был так близок проблемам эмигрантской жизни и так незамысловат, что два вполне доброжелательных и опытных критика обманулись: один с уверенностью шагнул назад на полстолетья и заговорил о тургеневской традиции (Ю. Айхенвальд), другой предсказал автору будущее бытописателя русской эмиграции (М. Осоргин). Ничто на беглый взгляд не выдавало в этом романе встречи с писателем ни на кого не похожим.

Лежа на стареньком диване майорской вдовы, Набоков описывал убогий берлинский пансион с растерянными обитателями-эмигрантами. Молодой романист вживался в привычки и повадки своих героев и писал матери, что с каждым днем все лучше узнает их; они вовсе не изобретены им, это «реальные люди»; он различает их запахи, знает их походку, их аппетиты. Набоков признавался, что ему понятна стала теперь чистая, пронзительная радость, которую, вероятно, ощутил Господь, сотворив мир. Мы же — мы только переводчики этого Божьего творения на свой язык, мы его маленькие подражатели и плагиаторы, мы только дополняем чуть-чуть то, что он написал уже, как зачарованный комментатор приукрашивает иногда чуть-чуть строку гения. Это была правда. И герои Набокова, и подробности их жизни, и события, да все почти, что мы находим у этого «великого выдумщика», подсмотрено им в творенье главного Творца — в окружающем мире. Однако это еще не вся правда, ибо уже тогда он напряженно работал над пересозданием Мира усилиями своего необычного и странного Дара.

Итак в пансионе полурусской-полунемецкой хозяйки Лидии Николаевны Дорн («Пансион был русский и притом неприятный») живут русские эмигранты — странное сборище людей, которые, покинув родину, застряли на полпути куда-то. Куда? Они живут как на вокзале — случайная мебель, под окнами рельсы и поезда, сотрясающие дом и обдающие окна клубами дыма; на дверях вместо номеров — листки с цифрами от старого календаря (так легче помнить о времени). Здесь старый поэт Подтягин, который давно бы уехал, кабы смог одолеть эту непосильную тяготомину с паспортом, визами, полицией; мерзкий черносотенец-пошляк Алферов, ожидающий приезда жены,— этот, может быть, здесь и выживет, уж больно пошл; голубиная гомосексуальная чета танцоров; красивая тоскующая Клара, влюбленная в молодого постояльца — загадочного Ганина; и, наконец, сам Ганин, главный герой, человек не слишком приятный, как сообщает матери сам Набоков, а все же главный, о нем-то и речь. И воспоминанья ему автор отдает свои, самые дорогие — и свою Выру, и свою первую любовь Валю-Тамару (почти в неизменности, во всяком случае, в куда большей сохранности, чем она возродится у него позднее в «Других берегах»). Герой думающий, герой, замечающий многое, к тому же он спортсмен, что, как верно подметил критик, в русской литературе не часто случалось.

К мерзкому Алферову должна вот-вот приехать молодая жена; он охотно поверяет свои тайны Ганину, «распахивает душу», тычет ему фотографию жены, в которой изумленный Ганин с волнением узнает свою Машеньку. И тогда воспоминания о юной любви и утерянном русском рае вдруг настолько властно вторгаются в жизнь Ганина, что в сравнении с ними сегодяшняя призрачно-вокзальная жизнь пансиона начинает казаться нереальной. Опустившийся, живший как во сне Ганин испытывает четыре дня острого счастья и решает наконец действовать. На убогой вечеринке он подпаивает Алферова и отправляется сам встречать Машеньку, чтоб немедленно увезти ее подальше от этого скота. Поступок, прямо скажем, не слишком этичный, но ведь и человек этот, Ганин, не слишком приятный. К тому же и Машенькин муж, Алферов, как остроумно отметил московский критик, один из «недуэлеспособных» героев Набокова, открывающий и серию его пошляков и самую тему пошлости. Однако перед приходом поезда Ганин вдруг осознает, что план, им придуманный, бессмыслен, ибо настоящей Машеньке никогда не дотянуть до идеальной Машеньки его воспоминаний. Как вообще реальные отношения с женщиной не поднимаются до острого счастья недовоплощения, неосуществленности, ожидания и мечты. Даже в сладостных его воспоминаниях об утерянном рае лучшие не те минуты, когда Машенька решила отдать ему «всю себя», а когда роман их только начинался. Да ведь и теперь, в пансионе, лучшие минуты — это когда роман как бы начинается снова («у меня начался чудеснейший роман... Я очень счастлив»). Внимательный читатель (конечно, внимательные читатели появились у Набокова только позже) отметит, что мысль эта пока еще не слишком зашифрована:

«И в эту минуту, когда он сидел на подоконнике мрачной дубовой уборной и думал о том, что, верно, *никогда он не узнает ближе* барышни с черным бантом на нежном затылке, и тщетно ждал, чтобы в тополях защелкал фетовский соловей,— эту минуту Ганин теперь справедливо считал самой важной и возвышенной во всей его жизни». Внимательный читатель вспомнит, что интерес к Машеньке Ганин утратил примерно при тех же обстоятельствах, что и к отдавшейся ему в такси Людмиле (тоже ведь Люся). Да и вообще внимательный читатель отметит, что есть что-то общее у этих двух героинь. Например, запах дешевых духов (это уже и внимательный Стивн Паркер замечал). Или вот: на предпоследней странице, после слов о том, что он «собирается... встретить» Машеньку, сразу вдруг — о Людмиле: «почему-то он вспомнил вдруг, как пошел *проститься*, как *выходил* из ее комнаты». С чего бы это? «Просто так...» — скажет нам автор, но мы-то уже поняли, что он и словечка не скажет «просто так», зазря и случайно.

Дождавшись прихода поезда, Ганин садится в такси и уезжает на другой вокзал: он решил уехать во Францию...

Финал неожиданный, и простодушный читатель эмигрантской библиотеки на периферии русской колонии, воспринимавший «Машеньку» как еще одно подражание Бунину (и Тургеневу), был, естественно, разочарован (о чем простодушно рассказывает в своих, порой весьма уклончивых, мемуарах секретарь, ученица и последняя любовь Бунина Г. Кузнецова и каковой мемуарный эпизод московский критик О. Михайлов с готовностью выдает за веский аргумент против прозы Набокова — видите, простой народ не понял, не принял). Неожиданным в этом романе был, впрочем, не только финал, но и зачин: встреча двух антагонистов в темноте остановившегося лифта. Роман вообще построен мастерски, это еще современники отметили, как отметили они блеск деталей, наблюдательность молодого писателя и его несомненный талант. Отметили и остроту конфликта между настоящим и будущим, хотя еще и не восприняли с должным вниманием тему времени. Отметили и некоторую странность романа. И то, что герой его человек неприятный, эгоист. (О. Михайлов загадочно написал позднее, что этот эгоизм «самая характерная черта, свойственная всем проходным (?) персонажам Набокова».) Впрочем, надо признать, что после выхода первого романа нареканий было еще не так много (видно, конкурентом молодой Сирин-Набоков еще не стал ни для кого). Хвалили, впрочем, тоже умеренно. Отметили реалистическое описание эмигрантской жизни, бунинскую (а за ней и тургеневскую) традицию. В романе и правда можно было еще заметить и ностальгические «общие места» эмигрантской литературы, и привычного романтического героя, и кое-какие расхожие слова и фразы, как бы еще даже не набоковские: «Никто не мог бы сказать, о чем он размышлял... были ли это думы о паспорте, о Париже...»

Набоков и сам не раз говорил, что это самый слабый его роман, что это даже еще и не бабочка, а личинка (надписывая книги друзьям, он, как правило, рисовал на них бабочку и только на «Машеньке» рисовал личинку). В предисловии к английскому переводу романа (еще через 45 лет) Набоков писал: «Хорошо известная склонность начинающего автора вторгаться в свою частную жизнь, выводя себя или своего представителя в первом романе, объясняется не столько соблазном готовой темы, сколько чувством облегчения, когда, отделавшись от самого себя, можешь перейти к более интересным предметам». Желание облегчить душу здесь несомненно, однако о желании «отделаться от самого себя» в первом романе (создав после этого столько романов о самом себе же) он мог написать в 1970-м лишь с одной целью — сбить со следа (игры с «догадливым читателем»), исключить напрочь неуправляемые догадки, особливо догадки нескромные (а где же вы видели скромного биографа?). Говоря о своей нежности к первому своему роману, о сентиментальной к нему привязанности, Набоков объяснял их причинами ностальгическими, как бы признавая, что действительность и воспоминания были перенесены в этот роман еще нетронутыми, непереработанными (тогда как их надо «так перетасовать, перекрутить, смешать, разжевать, отрыгнуть», что от автобиографии «останется только пыль»).

Самые внимательные из нынешних читателей (скажем, тот же С. Паркер или наш А. Долинин) находят, что этот роман-личинка вовсе не так прост. Они видят в нем «тонкие переклички-повторы в разных пространственно-временных планах». Скажем, портрет Алферова и упоминание о «смешном господине» с желтой бородкой. Или лиловый химический карандаш, обнаруженный и в надписях на садовом столе и на стекле Алферовских часов. Новое поколение критиков, знающее позднюю прозу Набокова, без труда обнаружило, что простота «Машеньки» кажущаяся (как и простота некоторых набоковских стихов), что в романе под видимым всякому глазу поверхностным слоем есть и другой, построенный уже «по правилам игры». А простота — для невнимательного читателя, для которого тут и эпиграф из Пушкина:

...Воспомня прежних лет романы,
Воспомня прежнюю любовь...

И при всем том «Машенька» — еще очень прозрачный, нежный, теплый роман. В нем есть, по признанию самого

208

Набокова, «человеческая влажность», от которой он надеялся избавиться и, на счастье, не избавился окончательно.

Роман был закончен, однако «отделаться от самого себя» было невозможно. Темы невозвратности времени, невосполнимости утрат, невозможности примириться со смертью близкого существа (потрясение и боль того мартовского дня неизбывны!) продолжали мучить Набокова и по окончании романа. Едва завершив его черновик, он пишет рассказ «Возвращение Чорба». В свадебном путешествии близ Граса юная жена Чорба погибает, наступив на электрический провод. В отчаянии он отправляется в обратный путь, по следам свадебного путешествия, примечая и восстанавливая в памяти всякую подробность, все, что еще совсем недавно они видели вдвоем...

* * *

«В Берлине они жили неподалеку от нас, и мне часто приходилось видеть, как они летят по тротуару, в ногу, одинаковым шагом, оба высокие, стройные, быстрые, в похожих непромокаемых пальто, с обнаженными светлыми головами, мне всегда казалось, что они созданы друг для друга...»

Месье Каннак протягивает мне какие-то черновые листки, копии, записочки: воспоминания его покойной жены, напечатанные в «Русской мысли», черновики к ним, еще какие-то черновики, кажется, для «Русского альманаха». Я, конечно, уже читал все, что было напечатано, однако черновики интереснее, отчего-то все самое интересное в нашей жизни остается в черновиках... Вот и этой зарисовочки — Набоковы шагают по берлинскому тротуару, на дворе год 1926-й,— ее тоже не было в газете. А дальше и вовсе зачеркнуто — она сама, Женя Каннак, и зачеркнула: «Надо ли прибавлять, что я, конечно, в него была по уши... но и вида не показывала, потому что считала себя недостойной».

Бедная Женя Каннак! Бедный В. В.! Их давно уже нет на свете. Добрый месье Каннак рассказывает мне, какая она была милая, замечательная. И она так мучилась. У нее был рак. Одно утешение — он сумел забрать ее домой из больницы, сумел продлить ей жизнь еще чуть-чуть...

Я перебираю фотографии, листаю черновики. Вот про Веру Набокову. Характер у нее был довольно тяжелый, она бывала резкой, часто «обижалась без оснований»: «Помню, я цитировала кого-то, кажется, Монтеня, что когда говорят: у такого-то характер,— это значит, плохой характер. Она рассердилась, приняв это на свой счет. А он был добродушнее, у него было развито чувство юмора (помню, его смешило: «А почему у вас в газете и Померанцев и Померанц?»)».

Женя Каннак считает, что его надменность — это была маска, его единственное оружие: при тогдашних гонорарах и тогдашней инфляции легко ли было выжить?

Встречалась она с Набоковым чаще всего у Раисы Татариновой, которая обожала собирать людей у себя. Это у нее Набоков читал «Машеньку», едва закончив роман. Именно тогда Айхенвальд и воскликнул, что явился новый Тургенев. Легко догадаться, что для Набокова это был не слишком большой комплимент, так что уж он постарался в следующем романе подальше уйти и от Тургенева, и от Бунина, и вообще от русских традиций...

Е. Каннак рассказывает, что жизнь в Берлине становилась все тяжелее и какие-то доведенные до отчаянья люди пускались на преступления. Однажды, когда Женя возвращалась домой после кружка, на нее набросился грабитель и вырвал из рук сумочку с документами, ключами и грошовой суммой. Вернувшись, она разбудила весь дом. Родители были перепуганы: «Мама ахала, поила меня чаем, а отец мрачно сказал, что в его время не отпустили бы молодую девушку ночью одну...» После следующего собрания кружка Набоков вызвался проводить ее до дома: «Отвез меня на такси и всю дорогу шутил, уверял меня, что у немцев на все мода, даже на грабеж...» А дальше — зачеркнуто: кому это интересно, что она при этом чувствовала, воспоминания-то пишутся о нем, не о ней.

Набоков прочел у них в кружке доклад о советской литературе. Для этого ему всех пришлось перечитать — и Сейфуллину, и Гладкова, и Серафимовича, и Эренбурга, и Вс. Иванова... На заседании разгорелся спор. Эмигранты хорошо знали тогда и Зощенко, и Пильняка, и Бабеля... А Набоков заявил, что литературу большевики скоро зажмут, уже совсем скоро. Все на него напали, били его фактами, но он верил своей интуиции и оказался прав.

Он приходил не на все заседания. Он был среди них мэтр. Их было два мэтра — он и Пиотровский, они были на равных. Пиотровский был старше всех в кружке, он воевал. Он был одинок. Немецкий язык ему не давался (кстати, Женя не верит утверждениям Набокова, что он вовсе не знал немецкого), пришлось ему пойти в шоферы такси. «Помню, я уже была невестой, а может, я тогда только что вышла замуж, мы спешили куда-то — в театр или в гости, остановили такси и, когда шофер оберулся, я узнала Пиотровского. Но он ответил на мое приветствие очень сухо...» Потом Пиотровский женился. Ниночка его «была прелестная, всецело ему преданная». Он прибавил к своей фамилии «Корвин», чтоб звучало по-княжески. Однажды Пиотровский стал придираться к Жениным стихам: что такое «собачка» курка? У вас есть эта собачка в стихах... Но Набоков его остановил — не надо... Такое не забывается. Конечно, он не всегда так сдержан был в критике. Как он ругал, например, бедную Раю Блох! Она вышла за Мишу Горлина (их потом немцы сожгли) — Миша был юный, кудрявый, талантливый славист. Поздней он был ученик Мазона, сам Якобсон о нем говорил, что он надежда лингвистики...

Вообще Набоков умел зло посмеяться. Один поэт написал, что «лошадь падает назад». А Набоков спросил: «В одно слово или в два?»

Он очень любил всякие словесные игры — например, палиндромы (чтоб справа налево читалось, как слева направо). Он сочинил такой палиндром:

Рвал Эол алоэ, лавр.

Те ему: «Шш... Ишь, умеет

Рвать!» Он им: «Я — Минотавр...»

«Четвертая строка никак не получалась. Он промучился над ней полночи, пока его жена, проснувшись, не сказала ему, что, по ее мнению, от такого занятия мало практической пользы. Ему пришлось согласиться — и палиндром остался незаконченным...» Месье Каннак тяжело вздыхает, смотря на женины записи, на листки, покрывшие стол: непонятные русские буковки... Мне хочется спросить, помнит ли он того угрюмого русского поэта-шофера (это ведь Пиотровский рассказывал Набокову, как его пассажиры занимаются любовью в такси. Через двадцать лет Набоков вспоминал об этом за океаном, убеждая в своей правоте Эдмунда Уилсона). Спросить, права ли была, по его мнению, благоразумная Вера, разбуженная среди ночи бормотаньем: «Рвать! Он им:

«Я...»? Но я ни о чем не спрашиваю, и он рассказывает мне о своем, о главном — как он воевал с немцами, как был в лагере и пропал без вести, какой у них с Женей замечательный сын...

— Кстати, месье Борис, Раиса Татаринова жила потом в Париже, здесь же, в этом самом доме возле древней Лютеции, где и мы. Она подписывалась Раиса Тарр и дружила с Эугеном Ионеску, он ведь тоже из ваших, из румын, кажется, так что он все понимал про коммунизм... А Набоков у нее тут бывал...

* * *

Конечно, во всех этих нелюдимых, терявшихся на людях, никогда не примыкавших ни к какой группе, ни к какому движению набоковских героях много от самого Набокова. Однако реальный Набоков и в берлинскую, и в парижскую, и даже в американскую пору своей жизни умел бывать другим — энергичным, удачливым, порой дружелюбным и обаятельным, а иногда глухим ко всем проблемам, кроме своих собственных, весьма непростых. Конечно же, он был не слишком ловок в «делах», но литература и не была на Западе «делом», а если сравнивать его с другими пишущими эмигрантами (скажем, с бедолагами «парижской школы»), то литературные дела Набокова шли не так уж плохо. У него были литературные друзья — такие, как Пиотровский, Лукаш. И, что еще важнее, окололитературные — такие, как Гессен и Каменка, доставшиеся ему от отца в наследство и до конца своих дней его опекавшие. Друзьями его стали их сыновья Георгий Гессен и Миша Каменка. Дочь Августа Каменки Елена была замужем за большим знатоком русской литературы Николаем Яковлевым, директором русской школы в Берлине (той самой школы, где учились Ольга и Елена Набоковы). Набоков любил беседовать с Яковлевым о русском языке и литературе, а позднее получил от него ценный дар — список угасших дворянских родов России (фамилии эти можно было безнаказанно давать, вместе с титулами, героям произведений, поклонник Набокова их сразу вспомнит: Чердынцев, Барбашин, Качурин, Синеусов...)

Другой вклад Яковлева в набоковскую жизнь оказался, пожалуй, менее плодотворным — он и его жена вовлекли Набокова в созданную ими антибольшевистскую группу

«ВИР». Цель ее была противостоять проникновению советских агентов в разнообразные сообщества берлинской интеллигенции. На счастье, группа эта не расширяла свой состав (что, вероятно, и спасло ее от проникновения в нее агентов ГПУ, легко проникавших во все идейные и особенно «подпольные» эмигрантские организации), а вскоре и вовсе распалась. Факт этот, сообщенный Брайаном Бойдом, все же вносит поправку в «антиобщественный» облик Набокова.

Сын И. В. Гессена был некрасивый коротышка, увлекался боксом, теннисом, женщинами и еще тысячью жизненных соблазнов. Он то начинал учиться в техническом коледже, то вдруг брался изучать историю, то писал статьи о кино для «Руля». Вера Набокова давала ему уроки английского, и как видно, не без успеха, так как с тридцатых годов Георгий и сам преподавал английский, а после войны работал переводчиком-синхронистом в ООН. Набоков с явным удовольствием писал после войны сестре, что к ней зайдет его друг Георгий.

Среди его старших друзей были Владимир Татаринов из «Руля», его жена Раиса, изучавшая когда-то право в Сорбонне и работавшая в Берлине во французском посольстве (где работала и Романа Клячкина, а позднее и Вера). Следует назвать также критика Юлия Айхенвальда (некогда низвергавшего с пьедесталов Брюсова и Горького), симпатичного Георгия Ландау, занявшего в «Руле» место В. Д. Набокова, и Юрия Офросимова.

Наблюдательный читатель отметит, что среди друзей Набокова было немало русских евреев. Конечно, все эти люди считали себя в первую очередь русскими, и только фашисты указали им позднее, где их законное место, — в новом изгнании, в печах крематория. «Кровь, которая течет в моих жилах, — говаривал поэт Ю. Тувим, загостившийся когда-то у сестры Романы Клячкиной, — это польская кровь. Это только кровь, которую выпускают у меня из жил, — еврейская...» Набоков был равнодушен к делению человечества на расы, племена, группы и подгруппы крови, и мы могли бы и не упоминать об этом, если б эта его недопустимая терпимость не коробила так сильно одну из школ современного набоковедения. Что до его дружеских контактов (и долгих, на всю жизнь дружеских связей) с русскими евреями, то подобные дружеские связи в эмиграции были так же неизбежны для Набокова, как, скажем, и для Бунина, который дружил и с Фондаминским, и с Цетлиным, и с Алдановым, и с А. Седых. З. Шаховская рассказывает, что из двух эмигрантских русских клубов в Брюсселе именно русско-еврейский постоянно затевал литературные чтения, а Н. Берберова отмечает, что на литературу в эмиграции без конца жертвовали «щедрые и культурные русские евреи». Так уж случилось, что среди русской антибольшевистской интеллигенции было в эмиграции много русских евреев, и в большинстве своем они, подобно самому Набокову, до конца своих дней остались непримиримыми врагами тоталитаризма.

На чтении «Машеньки» в кружке поэтов присутствовал профессор Макаров, в описаниях «Воскресенска» сразу узнавший Рождествено, которое он посетил всего полгода назад (перед отъездом из России). Он припомнил, что в этой Выре теперь школа, а во дворце, в Рождествене — детский дом. И даже в семейном склепе в Рождествене (о чудо!) еще теплится лампадка... Новый привет из Выры Набоков получил только сорок лет спустя.

На другом заседании кружка Набоков прочитал доклад о красоте и радостях... спорта. Примеры он приводил из области бокса, ибо следил за тогдашними знаменитыми матчами. Конечно, он больше говорил об ощущениях спортсмена, чем о приемах или тактике — об ощущении напряженности мышц, о странности переживаний боксера, получившего нокаут.

Шахматы тоже не были им забыты. Набоков участвовал в сеансе одновременной игры, который проводил тогда великий Нимцович в одном из берлинских кафе (Набоков проиграл, но совсем не позорно). Еще через неделю он играл с будущим чемпионом мира Алехиным, чувствуя, что скоро и этот матч ему пригодится, уже совсем скоро!

При выборах «мисс русская колония» на балу прессы Набоков вместе с Татариновым входил в жюри конкурса остроумия (лучший ответ на вопрос «Что значит современная женщина?»).

Потом проходили дебаты в Шубертзаале на темы «возвращенчества». Многие эмигранты, даже из тех, что были высланы под угрозой расстрела, склонялись теперь к возвращению на родину (некоторые вернулись и — надо отдать должное последовательности большевиков — были расстреляны). На вечере выступил Айхенвальд и напомнил слова Канта о двух благородных недугах человечества: тоске по чужбине и тоске по родине. «Мы не согласны с тем, что там творится, — сказал Айхенвальд о Советской России, — и мы будем изменниками родины, если, отрицая все, что там происходит, будем туда стремиться... Душою мы никогда не покидали родины — некуда нам и возвращаться».

Брайан Бойд описывает напряженную светскую жизнь Набокова в апреле 1926 года. 1 апреля — вечер у Каменки. Назавтра — в кино с Татариновым. Еще через день — театр (там давали Островского). В фойе Набоков встретил Офросимова (который был и режиссер и театральный критик), попросившего написать пьесу для его труппы. Встретил он там и бывшего своего учителя художника Добужинского, приехавшего в Берлин на открытие выставки. Еще через день он играл в шахматы. Потом ездил в Далем, в институт энтомологии, где познакомился с обаятельным русским энтомологом Мольтрехтом: они говорили о бабочках. Он ходил плавать со своим учеником Шурой Заком, играл в теннис с другим своим учеником, Сережей Капланом, что давало ему доступ в один из лучших теннисных клубов Берлина.

К той поре относятся и эпизоды его жизни, которые не так легко совместить с образом более позднего, скажем, американского или даже парижского Набокова. В одном из русских ресторанов играл скрипач — румын Спиреско, негодяй, побоями доведший жену до самоубийства и вышедший сухим из воды. Теперь он снова сиял в окружении поклонниц своего таланта, и вот при первом удобном случае (явившись в ресторан с Верой, с Мишей Каменкой и Мишиной женой) Набоков влепил «этой обезьяне» пощечину, а потом (как сообщал газетный репортер) «наглядно демонстрировал приемы английского бокса», пока Миша Каменка отбивал натиск оркестрантов, спешивших на помощь своему скрипачу.

И при всей этой бурной деятельности Набоков без конца писал рассказы. Теперь уже лучший эмигрантский журнал «Современные записки», дотоле прозы молодых эмигрантских писателей не печатавший, просил у него рассказ. Он писал стихи, закончил «Университетскую поэму», рассказывающую о мире его Кембриджа, в который он семь лет назад неожиданно упал из «русских облаков». В поэме этой — удивительное описание футбольного матча, образ старушки-уборщицы, которая когда-то, за пеленою времени, может, была полна юных соблазнов для студентов других времен —

ведь время в этом древнем городке студентов течет без катаклизмов, без перерывов.

Описаны в поэме его ночные бдения над стихами, когда «в камине ласковый, ручной огонь стоит на задних лапах», и над словарем Даля, где «в последнем томе меж «хананагой» и «ханжой» «хандра»: тоска, унынье, скука». Есть здесь и рассказ о легкомысленной юной любви (о «псевдолюбви», как выражается один из московских набоковедов); есть и обращение к музе в конце:

> летя, как ласточка, то ниже,
> то в вышине, найди, найди же
> простое слово в мире сем,
> всегда понять тебя готовом;
> и да не будет этим словом
> ни моль бичуема, ни ржа;
> мгновеньем всяким дорожа,
> благослови его движенье,
> ему застрять не повели;
> почувствуй нежное вращенье
> чуть накренившейся земли.

Вот такую почти «пушкинскую» поэму написал Набоков, а когда она была напечатана, он получил одобряющее письмо от одного из самых любимых своих поэтов — от Ивана Бунина.

Вскоре вышел его рассказ в «Современных записках» — высшая награда для молодого эмигрантского прозаика. Рассказ «Ужас» был одобрительно упомянут Михаилом Осоргиным в самой популярной эмигрантской газете Парижа — в «Последних новостях». Это был странный рассказ — очерк, напоминающий исповедь больного на приеме у психиатра, запись истории болезни. В рассказе описана даже не одна, а несколько разновидностей страха, и все мы встретим позднее у набоковских героев — и отчуждение от собственного образа, это «мимолетное чувство чуждости», и страх перед двойником, и страх смерти, когда герой пытается «осмыслить смерть, понять ее по-житейски без помощи религий и философии», и еще один «главный ужас» — когда в чужом городе вдруг порвалась его связь с миром и он «увидел мир таким, каков он есть на самом деле», когда привычные предметы «утратили... свой привычный смысл... и остался только бес-

216

смысленный облик,— как получается бессмысленный звук, если долго повторять, вникая в него, одно и то же обыкновеннейшее слово». Чем пристальнее вглядывался герой рассказа в людей, «тем бессмысленнее становился их облик... Думаю, что никто никогда так не видел мира, как я видел его в те минуты. Страшная нагота, страшная бессмыслица... Я был уже не человек, а голос, зрение, бесцельный взгляд, движущийся в бессмысленном мире. Вид человеческого лица возбуждал во мне желание кричать».

Героя спасает от безумия боль человеческого горя — телеграмма о том, что умирает его любимая. Он продолжает жить с чувством обреченности, зная, что «беспомощная боязнь существования когда-нибудь снова охватит» его и тогда ему не будет спасения.

Одновременно Набоков пишет коротенький и во многих смыслах замечательный рассказ — «Пассажир». Его герой — Писатель рассказывает, как однажды в спальном вагоне на верхнюю полку взобрался пассажир, который ночью стал рыдать. Писатель не видел его — видел только его «недобрую ногу», «крупный ноготь, блестевший перламутром сквозь дырку шерстяного носка»: «Вообще странно, конечно, что такие пустяки меня волновали,— но ведь с другой стороны, не есть ли всякий писатель именно человек, волнующийся по пустякам». В этом пятистраничном рассказике немало и других мыслей, не менее набоковских. Например: «— Да, жизнь талантливее нас,— вздохнул писатель...— Куда нам до нее! Ее произведения непереводимы, непередаваемы...» В «Пассажире» сказано и о непознаваемости того, что имела в виду жизнь, о глубинах и тонкостях человеческой жизни. Отсюда уже недалеко до набоковских «ненадежных» рассказчиков и биографов...

Осенью Набоков сел за пьесу, заказанную Офросимовым. В пьесе свои правила игры, позволяющие вольно обращаться со временем, и это доставило ему удовольствием. Пьеса называлась «Человек из СССР». Это были сцены из эмигрантской жизни: русский кабак, русский пансион, участие в съемках фильма о революции. Герой занимается какой-то подпольной деятельностью и ездит в СССР под видом коммивояжера. Он уезжает туда снова и, может, не вернется. Любящая жена так же, как и он, готова на самоотречение. В этой жалкой, заплеванной эмиграции есть место мужеству, любви и подвигу. Пьеса (как и недолгое участие в группе Яковлева) показывает, что тема подвига, которая возникнет вскоре в романе, носящем такое же название, не была неожиданной для Набокова тех лет.

Весной 1927 года в «Руле» напечатано было стихотворение Набокова «Билет», выражавшее заветную эмигрантскую мечту о возвращении в Россию. Московская «Правда» (всегда довольно внимательно следившая за «Рулем») перепечатала это стихотворение (первая и последняя до 80-х годов набоковская публикация на родине) — конечно, лишь как повод для издевательского (и вполне пророческого) ответа коммунистического придворно-правительственного поэта Демьяна Бедного, который до революции, еще нисколько не прибедняясь в ту пору, выдавал себя за внебрачного сына великого князя и подписывал стихи фамилией Придворов:

> Да, вы вольны в Берлине фантазирен,
> Но чтоб разжать советские тиски,
> Вам и тебе, поэтик бедный Сирин,
> Придется ждать до гробовой доски.

В то лето Набоков должен был сопровождать двух учеников в Бинц, курорт на берегу Померанского Залива. Он взял с собой Веру. Как пишет Б. Бойд, номеров в гостиничке по приезде не нашлось, и в вестибюле какой-то хлыщ со стаканом в руке предложил Вере разделить его койку, за что сразу получил боковой удар в челюсть от ее тренированного мужа. Застенчивые ученики с любопытством наблюдали эту сцену.

Сохранилось письмо Набокова Айхенвальду из Бинца с Вериной припиской (судя по письму, Айхенвальд телеграммой поздравил Набокова с «днем ангела»): «29/15.VII.27... Дорогой Юлий Исаевич, не знаю, как и благодарить вас за «ангельскую» телеграмму! С тех пор, как именины и чужбина стали рифмовать, мне невесело 15-го числа. Горькая и довольно скверная рифма. И я вспоминаю деревенские именины, белый стол в пятнах теней, накрытый в аллее, русский вечер, русских мошек, запах грибов и гелиотропа, зеленую гусеницу, спускающуюся на ниточке прямо в бокал. Сколько лет прошло — а не слабеет удар воспоминанья.

Я сегодня пробежал по пляжу верст пять, снял трусики, свернул в лесок и там совершенно один и совершенно голый бродил, лежал на траве, высматривал бабочек,— и чувствовал себя сущим Тарзаном: чудесное ощущенье! Тут хорошо. Верин загар розовато-коричневый, мой же глубоко оранжевого оттенка. Мы с ней часами лежим на песке — а не то барахтаемся в воде и играем в мяч. Мальчики, наши ученики, оказались прелестными: они измываются над моим немецким языком. Море — не байроново море, и не Черное море Пушкина («...неизъяснимой синевой...»), и не тютчевское море («...копыта бросишь в звонкий брег...»), а скорее море Блока, сизое, легкое, едва соленое. И это море, и белесый песок, и сосны, и тысячи полосатых будок на пляже, и русская чета на вилле Брунгильда,— все это зовет вас, дорогой Юлий Исаевич, приехать покупаться в море и покопаться в песке. Решитесь!..» Вера сделала приписку: «Милый, славный Юлий Исаевич, мы очень тронуты Вашей телеграммой... Володя разленился вконец, ни о каких писаньях не слыхать».

Племянник В. В. Набокова В. В. Сикорский говорил мне летом 1991 года в Париже, что это Вера помогла Набокову приучиться к регулярному труду. Может, так оно и было — вот ведь и здесь, в письме с курорта, она ворчит, что муж разленился (хотя и с нежностью, конечно, ворчит). А он не был вовсе праздным в то лето. Он дозревал для новой книги, шевелилось в его душе неясное, какие-то рождались движенья. Потом проступило вдруг — трое на пляже, замышляется убийство, и гибнет убийца. И почти мгновенно родился замысел романа. Теперь роман начинал выстраиваться малопомалу, отметалось лишнее. Этот долгий процесс растянулся на добрых полгода... А потом за стол! Писать!.. Так примерно рождались позднее и другие его романы: два-три дня брожения, потом вспышка, потом долгие месяцы раздумий перед написанием...

Они вернулись домой в августе и поместили объявление в «Руле»: «В. В. Набоков-Сирин дает уроки английского и французского». Читателям «Руля» не надо было объяснять, кто такой Набоков-Сирин.

Он писал новый рассказ — «Подлец». Это великолепный рассказ, где реальность так по-набоковски уже соскальзывает в поток мысли и снова возвращается в мир, рассказ, полный юмора и точных психологических наблюдений.

Осенью в среде эмигрантских любителей шахмат царило необычайное волнение: Алехин послал вызов чемпиону мира Капабланке. Набоков пишет в эту пору стихотворение «Шахматный конь». Безумный шахматист сидит в каком-то кабаке, который представляется ему огромной шахматной доской. В пролете двери появляются две человеческие фигуры, которые кажутся герою пешкой и черным конем. Потом бегство, погоня, наконец, «черный конь» берет его, чтобы запереть в палате умалишенных... Стихотворение было напечатано в «Руле», а чуть позднее там же появилась рецензия Набокова на книгу русского шахматиста Зноско-Боровского «Капабланка и Алехин». Набоков цитирует в рецензии очень для него существенные рассуждения автора книги о Капабланке и его «игре в пространстве», для которой характерна забота о целости и крепости каждой позиции, и «игре во времени», т. е. игре в движении и в развитии: «Капабланка является рыцарем быстро бегущего времени... в его палитре есть гениальная гармония».

(Так уж случилось, что через шестьдесят лет после публикации в «Правде» (полемики ради) набоковского «Билета» Набокова ввели в советский печатный обиход именно шахматные журналы.)

Все эти шахматные волнения осенью 1927 года явились предвестием значительного события в жизни русской литературы, ибо тогда уже зарождался в мозгу Набокова новый замечательный роман — роман о шахматисте. Так бывало с ним и позднее — он начинал работать над одним романом, а в промежутке между зарождением этого романа и его написанием у него рождался замысел еще одного, нового романа.

1927 год был юбилейный: десять лет большевистской власти. В ноябре Набоков читал стихи на вечере, посвященном памяти Белой армии, а в «Руле» появилась его статья «Юбилей», одно из редких его политических выступлений в печати. Не то чтобы Набоков вовсе не высказывал письменно своей политической позиции (как пытались у нас представить осторожные авторы некоторых статей и предисловий) — вовсе нет: просто взгляды его чаще были выражены в романах, в рассказах или даже в крошечных его рецензиях, где попадались то «пресловутая революция», то «коммунистические болваны». Статей же чисто политических он действительно писал совсем мало, и эта его юбилейная, к десятилетию Октября, статья представляет значительный интерес. В ней Набоков, так жестоко переносивший разлуку с невозвратным раем родины и детства, так часто грезивший о возвращеньи, напомнил упавшему духом эмигрантскому сообществу (и самому себе заодно), что их изгнание — это цена свободы, которую нельзя променять ни на какие надежды, ни на какие иллюзии о «перерождении» тоталитаризма в демократию. Набоков счел нужным еще раз сформулировать свои взгляды на тоталитаризм и угнетение, царящие в России, на смысл эмиграции, смысл этих «десяти лет презрения», которые не были ни заблуждением, ни случайностью.

«Я презираю коммунистическую веру, — писал двадцативосьмилетний писатель, — как идею низкого равенства, как скучную страницу в праздничной истории человечества, как отрицание земных и неземных красот, как нечто, глупо посягающее на мое свободное я, как поощрительницу невежества, тупости и самодовольства... Я презираю не человека, не рабочего Сидорова, честного члена какого-нибудь Ком-пом-пом, а ту уродливую, тупую идейку, которая превращает русских простаков в коммунистических простофиль, которая из людей делает муравьев... И мне невыносим тот приторный привкус мещанства, который я чувствую во всем большевицком. Мещанской скукой веет от серых страниц «Правды», мещанской злобой звучит политический выкрик большевика, мещанской дурью набухла бедная его головушка. Говорят, поглупела Россия: да и немудрено... Вся она расплылась провинциальной глушью — с местным львом-бухгалтером, с барышнями, читающими Вербицкую и Сейфуллину, с убогим затейливым театром, с пьяненьким мирным мужиком, расположившимся посреди пыльной улицы.

...Убийство совершает не идея, а человек, и с ним расчет особый; прощу ли я или не прощу — это вопрос другого порядка. Жажда мести не должна мешать чистоте презрения...»

Здесь в концентрированной форме уже есть многое из того, что мы найдем потом в полутора десятках его романов, в его рассказах, пьесах и лекциях о литературе — презрение к насилию, пошлости и мещанству (все эти его идеи — в традиции русской культуры и русской литературы).

Набоков, присягая в этой статье на верность русской свободе и русской культуре, говорит от имени свободной и бездомной эмиграции:

«...Мы волны России, вышедшей из берегов, мы разлились по всему миру — но наши скитанья не всегда бывают унылы, и мужественная тоска по родине не всегда мешает нам насладиться чудной страной, изощренным одиночеством в чужую электрическую ночь, на мосту, на площади, на вокзале.

...мы празднуем десять лет свободы. Свободы, которой мы пользуемся, не знает, пожалуй, ни одна страна в мире. В этой особенной России, которая нас невидимо окружает, оживляет и поддерживает, питает наши души, украшает наши сны, нет ни одного закона, кроме закона любви к ней, и нет власти, кроме нашей собственной совести... Наше рассеянное государство, наша кочующая держава этой свободой сильна... Когда-нибудь мы будем благодарны слепой Клио за то, что она позволила нам вкусить эту свободу и в эмиграции понять и развить глубокое чувство к родной стране... В эти дни, когда празднуется серый эсэсэрный юбилей, мы празднуем десять лет презрения, верности и свободы. Не станем же пенять на изгнание. Повторим в эти дни слова того древнего воина, о котором пишет Плутарх: „Ночью, в пустынных полях, далече от Рима, я раскинул шатер, и мой шатер был мне Римом"».

Той же славной годовщине Набоков посвятил стихи. В них — мечта о днях, когда, наконец, Бог даст, повеет гражданская благодать и сбудутся мечты эмигрантов. Но, конечно, самого поэта уже не будет в то время на свете:

> Библиофил какой-нибудь, я чую,
> найдет в былых, не нужных никому
> журналах, отпечатанных вслепую
> нерусскими наборщиками, тьму
> статей, стихов, чувствительных романов
> о том, как Русь была нам дорога,
> как жил Петров, как странствовал Иванов
> и как любил покорный ваш слуга...

Набоков сомневается даже, что читатель будущего заметит, как звали поэта, но и это не беда — будем просто глазеть сегодня, как дети,— на всякий блеск, на всякое движенье, предоставляя глупцам попусту бранить наш век...

ГЛАВА ЧЕТВЕРТАЯ

ЯВЛЕНИЕ МАСТЕРА

ОПРАВДАНИЕ ЭМИГРАЦИИ

О ДОБЛЕСТИ, О ПОДИВГАХ, О СЛАВЕ,

О ГОРЕСТНОЙ ЗЕМЛЕ

ЗОЛОТАЯ НИЩЕТА. НИЩАЯ СВОБОДА

ПАРИЖ ВСТРЕЧАЕТ СИРИНА

РОМАН, ЕЩЕ РОМАН...

ЯВЛЕНИЕ МАСТЕРА

Идея нового романа мало-помалу обретала плоть. Поскольку героине предстояло помереть от простуды, Набоков отправился на прием к врачу по легочным заболеваниям и стал расспрашивать его о симптомах смертельной простуды. На вопрос врача о цели визита молодой иностранец ответил: «Я хочу ее убить». Врач смотрел на него не без испуга...

В январе 1928 года Набоков сообщил матери, что он по уши в романе, что он работает до головокружения, что он нашел название для романа (сказка Андерсена с таким названием промелькнула в «Руле» — «Король, дама, валет») и что произведение это будет более сложным и глубоким, чем «Машенька». В романе не было русских героев, и Набоков жаловался матери, что ему скучно без них. Зато он создавал целый мир и миропорядок, в котором был полным хозяином.

К середине мая роман был вчерне закончен, а на исходе июня уже выправлен.

Конечно, берлинская жизнь часто отрывала его от работы.

Он бывал на заседаниях «кружка поэтов». Секретарем кружка был Миша Горлин, а частым посетителем его Владимир Пиотровский. Одно время отношения между Набоковым и Пиотровским обострились, ибо последний зачастил в «Накануне» к Дроздову. Однако вскоре Пиотровский «большевизанов» покинул, да к тому же еще похвалил «Университетскую поэму» Набокова; какой же поэт устоит против похвалы ценимого им собрата? Пиотровский был теперь женат и брал на заседания жену. Набоков тоже привел с собой Веру, и члены кружка потребовали, чтобы жены представили свои произведения на общий суд. Пиотровскому и Набокову пришлось написать за своих жен по стихотворению, и жены их стали полноправными членами «творческого объединения». На одном из заседаний Набоков прочитал свою «Университетскую поэму», на другом выслушал доклад о воззрениях Зигмунда Фрейда и, конечно, сказал после доклада несколько слов о ненавистном докторе. Но главным его занятием в эти первые месяцы 1928 года оставалась все же работа над романом. Роман получился неожиданный и довольно странный. Некоторые критики до сих пор считают, что это был вызов: ах так, вы подумали (не прочитав внимательно мою «Машеньку»), что я бытописатель русской эмиграции или продолжатель тургеневской «акации в акатниках»? Вы подумали, что вам все там понятно? Так вот, получайте...

Позднее набоковское предисловие к «Королю, даме, валету» эту догадку как будто даже подтверждает. Набоков пишет, что первый его роман вскоре перестал ему нравиться из-за некой узнаваемости, реалистичности героев и он не чувствовал больше желания прибегать к литературному жанру, называемому французами «человеческий документ» — когда замкнутое сообщество людей описано одним из его членов, что отчасти напоминает ему скучную «этнофизику», которая угнетала его позже в так называемых современных романах. Набоков пишет, что в пору первого романа он не умел еще освобождаться внутренне и не решался применить тот особый метод воссоздания ситуации, который позднее, лет десять спустя применил в «Даре» — эмоциональную незаинтересованность, которая соответствовала бы его склонности к чистому изобретательству...

«Догадливый читатель», к которому неизменно обращается в предисловиях поздний Набоков, догадается, что цель всех этих заявлений о «чистом изобретательстве» — исключить любые догадки «автобиографического», а тем более интимного характера при чтении романов, скажем, того же «Дара», поскольку в «Даре» не меньше автобиографических деталей, чем в «Машеньке».

Конечно, в новом его романе история была рассказана совсем по-другому и даже как-будто о другом. Это заметно с первой страницы. Немецкий юноша Франц отправляется из провинциального городка на завоевание Берлина. В купе вагона он наблюдает за богатой парой — красивой молодой женщиной и ее мужем... В Берлине поначалу все его разочаровывает — тем более что он разбил очки и все представляется ему в дымке. Перед отъездом мать снабдила Франца письмом к берлинскому дяде, явившись к которому он обнаруживает, что дядя с женой и есть та самая богатая пара из купе поезда. Благодушный дядя, которого это совпадение позабавило, берет Франца продавцом к себе в магазин, приглашает его ужинать и заходить к ним запросто. Этот богач Дрейер не похож на обычного дельца. У него творческая натура, и похоже, что Набоков передал ему немало своего, хотя и меньше, чем герою «Машеньки». Дрейер делает деньги не оттого, что любит их, а оттого, что это занятие его развлекает. Он готов увлечься безумным изобретением, любовно подмечает подробности окружающего мира, умеет радоваться жизни — обладает прямо-таки набоковским ощущением счастья. Даже бабочки посещают его (и названья их он знает неплохо). Дрейер любит свою красивую молодую жену, но удручен ее холодностью и радуется, когда удается ее развеселить. Впрочем, отзывчивость странного художника-дельца на женское чувство все же поверхностна (но разве не так бывает и с теми, у кого первое место в жизни занимает не женщина, а муза?). Вот что говорит Дрейеру бывшая возлюбленная о характере его чувств: «чувствительность эгоиста... ты можешь не заметить, что мне грустно, ты можешь обидеть, унизить,— а вот тебя трогают пустяки...» Вот еще знакомые размышления — во время случайного визита в Музей преступления: «Он думал о том, каким нужно быть нудным, бездарным человеком, тупым однодумом или дураком-истериком, чтобы попасть в эту коллекцию... Коллекция дурацких физиономий и замученных вещей».

Чувствительности Дрейера к пошлости все же не хватило на то, чтоб разглядеть торжествующую пошлость за соблазнительной внешностью любимой жены. Марта не понимает Дрейера, и непрозрачность его мыслей ее раздражает. (Б. Бойд не без основания углядел здесь мотивы, позднее развитые в «Приглашении на казнь».) Дрейер нужен Марте лишь затем, чтоб обеспечить высокий уровень жизни, покупать предметы, приобретать которые считается необходимым и модным, ибо главное стремление пошлости — соответствовать уровню группы, к которой она себя относит (в данном случае это уровень богатых людей). Как богатой женщине Марте полагается иметь любовника, и по стечению обстоятельств им становится юный Франц. Она обнаруживает его податливость, ей нравится подчинять его, руководить им, и в конце концов она приходит к мысли, что можно было бы отделаться от Дрейера, сохранив его деньги. Марта замышляет убийство и превращает Франца в соучастника, ибо в юноше этом, как позднее и в самой Марте, проявляется некая «машинальность», роботообразность. Манекены и роботы вообще занимают большое место в романе, и изобретение, которым заинтересовался Дрейер, — это создание движущихся манекенов. В романе эта тема возникает неоднократно: Марта учит Франца танцевать, и он движется, как манекен; он совершает механические, роботообразные движения на работе. И вот, наконец, ему отведена манекенная роль убийцы. Однако все самые точные расчеты Марты оказываются напрасными, ибо все решают в любых планах не точные человеческие расчеты, а неясные нам расчеты судьбы. Тема судьбы, рока (в совершенно античном его понимании), управляющего жизнью человека, тема, которая уже «проступала» в первом романе Набокова, становится во втором романе «уже оформленной» (недаром здесь в ироническом, самопародирующем контексте возникает директор страхового общества «Фатум»). Приведенные выше формулировки принадлежат русскому набоковеду О. Дарку, который пишет: «„Король, дама, валет“ — произведение наиболее заданное, «математически» решенное, «риторическое» в художественной реализации темы». Самые догадливые из читателей (Б. Бойд, О. Дарк и другие) заметили в романе и шахматиста, играющего вслепую. Шахматная партия судьбы еще не стала главной темой, однако шахматист уже появился на набоковской сцене.

Марта и Франц едут вместе с Дрейером на балтийский курорт, где Марта рассчитывает утопить мужа, не умеющего плавать. Любовники оказались вместе с ним в лодке в безлюдном месте, однако тут случается непредвиденное. Дрейер рассказывает, что ему предстоит выгодное дело: он затеял «одну фантазию», которая может принести сто тысяч долларов, и как раз завтра он собирается подписать контракт. Марта откладывает казнь. Они возвращаются под холодным дождем, Марта простужается и умирает. Самые догадливые из читателей (как правило, мы ищем их в числе критиков) уже и раньше разглядели просчет в планах Марты. Некое белое пятно там, где находится будущая жертва. Они обсуждают план так, будто ее муж уже мертв. И вот живой еще человек своим рассказом о ста тысячах долларов непредсказуемо усложнил их замысел.

...Дрейер плачет над умирающей Мартой, а она улыбается в предсмертном бреду (ей видится, вероятно, любовь Франца). Создается впечатление, что любовь вовсе не помогает людям преодолеть барьер, которым отделен от нас внутренний мир другого человека. Во всяком случае, брак не создает возможности его преодолеть. Конечно, если это не настоящая любовь, а псевдолюбовь, ибо в браке бывает и настоящая любовь: на балтийском берегу Дрейеры и Франц видят некую супружескую пару, в которой «догадливый читатель» может без труда узнать чету Набоковых. Когда есть такая любовь, смерть одного из супругов только сильнее сближает их. (Позднее он скажет об этом и в «Зловещем уклоне», и в «Бледном огне», и в недописанном романе «Солюкс рекс».)

При чтении второго романа Набокова намного явственнее, чем при чтении первого, возникает ощущение нереальности, сна, некоего «двоемирия»: не есть ли весь этот странный мир манекенов только игра нашего воображения? Набоков походя сообщает нам, что сумасшедший старичок, домохозяин Франца, это на самом деле волшебник Манетекелфарес (в его имени читатель без труда узнает роковую надпись на пиру Валтасара), который «отлично знал, что весь мир — собственный его фокус и что все эти люди... все только игра его воображения, сила внушения, ловкость рук».

Хотя Набоков позднее считал свой второй роман уже не личинкой, а настоящей бабочкой, даже самым горячим из поклонников его прозы еще чудятся в нем порой то пустые фразы, то многословие, то излишние комментарии. А Брайан Бойд считает даже, что не все в романе психологически убедительно: по его мнению, Дрейер не мог не заметить очевидного — что жена ему изменяет. Боюсь, что здесь этот благожелательный критик оказался все же слишком придирчивым: и менее, чем Дрейер, уверенные в себе мужья все узнают последними...

Второй роман Набокова привел широкого эмигрантского читателя и эмигрантскую критику в некоторое замешательство. С одной стороны, стало ясно, что «Машенькой» Набоков не ограничится: появился очень одаренный, но очень странный прозаик. Читатель пока еще не мог разобрать, в чем эта странность набоковской прозы, как оно появляется, ощущение нереальности и сна. Критикам предстояло объяснить это, однако русские критики были привычны к иному. Им пришлось искать аналогии с уже известным: кого ж это все-таки напоминает? Михаил Цетлин в «Современных записках» причислил Набокова к экспрессионистам и предположил, что в романе есть следы влияния Бунина, в частности, его рассказа «Петлистые уши», а также Марка Шагала и Леонида Андреева. Нетрудно себе представить, в какую ярость должны были привести молодого писателя подобные догадки (хотя в сопоставлении с Буниным никакой особой нелепости не было, да и отношение к нему у Набокова было вполне благожелательное).

«...Автор проделает еще, вероятно, много опытов, испробует много путей,— писал М. Цетлин.— Несомненность его таланта, незаурядность его литературных данных позволяет верить в его будущее».

В парижских и берлинских литературных кругах в это время много говорили о Набокове-Сирине, и отголоски этих пересудов можно обнаружить в дневниках Веры Николаевны Буниной:

«1.VIII.29. Роман Сирина — «настоящий мастер» — интересен и бездушен.

17.IX.29. ...Ян (домашнее прозвище И. А. Бунина — *Б. Н.*) читал главу из романа Сирина... С. человек культурный и серьезно относящийся к своим писаниям. Я еще не чувствую размера его таланта, но мастерство большое. Он, конечно, читал и Пруста и других современных европейских писателей, я уж не говорю о классике...»

А Набоков, разделавшись с романом, снова ездил на уроки и писал рецензии для «Руля». Среди множества рецензий по крайней мере одна выдавала его особый тогдашний интерес к шахматам и шахматистам — рецензия на «Антологию лунных поэтов», которую «перевел С. Ревокатрат». Прочитанная справа налево фамилия переводчика выдавала известного шахматиста и поэта Савелия Тартаковера. Набоков тоже любил подобные игры и оттого, выбрав стихи Тартаковера, он охотно подхватывает игру, заявляя, что «в этой антологии представлены такие совершенно второстепенные авторы, как Логог, Никшуп, Нинесе и др.», зато нет такого, например, перла, как стихотворение поэта Нириса «Кто при звездах и при земле так поздно едет на осле...?». Сверяя стихи с «подлинником», Набоков указывает на ошибки в переводе с лунного и на пропуск весьма важной строки из стихов Фельрегала: «Пиши, но не думай, что это стихи». Алехин (ставший в тот год чемпионом мира) считал, что Тартаковер и послужил для Набокова прототипом героя в его третьем романе, однако Набоков (по своему обычаю) отрицал всякое знакомство с Тартаковером.

Набоков написал за эти годы довольно много рецензий для столь широко читаемого в Берлине, в Париже, в Риге, в Харбине и даже в Москве ежедневного «Руля», представ перед эмигрантской публикой внимательным, тонким ценителем и веселым задирой. Рецензии отчетливо выявляют как вкусы самого Набокова, его пристрастия и фобии, круг его русских учителей, так и принципы его собственного литературного труда. Попутно они приучают биографа с осторожностью относиться к любым его открыто высказанным мнениям. Наиболее важными представляются нам рецензии на сборник стихов Ходасевича и рецензия на стихи Бунина. Поэзию Ходасевича Набоков ценил очень высоко. «Дерзкая, умная, бесстыдная свобода» Ходасевича «плюс правильный (т. е. в некотором смысле несвободный) ритм составляют», по мнению Набокова, «особое очарование Ходасевича». Любопытно, что молодой Набоков видит в ту пору и опасность этого необычайного «мастерства и острой неожиданности образов»: они могут помешать читателю «переживать вместе с поэтом, по-человечески сочувствовать тому или другому его настроению». Хотя рецензент и ставит здесь слово «переживать» в кавычки, мысль его ясна. Он уточняет ее и дальше: «Если поэт хотел возбудить в читателе жалость, сочувствие и т. д., то он этого не достиг. Упиваешься его образами, его музыкой, его мастерством — и ровно никаких человеческих чувств по отношению к ушибленным не испытываешь». Молодой критик, кажется, вот-вот напомнит нам о «чувствах добрых», которые должна пробуждать лира, о том, что следует иногда обуздывать свое уменье. Однако он уже знает, что для Ходасевича (как и для него самого, впрочем) наставления эти пропадут втуне. Не менее любопытно и рассуждение Набокова о «священной небрезгливости музы» Ходасевича при выборе темы. Тема стихотворения в пересказе, «выраженная голой прозой», может приобрести «оттенок самой грубой и откровенной нечистоплотности» («такого рода эпизоды можно найти в книгах по половым вопросам»). Не то в стихах: «из описания жалкого порока Ходасевич сделал сильное и прекрасное стихотворение (на мгновение у меня мелькнула мысль: а вдруг музе все-таки обидно? — но только на мгновение)». Рассуждения эти не раз могут вспомниться при чтении самого Набокова.

Набоков отмечает в стихах Ходасевича «смутное влияние Блока», а иногда и «тютчевскую струю». Кстати, обе эти струи, обогащенные вдобавок ходасевичевской струей, явно ощутимы в собственных стихах рецензента. Впрочем, мелкие промахи Ходасевича не заслоняли от молодого рецензента главное: Ходасевич — огромный поэт, но «поэт — не для всех». Он поэт для тех, «кто может наслаждаться поэтом, не пошаривая в его мировоззрении» и не требуя от него «откликов», кто не ищет в стихах «отдохновения и лунных пейзажей». Для них «собрание стихов Ходасевича — восхитительное произведение искусства».

Рецензию на сборник стихов Бунина молодой Набоков начинает с утверждения, что «стихи Бунина — это лучшее из того, что было создано русской музой за несколько десятилетий». Противопоставив Бунину таких уже поверженных кумиров, как Брюсов и Бальмонт, а также «безграмотное бормотанье» столь славного и среди эмиграции «советского пиита» (одна из самых ранних нападок на Пастернака), Набоков говорит об очевидном теперь превосходстве «творений большого поэта, где все прекрасно, где все равномерно», где «музыка и мысль сливаются воедино», где царит «до муки острое, до обморока томное желание выразить в словах то неизъяснимое, таинственное, гармоническое, что входит в широкое понятие красоты, прекрасного». Набоков пишет о необыкновенном зрении Бунина-поэта, о глубоком ощущении «преходящего», которое не порождает у него однако глубокой печали: «тоска больших поэтов — счастливая тоска». И дальше отмечена очень важная для него бунинская черта: «Ветром счастья веет от стихов Бунина... Все повторяется в мире, все в мире повторение, изменение, которым «неизменно утешается» поэт. Этот блаженный трепет, этот томно повторяющийся ритм есть, быть может, главное очарование стихов Бунина. Да, все в мире обман и утрата... но не мнима ли сама утрата, если мимолетное в мире может быть заключено в бессмертный — и поэтому счастливый — стих».

А ведь размышления о «преходящести» и «утрате» были для молодого писателя столь болезненны.

Те же взгляды выражены и в других многочисленных набоковских обзорах поэзии, где он высмеивал мастеров «лунной поэзии» так же язвительно, как и апологетов «мировоззрения», «откликов» и «правды жизни» в поэзии. Особенно часто доставалось поэтам петербургского «Цеха» и «Парижской ноты» — не только, скажем, Довиду Кнуту, но и самому мэтру Адамовичу. «Нота» не оставалась безответной — Набоков нажил в ее обездоленных членах долговечных врагов, а в ее влиятельном главе Георгии Адамовиче непримиримого (хотя как бы и не слишком уверенного в себе) гонителя.

Уже в ранних рецензиях Набокова обозначились черты, делавшие его, с точки зрения бытовой, человеком «малоприятным» (так он сам выразился о своем герое Ганине). Он был непримирим к любому послаблению литературных критериев и в этом похож был на своего кумира Ходасевича: литература — дело жизни (даже если и родилась она в час прекрасного досуга), и к мастерству следует относиться с величайшей серьезностью. Он был задирист, зол, безжалостен: ни о какой взвешенности суждений речь идти не может. Позднее ему пришлось пожалеть об излишней жестокости некоторых из этих заметок. Он сам признался, что был слишком суров к Борису Поплавскому, и можно предположить, что он жалел и о том, как беспощадно он расправился со сборником стихов Раисы Блох, жены Миши Горлина, единственного из его учеников, бравшего у него уроки просодии. Возможно, это был всплеск яростной «принципиальности»: ты мне друг, Платон, но истина... Миша был секретарь их кружка, а Раиса была связана с издательством «Петрополис»: оба они были юные, веселые, обаятельные, разносторонне талантливые, оба сгорели через несколько лет в печах немецкого концлагеря... В кратенькой набоковской рецензии на книгу Р. Блох мы находим полный набор отрицательных эпитетов («маленькое», «мертвое», «блестящее», «птичье»): «Все это золотистое, светленькое и чуть-чуть пропитанное (что, увы, в женских стихах почти неизбежно) холодноватыми духами Ахматовой...» Кстати, и подражательницы Ахматовой, и сама петербургская (в то время уже ленинградская) поэтесса часто подвергались наскокам молодого рецензента. В зрелые его годы пародийные выпады против подражательниц Ахматовой всплыли в его романах, а при чтении строк об Ахматовой может прийти в голову (предположение совершенно фантастическое, конечно), что даже референт тов. Жданова, писавший за него знаменитый доклад, был знаком с язвительными заметками эмигрантского писателя. Еще яростней нападал он на Пастернака, но тут все гораздо сложней. Критика отмечала влияние Пастернака на стихи Набокова, и для такого человека, как Набоков, уже это одно могло послужить стимулом для многократного отречения от знаменитого поэта и для нападок на него. Каких только темнот и срывов, каких только преступлений против музы не находил молодой Набоков у этого победоносного Пастернака, который и в цепеневшей все больше России оставался Мастером. Но иногда Набоков вдруг проговаривался о «пленительности» того или иного стихотворения Пастернака, и эти признания не ускользнули от «догадливого читателя». Когда же после переезда в Америку у Набокова спрашивали, кого из советских поэтов надо читать, он без колебаний называл именно Пастернака. Того самого Пастернака, которого в молодости яростно разносил по любому удобному поводу: «Стих у него выпуклый, зобастый, таращащий глаза, словно его муза страдает базедовой болезнью... Синтаксис... развратный — чем-то напоминает он Бенедиктова...»

Некоторые из самых язвительных (пусть даже и справедливых) рецензий дорого обошлись Набокову. Вера Набокова рассказывает, что осенью 1929 года Набоков получил от молодой и красивой писательницы ее роман с дарственной надписью: «Автору „Машеньки"». Может, это было искренним душевным движением писательницы (в глубокой старости, в одиночестве своей квартирки в XV округе Парижа она была такой трогательно заброшенной, забывчивой, памятливой и доброй, что автор этих срок, никогда раньше не принадлежавший к поклонникам ее стихов и прозы, искренне порадовался еще год спустя ее возвращенью на родину). Но можно предположить, что этот нехитрый «авторский» ход подсказал ей ее предприимчивый муж. Так или иначе, эффект получился противоположный ожидаемому. Набоков мог иногда отступить от своих правил, однако не терпел, чтоб ему подсказывали. И вся его принципиальность, вся его осатанелая преданность литературе возмутилась против этой попытки повлиять на его мнение, когда он прочел смехотворный женский роман (женский скорее по жанру). Он написал довольно забавную рецензию на роман Ирины Одоевцевой, названный изысканным псевдонимом героини,— «Изольда», отметив, что в романе по последней моде изображены «знаменитый надлом нашей жизни. Знаменитые дансинги, коктейли, косметика»: «Прибавьте к этому знаменитый эмигрантский надрыв, и фон готов». На бонтонном пляже встречаются героиня романа Изольда и самый настоящий бритт Кромуэль (Кромвель?). Предоставим, впрочем, слово рецензенту: «Автор топит какую-то девочку и в общей суматохе очень ловко знакомит «Кромуэля» с «Изольдой», которую на самом деле зовут Лизой. Кромуэль знакомится и с братом Лизы, причем с бухты-барахты спрашивает его, играет ли он в поло, теннис, футбол, крикет. Такой англичанин пахнет клюквой. К тому же он итонец, а у итонцев спортивный натиск считается моветоном... Да, я еще забыл сказать, что Лиза учится в парижском лицее, где у нее есть подруга Жаклин, которая наивно рассказывает о лунных ночах и лесбийских ласках. Этот легкий налет стилизованного любострастия (очень много о лизиных коленках) и некоторая «мистика» (сны об ангелах и пр.) углубляет общее неприятное впечатление от книги»...

В тот роковой день (30 октября 1929 года), вдоволь потешившись над дамской романной клюквой, Набоков нажил себе смертельного врага в лице мужа Одоевцевой, талантливого поэта и беспринципного журналиста Георгия Иванова (иные русские набоковеды при анализе набоковской прозы и сегодня опираются на журнальные эскапады Г. Иванова, что не совсем корректно). Тон и содержание статей Иванова о Набокове уже тогда возмущали серьезных критиков (даже тех, кто был не слишком дружелюбен к Набокову). Думается, в журналисте Жоржике Уранском из «Пнина» есть черты обоих Георгиев — и Иванова, и Адамовича.

Читатель уже, наверно, отметил, что в эмигрантской литературе того времени были свои группы и группировки, возникали дружеские союзы и велись войны. Иногда Набоков, не опасаясь упрека, в открытую хвалил друзей (скажем, Владимира Пиотровского), но в целом критические статьи Набокова — при всей невыдержанности и несправедливости некоторых его выпадов (против Пастернака, Ремизова, Ахматовой, а позднее против Цветаевой, которую иногда он все-таки называл «гениальной») — довольно четко отстаивали его собственные принципы в литературе. Любопытно, что этот сложнейший писатель и выдумщик, тяготеющий к сложной композиции, к шахматным ходам, палиндромам, кроссвордам и зашифрованным намекам, резко выступал, скажем, против «типографских ухищрений в стиле Ремизова», против цветаевской «темной» прозы: «М. Цветаева пишет для себя, а не для читателя, и не нам разбираться в ее темной нелепой прозе». Невольно задумаешься, не могла ли подобная фраза припомниться ему в поздние годы в глухие часы бессонницы на берегу Женевского озера, где он сочинял все более «темные» головоломки для своего читателя? Однако еще любопытней понять причины подобного пуризма. Вероятно, уже тогда для Набокова существовали «темноты» разного уровня. Один из пассажей в письме Цветаевой к Рильке показался молодому рецензенту преступлением против вкуса и «махровой пошлостью». Высшим критерием для прозы является, стало быть, критерий таланта и вкуса. Что же до его требований правильности и чистоты прозы, ее безыскусности, душевного здоровья и т. п., то все они в скором времени, как бумеранг, вернулись к рецензенту, хоть и не опасно, а все же весьма болезненно его задев.

Лето 1928 года принесло тяжкие утраты Вере Набоковой: умерли ее отец и мать. Раиса Татаринова помогла Вере найти работу в торговом представительстве Франции в Берлине. Впрочем, Вера, блестяще знавшая языки и не боявшаяся ни секретарской, ни переводческой работы, пока не рисковала остаться безработной. К Набокову же вдруг пришла, в первый и в последний раз за все его европейское двадцатилетие, денежная удача. Магнат прессы Ульштейн (тот самый, что субсидировал когда-то «Слово» и «Руль») купил у него права на второй роман и щедро с ним расплатился: две с половиной тысячи марок за права на издание книги и две с половиной за печатание в газете «Фоссише цайтунг». Вместе с Вериной сестрой Набоковы внесли первый взнос за участок в лесу под Кольбергом, где они хотели построить домик (это была их первая и последняя за тридцать лет попытка обзавестись собственным домом). Остаток суммы решено было истратить с барским размахом, тем более что «Слово» уже обязалось покупать все последующие романы Набокова на протяжении пяти лет и их издавать. Набоков и Вера решили купить билет в купе первого класса до испанской границы и поискать местечко где-нибудь в Восточных Пиренеях, где глава семьи смог бы охотиться на бабочек и писать свой новый, очень трудный литературно-шахматный роман. В июне Набоков сдал издательству сборник «Возвращение Чорба», включавший пятнадцать великолепных рассказов, а также (по примеру бунинских сборников тех лет) его последние стихи. Газета «Фоссише цайтунг» на видном месте напечатала перевод рассказа «Бахман». Набоковы готовились к отъезду, и холодным вечером 15 декабря к ним на Пассауэрштрассе пришли друзья. Шутили, смеялись, разговаривали. Айхенвальд в тот вечер был в ударе. Держась поближе к печурке, он радостно объявил, что в России у него родился внук и что его приглашают выступать в Риге и в Данциге. В час ночи Айхенвальд простился со всеми, и Набоков спустился с ним по лестнице, чтобы отпереть дверь. Закрывая ее, Набоков еще смотрел некоторое время на удалявшуюся сутулую спину этого милого человека. Полчаса спустя, уже близ дома, переходя через Курфюрстендам, Айхенвальд, всю жизнь смертельно боявшийся трамваев, попал под мчащийся вагон. Он умер, не приходя в сознание.

Набоков написал тогда стихи о талантливом старшем друге, одном из первых своих критиков и доброжелателей.

Перешел ты в новое жилище,
и другому отдадут на днях
комнату, где жил писатель нищий,
иностранец с книгою в руках.
...Ничего не слышали соседи,
а с тобою голос говорил,
то как гул колышащейся меди,
то как трепет ласточкиных крыл,
голос муз, высокое веселье...
Для тебя тот голос не потух
там, где неземное новоселье
ныне празднует твой дух.

Об этом, другом, точнее, об этом третьем мире, где живут или куда уходят поэты, писала тогда и Марина Цветаева, отговаривая от иночества молодого поэта и редактора князя Дмитрия Шаховского...

* * *

Они двинулись в путешествие 5 февраля. Вера оставила работу с легким сердцем. Остановились на два дня в Париже, повидались с Глебом Струве и его женой. Набоков увиделся со своим, как его уверяли, вполне компетентным немецким переводчиком, который переводил его второй роман. «Наша встреча происходила в отеле,— вспоминал позднее Набоков,— он лежал с простудой, совсем несчастный, однако с моноклем в глазу, а знаменитые американские писатели вовсю веселились в баре, что, как утверждают, является их обыкновением».

Набоковы уехали ночным поездом в Перпиньян, а оттуда на автобусе добрались по горной дороге в Ле Булу, что на самой испанской границе. Здесь был недорогой курорт с великолепным парком, и Вера впервые попробовала здесь вместе с мужем ловить бабочек. Секреты, которые раскрывали ему эти прекрасные существа, уводили глубоко в тайну прекрасного мира. За видимой простотой таилась неожиданная сложность. Один только тончайший замысел мимикрии и ее изысканный артистизм чего стоили! Энтомология таила в себе те же радости, требовала той же интуиции при раскрытии тайн, что и литература. А литература, на его взгляд, требовала той же ясности и аналитического уменья распутывать клубок замыслов, что и шахматы. Новый роман Набокова был о шахматисте и шахматах. Во всяком случае, на первый взгляд.

В их гостиничном номере на небольшом столе, покрытом клеенкой, где стояли четыре тома словаря Даля, чернильница, пепельница и лежала неизменная пачка крепких французских сигарет, Набоков писал сложный русский роман, в гораздо большей степени, чем первые его два романа, подразумевавший несколько уровней понимания, несколько глубин прочтения, более того, несколько возможностей толкования его смысла и разгадки задач, поставленных перед читателями. Ибо, как заявлял Набоков, в произведении искусства истинное столкновение происходит не между героями, а между романистом и читателем. Набоков упоминал позднее о шахматных эффектах, присутствующих в этом романе, в самом его построении, однако ни по выходе романа, ни полвека спустя он так и не дал полной разгадки того, что зашифровано в тексте. Углубляясь все дальше и дальше в тайны построения романа, в его не слишком очевидные на первый взгляд идеи, любопытный читатель получает все большее удовольствие от романа гениального автора и от собственной гениальности. Однако уверен, что и на самом поверхностном уровне прочтения роман этот доставит вам радость, ибо это уже настоящая набоковская бабочка — роман, написанный твердой рукой мастера.

ОПРАВДАНИЕ ЭМИГРАЦИИ

Начало романа посвящено детству героя. Лужин первым из набоковских героев получил в наследство от автора кое-что из его райского детства. И оцарапанные коленки. И деревушку близ Выры. И «быстрое дачное лето, состоящее из трех запахов: сирень, сенокос, сухие листья». И веранду, «плывущую под шум сада». И тучную француженку...

Но вот подкралась школа, которая страшит отвратительной «новизной и неизвестностью», толпой мальчиков, у которых «любопытные, все проведавшие глаза»... Роман начинается с того, что отец сообщает сыну о школе. Мальчик узнает, что он не просто Саша (имени этого мы так ни разу и не услышим в романе),— он — Лужин. Райское лето кончилось, мальчик ввергнут в толпу, он ищет «защиты» от толпы сверстников, от мира взрослых. И он находит свою нишу, свой мир, в который может сбежать,— шахматы.

Конечно, и отец Лужина, автор сусальных детских повестей, и многие невзгоды его детства здесь не набоковские. Б. Бойд говорит, что детство Лужина — это во многом «перевернутое» детство Набокова. Именно «снижением образа отца» в Лужине (а потом и в других романах) достигается, по мнению русского набоковеда Ерофеева, та «ироническая нота», которая отчуждает автора от автобиографической реальности, властно заявляющей о себе. Тот же Ерофеев подметил, что отец Лужина — первый в веренице знаменитых отцов: он знаменитый писатель, а отец Мартына будет знаменитым врачом, отец Пнина — знаменитым офтальмологом и т. д. Снижение образа отца начинается с того, что именно отец объявляет Лужину об изгнании из детского рая. Автор совершает мастерский переход к взрослому Лужину, очень странному неуклюжему человеку, шахматному гению; потом мы видим его где-то в Германии рядом с прелестной молодой соотечественницей. Он влюбляется в нее, но и она, эта романтическая жалостливая барышня, влюбляется в странного, ни на кого не похожего, беспомощного и, конечно же, гениального («Артист, большой артист») человека. Они должны пожениться, но тут начинается берлинский турнир. Лужин идет к победе, однако ему предстоит еще главная партия — с молодым Турати, которого он победить не может. Защита его оказывается недейственной, и Лужин попадает в психиатрическую больницу. Психиатр предупреждает невесту, что шахматы ему отныне противопоказаны... Лужин женится на этой милой русской девушке, уходит из мира шахмат, однако и бытовая, семейная защита против ходов судьбы оказывается недейственной. Очень скоро Лужин замечает в своей жизни роковое «повторение ходов» его турнирной партии. Комбинация эта хочет снова ввергнуть его в шахматную бездну. На сцене появляется его прежний импрессарио. Должна повториться роковая партия с Турати, и в поисках выхода герой выпрыгивает в окно ванной комнаты. В комнату врываются спасатели, слышны крики: «Александр Иванович! Александр Иванович!» И, наконец, загадочная авторская фраза «Но никакого Александра Ивановича не было» завершает роман. По мнению набоковеда А. Долинина, фраза эта подсказывает читателю, что «вне творчества герой романа попросту не существует».

История шахматиста рассказана уже со всем мастерством и блеском зрелого Набокова. Главный герой, этот нелепый, потерянный человек вызывает (несмотря на многие нарочито неприятные черты, какими автор наделяет своего уродливого вундеркинда) сочувствие и даже симпатию. Сдается, что удачливый, стройный, светский, спортивный автор передает герою некое свое ощущение неловкости, неуклюжести и нескладности (оно проявляется позднее и у других героев Набокова — у юного Мартына, у зрелого Годунова-Чердынцева, не говоря уже о бедном Тимофее Пнине). Шахматный роман поразил читателя блеском мастерства, и даже самые взыскательные из поздних критиков Набокова (тот же В. Ерофеев) говорят о «точности и правдоподобии описанных шахматных баталий». Правда, знаток шахмат Э. Штейн, обращась к этой самой важной из неразгаданных шахматных «сказок» Набокова, сообщает нам, что Лужин не сильный шахматист, что «он не борец, а растерявшийся третьеразрядник», однако сам великий Алехин, весьма внимательно читавший роман, ничего подобного не говорил. Впрочем, ведь не это самое важное...

Этот несколько традиционный и все же смешной гений описан с добрым юмором: «Лужин шел по тропинке перед ней и последовательно ронял: большой клетчатый носовой платок, необыкновенно грязный, с приставшим к нему карманным сором, сломанную, смятую папиросу, потерявшую половину своего нутра, орех и французский франк...»

С юмором написана и его очаровательная невеста («она так смутилась, что стала быстро перечислять все метеорологические приметы вчерашнего, сегодняшнего и завтрашнего дня») — идеальная русская женщина, в которой глубоко спрятана эта пленительная ее суть — «таинственная способность души воспринимать в жизни только то, что когда-то привлекало и мучило в детстве, в ту пору, когда нюх души безошибочен...» Она наделена чуткостью и способна «постоянно ощущать нестерпимую, нежную жалость к существу, живущему беспомощно и несчастно». По мнению С. Паркера, это одна из наиболее «тургеневских» женщин Набокова. Именно эти два главных характера, а также изрядная доля доброго юмора (ведь даже и два пьяных честных немца, спасающих Лужина, получились беззлобно смешными) сохраняют в романе невытравленную «человеческую влажность», которая привлекала еще в «Машеньке» и которую писатель грозился вытравить в «Даре», но (на счастье, сказал бы я) так и не вытравил. Родители невесты, уже знакомые нам по «Машеньке» и по рассказам Набокова, русские «зубры», тоже привлекательны здесь своей добротой. Уже при первом визите в дом невесты, войдя в эту «пресловутую квартиру, в которой самый воздух был сарафанный» (мать невесты, точно пародируя знаменитую эмигрантскую фразу, говорит, что она «унесла с собой свою Россию») и даже не разбирая в «умилительном красочном блеске» подробности всех этих пошлых картин («опять бабы в цветных платках, золотой богатырь на белом битюге, избы под синими пуховиками снега»), Лужин впадает в разнеженное состояние. Конечно, и прелестная добрая невеста Лужина, читающая на досуге роман генерала Краснова, принадлежит к этому же миру пошлости, который по ошибке вдруг так обрадовал Лужина («попав теперь в дом, где как на выставке, бойко продавалась цветистая Россия, он ощутил детскую радость, желание захлопать в ладоши...»). Однако, как наблюдательно отметил один из критиков, главное столкновение в романе — столкновение гения не с пошлостью, а с противником по творчеству — с шахматным противником, итальянским мастером Турати. Заводя разговор о Турати, Набоков довольно неприкрыто дает нам понять, что шахматы шахматами, но роман прежде всего — о творчестве, о первенстве в искусстве, о творческих победах и поражениях. Вчитаемся внимательно в строки, посвященные Турати: «Этот игрок, представитель новейшего течения в шахматах... стремился создать самые неожиданные, самые причудливые соотношения фигур. Уже однажды Лужин с ним встретился и проиграл, и этот проигрыш был ему особенно неприятен потому, что Турати, по темпераменту своему, по манере игры, по склонности к фантастической дислокации, был игрок ему родственного склада, но только пошедший дальше... Лужин попал в то положение, в каком бывает художник, который, в начале поприща усвоив новейшее в искусстве и временно поразив оригинальностью приемов, вдруг замечает, что незаметно произошла перемена вокруг него, что другие, неведомо откуда взявшись, оставляли его позади в тех приемах, в которых он недавно был первым, и тогда он чувствует себя обкраденным, видит в обогнавших его смельчаках только неблагодарных подражателей и редко понимает, что он сам виноват, он, застывший в своем искусстве, бывшем новым когда-то, но с тех пор не пошедшем вперед».

Эти слова пишет тридцатилетний Мастер за накрытым клеенкой столом в пиренейском отельчике. Он сам — и Лужин и Турати одновременно, он пишет роман, который призван смешать все показатели на турнирной таблице эмигрантской литературы, после которого тяжко придется не только многочисленным эпигонам классического реализма, но и самому мастеру Бунину («Этот мальчишка выхватил пистолет и нас перестрелял»,— примерно так Бунин и выразился). Хотя «мальчишка» Турати был «мастер родственного ему склада» (двойник — как позднее Кончеев в «Даре»), однако в своей «склонности к фантастической дислокации» мальчишка этот пошел дальше, обыграв старого мастера в приемах, в которых тот был когда-то первым... Любопытно, что, уже работая над романом (так было позднее и с «Даром»), Набоков предвидит последствия его появления, скажем, растерянность тех, кого он оставит позади и кто будет упрекать его в неблагодарности по отношению к учителям, к традициям родной литературы (как ни странно, и сегодня еще упрекают), в слишком уж «фантастической дислокации», в том, что он обкрадывает своих учителей (трудно только понять, кого именно — Достоевского, Салтыкова-Щедрина, Пруста, немецких экспрессионистов, Кафку, Джойса, Шагала, Уэллса? Хотя ясно, что он просто учится у всех — и идет вперед!) Набоков, столь пристально наблюдавший всегда за комбинациями судьбы, не мог, конечно, не думать о возможности появления нового, молодого Турати, который сделает вдруг неожиданный ход, и тогда он, который сегодня... Он был в литературе бойцом, и он готов был отстаивать свое грядущее первенство на турнирной таблице, однако он не мог не предвидеть и всей тщеты подобного соревнования: в этом и заключается трагедия любого, самого что ни на есть высокого мастерства и самого что ни на есть модерного новаторства — что оно должно быть превзойдено. И Набоков заранее опасался коварства судьбы, ее непредсказуемых ходов.

Прежде чем перейти к шахматным хитростям нового набоковского романа, надо сказать несколько слов о его заметных даже на первый взгляд особенностях. О том, например, с какой простотой и изяществом повествование в романе Набокова (точно в поразившем нас тридцать пять лет спустя знаменитом фильме Феллини) вдруг переходит от воспоминаний прошлого к диалогу Лужина с невестой, а еще через несколько фраз — снова погружает нас в воспоминание; о том, как переданы мысли героини (знаменитые набоковские скобки преодолеваются здесь без труда и даже радуют глаз); как сопряжены времена; как сочетаются точнейшие детали; как жизнь шахмат вторгается в ход внешней, повседневной жизни Лужина (задевающей его лишь краем). Все это написано блестяще, уверенно (или, как говаривали уже во времена раннего Феллини разбитные киношники, во всем «видна львиная лапа гения»). Даже на вполне реалистическом уровне прочтения романа он производит сильное впечатление на читателя, однако уже и первые его читатели в русской эмиграции догадались, что это роман о творчестве вообще, что это аллегория. Ранние и поздние попытки проникновения в шахматные загадки романа, несмотря на осторожные подсказки автора, дали, в сущности, не так уж много, хотя и доставили удовольствие многим «догадливым читателям» (это, конечно, как правило, набоковеды — критики, диссертанты, аспиранты и прочий университетский люд). По позднейшему признанию Набокова, он стремился в этом романе «придать описанию сада, поездки, череды обиходных событий подобие тонко-замысловатой игры,— а в конечных главах — настоящей шахматной атаки, разрушающей до основания душевное здоровье... бедного героя». В предисловии к английскому изданию романа Набоков подсказывает нам, что порядок ходов в некоторых особо важных главах напоминает «ретроградный анализ» шахматной задачи, а самоубийство Лужина — "обратный мат"», который он поставил самому себе. Что «более сложный аспект» всех этих «линий развития игры» читатель должен искать в последней игре с Турати, находящей дальше воплощение в семейной жизни, а затем и в сцене гибели Лужина (может быть — во взаимном расположении черной дыры, искристо голубой части окна, комода и ванной, в ходах и движениях героя...) Многие заметят, конечно, что и невесту свою Лужин целует ходом коня: «в правый глаз, потом в пробор, потом в левое ухо,— соблюдая строгую череду, им когда-то одобренную». Жизнь его после рокового матча с Турати и вовсе развивается как матч с неумолимой судьбой: «Комбинация, которую он со времени бала мучительно разгадывал, неожиданно ему открылась... он еще только успел почувствовать острую радость шахматного игрока, и гордость, и облегчение, и то физиологическое ощущение гармонии, которое так хорошо знакомо творцам... И вдруг радость пропала, и нахлынул на него мутный и тяжкий ужас. Как в живой игре на доске бывает, что неясно повторяется какая-нибудь задачная комбинация, теоретически известная,— так намечалось в его теперешней жизни последовательное повторение известной ему схемы... Смутно любуясь и смутно ужасаясь, как страшно, как изощренно, как гибко повторялись за это время, ход за ходом, образы его детства... но еще не совсем понимая, чем это комбинационное повторение для его души ужасно... он решил быть осмотрительнее, следить за дальнейшим развитием ходов... нужно было придумать, пожалуй, защиту против этой коварной комбинации... а для этого следовало предугадать ее конечную цель... И мысль, что повторение будет, вероятно... продолжаться, была так страшна, что ему хотелось остановить часы жизни, прервать вообще игру, застыть, и при этом он замечал, что... что-то подготовляется, ползет, развивается, и он не властен прекратить движение». И тогда он предпринимает решительный шаг, чтобы «прервать игру» — выпрыгивает из окна. Прежде чем отпустить руки, «он глянул вниз. Там шло какое-то торопливое подгото-

244

вление: собирались, выравнивались отражения окон, вся бездна распадалась на бледные и темные квадраты, и в тот миг, что Лужин разжал руки... он увидел, какая именно вечность... раскинулась перед ним».

Еще одна тайна, мучавшая Набокова на протяжении всей жизни. Никто так и не раскроет нам ее до конца — ни прозревший Фальтер, ни другие герои...

Брайан Бойд заметил в романе искусно замаскированные темы деда-композитора и отца. От дедовских композиций, от его юбилейно-поминального концерта начинается губительная линия шахмат. Портрет деда появляется в начале романа. От отца же, от его сусальных книжонок (одну из них жена Лужина читала в детстве) идет линия спасения Лужина браком, бытом, мирным существованием. За дедом и отцом Бойд видит и некую третью силу — силу таинственного искусства, которая кроется где-то за гранью жизни. «Догадливый читатель» из Новой Зеландии Брайан Бойд заметил, что Лужин, убежав со станции и возвращаясь назад, в дачный рай, влезает в раскрытое окно гостиной. Окно это, по мнению Бойда, предвещает появление другого окна, того самого последнего окна, через которое Лужин убегает из жизни. Может, нам, воспользовавшись этой хитроумной подсказкой Бойда, следовало бы вспомнить и то окно, которое приветствует выздоровление Лужина, когда «вдруг что-то лучисто лопнуло, мрак разорвался и остался только в виде тающей теневой рамы, посреди которой было сияющее голубое окно. В этой голубизне блестела мелкая, желтая листва...»

Однако не следует забывать, что все эти вехи могут оказаться лишь хитроумной ловушкой, расставленной автором, обожающим игры. Ведь один из западных набоковедов так и назвал Набокова — homo ludens («игрун», «игрок», «любитель игр»). Набоков сам неоднократно признавался в своей любви к головоломкам и так рассказывал (в «Других берегах») про свое увлечение шахматными задачами: «Дело в том, что соревнование в шахматных задачах происходит не между белыми и черными, а между составителем и воображаемым разгадчиком (подобно тому, как в произведениях писательского искусства настоящая борьба ведется не между героями романа, а между романистом и читателем), а потому значительная часть ценности задачи зависит от числа и качества «иллюзорных решений»,— всяких обманчиво-сильных первых ходов, ложных следов и других подвохов, хитро и любовно приготовленных автором, чтобы поддельной нитью Лжеариадны опутать вошедшего в лабиринт».

Набоковед Марк Лилли, анализируя «игровую» прозу Набокова, разбирает финал «Защиты Лужина» по-своему. Мат в шахматах («шах мата» по-арабски) означает, что «король мертв». После мата поверженного короля снова приводят в вертикальное положение для последующих состязаний. И Лужин, согласно М. Лилли, в некоторых смыслах похож на шахматного короля: он мало двигается, зато другие фигуры двигаются вокруг него. И разве не похож Лужин, загнанный в угол ванной, на короля, загнанного в угол доски? Лужин не умер, как не умирает и шахматный король: здесь читатель, по мнению Лилли, попадает в западню. Повисший над черными и белыми квадратами двора, Лужин как бы соединяет воедино игру и жизнь, которая всего-навсего сон («все, кроме шахмат, только... сон... единственное, что он знал достоверно, это то, что спокон века играет в шахматы»). Лилли особо отмечает медлительную отрешенность этой прозы, приводящую на память сон, и реальность шахмат (данную в образах). «Подобно тому, как танцующие юноши на какой-нибудь старинной вазе никогда не сдвинутся с места,— говорит Лилли,— так и Лужин устремляется к квадратам смертной шахматной доски, однако никогда ее не достигнет».

Еще более детально разрабатывает эту же тему молодая и в кои-то веки не американская, а московская набоковедка Ирина Слюсарева (причем статья ее появилась не в висконсинском, а в воронежском журнале). Слюсарева подтверждает шахматно-королевское достоинство Лужина наблюдениями над текстом (так же, как и возведение его жены в ранг королевы-ферзя). Русская набоковедка отмечает, что вещь в романе Набокова совмещена с символом, а пластика с идеей. Лужин — король черных, оттого светлая лунная ночь для него как бы предвестие гибели. Причиной гибели Лужина Слюсарева считает неумение соединить жизнь и дар. Объясняя попытку его побега с турнира домой, в Россию, она пишет, что защита Лужина и может осуществиться только в России, однако путь назад ему заказан и оттого остается лишь гибель. Сопоставив намеки, разбросанные в романе, Слюсарева высчитывает год рождения Лужина 1899. Это год рождения самого Набокова, и Слюсарева делает предположение, что в судьбе Лужина зашифрована судьба автора. Из всех обнаруженных ею намеков Слюсарева выводит «смысловой центр» романа: красота и жизнь не соединяются, потому что пути домой нет. О финальной сцене романа наблюдательная набоковедка пишет: «Вечность эта — «великая доска», шахматы — приснилась ему раньше в провидческом сне, а посреди этой доски, «дрожащий и совершенно голый, стоял Лужин ростом с пешку и вглядывался в неясное расположение огромных фигур, горбатых, головастых, венценосных».

Таким образом, попав на «великую доску», Лужин снова начнет свой путь от проявления дара до гибели. Не случайно же в его памяти отражена, по наблюдению Слюсаревой, «как в двух зеркалах... суживающаяся, светлая перспектива: Лужин за шахматной доской, и опять Лужин за шахматной доской, только поменьше, и потом еще меньше, и так далее, бесконечное число раз. Зеркалами здесь, очевидно, являются пограничные точки бытия — жизнь и смерть. Увиденная Лужиным переспектива и есть схема смыслового движения романа: бесконечно повторяющееся движение в замкнутом пространстве».

То, что кажется очевидным для московской набоковедки, вовсе не очевидно для других («догадливых» или недогадливых) читателей, но зато каждому предоставлена автором свобода поиска.

Подобные игры не особенно характерны для русской литературы и не всегда вдохновляют непривычного к ним русского читателя. Впрочем, со времен выхода в свет набоковского романа родилось уже не одно поколенье читателей. Что же до западных критиков (в том числе Амиса, Лилли), то они считают эти «интеллектуальные игры», эти колдовские фокусы, это волшебство, это состязанье в изобретательности одной из самых сильных черт набоковской прозы. Об этом одними из первых писали Пэйдж и Стегнер, а потом и многие другие западные набоковеды. Самое удивительно, что никому из них при этом не приходило в голову (как с неизменностью приходит в голову русским критикам, столь привычным противопоставлять форму и содержание) предположить на этом основании что проза Набокова лишена идей. Такое заблуждение может возникнуть, по мнению Бойда, из-за умения Набокова умещать в одном произведении так много важных идей и включать их с такой органичностью в ткань произведения («без швов», как выразился Бойд). Говоря о «Защите Лужина», Бойд перечисляет такие проблемы романа, как проблемы гения и безумства, одиночества и уязвимости человека, темы сохранения ребенка во взрослом и взрослого в ребенке, роли судьбы и прошлого, а также некой невидимой силы, управляющей судьбой. Следует прибавить к этому внушительному реестру еще темы творца и творчества, новаторства и соперничества, которые еще в тридцатые годы отметила в романе русская критика. И если находятся критики, которые все же настаивают, что в набоковском романе нет идей («феномен языка, а не идей», — пишет О. Михайлов), то речь они все же, вероятно, ведут о той самой с детства нам знакомой «идейности», за которую с нами так долго и страстно «боролись»...

* * *

Набоковы вернулись в Берлин в июне и привезли с собой почти законченный роман, а также великолепную коллекцию бабочек. В приозерном Кольберге на купленном ими вместе с Вериной сестрой участке строительство еще не начиналось. Они сняли у местного почтальона лачугу, и Набоков сел дописывать роман. В середине августа он сообщал матери, что еще дня через три сможет поставить последнюю точку. Он писал ей, что «был счастлив со своим Лужиным» и что вещь оказалась чудовищно трудной. Теперь оставалось только убить героя, а потом отдать рукопись для перевода на немецкий и вивисекции издательству Ульштейна. Будущее казалось молодому романисту безоблачным. Он не учел, что чем сложнее будут становиться его романы, тем труднее будет продавать их Ульштейну. Так что и через год, и через два им с Верой не только не удалось ничего построить в Кольберге, но, напротив, пришлось отказаться от участка. Платить было нечем. Преуспеяние его больше не повторилось за последующие тридцать лет работы (с 1929 до 1959 г.). Зато его ждала завидная слава в кругу (довольно узком, конечно) русской эмиграции.

Новый роман начал печататься в сороковом номере журнала «Современные записки». Публикация в «Современных записках» большой вещи была событием для Набокова. Но она стала событием и для журнала, и для молодой эмигрантской литературы. До того «Современные записки» печатали только старых и маститых, так что для молодых это был прорыв. И все же главным событием было само появление большого русского писателя, начавшего писать в эмиграции.

Недаром самые чуткие из молодых восприняли это событие как «оправдание эмиграции». Вот как вспоминала об этом сорок лет спустя Нина Берберова: «Номер «Современных записок» с первыми главами «Защиты Лужина» вышел в 1929 году. Я села читать эти главы, прочла их два раза. Огромный, зрелый, сложный современный писатель был передо мною, огромный русский писатель, как Феникс, родился из огня и пепла революции и изгнания. Наше существование отныне получало смысл. Все мое поколение было оправдано». Покуда у нас еще не появились репринты «Современных записок», перелистаем вместе этот исторический сороковой номер журнала хотя бы для того, чтобы понять, в какую компанию попал Набоков и какова была «турнирная таблица» тогдашней эмигрантской литературы. Кроме первой части «Защиты Лужина», в сороковом номере были напечатаны четвертая книга «Жизни Арсеньева» И. А. Бунина (будущая Нобелевская премия), «Ключ» Алданова, «Державин» Ходасевича, «Третий Рим» Георгия Иванова, стихи Адамовича и Поплавского, множество статей и рецензий — статья Флоровского об исканиях молодого Герцена, воспоминания Маклакова, статья Бицилли «Нация и язык», статья Ф. Степуна «Религиозный смысл революции», убедительная статья о «советском правотворчестве», статьи Е. Кусковой, Алданова, Адамовича, Кизеветтера, М. Цетлина, рецензии на книги Мережковского, Осоргина...

«Защита Лужина» была, по словам Ходасевича, «первой вещью, в которой Сирин встал уже во весь рост своего дарования». Книгой этой восторгались, ее брали в библиотеке, зачитывали до дыр. Конечно, непривычность и «странность» романа озадачивали. Критики на разные лады говорили о «нерусскости» Сирина, о его холодности, бессодержательности, отсутствии нравственного пафоса. Многие спешили объяснить эту «странность» влиянием каких-то западных образцов, о которых сами имели весьма смутное представление (записи В. Н. Буниной о «холодности» Сирина и его знакомстве с загадочным Прустом, несомненно, отражают те споры, что велись в Париже и на вилле «Бельведер» у Бунина). Глеб Струве выступил в защиту Набокова, заявив, что хотя он учился у многих, он «никому не подражает». Главная атака последовала, конечно, со стороны враждебного и неоднократно задетого Набоковым журнала «Числа». «Числа» издавал Н. Оцуп, и в них печаталось большинство «парнасцев» (тоже претерпевших от рецензента «Руля» немало обид). Адамович как наименее резкий и наиболее квалифицированный представитель «парижской ноты» сказал, что подобный роман мог появиться во французском журнале и остаться незамеченным (мистическое представление о «заграничном», столь типичное для русского, даже если этот русский сам живет за границей). Георгий Иванов (сроду не открывавший новых немецких романов, зато хорошо помнивший набоковскую рецензию на роман его жены) во всеуслышанье заявил, что если второй роман Набокова сделан был по последнему образцу самых «передовых немцев», то в третьем его романе «старательно скопирован средний французский образец» (доверчивый читатель должен был допустить, что сам Иванов на досуге зачитывается французской прозой) и что если по-русски так действительно не пишут, то уж «по-французски и по-немецки так пишут почти все...» Отдав, таким образом, дань литературоведческому академизму, Иванов дальше попросту заявлял, что Сирин — это «знакомый нам от века тип способного, хлесткого пошляка-журналиста», «владеющего пером». И что он вообще самозванец, кухаркин сын, черная кость, смерд и стоит «вне литературы». Это была месть. Но это было, пожалуй, слишком даже для лихой эмигрантской критики (хотя и пришлось бы в самый раз для советской, разносной), так что «Воля России» Слонима (которую Набоков тоже не слишком щадил в своих рецензиях), а также «Россия и славянство» дали отповедь критику «Чисел». За Иванова вступилась Зинаида Гиппиус (большая любительница скандалов), написавшая, что, конечно же, Г. Иванов может иметь свое мнение, «да еще о таком посредственном писателе, как Сирин». Еще лет через десять Ходасевич написал, что «будущий историк эмигрантской словесности, просматривая наши газеты и журналы, с веселой горечью отметит, что нападки на Сирина начались как раз с того момента, когда он сделал такой большой шаг вперед».

А через полвека об этой травле Сирина так вспоминал один из авторов «Чисел» Василий Яновский: «Иногда мы натыкались на тревожный парадокс: удачные удачники. И талантливы, и умны, и мистически подкованы, а жар-птица им все-таки дается в руки. Тогда мы не знали, как себя вести, выдумывая разные оговорки, кидаясь от одной крайности в другую: перехамив и перекланявшись! На этом, в сущности, была основана безобразная травля и Париже «берлинца» Сирина...»

В тех же мемуарах Яновский рассказывает о «духовной беспомощности», проще говоря, о разнообразных низостях Г. Иванова:

«...Варшавский, заслуживший репутацию «честного» писателя, по требованию Иванова пишет ругательную статью о Сирине (Набокове) в «Числах». («И зачем я это сделал? — наивно сокрушался он двадцать лет спустя в беседе со мною. — Не понимаю».)».

Варшавский написал тогда о «более мелкой» и «живучей» расе писателей, которая приходит на смену могиканам и пишет легко и ни о чем. Позднее тот же Варшавский отзывался о набоковской прозе иначе. Вообще, надо признать, тогдашней полемике не хватало серьезности. Несмотря на это у нас успела нынче сложиться целая «школа» набоковедения, опирающаяся в основном на откровения Г. Иванова (и на поиски З. Шаховской). Впрочем, существует уже в России и плеяда внимательных критиков Набокова, давших себе труд прочитать все его произведения и даже знающих достаточно для этого английский язык. Критики эти отмечают связи набоковского реализма с русской классикой, а «Защиты Лужина» — с лермонтовской прозой, которой так пристально занимался Набоков и в которой уже Б. Эйхенбаум отмечал эту самую «двойную композицию», когда, исчерпав, казалось бы, фабулу, писатель снова продолжает повествование (как в «Защите Лужина»). Тогдашняя полемика, к счастью, не помешала Набокову идти своей дорогой. Да нападки Адамовича уже и не могли причинить ему настоящего вреда. «Современные записки» с нетерпением ждали его новых вещей, а после восторженной статьи Анатолия Левинсона в «Нувель литерэр» (Левинсону, кстати, было видней, чем Г. Иванову, списано это с французов или нет) издательство «Файяр» заключило с Набоковым контракт на французское издание романа. Но, конечно, вовсе не задеть Набокова эта атака все же не могла. Вера Набокова вспоминала позднее, что Набоков хотел вызвать Георгия Иванова на дуэль (оскорбительное «кухаркин сын» метило в мать Набокова), но друзья убедили его, что Жорж Иванов «недуэлеспособен» (судя по многим воспоминаниям, этот талантливый эмигрантский поэт был и впрямь неразборчив в средствах и правилах). Набоков, впрочем, не остался в долгу. В «Неоконченном черновике» он так написал о своих обидчиках:

251

Зоил (пройдоха величавый,
корыстью занятый одной)
и литератор площадной
(тревожный арендатор славы)
меня страшатся потому,
что зол я, холоден и весел,
что не служу я никому,
что жизнь и честь мою я взвесил
на пушкинских весах, и честь
осмеливаюсь предпочесть.

А в стихотворении, выданном за перевод «Из Калмбрудовой поэмы «Ночное путешествие» (Vivian Calmbrood's «The
Night Journey»), он еще раз вернулся к «мертвой» («адамовой») голове своего унылого недоброжелателя:

К иному критику в немилость
я попадаю оттого,
что мне смешна его унылость,
чувствительное кумовство,
суждений томность, слог жеманный,
обиды отзвук постоянный,
а главное — стихи его.
Бедняга! Он скрипит костями,
бренча на лире жестяной;
он клонится к могильной яме
адамовою головой.

Стихи эти появились в «Руле» и не казались современникам слишком уж зашифрованными. Да и в псевдониме, содержащем все буквы набоковского имени, тогдашние литераторы разобрались без труда...

В «Защите Лужина» встречаются и «советские газеты,
напоминающие чиновника», и «советское пропагандное пошлое бормотание». Упоминания эти не были случайными.
Эмигранты еще читали в ту пору многое из того, что выходило в Советской России, а «Руль» регулярно предоставлял
советским писателям подвальные полосы и целые страницы
воскресного номера. Набоков несомненно отметил для себя
на этих полосах и Олешу, и Мандельштама, и Ильфа с Петровым (к последним он, на мой взгляд, временами весьма
близок), и Зощенко, и Пастернака, а позднее он не раз

упоминал этих писателей в своих письмах и интервью. Была, однако, тогда в Советской России и другая, весьма обширная литература, представленная авторами, которые писали так, будто не было до них в России ни «золотого» XIX века, ни «серебряного» XX. Этой-то высокодобродетельной «положительной» литературе и посвятил Набоков статью «Торжество добродетели», напечатанную в «Руле» 5 марта 1930 года. «Светлее этого типа просто не сыскать,— писал он о герое этой оптимистической литературы.— «Эх, брат»,— говорит он в минуту откровенности, и читателю дано одним лишь глазком увидеть жизнь, полную лишений, подвигов, страданий. Его литературная связь с графом Монтекристо или с каким-нибудь вождем краснокожих совершенно очевидна».

Набоков продолжал писать в эту пору рецензии для «Руля». Со спокойным превосходством эрудита он защитил стихи Бунина от задиристых нападок молодого А. Эйснера и закончил свою рецензию жутковато-пророческой фразой: «На красных лапках далеко не уплывешь». Очень осторожно ответил он на анкету враждебных ему «Чисел» о влиянии Пруста, о его роли для нашей эпохи: «...эпоха никогда не бывает «нашей». Мне неизвестно, в какую эпоху будущий историк нас ухлопает и какие найдет для нее приметы. К приметам, находимым современниками, я отношусь подозрительно... Опять же,— мне трудно вообразить «современную» жизнь. Всякая страна живет по-своему. Но есть кое-что вечное. Изображение этого вечного только и ценно. Прустовские люди жили всегда и везде.»

Здесь уже знакомое нам набоковское презрение к модным словечкам о небывалом «современном мире», об «эпохе преобразований» и неслыханном нынешнем падении нравов — к тому набору банальностей, которым от века оперировала «социальная» критика.

Еще осторожней ответ Набокова на вопрос о «влиянии Пруста», и это понятно. Набоков никогда не скрывал, что Пруст один из трех-четырех его любимых писателей. И при чтении Набокова с неизбежностью приходят на ум то прустовская полемика с теориями Анри Бергсона, то, наоборот, их приятие и прустовская одержимость воспоминаниями (его печенье «мадлен»), его бесконечные и неторопливые поиски утраченного времени, его интерес к отклонениям от «нормальной» любви. Иной же раз какая-нибудь невинная сценка пробуждения от сна у Пруста вдруг томительно напомнит что-то совсем набоковское. Точнее, наоборот. Однако можно ли тут говорить о прямом влиянии одного писателя на другого? Такие художники, как Пруст, Джойс или Кафка, не могли вовсе уж не влиять даже на тех современников, которые их книг никогда и в руки не брали. Влияние этих авторов распространялось на все сферы искусства, оно витало в воздухе того времени, пронизывало стиль культуры и самую ее атмосферу (об этом свидетельствовал однажды режиссер Федерико Феллини, как истинный кинематографист «ни при какой погоде» всех этих авторов скорей всего не читавший). Что до Набокова, то он, конечно, знал и любил этих писателей. Так что все его лукавые высказывания по их поводу (начиная с этой самой ранней анкеты и кончая предсмертными интервью) не следует принимать слишком всерьез, хотя он и был, конечно, прав, предостерегая в той же анкете от слишком прямого понимания литературных влияний: «литературное влияние — темная и смутная вещь... Можно, например, себе представить двух писателей, А и В, совершенно разных, но находящихся оба под некоторым, очень субъективным, влиянием Пруста; это влияние читателю С назаметно, так как каждый из трех (А, В и С) воспринял Пруста по-своему. Бывает, что писатель влияет косвенно, через другого, или же происходит какая-нибудь сложная смесь влияний и т. д».

Понятно, что, как и в поздних своих интервью, Набоков предостерегает здесь критиков и читателей от догадок по его поводу, что, конечно, еще больше разжигает их любопытство и только раззадоривает критиков. Не исключено, что опытный шахматист Набоков и это тоже предвидит (помните его «поддельную нить Лжеариадны»?). Как вы, наверное, заметили, мы с вами, дорогой читатель, тоже мало-помалу втягиваемся в эти игры...

О ДОБЛЕСТИ, О ПОДВИГАХ,
О СЛАВЕ, О ГОРЕСТНОЙ ЗЕМЛЕ...

Биография писателя, по мнению Набокова, это прежде всего история его произведений. Последние шесть-семь лет берлинской жизни Набокова были самыми, может быть, счастливыми в творческом отношении годами. Предвижу, что западные биографы могут возразить, что и позднее, в американский, а потом и в швейцарский период своей жизни он работал с огромным напряжением и создавал непревзойденные произведения англоязычной литературы, однако для меня эти шесть-семь лет головокружительного взлета Набокова-прозаика представляются особенными и неповторимыми. Неповторимыми кажутся этот молодой напор, эта растущая день ото дня уверенность в своих силах, эта неукротимая тяга к перу и невероятная работоспособность.

В прежней квартире на Луитпольдштрассе (куда Набоковы вернулись после мытарств по другим кварталам Берлина) его рабочим местом чаще всего был старый хозяйский диван. Здесь (как всегда, неожиданной вспышкой в мозгу) у него и родилась идея нового произведения, не без связи, впрочем, с финалом «Защиты Лужина», точнее, в продолжение и развитие столь частой у него идеи и темы — жизнь после жизни, рассказ после того, как поставлена точка... Как обычно, Набоков несколько месяцев сживается с идеей, она получает дальнейшее развитие, обрастает деталями. Откуда-то из глубинных слоев и потаенных закутков его памяти (таких укромных, что ему самому порой кажется, что он не вспомнил все это, а придумал) ясней проступают какие-то мысли, лица, слова, жесты, позы (зачастую те же, что виделись пять лет назад, что увидятся тридцать лет спустя). Они видятся с какой-то сегодняшней свежестью и настоятельностью. Потом приходят блаженные и мучительные дни, месяцы, годы писания: он лежит на диване, длинные его ноги поджаты, а на коленях, как на пюпитре,— бумага. Рядом, на маленьком столике, чернильница, пепельница, пачка сигарет, спички, четырехтомник Даля (купленный на лотке в Кембридже, он, словно верный пес, всегда рядом, как через десятилетия будет лежать кирпич английского словаря). Набоков пишет, вычеркивает (пока что на обыкновенных листках бумаги, а не на карточках), иногда комкает лист, бросает его на пол и пишет все заново, переписывает по три-четыре раза одну и ту же страницу, несмотря на то, что она уже была придумана им раньше — когда он гулял, принимал ванну, брился. Потом, пронумеровав исчирканные страницы, он все переписывает начисто и, полюбовавшись на свой труд, начинает корежить его снова. В конце концов этот многократно переделанный текст он диктует Вере или отдает ей в перепечатку (она ведь всегда здесь, рядом, с ней можно обсудить написанное, можно ей почитать, — ее присутствие очень важно в такие часы, совершенно необходимо — и сейчас, в 1930-м, и потом — сорок пять лет спустя).

Новая его вещь называлась «Соглядатай» — то ли маленький роман, то ли небольшая повесть, то ли большой рассказ. Через тридцать лет Нина Берберова заявит в русскоязычном американском журнале, что именно этот рассказ послужил поворотным пунктом в его творчестве, что именно с него начался настоящий Набоков.

«В этом рассказе Набоков созрел, и с этой поры для него открылся путь одного из крупнейших писателей нашего времени... началась зрелость именно с «Соглядатая»... «Соглядатай» что-то в корне изменил в калибре произведений — они перестали умещаться под своими обложками», — напишет Н. Берберова.

«Соглядатай» требует внимательного чтения и любви к литературе. Сам Набоков так говорил об этом в предисловии к английскому изданию «Соглядатая» тридцать пять лет спустя: «Построением своим рассказ этот имитирует детективную историю, но на самом деле автор отрицает какое бы то ни было намерение сбить со следа, озадачить, одурачить или еще как-нибудь надуть читателя. На самом деле только тот читатель, который поймет сразу, получит настоящее удовольствие от «Соглядатая». Не думаю, чтоб даже самым внимательным и легковерным читателям этой мерцающей сказочки пришлось долго размышлять над тем, кто такой Смуров. Я испробовал ее на пожилой англичанке, на двух аспирантах, на тренере по хоккею, враче и двенадцатилетнем отпрыске соседа. Ребенок сообразил первым, сосед — последним...»

Мы не будем устраивать подобных тестов, а просто расскажем кратенько, чтó там, в этом «Соглядатае». Русский репетитор двух берлинских мальчиков завел интрижку с некой «полной и теплой» дамой по имени Матильда. Муж Матильды, прознав об этом, явился на урок и при учениках пребольно побил униженного учителя тростью. Учитель не вынес позора, пришел домой и застрелился. Однако на этом история учителя не кончается: то ли сам герой еще жив, то ли сознание его продолжает трудиться, «мастерит подобие больницы» и прочие детали обстановки («реставрация берлинской улицы удалась на диво»), ибо «потусторонняя мука грешника именно и состоит в том, что живучая мысль его не может успокоиться, пока не разберется в сложных последствиях его земных опрометчивых поступков». Итак, герой, похоже, продолжает жить, подозревая при этом о призрачности своего существования. Он становится наблюдателем, соглядатаем, и находит в этом удовлетворение, ибо после всех своих унижений он как бы обрел над людьми некую власть, пристрастно наблюдая за ними: «Легко и совершенно безобидно созданные лишь для моего развлечения, движутся передо мной из света в тень жители и гости... дома... По желанию моему я ускоряю или напротив довожу до смешной медлительности движение всех этих людей, группирую их по-разному, делаю из них разные узоры, освещаю их то снизу, то сбоку...» Обитатели дома, упомянутого героем,— русские эмигранты, довольно пестрое сборище, уже представавшее перед нами в других произведениях Набокова. В предисловии к английскому изданию автор предваряет перечень этих персонажей необходимым пояснением: «Я не против еще и еще раз напомнить, что целая пачка страниц была вырвана из книги прошлого душителями свободы с тех пор, как западное мнение под влиянием советской пропаганды почти полвека тому назад перестало замечать роль русской эмиграции или стало принижать роль этой эмиграции (которая еще ждет своего историка).

Действие рассказа происходит в 1924—25 годах. Гражданская война в России закончилась. Ленин только что умер, но тирания его продолжает цвести. Двадцать немецких марок не стоят и доллара, и берлинские русские представляют весь спектр общества — от нищих до процветающих дельцов... Представителями последней категории являются в повести Кашмарин, довольно-таки кошмарный муж Матильды... а также отец Евгении и Вани...»

Среди всех этих людей наш герой выделяет Ваню (не сразу мы обнаруживаем, что под этим именем скрыта очаровательная девушка — Варвара), полковника Мухина, воевавшего у Деникина и Врангеля, и, вероятно, влюбленного в Ваню (как и сам рассказчик), загадочного Смурова, который нашего рассказчика очень занимает и который тоже, кажется, влюблен в Ваню. Чтоб лучше постигнуть загадочного Смурова, герой-рассказчик пытается выяснить, что думает о нем каждый из присутствующих. Ему кажется, что Ваня благосклонна к Смурову. Сам он добивается ее любви, не сильно рассчитывая на успех («То, что мне нужно от Вани, я все равно никогда не мог бы взять себе в свое вечное пользование и обладание, как нельзя обладать краской облака или запахом цветка... желание неутолимо... Ваня всецело создана мной...»).

Смуров, беззастенчиво сочиняющий истории о своих героических подвигах, разоблачен Мухиным... А рассказчик, этот «холодный, настойчивый, неутомимый наблюдатель», узнает, наконец, о том, о чем знали все и о чем только он (по своему эгоцентризму) не догадывался: Ваня выходит замуж за Мухина. Он бросается со своими признаниями к Ване, но отвергнут ею и опозорен Мухиным. Чтобы спастись от новой боли и унижения, он приходит в свою старую квартиру, чтобы увидеть след пули в стене и удостовериться, что он действительно убил себя. Потом он встречает на улице кошмарного мужа Матильды, который, простив прежнее, дружелюбно называет его Смуровым. Тут-то уж и мы, недогадливые читатели, приходим к пониманию того, о чем первым догадался отпрыск набоковского соседа: рассказчик и Смуров — одно и то же лицо. А ведь можно было бы, наверно, догадаться и раньше, хотя бы по той серьезности, с какой наш герой относится к этому злополучному Смурову, как высоко он о нем отзывается. Все эти переходы от первого лица к третьему сделаны в рассказе весьма искусно.

Набоков писал в предисловии к английскому изданию рассказа, что тема его — «расследование, которое прогоняет героя через ад зеркал и кончается слиянием его с образом двойника». Глядя вслед уходящему мужу Матильды, герой думает о том, что человек этот уносит в душе еще один образ Смурова: «Не все ли равно какой? Ведь меня нет,— есть только тысячи зеркал, которые меня отражают. С каждым новым знакомством растет население призраков, похожих на меня... Меня же нет. Но Смуров будет жить долго... настанет день, когда умрет последний человек, помнящий меня... А потом конец».

«Не знаю,— говорит Набоков в том же предисловии,— разделит ли сегодняшний читатель то острое удовольствие, которое я испытывал, придавая некий тайный узор этому дознанию героя-рассказчика, во всяком случае главное не в тайне, а в узоре... Силы воображения, которые в конечном счете и являются силами добра, на стороне Смурова, и самая горечь мучительной любви оказывается не менее опьяняющей и захватывающей, чем могло бы быть самое пылкое ее вознаграждение».

Сдается, что автор (называющий торжествующего Мухина «самодовольным») на стороне униженного безумца Смурова, чье заявление в финале напоминает и приведенную выше концовку предисловия, и многие другие набоковские декларации о счастье:

«Я понял, что единственное счастье в этом мире, это наблюдать, соглядательствовать, во все глаза смотреть на себя, на других, не делать никаких выводов,— просто глазеть. Клянусь, что это счастье... Я счастлив тем, что могу глядеть на себя, ибо всякий человек занят — право же занят!.. И какое мне дело, что она выходит за другого? У меня с нею были по ночам душераздирающие свидания... Вот высшее достижение любви...»

Впрочем, когда речь заходит о набоковских предисловиях, не следует забывать и про «нить Лжеариадны».

Н. Берберова в упомянутой выше статье приводит «малые примеры» «того, как богат и щедр Набоков и сколько может дать его ткань... тому, кто захочет ее разглядеть» — в частности, примеры того, как содержателен «Соглядатай», ибо, по мнению Берберовой, «из одной фразы «Соглядатая» вышла целая пьеса Сартра, одна из его капитальных вещей».

Один из таких «малых примеров» (приводимых Берберовой с сокращениями) мы позволим себе привести полностью. Это набоковское рассуждение касается столь характерной для него идеи фатальной «ветвистости» жизни, непредсказуемости ее ходов:

«Глупо искать закона, еще глупее его найти. Надумает нищий духом, что весь путь человечества можно объяснить каверзною игрою планет или борьбой пустого с тугонабитым желудком, пригласит к богине Клио аккуратного секретарчика из мещан, откроет оптовую торговлю эпохами, народными массами, и тогда не сдобровать отдельному индивидууму с его двумя бедными «у», безнадежно аукающимися в чащобе экономических причин. К счастью, закона никакого нет,— зубная боль проигрывает битву, дождливый денек отменяет намеченный мятеж,— все зыбко, все от случая, и напрасно старался тот расхлябанный и брюзгливый буржуа в клетчатых штанах времен Виктории, написавший темный труд

«Капитал» — плод бессонницы и мигрени. Есть острая забава в том, чтобы оглядываться на прошлое, спрашивать себя,— что было бы, если бы... заменять одну случайность другой... Таинственна эта ветвистость жизни: в каждом былом мгновении чувствуется распутие — было так, а могло бы быть иначе,— и тянутся, двоятся, троятся несметные огненные извилины по темному полю прошлого».

Н. Берберова писала, что в «Соглядатае» обрели громадную значимость четыре элемента, вне которых «великих книг XX века не существует». Эти четыре элемента — интуиция разъятого мира, открытые «шлюзы» подсознания, непрерывная текучесть сознания и новая поэтика, вышедшая из символизма.

«... современная литература...— пишет Н. Берберова,— все более развивается по принципу: «Кто может — тот поймет, а кто не может — тому и объяснять нечего». Напрасно было бы скрывать, что пятнадцать томов Пруста доступны не всякому, даже превосходно владеющему французским языком, а из книг Джойса одна требует нескольких месяцев напряженного внимания, а другая — нескольких лет изучения и нескольких томов комментариев.

Приходится признать, что для современной литературы нужна некоторая подготовленность... есть люди, которые живут целиком вне современного искусства, полагая, что Бетховена и Шопена в XX веке заменил джаз, обсуждая устно и в печати, кто из двух — Гладков или Фадеев — наследники Тургенева и Толстого, и горюя о том, что ни у Шишкина, ни у Айвазовского не нашлось достойных последователей...»

Берберова пишет, что без некоторой подготовленности можно не понять многого в книгах Набокова, а чем больше в них будет разгадано, тем больше будет наслаждение ими.

Вероятно, тут следует напомнить о возможности прочтения книг Набокова на разных уровнях и об их все же довольно традиционном внешнем построении. История Лужина захватывающе интересна и сама по себе. И на самом поверхностном уровне рассказы Набокова, и «Подвиг», и «Дар», и «Пнин», и «Камера обскура», и даже «Лолита» могут быть прочитаны с захватывающим интересом. Но в его книгах всегда есть глубина, в которую можно устремляться.

* * *

В конце февраля в прокуренной комнате берлинского кафе Шмидта Набоков читал первую главу «Соглядатая». Он был теперь знаменит не только в Берлине, но и в Париже. Нападки Иванова в «Числах» разожгли полемику в печати и сделали имя Набокова известным всякому читающему эмигранту. Варшавская эмигрантская газета назвала Г. Иванова «завистником Сальери». Лужина многие сравнивали с героями Толстого, а самого Набокова справедливо называли продолжателем великого русского XIX века. Набоков читал разноречивые рецензии, посмеивался и предчувствовал уже, что они тоже скоро пойдут в дело, эти растерянные отклики властителей эмигрантских умов (многие из этих рецензий вошли вскоре в одну из самых смешных глав «Дара»).

В марте он засел за новый рассказ — «Пильграм». Старый хозяин лавки Пильграм, превосходный энтомолог, известный специалистам, всю жизнь безвыездно прожил в Пруссии, мечтая отправиться когда-нибудь на ловлю редчайших бабочек далеких стран. Годы уходили; уже, пожалуй, ушли. В мечтах он не раз посещал «Тенериффу, окрестности Оротавы, где в жарких, цветущих овражках, которыми изрезаны нижние склоны гор, поросших каштаном и лавром, летает диковинная разновидность капустницы...»

В рассказе этом — великолепные описания мира лепидоптерической мечты, контрасты счастливой охоты на бабочек и унылой берлинской серости, а также вечная набоковская надежда на жизнь за гробом (в самом деле, не может же мечта умереть?).

Сведения о берлинской жизни Набокова, добросовестно собранные Брайаном Бойдом, нередко разрушают образ писателя, который мы (не без помощи самого Набокова) себе создали. Ну кто б мог подумать, скажем, что в эмигрантской возне вокруг выборов правления литературного фонда, так смешно и брезгливо описанной в «Даре», принял однажды участие и сам В. В. Набоков.

Конечно, он и эту возню припрятывал впрок для будущего романа, однако ведь согласился же стать членом какого-то там комитета, а не отказался, как разумно поступил его герой Годунов-Чердынцев. В том, что романные герои совершают поступки, на которые не отважились их создатели, конечно, нет ничего нового, необычного, и мы лишь напомнили об этом, переходя к рассказу о новом романе Набокова (романе

261

не просто трогательном и полном «человеческой влаги», но и доступном вовсе уж «мало подготовленному» читателю, а, по мнению одного московского критика, и «наиболее человечном» романе Набокова). Герой нового романа решается на то, на что не решился молодой Набоков: он совершает, хотя и бессмысленный, а все же геройский в традиционном смысле подвиг. То, что сам Набоков на такой подвиг не отважился или просто не пошел, могло, конечно (как первой отметила З. Шаховская), его временами смущать... Что касается автора этой книги, то ему жизнь писателя Набокова представляется вполне героической, хотя, может, и не в традиционно-военном смысле. Нас ведь главным образом и занимает его писательский подвиг, подвиг человека, не зарывшего в землю данный ему от Бога талант, но в новом его романе — другой героизм и подвиг — испытание себя риском, когда на карту поставлена единственная и бесконечно ценимая тобой жизнь, испытание души, чтоб утвердиться в самоуважении, без которого так тяжко писателю. Новый роман и призван был, вероятно, усмирить беспокойство души. Похоже, ту же цель преследовали и многочисленные рассказы Набокова о несостоявшихся дуэлях: он ведь не был, скорей всего, отчаянным дуэлянтом, да и в теории,— как и его отец, он дуэль осуждал. Но вот ведь Пушкин, бесконечно почитаемый им «невольник чести», Пушкин дрался на дуэли. Так, может, и он должен был, хоть раз в день, хоть самому себе, являться в образе «невольника чести»...

В конце двадцать девятого или самом начале тридцатого года произошла в мозгу Набокова эта новая вспышка — зарожденье тьмы, зачатков сюжета, где, по всей вероятности, были уже и уход героя со сцены (как в «Защите Лужина» или в «Пильграме»), и неуловимость, размытость границы между этой и какой-то другой, более важной — оттого, что она безвременна — жизнью, и эта его устремленность к России, скрытой таинственным кордоном (какие-то люди еще пересекали его тогда, но для эмигранта он был закрыт смертельной опасностью).

Позднее, в предисловии к английскому изданию этого романа Набоков намекал на дерзких эсеров из окружения Фондаминского, однако в ту пору, когда он замышлял свой роман, он, кажется, не знал еще ни Зензинова, ни Вишняка, ни прочих. (Судя по последним разысканиям, некоторых из них он все же встречал в газете А. Тырковой в 1920 году.)

Фондаминский, впрочем, вдруг собственной персоной объявился однажды в мрачной квартире одноногого генерала Берделебена (генерал был родственником знаменитого шахматиста, кончившего жизнь совершенно по-лужински), где Набоковы снимали в то время две комнаты. Илья Исидорович Фондаминский, так неожиданно явившийся к Набоковым в гости, был человек необыкновенный и в эмиграции широко известный. Он был подвижник и путаник бурной эпохи, в прошлом боевой эсер, переживший множество приключений и опасностей. В эмиграции всю свою неукротимую энергию и средства (они достались его жене за счет зарубежных плантаций чаеторговца Высоцкого) он тратил на поддержание русской культуры, на сплочение эмигрантской интеллигенции. Человек этот был на редкость бескорыстен. Постоянные духовные и религиозные поиски в войну привели его сперва из свободной зоны Франции в оккупированный Париж, потом из Парижа в немецкий лагерь (где он крестился) и, наконец, в печь крематория. Он отказался бежать из тюремной больницы, оставив других умирать, о чем друг его философ Георгий Федотов писал позднее так: «Отказ защищать свою жизнь («яко ангел непорочен, прямо стригущему его безгласен») и смерть эта придала крещеному еврею и бывшему эсеру Фондаминскому сходство с древнерусскими страстотерпцами («стал учеником — думал ли он об этом — первого русского святого, князя Бориса»)». Василий Яновский вспоминал о Фондаминском: «Я знал людей более умных, чем он, более талантливых, но первый раз в жизни передо мной был человек, который ничего для себя не хотел. Достигнув той степени религиозной серьезности, когда человек находит силы жить и действовать в своей вере и может уже обойтись без людской похвалы и без поддержки и принуждения со стороны общества, он жил для других, для человеческого и божьего дела. Именно в этом, мне кажется, была тайна его необычайного творческого дара». Что до В. В. Набокова, то он редко о ком так отзывался, как о Фондаминском: «Политические и религиозные его интересы мне были чужды, нрав и навыки были у нас различные, мою литературу он больше принимал на веру — и все это не имело никакого значения. Попав в сияние этого человечнейшего человека, всякий проникался к нему редкой нежностью и уважением».

В Берлине Фондаминский пришел в гости к Набокову, чтоб купить «на корню» его книгу. «Хорошо помню, с какой великолепной энергией он шлепнул себя по коленкам, прежде чем подняться с нашего многострадального дивана, когда обо всем было договорено».

О чем, кроме книг, говорили они в ту первую встречу? Отчего вспомнилось Набокову окружение Фондаминского, когда он тридцать лет спустя писал предисловие к английскому переводу романа, сделанному его сыном? Может быть, во время того первого визита Фондаминский рассказал, как они с Вишняком убегали на Юг на волжском пароходе и как в каюту к ним вошел вдруг всемогущий командующий волжской флотилией Раскольников. Подозрительно взглянув на Фондаминского, он тут же объявил на судне проверку документов, а когда дошла очередь до Фондаминского, долго и внимательно рассматривал его фальшивые документы и вдруг... отпустил его на все четыре стороны. Позднее, в конце тридцатых годов сердобольный Фондаминский приютил в Париже беременную вдову бывшего советского посла в Болгарии, который после его разрыва со Сталиным то ли сам выбросился в окно, то ли был выброшен бывшими соратниками. Это была вдова Раскольникова, и вот как вспоминает об этом Василий Яновский: «Беременная вдова присутствовала на нескольких наших собраниях... Фондаминский, святая душа, приютил ее на время у себя на квартире. Она... прислушивалась к нашим импровизациям и, я теперь понимаю, все решала: провокаторы мы или сумасшедшие...»

Может, отголоски именно этих героических рассказов навеяли некоторые эпизоды из «Бледного огня», из «Пнина» и, конечно, в первую очередь, из его нового берлинского романа, который Набоков предполагал назвать «Романтический век», так объяснив позднее это намерение: «Первое название... я выбрал отчасти потому, что мне надоело слушать, как западные журналисты говорят о «материализме», «прагматизме», «утилитаризме» нашей эпохи, а еще в большей степени потому, что цель моего романа, единственного из всех моих романов, который имел цель, состояла в том, чтобы показать те очарованье и волненье, которые мой юный изгнанник находил в самых обычных радостях, как и в самых незначительных происшествиях одинокой жизни».

Оторвавшись от работы над романом, Набоков поехал к родным в Прагу. Елена Ивановна увлекалась теперь Христианский Наукой, и сын нашел, что это ей на пользу — она стала спокойнее и бодрее. Елена села писать афиши для пражских выступлений любимого брата, а Кирилл, красивый, девятнадцатилетний, читал старшему брату стихи и терпеливо выслушивал критику. Знаменитый брат был к нему не менее строг, чем к другим:

— Если для тебя... стих только небрежная игра, милая фасонистая забава, желание с мрачным лицом передать их барышне — то брось, не стоит тратить времени... это трудное, ответственное дело, которому нужно учиться со страстью, с некоторым благоговением и целомудренностью... Рифма должна вызывать у читателя удивление и удовлетворение — удивление от ее неожиданности, удовлетворение от ее точности или музыкальности... Бойся шаблона... ты напрасно думаешь, что «пожарище» это «большой пожар»... бойся общих мест, т. е. таких комбинаций слов, которые уже были тысячу раз...

Так он говорил брату в Праге и так писал ему потом из Берлина, сразу по возвращении. В Праге они побывали на заседании «Скита поэтов», куда Кирилл ходил регулярно. Там Набокова горячо приветствовал поэт Даниил Ратгауз. Когда-то Г. Иванов, желая унизить Набокова, написал, что стихи его подобны стихам Ратгауза, и вот теперь, при встрече Ратгауз восклицал в полнейшей невинности: «Они нас с вами сравнивают!»

В Праге Набоков встречался с Николаем Раевским, который вспоминал позднее, как они вместе посетили энтомологический отдел Пражского музея и беседовали там с доцентом Обенбергером, а потом ездили в пражское предместье Либень, где было студенческое общежитие (Раевский узнал потом этот пригородный пейзаж в романе Набокова). Говорили они о Прусте, которого Набоков к тому времени перечитал. Раевский послал в Берлин Набокову свой роман и получил ответ с подробным разбором, в котором ему особенно запомнилось набоковское замечание о дамах: Раевский написал, что «на рельсах лежали трупы офицеров и дам, изрубленных шашками», и Набоков возразил, что женщины, изрубленные шашками, больше уже не дамы.

Набоковские чтения в Праге собрали немало русской публики. Читал он главу из «Соглядатая», рассказ «Пильграм» и стихи. По сообщению Бойда, «Соглядатая» он читал и дома, и родные поняли так, что герой все-таки умер и что это душа его переселилась в Смурова. (Если уж любимая сестра Елена не сразу поняла что к чему, то нам с вами, читатель, и вовсе простительно некоторое замешательство.)

Когда Набоков вернулся в Берлин, Вера уже работала в адвокатской фирме Ганца, Вайля и Дикмана, обслуживающей французское посольство. Набоков несколько раз приходил за женой на службу и кое-что подглядел там для будущей своей фирмы Баум, Траум и Кейзебир, где поздней довелось служить героине «Дара». В сентябре Набоков оторвался от рукописи, чтоб принять участие в вечере Союза русских писателей в Шубертзаале, где они с Георгием Гессеном развлекали публику товарищеской встречей по боксу. Бойд считает, что именно это побоище обогатило красочными деталями драку Мартына с Дарвином в новом романе, черновой вариант которого был завершен Набоковым уже в конце октября. Удачный у него выдался год — 1930.

* * *

Окончательное название романа было «Подвиг», а его главному герою, юному Мартыну Набоков подарил благородную немецкую фамилию Эдельвейс («белый» плюс «благородный») да еще вдобавок изрядный кусок своей биографии. Неизбежная процедура отстранения автора от героя была на сей раз несложной — отец Мартына был врач по кожным болезням, оставил семью, а позднее умер в столице. Остальное, впрочем, было вполне автобиографично. Мартын с матерью уехали в Крым, а оттуда отправились в эмиграцию. И Набоковское детство, и Крым, и эвакуация были воспроизведены с такой точностью, что могли почти без изменений перейти в его автобиографические (впрочем, менее автобиографичные, чем «Подвиг») «Другие берега».

Среди важных подробностей Мартынова детства — акварель, написанная в юности бабушкой Эдельвейс и висящая над кроваткой Мартына — «густой лес и уходящая в лес витая тропинка». В одной из детских, английских, конечно, книжек мальчика (отметьте, что мать у него англоманка и воспитание он получает вполне Набоковское) «был рассказ именно о такой картине с тропинкой в лесу прямо над кроватью мальчика, который однажды, как был, в ночной рубашке, перебрался из постели в картину, на тропинку, уходящую в лес... Вспоминая в юности то время, он спрашивал себя, не случилось ли и впрямь так, что с изголовья кровати он однажды прыгнул в картину, и не было ли это началом того счастливого и мучительного путешествия, которым обернулась вся его жизнь? Он как будто помнил холодок земли, зеленые сумерки леса, излуки тропинки, пересеченной там и сям горбатым корнем, мелькание стволов, мимо которых он босиком бежал, и странный воздух полночных возможностей».

Герой попадает в Кембридж, и его русские друзья в университете сильно смахивают на Бобби де Кальри и Никиту Романова, что признавал и сам автор. В этих главах — неожиданная тоска молодого англомана по России и его любовь к Соне Зилановой. Как отмечал позднее сам Набоков, герой его наивен, не блистает никакими талантами, но при этом наделен особенной восприимчивостью, чувствительностью и детскостью в восприятии мира (в подобном признавался однажды и сам Набоков в письме матери из Кембриджа, говоря, что душа его будет ходить до старости в детских штанишках). Мартын то и дело соскальзывает то в прошлое, то в будущее, и вместе с ним чудодейственно скользит по шкале времени повествованье романа. Вроде как в том эпизоде, где Мартын пишет матери письмо в Швейцарию:

«Он намарал строк десять... Ему вдруг представилось, как почтальон идет по снегу, снег похрустывает, остаются синие следы, — и он об этом написал так: «Письмо принесет почтальон. У нас идет дождь»... В углу конверта он нечаянно поставил кляксу и долго смотрел на нее сквозь ресницы, и наконец сделал из нее черную кошку, видимую со спины. Софья Дмитриевна этот конверт сохранила вместе с письмами. Она складывала их в пачку, когда кончался биместр, и обвязывала накрест ленточкой. Спустя несколько лет ей довелось их перечесть... Письма, которые спустя годы она так мучительно перечитывала, были, несмотря на их вещественность, более призрачного свойства, нежели перерывы между ними. Эти перерывы память заполняла живым присутствием Мартына... Вот этот первый зимний праздник, лыжи, по ее совету купленные Генрихом, Мартын, надевающий лыжи... «Надо быть храброй, — тихо сказала самой себе Софья Дмитриевна, — надо быть храброй. Ведь бывают чудеса. Надо только верить и ждать...» И дрожащими руками, улыбаясь и обливаясь слезами, она продолжала разворачивать письма».

Мартын еще совсем молод, характер его только формируется, он недоволен собой, пытается воспитать в себе храбрость. Соня, в которую он влюблен, вдруг спрашивает его, собирается ли он ехать к Юденичу. Он удивленно отвечает, что нет, потом невнятно объясняет ей (явно с чужих слов), что «одни бьются за призрак прошлого, другие — за призрак будущего». Однако ему не уйти от мыслей и разговоров о России. Вот отец Сони, который спасся от большевиков, спустившись по водосточной трубе. Он занят какой-то таинственной деятельностью, и «очевидно, что единственное, чего он полон, единственное, что занимает его и волнует,— это беда России...» Увещевания матери начинают раздражать Мартына. Он слышит в гостях, как друг Зиланова Иоголевич рассказывает о нынешних петербургских ужасах, он читает советскую прозу, которая «пахнет тюрьмой», его посещает виденье расстрела, и странное желание овладевает вдруг им — он перейдет советскую границу, чтобы пробыть хоть день в России. И вот от уходит... Может, ему все же удалось перейти эту страшную границу, отделившую русских от их прошлого,— мы не узнаем об этом из романа. «Я никак не могу понять,— говорит Зиланов,— как молодой человек, довольно далекий от русских вопросов, скорее, знаете, иностранной складки, мог оказаться способен на... подвиг, если хотите».

У романа (совершенно уже по-набоковски) словно бы нет конца. Мартын ушел по той самой тропинке, что вилась между деревьями на бабкиной акварели и на картинке в его детской книжке. Эти следы, как и след почтальона на снегу, различимы в последней фразе романа: «Воздух был тусклый, через тропу местами пролегали корни, черная хвоя иногда задевала за плечо, темная тропа вилась между стволов, живописно и таинственно».

Вспоминая, как он мечтал в детстве о футболе, Мартын говорит, что главным для него была даже не сама игра, а то, что ей предшествовало и что он называет предисловием. Брайан Бойд писал, что по странной логике набоковских произведений предисловие, то есть то, что предшествует главному событию (скажем, переходу героем границы, его смерти), является в них главным содержанием: «Жизнь, родина, весна, звук ключевой воды или милого голоса,— все только путаное предисловие, а главное впереди...» Бойд напоминает слова Вадима Вадимовича, героя последнего романа Набокова о том, что «вся красота Запредельного начинается с началом Существования». Другими словами, то, что случится Там, после смерти, и есть главный текст, а вся наша жизнь

268

лишь предисловие, ибо в смерти жизнь может двинуться дальше в том или ином направлении, так что наша бесконечно длящаяся после смерти жизнь и будет главным текстом.

Московский набоковед В. Ерофеев считает, что, «как и лужинское самоубийство, подвиг Мартына (в сущности, тоже самоубийство) обретает значение вызова судьбе» и «смысл его заложен... в доказательстве избранничества героя».

Набоков по праву говорил, что «главное очарование» его романа «Подвиг» в перекличке, в отзвуках связей между событиями, в беспрерывных поворотах, которые создают иллюзию движения: вроде той сцены с письмом и слезами матери — чуть не в самом начале романа, но уже за гранью основного сюжета, в некоем неопределенном будущем, после того, как мы уже проследили сюжет до конца; а ведь ничего в сущности так и не произошло — только синица села на калитку в тусклой сырости швейцарского зимнего дня.

При переводе на английский Набокову пришлось изменить название романа: из-за того, что английское «подвиг» — «exploit» — слишком близко к глаголу «использовать», к пользе, и удаляет нас тем самым от бесполезного подвига Мартына. Роман стал называться по-английски «Слава» или «Хвала» («Glory»), что, по мнению автора, «обеспечило перевод, естественные ассоциации которого ветвятся под бронзовым солнцем славы. Той славы, которая вторит великим начинаньям и подвигам бескорыстия...той славы, которую воздают личному мужеству: славы просиявших мучеников».

В том же предисловии к английскому изданию Набоков подчеркивал, что герой его не так уж сильно интересуется политикой и что главная тема в фуге его судьбы — самореализация, воплощение своего «я»: «Это герой (случай редчайший), мечта которого находит воплощение, этот человек реализуется...» Может, как раз слово «воплощение», замечает Набоков, и было бы лучшим названием для романа. Однако воплощение в романе само по себе носит неизбежный отпечаток щемящей ностальгии: воспоминания о детских мечтах мешаются с ожиданием смерти. Набоков справедливо предчувствовал, как встрепенется критика при этом его признании, во всех деталях повторяющем открытие Фрейда.

В том же предисловии, говоря о трудностях перевода

романа на английский, Набоков упоминает о типично русском внимании (в этом романе особенно сильном) к движению и жесту, к тому, как человек ходит и как он садится, как улыбается и как смотрит.

Огромное значение имеют в «Подвиге» самые разнообразные подробности (например, мяч, прижатый к груди, о котором Набоков упоминает особо, говоря о «главном очаровании» «Подвига»), всяческие неживые предметы и даже «прощание с предметами», которому, кстати, посвятил специальное сообщение московский литературовед М. Эпштейн («Мартын посмотрел на перечницу... и ему показалось, что эту перечницу (изображавшую толстого человечка с дырочками в серебряной лысине) он видит в последний раз»). Сообщение М. Эпштейна на симпозиуме в Париже называлось «Прощание с предметами», и критик, анализируя небольшой рассказ, указывал на чуть ли не десяток приемов самостирания, на скобки как один из приемов «опрозрачнить фразу и свести ее предметность к минимуму... на грани пропажи или гибели («Набоков — поэт исчезновения, гений исчезновений...»), на *прощальную* (пушкинскую в набоковском смысле) красу природы. «Любая вещь в России — это прощание с вещью...» — заявил Эпштейн, обращаясь с вопросом к тем, кто все еще считают Набокова слишком западным и недостаточно русским: «Где еще вещи так рассеиваются необратимо и призрачно, как в России, как она сама?» М. Эпштейн выводит родословную набоковской чуткости к детали, к малому — от великой русской литературы, и прежде всего от Толстого:

«Толстой говорил, что в искусстве самое главное — это «чуть-чуть». Не потому ли Набоков воспринимается как образец и наставник чистого художества, что «чуть-чуть» и есть главный объект и пафос его творчества? Его редкостное, единственное в русской литературе чутье распространяется до крайних пределов этого «чуть-чуть», которое призывает нас — волею самого языка — *вчувствоваться* в то, что́ чему предшествует, что́ с чем сочетается: чуть-чуть запаха, чуть-чуть веяния, чуть-чуть присутствия в этом мире. Отсюда и подчеркнутая неприязнь Набокова не просто к идеологическим задачам, но вообще к крупноблочным конструкциям в искусстве: социальным, психоаналитическим, миссионерским...»

Традиция точного и детализированного изображения действительности, унаследованная Набоковым от русской литературы, и пушкинская «простота, поражающая пуще самой сложной магии», особенно зримо воплощены в «Подвиге». Яркие детали, едва заметные повороты и «соскальзывание» служат углублению этой традиции или, как писала одна молодая московская набоковедка, «рождают своеобразный эффект «консервативного новаторства».

Есть в «Подвиге» еще одна важная тема, которой мы отчасти уже касались в начале книги, говоря о набоковской религиозности. Вот как пишет Набоков о матери Мартына:

«Была некая сила, в которую она крепко верила, столь же похожая на Бога, сколь похожи на никогда не виденного человека его дом, его вещи, его теплица, и пасека, далекий голос его, случайно услышанный ночью в поле. Она стеснялась называть эту силу именем Божиим, как есть Петры и Иваны, которые не могут без чувства фальши произнести Петя, Ваня, меж тем как есть другие, которые, передавая вам длинный разговор, раз двадцать просмакуют свое имя и отчество, или еще хуже — прозвище. Эта сила не вязалась с церковью, никаких грехов не отпускала нам и не карала, — но просто было иногда стыдно перед деревом, облаком, собакой, стыдно перед воздухом, так же бережно и свято несущим дурное слово, как и доброе... С Мартыном она никогда прямо не говорила о вещах этого порядка, но всегда чувствовала, что все другое, о чем они говорят, создает для Мартына, через ее голос и любовь, такое же ощущение Бога, как то, что живет в ней самой».

Приводя частично эту характеристику, московский набоковед В. Ерофеев пишет, что «такое кредо, при всей его сдержанности и туманности, остается свидетельством метафизических рефлексий Набокова» и что хотя подобные рефлексии у Набокова «не кочуют из романа в роман, как у Достоевского», однако они важны для всего творчества Набокова, «для понимания того, как функционирует... набоковская этика. Связь веры с любовью к матери, передача веры через материнскую любовь превращает веру в смутное, но устойчивое, через всю жизнь длящееся чувство».

ЗОЛОТАЯ НИЩЕТА. НИЩАЯ СВОБОДА

Подходил к концу 1930 год. Вера работала на адвокатскую контору (переводы на английский и французский с русского и немецкого, письма, перепечатка, стенография — тоска, но работа есть работа).

Набоков еще давал время от времени уроки, однако больше всего он теперь писал, и это была мучительная, радостная и низкооплачиваемая работа. Русских в Берлине оставалось все меньше, центром эмиграции окончательно стал Париж. На его счастье, Набоков был теперь знаменитый эмигрантский писатель, так что «Современные записки» брали у него (у единственного из молодых) все, что он писал. Как ни далеки были от литературы эсеры, издававшие «Современные записки», они знали, что это вот и есть лучшее (конечно, решало тут мнение Фондаминского). «Современным запискам» удавалось пока выжить благодаря нескончаемым усилиям по сбору средств, чешской дотации и пожертвованиям, о которых в общем-то довольно недоброжелательно относившаяся и к Фондаминскому и к журналу Н. Н. Берберова вспоминала: «Фондаминский... большую часть своего времени... посвящал взиманию этой дани, главным образом среди щедрых и культурных русских евреев (чины Белой армии не имели привычки читать книги, да и каждый франк был у них на счету)».

«Современные записки» давали Набокову главный его заработок, настолько скудный, что трудно даже привести для сравнения какую-либо другую зарплату, столь же ничтожную. Впрочем, и сегодня в США или во Франции литературный заработок писателя не поднимается в среднем до прожиточного минимума или даже «порога бедности».

Набоков, однако, не сдавался. У него был героический союзник — жена. Оба они верили в победу его Дара, считая, что он не имеет права зарыть его в землю. Конец года Набоков провел над переводом «Гамлета», который ему, яруму поклоннику Шекспира, был очень близок. По просьбе Глеба Струве он начал писать статью по-французски — о преклонении перед «нашей эпохой» и «нашим временем». В ней он предупреждал, что поклонники «небывалого времени» и прогресса рискуют проглядеть то главное, что одно и будет важно потомкам,— человеческую личность и прекрасные подробности жизни. Струве предложил также Набокову написать о влиянии Фрейда на литературу. Отказавшись писать статью, Набоков сочинил позднее пародийную рекламу «Что нужно знать о фрейдизме» или «Фрейдизм для всех». Он работал и над докладом о Достоевском, но главное — он принялся уже за новый роман. Неудивительно, что Адамович, вероятно, мало что знавший об опьянении творчеством, жаловался в своих статьях, что Набоков «пишет много» и «пишет быстро». При этом он не мог не признать, что Набоков никогда не пишет небрежно, скажем, столь же небрежно, как ученики самого Адамовича.

Новый роман назывался поначалу «Райская птица». От этого первого варианта мало что осталось — разве что ослепший человек да обманывающая его любовница. Несмотря на бесчисленные переделки и поправки, новый роман был написан довольно быстро, особенно если учесть, что в те же самые месяцы Набоков писал статью о Достоевском, делал первые наброски для романа «Отчаяние», писал французскую статью и много читал. Ему дали почитать роман Джойса «Улисс», ту самую новинку 1922 года, отрывки из которой восторженный Мрозовский читал ему как-то в Кембридже. Сейчас Набоков не спеша читал эту книгу и все допытывался у Глеба Струве, нравится ли ему самому этот роман. Для Набокова «Улисс» оставался любимой книгой до конца его дней. Позднее в своей университетской лекции о Джойсе Набоков заявил, что «Улисс», в сущности, очень простая книга. Если вам тоже так показалось, дорогой читатель, то вам море по колено...

Новый роман Набокова назывался «Камера обскура». Это был довольно неожиданный роман, особенно после «Подвига». Впрочем, читатель еще не забыл, наверно, что столь же неожиданным показался и роман, написанный Набоковым вслед за «Машенькой».

В новом романе были только немецкие герои, вовсе не было русских тем и неотвязной русской ностальгии, не было никаких воспоминаний о детстве и всего этого пиршества «прекрасных мелочей». Брайан Бойд составил в своей книге подробный перечень аспектов, по которым «Камера обскура» являла прямую противоположность «Подвигу». Да она и задумана была, как полагает Бойд, по контрасту с «Подвигом», с его поиском благородства в обыденном, с исчезновением героя из этого мира (герой «Камеры обскуры» остается в нашем мире, однако мир исчезает из поля его зрения), с умением юного героя, лишенного артистического дара, находить в мире предметы, достойные искусства (художник же Горн в новом романе извлекает удовольствие лишь из жестокой пошлости).

«Камера обскура» в еще большей степени, чем прочие романы Набокова, отдает дань его пристрастию к кинематографу. В берлинскую пору своей жизни супруги Набоковы ходили в кино не реже двух раз в месяц. Иосиф Гессен (а позднее о том же писал ученик Набокова Альфред Аппель) с удивлением рассказывал, как этот утонченный писатель до колик хохочет над глупейшей американской фильмой. Аппель, сам ярый поклонник кинематографа, посвятил этому увлечению Учителя большую, но достаточно скучную книгу, в которой, к сожалению, нет анализа стилистических связей набоковской прозы с кинематографом, хотя и присутствуют кое-какие кинематографические прообразы Набоковских персонажей, а также любопытные свидетельства о культурной жизни и вкусах Учителя (мы узнаем, в частности, что Набокову очень нравились американские комики — Бестер Китон, Гарольд Ллойд и Чаплин, впрочем, только ранний Чаплин — «Цирк», «Золотая лихорадка», а из поздних фильмов — «Диктатор»).

Внимательный читатель и сам может отыскать в романах Набокова десятки ссылок на кинематограф, кинематографические сравнения (скажем, мелькание «мелкого черного дождя, вроде мерцания очень старых кинематографических лент» в «Камере обскуре»), почти стопроцентно киношных (по-тогдашнему «фильмовых») героев. Набоков мечтал поработать в кинематографе еще и потому, что только кинематограф мог вызволить писателя из нужды (что он делает по временам и сегодня), мог принести ему и его книгам известность. На его счастье (ибо нам доводилось встречать писателей, которых рано засосал кинематограф), у Набокова в первые шестьдесят лет жизни с кинематографом ничего не получалось, а когда, наконец, стали выходить фильмы знаменитых режиссеров (Ричардсона, Кубрика) по романам Набокова, то все было уже не так страшно — известность этим фильмам приносили имя Набокова и его книги, а не наоборот. Пока, впрочем, мы достигли лишь весьма кинематографичного (он и рассчитан был, вероятно, в некоторой степени на киноуспех) романа «Камера обскура».

Начинается роман с истории одного коммерческого успеха. Художник Горн придумал нового персонажа для своих рисованных «комиксов» — морскую свинку Чипи, которая принесла ему успех и богатство (как еще через тридцать лет бедная американская «нимфетка» сложила все это у ног самого Набокова).

Берлинский искусствовед Бруно Кречмар был богат и благополучно женат, однако любострастные видения юности продолжали его мучить. Придя однажды слишком рано на деловое свидание, Кречмар решил переждать в кинематографе и в полумраке зрительного зала влюбился в юную (ей было шестнадцать, но она была похожа на девочку) капельдинершу Магду. Магда жила у старухи-бандерши, позировала художникам и мечтала стать кинодивой, но пока стала лишь любовницей некоего Миллера (это все тот же Горн), продажной девкой, и, наконец, капельдинершей в кинотеатре. Став любовницей Кречмара, Магда разрушает его семью, губит его ребенка, и, собравшись выйти за него замуж, встречает вдруг Миллера-Горна, в которого до сих пор влюблена. Магда чувствует себя участницей «таинственной и страстной фильмовой драмы», да мы уже и так заметили нагнетание вполне киношной мелодрамы: умирающая дочка Кречмара мечтает в последний раз увидеть папу, роковая злодейка не пускает Кречмара к ребенку, роковой злодей Горн смеется над несчастными. Из предсмертных видений ребенка можно заключить, что девочка ходила к дому отца, чтоб его увидеть, простудилась и теперь умирает...

Это пародия на мелодраму, и, надо сказать, никогда еще до того пародия не играла столь важной роли у Набокова (позднее она станет одним из важнейших приемов его творчества).

Однако в кино мелодрама не столько предмет пародии, сколько главный продукт потребления, а мы помним, что к кинематографу герой (как и автор) относился серьезно и даже сам собирался кое-что сделать в этой области... Кречмар дает деньги на съемки фильма с участием Магды. Выясняется, что она бездарна: на экране она точно «душа в аду, которой показывают земные ее прегрешения». Потом Кречмар узнает об измене Магды. В смятении горя он гонит машину по горному серпантину, попадает в аварию и слепнет. Магда привозит его на виллу, которую она сняла для себя с Горном. Злодеи не только обирают жалкого, слепого Кречмара (но разве не был он слеп раньше, не умея разглядеть ее пошлости?), но еще и потешаются над его унижением. Бесплодному художнику Горну (как сказал бы набоковед

В. Ерофеев, лжехудожнику или псевдохудожнику) только театр человеческих страданий может доставить удовольствие: «Жадно следя за тем, как Кречмар... страдает и как будто считает, что дошел до самых вершин человеческого страдания, — следя за этим, Горн с удовольствием думал, что это еще не все, далеко не все, а только первый номер в программе превосходного мюзик-холла, в котором ему, Горну, предоставлено место в директорской ложе. Директор же сего заведения был ни Бог, ни дьявол» (Набоков здесь словно бы уже защищается от будущего обвинения З. Шаховской: раз не Бог, значит все-таки, вероятно, Антихрист). Разъяснения Горна по этому поводу не слишком внятны, но ведь и предмет, признаем, не простой: «Первый был слишком стар и мастит, и ничего не понимал в новом искусстве, второй же, обрюзгший черт, обожравшийся чужими грехами, был нестерпимо скучен... Директор... был существом трудноуловимым, двойственным, тройственным, отражающимся в самом себе, — переливчатым, магическим призраком, тенью разноцветных шаров, тенью жонглера на театрально освещенной стене...» (У нас, конечно, и в мыслях не было отождествлять Набокова с Горном или с другими его отрицательными персонажами, к чему довольно настойчиво склоняли нас некоторые из набоковедов).

Добрейший шурин Кречмара Макс обнаруживает таинственную виллу, где Горн разгуливает нагишом перед слепым Кречмаром, заставляя слепца (ему объяснили, что на вилле, кроме них с Магдой, никого нет) терзаться страхами и подозрениями. Эпизод, в котором голый Горн щекочет травинкой испуганного незрячего Кречмара, написан в лучших традициях фильма ужасов.

Как заметила критика, в расстановке сил между пошляками и артистами происходит здесь у Набокова любопытный сдвиг. Тонкий знаток искусства Кречмар уже в начале романа нравственно слеп, а талантливый художник Горн — пошл. Пошловатые же на первый взгляд мещане Макс и Аннелиза наделены высокими качествами ясновиденья, доброты и всепрощения: они предвидят несчастье, они пытаются спасти Кречмара.

Предметом пародии предстает в романе не только кинематограф, но и проза. Писатель Зегелькранц читает Кречмару отрывок из своего нового произведения (чтение это привело к разоблачению Магды и Горна), и начало отрывка — чистейшей воды пародия на эпигонов Пруста:

«Герман замечал, что о чем бы он ни думал, о том ли, что у дантиста, к которому он идет,— седины и ухватки мастера и, вероятно, художественные отношения к тем трагическим развалинам, освещенным ярко-пурпурным куполом человеческого нёба, к тем эмалевым эрехтейонам и парфенонам, которые он видит там, где профан нащупывает лишь дырявый зуб; или о том, что в угловой кондитерской с бисерной занавеской вместо двери пухлая, но легкая, как слоеное тесто, продавщица, живущая в кисейно-белом аду, истыканном черными трупиками мух, которая ему улыбнулась вчера, изошла бы, вероятно, сбитыми сливками, ежели ее сжать в объятиях; или о том, наконец, что в «Пьяном корабле», строку из которого он вспомнил, увидев рекламу,— слово «левиафан»,— на стене между мохнатыми стволами двух пальм,— все время слышится интонация парижского гавроша,— зубная боль неотлучно присутствует, являясь оболочкой всякой мысли...» Этот поход к зубному врачу еще через четверть века перекочевал (обогатившись новыми зубоврачебными страданиями, отчет о которых можно найти и в письмах Набокова) в роман «Пнин». Впрочем, к тому времени пародия уже прочно утвердилась в набоковском творчестве.

Читатель может представить себе, в какое замешательство привел этот новый роман тогдашнюю русскую критику. Кто влиял на молодого автора? У кого все это списано? Как получается такая литература? Растерянный до крайности Адамович тщетно пытался отыскать в повести «идейное содержание» (как всегда, простодушно повторяя «не знаю», «не знаю»). Судите сами: порок здесь не наказан, добродетель в луже крови, и вообще, похоже, у этого Сирина «нет желаний и мыслей»:

«Лунатизм... Едва ли есть слово, которое точнее характеризовало бы Сирина... «Камера обскура» написана так, будто и в самом деле Сирин прислушивался к какому-то голосу, нашептавшему ему все повествование, до которого ему, Сирину, в сущности, дела нет. Нет книги, где то, что обычно называется «идеей», исчезло бы так бесследно...»

Смятение знаменитого критика эмиграции наверняка поймут многие. То, что в русской литературе всегда были на виду люди, которые писали, так будто достижений русского XIX или русского XX века просто не было, никого не смущало. Но как только появлялись другие, непохожие, словно бы и не

277

знакомые с правилами, критика наша начинала смятенно искать, чем можно унять или даже воспретить подобную непохожесть.

«Удивительно, что такой писатель возник в русской литературе, — сетовал Адамович. — Между тем, это все-таки большой и подлинный художник, значит такой, который «из ничего» появиться не мог... Ни в коем случае это не пустоцвет.

... Не повлияла на него эмиграция, т. е. жизнь вне времени и пространства?.. Не является ли вообще Сирин детищем и созданием того состояния, в котором человек скорее играет в жизнь, чем живет? Не знаю. Да и кто это может решить? Если бы это оказалось так, «национальная» сущность и призвание Сирина получил бы в общем ходе русской литературы неожиданное обоснование... Некоторые его страницы вызывают почти физическое удовольствие, настолько все в них крепко спаяно и удачно сцеплено». Однако, засвидетельствовав и пережитое удовольствие и собственную растерянность, Адамович снова сетовал, что «душно, странно и холодно в прозе Сирина...» «Но, повторяю, замечательный писатель, оригинальнейшее явление... — признавал Адамович, — первоначальные сомнения в его исключительном даровании давно рассеялись. Остаются сомнения только насчет того, что́ он со своим даром сделает».

Так писал Адамович в «Последних новостях», крупнейшей газете русской эмиграции, однако он уже, в сущности, оборонялся, потому что враг был у ворот его крепости: Набоков присылал теперь в эту газету свои рассказы — рассказ «Terra incognita», рассказ «Занятой человек», рассказ «Обида», посвященный Бунину...

Набоков познакомился с Буниным в начале 1931 года в Берлине. Среди берлинских дневниковых записей Веры Николаевны Буниной (как все ее записи, наивных, чаще отражающих то, что говорят ее муж или окружающие, чем какую-нибудь оригинальную точку зрения, однако все же интересных, все же трогающих неизменной своей добротой и терпимостью) можно найти и январскую запись о визите к Набоковым:

«4.I.31... Очень приятный, и жена его евреечка, образованная, знает языки, очень мила... На отца не похож... Ивана Алексеевича обожает. Показывал бабочек. Влюблен в них».

А вот и еще — написано осенью того же года, в Париже, в пору первых нобелевских надежд и переживаний Буниных:

«10.X.31... Прочла Сирина. Какая у него легкость и как он современен. Он современнее многих иностранных писателей. Вот у кого есть «ироническое отношение к жизни». Вот кто скоро будет кандидатом на Нобелевскую премию».

...Эмигрантский Берлин все пустел. Набоковы не раз думали об отъезде, но ехать им было некуда. Одно время они собирались уехать вместе с Мишей Каменкой в Австралию, но потом Мишина семья распалась, и все их планы рухнули. В сущности, эта отчужденность от малопонятного города, от малознакомого языка Набокову была на пользу. В Париже он непременно втянулся бы во французский — тут он оставался в рамках русской колонии и русской литературы, в стихии русского языка. Да и в этом нелюбимом, уродливом городе тоже была своеобразная прелесть. Набоков умел вдохновляться и мерзкой берлинской изморосью, и почти деревенскими окраинами города, его парками и лесами. Он посвятил, вероятно, не меньше строк Грюневальду, чем иные из немецких писателей-берлинцев. Так о многом было передумано и так много придумано в этом бору, «свежо и по-детски попахивавшем Россией». Все чаще Набоков уводил за собой читателя в этот бор («Дай руку, дорогой читатель, и войдем со мной в лес»). Были у него в этом городе и настоящие друзья — Верина кузина Анна, друзья отца, ставшие его ближайшими друзьями,— Гессены и Каменки, которые и сейчас, через девять лет после того трагического марта, не забывали о любимом друге и по весне, собираясь вместе, как всегда, отмечали юбилей его гибели — все еще не теряя надежды на возрождение, на строительство России, которая, судя по вестям, доходившим с Востока, вступила в эпоху Великого Разрушения. В девятую годовщину гибели друга они напоминали с неубывающей горечью: «Россия, которая, раньше или позже, несомненно, возродится из грозных развалин великого прошлого, потеряла в лице Набокова одного из немногих, рожденных для государственного строительства».

А Берлин стал меняться не по дням, а по часам. Число безработных достигло пяти миллионов, и многие из них выстраивались в очередь за бесплатной похлебкой. Иногда улицу заполняли вдруг колонны молодых фашистов. Группа экстремистов разгромила редакцию «Руля», и без того уже удушенного непосильной борьбой за выживание. Полагали, что это были боевики-коммунисты.

Где-то за непроницаемой границей оживлялась время от времени таинственная Россия Советов и засылала в пустеющий русский Берлин пропагандистов и агентов ГПУ. Первых, впрочем, невозможно было отличить от вторых, да и работу они выполняли почти одинаковую, рассказывая измученным ностальгией, обнищавшим эмигрантам, как «свободно дышит человек» на родине, где идет бодрое «раскулачивание», «раскрестьянивание» и «раскультуривание» плюс электрификация, помноженная на ГУЛАГ. Именно на эти годы приходятся особенно впечатляющие успехи посланцев ГПУ. Была завербована любимица Рахманинова певица Надежда Плевицкая вместе со своим мужем, героем-корниловцем. Приставили к «настоящему делу» мятущегося мужа Марины Цветаевой, не нашедшего в эмиграции другого оплачиваемого применения многим своим талантам. Хотя истребление собственной интеллигенции внутри страны шло уже полным ходом, богатейшее из ведомств нищей России продолжало не щадя средств соблазнять возвращением (для последующего уничтожения) не забытую, как обнаружилось, эмигрантскую интеллигенцию. Прибывший из Москвы пролеткультовский писатель Тарасов-Родионов оставил Набокову записку в книжной лавке, что, мол, неплохо было бы встретиться и поговорить по душам. Сомнительно, чтобы Набоков был знаком со знаменитым романом Тарасова-Родионова «Шоколад», однако какие-то из подобных книг, от которых на него веяло «тюремным запахом», он успел прочитать, и его, призывавшего гордиться нищей эмигрантской свободой, вряд ли могла соблазнить судьба Алексея Толстого. Не было в нем и того сплава героического идеализма с аморализмом, который привел Эфрона на службу в НКВД и к бесславному концу в его подвалах. Однако на свидание с классиком «Пролеткульта» он все же пошел и позднее не раз рассказывал об этой «нелегальной» встрече в русском кафе. Расхвалив перед бедным собратом последние достижения свободы в СССР, пролетарский писатель приступил непосредственно к выполнению высокой миссии (поздней такую миссию, увы, брал на себя К. М. Симонов, искушавший возвращением нищего Бунина). Набоков, не выясняя всех подробностей ждущего его процветания, сказал, что он бы вернулся, и с радостью, да только не знает, сможет ли он там писать так же независимо, как здесь. Тарасов-Родионов сказал, что творчество в СССР совершенно свободно, так что любой писатель может выбрать себе что-нибудь по вкусу из последнего постановления ВЦИК и смело освещать успехи на облюбованном участке социалистического строительства — не выходя, конечно, за рамки генеральной линии. На этом месте содержательная литературная беседа была прервана самым непредвиденным образом. К столику подошел какой-то бедолага-белогвардеец, живший продажей ботиночных шнурков, и стал предлагать господам свой убогий товар — на единственном знакомом ему языке. Нервный представитель советской творческой интеллигенции решил, что попал в западню и немедля ретировался. Кстати, жизнь свою он, как и большинство пролетарских писателей, кончил печально. В его нашумевшем романе «Шоколад» доказывалось, что партия может обречь на смерть хоть бы и невинного, если ей, партии, это понадобится для устрашения масс. Именно так партия и поступила чуть позже с самим Тарасовым-Родионовым. Набоков же, на счастье, не вернулся в СССР и даже не был похищен. Благополучно пережив опасное свидание, он сел за рассказ о встрече берлинского эмигранта с приехавшим из Москвы братом, советским «спецом» («Спец. О, эти слова с отъединенными хвостами, точно рыбьи головы...») Ожидая гостя, эмигрант раздумывает, как вести себя при советском брате, носящем светлое имя Серафим: «Шутливо пожаловаться на сегодняшнюю (нестерпимую, задыхающуюся) нищету? Притвориться человеком с широкими взглядами, стоящим выше эмигрантской злобы, понимающим... что понимающим? Что Серафим мог предпочесть моей бедности, моей чистоте — деятельное сотрудничество... с кем, с кем! Или напротив,— нападать, стыдить, спорить, а не то — едко острить: «Термин «пятилетка» напоминает мне чем-то конский завод».

Ничего такого он не сумел, братья оказались чужими друг другу. Они неловко молчали, потом вспоминали кличку какого-то пуделя: «Жалкая встреча»...

Литературные успехи Набокова чередовались с мелкими литературными неприятностями: «Последним новостям» пришлось рассыпать набор его отличного рассказа «Уста к устам», рассказа про вдовца-графомана, из которого литературные проходимцы тянут деньги, обещая напечатать его беспомощный роман. Плуты осыпают беднягу комплиментами, а за спиной смеются над ним. Случайно подслушав обрывок их разговора, он понял обман. Рассказ уже был набран, но тут кто-то рассказал в редакции газеты, что в «Числах», где верховодят Оцуп, Г. Иванов и Адамович, печатают сейчас какого-то бездарного Бурова совершенно на тех же условиях, что и вдовца из набоковского рассказа. «Последние новости» (где регулярно сотрудничал Адамович) не захотели ввязываться в скандал, и набор рассказа был рассыпан.

В эту пору в Берлин приехал Замятин, одним из последних. Он надеялся еще вернуться в Россию, однако с каждым днем ему становилось очевиднее, что надежды на возвращение мало. По приезде Замятин высоко отозвался о таланте Набокова, назвав его главным приобретением эмигрантской литературы.

Между тем литературе этой приходилось тяжело. В начале 1932 года Набоков обратился через газету ко всем людям, имеющим чуткую совесть: он призвал оказать помощь голодающим, безработным. Это может удивить тех, кто знаком с поздними индивидуалистическими высказываниями Набокова. О чем говорят эти поздние перемены? Не о том ли, что даже самая удивительная память несовершенна?

Весной в Париже была напечатана статья Ходасевича, носившая то же название, что и роман Набокова,— «Подвиг». Речь в ней шла о подвиге молодой эмигрантской литературы, а одним из главных героев статьи был именно Сирин-Набоков. Статья, начинавшаяся строками Пушкина о грядущей годовщине смерти, теми самыми строками, которые еще через два десятилетия разбирал на своем уроке американский профессор Тимофей Пнин, посвящена была бедственному положению молодого поколения эмигрантских писателей, в котором «и талантливые, и бездарные, и правые, и виноватые подвержены одинаковому невниманию», ибо «старшие к судьбе младших глубоко равнодушны» и «писания младших подвергаются слишком некомпетентному суду случайных вершителей литературных судеб». Как самый яркий пример Ходасевич привел судьбу Набокова:

«Сириным на словах восхищались чуть ли не все (и вполне справедливо), но кто возвысил свой компетентный голос, чтобы обратить на него внимание публики? Ровным счетом никто.

...Если молодые писатели наши все еще трудятся,— продолжал Ходасевич,— все еще ведут неприметную, но упорную борьбу за свое существование, то иначе как *подвигом* этого назвать не могу».

Можно представить, с каким чувством читал Набоков статью старшего собрата по эмигрантской литературе, перед поэзией которого преклонялся, находя в ней столь близкие ему мысли о «возвышенном сознании своей миссии», а главное — мысли о мастерстве. «Русской литературе (да и не только литературе),— писал Ходасевич,— немало вреда уже принесло традиционное восхищение перед всевозможными самородками, недоучками и т. п. Бодрое делание без умения, суждения без познаний, зато «по вдохновению», дилетантщина во всех видах — все это слишком долго пользовалось у нас снисхождением, а то и сочувствием».

* * *

Набоковым пришлось покинуть слишком для них дорогую теперь генеральскую квартиру и найти другую, подешевле. 1 апреля многие берлинцы снимались с места в поисках дешевого жилья...

Два новых рассказа Набокова возвращались к теме смерти и жизни за смертью («Занятой человек» и «Terra incognita»). Он написал и второй рассказ о детстве мальчика Пути Шишкова («Победа»). Он дал мальчику фамилию своей прабабки, но и без этого намека можно узнать в рассказе знаменитый эпизод с дуэлью отца, дом на Морской, Тенишевское училище.

В апреле Набоков гостил у родных в Праге. Ему больше не удавалось помогать матери, ибо и самому приходилось трудно. Иногда, сидя в Берлине, он вспоминал вдруг, что они там в Праге влачат жалкое существование,— и тогда он советовался с друзьями, писал письма, но сделать он ничего не мог: самых тяжких жертв призвание его требовало прежде всего от близких. В Праге, в гостях у Сергея Гессена, Набоков познакомился с гарвардским профессором Михаилом Карповичем, который ему очень понравился. Там же, на отдыхе, он «в сотый раз» перечитал свою любимую «Мадам Бовари», одну из немногих книг, в воздействии которых на свое творчество он не стеснялся признаваться и в конце жизни.

В то лето Берлин сотрясали политические страсти. Гинденбург распустил рейхстаг и назначил новые выборы, на улицах фашисты дрались с коммунистами. Самое бы время уехать, да ехать, похоже, Набоковым было некуда. А в Берлине у Веры была служба, обеспечивавшая какой-никакой, а прожиток, была уютная квартирка в пригороде Вильмерсдорф, которую они делили с вериной кузиной Анной Фейгиной. Анна была добрый, милый человек, и дружбу с ней Набоков пронес через много десятилетий.

А главное — не до разъездов ему было сейчас: он снова засел за роман. Новый роман назывался «Отчаяние», и в сентябре Набоков уже закончил первый его вариант. Работал он взахлеб. «Сказать по правде, я испытываю некоторую усталость. Я пишу чуть не от зари до зари, по главе в сутки, а то и более... Бывали дни, третьего дня, например,— когда я писал с двумя небольшими перерывами девятнадцать часов подряд». Это не цитата из его письма. Это кусочек из его нового романа, который русские критики уже до войны считали одной из вершин его творчества и современной литературы вообще. Хотя в этом сложном романе не одно, а несколько «я», можно заметить все же кое-какие совпадения в мыслях героя и автора, может, и не слишком существенные совпадения, однако и не вовсе безынтересные — вроде приведенного выше отрывка о сочиненье взахлеб или вот такого признания: «О, как я лелею надежду, что несмотря на... эмигрантскую подпись... книга моя найдет сбыт в СССР!» Или еще: «... не я, не разум мой пишет, а только память моя, только память».

Роман этот имел много общего с «Соглядатаем» и сильно отличался от только что законченной «Камеры обскуры», а также от жизнеутверждающего «Дара», который Набоков в ту пору не только замышлял, но и начал писать помаленьку. Если изложить новый роман в двух словах, он довольно прост (при условии, что сразу поймешь, чтó в нем к чему). Некто Герман, наткнувшись однажды на спящего немца, который показался ему совершеннейшим его двойником, решает заманить этого нищего бродягу в лес, убить его, переодеть в свою одежду и разыграть собственную смерть, чтоб жена, получив за него в Германии крупную страховку, воссоединилась с ним где-нибудь во Франции. Герман сам описывает все это, чтоб доказать окружающим и потомству высокую художественность задуманного и осуществленного им преступления. Дело в том, что полиция уже напала на его след и утверждает, что убитый не имел ни малейшего сходства с убийцей, то есть преступление, задуманное как «произведение искусства», потерпело крах. Уязвленный этим утверждением, Герман берется изложить свою версию, и мало-помалу нам становится ясно, что художественная безупречность преступления волновала его даже больше, чем чисто финансовые цели. При внимательном чтении нам раскрываются и другие побудительные мотивы убийства. Герман утверждает, например, что его простенькая жена Лида в нем души не чает, однако, вчитавшись в его рассказ, мы замечаем, что в семье его все не так уж ладно. Да и в собственном его описании супружеской жизни обнаруживается некая его странная раздвоенность: то ли он спит с женой, то ли наблюдает все эти любовные баталии со стороны. Это еще не все. Читатель вскоре догадывается, что у жены Германа роман с ее кузеном художником Ардалионом. И внимательный читатель (невнимательный тут мало что заметит) задумывается, не связано ли и это с мотивами преступления. Ведь после убийства и обретения страховки Герман собирался увезти Лиду, оторвать ее от Ардалиона (в этом он, пожалуй, и себе самому не желает признаться). Для убийства двойника у него могут быть и другие мотивы. Героем «Отчаяния» движет та же потребность утвердить себя, стать хозяином своей судьбы, идя ей наперекор, что прослеживалась в действиях Лужина, в поступках юного Мартына из «Подвига» и других героев Набокова. Узнав, что преступление раскрыто, что его ищут, Герман и начинает лихорадочно писать повесть о происшедшем. Цель ее — самооправдание (прежде всего как художника). Герман уверен в своем писательском таланте («абсолютная вера в... чудный дар») не меньше, чем недавно еще был уверен в своем гении преступности. С блеском (несколько утомительным) он играет стилями, у него «двадцать пять почерков», он может спародировать любой зачин, у него «спутались все приемы». При этом он небрежно упоминает своих литературных предшественников (и можно отметить, что все это писатели, небезразличные для Набокова) — то Конан Дойля, то Достоевского, то Уоллеса... С Достоевским сложнее всего. Если Набоков только пародировал Достоевского, то герой романа топчет его ногами («в бутафорских кабаках имени Достоевского» и т. д.). В английском переводе романа герой запросто кличет его Дасти («пыльный»). И все же очевидно, что от близости к Достоевскому (и к его двойникам) ни герою романа, ни автору его не уйти...

Пародия в этом романе Набокова становится одним из важнейших приемов, а многие страницы кишат сравнениями из литературной жизни.

Обоснованны ли художественные претензии героя романа? В искусстве (ибо он рассматривал преступление как акт искусства) он потерпел полный крах. Жизнь оказалась намного изобретательней его (как она оказалась изобретательней жены Дрейера Марты), и ошибся герой в главном — в установлении идентичности своего облика с наружностью бродяги. Ленивый художник (но при этом счастливый соперник) Ардалион заявляет, что лицо человека уникально, что вообще не может быть двух одинаковых лиц. А изобретательная жизнь после первых коварных намеков (скажем, забытая Ардалионом в машине бутылка водки) подстраивает герою более серьезную каверзу — полиция нашла палку бродяги, оставленную им в машине (вот тебе еще одно несовершенство твоего произведения искусства, задуманного как шедевр). С литературой обстоит еще хуже. По пути к тотальной неудаче героя Набоков рассовывает кое-какие ловушки: например, заметы «фотографической» памяти Германа весьма неточны. Еще важней другое. Чему служит это употребление приемов искусства? Тому, чтобы только показать себя? Герой «Отчаяния» эгоцентричен и нарциссичен, а в английском переводе есть и особая вставка о Нарциссе, которому жизнь может помешать любоваться недвижным лицом двойника (зато в смерти он будет служить идеальным отраженьем). Самовлюбленность не дает герою возможности шагнуть за пределы своего «я», войти в жизнь других людей, вообразить чужую боль, чужую жизнь, а без этого нет искусства, без этого искусство аморально. В начале седьмой главы романа мы обнаруживаем как бы эпиграф (позднее Берберова будет говорить о «растворенном эпиграфе» у Набокова): «Во-первых, эпиграф, но не к этой главе, а так, вообще: литература — это любовь к людям». Случайны ли эти строки у Набокова? Уж не оговорка ли это? Нет, конечно. Четверть века спустя Набоков в открытую заявит в послесловии к «Лолите», что для него роман или рассказ существует лишь постольку, поскольку доставляет эстетическое наслаждение, а это и есть то «особое состояние, когда чувствуешь себя — как-то, где-то, чем-то — связанным с другими формами бытия, где искусство (т. е. любознательность, нежность, доброта, стройность, восторг) есть норма». Может, Набоков и воздержался бы от этой последней, столь открытой декларации, если бы не дружный хор обвинений в аморализме, раздавшийся после выхода «Лолиты». Нет худа без добра: мы получили из первых рук формулу морали в его искусстве. А еще через десять лет (то есть через добрых сорок лет после выхода «Отчаяния») Набоков сказал заезжему баварскому журналисту: «Я уверен, что когда-нибудь явится переоценщик и объявит, что, не являясь ни в коей мере легкомысленной жар-птичкой, я был строгий моралист, разивший порок, бичевавший тупость, высмеивавший вульгарность и жестокость — а верховное главенство вручавший нежности, таланту и гордости».

Итак, Герман оттого в первую очередь не художник и не писатель, что он целиком сосредоточен на себе, что он Нарцисс. Что он не видит других (оттого и не разглядел «различия», которые в искусстве важнее сходства), не слышит крика их боли. Именно поэтому он не художник, а обыкновенный преступник. Так что «Отчаяние» — это в первую очередь роман об искусстве, о его отношениях с действительностью. Художник знает, как велик разрыв между желанием и действительностью, преступник этого может и не знать. Сменив личину, Герман хотел начать другую жизнь за гранью той жизни, которую он собрался перешагнуть. «Но ради чего?» — вопрошает Б. Бойд. И приходит к выводу, что цели Германа оказались банальными, так же, как и его методы. То, что «Отчаяние» — роман о творчестве (притом роман «наиболее близкий к ядру его творчества»), разглядели еще до войны русские критики. Зато этого не сумел разглядеть (глядя на роман с одной единственной стороны — со стороны «слов») прославленный Ж.-П. Сартр. О новом романе Набокова подробно писали вскоре после его выхода В. Вейдле и В. Ходасевич. По Владимиру Вейдле, смысл «Отчаяния» сводится «к сложному иносказанию, за которым кроется не отчаяние корыстного убийцы, а отчаяние творца, неспособного поверить в предмет своего творчества. Это отчаяние и составляет предмет лучших сиринских творений. Оно роднит его с самым показательным, что есть в современной европейской литературе, и оно же дает ему в русской литературе то место, которое кроме него некому занять... этой черты достаточно, чтобы запретить нам относиться к Сирину всего лишь как к неотразимому виртуозу, все равно придаем ли мы этому слову порицающий или хвалебный смысл».

Еще раньше о том же сказал чуткий Ходасевич. Отметив, что герой «Соглядатая» оказался не творцом, а шарлатаном, отчего «и перехода из одного мира в другой в его истории нет», Ходасевич говорит, что эта тема, намеченная в «Соглядатае», становится «центральной в «Отчаянии», одном из лучших романов Сирина». Ходасевич считает героя «Отчаяния» художником подлинным, строгим к себе. «Он погибает от единой ошибки, от единого промаха, допущенного в произведении, поглотившем все его творческие силы. В процессе творчества он допускал, что публика, человечество может не понять и не оценить его создания,— и готов был гордо страдать от непризнанности. До отчаяния его доводит, что в провале оказывается виновен он сам, потому что он только талант, а не гений».

Итак, на более глубоком уровне прочтения «криминальный» роман Набокова предстает еще более сложным, чем «криминальные» романы так бурно им отталкиваемого Достоевского. Все эти сложности романа обнаруживаются мало-помалу при внимательном чтении из-под толщи довольно сложного его построения. Сложен и сам рассказ от первого лица при полной ненадежности субъективного и эгоцентричного рассказчика (так уже было в «Соглядатае» и будет у Набокова еще не раз). Мы с вами простодушно следуем за рассказчиком и оказываемся обмануты во всем: и жена-то ему не верна, и двойник на него не похож, не двойник он вовсе, и преступление его не гениально (и не оригинально). Однако рассказчик неистов, параноически настойчив («желаю во что бы то ни стало, и я этого добьюсь, убедить всех вас, заставить вас, негодяев, убедиться...»). И вот, поверив, мы с вами оказались в одной из ловушек. Их много здесь расставлено автором. Приходится, во-первых, разбираться, где звучит голос рассказчика, а где голос самого автора. В записи от первого лица речь все время идет о прошлом, и надо угадать, что когда произошло. Так мы попадаем в полнейшую зависимость от восприятия рассказчика, от его памяти, от его конечного намеренья. К тому же рассказчик наш пребывает в возбужденном состоянии, он то и дело уходит в сторону от рассказа, лихо пробует все свои двадцать пять почерков. И ни герой, ни автор ни на минуту не забывают, что предметом их является литература. Двойник Германа, например, не просто «вымыл ноги снегом»: он «вымыл ноги снегом, как это делал кто-то у Мопассана» (Мопассану еще не раз достанется в произведениях Набокова). Рассказчик не просто плакал: он «глотал слезы и всхлипывал. Метались малиновые тени мелодрам».

Еще сложней с главным героем. Есть простейший способ объяснить сложности его поведения: у него «отклонения от нормы», аберрация, извращения. Один из двух тихоокеанских биографов Набокова, Эндрю Филд, кажется, склонен именно к такому простецкому объяснению. С одной стороны, на столе у нас учебник психиатрии (ведь и Набоков его почитывал), с другой — томик всезнающего Фрейда. Так что, если этот Герман любуется со стороны на то, как он сам занимается (скорей всего, все же не занимается) с женой любовью, то тут не просто раздвоение личности, но и «отклонение нарциссического характера». К тому же и во сне его обнаруживается «шизофреническое расщепление личности» — все очень просто. Однако для анализа художественного произведения это нам дает очень мало. Ведь не на то же все это богатство приемов работает, чтоб нам доказать, что Герман псих (к этой простой мысли нас и последняя фраза романа может подтолкнуть — то ли он исповедь пишет, то ли уже в окно высунулся и кричит воображаемой съемочной группе, чтоб готовились к съемкам его коронного выхода). Не на то и не для того, ибо все это — про искусство. И это не просто литературные игры — тема эта мучает Набокова давно, и он от нее до конца дней не избавится: это мука его жизни. Серьезные русские критики поняли эту муку больше полстолетия тому назад. В. Вейдле писал про «бессознательные или осознанные мучения «набоковского «я»», про «какое-то беспомощное всемогущество его, напряженную власть над вещами и людьми, которые на самом деле не вещи и не люди, а лишь порождения его собственного произвола, от которого ему тем не менее некуда бежать». И заключал с уверенностью: «Таково по-разному выраженное, но тождественное в глубине содержание... рассказов и романов».

Еще определеннее на отчаяние творца как основной мотив всех произведений Сирина указывал Владислав Ходасевич. Именно это, по словам Ходасевича, «ставит Сирина на один уровень с самыми крупными художниками в современной европейской литературе».

Итак, Набоков не ведет в романе некую искусную игру с подвластными ему персонажами. Он здесь решает единственно важные для него проблемы — проблемы творчества, реальности, жизни после смерти. Однако спор о романе не был кончен в те годы. Снова и снова самые разные критики, от приехавшего в командировку из страны Совписа И. Бабеля до свободно путешествующего Э. Филда, объявляли, что идей, то бишь «идейного содержания», у Набокова все же нет (Бабель, тот выразился совсем «по-нашенски» — что все это здорово, конечно, но только нам это ни к чему, наш народ этого не поймет).

ПАРИЖ ВСТРЕЧАЕТ СИРИНА

В начале октября Вера взяла двухнедельный отпуск. Денег на дальние путешествия у них теперь не было, но, на счастье, кто-то предложил кузену-композитору Нике Набокову домик в Эльзасе, в Кольбсхайме, неподалеку от Страсбурга. Туда Набоковы и отправились погостить у Ники и его жены Наташи Шаховской. Они познакомились там с Никиной тещей княгиней Шаховской, что имело далеко идущие последствия. После Кольбсхайма Набоков поехал по делу в Париж. Дел у него теперь в Париже было не меньше, чем в Берлине: он вовсю печатался в «Последних новостях» и в «Современных записках». Ему предстояло выступление перед публикой культурной столицы русской эмиграции: у него уже было в Париже множество читателей, несколько верных почитателей и немало врагов и завистников.

В Париж он приехал 21 октября и сперва (до возвращения Наташи из Кольбсхайма) поселился в Никиной квартире. В тот же вечер он отправился к Фондаминскому и был им очарован, как и в первый раз в Берлине: святой человек, просто ангел. Так он и написал Вере, в тот же вечер. Письма, которые он теперь ежедневно отправлял Вере, из каждой поездки, похожи на те, что он раньше писал матери. Хорошо тому, у кого есть человек на свете, который по-матерински радуется каждому твоему успеху. Перед кем не грех и похвастать: рассказать, что тебя здесь зовут «англичанином», что восхищаются твоим «классом», передают из уст в уста твои меткие словечки.

Он повидал в Париже множество родственников, знакомых, друзей отца. «Для всех этих людей он был «Володя»,— пишет впервые его тогда увидевшая Н. Н. Берберова,— они вспоминали, что он «всегда писал стихи», был «многообещающим ребенком», так что неудивительно, что теперь он пишет и печатает книги, талантливые, но не всегда понятные каждому (странный русский критический критерий!)»

Непонятность его не мешала читателям соглашаться, что он очень талантлив. Критика пока еще не могла помочь публике, потому что даже большинство штатных критиков проза его, при самом благожелательном подходе, приводила в некоторое замешательство. Многие говорили, что проза эта вне влияний русской литературы, что все русские традиции на ней обрываются (последняя формулировка принадлежит Адамовичу, который, впрочем, тут же высказывал робкое предположение, что «чуть-чуть он напоминает все-таки Гоголя»). Мало-помалу критики припомнили еще и Толстого, и Белого, и Салтыкова-Щедрина, и Достоевского, и даже Блока, однако чаще в поисках разгадки они глядели пока на неведомый Запад, в дебри немецкого экспрессионизма. В общем, он был загадочной фигурой, этот молодой блестящий Сирин, который явно знал еще и какую-то другую литературу, не знакомую толком ни критике, ни бездомным, беспечатным бедолагам-парнасцам. Самые разнообразные легенды ходили о нем, и Ходасевич якобы намекал Яновскому, что уж этот-то, он все на свете читал.

На русском Монпарнасе он не прижился. Он не любил просиживать или простаивать ночи напролет в кафе, не любил надрыва, слезливых бесед, нестандартных связей, наркотиков, нагнетания трагедии. Монпарнасским поэтам он казался слишком здоровым и спортивным (хотя ведь и трагический «царства монпарнасского царевич» Борис Поплавский тоже был здоров и молод, тоже увлекался боксом). Набоков показался все же «монпарнасцам» слишком жизнерадостным, слишком удачливым, слишком плодовитым и главное — неприлично талантливым. Этакий баловень судьбы, любимчик всемогущего Фондаминского и всемогущего Милюкова.

Да у него и не оставалось времени для монпарнасских ночных бдений. Каждый день он виделся теперь с Фондаминским и его женой Амалией Осиповной, которые приняли во всех его делах живейшее участие. Было в Париже несколько писателей, которых ему непременно хотелось повидать, были семейные и деловые визиты.

Прежде всего надо было зайти в «Последние новости». Н. Н. Берберова так вспоминает о его первом визите в газету: «Он был в то время тонок, высок и прям, с узкими руками, длинными пальцами, носил аккуратные галстуки; походка его была легкой, и в голосе звучало петербургское грассирование, такое знакомое мне с детства... в помещении русской газеты все пришли взглянуть на него, и Милюков несколько торжественно представил его сотрудникам...»

Понятно, что сын В. Д. Набокова не мог быть безразличен Милюкову. Однако писатель Сирин и сам по себе никого не оставлял равнодушным. Фондаминский представил его остальным трем столпам «Современных записок», своим друзьям-эсерам — Зензинову, Вишняку и Рудневу, а также автору исторических романов Марку Алданову, самому читаемому в эмиграции писателю. Алданов был историк-эрудит, ученый-химик и труженик-журналист. Добиваясь в своих романах исторической точности и точности языка, он был настоящим фанатиком исправлений. В общении он был сдержан и щепетилен. Он долго размышлял при случайной встрече с Махно, может ли он подать ему руку (и не подал), пристойно ли поздороваться с заезжим циником-большевиком Алексеем Толстым (и не поздоровался). Это был настоящий джентльмен. «Проницательный ум и милая сдержанность Алданова были всегда для меня полны очарования», — вспоминал позднее Набоков. Берберовой вспомнилось, что Набоков неблагодарно обругал Алданова в рецензии на его «Пещеру», но, думается, что память снова обманула Нину Николаевну. Набоков отметил в своей рецензии как раз те черты алдановского романа, которые ему были симпатичны: «Та сочиненность... о которой толкуют в кулуарах алдановской славы, на самом деле гораздо живее мертвой молодцеватости литературных героев, кажущихся среднему читателю списанными с натуры. Натуру средний читатель едва ли знает, а принимает за нее вчерашнюю условность. В этой мнимой жизненности нельзя героев Алданова упрекнуть. На всех них заметна творческая печать легкой карикатурности. Я употребляю это неловкое слово в совершенно положительном смысле: «усмешка создателя образует душу создания». Набоков говорит об «очаровательной правильности строения, изысканной музыкальности мысли» Алданова и дает в за ключение перечень самых сильных сцен его романа, завершаемый «письмом из России»: «Все «письмо из России» великолепно, и особенно описание, как Ленин с шайкой «снимается для потомства»: «За его стулом стояли Троцкий во френче и Зиновьев в какой-то блузе или толстовке... какие люциферовы чувства они должны испытывать к нежно любимому Ильичу... «А ведь, если б в таком-то году, на таком-то съезде, голосовать не так, а иначе, да на такую-то брошюру ответить вот так, то ведь не он, а я сидел бы «Давыдычем» на стуле, а он стоял бы у меня за спиной с доброй, с товарищески-верноподданнической улыбкой!» Это звучит приговором окончательным, вечным, тем приговором, который вынесут будущие времена».

В те парижские дни Набоков познакомился с Михаилом Осоргиным и Борисом Зайцевым, с матерью Марией (поэтессой Кузьминой-Караваевой, которая, постригшись в монахини, избрала тяжкое служение в миру), с Куприным и Евреиновым, побывал у критика Андре Левинсона, поднявшего на щит его «Защиту Лужина». Но одной из самых важных для него встреч была, конечно, встреча с Ходасевичем. Именно Ходасевич был в глазах Набокова настоящим Мастером современной поэзии (таким же Мастером, как Бунин, а может, и выше Бунина). Ходасевич относился к литературе с той же самоотверженностью и самоотречением, что и сам молодой Набоков, проявлял такую же требовательность к совершенствованию формы. Как и Набоков, он считал несущественными для настоящей литературы «актуальность», «современность», «своевременность», «идейную направленность» и «социальные задачи». Считая, что у литературы есть свои задачи и свои принципы, он умел сохранять верность им, умел презирать успех и славу, умел преодолевать соблазны и выше всего ставить свой долг перед ниспосланным ему даром. И вот такой человек сумел оценить Набокова! Он одним из первых выступил в защиту его дарования и продолжал всей силой своего литературного авторитета поддерживать молодого писателя. Теперь они встретились наконец. Ходасевич пригласил Набокова к себе домой, в тесную, грязноватую и довольно убогую холостяцкую квартиру (Нина Берберова незадолго до этого ушла от него к другому). Ходасевич созвал гостей — бывшую жену, двух молодых литераторов, близких к «Числам»,— Ю. Терапиано и В. Смоленского, а также критика Владимира Вейдле с женой. Может, он хотел «угостить» их знаменитым Сириным, а может, просто боялся испытать неловкость, оставшись наедине с единомышленником и с неизбывными литературными разговорами. Худой, некрасивый, измученный болезнями и семейными невзгодами, Ходасевич понравился Набокову, однако насколько плодотворной была их беседа на людях, сказать трудно. Позже читатели «Дара» невольно отождествляли с Ходасевичем гениального Кончеева, двойника и собеседника героя, отождествляли беседы героя и Кончеева с реально происходившими беседами. Вряд ли самая обстановка того многолюдного чаепития дает основания для такого отождествления, хотя Н. Н. Берберова и решается на него в своих мемуарах, строго говоря, слишком писательских и художественных, чтоб можно было довериться им полностью:

«Оба раза в квартире Ходасевича (еще недавно и моей, а теперь уже не моей), в дыму папирос, среди чаепития и игры с котенком, происходили те прозрачные, огненные, волшебные беседы, которые после многих мутаций перешли на страницы «Дара» в воображаемые речи Годунова-Чардынцева и Кончеева. Я присутствовала на них и теперь — одна жива сейчас — свидетельница этого единственного явления: *реального события*, совершившегося в октябре 1932 года (улица Четырех Труб, Бийанкур, Франция)...»

Когда писались эти мемуары, Набоков был еще жив и активно отрицал тождество романных бесед с беседами за чаем у Ходасевича; он даже упрекнул как-то своего ученика Аппеля за то, что тот пригласил авторшу этих мемуаров участвовать в юбилейном набоковском сборнике.

Еще более стойкую прививку против мемуаров (а может, и против писем тоже) способно дать написанное в те же парижские дни письмо Набокова к жене. Назавтра после визита к Ходасевичу Набоков побывал в гостях у Н. Н. Берберовой, куда был приглашен также один из его поклонников, прозаик Ю. Фельзен. «Один раз при нашем разговоре присутствовал Ю. Фельзен,— пишет Н. Берберова,— но, боюсь, ему не пришлось вставить ни одного слова — этой возможности мы ему не дали». «Разговор шел исключительно литературный,— сообщает жене Набоков,— и мне от него вскоре стало тошно. Со школьных времен не приходилось участвовать в таком разговоре. «А это вы знаете? А это вам нравится? А это вы читали?» Одним словом, ужасно».

Он повидался и с братом Сергеем. Сергей хотел поговорить со старшим братом начистоту и потому явился в кафе близ Люксембургского сада не один, а со своим возлюбленным. Вопреки ожиданиям, сожитель Сергея понравился его щепетильному брату, о чем Набоков и сообщал жене: «Муж его, должен признать, очень симпатичный, спокойный, вовсе не похож на педерастов, у него милое лицо и манеры. И все же мне было несколько не по себе, особенно, когда подошел один из их друзей, красногубый и кудрявый». Набоков встретился с братом второй раз в конце ноября, и разговор как будто удался, между ними наметилось потепление. Все это, вероятно, вспоминалось ему потом, в бессонные послевоенные ночи, после вести о гибели Сергея...

Несколько раз Набоков заходил к другу по Тенишевскому училищу Сабе Кянжунцеву. В книге З. Шаховской есть фотография, на которой Набоков сидит рядом с Сабой и его красивой сестрой Ириной (может, он все-таки не остался вовсе равнодушным к ее чарам). Набоков был приятно удивлен, когда Кянжунцевы приняли его с тем же радушием, что некогда в Петербурге, на Литейном, — так, словно ничего не изменилось в мире. Заботливая госпожа Кянжунцева, мать Сабы, первая заметила, как сильно обносился Володя («серые штаны его просто неприличны»[1]). А ведь ему предстояло выступить перед эмигрантской публикой (о предстоящем выступлении Сирина уже знали все, Фондаминский сделал ему неплохую рекламу). Госпожа Кянжунцева бросилась искать что-нибудь «из папиного и Сабиного», а Саба убежал к себе и, порывшись в бумагах, принес стихи, те самые, что Володя написал 7 ноября 1917 года и прислал ему из Петербурга в Кисловодск. Оказалось, что в семье Кянжунцевых знали его стихи, каждую строчку. Чем можно больше польстить поэту? Госпожа Кянжунцева с жаром взялась готовить Володю к вечеру. Нужна была, во-первых, рубашка, во-вторых, целые брюки, но главное — смокинг, как же джентльмену без смокинга?

Участие Кянжунцевых, Фондаминского, родных и друзей, сочувствие Ходасевича, Вейдле и других растрогало Набокова, и он писал об этом Вере, как всегда словно бы удивляясь чужой бескорыстной доброте и этим удивлением несколько от них отстранясь, однако от помощи все же не отказываясь. Отстранением этим он как бы давал понять, что сам он не

---

[1] Письмо из архива З. А. Шаховской. Хранитель С. Якобсон.

стал бы так суетиться из-за других, однако раз есть люди, которые делают благотворительность своей профессией, тем лучше — можно им это позволить, раз уж ты сам занят настоящим делом и не щадишь себя для него. Возможно, в подобной позиции все же есть некий просчет, ибо позднее те же самые люди ждут от тебя если не ответной помощи, то хотя бы проявления благодарности, то есть оказываются «злопамятными», а точней сказать, «добропамятными», не забывают сделанное тебе добро (а ты вот, гляди, забыл). Впрочем, это уже все дело будущего. Пока же, в ту памятную осень 1932 года все были трогательно щедры к молодому эмигрантскому гению, а щедрей и беззаветней всех — Илья Исидорович Фондаминский и его жена Амалия Осиповна. Когда Наташа Набокова-Шаховская вернулась в Париж, Набокову пришлось искать новое пристанище (номеров в гостинице представители первой волны русской эмиграции, как и двух последующих ее волн, предпочитали все-таки не снимать). Набоков охотно принял приглашение Фондаминских и перебрался к ним на улицу Черновиц. Здесь, в районе Пасси (или, как говорили иногда, «в Пассях») русские семьи жили чуть не на каждой улице, а то и в каждом доме (неподалеку на улице Жака Оффенбаха жил Бунин, на рю Колонель Боне — Мережковские...)

В квартире Фондаминского, кроме него самого и Амалии Осиповны, жил их старый друг эсер В. М. Зензинов, а бывала там народу тьма-тьмущая. Фондаминский считал своим долгом поддерживать молодых бездомных литераторов (это для них он позднее создал «Круг»), его горячо волновали религиозные вопросы (вместе с Г. Федотовым он издавал «Новый град»), и «Православное дело» матери Марии тоже не было для него чужим. Набоков, как правило, не присутствовал на бесконечных диспутах о душе, о Боге, о России и о долге «ордена интеллигенции», которые происходили в столовой у Фондаминского, однако отголоски этих споров слышны и в его более поздних спорах с Эдмундом Уитлсоном, и в его романах, скажем, в «Пнине», где говорится о «чаепитии в квартире знаменитого эмигранта социал-революционера, одном из тех непринужденных сборищ, где старомодные террористы, героические монахини, талантливые гедонисты, либералы, безрассудные молодые поэты, престарелые романисты и художники, публикаторы и публицисты, вольномыслящие философы и ученые составляли нечто вроде особого рыцарского ордена, активное и влиятельное ядро эмигрантского общества».

В те октябрьские дни в Париже Набоков дал и первые в своей жизни интервью. Читающая публика, не только парижская, но и рижская, хотела знать побольше о знаменитом молодом писателе. Набоков встречался с корреспондентом рижских «Дней» и с Андреем Седых, писавшим для «Последних новостей». Седых в своем отчете описывает «молодого человека спортивного типа, очень нервного, порывистого»: «От Петербурга остались у него учтивые манеры и изысканная, слегка грассирующая речь; Кембридж наложил спортивный отпечаток, Берлин — добротность и некоторую мешковатость костюма... У Сирина — продолговатое, худое, породистое лицо, высокий лоб. Говорит быстро и с увлечением. Но какая-то целомудренность мешает ему рассказывать о самом осебе. И потом — это так трудно... скучная берлинская жизнь, с которой нет сил расстаться только потому, что лень трогаться,— да и не все ли равно, где жить?»

Дальше идет репортерская запись беседы, вероятно, не очень точная, скорей всего, здесь пересказ ответов Набокова:

«Смешные! Говорят о влиянии на меня немецких писателей, которых я не знаю. Я ведь вообще плохо читаю по-немецки. Можно говорить скорее о влиянии французском: я люблю Флобера, и Пруста...

— Почему у физически и морально здорового, спортивного человека все герои такие свихнувшиеся люди?

— Свихнувшиеся люди? Да, может быть, это правда. Трудно это объяснить. Кажется, что в страданиях человека есть больше значительного и интересного, чем в спокойной жизни. Человеческая натура раскрывается полней. Я думаю — все в этом. Есть что-то влекущее в страданиях.

...— Какова техника вашей писательской работы?

— В том, что я пишу, главную роль играет настроение — все, что от чистого разума, отступает на второй план. Замысел моего романа возникает неожиданно, рождается в одну минуту... Остается только проявить зафиксированную где-то в глубине пластинку. Уже все есть, все основные элементы: нужно только написать сам роман, проделать тяжелую техническую работу... Иногда пишу запоем, по 12 часов подряд,— я болен при этом и очень плохо себя чувствую. А иногда приходится переписывать и переделывать — есть рассказы, над которыми я работал по два месяца. И потом много времени отнимают мелочи, детали обработки: какой-нибудь пейзаж, цвет трамваев в провинциальном городке, куда попал мой герой... Иногда приходится переделывать и переписывать каждое слово. Только в этой области я не ленив и терпелив».

...Наконец, состоялся памятный набоковский вечер в Париже. Позднее чтения стали для Набокова одним из источников дохода, но тот первый, парижский вечер был особенный. Знаменитый Сирин, о котором столько было разговоров, впервые предстал перед парижской публикой.

В своей комнате, примыкающей к гостиной Фондаминского, Набоков примерил смокинг друга Сабы и с ужасом обнаружил, что смокинг короток и не прикрывает ни манжеты сорочки, ни поясной ремень. Амалия Осиповна быстро приспособила какие-то резинки к рукавам шелковой сорочки, а Зензинов принес свои подтяжки (Сабины брюки были широковаты для худющего Набокова). Герой вечера был готов к выходу, и Фондаминский вызвал такси (по полунищему Парижу уже ходила легенда, что он, как юный герой «Подвига», повсюду разъезжает в такси).

Зал Социального музея на улице Лас-Каз был набит до отказа. Такого, пожалуй, здесь еще не бывало. Худенький эмигрантский гений вынул стопку листков из нового портфеля, взятого напрокат у Руднева, и начал читать. Читал он хорошо, артистически (хотя вести свободную беседу с эстрады или перед камерой он так и не научился до старости). Акустика была прекрасная, зал слушал его, затаив дыхание. Сперва он прочел несколько стихотворений, потом небольшой и совершенный рассказ «Музыка». В перерыве публика обступила его, и в жуткой, воняющей пóтом женщине он вдруг узнал свою пирейскую возлюбленную — поэтессу... Во втором отделении было самое трудное и интересное. Он прочел тридцать страниц из «Отчаяния». Зал,— это доброе, фыркающее, взволнованное чудовище (так он рассказывал Вере),— вел себя послушно и тихо, сознавая, вероятно, что до такого чтения еще не дорос. Впрочем, у нас есть возможность бросить взгляд из зала. Вот как вспоминает об этих чтениях врач и писатель Василий Яновский, в ту пору сотрудник враждебных Набокову «Чисел», монпарнасец из окружения Адамовича:

«Я пришел явно с недоброжелательными поползновениями: Сирин в «Руле» печатал плоские рецензии и выругал мой «Мир».

В переполненном зале преобладали такого же порядка ревнивые, завистливые и мстительные слушатели. Старики — Бунин и прочие — не могли простить Сирину его блеска и «легкого» успеха. Молодежь полагала, что он слишком «много» пишет.

Следует напомнить, что парижская школа воспитывалась на «честной» литературе... И «честность» в Париже одно время понималась очень упрощенно, решив, что это исключает всякую фантазию, выдумку, изобретательность... Сирин в области «выдумки» шел из иностранной литературы и часто перебарщивал...

Для меня вид худощавого юноши с впалой (казалось) грудью и тяжелым носом боксера, в смокинге, вдохновенно картавящего и убедительно рассказывающего чужим, враждебным ему людям о самом сокровенном, для меня в этом вечере было нечто праздничное, победоносно-героическое. Я охотно начал склоняться в его сторону.

Бледный молодой спортсмен в черной паре, старающийся переубедить слепую чернь и, по-видимому, даже успевающий в этом! Один против всех, и побеждает. Здесь было что-то подкупающее, я от души желал ему успеха...»

Рассказ о чтениях Набокова можно найти и в мемуарной книге Н. Берберовой:

«В задних рядах «младшее поколение» (т. е. поколение самого Набокова), не будучи лично с ним знакомо, но, конечно, зная каждую строку его книг, слушало холодно и угрюмо. «Сливки» эмигрантской интеллигенции (средний возраст 45—60 лет) принимали Набокова с гораздо большим восторгом в то время... Что касается «младших», то... для их холодности (если не сказать — враждебности) было три причины: да, была несомненная зависть — что скрывать? — особенно среди прозаиков и сотрудников журнала «Числа»; был также дурной вкус, все еще живучий у «молодых реалистов», и, наконец, была печальная неподготовленность к самой возможности возникновения в их среде чего-то крупного, столь отличного от других, благородного, своеобразного, в мировом масштабе — в среде всеевропейских Башмачкиных».

Вечер удался на славу. Фондаминский уже до начала его смог вручить юбиляру фантастическую (для литератора, но не для слесаря) сумму в три тысячи франков. Так как зал вмещал 160 человек, а билет стоил не дороже десяти франков, легко представить себе способ реализации билетов (обычный, впрочем, при благотворительных мероприятиях). Неутомимый Фондаминский приезжал к какому-нибудь богатому меховщику или ювелиру, вынимал веер билетов и объяснял, что надо помочь молодому гению (самому, самому), который ко всему прочему еще и сын благородного В. Д. Набокова, убитого бандитами (кто ж этого человека не помнит, — все, все помнят — и Кишинев, и кровавый навет киевского процесса, и выстрелы в берлинской филармонии, когда убили этого святого человека, бывают же такие!). Меховщик (или ювелир) жаловался, что совсем нет времени, что давно уже ничего не читал, а ведь было когда-то, еще в России, студентом — много читал, но, Боже правый, кто ж не читал в России? Он покупал три билета — себе, жене и школьнику Семе. Сема как раз и шел на вечер. Впрочем, не один — горничная шла, бывшая смолянка, да ее друг-шофер, бывший полковник. А меховщик за все платил, горделиво и ненавязчиво клал бумажки на стол — вот вам триста франков. И сияющий Фондаминский (благородный же человек, для себя ему ничего не нужно — только для России, для Бога, который у нас у всех один, хотя вот Христос ему отчего-то симпатичнее, чем прочие ипостаси) прятал деньги в карман и ехал дальше, отбросив сомнения, — не побираться же он едет — делать святое эмигрантское дело спасения литературы...

После окончания вечера несколько писателей пошли вместе с Набоковым в кафе, где виновник торжества произнес небольшой спич. Ну, а потом было много-много разговоров — о России, о культуре, о политике... Золотой век парижской эмиграции вступил в свое последнее десятилетие — пройдет совсем немного времени, и прогрессивная Берберова восхитится железным мужеством (она все же как-никак поклонница «железных женщин») нордических завоевателей, уйдут в печи крематория и Фондаминский, и мать Мария, и Миша Горлин, а многие из тех, кто выживут, вдруг перестанут проклинать тоталитарный большевизм, станут славить русские победные марши и полководца Сталина, однако все это будет через семь-восемь, десять лет, а пока... Пока за столом говорили о Толстом, перед которым преклонялись не только Набоков, но и все остальные, и тут бунтарь Набоков, по свидетельству Берберовой (опровергнутому самим Набоковым), заявил, будто бы он вовсе не читал «Севастопольских рассказов»... «Севастопольские рассказы» — вот что обсуждалось в русском эмигрантском застолье — ну не прекрасна ли эта сцена (даже если она и слишком гладко ложится в композицию мемуаров)?

Во время этой поездки у Набокова появились в Париже новые приятели-иностранцы. Он познакомился с американцами Бертраном Томсоном и Александром Кауном, со своим французским переводчиком Дени Рошем, с талантливым поэтом Жюлем Сюпервьельем, с драматургом и философом Габриэлем Марселем и со знаменитым Жаном Поланом из «Нувель Ревю Франсэз», он побывал в двух французских издательствах, печатавших его книги. И все же слишком больших надежд на французских издателей возлагать не приходилось. То ли французы уже тогда стали меньше читать. То ли мешало им все-таки, что он был эмигрантом из России, «белым» эмигрантом, а все надежды передовой интеллигенции Запада обращены были тогда к «новому миру», а не к «белогвардейцам». Из «нового мира» поступали к ним «новое слово», «новая правда», и, конечно же, известный советский Эренбург был для французов во много раз интереснее, чем неизвестный и несоветский Набоков. Впрочем, тогда, осенью 1932 года Набоков еще не понимал всего этого и был полон радужных надежд. Он познакомился с переводчицей Дусей Эргаз. У нее были немалые связи во французском издательском мире, и она охотно согласилась стать не только его переводчицей, но и его литературным агентом (в конце концов, именно через нее и пришли к нему слава и деньги, надо было только подождать чуть-чуть. Немногим больше четверти века).

Было у Набокова в Париже и еще одно важное дело. Он пытался выяснить, возможно ли им с Верой переехать в Париж из Берлина, где жизнь становилась все труднее. Похоже было, что переезд не представит трудностей, однако надежды на работу, на заработок, который позволил бы им снять квартиру, все-таки не было. Вера в конце концов решила, что менять скудную берлинскую определенность на страшную парижскую безвестность и безработицу не следует. И хотя в Берлине становилось с каждым днем все страшней, их оптимизм, их надежда на будущее (хотя бы «на русский авось») пересилили и на этот раз. Кузина Анна вообще никуда трогаться не собиралась, а жить вместе с ней им было так удобно, и так недорого. К тому же Анна, взявшая на себя роль старшей в семье, была всегда готова помочь...

Беспокоила его Прага — усугублявшаяся нищета его матери. Кирилл мечтал стать поэтом, так что помощник из него был плохой. Сергей давно уже был отрезанный ломоть. Старший, Владимир, был гений и еле сводил концы с концами. И только Елена (по воспоминаниям пражанина Раевского) не боялась никакой работы и много помогала матери. Создается все же впечатление, что в систему «идеального детства» не входило идеальное воспитание. (Во всяком случае идеальное в понимании автора этой книги, который остается поклонником трогательной таджикской семьи, где главное — забота о старших и нежная забота о младших. Но увы, ведь даже и наши нищие московские семьи в скудную довоенную пору были так далеки от этого идеала... Чего же требовать от богатых петербургских идеалистов начала века?)

По возвращении из Кольбсхайма княгиня Шаховская рассказала своей дочери княжне Зинаиде Шаховской (в браке — госпоже Малевской-Малевич) о новом интересном знакомстве, и вскоре Набоков получил через З. Шаховскую предложение выступить в Брюсселе и в Антверпене по приглашению «Клуба русских евреев», по мнению Шаховской, «в те времена от русской культуры себя не отрывающих и ее почитающих» (в наше время, по мнению З. Шаховской, произошел этот роковой для культуры отрыв). Выступления эти сулили заработок, однако, чтоб проделать краткое путешествие до Брюсселя, нужна была виза, у Набокова же был унизительный, по его выражению, точно на потеху Советов придуманный нансеновский паспорт. И вот, урвав время в парижской суете, Набоков пишет письмо княгине Шаховской с просьбой похлопотать о бельгийской визе. Ведь необходимость получить визу и есть как раз описанная им в автобиографии ситуация, когда призрачное инородное окружение страны-хозяйки вдруг твердеет и бюрократическая стена плотно обступает эмигранта. Парижский «Справочник эмигранта за 1931 год» объяснял, что для обладателя нансеновского паспорта «вообще ходатайства о визах... могут иметь успех только при соответствующей поддержке местными жителями, занимающими известное положение или достаточно материально обеспеченными... В большинстве случаев ходатайства отклоняются». Во многих своих произведениях — от «Машеньки» до «Других берегов» и «Пнина» — Набоков с ужасом писал о хождении по властям и полициям, о «медленном прорастании виз». Через несколько лет после первого выступления в Брюсселе, снова собравшись в Бельгию на заработки, он писал Зинаиде Шаховской, заранее нервничая и дрожа от ярости: «Дорогая Зина, я подал прошение, что мол, на неделю «афэр литерэр», литературные дела, 9.1.36, но там что-то сомневаются, придет ли разрешение на визу вовремя. У меня убогий нансеновский паспорт № 65, выданный в Берлине 25.3.33 и годный до 23.7.36. Легкая паника начинает у меня проползать по хребту: а что не дадут до 22-го или 21-го. Зина, подтолкните!» Подталкивать должны были, как помните, «местные жители, занимающие известное положение», а не бесправные апатриды. Зинаида Алексеевна Шаховская (которая живет сегодня в Париже близ авеню Терн и так же добра, как полвека назад) рассказывала мне, что ей пришлось обратиться за помощью к своему приятелю, который был депутатом-социалистом и президентом бельгийского Пен-клуба, так что виза была получена вовремя. Но вот что было делать апатриду, у которого не было подруги-княжны, имеющей приятеля-депутата?

Во время первой своей бельгийской поездки Набоков выступил в Антверпене, а потом в Брюсселе, познакомился с Зинаидой Шаховской и ее мужем, с несколькими бельгийскими писателями, в том числе с Элленсом и Фиренсом. Останавливался он у Зинаиды Шаховской, и ее семья прониклась симпатией к этому талантливому и образованному писателю, веселому и прелестному человеку (все эти эпитеты принадлежат З. Шаховской). Шаховская и ее муж старались помогать Набокову чем могли, и плодотворная дружба их длилась до самого 1940 года.

По возвращении в Берлин Набоков вручил Вере для перепечатки выправленный текст «Отчаяния». Теперь он мог обратиться к уже начатой им другой, очень важной для него книге. Он не спешил, чувствуя, что это, может быть, его шедевр. Ему виделся большой роман, в котором он попытается выразить все, что для него есть главного в литературе и в жизни. Да, конечно, он и раньше писал о творчестве, больше всего — о творчестве, однако теперь он готов был создать книгу именно о писателе: о творчестве литературном. Он знал уже, что в ней найдет выражение его незатухающая любовь к отцу, к живому голосу отца — это будет такое воскрешение отца, какого еще не было в его книгах. Конечно, там будет его детство, там будут его бабочки... желая отстраниться от героя-писателя, он замышлял сделать его писателем историческим. Что за книгу будет писать его герой? Скорей всего, это будет биография — биография снова входила тогда в моду в Европе: у французов появился Моруа, в «Современных записках» печатался великолепный «Державин» Ходасевича. Газеты подсказали сюжет. В России только что отшумели торжества Чернышевского, и советская пресса самоуверенно сообщала, что этот знаменитый автор, чей антихудожественный роман «перепахал» Ленина, подтолкнув его к революции, был истинный классик русской прозы и провозвестник социалистического реализма, уже вводившегося в России. Так, может, книга его героя-писателя будет посвящена Чернышевскому? Чувство пародии нащупывало свой предмет. Отец героя поначалу задумывался им как политик, юрист, журналист, но Набоков искал способа приблизить его к себе, и мало-помалу отец стал превращаться в путешественника, натуралиста, зоолога, энтомолога... Он уходил в экспедиции, вроде тех, в какие отправлялся бы сам Набоков, не случись революция...

Писать он начал со вставной книги. С книги о Чернышевском, которую пишет его герой. Так оказалось легче начать. Позднее, при написании «Бледного огня» и «Ады», он тоже начинал со вставного труда.

В декабре Набоков заболел. У него была невралгия — он пролежал всю зиму. Стопка книг у его кровати росла. Подруга Веры снабжала его трудами о Чернышевском. Вечный студент Георгий Гессен приносил ему из университетской библиотеки книги о путешествиях Пржевальского и Миклухо-Маклая[1].

Пока Набоков отлеживался, канцлером в Германии стал Гитлер. Оживились русские фашисты. Набоков для них не был настоящим русским, так как он не был антисемитом. Весной начали громить еврейские лавки. Потом был объявлен бойкот тем еврейским лавкам, что еще были открыты, — у входа в них поставили штурмовиков. Набоков ходил по улицам с Рене Каннаком, будущим Жениным мужем, и заходил в каждую еврейскую лавку. Он звонил по телефону

---

[1] В ту пору еще не была издана переписка Н. Н. Миклухо-Маклая, не то любопытный Набоков, без сомнения, открыл бы (опередив на полвека небольшое открытие, сделанное автором этой книги), что бесстрашный благородный гуманист Маклай, любимый (и по заслугам) герой нашей литературы, был чистейшей воды педофил.

Георгию Гессену и спрашивал: «Во сколько собирается сегодня наша коммунистическая ячейка?»

Потом на улицах начали жечь книги. Вера шла домой с работы и видела, как в сумерках пылают костры на берлинских улицах. Рядом патриотически настроенные граждане что-то с энтузиазмом пели — о просторах родины чудесной, о великом друге и вожде... Закрылась адвокатская контора, где работала Вера, и ей пришлось снова искать работу.

Надо было уезжать. Французский издатель после восторженной рецензии Левинсона в «Нувель литерэр» подрядился издать «Защиту Лужина», но проходили месяцы, а дело не продвигалось. В Англии Глеб Струве безуспешно пытался пристроить его книги для перевода. Эмигранты и гуманисты были все менее интересны прогрессивному человечеству. Прогрессивными казались ему в те времена либо фашисты, либо коммунисты. А иным (как, скажем, шутнику Бернарду Шоу) — сразу и те, и другие. Мир рвался вперед по путям прогресса...

Набоков сидел дома, писал. Главная книга была у него все время «в работе». Но в мае он вдруг написал рассказ — довольно сложный и совершенно набоковский. В этом рассказе какой-то читатель пишет письмо автору прочитанного им романа. Читатель убежден, что под мужским псевдонимом, стоящим на обложке этого произведения, скрылась Катя, его первая любовь. И вот, полемизируя с ней, он рассказывает (со многими подробностями, нам с вами уже знакомыми) незабываемую историю своей собственной Кати: прошло с той поры уже немало, шестнадцать лет («Возраст невесты, старого пса или советской Республики»). Автор письма противопоставляет подлинный облик Кати тому набору банальностей, к которому прибегает воображаемая им дама-писательница, а в конце своего длинного письма-монолога (в котором уже есть многое от будущих монологов «Дара») он вдруг высказывает догадку, что в конце концов все эти совпадения могли быть случайными и что роман писала вовсе не Катя. Для умудренного читателя «Отчаяния» и «Соглядатая» в подобном рассказе было не так уж много сложностей, да и сама «игра» была попроще...

В разгаре лета «на сосновых берегах Грюневальдского озера» Набоков написал рассказ «Королек». Его герои — два брата-скота с одинаковыми задами, чувствующие «себя в жизни плотно и уверенно»: они голосовали «за список

номер такой-то» и верят, что «мир будет потен и сыт. Без-
дельникам, паразитам и музыкантам вход воспрещен»...
Позднее, в предисловии к американскому переводу этого
рассказа Набоков вспоминал: «Нелепая и зловещая тень
Гитлера уже надвигалась на Германию, когда моему вообра-
жению представились эти двое скотов...»

Власть скотов надвигалась на Германию, и нормальному
человеку с хрупким по-человечески хребтом было все страш-
нее. Может, даже и писать такое было страшно. Во всяком
случае после этого страшного рассказа Набоков пишет рассказы «Памяти Л. И. Шигаева» и «Оповещение» — рассказы
о человеческой доброте, об интеллигентности, о тонкости
чувств, рассказы, проникнутые пронзительной жалостью
к человечеству...

1933 год для русской эмиграции ознаменовался крупным
событием — присуждением Нобелевской премии Ивану Бунину. Это была первая русская литературная премия мирового достоинства. Справедливость и высокое искусство вос-
торжествовали, хотя, может, и не без вмешательства «русских Нобелей» (смотри об этом в дневниках В. Н. Буниной)
и других влиятельных богачей, вынесших из оставленной
России это трепетное преклонение перед русской литературой и перед ее мастером, прежних еще времен академиком.
Впрочем, то, что «чины людьми даются», никак не умаляло
бунинского литературного подвига.

Прокатилась волна эмигрантских торжеств. Нищая, рас-
христанная литературная молодежь готовилась повторить
Подвиг, требовавший от нее еще больших лишений, чем от
баловня культурной эмиграции, всеми признанного Бунина.
Из всех этих молодых людей и дам только один (по мнению
Берберовой и многих других) был оправданием и смыслом
эмиграции: на торжественном бунинском банкете в Берлине
в предпоследний день года он сидел рядом с юбиляром.
Позади него на снимках видна Вера. Она была уже на пятом
месяце беременности, и Набоков гордился тем, что никто
этого не заметил (западные биографы с удивлением отмечали
потом, что русская женщина скрывает, а не выпячивает
горделиво свой счастливо округленный живот). Банкет был
импровизированный. Намечался просто бунинский вечер, без
Бунина. Вступительное слово должен был прочесть один из
самых видных деятелей берлинской эмиграции — И. В. Гессен, а о прозе Бунина намеревался рассказать русский фило-

соф и критик Федор Степун (в жилах которого текло еще больше немецкой крови, чем в жилах Набокова). О стихах Бунина должен был говорить поклонник этих стихов Набоков-Сирин. Патриоты всполошились. Богач (он был владелец гаражей и книгоиздательства) Н. Парамонов заявил, что он не потерпит, чтоб о русской литературе высказывались «еврей и полуеврей». История, происшедшая одиннадцать лет назад в зале берлинской филармонии, могла повториться в Шубертзаале. Русские национал-патриоты черпали теперь вдохновение в славной победе немецких национал-патриотов, которые для охвата более широкого круга избирателей называли себя еще и социалистами. Еврей Гессен и «полуеврей» Набоков решили, что они не отступят. А потом, неожиданно, на обратном пути из Стокгольма, остановился в Берлине сам нобелевский лауреат, и Набокову довелось говорить в его присутствии об этих стихах, которые были когда-то недооценены в шуме символизма, но которые переживут все «школы» и «школки».

В один из этих дней Бунин и Набоков обедали вместе в укромном уголке немецкого ресторана, и над столиком их нависал нацистский флаг. Потом лауреат двинулся в обратный путь через мирную Германию, не без сладострастья отдавшуюся уже одной из двух главных разновидностей тоталитаризма нашей эпохи. На границе гестаповцы задержали нобелевского лауреата и стали искать у него «контрабандные бриллианты». Его раздевали, поили касторкой, заставляли опорожняться в ведро. Бунин был в ярости. До конца своих дней он рассказывал друзьям эту историю. Впрочем, с каждым разом история становилась все смешней. Набоков тоже считал, что победить тиранов можно только смехом. Вероятно, оба они заблуждались. Тоталитаризм все набирал силу, и смех надолго смолк. Даже и позднее, после падения Гитлера, до смерти напуганный мир все так же безмерно и безюморно поклонялся новому тирану...

Работа над «Даром» шла не так последовательно, как над предыдущими романами. Начавшись с биографии Чернышевского, она то уклонялась на пути странствий отца героя, то вдруг выливалась в рассказ о его сестре, об их детстве, о сыне сельского учителя, влюбленного в эту сестру и навестившего ее много лет спустя в Париже. Рассказ о сестре и сыне учителя появился в двух мартовских номерах «Последних новостей», а много лет спустя в предисловии к американскому сборнику рассказов Набоков писал в связи с этим рассказом (путая, впрочем, все даты), что «от основной массы романа вдруг отделился маленький спутник и стал вокруг него вращаться»: «В композиционном отношении круг, описываемый этим довеском (последнее предложение в нем, по существу, предшествует первому), относится к тому же типу — змея, кусающая собственный хвост, — что и круговая структура четвертой главы в «Даре» (или, если угодно, «Поминок по Финнегану», появившихся позже)». Невнимательный читатель, который не заметит тут змею и вовсе уж не станет читать зубодробительного Джойса, все же, как верно предсказывал Набоков, «испытает восхищение от довеска». Процитируем и дальше это предисловие, не отмеченное русской (ее принято называть ложной) скромностью (оно ведь и предназначено было для привычных ко всему американцев): «У читателя же, знакомого с романом, рассказ создает упоительное впечатление непрямого узнавания, смещенных теней, обогащающихся новым смыслом, — благодаря тому, что мир увиден не только глазами Федора, но и взглядом постороннего человека, близкого не столько ему, сколько радикалам-идеалистам старой России (которым, к слову сказать, суждено было так же ненавидеть большевистскую тиранию, как и либералам-аристократам)».

Нам остается только добавить, что «упоительное впечатление непрямого узнавания» возникает тут прежде всего у читателя, знакомого с другими произведениями Набокова, ибо он узнает тут и Выру, и Петербург набоковского детства, и многое другое...

РОМАН, ЕЩЕ РОМАН...

О предстоящей счастливой перемене в жизни тридцатипятилетнего Набокова знали только самые близкие из его берлинских друзей и родственников, — в частности, Георгий Гессен и Анна. 10 мая счастливый отец смог известить всех о рождении сына. Младенец родился в частной клинике и был наречен Дмитрием, в честь прадеда. Позднее, давая описание этого события в автобиографической книге, Набоков сопровождал его одним из самых своих откровенных признаний в любви:

— «Я отвез тебя в больницу около Байришер Платц и в пять часов утра шел домой, в Груневальд. Весенние цветы украшали крашеные фотографии Гинденбурга и Гитлера в витринах рамочных и цветочных магазинов... Прозрачный рассвет совершенно обнажил одну сторону улицы, другая же сторона вся еще синела от холода... Когда я думаю о моей любви к кому-нибудь, у меня привычка проводить радиусы... от нежного ядра личного чувства к чудовищно ускользающим точкам вселенной... Когда этот замедленный и беззвучный взрыв любви происходит во мне, разворачивая свои тающие края и обволакивая меня сознанием чего-то значительно более настоящего, нетленного и мощного, чем весь набор веществ и энергии в любом космосе, тогда я должен мысленно себя ущипнуть, не спит ли мой разум. Я должен... сделать все пространство и время соучастниками в моем смертном чувстве любви, дабы как боль, смертность унять и помочь себе в борьбе с глупостью и ужасом этого унизительного положения, в котором я, человек, мог развить в себе бесконечность чувства и мысли при конечности существования».

Была опьяняющая весна, когда даже Берлин становится соблазнительным, и молодой отец, точно пес, пьянел от всевозможных запахов. Именно так описывал он свою весеннюю радость в письме Ходасевичу, добавляя, что работает над чудовищно трудным романом, герой которого пишет биографию Чернышевского, имевшего меньше таланта, но больше мужества, чем многие. Дальше Набоков рассказывал, что, перерывая груды книг, он выуживает трогательные подробности о своем герое, которого Толстой называл клоповоняющим господином...

Через несколько дней после рождения Дмитрия литературный агент сообщил Набокову, что его «Отчаянием» и «Камерой обскурой» удалось заинтересовать знаменитого английского издателя. Теперь предстояло перевести романы на английский язык. Кто переведет их и, главное,— как переведут? Невольно закрадывалась дерзкая мысль — отчего бы самому не написать роман по-английски? Нет, не сейчас, конечно: сейчас он был поглощен главным своим русским романом, от которого не мог оторваться. И вдруг оторвался — произошло новое, очень важное событие...

Когда пишешь о жизни писателя, не следует разделять «даты жизни и даты творчества»: список его произведений и есть перечень главных событий писательской жизни. Так и чрезвычайное происшествие в разгар работы над главным романом было всего-навсего еще одним романом. Романом, который взял да и написался вдруг в разгар работы над другим романом, а вдобавок оказался еще и крупным событием в жизни писателя. Иные набоковеды (скажем, талантливый наш соотечественник Виктор Ерофеев) считают этот неожиданный роман главной книгой Набокова, во всяком случае его лучшей книгой. Роман назывался «Приглашение на казнь». Первый его вариант был написан за две недели упоенного труда — с конца июня до середины июля. Позднее началась доработка, в ходе которой Набоков отвлекался иногда, обращаясь к своему исследованию о Чернышевском, писал в промежутке чудесный рассказ «Красавица». Однако это было потом, а с конца июня по июль он находился в возбуждении упоенного творчества, так что даже старшему, глубоко почитаемому им Ходасевичу в связи с газетной полемикой о нуждах эмиграции отвечал чуть-чуть свысока (ибо когда ж ты можешь подняться на столь недосягаемую высоту, как не тогда, когда ты пишешь и когда тебе пишется?). Набоков написал старшему другу Ходасевичу, что писатель не должен тратить время на эмигрантскую идеологию. Место писателя в трюме, у топки, точно у кочегара, который даже не видит, куда идет корабль. Ибо это опьяняющее, невинное и бессмысленное писательское занятие не требует оправдания, поскольку самая странность этого существования (и одиночество его, и неудобства) таит в себе свои собственные радости. Оттого-то он испытывает неприязнь ко всем этим старым как мир разговорам о новизне «нашей эпохи», о «тревожности» времен, о «религиозном возрождении». Последняя строка его письма объясняла все, даже то, почему он сейчас «не читает газет»: «Я пишу роман»...

Август принес ему огорчения. Он простудил шею. К тому же английский перевод «Камеры обскуры» был прислан из Лондона, и перевод этот был ужасен. Ко всему прочему Вера, ослабевшая после родов, занималась только ребенком, и диктовать было некому, даже в сентябре, когда он кончил править черновик нового романа.

Разделавшись с правкой, он ответил на письма, давно ждавшие ответа, в частности, на письмо Зинаиды Шаховской, в архиве которой я и видел этот набоковский ответ:

«Дорогая Зина!

У меня был грипп, не мог повернуть голову, вот причина того, что я не сразу ответил. Я очень тронут, что вы мне прислали милейший «Уход» (названье я понимаю в смысле «ухода за своими» стихами, но не ошибаюсь ли? А ведь это главное). Мне очень многое понравилось... Но вообще говоря, и это не относится прямо ни к статье, ни к хорошим вашим стихам, — ...Зина, Зина, я все-таки боюсь, что вы на ложном пути, и что вы не отдаете себе отчета в том, что к писанью прозы и стихов не имеют *никакого* отношения добрые человеческие чувства, или турбины, или религия, или «духовные запросы» и «отзыв на современность». Будем прежде всего сочинителями, Зина! Уверяю вас, что одно только важно: это, простите за выражение, искусство. Я думаю, что все остальное приложится, а если нет —

...О публицистика, о поучительство! Заметили ли вы поганенькую добролюбовщину и елейность нашей эмигрантской критики? Это, конечно, только жалкий анахронизм по отношению к дикому, ликующему мещанству (или «ученому марксизму»), до которого в России (во время бездарного Белинского еще) докатилось наливное яблочко русской мысли. И точно так же, как мне противна вся советская беллетристика (Леонов и лубочный А. Толстой) с ее правительственным фаршем, так, читая французов, я в рот не беру ничего такого, где есть хоть капля католицизма...

Наш сын сплошное очарование... Я только что закончил новый роман: «Приглашение на казнь»...».

* * *

Анна Фейгина побывала в «Современных записках» у Руднева и рассказала ему о материальных трудностях молодого отца. Руднев жаждал печатать «Биографию Чернышевского». На счастье, Набоков не показал ему законченную главу, а просто попросил аванс под будущие произведения. В ноябре он кончил диктовать Вере «Приглашение на казнь» и почувствовал, что надо еще вносить изменения. Только в 1935 году роман этот был окончательно готов к печатанию.

* * *

У догадливого читателя, открывающего «Приглашение на

казнь», невольно возникают ассоциации с произведениями Кафки. Набоков отрицает какую бы то ни было связь с высоко им ценимым Кафкой. Брайан Бойд говорит, что у нас нет оснований не верить ему, и рассказывает, что Набоков совсем плохо читал по-немецки. Однако русские литераторы (с самого 1936 года терзавшие Набокова вопросом о Кафке) и вовсе немецким не владели — существовали уже переводы. Но главное тут, конечно, не во влияниях. В конце концов «Приглашение на казнь» останется оригинальным произведением, даже если чем-то и напомнит нам Кафку. Самая близость этих двух писателей, без сомнения, интересна. Позднее, за океаном, читая лекции о рассказе Кафки «Превращение» американским студентам, Набоков назвал Кафку величайшим немецким писателем нашего времени. «Красота собственных индивидуальных кошмаров Кафки и Гоголя, — сказал Набоков, — в том, что их главные человеческие характеры принадлежат к тому же самому индивидуальному фантастическому миру, что и окружающие их бесчеловечные существа, однако главные герои пытаются вырваться из этого мира, сбросить маску, сбросить скорлупу или шинель...

Абсурдный главный герой Гоголя и Кафки принадлежит к окружающему его миру абсурда, но трагически и трогательно пытается вырваться в мир человеческий — и умирает в отчаянье... Кафка прежде всего художник, и, хотя можно сказать, что всякий художник в каком-то смысле обладает святостью (я и сам нечто подобное очень ясно ощущаю), все же в его гении неразличимы признаки какой-либо определенной религии». Дальше Набоков говорил в этой лекции о влиянии, которое на Кафку (как и на него самого) оказал Флобер.

Думаю, мы не зря заглянули сейчас хоть одним глазком в поздние профессорские конспекты. Мы обнаружили в них рядышком и Кафку, и Гоголя, и Флобера, всех тех, от чьих имен уводил еще позднее заезжих репортеров обитатель швейцарской гостиницы «Монтре Палас». Есть и другие литературные родственники Набокова, которых следует хотя бы упомянуть. Например, Льюис Кэрролл. Набоков говорил как-то, что в «Алисе» путем юмористического сопоставленья можно обнаружить за примыкающим с тылу видением вполне прочный и довольно сентиментальный мир. Об «Алисе» с неизбежностью вспомнил и автор предисловия к «Приглашению на казнь» американский набоковед Джулиан Мойнаган, высказав при этом здравое суждение о влияньях вообще: «Молодым человеком Набоков начал свою литературную деятельность с перевода на русский язык... Льюиса Кэрролла, и произведения Набокова, от первого до последнего, с их зеркальными отражениями, с размытыми перспективами и удивительными метаморфозами, обнаруживают сходство с писаниями этого своеобразнейшего английского математика и рассказчика. Впрочем, одна фантастичность еще не дает полной характеристики Набокова, и всякая попытка связать его с какой-то литературной традицией неизбежно оказывается задачей сложной и не поддающейся пока окончательному решению». На том мы и порешим, дорогой читатель, приступая к новому роману Набокова.

Сюжет его и прост, и сложен. Узнику Цинциннату Ц. «сообразно с законом... объявили смертный приговор шепотом. Все встали, обмениваясь улыбками».

Эта нежность судей и стражников, улыбки и интимный шепот нуждаются в объяснениях. В разгар работы над биографией Чернышевского Набоков наткнулся на идею добрейшего В. А. Жуковского, желавшего упорядочить смертную казнь, которую Василий Андреевич рекомендовал совершать под звуки сладостной духовной музыки и желательно за закрытой дверью, а не публично. Набоков (как и Чернышевский до него) пришел в ярость, прочитав эти рекомендации. Подобно отцу, Набоков был противником смертной казни. От этих вот рассуждений о смертной казни мысль его, вероятно, и потекла к Цинциннату Ц., к новому роману...

Цинциннат повинен в своей непрозрачности, а стало быть, и в непохожести на прочих, вполне прозрачных, одинаковых, оптимистических граждан некоего фантастического тоталитарного государства будущего, где царит не расцвет, а упадок всего, что привычно связывают с культурой и прогрессом цивилизаций, царит абсурдная непроизводительность труда и тотальное сотрудничество с режимом. Такие, как Цинциннат, появляются в этом обществе все реже — и погибают. Таким, вероятно, был его отец. Цинциннат томится по раю некоего далекого пристойного прошлого и должен быть казнен за «гносеологическое» преступление. Однако его тюремщикам мало просто казнить человека. Они хотят низвести его до соучастия в собственной казни. И жена, и мать, и все родственники Цинцинната призывают его «покаяться» в собственной непрозрачности, и те современники Набокова, которые видели в его романе сатиру на тоталитарное государство нашего века, сразу опознали это извечное желание палачей втоптать в грязь подсудимого, прежде чем его уничтожить, заставить его каяться, поливать себя грязью. Этого добивались от жертв и в Берлине, и в Пекине, и в Праге, и в Ленинграде. А вот совсем недавно в московской «Литературной газете» опубликовано было поразительное письмо, написанное дочерью знаменитой русской поэтессы, с которой был некогда знаком и Набоков. Безвинно отбыв срок в лагерях и ссылке, эта бедная женщина пылко благодарила своих палачей за освобождение и желала им успеха в их благородном труде. Чем не роман Набокова...

Таков один из уровней прочтения этого знаменитого романа, и он обозначился сразу по его выходе. Социальное прочтение романа обнаружили многие русские и зарубежные критики, и одним из них был писатель-монпарнасец Владимир Варшавский, писавший об этом романе в статье «О прозе «младших» эмигрантских писателей», а позднее в книге «Незамеченное поколение». Полемизируя с Ходасевичем, Варшавский заявлял, что завороженное царство, окружающее Цинцинната, не плод воображения героя, не бред его, «а бред существующий... вполне объективно»: «Это именно тот «общий мир», за которым стоит вся тяжесть социального давления и который всем представляется единственно реальным». В этом обществе, где индивид существует лишь постольку, поскольку выполняет какую-либо социальную функцию, «внутренний эмигрант» — тот, кто «отказывается признать «генеральную линию» и не хочет признавать «общий мир» за единственную реальность. Говоря о советских как бы реалистических романах той поры (создающих «совершенно фиктивный мир», лишенный и внутренней свободы и реальности), Варшавский указывает, что «это такой же, как в «Приглашении на казнь», страшный мир существ, живущих только условно и умирающих, никогда не узнав свободы». Победа любой формы тоталитаризма, по Варшавскому, это «приглашение на казнь для всего свободного и творческого, что есть в человеке, и роман Набокова — одно из первых об этом предупреждений... Так в новый ассирийский век далекая от всякой политики молодая эмигрантская литература, как раз своей сосредоточенностью на внутренней жизни, была приведена к страстной защите личности против тотальной коллективизации и тем самым вдруг оказалась в центре борьбы, от исхода которой зависит все будущее человечества». Набоков, по мнению Варшавского, выразил эту главную тему эмигрантской литературы с большей силой, чем кто-либо из писателей Монпарнаса. Еще любопытнее дальнейшие рассуждения Варшавского об индивидуализме Цинцинната. Варшавский признает, что цинциннатовское самоутверждение «не имеет ничего общего с эгоистическим себялюбием, и, сколько бы Набоков ни твердил о своем безбожии, цинциннатовское утверждение рождается из вечного устремления души к мистическому соединению с чаемым абсолютным бытием и тем самым с божественной любовью. Оно должно поэтому вести к любви к людям...» И здесь же Варшавский приводит слова «о взрыве любви» в душе набоковского героя (они, правда, вычитаны им не в «Приглашении», а в более поздних «Других берегах» — мы только что приводили их, рассказывая о рождении сына Набокова).

Московский критик В. Ерофеев указывал на подлинность бессмысленной любви Цинцинната к его жене Марфиньке, олицетворяющей собой как пошлость этого «общего мира», так и его примитивную похоть («А Марфинька нынче опять это делала»... «Я же, ты знаешь, добренькая: это такая маленькая вещь, а мужчине такое облегчение»). До тюрьмы, «там», где были «упоительные блуждания по райским Тамариным Садам» (уж не Выра ли это, где бродила Набоковская незабытая и незабвенная Тамара?), влюбленный Цинциннат женится на Марфиньке и сразу попадает в ад супружеской ревности. В. Ерофеев говорит что «этот разрыв между чувством и смыслом подан в «Приглашении на казнь» как знак неизбывной муки земного существования, как порождение человеческой слабости и беспомощности».

Цинциннат страдает от одиночества, он ищет близкую душу,— и не находит, он окружен пошляками и предателями, и даже ребенок, средоточие всего самого прекрасного, духовно и физически, и тот заманивает его в ловушку. «Вы — не я, вот в чем непоправимое несчастье». Приводя эти слова Цинцинната, В. Ерофеев пишет, что «в «Приглашении на казнь» проступает подлинное, не обузданное стилем страдание, настоящая боль».

«Общий мир», так называемая «реальность» вовсе не является подлинной. Набоков неоднократно подчеркивает ее мнимый, бредовый, бутафорский характер («Луну уже убрали, и густые башни крепости сливались с тучами...»). В этом мнимом мире надо отстоять свое «я»: «я дохожу... до последней неделимой точки, и эта точка говорит: я есмь! — как перстень с перлом в кровавом жиру акулы, — о мое верное, мое вечное...» Эти поиски себя все больше и больше занимают осужденного на смерть узника.

По мере развития действия в романе (Цинциннату представляют сокамерника м-сье Пьера, который в конце концов оказывается его будущим палачом, директор тюрьмы роет для него подземный тоннель, приводящий снова в камеру и т. д.) «реальность» начинает восприниматься как «бред», а «бред как действительность». Это заметил еще один из первых русских критиков романа — Петр Бицилли. Петр Бицилли говорит в связи с этим романом о возрождении искусства аллегории, иносказания, устанавливая связи Набокова с Салтыковым-Щедриным и Гоголем, особенно в последовательной и мастерской разработке старой темы — «жизнь есть сон»:

«„Жизнь есть сон“. Сон же, как известно, издавна считается родным братом Смерти. Сирин и идет в этом направлении до конца. Раз так, то жизнь и есть — смерть. Вот почему, после казни Цинцинната, *не его,* а «маленького палача» уносит, «как личинку», на своих руках одна из трех Парок, стоявших у эшафота; Цинциннат же уходит туда, где, «судя по голосам, стояли существа, подобные ему», т. е. «непроницаемые», лейбницевские монады, «лишенные окон», чистые души, обитатели платоновского мира идей... бывают у каждого человека,— продолжает П. Бицилли,— моменты, когда его охватывает то самое чувство нереальности, бессмысленности жизни, которое у Сирина служит доминантой его творчества — удивление, смешанное с ужасом перед тем, что обычно воспринимается как нечто само собой разумеющееся, и смутное видение чего-то, лежащего за всем этим, сущего. В этом — сиринская Правда».

Свою рецензию на роман Набокова П. Бицилли начинает с анализа стилистических приемов, который должен позволить «приблизиться к уразумению руководящей *идеи*» Набокова (поразительно, что и через полвека после Бицилли пишут об отсутствии «руководящей идеи» у Набокова). Как отмечал позднее американский набоковед Роберт Альтер, Набоков ведет нас в этом романе прямо в свою литературную лабораторию, предупреждает о пользовании приемом, прибегает к литературным сравнениям (так уже было, впрочем, и в «Соглядатае», и в «Отчаянии»):

«Итак — подбираемся к концу. Правая, еще непочатая часть развернутого романа, которую мы, посреди лакомого чтения, легонько ощупывали, машинально проверяя, много ли еще (и все радовала пальцы спокойная, верная толщина), вдруг ни с того, ни с сего, оказалась совсем тощей: несколько минут скорого, уже под гору чтения — и... ужасно! Куча черешен, красно и клейко черневшая перед нами, обратилась внезапно в отдельные ягоды: вон та, со шрамом, подгнила, а эта сморщилась, ссохшись вокруг кости (самая же последняя непременно — твердонькая, недоспелая). Ужасно!»

Один из первых и самых тонких ценителей набоковского творчества, Ходасевич и вовсе считал, что «Приглашение на казнь» есть не что иное, как цепь арабесок, узоров, образов, подчиненных не идейному, а лишь стилистическому единству (что, впрочем, и составляет одну из «идей» произведения)». Творчество, по мнению этого тончайшего из набоковедов, — главная тема всего набоковского творчества. Сам блестящий стилист, Ходасевич (задолго до Р. Альтера, на которого обычно ссылаются американские набоковеды), указывал, что мастер блестящих приемов Сирин-Набоков не только не маскирует своих приемов, «но напротив... сам их выставляет наружу, как фокусник, который, поразив зрителя, тут же показывает лабораторию своих чудес... Его произведения населены не только действующими лицами, но и бесчисленным множеством приемов, которые, точно эльфы или гномы, снуя между персонажами, производят огромную работу: пилят, режут, приколачивают, малюют, на глазах у зрителя ставя и разбирая те декорации, в которых разыгрывается пьеса». И дальше Ходасевич дает свое (еще одно) прочтение романа: «В «Приглашении на казнь» нет реальной жизни, как нет и реальных персонажей, за исключением Цинцинната. Все прочее — только игра декораторов-эльфов, игра приемов и образов, заполняющих творческое сознание или, лучше сказать, творческий бред Цинцинната. С окончанием их игры повесть обрывается. Цинциннат не казнен и не неказнен, потому что на протяжении всей повести мы видим его в воображаемом мире, где никакие реальные события невозможны. В заключительных строках двухмерный, намалеванный мир Цинцинната рушится и по упавшим декорациям «Цинциннат пошел, — говорит Сирин, — среди пыли и падших вещей, и трепетавших полотен, направляясь в ту сторону, где судя по голосам, стояли существа, подобные ему». Тут, конечно, представлено возвращение художника из творчества в действительность. Если угодно, в эту минуту казнь совершается, но не та, и не в том смысле, как ее ждали герой и читатель: с возвращением в мир «существ, подобных ему», пресекается бытие Цинцинната-художника».

«Сирину свойственна,— продолжает Ходасевич,— сознаваемая или, быть может, только переживаемая, но твердая уверенность, что мир творчества, истинный мир художника, работою образов и приемов создан из кажущихся подобий реального мира, но, в действительности, из совершенно иного материала, настолько иного, что переход из одного мира в другой, в каком бы направлении ни совершался, подобен смерти. Он и изображается Сириным в виде смерти».

Вот вам, читатель, еще одно объяснение жизни и смерти Цинцинната, еще одно («гиперэстетическое», как сказал о нем петербургский набоковед А. Долинин) прочтение романа, еще один уровень его прочтения. Любое из приведенных нами прочтений подкреплено впечатлениями и авторитетами таких далеко не глупых людей, как Г. Федотов, П. Бицилли, В. Варшавский, В. Ходасевич, Б. Бойд, Д. Мойнаган и прочие. Вам представляется дать роману свою трактовку. В том и достоинство подобных произведений, что они позволяют множество интерпретаций (и каждая из них может оказаться справедливой). Я вовсе не утверждаю, что нам с вами, в той или иной степени развращенным столь понятными, порой до зевоты понятными, лубочными романами наших плодовитых современников, покажется просто и легко в набоковской стихии. Однако я уверен, что усилия наши будут вознаграждены. Что ж, будем учиться читать. Недаром Н. Берберова писала, что Набоков не только создает свой стиль, но и создает своего читателя.

Однажды, в сотый раз отвечая на вопрос (или, точней, уклоняясь от ответа) о влиянии, которое оказали на него тот или иной аргентинский, французский, английский, немецкий или русский писатель, Набоков признал своим учителем Пьера Делаланда. Внимательный читатель вспомнит это имя. Под эпиграфом к «Приглашению на казнь» — «Как безумец верит в то, что он Бог, так и мы верим в то, что мы смертны» — стоит источник: «Слово о тенях» Пьера Делаланда. Обладатели толстых энциклопедий сразу обнаружили, что мудреца этого Набоков придумал. В последней главе «Дара», беседуя с Зиной в кафе, Федор говорит, что он непременно напишет роман об их встрече — только вот надо сперва закончить один перевод: «хочу кое-что по-своему перевести из одного старинного французского умницы,— так, для окончательного порабощения слов, а то в моем Чернышевском они еще пытаются голосовать».

«Порабощение слов» оказалось нелегким. Как только «Приглашение на казнь» было закончено, рукопись «Дара» снова легла перед ним на столе.

* * *

«Как-то была у нас ваша матушка,— писал Набоков Зинаиде Шаховской,— показывали ей мальчика. У него теперь небольшой, но очаровательный набор слов, особенно хорошо «огонь», которое с таким же восторгом применяется к освещенному закатом окну, как к голубизне газа, горящего под его кашей».

Няню им нанять было не на что, так что Набокову приходилось нередко оставаться с мальчиком и гулять с ним. Он любил показывать друзьям, как он может теннисным приемом полоскать пеленки. Денег у них было совсем немного (за все купленные у него произведения — за русское издание «Отчаяния», за одно стихотворение и три рассказа, напечатанные в «Последних новостях», а также (в качестве аванса) за английское, чешское и шведское издания «Камеры обскуры», за шведское издание «Защиты Лужина», за английское издание «Отчаяния» и за немецкий перевод рассказа Набоков получил в 1934 году всего 1156 марок). Однако молодые родители старались, чтобы ребенок ни в чем не нуждался, и позднее Набоков писал с гордостью:

«В годы младенчества нашего мальчика, в Германии громкого Гитлера и во Франции молчаливого Мажино, мы вечно нуждались в деньгах, но добрые друзья не забывали снабжать нашего сына всем самым лучшим, что можно было достать...

Я до сих пор чувствую в кистях рук отзывы той профессиональной сноровки, того движения, когда надо было легко и ловко вжать поручни, чтоб передние колеса коляски, в которой я его катал по улицам, поднялись с асфальта на тротуар...»

Дальше следует в мемуарах неторопливо-детальное описание всех парков, по которым он прогуливал сына. На одной из таких прогулок Набоков придумал новый рассказ. Он назывался «Набор», и героем его был старый, одинокий, всех и все потерявший эмигрант, который, возвращаясь с кладбища, чувствует необъяснимый прилив счастья (это соседство смерти и радости не перестает его изумлять). На скамейку рядом с ним садится господин с русской газетой, и автор отказывается его описывать, потому что этот господин с газетой и есть сам автор (автопортрет же редко бывает удачен). Понятно, что пожилой русский эмигрант — творение автора, и автор наделяет его своим брызжущим через край счастьем. Автор распоряжается его судьбой и, рассказывая о герое, тут же рассказывает, как он его лепит. Подобно «Кругу», рассказ этот был фрагментом романа «Дар». Вскоре после «Круга» Набоков пишет рассказ «Тяжелый дым», который посвящен молодому эмигранту-поэту и передает процесс рождения стихов, сладостную дрожь сочинительства — все, что будет чуть позднее развернуто в «Даре». Очертания «Дара» становились все четче, и многие трудные куски романа, вроде биографии отца героя или биографии Чернышевского, были уже готовы. В начале весны на вечере в квартире И. В. Гессена Набоков вместе с новым рассказом и стихами прочел отрывок из «Дара». На этом чтении присутствовал один из монпарнасских поэтов — Анатолий Штейгер. Он был другом Зинаиды Шаховской и из толпы бедолаг-монпарнасцев выделялся тем, что имел не апатридский, а швейцарский паспорт (стало быть, мог путешествовать свободно) и вдобавок был барон («мужлан» Яновский называет его «барончиком»). Будучи проездом в Берлине, Штейгер посетил Набоковых и так отчитывался о своем визите в письме рекомендовавшей его Шаховской: «Третий Рейх произвел на меня впечатление сумасшедшего дома — язычество, выводы, делаемые из расизма в науке, законодательстве и быту,— и военные лагеря... Ко всему русскому... отношение оскорбительное...

Я несколько раз видался с Сириным и был на его вечере, на котором было человек 100—120 уцелевших в Берлине евреев, типа алдановских Кременецких — среда, от которой у меня делается гусиная кожа, но без которой не вышло бы ни одной строчки по-русски. Сирин читал стихи — мне они просто непонятны,— рассказ, очень средний,— и блестящий отрывок из biographie romancé — шаржа? памфлета против «общественности»? — о Чернышевском. Блестящий.

А что вы скажете о «Приглашении на казнь»? Знаю, что

эсэры, от которых зависело ее появление в «Совр. записках», дали свое согласие с разрывом сердца... Сирин чрезвычайно к себе располагающ — puis s'est un monsieur[1] — что так редко у нас в литературных водах, — но его можно встречать 10 лет каждый день и ничего о нем не узнать решительно. На меня он произвел впечатление почти трагического «неблагополучия», и я ничему от него не удивлюсь... Но после наших встреч мой очень умеренный к нему раньше интерес — необычайно вырос».

Вскоре на банкете, посвященном семидесятилетию Гессена, Набоков произнес спич, в котором вспомнил о далеких временах, когда юбиляр еще не был «приписанным к населению его души Иосифом Владимировичем», а был легендарным Гессеном из мифологического окружения его детства: престарелые родственники в отсутствие родителей с наслаждением и ужасом толковали тогда о пагубном влиянии, которое этот Гессен (змеиный свист двойной согласной) имеет на отца...

* * *

Перевод «Камеры обскуры» на английский язык был так плох, что ничего доброго от перевода «Отчаяния» — книги гораздо более трудной — ждать не приходилось. Набоков еще не мог позволить себе выбирать лучших переводчиков (если такие и существовали, ибо и сегодня, скажем, во Франции некоторые русские романы Набокова издают в переводе с английского. Художественный перевод на Западе профессия малопрестижная, оплачивается плохо, и где вообще найдешь переводчика, который был бы таким же фанатиком слова, как этот нищий эмигрантский писатель). Герой последнего из законченных романов Набокова «Взгляни на арлекинов!» Вадим Вадимович так вспоминает свою переводческую эпопею: «Я получил машинописную рукопись переводов «Красношляпника» и «Камеры люцинды» практически одновременно, осенью 1937 года. Переводы оказались еще постыднее, чем я ожидал... Оба переводчика делали те же самые ошибки, выбирая неподходящее слово в одинаковых словарях и с одинаковой беспечностью, не удосуживаясь проверить, не есть ли слово, которое кажется им знакомым,

---

[1] И к тому же это аристократ (фр.).

предательским омонимом. Оба слепы были к оттенкам цвета и глухи к полутонам звука... Мне показалось чертовски забавным их допущение, что почтенный писатель был способен сочинить все эти пассажи, которые усилиями их невежества и небрежности низведены были в переводе к хрюкающему бормотанию или воплям дебила. Мне понадобилось несколько месяцев труда, чтоб восстановить ущерб, нанесенный этим злодеянием».

На самом деле все кончилось еще хуже, чем описано в романе. Набоков не мог позволить себе сейчас сидеть месяцы над переводом «Камеры обскуры». Но ему не хотелось вовсе отказываться от английского издания, ибо он возлагал на Англию большие надежды. Он написал издателю, что автор, который хоть сколько-нибудь озабочен точностью передачи текста, не найдет в себе силы дочитать ничего подобного этому переводу. Нужен хороший переводчик, который смог бы неспеша переписать каждую фразу. Если такого не найдется,— издавайте как есть.

Теперь надо было что-то делать с «Отчаянием», которое собирался выпустить другой английский издатель.

Вера позвонила в английское посольство и объяснила по телефону, что мужу для перевода его романа на английский нужен опытный литератор, который обладал бы своеобразным стилем. Посольский служащий, говоривший с ней, был, видимо, не лишен чувства юмора.

— Герберт Уэллс подойдет? — спросил он.

— Думаю, что мой муж на него согласится,— холодно отозвалась Вера.

История с переводом была на этом далеко не закончена... В бывшем СССР по тем или иным причинам (как положительного, так и отрицательного характера) переводом художественной литературы занимались такие мастера прозы, как Ю. Казаков, Ю. Трифонов, В. Аксенов, не говоря уже о крупнейших русских поэтах. Автор этой книги и сам не раз, отодвигая собственные опусы, не без удовольствия и не без муки, брался за перевод то Ивлина Во, то Причард, то Джона Бэнвила, то Достанбетова, то Олдриджа, то Вл. Набокова. Однако есть авторы (Набоков из их числа), на переводе которых можно загубить жизнь и здоровье. Мой друг-переводчик, упомянутый в самом начале этой книги, свихнулся на «Улиссе».

В прежней, «доперестроечной» России, где и сотня в месяц

считалась заработком, перевод художественной литературы был профессией не хуже прочих. Существовало даже понятие о профессиональном уровне, о школе перевода. Думаю, что ситуация эта была уникальной...

Став (еще через четверть века) знаменитостью, герой нашей книги получил возможность выбирать себе переводчиков. У него появилось и время на правку переводов. К тому же подрос его высокообразованный отпрыск, ставший любимым его переводчиком. Тогда же, в конце 1935-го, решение нашлось одно: он дерзнет сам перевести свой роман на английский, то есть займется одним из самых сложных видов перевода — автопереводом. Не только невозможность найти хорошего переводчика толкала его на подобный шаг в нелегкую пору работы над главной книгой. Дело было и в том, что с каждым годом все нарастало ощущение бесперспективности русского сочинительства за рубежом. Оставалось едва ли полсотни по-настоящему грамотных читателей. А платили какие-нибудь полсотни за рассказ в лучшей русской газете. Отпугивали столпотворение на тесной газетной полосе (тут же рядом толкутся и мерзкий Г. Иванов с супругой, и томный враг «Содомович», и его забубенные ученики), полная безнадежность, безденежье. И мало-помалу Набоков стал переводить на английский и писать по-английски. Он написал в ту пору несколько не дошедших до нас английских автобиографических очерков, песню... Переводить было, конечно, труднее, чем писать. Все билингвы (тот же С. Беккет) раньше или позже обращались к самопереводу. И для всех это бывало мучительно. Как правило, писатели-билингвы берутся за этот труд на закате своей карьеры. На ее вершине подобное смешение языков, разрушение перегородок, помогавших сохранить спокойствие души, представляется воистину ужасным. Набокову пришлось пройти через этот литературно-лингвистический кошмар довольно рано. Работая над переводом «Отчаяния» на английский, он написал однажды Зинаиде Шаховской: «Ужасная вещь — переводить самого себя, перебирая собственные внутренности и примеривая их, как перчатку, и чувствуя в лучшем словаре не друга, а вражеский стан: он был несловоохотлив, как словарь,— применю это где-нибудь...»

Легко представить себе, как он лихорадочно листает словарь и в ответ на свое многозначное, играющее оттенками слово, переливающее за край значения и звука, вызывающее множество ассоциаций (бытовых, литературных, исторических, богословских), находит лишь нечто по-солдатски простое и конкретное — «встал» или, скажем, «холод».

Едва разделавшись с переводом, Набоков взялся и за роман, и за обещанные английские автобиографические очерки. Он еще не испытывал полного доверия к своему отнюдь не ученическому и отнюдь не простому английскому. Впервые некоторую уверенность он обрел тогда, когда получил по почте замечания английской приятельницы на его перевод. «Ну, такие-то огрехи и в моем русском тексте найти можно»,— сказал он Вере с облегчением.

В конце января он отправился на заработки — читать свои произведения в Бельгии и во Франции. В Бельгии за него хлопотала Зина Шаховская. В Париже у него был его ангел-хранитель Фондаминский. И там, и там Набокова уже знали, читали его книги, хотели (или только соглашались) снова его слушать и (что существенней) платить за удовольствие быть в курсе литературной жизни и носить высокое звание мецената (в России за семьдесят лет безвременья к этому слову пристала насмешка, результатом чего, как и следовало ожидать, явились, на счастье, не всеобщие — равнодушие, алчность, нежелание отдать хоть рубль из тайного миллиона на что-либо, кроме грубых удовольствий).

К русско-еврейской аудитории в Бельгии (чисто русская, по утверждению Шаховской, литературой не интересовалась) Зине удалось присоединить и французскую, стало быть, читать следовало и по-французски тоже. Набоков (хвала семейному воспитанию!) умел неплохо писать по-французски: до конца дней он черпал из неиссякающего источника своего детского рая. За три дня он написал по-французски рассказик про свою французскую гувернантку мадемуазель Миотон и теперь испытывал сомнения: не получился ли его французский рассказ третьесортным. Назывался рассказ «Мадемуазель О» (существовал эротический роман «Месье О», а тут речь шла о немолодой толстой девственнице).

Как всегда, пришлось пережить несколько дней апатридской нервотрепки: дадут ли визу ему, обладателю нансеновского паспорта. Ведь и сегодняшнему эмигранту-апатриду въехать в Бельгию не та́к просто, как нормальному европейцу.

Чтения прошли успешно. У Набокова уже появились бельгийские поклонники — талантливые бельгийские писатели: довольно известный в Бельгии Поль Фиренс и новеллист Франс Элленс, работавший библиотекарем в бельгийском парламенте. Тогда, как и сегодня, редко кто мог выжить на Западе на писательский гонорар, если только самоотверженная писательская жена не взваливала содержание мужа на свои плечи. Для этого, впрочем, жена должна была зваться Верой Слоним.

В Антверпене Набоков прочитал свой французский рассказ на собрании бельгийского ПЕН-клуба. Народу было немного, но успех превзошел все ожидания. Франс Элленс предложил отдать рассказ Жану Полану в «Нувель Ревю Франсэз», и вскоре Набоков с торжеством (и с благодарностью) сообщал Зинаиде Шаховской, что начинание это грозит принести полновесные франки, так как главный редактор «Нувель Ревю Франсэз» в восторге от рассказа.

Биографы Набокова, сообщая о его французских и английских изданиях, о его новых знакомствах и связях, никак не могут сойтись во мнении, велик ли был его европейский успех. Сдается, что успех этот мало значил при той более чем скромной роли, какую играет нынче на Западе серьезная литература. Только бестселлер (а бестселлером не так уж часто оказывается серьезная литература) может изменить что-либо в жизни писателя, скажем, освободить его хоть на время от материальных забот. Но само появление бестселлера (точнее, настоящий коммерческий успех какой-либо книги) чаще всего бывает связано с газетным ажиотажем вокруг имени автора, с подвигом, преступлением или просто публичным скандалом. Такого успеха и такого скандала Набокову оставалось ждать еще четверть века.

В Брюсселе Набоков тоже, конечно, не жил в гостинице, а гостевал у Зинаиды Шаховской и ее мужа Святослава Малевского-Малевича (литератора-евразийца и художника, которому только в пожилые годы удалось оставить казенную службу и всецело отдаться живописи). Набоков близко сошелся с Шаховскими и их бельгийскими друзьями. Все они помогали ему, и это было прекрасно, ибо нищему писателю, да еще в чужом мире, очень нужна помощь. В 1936—1938 годы дружба эта была в зените, однако тогда же наметились и расхождения, которые привели к разрыву, а поздней и к необъявленной войне (конечно, инициатива войны исходила не от победителя Набокова, а от обиженной Шаховской). Первым было расхождение литературно-мировоззренческое.

Главное для писателя, считал Набоков, это забота об уровне литературы, остальное, в том числе и ритуалы веры, приложится: «Да,— я остаюсь при своем мнении, грешен, люблю литературу и не терплю примеси к ней. Не сердитесь же на закоренелого язычника. А к своим стихам следует относиться с большим уважением, чем вы это делаете,— стыдно!» — писал В. Набоков Зинаиде Шаховской. В других письмах снова и снова — о том же: «Хочу повторить... что единственно важное — это то, хорошо ли написана книга или плохо, а что до того, прохвост ли автор или доброжелательный симпатяга — то это совершенно неинтересно». Что ж, недурной совет и для биографа... Послевоенная статья З. Шаховской о Набокове посвящена была, кстати, в значительной степени анализу того, «прохвост ли автор или доброжелательный симпатяга»: это и был последний шаг к разрыву. Была еще одна причина возраставшей неловкости в их отношениях. В среде национальных патриотов-младороссов, евразийцев, солидаристов и прочих представителей новых эмигрантских течений в ту пору мучительно ломали голову над вопросом о том, во всех бедах виноваты евреи или не во всех. В обстановке нараставших антисемистских погромов Гитлера и вполне двусмысленных московских процессов неудивительным может показаться обострение национальной чувствительности Веры Слоним, и раньше очень остро реагировавшей на любой намек, показавшийся бы вполне безобидным в среде, безразличной к расовым различиям. Учуяв какой бы то ни было оттенок дискриминации, Вера замыкалась в себе и в кругу семьи. В «Даре» Набоков и сам пишет о ее легко уязвимой гордости. Гордость это была или элементарное чувство собственного достоинства? В России в ту пору едва минула одна и уже назревала другая волна погромов. В Германии били окна еврейских лавок и готовились к строительству крематориев для евреев. В Праге родная сестра В. В. Набокова Ольга заявила как-то о предстоящем приезде брата: «Пусть приезжает, только пусть жиденка своего не привозит»[1]. Думается, у Веры Евсеевны были поводы проявлять особые «гордость и чувствительность». На первые признаки осложнений в дружеской идиллии намекает постскриптум к уже цитированному нами письму Набокова к З. Шаховской:

---

[1] Об этом сообщил автору Б. Н. Лосский в 1989 году в Париже. В. В. Набоков, кстати, и сам не рекомендовал своему биографу встречаться с Ольгой.

«Вера целует вас и очень любопытствует, какая гордость, почему оскорбленная и на какой цепи ее держит...»

Из Бельгии Набоков отправился в Париж. Его там всегда ждала комната в новой квартире на авеню де Версай, куда Фондаминский переехал после смерти жены. По приезде в Париж Набоков сообщал З. Шаховской: «Через полчаса после моего приезда сюда (заметьте, что в два приема пишу это, страшно затуркан) я уже сидел с подвыпившим Иваном Алексеевичем в ресторане... Бунин мне говорил, что, приступая к «Митиной любви», он видел перед собой образ «Мити Шаховского».

Брат З. Шаховской Митя (Дмитрий Алексеевич Шаховской), молодой поэт (позднее он печатался под псевдонимом Странник), издатель, еще в двадцатые годы постригся в монахи и давно уже был не «Митей», а отцом Иоанном, одним из свящéнников русской православной церкви в Европе.

9 февраля состоялся второй парижский вечер Набокова, на сей раз совместный с Ходасевичем. Как и в первый раз, все билеты были распроданы и зал на улице Лас-Каз полон до отказа. Набоков сидел рядом с шестидесятишестилетним Буниным, который кутался в пальто, опасаясь сквозняков. Ходасевич прочел несколько стихотворений, одно из которых больно задевало его врага Адамовича (тоже, конечно, находившегося в зале), потом он рассказал о своей удивительной литературной находке — поэте пушкинской поры Травкине. Травкина Ходасевич, конечно, изобрел сам, как Набоков изобретал то Пьера Делаланда, то, позднее, Василия Шишкова.

У Набокова побаливало горло, и он сосал мятные пастилки. После перерыва он прочел рассказы «Красавица», «Терра инкогнита» и «Оповещение». Вечер удался на славу, репортер «Возрождения» писал, что такой вечер может опровергнуть все утверждения о том, что культура в эмиграции вырождается. О Сирине репортер высказал то самое мнéние (может, формулировка и принадлежала репортеру), которое намного поздней предала гласности Н. Берберова в своих мемуарах,— что этот молодой писатель является «оправданием эмиграции».

После окончания вечера писатели до утра сидели в кафе «Ля Фонтэн». За большим столом разместились Ходасевич, Набоков, Алданов, Бунин, Берберова и Вейдле. Фондаминский со своим другом и соредактором Зензиновым сидели за маленьким столиком по соседству. Не обошлось без инцидентов. Вспоминают, что вечно сомневающийся в себе Алданов крикнул Набокову: «Вы всех нас презираете!» И стал вдруг требовать, чтоб Бунин отдал Набокову свой перстень в знак признания его превосходства.

Набоков виделся в Париже с друзьями по Кембриджу и Петербургу, навещал Ходасевича. В середине февраля он снова выступал на поэтическом вечере, и список тех, кто читал там свои произведения, мог бы украсить поэтическую антологию любой страны — Бунин, Гиппиус, Ходасевич, Цветаева, Мережковский, Георгий Иванов, Смоленский, Одоевцева, Берберова...

После антверпенского успеха его рассказа брюссельский Клуб русских евреев попросил Набокова приехать для чтений в Брюссель. Визы Набокову ждать было некогда, и Зензинов поделился с ним старым революционным опытом — эсеры в былые времена немало побродили по свету без виз: надо доехать до Шарлеруа, перейти через пути, спуститься в подземку, где не проверяют документов, и доехать до Брюсселя. В конце февраля Набоков читал свой рассказ в брюссельском салоне мадам Ридель. Представлял его публике Габриэль Марсель, писавший о нем статью в то время, а после чтения Жан Полан забрал его рассказ для журнала «Мезюр».

ГЛАВА ПЯТАЯ

ТАЙНА ВЕСЕННЕГО РАССКАЗА

По возвращении в Берлин Набоков снова работал над четвертой и второй главами «Дара», но в один апрельский день он вдруг засел за весенний рассказ, который стал одним из лучших его рассказов, а может, это вообще лучший его рассказ. Он назывался «Весна в Фиальте». Кто ж из поклонников Набокова не знает поразительный, влажно-весенний зачин этого рассказа? «Весна в Фиальте облачна и скучна. Все мокро: пегие стволы платанов, можжевельник, ограды, гравий. Далеко в бледном просвете, в неровной раме синеватых домов, с трудом поднявшихся с колен и ощупью ищущих опоры (кладбищенский кипарис тянется за ними)...»

И где-то там, за курортами Лигурии и Французской Ривьеры, маячит в этом рассказе наша собственная не забытая, незабываемая Ялта: «Я этот городок люблю; потому ли, что во впадине его названия мне слышится сахаристо-сырой запах мелкого, темного, самого мятого из цветов, и не в тон, хотя внятное, звучание Ялты...»

Один из поклонников Набокова московский критик М. Эпштейн посвятил настоящий набоковедческий гимн коротенькой первой фразе рассказа — «Весна в Фиальте облачна и скучна»: «...чувствуете ли вы особый жемчужный оттенок набоковской весны и ее прелестную осеннюю вялость? Фиалковый цвет в сочетании с облачностью — какая тонкая гамма серо-жемчужных тонов, бледно-рассеянный свет имени, отраженного в эпитете («Фиальт» — «облачный»). А что за чудное сочетание: «весна»... «скучна» — как снимается этим эпитетом, точно успокаивающим жестом, напряженная и почти болезненная энергетика весны, заряженная к тому же экзотическим этнонимом! (Крошечное уточнение, с которым дерзну вторгнуться в «набоководицею» Эпштейна: Фиальта — не мужского, а женского рода, так же, как и Ялта, которая по-французски и по-немецки превращается в Яльту.— *Б. Н.*)... в каком влажном, прозрачном, скользящем *по-набоковски* весеннем мире вы вдруг оказываетесь благодаря тому, что одна определенность, находя на другую, стирает в ней свой след (Фиальт тает в облаке, весна — в скуке). И вот уже этот мир полнится прозрачным присутствием чего-то другого, чему нет следа и именования... Стиль Набокова все время держит вещь на грани присутствия — куда-то она клонится, кренится, почти исчезая и посылая напоследок какой-то размытый отблеск. Кажется, что самая фамилия Набокова содержит формулу его стиля, передает магию этого клонящегося скошенного движения всех вещей: не впрямую, а *набок*, как лучи при закате. Так в сумме всех набоковских произведений вырастает «набоководицея» — оправдание этого волшебного фамильного имени, которое есть как бы первое и главное слово, изрекаемое о писателе, ему предназначенное, задающее тембр и путь его собственному слову».

В этой сахаристо-серой весенней Фиальте герой и встречает очаровательную, странную, ветреную Нину, с которой судьба сводит его время от времени на день, на час, на миг — на протяжении пятнадцати лет.

Вот и еще несколько часов послала им в Фиальте судьба — наедине и в компании ее мужа, знаменитого писателя, венгерца, пишущего по-французски (и Набоков как будто бы и не Набоков). И вот уже снова прощание, где-то на горе над Фиальтой, в верхней части старого города: «...и я сказал, наше дешевое, официальное *ты* заменяя тем одухотворенным, выразительным *вы*, к которому кругосветный пловец возвращается обогащенный кругом: «А что если я вас люблю?» Нина взглянула, я повторил, я хотел добавить... но что-то, как летучая мышь, мелькнуло по ее лицу, быстрое, странное, почти некрасивое выражение, и она, которая запросто, как в раю, произносила непристойные словечки, смутилась; мне тоже стало неловко... «Я пошутил, пошутил»,— поспешил я воскликнуть, слегка обнимая ее под правую грудь. Откуда-то появился у нее в руках плотный букет темных, мелких, бескорыстно пахучих фиалок, и, прежде чем вернуться к гостинице, мы еще постояли у парапета, и все было по-прежнему безнадежно. Но камень был, как тело, теплый, и внезапно я понял то, чего, видя, не понимал дотоле, почему давеча так сверкала серебряная бумажка, почему дрожал отсвет стакана, почему мерцало море: белое небо над Фиальтой незаметно налилось солнцем, и теперь оно было солнечное сплошь, и это белое сияние ширилось, ширилось, все растворялось в нем, все исчезло, и я уже стоял на вокзале, в Милане, с газетой, из которой узнал, что желтый автомобиль, виденный мной под платанами, потерпел за Фиальтой крушение... причем Фердинанд и его приятель, неуязвимые пройдохи, саламандры судьбы, василиски счастья, отделались местным и временным повреждением чешуи, тогда как Нина, несмотря на свое давнее, преданное подражание им, оказалась все-таки смертной».

Вот и все. В позднем сборнике того же названия под рассказом отчего-то стоит дата: «Париж. 1938 г.», хотя всякий, проверив, может убедиться, что рассказ уже в 1936 году был напечатан в «Современных записках». Да и написан был еще в Берлине, но отчего?.. Отчего вдруг такой пронзительности и страсти, и безнадежности появился у него любовный рассказ весной 1936 года? Ни один из всезнающих заокеанских биографов Набокова не дает четкого ответа на этот вопрос. Некоторым парижанам, в ту пору прочитавшим рассказ, показалось, что в нем отражены какие-то семейные осложнения Ники Набокова и Наташи Набоковой-Шаховской, и Набоков писал тогда же З. Шаховской: «Я встревожен дурацкой сплетней, которая дошла до меня,— будто я в «Весне в Фиальте» вывел Нику и Наташу. По существу это, разумеется, совершенно нелепо (вы-то хорошо знаете, что я чистейшей воды выдумщик и никого не сую в свои вещи), но мне противно, что это могут раздуть...» Набоков просит Зину опровергнуть этот слух и добавляет: «Добро бы в Фердинанде моем вздумали искать автора, а так ведь вовсе бессмысленно...» Вполне возможно, что в странном писателе-модернисте, «василиске счастья» Фердинанде и было нечто от какого-то из двух авторов Набоковых, скорей все же от удачливого композитора-модерниста Николая Набокова, однако главную загадку представляют, на мой взгляд, героиня, сам тревожный настрой рассказа, и смятение автора, и влюбленность... Ключ к разгадке (по меньшей мере один) может быть найден, возможно, в крошечной детали из биографии героини: у нее был жених, красавец-офицер, тяжеловатый и положительный, который «успешно теперь работает инженером в какой-то очень далекой тропической стране, куда за ним она не последовала». Но ведь именно так излагали некоторые биографы Набокова историю замужества и развода Ирины Кокошкиной-Гваданини. Ее мать В. Кокошкина, знавшая, что дочь неравнодушна к писателю, подошла к Набокову в Париже после чтения (9 февраля 1936 года) и пригласила его на чай, наговорив множество комплиментов. Набоков приглашение принял. Что произошло дальше, мы не знаем, однако «Весна в Фиальте» дает, мне кажется, представление о его тогдашнем смятенье: «И с каждой новой встречей мне делалось тревожнее; при этом подчеркиваю, что никакого внутреннего разрыва чувств я не испытывал, ни тени трагедии нам не сопутствовало, моя супружеская жизнь оставалась неприкосновенной... Мне было тревожно, оттого, что я как-никак принимал Нинину жизнь, ложь и бред этой жизни. Мне было тревожно, оттого, что, несмотря на отсутствие разлада, я все-таки был вынужден, хотя бы в порядке отвлеченного толкования собственного бытия, выбирать между миром, где я как на картине сидел с женой, дочками, доберман-пинчером (полевые венки, перстень и тонкая трость), между вот этим счастливым, умным, добрым миром... и чем? Неужели была какая-либо возможность жизни моей с Ниной, жизни едва вообразимой, напоенной наперед страстной, нестерпимой печалью, жизни, каждое мгновение которой прислушивалось бы, дрожа, к тишине прошлого? Глупости, глупости!.. Глупости. Так что же мне было делать, Нина, с тобой...»

Сияла за окном мокрая зелень берлинских платанов. Набоков писал рассказ, а может, и писал письма этой ветреной, очаровательной Нине-Ирине. И ждал, отложенный в сторону, главный его роман, потому что в душе его больше не было мира.

— Но он ведь чистейшей воды выдумщик, он все выдумывает,— возразит мне внимательный читатель.— Вот же он пишет Шаховской... Да и позже он столько раз говорил, что все перекручивает, перетасовывает, растирает — так, что от фактов остается пыль.

— Так-то оно так,— отвечу я,— но посмотрите, однако, сколько остается не перетасованного, не перекрученного, не истертого в порошок — и в «Подвиге», и в «Машеньке», и в «Даре». Может, все-таки писателю нужны при созидании эти опоры реальных фактов, эти леса, которые потом, после завершенья строительства, он то ли не желает, то ли не может удалить. Иначе откуда появился бы этот муж героини, что сейчас в тропической Африке? Разве нельзя было послать его в Индонезию или Перу? И чтобы написать Фердинанда, тоже понадобилась реальность — и кузен Ника, и завороженные статьи эмигрантской критики о писателе-модернисте Набокове...

Похоже, что смятенье царило этой весною в его душе. Да и в окружающем мире, который он как можно дольше старался не допускать в счастливый круг семьи и работы, тоже становилось все страшней. Вполне реальные убийцы выползали уже из своих убежищ и правили бал. В мае 1936 бандит и черносотенец генерал Бискупский был назначен главой гитлеровского департамента по делам эмигрантов. В заместители себе он взял только что вышедшего из тюрьмы сентиментального убийцу и психопата Сергея Таборицкого. Того самого, что стрелял в спину лежачего В. Д. Набокова. Трудно представить себе, чтобы Вера или Набоков могли теперь чувствовать себя в безопасности. Их письма этого времени полны самых разнообразных планов бегства. Куда бежать? В Англию? В Нью-Йорк? В Париж? В Прагу? Но никто никуда их не звал, их не ждали нигде, и непонятно было, чем будут они зарабатывать на жизнь вне Берлина.

Позднее, рассказывая об этом времени, Набоков с оптимизмом писал и говорил, что, собственно, ничего страшного не происходило: они, конечно, не имели ничего лишнего, но и не голодали. А состоятельные друзья дарили чудные подарки маленькому Мите. Вот к двухлетию подарили ему чудесный педальный мерседес, в котором он катил вдоль тротуара по Курфюрстендам...

Однако письма Набокова свидетельствуют о немалых трудностях. Он пишет матери о своих обтрепанных брюках, в которых стыдно ехать в Бельгию. Пишет Глебу Струве в Англию, умоляя похлопотать о месте для него, пишет в Калифорнию Александру Кауну и в Йейл Михаилу Ростовцеву — просит поискать ему место, говорит, что заработки его ничтожны и положение просто отчаянное. Конечно, за границу из тоталитарной Германии приходилось писать с осторожностью. Но нам известно, что на сентябрь того года генерал Бискупский назначил регистрацию эмигрантов: в стране «национального единства» нельзя без регистрации. А вдруг затесались какие-нибудь инородцы?

Тянуть с отъездом больше было нельзя. Набоков в отчаянье пишет друзьям, что уехал бы сейчас в любую страну, где можно было бы найти работу с английским — в Канаду, в Индию, в Южную Африку.

Вести из Праги также были неутешительными. Брат Кирилл снова оставил работу. Он не хочет бросать поэзию, ни за что не хочет становиться взрослым. Он теперь в Бельгии, и Набоков чуть не в каждом письме умоляет Зинаиду Шаховскую помочь ему, пристроить куда-нибудь. Вот письмо, посланное Шаховской в ноябре и сообщающее об отплытии ее сестры в США: «Наташа уплыла в четверг, так заторопившись, что даже не простилась с нами. Она между прочим рассказывала о Кирилле. Положение его меня ужасает. Как он устроится в Бельгии, есть ли надежда устроить его. Ради Бога, пусть он только не едет в Чехию; моя мать живет впроголодь и больна... Ради Бога, хоть какую-нибудь ему работу — пусть мусорщика — все равно. Только бы не умер с голоду. Авось он тогда поумнеет».

Набоков готовился к отъезду. Он подчищал первую главу «Дара», намереваясь прочесть ее соотечественникам в Париже. К столетней годовщине Пушкина, которую собирались широко отмечать в Париже и Брюсселе, он писал доклад по-французски. У него было написано несколько английских эссе о семье, о детстве, о роли английской культуры в русском воспитании.

Пушкин царил на страницах его нового романа, ибо только искусство и культура могли сегодня противостоять грядущему одичанию мира...

Кончалось счастливое берлинское отчуждение — в кругу своих, в окруженье чужих. Начиналась эпоха унизительной бедности, бегства: сперва на Запад, еще дальше по полям Европы, потом — через океан... Десятилетие спустя он вспоминал это ощущение погони:

«...мы бежали, и чем дальше, тем мне становилось яснее, что спасаемся мы не просто от засунутого в сапоги и перетянутого ремнем идиота с прядью поперек лба и с запасом железного лома на гусеничном и колесном ходу,— он был всего лишь символом, за которым стояло нечто неуловимое

336

и чудовищное, какой-то безликий и безвременный ком первородного ужаса...»

Сейчас он уезжал для выступлений — в Бельгии, во Франции, в Англии. Решено было, что он будет искать и место для устройства семьи. Вера Евсеевна рассказывала позднее, что это приход Таборицкого к власти заставил ее поторопить мужа с отъездом. Неожиданная помощь подоспела из Англии — аванс за перевод «Отчаяния», а еще, вовсе уж неожиданно,— помощь от далекого предка Набоковых, композитора фон Грауна. Они прочли в газете, что разыскиваются наследники фон Грауна, Набоков сообщил, что его прабабушка Нина фон Корф была дочерью фон Грауна, и тогда ему вручили табакерку, из которой композитор имел обыкновение нюхать табак. Табакерка прибавила еще несколько сот долларов к скудному английскому гонорару. Уезжая, Набоков не знал, что никогда больше не вернется в Германию. Ему оставалось еще сорок лет жизни — во Франции, за океаном, близ германской границы. Однако никогда больше нога его не ступила на немецкую землю.

* * *

В Брюсселе он снова остановился у Шаховских и поспешил повидаться с братом Кириллом, судьба которого его так тревожила. Муж Зинаиды Шаховской и его кузен обещали Набокову и впредь заботиться о бесшабашном и симпатичном юноше. 21 января Набоков прочел по-французски во Дворце изящных искусств свой доклад о правде и правдоподобии в нашем представлении о Пушкине. Он начал доклад с разоблачения романизированных биографий (еще одно суровое предупреждение будущему биографу). Однако и научное пушкиноведение, предупредил он, в конечном итоге приводит к созданию еще одного романа о чужой жизни: «Разве можно совершенно реально представить себе жизнь другого, воскресить ее в своем воображении неприкосновенной, безупречно отразить на бумаге? Сомневаюсь в этом... Все это будет лишь правдоподобие, а не правда, которую мы чувствуем».

Заранее отвергнув любую попытку написать биографию поэта, Набоков делает набросок своей собственной версии «прекрасной романтизированной биографии»: «Вот он, этот невысокий живой человек, маленькая смуглая рука которого написала первые и самые прекрасные строки нашей поэзии; вот он — взгляд голубых глаз, составляющих резкий контраст с темными кудрявыми волосами. В то время, т. е. к 1830 году, мужской костюм еще отражал потребность в верховой езде... Лошадь была нужна, и оттого нужны были сапоги с отворотами и широкий плащ. Отсюда и определенная элегантность, которой воображение наделяет Пушкина, впрочем, он, следуя капризу эпохи, любил и переодевания; то представал цыганом, то казаком, то английским дэнди. Не будем забывать, что любовь к маске и впрямь черта истинного поэта. Хохоча во все горло, взметнувшись во весь свой невеликий рост и стуча каблуками, он проносится передо мной, как метутся с порывом ветра все эти люди в ночном кабаке...»

Дух Пушкина для Набокова — дух радости и веселья: «...взгляд философа, созерцающего жизнь, искрится доброжелательностью, подмечая, что в сущности ничего не изменилось в мире и по-прежнему в почете добро и красота».

«Тем, кто умеет видеть», жизнь предстает «столь же исполненной открытий и наслаждений, какой являлась поэтам прошлого».

В конце доклада Набоков говорил о свободе. О том, что поэт и сегодня «должен быть так же свободен, так же стоек и одинок, как того желал Пушкин столетье назад...»

Еще через три дня Набоков выступал в Париже, в том же самом зале на улице Лас-Каз. Его представил Ходасевич, после чего он прочел отрывок из «Дара». Алданов вспоминал, что ему запомнился во время этого чтения непрерывный поток самых неожиданных стилистических, психологических и художественных находок.

Устройством набоковского вечера занималась среди других и добрейшая Вера Николаевна Бунина, которая записала назавтра в свой дневник: «Сирину я собрала 370 + 400 франков... После вечера Сирина у меня пили чай». За чаем язвительный Бунин сказал, что из произведений Набокова ему больше всего нравится «Университетская поэма». Это означало, что Бунина стал задевать успех и стремительный рост набоковской прозы. Конечно, это была уже другая, не бунинская проза, однако ее талантливость чувствовали все, и об этом (маясь безмерно и не умея толком сформулировать свои претензии) писал даже враг Адамович. Секретарь и возлюбленная Бунина Галина Кузнецова сообщает в своем «Грасском дневнике» о высокой оценке, которую давал Бунин прозе Набокова. В то же время Бунин не мог не чувствовать в произведениях Набокова дыхания другого века, расширения диапазона русской прозы. По сообщению Шаховской, Бунин сказал ей, когда разговор зашел о Набокове, что это большой талант, однако непонятное для него «чудовище» («монстр», «выродок», «чудище», «зверь» — кто при этом присутствовал, чтоб записать точнее?) — Шаховская рассказала об этом разговоре (по-французски) в статье, напечатанной в христианском бельгийском журнале. Трудно представить себе, чтоб журнал этот попал случайно на глаза Бунину, но Набоков статью эту читал и даже ее похвалил. Следствием была сцена, описанная Набоковым в письме Шаховской: «когда меня... посетил Бунин, то я его несколько смутил: «ах вот что,— вы меня называете выродком» — и показал твою статью». Легко представить себе, как Бунин отрекался от этого переводного фольклора, хотя вряд ли кто-нибудь мог тогда предвидеть, сколь важную роль сыграет эта фраза через полвека в становлении «первоначальной», «почвенной» школы советского набоковедения.

Тогда, в 1937-м, все это еще не испортило отношений Набокова ни с Буниным, ни с Шаховской.

Конечно, чаще, чем с Буниным, Набоков общался с Ходасевичем. Вступительное слово, которым Ходасевич в конце января открыл чтения Набокова, было вскоре напечатано в виде статьи. Здесь была названа главная, по мнению Ходасевича, тема Набокова: «жизнь художника и жизнь приема в сознании художника». Здесь было и то, что сближало старшего и младшего литераторов,— честное, более того, воистину исступленное отношение к работе над формой, над словом: «искусство не исчерпывается формой, но вне формы оно не имеет бытия и следственно смысла» (не это ли самое Набоков без конца повторяет в письмах к Шаховской?). В конце статьи Ходасевич выражал уверенность, что «Сирин, обладающий великим запасом язвительных наблюдений, когда-нибудь даст себе волю и подарит нас безжалостным сатирическим изображением писателя».

Ходасевич не мог не знать, что Набоков такую книгу давно пишет. Он не знал еще, какова будет эта книга, однако не сомневался, что она выведет Набокова на новый уровень прозы.

Набоков несколько раз навещал Ходасевича в его убогой

парижской квартирке. Ходасевич все чаще болел, а оправившись, проводил целую ночь за карточным столом. Набокова жизнь полунищей монпарнасской богемы по-прежнему отталкивала, а к «музычке и ресторанчикам», еще игравшим по старой барской традиции столь важную роль в вечернем времяпрепровождении Бунина, он был вполне равнодушен. Ему не хотелось ни «хорошо посидеть», ни хорошо выпить, ни распахнуть душу в застолье, и эта его «нерусскость» смущала Бунина. Молодой собрат хотел, похоже, без конца говорить о литературе, о мастерстве, о главном — этим он порой утомлял даже Ходасевича. Впрочем, в ту смутную зиму 1937 года у него ведь была в Париже еще одна постоянная собеседница и даже возникла, так сказать, «личная жизнь» за рамками семьи. Он все чаще виделся в ту зиму с Ириной Гваданини. Сближение шло быстро. У них были общие корни в петербургском прошлом. Братом отчима Ирины оказался тот самый знаменитый кадетский лидер Кокошкин, который, вместе с Шингаревым, стал первой жертвой октябрьского переворота: они были заколоты матросскими штыками на больничной койке в тюрьме. Через год после этого убийства, когда кадеты проводили в Крыму собрание, посвященное памяти двух убиенных товарищей, юный Набоков написал о них стихи. Стихи их вообще сблизили — она, как многие интеллигентные русские барышни, знала прорву стихов, и он с приятным удивлением обнаружил, что она знает и его собственные стихи — против такого сердце автора устоять не может (один раз, во всяком случае, уже не устояло). Она и сама писала стихи (они напечатаны, их можно прочесть, хотя и не обязательно). Она не была красавица, но была хорошенькая — правильные черты лица, худоба, изящество, с которым она снимала перчатку, держала в пальцах длинный бирюзовый мундштук: в свои «тридцать два казалась намного моложе»... Эти черточки, как вы помните,— из «Весны в Фиальте», а стало быть, это только наша гипотеза. Герой рассказа вспоминает также ее милый лающий голосок в телефонной трубке, однако это могло быть навеяно и другим лаем: она была восторженная «собачница» и даже подрабатывала стрижкой собак. Было ли у нее и в самом деле такое множество небрежных, «неряшливых» связей, как у Нины из «Весны в Фиальте», как у Лизы Боголеповой, жены Тимофея Пнина? Или это ревность влюбленного Набокова (тщетно пытавшегося освободиться от этого наваждения) умножала их число (надо ли напоминать, что для литературы эта ревность оказалась плодотворной?)? Так или иначе «счастливый, умный, добрый мир» Набокова, его семейный покой был под угрозой. Вероятно, не все в Париже знали про этот роман, ибо даже зорко блюдущий чужой «моральный облик» В. Яновский писал о Набокове, что «жене своей он, вероятно, ни разу не изменил... знал только одно свое мастерство...» Но, конечно, и спрятаться им от соотечественников было негде. К тому же в первый раз он был приглашен к Кокошкиным на чай вместе с Фондаминским и Зензиновым, да он ведь и жил у Фондаминского. Вряд ли столь неистово ищущий Бога и жизни по-Божески И. И. Фондаминский мог такое увлечение одобрить. Существует даже эмигрантская версия, что это именно Фондаминский известил Веру Евсеевну обо всем происходящем в письме, вызывая ее в Париж для спасения Володи. Думается, это как раз мало похоже на Фондаминского. В Париже было множество Вериных друзей и родственников, которые могли сделать это с большей готовностью. Так или иначе, Вера узнала обо всем довольно быстро, и терзания Набокова стали теперь непереносимы. К тому же Вере с ребенком следовало как можно скорее уезжать из Берлина. Из февральского письма Набокова жене (вероятно, одного из не самых интимных писем 1937 года, отобранного для публикации сыном писателя) можно понять, что Вера приняла неожиданное решение переехать в Чехословакию. Набоков убеждает жену, что переезд в Чехословакию все для него очень усложнит, он будет отрезан от своих издателей и от своих переводчиков. В то время М. И. Будберг (знаменитая «железная женщина» Н. Берберовой) взялась перевести «Возвращение Чорба» на английский, а Денис Рош переводил на французский «Весну в Фиальте». Набоков заверяет Веру, что они смогут поправить ее здоровье во Франции, в Борме, у вдовы Саши Черного, и что Вера все погубит своим переездом в Чехословакию, грозится, что, «если она будет продолжать в том же духе», он сядет в поезд и приедет за ней. Он клянется, что «все Ирины, сколько их есть на свете, бессильны», и, вероятно, чтоб отвести подозрения от Ирины-«собачницы», заводит речь о какой-то другой Ирине, той, что встретилась ему случайно у Раисы Татариновой (а может, речь здесь идет о хорошенькой сестре Сабы Кянжунцева). Письмо содержит пылкие уверения в любви («я люблю тебя так, что и словами не выразить»), однако в целом производит впечатление растерянности: Набоков подробно рассказывает Вере о своих делах и словно бы чувствует, что не это теперь главное. Комментируя это письмо, сын писателя Д. В. Набоков объясняет, что Иринами звали «разнообразных дам, флиртовавших с В. Н. и имевших на него виды». Брайан Бойд, самый знающий из биографов, комментируя то же письмо, высказывает отчего-то мнение, что Вере было «об этой связи не известно».

К этому времени относится и одно довольно курьезное выступление на литературном вечере, где Набоков (по просьбе Габриэля Марселя, а также корысти ради) заменял какую-то венгерскую писательницу, авторшу нашумевшего романа, которая не смогла приехать по болезни и дала телеграмму лишь в последний момент. Венгерский консул, увидев Набокова, устремился к нему, чтоб выразить ему свои соболезнования, ибо принял его за мужа хворой знаменитости. Потом, узнав о замене, венгерская колония стала демонстративно покидать зал. Остались лишь те, кто догадались о замене не сразу, да еще верные друзья Набокова — Раиса Татаринова, Алданов, Бунин и Керенский. Поль и Люси Леон (сестра Набоковского дружка по Кембриджу Алекса) привели с собой Джеймса Джойса. Набоков вспоминал позднее, как утешительно блестели очки Джойса «в самой гуще венгерской футбольной команды».

Потом Набоков уехал выступать в Англию. Он выступил в русском «Обществе северян», а также читал на дому перед весьма изысканным обществом (объявление предупреждало публику, что автор очень нуждается). У него было там множество деловых встреч и переговоров, которые ничего не дали в конечном итоге. С петербургским приятелем Савелием Гринбергом Набоков съездил в Кембридж, и позднее в автобиографической книге писал, что «допустил грубую ошибку», отправившись в Кембридж не в тихо сияющий майский день, а под ледяным февральским дождем, который всего лишь напомнил ему его «старую тоску по родине». Он повидал знакомого радикала, которого в автобиографии окрестил Бомстоном, и обнаружил, что теперь, в конце тридцатых годов, «бывшие попутчики из эстетов поносили Сталина, перед которым, впрочем, им еще предстояло умилиться в пору второй мировой войны. В свое время, в начале двадцатых годов, Бомстон по невежеству своему принимал собственный восторженный идеализм за нечто романтическое и гуманное в мерзостном ленинском режиме. Теперь, в не менее мерзостное царствование Сталина, он опять ошибался, ибо принимал количественное расширение своих знаний за какую-то качественную перемену к худшему в эволюции советской власти. Гром «чисток», который ударил в «старых большевиков», героев его юности, потряс Бомстона до глубины души, чего в молодости, в дни Ленина, не могли сделать с ним никакие стоны из Соловков и с Лубянки. С ужасом и отвращением он теперь произносил имена Ежова и Ягоды, но совершенно не помнил их предшественников, Урицкого и Дзержинского...»

Впрочем, унылая поездка в февральский Кембридж не прошла даром. Еще через год-полтора она нашла себе достойное место в первом английском романе Набокова.

Он вернулся простуженный. От всех невзгод и переживаний у него обострился псориаз. Однажды Набоков подсчитал (и немедленно сообщил об этом в письме Вере), что, если бы подруга Фондаминского доктор Елизавета Коган-Бернштейн не лечила его бесплатно, болезнь обошлась бы ему во много тысяч франков. В том же письме Набоков сообщает жене печальную весть: умер Илья Ильф. Трудно представить себе, пишет Набоков, его сиамского близнеца, который остался один. Русским набоковедам еще предстоит, на мой взгляд, исследовать связи набоковской прозы с произведениями русских прозаиков, живших в России,— Олеши, Зощенко, Ильфа и Петрова.

В Париже, наряду с русскими, у Набокова было теперь немало влиятельных друзей-иностранцев, вроде Жана Полана, Генри Черча и знаменитой издательницы «Улисса» Сильвии Бич.

В апреле Вере с ребенком удалось покинуть Германию. Она отправилась в Прагу. Прежде чем уехать к семье, Набокову пришлось восстановить паспорт, потом ждать чешскую визу, так что уехал он в мае. Несколько дней он провел с семьей в Праге — гуляли по старой зеленой Стромовке. Потом они с Верой уехали во Франценбад, где Вера надеялась подлечить мучавший ее ревматизм.

Набоков тайно писал письма Ирине. Он жаловался на «неизбежную вульгарность обмана», на то, что впервые чувствует себя подлецом по отношению к семье. Она писала ему до востребования на фамилию его бабушки — Корф.

Он еще раз съездил в Прагу к матери на пять дней,—

тогда он и видел Елену Ивановну в последний раз. Из Праги он приехал в Мариенбад, где жили в то время Вера и Анна Фейгина, тоже, наконец, сумевшая выбраться из Германии. На вилле «Буш» в Мариенбаде Набоков и написал свой «кругленький рассказик» — «Облако, озеро, башня» — рассказ о неосуществимости мечты, о скотском конформизме тоталитарной толпы, о бегстве в безумие, о надежде на жизнь за смертью. Это один из любимых его рассказов, воистину маленький шедевр. (Недавно мне довелось слышать по радио очередную американскую трактовку этого прекрасного рассказа по Фрейду: башня — фаллос, у героя стремление обратно в утробу матери и т. д.)

В Мариенбаде они купили удешевленный железнодорожный билет для посещения Всемирной выставки в Париже, так что, добравшись в Париж, сходили и на выставку, вход на которую обрамляли два помпезных павильона — советский и германский. «Вульгарные и бессмысленные»,— записал Набоков.

В Париже пробыли всего несколько дней. Набоков бегал по делам: ему все же удалось подписать договор на издание романа «Отчаяние» — с «Галлимаром». Между деловыми визитами он ухитрялся видеться с Ириной.

Потом Набоковы уехали в Канны. Эмигрантским прибежищем надолго стала для них теперь Французская Ривьера. Для вольного туриста это, конечно, не худший уголок земли, для эмигранта — лишь еще одно место изгнания. Конечно, жить на Лазурном берегу было тогда не только спокойнее, но и дешевле, чем в Париже. У них еще оставались деньги, выданные ему английским издательством. Надолго их, впрочем, хватить не могло.

В Каннах между ними произошло объяснение. Вера сказала, что раз он влюблен, он должен немедленно вернуться в Париж. Набоков колебался, писал Ирине жалобные письма. Вера больше не говорила с ним ни о чем, и он целые дни пропадал в горах.

В апреле «Современные записки» напечатали первую главу «Дара». Многим уже было ясно, что новая книга Набокова будет большим литературным событием, и Ходасевич написал в «Возрождении», что преодолевает соблазн поделиться с читателем кое-какими соображениями, но говорить о романе еще рано: публикация только началась. И все же Ходасевич отметил «огромную насыщенность, образную и стилистическую» как несомненное свойство нового романа: «Щедрый вообще, в «Даре» Сирин как бы решил проявить совершенную расточительность... Впрочем, эту замечательную (может быть, самую замечательную) сторону сиринского дарования вряд ли способен по достоинству оценить «широкий читатель» и даже «широкий писатель» нашего времени. Слишком рано еще подводить «итог» Сирину, измерять его «величину», но уже совершенно ясно, что, к несчастью (к нашему, а не его), сложностью своего мастерства, уровнем художественной культуры приходится он не по плечу нашей литературной эпохе. Он в равной степени чужд и советской словесности, переживающей в некотором роде пещерный период и оглашающей воздух дикими кликами торжества, когда кому-нибудь в ней удается смастерить кремневый топор, и словесности эмигрантской, подменившей традицию эпигонством и боящейся новизны пуще сквозняков».

Поразительные замечания рассыпал по своим рецензиям этот больной язвительный критик, немало на своем веку претерпевший за свое злословие (ведь если б не оклеветал он в свое время благородного М. Осоргина, то, может, и писал бы не в махровом «Возрождении», а во вполне пристойных «Последних новостях»). При намеке на сквозняки осведомленному тогдашнему читателю вспоминался, наверно, Бунин, кутавшийся в пальто посреди душного зальчика на рю Лас-Каз. Моему же сверстнику могут вспомниться здесь и «кремневые топоры» родной советской литературы, увенчанные «сталинскими премиями». А всем нам вместе — растерянность нашего «широкого писателя» во время первых московских дискуссий о разрешенном Набокове (поднялся ли он уже до уровня Проскурина или «остановился на полпути»?).

Ему выдалось тяжкое лето в Каннах, отмеченное нелегким трудом, семейными невзгодами и первыми крупными расхождениями с боготворившим его (а главное, безоговорочно печатавшим) журналом. Уже вышла первая великолепная глава романа с каскадом стилистических изысков, с воспоминаниями детства, с потоком мыслей на берлинской улице или на койке в берлинском пансионе — потоком, в котором рождались строчки новых стихов, а мы, читатели, присутствовали при их рожденье,— с удивительно смешными эмигрантскими посиделками, чтениями. Теперь нужно было срочно высылать вторую главу (а каждая из этих глав была равна по объему прежним его романам), однако Набокову захотелось вдруг переделать начало второй главы. Начало никак не поддавалось, не шло, и тогда Набоков взялся за почти готовую к печатанию четвертую главу (биография Чернышевского, написанная героем романа). Он снял квартирку напротив отеля и уселся там за работу. Подошла жара, и Набоковы жили теперь «как амфибии», деля время между домом и пляжем. Четвертая глава получилась, он был ею доволен, отослал ее Рудневу, чуть не в одиночку тащившему теперь журнал. Руднев пришел в ярость: что ж ему — давать читателю четвертую главу вместо второй? На счастье, перегруженный работой Руднев не заглянул в текст. Набоков смирился и сел за переделку второй главы.

«Еще летал дождь, а уже появилась, с неуловимой внезапностью ангела, радуга: сама на себя томно дивясь, розовозеленая, с лиловой поволокой по внутреннему краю, она повисла за скошенным полем, над и перед далеким леском, одна доля которого, дрожа, просвечивала сквозь нее». Барчук идет по полю, просит прикурить у мужика... Лесок, край радуги, Россия, ночная фиалка на болотце, калитка: вход в парк. А потом — «...прямо из воспоминания (быстрого и безумного, находившего на него как припадок смертельной болезни в любой час, на любом углу), прямо из оранжерейного рая прошлого, он пересел в берлинский трамвай».

Так в жаркой комнате в Каннах он вспоминал свежесть русского поля после дождя — и уходил от нынешнего безвременья, от собственной неприкаянности, бездомности и, похоже,— бессемейности тоже, ибо Вера упорно молчала. На пляже он писал любовные письма Ирине. Э. Филд утверждает, что он признался ей во всех прегрешениях (против Веры!) и писал о своих терзаниях. Он требовал от нее верности: он ревновал ее к другим. Вера обнаружила, что он не оборвал переписки с Ириной, и семейная жизнь его стала настоящим адом. Пришло время отпусков у парижан. Ирина хотела приехать за ним в Канны и увезти его. Эндрю Филд, кажется, читал ривьерские письма Набокова к Ирине, но, к сожалению, приводит из них какие-то малосущественные детали. Он сообщает, что Набоков писал эти письма украдкой. Что он благодарил ее за наслаждение, которого не испытал с другими, упоминал о четырнадцати годах безмятежного счастья «с ней» (то есть уже с Верой). Интереснее было бы знать, что думал он в эти дни о Вере и сыне. Так или иначе, на решительный разрыв с семьей он не пошел. Значило ли это, что он пожалел Веру и Митю? Или он жалел при этом только себя? Позже Набоков скорее с изумлением, чем с осуждением, сообщал в своих письмах о том, что кузен Н. Д. Набоков, Ника, «снова женился». Кажется, его удивляла решительность Ники...

Итак, Набоков не ушел из семьи, но, может, именно семейная драма, разыгравшаяся во время работы над «Даром», пронзила такой бесконечной нежностью рассказ о.любви к Вере в третьей и в пятой главах романа. Чувство вины, небесполезное для всякого, вероятно, особенно плодотворно бывает для писателя...

Смиряясь со всеми поражениями, он должен был продолжать работу. Тем временем подоспела новая беда. Озабоченный выпуском очередного номера, Руднев выкроил наконец время, чтоб прочесть отложенную впрок Четвертую главу — главу о Чернышевском. Он был потрясен. Это было глумление. Глумление над главным святым русской революции (а Руднев был как-никак социалист-революционер). Над святым русской интеллигенции. Вспомните, как юный Миклухо-Маклай таскал за собой по джунглям портрет Чернышевского, как он мечтал, экономя гроши, скопить денег для Чернышевского и послать в Сибирь; как Герман Лопатин решил броситься в пасть полиции и добраться до Сибири, чтоб выкрасть Чернышевского и дать вождя эмиграции. Да что там — вся свободомыслящая русская интеллигенция бесконечно почитала Чернышевского. Ведь что поет на своей попойке в Париже монархическая «лихая Россия, шоферская, зарубежная... пролетарски-офицерская, анархически-церковная» из романа Поплавского «Аполлон Безобразов»? То же самое и поет, что пели некогда студенты, поднимая стакан:

> ...за того,
> Кто «Что делать» писал,
> За героев его,
> За святой идеал.

Когда я посетовал недавно в разговоре с моей парижской приятельницей Татьяной Алексеевной Осоргиной-Бакуниной (вдовой Михаила Осоргина), что вот, задержал, мол, бедняга Руднев на пятнадцать лет публикацию шедевра русской прозы, она, к моему удивлению, сказала: «Не в Рудневе тут дело. Читатель журнала был бы возмущен».

Руднев написал тогда в Канны, что о публикации четвертой главы и речи не может быть. Однако он вовсе не отказывался от публикации остальных глав. Этого Набоков не ожидал. Конечно, он предвидел и предвкушал скандал. Можно сказать, что он на него даже рассчитывал, ибо уже спародировал в своем романе все возможные ругательные рецензии, описал все перипетии этого скандала, разнообразных обид, литературной возни. Но отказа он все-таки не ждал. Он был самый знаменитый из эмигрантских писателей нового поколения и, по существу, занимал особое положение и в этом журнале, и в этой литературе. Укусы Адамовича или Иванова теперь только укрепляли это его положение, да и сам Адамович все время оговаривался о его достоинствах, рассыпался в комплиментах Набокову.

Набоков пишет горькое и гневное письмо Рудневу, заявляя еще раз, что ему «совершенно безразличны все партии мира». «Я не собираюсь защищать моего Чернышевского,— с достоинством пишет Набоков,— вещь эта по крайнему моему разумению находится в таком плане, в каком защита ей не нужна».

Таким же чувством достоинства отмечена и концовка письма (напоминающая знаменитое пушкинское «не продается вдохновенье, но можно рукопись продать»): «Свои романы я пишу для себя, а печатаю ради денег — все остальное баловство случайной судьбы, лакомства, молодой горошек к моим курам. Мне только грустно, что для меня Вы закрываете единственный мне подходящий и очень мною любимый журнал».

Набоков не раз позднее говорил о том, что для «оракулов эмигрантской критики» произведениям его не хватало «религиозного проникновения и гражданского пафоса». Но и в 1952 году, после выхода в Америке полного текста «Дара», Адамович и Марк Слоним обвиняли Набокова в «легкомысленном» отношении к Чернышевскому и злобной полемичности. Удивительно ли, что в конце тридцатых годов сугубо партийный В. Руднев, который, по воспоминаниям одного из ето соредакторов-эсеров (М. Вишняка), «считал не только своим правом, но и моральным долгом следить за тем, что и в какой форме появляется... в журнале», не допустил надругательства над святыней. Охрана святынь была всегда одной из функций русской цензуры (независимо от того, как называлась цензура,— Синод, Главлит, Главпур, редколлегия...), и вскоре после получения письма Руднева (16 августа) Набоков писал Фондаминскому: «Не могу выразить, как огорчает меня решение «Современных записок» цензуровать мое искусство с точки зрения старых партийных предрассудков». В былые времена именно Фондаминскому удавалось одолевать в рамках журнала эти предрассудки товарищей по партии. Теперь Фондаминскому, кажется, было не до журнала. Он был увлечен религиозными поисками, «Новым Градом», «Православным делом», издавал сборник памяти жены (для которого Набоков написал трогательную заметку с удивительным описанием сиамских кошек Амалии Осиповны). А фашизм так близко дышал уже над ухом европейца, брызжа кровавой пеной, что даже волчий лик сталинизма представлялся теперь издали дружественно-собачьей мордой. На квартире Фондаминского толковали теперь, как помочь нашему голодному, вечно голодному Петербургу-Ленинграду...

Фондаминский затеял издание нового журнала — «Русские записки», который перешел затем в веденье Милюкова и в котором тоже печатали Набокова. В том же письме Набокова Фондаминскому есть отклики на первый номер «Русских записок». Набокову особенно понравилась в этом номере статья М. Осоргина, направленная против «узаконенного зверства» — смертной казни. Набоков был «совершенно согласен» и с пафосом и с положениями этой статьи. Не прошел незамеченным и камешек, брошенный в его огород их общим другом Зензиновым. Зензинов рассказывал, как они вышли всей компанией с просмотра советского фильма «Семеро смелых» и один русский писатель, «убежденный противник большевиков», воскликнул: «Какой-то примитив всех человеческих добродетелей». И вот в письме Фондаминскому «убежденный противник большевизма» очищает свою фразу от искажения: «не „примитив“», а „лубок“». Можно напомнить, что дальше в упомянутой статье Зензинова шли совершенно восторженное описание советских трудовых свершений на Колыме, в Магадане, в бухте Нагаево и его восторги по поводу «нового племени, людей с неукротимой энергией». Если же напомнить еще при этом, что речь шла о колымских свершениях 1937 года, думаю, читатель сам разберется в споре между молодым скептиком Набоковым и вечно юным энтузиастом-эсером.

2 сентября, в четверг, Руднев написал Набокову, что если

рукопись второй главы не поступит к наборщику в понедельник, то он откажется набирать номер. Ночь с воскресенья на понедельник Руднев спал плохо. В понедельник утром он нашел в почтовом ящике рукопись и вздохнул с облегчением.

А на следующий день Ирина вдруг появилась на каннском пляже. Она бросилась к ним, когда Набоков пришел с трехлетним Митей для утреннего купания. Сюрприз был не из приятных. Набоков попросил ее, чтоб она немедленно уехала. Но она села неподалеку, наблюдала за ними. Потом пришла Вера. Потом все трое ушли завтракать. Ирина все еще сидела на пляже... Он видел ее в то утро в последний раз.

Итак, он сумел сделать свой выбор. Или не сумел решиться на поступок, который считал безнравственным. Брайан Бойд убежден, что не напрасно при написании последних страниц «Дара» маячила перед ним знакомая всем нам сцена из вездесущего Пушкина: коленопреклоненный Онегин, Татьяна, «русская душою», которая, поборов свою любовь к Онегину, заявляет, что она «другому отдана». Набоков еще раз заговорил об этом, дойдя через двадцать лет (при переводе и комментировании «Онегина») до этих знаменитых строк. Вот его тогдашний комментарий:

«Татьяна теперь существо более достойное, чем та романтическая девчонка, что (в главе третьей), упиваясь зельем эротических томлений, тайком отослала любовное письмо молодому человеку, которого и видела-то один раз... ее новоприобретенная изысканная простота, ее зрелое спокойствие и бескомпромиссное постоянство являются вполне равноценной, в смысле моральном, компенсацией за ту наивность, что она могла утратить...»

Онегин поднимается с колен, и Пушкин обрывает на этом свой роман в стихах. По мнению Набокова, это был гениальный удар кисти. В английском предисловии к «Дару» Набоков гадал, последует ли воображение читателей дальше за его героями. Так или иначе, Онегин поднимается с колен и последние строки набоковского романа выдержаны в ритме онегинской строфы:

«Прощай же, книга! Для видений — отсрочки смертной тоже нет. С колен поднимется Евгений,— но удаляется поэт... и для ума внимательного нет границы — там, где поставил точку я: продленный призрак бытия синеет за чертой страницы, как завтрашние облака,— и не кончается строка».

Однако, как отмечает Б. Бойд, в реальности наметилось

расхождение между Татьяной Лариной и Вл. Набоковым. Романтическая Татьяна предпочла хранить письмо Онегина. Реальный Набоков отослал Ирине ее письма и потребовал вернуть свои. Так или иначе, история завершилась на этом, и мы можем смело предположить, что она оказалась небесполезной для русского шедевра Набокова, романа «Дар». Может, именно раскаяние, угрызения, так сказать, нечистой совести зарядили последние главы романа такой нестерпимой нежностью к Зине-Вере.

Отправив Рудневу вторую главу «Дара», Набоков тут же принялся за третью. Впрочем, тут ему снова пришлось сделать перерыв. Вера появилась однажды на пляже, где Набоков загорал с Митей, размахивая телеграмкой и восклицая: «Мы богаты!». Американский издатель Боб Мерил согласился купить американские права на «Камеру обскуру» и выплатить 600 долларов аванса. А так как следующий номер «Современных записок» должен был выйти еще не скоро, Набоков сел за переписывание английского перевода. Попутно он изменил кое-что в романе, англизировал имена героев, изменил прежнее его название на «Смех во тьме».

В октябре Набоковы перебрались в Ментону, живописный итальянского типа городок на самой итальянской границе. Они поселились в пансионе «Геспериды» на площади Сэн-Рок, прелестной площади старого города близ фонтана, в окруженье домов двухвековой давности. Помнится, дважды за последние годы я закусывал бананами на этой площади, медля уходить отсюда автостопом за итальянский рубеж, в Вентимилью, не зная еще тогда, что именно тут, в старой гостиничке, был дописан мой любимый роман. Сожалею, что оба раза искупался среди колючих камней под берегом, не добравшись до пляжа Саблет, где маленький Митя и Набоков находили облизанные морем зеленые стекляшки и фарфоровые черепки. Может, даже те самые, что маленький Лоди находил за тридцать лет до этого на пляже в Аббации, как знать...

Иногда друзья навещали их в Ментоне. Приезжали Ника и Наташа с сыном Ванечкой, Зинаида Шаховская с мужем, Фондаминский, Анюта Фейгина, Никита Романов с женой...

Набоковы бродили по ближним горам, пересекая иногда как бы вовсе и не существующую тут границу, никогда, впрочем, не безразличную для робких обладателей апатридского паспорта.

В ноябре, покончив с третьей главой «Дара», Набоков обратился к драматургии. В Париже готовился к своему второму сезону «Русский театр», организованный при участии (в том числе и материальном) И. И. Фондаминского. Фондаминский как-то спросил у Набокова, отчего бы ему не написать пьесу, и тогда Набоков понял, что ему давно этого хочется. И кому ж как не первому прозаику эмиграции, столько раз еще в ранние берлинские годы пробовавшему свои силы в драматургии, было написать такую пьесу? Ведь его еще с далеких крымских времен тянуло к драматургии, да и сочиняя прозу, он постоянно думал о зрителе («Высшая мечта писателя: превратить читателя в зрителя»).

Отложив в сторону последнюю главу «Дара», Набоков засел за пьесу. Она называлась «Событие».

Работалось ему хорошо, и он сообщал в письме к Шаховской: «Мы еще некоторое время останемся на юге. Мне тут замечательно пишется. О погоде я уж не говорю... Купаюсь как летом...» Дальше в письме к Шаховской несколько примечательных слов о газетной статье ее брата: «Читал в «Возрождении» испанские впечатления отца Иоанна — и признаться, они огорчили меня. Мне совершенно наплевать, кто кого в Испании победит — но легкость обращения русских летчиков в христианство вызывает во мне сильное сомненье — и вообще у меня неприятное впечатление от статьи — зачем нужно было обо всем этом писать — тут есть какой-то обман, т. е. его обманули, а помещать об этом рассказ в хамской газете — не следовало бы. Боюсь тебя огорчить, говоря это, но я привык говорить с тобой прямо».

ДВА СОБЫТИЯ

Ходасевич говорил, что, если судить по содержанию, пьеса Набокова могла бы называться не «Событие», а «Страх». Художник Трощейкин (зовут его Алексей Максимович, а его тещу-писательницу Антонина Павловна, и все эти литературные игры тут не случайны) пишет портрет мальчика с пятью мячами. Мячи странствуют по многим книгам Набокова, и незадолго до начала работы над пьесой один из них успел закатиться под нянин диван в «Даре». В «Событии» на сцену выкатываются два мяча, а еще три куда-то запропастились. Одним из мячей разбито зеркало: есть над чем призадуматься любителю загадок. Тем более, что ребенку Трощейкина и его жены Любови было бы сейчас пять лет, но он умер уже три года назад.

По мнению Рене Герра, уже здесь прослеживается типичный набоковский «тематический узор», наводящий на любопытную мысль об искусстве. Любовь спрашивает мужа, отчего б ему не написать сперва пять мячей, а потом уж заняться портретным мальчиком, и Трощейкин отвечает: «Видишь ли, они должны гореть, бросать на него отблеск, но сперва я хочу закрепить отблеск, а потом приняться за его источники. Надо помнить, что искусство движется всегда против солнца».

Шесть лет назад Любовь, устав от романа с неким Барбашиным, решила выйти замуж за Трощейкина, Барбашин стрелял в них (не слишком метко), был арестован, осужден и обещал расквитаться с обоими, когда выйдет из тюрьмы. И вот прибегает любовник Любови, «волосатый глист» Ревшин с известием: Барбашин досрочно вышел из тюрьмы и его видели в городе. Трощейкина настигает страх (не новая тема для Набокова). В панике он помышляет о бегстве на Капри и готов даже на то, чтоб Любовь укрылась в деревне со своим любовником Ревшиным, лишь бы тот дал ему деньги на побег. Трощейкин оказывается подлым трусом, и никому в целом свете его не жаль. А дом между тем наполняется гостями. Антонине Павловне исполняется пятьдесят, она созвала гостей и будет читать им «одну такую фантазию», которую она «вчера вечером настрочила». Гости и прочие посетители ужасны. Истинные «хари», как говорит Трощейкин. Или как сказал бы персонаж другого драматурга, «свиные рыла» вместо лиц. От этого другого (как вы уже поняли, это Гоголь) в набоковской пьесе даже больше, чем от Антона Павловича (хотя ружье здесь тоже не выстрелит). О сходстве и различиях набоковской пьесы с гоголевским «Ревизором» лучше всех написал, пожалуй, в «Современных записках» Ходасевич. По его мнению, «весь Барбашин не что иное как призрак, фантасмагория, болезненное порождение трощейкинского страха», а «появление, развитие и внезапное исчезновение этого страха и образуют основную сюжетную линию пьесы». Однако если гоголевская комедия кончается сообщением о прибытии грозного ревизора, то у Набокова все наоборот, и Трощейкин узнает в финале, что Барбашин навсегда уехал за границу. По словам Ходасевича, это «следует истолковать как признак пронзительного набоковского пессимизма: все в мире пошло и грязно... ревизор не приедет и можно его не бояться». Однако и на городничего из «Ревизора» и на Трощейкина страх, по мнению Ходасевича, воздействует одинаково: под его влиянием действительность не то помрачается, не то, напротив, проясняется: «помрачается — потому что в их глазах люди утрачивают свой реальный облик, и проясняется — потому что сама эта реальность оказывается мнимой и из-за нее начинает сквозить другая, более реальная, более подлинная». Эта другая действительность появляется в момент наибольшего страха героя. В «Событии» есть своя «немая сцена», она же сцена прозрения: оставив застывших гостей, Трощейкин и Любовь выходят на авансцену. И вот тут, по указанию автора, за ними «следовало бы, чтобы опустилась прозрачная ткань или средний занавес, на котором вся группировка была бы нарисована с точным повторением поз».

Евреиновская идея «стены» давно занимала Набокова — и в те времена, когда он исполнял роль Евреинова в любительском обозрении на эмигрантском балу в Берлине, и позднее, когда был соседом Евреинова в Париже, и еще позднее, когда писал, что придерживается одного-единственного сценического правила: между актером и зрителем проходит полупроницаемая стена...

Конечно, нам не охватить здесь всего круга тем, идей и приемов, которыми богата эта пьеса зрелого Набокова: мы не коснулись еще ни бесчисленных литературных пародий, в ней содержащихся, ни каскада каламбуров, ни даже подлинного каскада идей. Рене Герра видит здесь «вывернутый наизнанку образ мироздания, к которому логично приводят автора его изобретательные заигрывания с космосом». Вот как говорит Трощейкин о своем умершем сыне: «умер трех лет, то есть сложил крылышки и камнем вниз, в глубину наших душ,— а так бы рос, рос и вырос балбесом». Или, например, знаменитый спор Трощейкина с женой об искусстве, в котором можно узнать знакомое слово — «чудовище». Любовь Трощейкина спорит с мужем:

« — Надо писать картины для людей, а не для услаждения какого-то чудовища, которое сидит в тебе и сосет.

— Люба, не может быть, чтоб ты говорила серьезно. Как

же иначе,— конечно, нужно писать для моего чудовища, для моего солитера, только для него».

Рене Герра писал, что за пародийным попурри русской литературы пьеса выносит на сцену немало серьезных вопросов: что такое искусство? в чем роль и назначение художника? каковы механизмы его творчества? что такое реальность? И многие другие.

Хотя большинство зрителей так и не дождались, когда же произойдет в пьесе «событие», оно все-таки произошло, и Любовь говорит мужу: «Слава Богу, что оно случилось, это событие. Оно здорово встряхнуло нас и многое осветило».

Репетиции спектакля начались в феврале. Такая нестандартная, своя, русская, эмигрантская пьеса была для «Русского театра» «истинным событием». Неизвестно, намекал ли на это автор в названии, но именно так и воспринял постановку русский Париж. Еще в январе Ходасевич писал Набокову в Ментону: «Правда ли, что Вы написали пьесу? Приедете ли, как подобает драматургу, на премьеру? Будете ли выходить на вызовы? Влюбитесь ли в исполнительницу главной роли? Я, впрочем, все равно решил идти на первый спектакль — из любви к Вам и назло человечеству, так как на пьесы Алданова и Тэффи идти отказался».

Когда письмо Ходасевича дошло до Лазурного Берега, Набоков уже занят был главным своим трудом, начатым еще пять лет тому назад в Германии. В промежутке между началом и окончанием этого труда он успел написать не только роман «Приглашение на казнь», пьесу и краткий автобиографический очерк, но и пушкинский доклад, статью и почти дюжину рассказов. Теперь роман «Дар» подходил к концу. Герой его писал матери — о том, что всегда их связывало и что становилось с каждым днем все расплывчатей, все дальше, все безнадежней:

«А когда мы вернемся в Россию? Какой идиотской сантиментальностью, каким хищным стоном должна звучать эта наша невинная надежда для оседлых россиян. А ведь она не историческая — только человеческая,— но как им объяснить? Мне-то, конечно, легче, чем другому, жить вне России, потому что я наверняка знаю, что вернусь,— во-первых, потому что увез с собой от нее ключи, а во-вторых, потому что все равно когда, через сто, через двести лет,— буду жить там в своих книгах, или хотя бы в подстрочном

355

примечании исследователя. Вот это уже, пожалуй, надежда историческая, историко-литературная...»

В январе 1938 года Набоков поставил точку на последней странице романа.

* * *

Пересказывать «Дар» — занятие столь же трудное и неблагодарное, как пересказывать прекрасную поэму, изобилующую лирическими отступлениями, красочными описаниями, интимными или глубоко запрятанными намеками, философскими рассуждениями, историческими реминисценциями. Анализу «Дара» — одной из признанных вершин русской прозы XX века — должны быть посвящены солидные книги. Пока же критических очерков о «Даре» и у нас, и на Западе совсем немного (укажу на очерки Б. Бойда и С. Карлинского). Даже при самом поверхностном чтении «Дар» — удивительно поэтичен и увлекателен. Наиболее любопытные и неторопливые из читателей будут смаковать великолепные исторические, литературоведческие, энтомологические, философские и географические его пассажи. Истинное пиршество ожидает поклонников набоковского юмора. Во всем блеске предстанут перед читателем знаменитые набоковские детали, плод его цепкой памяти, редкой наблюдательности и несравненного мастерства. Мы рискнули здесь выступить в роли того ярмарочного зазывалы, с которым и сравнивал критика Ходасевич в самой своей крупной статье о Набокове: «дело же критика — показать, почему его «чудо XX века» не хуже других стоит алтына или десяти су, затраченных любознательным читателем». Однако и сам открыватель этого «чуда XX века» Ходасевич от подробного анализа романа отказался, сказав лишь мимоходом, что для исследования Набокова нет у него ни места, ни времени, ни читателей. Минуло два десятилетия после статьи Ходасевича, и в набоковской главе своего исследования об эмигрантской литературе старый приятель Набокова Глеб Струве снова отослал нас к грядущим исследователям. Приведя журнальные отзывы минувших дней о Набокове, он признается: «В основе этого поразительно блестящего, чуть что не ослепительного таланта лежит комбинация виртуозного владения словом с болезненно-острым зрительным восприятием и необыкновенно цепкой памятью, в результате чего получается какое-то таинственное, почти что жуткое слияние процесса восприятия с процессом запечатления».

В наибольшей степени это все касается «Дара». Сам Набоков отнесся к труду Струве с одобрением. Черты романа, перечисленные Г. Струве, особенно явно ощутимы в самой увлекательной линии романа — в истории молодого эмигрантского литератора Федора Годунова-Чердынцева. Вышедшую из употребления аристократическую эту фамилию подарил Набокову, если помните, его друг Яковлев, но чем привлекла она автора? Вероятней всего, возможностью сочетать в одной фамилии и героя пушкинской драмы и намек на фамилию Чернышевского. Федор в берлинском изгнании ведет уже знакомое нам призрачное существование, заполняя свои дни сочинением стихов на протертом хозяйском диване, хождением по урокам, чаепитиями в гостях, литературными посиделками, прогулками по улицам, парку, лесу и отправлением минимальных потребностей тощего тела. Еще более тесно заселены его ночи — толпой воспоминаний (все та же знакомая нам Выра, названная здесь Лешиным, все то же детство, те же бабочки, та же первая любовь...) и мыслей (для писателя это не праздность, а работа). Мы введены здесь в самый процесс сочинительства, видим и результат его и процесс созидания одновременно, что достигается незаметным «соскальзыванием», удивительными набоковскими переходами от одной действительности к другой, от мечты к реальности, от одного рассказчика к другому. Достигается благодаря изгибам емкой набоковской фразы, которой Бойд, проявив энтузиазм натуралиста, подыскал сравнение с удавом, объевшимся толстеньких мышек (набоковские скобки тоже удавлены этим точным сравнением). Достигается благодаря столь естественному, едва ощутимому переходу от прозы к стихам, запрятанным в прозаическую строку, и обратному переходу к прозе. Вполне возможно, что набоковская фраза, перенасыщенная материалом и образами, затруднит чтение неопытному читателю, зато, сделав над собой усилие, он будет вознагражден, раскрыв для себя новые красоты и смыслы. Автор этой биографической книги (чья собственная проза, увы, и легка, и бездумна) бескорыстно заклинает читателя сделать это усилие.

Итак, Федор Годунов-Чердынцев пишет стихи и прозу, зарабатывая на жизнь уроками. Он пишет письма нежно любимой матери. Как и она, до сих пор не может оправиться от известия о таинственной гибели его отца, знаменитого исследователя и путешественника, который не вернулся из своего последнего похода, совпавшего со смутой в России. Федор начинает писать книгу об отце, но не удовлетворен ею, как не удовлетворен и своими стихами. У него очень интимные отношения с русской литературой и ее гениями, с их врагами и соратниками, с ее идеями и традициями. А потом он влюбляется в дочь своих домохозяев Зину Мерц («полумерцанье в имени твоем»); он находит сюжет своей новой книги — жизнь Чернышевского — и даже доводит до конца свой замысел. Он любим Зиной, идеальной спутницей жизни, как бы созданной ему по мерке. Подходя к завершению своей книги, он говорит о замысле новой вещи — это будет та самая история, о которой мы с вами только что прочли...

Подобный пересказ (телеграфный столб вместо ели) дает нам лишь некоторый намек на содержание этого самого насыщенного из набоковских романов, можно даже сказать, русского «Улисса». От воспоминанья о Джойсе нам здесь никуда не деться, да и сам Набоков от этого сравнения отрекался не слишком энергично. О любви же своей к «Улиссу» он говорил не раз. Так что не грех, если нам и почудится нечто джойсовское в «Даре» (или наоборот, нечто набоковское в Джойсе) — скажем, в этом шлянье по городу без ясно видимой цели, как бы и без цели вовсе (ну, а те два мужика в начале «Мертвых душ», — напомнит нам Набоков, — у них-то какая была цель?). Однако обратите внимание на начало романа — на этот зачин с мебельным фургоном, с его, спору нет, сочными, однако рискующими нас отпугнуть подробностями — ведь на добрых полстраницы растянулась эта разгрузка мебели у дома номер семь на Танненбергской улице, а дальше — вздох автора, что «вот так бы по старинке начать когда-нибудь толстую штуку» (так началась уже его «штука» или еще нет?); а потом еще на добрых две страницы — путешествие через улицу в лавку, где из нужного оказались всего лишь «крапчатый жилет с перламутровыми пуговицами и лысина тыквенного оттенка» у табачника.

Конечно, истинному любителю литературы все это, в том числе и выгружаемый из мебельного фургона «параллелепипед белого ослепительного неба, зеркальный шкап, по которому, как по экрану, прошло безупречно ясное отражение ветвей, скользя и качаясь не по-древесному, а с человеческим колебанием, обусловленным природой тех, кто нес это небо, эти ветви, этот скользящий фасад», — все это доставит само по себе немалое удовольствие. К тому же истинный любитель (такой, скажем, как Ходасевич, большой любитель всех этих уличных фокусов с окнами, зеркалами и отраженьями), он бы непременно заподозрил (и при этом не ошибся бы), что вся эта игра с фургоном и новыми обитателями дома на Танненбергской улице затеяна автором неспроста. Едва только полторы главы прочитав в «Современных записках», Ходасевич дальновидно предположил, что в новом произведении Набокова «наиболее примечательна окажется композиция» и что смысл произведения «можно будет уяснить не иначе, как в связи с этою композицией». И что пока разгадать этот смысл невозможно, поскольку Набоков, этот опытный и искусный «построитель своих романов... раскроет карты не иначе, как уже под самый конец».

Композиционными тайнами «Дара» с увлечением занимались позднее С. Карлинский и Б. Бойд. Карлинский выделил для начала три плана, различаемых в романе, и отметил в его построении композицию «круга», напомнив, что именно так был назван Набоковым рассказ о семье Годуновых-Чердынцевых, как бы отпочковавшийся от романа и напечатанный отдельно.

В подробном очерке о «Даре» Брайан Бойд также рассматривает на нескольких примерах и симметрические повторы в романе и «круговую структуру». Одной из самых многозначительных оба набоковеда считают тему ключей. В первой главе герой теряет ключи и, бродя по тротуару у запертой двери, находит начало нового стихотворения, которое весь день не давалось ему. Еще многозначительней сцена с ключами в главе третьей, когда Зина спустилась вниз, чтобы отпереть гостям: «Она стояла у стеклянной двери, поигрывая ключом, надетым на палец... по темной стене ложилась призматическая радуга. И, как часто бывало с ним...— Федор Константинович почувствовал — в этой стеклянной тьме — странность жизни, странность ее волшебства, будто на миг она завернулась, и он увидел ее необыкновенную подкладку...» Тема ключей вновь выплывает в финале. У Федора ключи украдены, а Вера забыла свои дома — они обнаружат это, когда подойдут к дому, который стал, наконец, их собственным убежищем. Набоков задается вопросом в конце своего предисловия к английскому изданию романа, догадается ли читатель, что́ будет дальше с влюбленными. Бойд предполагает, что они будут ночевать в Груневальдском лесу — и выстраивает целую цепь доказательств (в частности, развивает тему потолка и звездного неба). Он даже подтверждает свою гипотезу ссылкой на Набоковский анализ «Улисса»: «читатель недоумевает, где Стивн собирается провести ночь». В последнем разговоре с Верой в кафе Федор прослеживает все тайные ходы судьбы, готовившей их встречу. Вот тут мы и узнаем, что фургон с мебелью на первой странице романа не был случайностью: это въезжали в его дом Лоренцы, Верины знакомые, то есть судьба делала первую попытку их познакомить.

Внимательно прослеживая все как бы бесцельные прогулки Федора по городу и все побочные сюжеты (эти несостоявшиеся или будущие его книги), Б. Бойд раскрывает их роль в развитии сюжета, в сложении «узора судьбы» героя. Становится ясно, что этот роман — как бы подступ к тому роману, который напишет Федор, а в то же время и сам роман. Набоков пишет роман о своей жизни. О трудностях подобного жанра он предупреждал неоднократно. В «Даре» герой делает несколько попыток написать биографию, и первая его удачная попытка — биография Чернышевского. Брайан Бойд считает, что этой удачей Федор обязан встрече с Зиной, так же, как качественный рывок в творчестве Набокова был, по мнению Бойда, связан с близостью Набокова и Веры, с обогащением палитры его мировосприятия ее жестко критическим восприятием мира...

В «Даре» достигает наивысшего расцвета пародийный и иронический талант Набокова. Он создает подлинный эмигрантский микрокосм Берлина, мир эмигрантских политиков и литераторов. Язвительные сцены писательских собраний и чтений, пародии на рецензии эмигрантских критиков наделали в свое время не меньше шуму, чем даже покушение на нимб Чернышевского.

На одном из уровней «Дар» может быть прочитан (Набоков и сам не раз указывал на это) как роман о русской литературе («Его героиня не Зина, а русская литература.»). Роман этот и впрямь — настоящая энциклопедия русской литературы. Достаточно упомянуть, что начало романа уводит нас к безымянным мужикам из «Мертвых душ», а конец его впрямую указывает на «Онегина».

Хотя в этом универсальном романе мы встретим имена чуть не всех крупнейших представителей классической русской литературы, найдем пространные рассуждения о литературных стилях и о русской просодии, особое место здесь все-таки занимает Пушкин. Герой романа «питался Пушкиным, вдыхал Пушкина». Голос Пушкина сливался с голосом отца. «...Он вслушивался в чистейший звук пушкинского камертона — и уже знал, чего именно этот звук от него требует», «Пушкин входил в его кровь».

Антиподом Пушкина для героя «Дара» является Чернышевский, по чьей вине утилитарность стала вытеснять из русской литературы прекрасное, и все в ней «сделалось таким плохоньким, корявым, серым» и переродилось в конце концов в подведомственную советскую словесность. Именно это отсутствие вкуса, глухоту к истинной поэзии и близорукость (в том числе буквальную) ставит ему в вину герой, ибо в плане общественном Чернышевский и ему подобные «были, как ни верти, действительными героями в своей борьбе с государственным порядком вещей, еще более тлетворным и пошлым, чем их литературно-критические домыслы». И беда была даже не в бедности эстетической мысли Чернышевского, не в художественном убожестве его романа «Что делать?» (изучаемого многими поколениями русских школьников как высший образчик литературы), а в том, что всему этому убожеству суждено было зажать в тиски (правительство с одного бока, справа, левая цензура — с другого бока) русскую литературу (ведь именно эта книга, если помните, по выражению Ленина, «перепахала» его и задала тон русской критике). Оттого-то и берется Федор, которому открылось убожество этой знаменитой эстетической теории и знаменитого романа, за свою поразительно смешную компиляцию, где в согласии со своей биографической концепцией прослеживает «темы судьбы» Чернышевского.

Ощущение счастья, переполняющее многие романы и рассказы Набокова, в «Даре» выражено с особой силой. «Да» (это похлеще широко известного «Хорошо») — так Набоков вначале хотел назвать роман и лишь потом добавил букву «р». Федор даже мечтает написать руководство «Как быть счастливым».

Упомянем великолепные образцы набоковского юмора в романе — уморительные «абсолют-формулы» Буша и его чтение, после которого «у большинства был помятый и размаянный вид, как после ночи в третьем классе»; энергичного редактора Васильева, который, имея «как общественный деятель большой траурный опыт, внимательно следил за паузами пастора» (невольно вспоминаются бодрые воспоминания добрейшего И. В. Гессена о его решительных действиях во время похорон В. Д. Набокова); великолепные рецензии Кристофора Мортуса (возмущенный недипломатичностью этой пародии щепетильный Алданов писал, что даже наборщики «Последних новостей» узнали в Мортусе Адамовича).

Однако в ликующем финале романа чудится нам и грустная нота. Чувствовал Набоков или знал наверняка, что «Дар» будет его последним русским романом? Культурная жизнь русской эмиграции клонилась к закату. Это чувствовали все, об этом много писали. На возвращение в Россию больше не было надежды, а писать по-русски было уже, пожалуй, незачем и не для кого. В Европе назревал кризис... Да, конечно, писатель пишет для себя, но читатель все же дышит ему в затылок, читает написанное через его плечо. Его еще можно было себе представить, этого читателя, в конце тридцатых годов, однако дни его были сочтены...

* * *

В пятницу 4 марта состоялась премьера «События» в постановке и декорациях Юрия Анненкова, который был одним из самых удивительных универсалов-художников во всей эмиграции: график и портретист, живописец-модернист и художник по костюмам, постановщик фильмов, спектаклей и массовых зрелищ, и ко всему еще талантливый мемуарист, новеллист, романист...

В первом ряду сидела чистая публика, встретившая пьесу ледяным молчанием. Обескураженная труппа решила дать еще один, последний спектакль в воскресенье, а потом пьесу снять. Собственно, двух спектаклей обычно бывало достаточно для немногочисленной эмигрантской публики. Четыре — это уже был, по здешним понятиям, крупный успех. В воскресенье «Последние новости» поместили разгромную рецензию: Адамовичу пьеса этого жуткого Набокова не понравилась, рецензенту, укрывшемуся под инициалами «К. П.», тоже: сплошные монстры «в духе Сирина». Может, именно из-за этих разгромных рецензий зрителей на втором спектакле было так много. В первом ряду сидели Георгий Гессен с отцом и Ходасевич, который весь спектакль просто корчился от смеха. Споры не умолкали ни в антракте, ни после спектакля: это был успех. Это был лучший вид успеха — скандал. «Возрождение» писало, что это событие сезона. Через неделю «Последние новости» поместили интервью с постановщиком Юрием Анненковым. «Русские писатели, — сказал он, — разучились писать для театра не злободневно... Сирин пробил брешь... Сирин — удивительный мастер неорганизованного диалога. Жизненная правдивость «События» подчеркивается еще тем, что драма тесно переплетена с комедией, реальность — с фантастикой. Это важно, т. к. нет ничего более условного, чем так называемые «натуралистические» пьесы. Наша жизнь слагается не только из реальных фактов, но также из нашего к ним отношения, из путаницы наших воспоминаний и ассоциаций... Актеры... в один голос признавались, что задача, поставленная Сириным, для них нова, а способы ее разрешения слишком трудны».

В очередном номере «Современных записок» Ходасевич писал не просто об успехе «События», но об успехе *доброкачественном*, ибо он основан был «не на беспроигрышном угождении публике, а на попытке театра разрешить некую художественную задачу... такая попытка ныне впервые сделана за все время эмиграции».

Между тем в Америке вышла (под новым названием) «Камера обскура», что принесло после всех налогов и вычетов меньше двухсот долларов. Весной Набоков с горечью написал об этом журналисту Лоллию Львову, жалуясь на «ужасную нужду». А вскоре Набоков получил телеграфом две с половиной тысячи франков и письмо от Сергея Рахманинова, поклонника его таланта. (Возможно, Львов советовался с Рахманиновым об издании «Дара», потому что на этот счет Рахманинов также пытается успокоить Набокова). Рахманинов писал, что слова об «ужасной нужде» поразили его и что «сама мысль о том, что он мог помочь в минуту нужды, будет ему наградой».

Пьеса «Событие» была напечатана весной в «Русских записках». Ее начали репетировать в Праге.

ТИРАН И АНТИХРИСТ

С середины мая Набоков все чаще пропадал в горах между Ментоной и Рокебрюном, охотясь на бабочек. Вряд ли у него слишком спокойно было на душе, ибо именно тогда он придумал длинный, страшный рассказ «Истребление тиранов» — монолог человека, оглушенного громкоговорителями под небом современной тоталитарной державы. В юности рассказчик знал ничтожного человека, который стал сегодня диктатором в его стране,— знал, но не убил, а ведь мог бы убить «и тогда не было бы... ни праздников под проливным дождем, исполинских торжеств, на которых миллионы... сограждан проходят в пешем строю с лопатами, мотыгами и граблями на рабьих плечах, ни громковещателей, оглушительно размножающих один и тот же вездесущий голос, ни тайного траура в каждой второй семье, ни гаммы пыток, ни отупения, ни пятисаженных портретов, ничего...». А дальше — рассказ о старухе-вдове, вырастившей двухпудовую репу и удостоившейся вместе с репой высочайшего приема. Выслушав рассказ бедной вдовы о ее трудовом подвиге (пересказ сказки о репке в комбинации с подшивкой газеты «Правда» за минувшие годы), тиран «резко обратился к своим подчиненным: «Вот это поэзия... вот бы у кого господам поэтам учиться»,— и сердито велев слепок «с овоща» отлить из бронзы, вышел вон». Кому ж из людей, подвизавшихся в искусстве стран победившего, не приходилось слышать этих рекомендаций? (Вспомните хотя бы рекомендованного Хрущевым в качестве образца поэзии Пантелеймона Махиню). Но где их слышал Набоков?

В рассказах есть и стихи «лучшего поэта», которые декламировал по радио чудный актерский голос, с баритональной игрой в каждой складочке: «Хорошо-с...» Уже первое слово пародии выдавало ее жертву, знаменитого советского тезку Набокова и название его опостылевшей всем со школы поэмы, лишь уточненное частицей лакейской исполнительности:

Хорошо-с,— а помните, граждане,
как хирел наш край без отца?
...Шли мы тропиной исторенной,
горькие ели грибы,
пока ворота истории не дрогнули от колотьбы!

Пока белизною кительной
сияя верным сынам,
с улыбкой своей удивительной
Правитель не вышел к нам!

Дальше раздаются в рассказе знакомые крики: «Ты наша слава, наше знамя!»

И вот здесь неудержимый смех разобрал истерзанного ненавистью героя — он начал смеяться, и смех спас его. Смех оказался заговором, заклятьем: «так что отныне заговорить рабство может всякий...»

Конечно, Набоков не был столь наивен, чтоб полагать, что смех убьет тирана физически (и напрасно иные западные набоковеды упрекают его в этой наивности). Он говорил прежде всего об истреблении в себе этой зачарованности тираном, этого пиетета перед ничтожными диктаторами (а его ведь не избежали и личности столь независимые, как Бернард Шоу, не говоря уж о Мережковском, Гамсуне, Паунде, Барбюсе, Роллане, Уэллсе, Веркоре, Неруде и других западных интеллектуалах, имя им легион), этой неотвязной ненависти, мешающей быть счастливым.

Через несколько лет, уже за океаном, Набоков воспроизвел историю о человеке, знавшем тирана с детства, в романе «Зловещий уклон».

В июле Набоковы переехали в очаровательную горную деревушку Мулине. Однако туда вскоре перекочевали также военные лагеря, и на деревенской площади зазвучала военная музыка. Набоковы снова спустились к морю и поселились на мысе Антиб в русском пансионе. Он размещался на вилле герцога Лихтенбергского и принадлежал теперь русскому Союзу инвалидов. Городок был «сам по себе упоителен», но угроза полного безденежья все больше угнетала Набокова, и тогдашние его письма мало похожи на поздние его, вполне оптимистические, воспоминания. «У нас сейчас особенно отвратительное положение,— пишет он,— никогда такого безденежья не было, эта медленная гибель никого не огорчает и даже не волнует (впрочем, нет, Союз литераторов в Париже выслал мне 200 франков). Совершенно не знаем, что делать...» Набокова раздражала парижская легенда о том, что он сидит «на Ривьере ради прекрасных глаз моря»: «...эти завистливые идиоты не понимают, что нам просто деваться некуда... как только наберем денег на билеты, поедем в Париж...» О своем «ужасном материальном положении» он писал и в американский Литературный фонд, выславший ему 20 долларов.

В некоторых письмах того времени есть упоминания о Праге: «...положение моей матери действительно страшно...»

В октябре Набоков отослал «Русскому театру» свою новую пьесу «Изобретение Вальса», и вскоре «Последние новости» известили, что на квартире Ю. П. Анненкова состоялось первое чтение пьесы. Шел конец тревожного 1938 года, и широкий зритель, замученный бюллетенями новостей, рассчитывал, что ему покажут что-нибудь лирическое — о вальсах, о беспечных сказках венского леса. Но Вальс в пьесе «Изобретение Вальса» — это фамилия, а может, и псевдоним изобретателя оружия — пьеса была политическая. Если вспомнить, какое место занимает тема тоталитаризма в произведениях Набокова, странным покажется, что советский критик, снабдивший первые полмиллиона набоковских томиков в России своим небрежным предисловием, писал в нем, что «злоба дня» мало затронула Набокова. Он заметил у Набокова «отдельные политические колкости», однако ухитрился не заметить целых романов, пьес и рассказов, говорящих о далеко не безразличной для Набокова угрозе тоталитарного рабства и смерти.

Герой новой пьесы изобретатель Сальватор (т. е. Спаситель) Вальс приносит на суд министра воображаемой страны свое страшное изобретение: губительные лучи, способные взорвать на расстоянии все, что понадобится взорвать. Вальс отказывается продать свое изобретение и заявляет, что озабочен будущим человечества. Он разглагольствует (в стихах) о приходе новой жизни, ибо его изобретение может служить «оградой»: «а жизнь должна всегда ограду чуять — чтоб бытием себя сознать». В конце концов Вальс объявляет себя правителем страны — лишь для того, чтоб дать людям счастье: «Розовое небо распустится в улыбку. Все народы навек сольются в дружную семью». Журналист Сон так констатирует победу Вальса: «Он победил, и счастье малых сих Уже теперь зависит не от них». Сон вообще довольно приметлив, однако его легко увлечь фантазией (в набоковской ремарке сказано: «Его может играть женщина»). Собственно, Сон и явился главным постановщиком Вальсовой победы. И вот начинается правление Вальса: в стране воцаряется неразбериха, экономическое равновесие нарушено, первый же человеколюбивый декрет вызывает рост безработицы, на улице — смута, соседи вторгаются в страну. Вальс досадливо отмахивается: он ведь еще не начал строить, он пока только разрушает, вот когда все разрушу,— увидите, как будет просто. Разрушение и разоружение происходят в атмосфере скандалов. Наконец, в отместку за покушение, Вальс дотла разрушает красивейший город соседней страны. Потом он решает удалиться от скучных дел и как следует отдохнуть. Увы, ничего нового он не придумал: он строит себе новый дворец, заводит гарем и во что бы то ни стало хочет заполучить дочь генерала Берга. Все отворачиваются от Вальса; когда же его бросает и Сон, он снова оказывается в приемной министра жалким просителем. Теперь министр без труда распознает в нем обыкновенного сумасшедшего. Стало быть, все это было лишь сном безумца. Так, во всяком случае, объясняет это автор пьесы в своей записке актерам. В самой пьесе можно разгадать разнообразные намеки (не говоря уже об имени журналиста) на то, что действие происходит во сне — «утончение реальной фактуры» в некоторых сценах, самая атмосфера сна. Эгоистическая мечта Вальса не учла существования других людей (как не учитывал его некогда Герман в «Отчаянии») вне его, существования другой реальности. Мир обязан соответствовать представлениям безумца о мире — в этом своем убеждении Вальс немногим отличается от прочих мировых диктаторов. Да и мечты и вкусы его оказались на поверку не самой высокой пробы. Ему хочется жить хорошо и «красиво», а что такое «красиво» — это вам покажет любая магазинная витрина...

До сцены эта пьеса в те годы так и не дошла: Анненков разругался с «Русским театром» и репетиции повисли в воздухе. Журнал «Русские записки» напечатал пьесу, и одним из немногих откликов на нее была подписанная М. К. (возможно, это был друг матери Марии и Романы Клячкиной Кирилл Мочульский) статья «Явление Вальса» в № 69 «Современных записок». В этой статье говорится о наступлении «безликого», который «может скидываться любыми «харями»,— как опять-таки у Сирина: то это «Родион», то «Родриг Иванович», и не случайно у него столько персонажей имеют своих двойников». Автор статьи отмечает выдвижение на современной арене нового идеала, сильной личности, рядом с которой «все больше и больше заслоняет его другой идеальный человек, М-сье Пьер, симпатичный, влюбленный в свое дело, глубокоуважаемый *палач*. В нем как раз сам «вождь» видит идеал человека, и на него он возлает самую высокую, самую ответственную обязанность — *чистки*».

Главная тема этой статьи — Антихрист, безличное начало, противостоящее Христу как «чистейшему воплощению личного начала». Приведем лишь некоторые из рассуждений критика:

«О страданиях, о смерти, о каких-либо неизбежных жизненных антагонизмах Антихрист избегает говорить или выражается эвфемизмами. Цинциннату смертный приговор объявляется «сообразно с законом» шепотом и на ухо. Да и вообще, в век гуманности, всеобщего счастья возможна ли смертная казнь? Конечно же, нет. Только — «высшая мера наказания». Когда представитель державы, приготовившейся поживиться за счет другой, шантажирует ее уполномоченного, переговоры «происходят в атмосфере искренней сердечности»... за этим следует возложение венка на могилу неизвестного солдата... и наконец, ужин... До чего это похоже на чествование Цинцинната перед его казнью отцами города! Эвфемизмы, банкеты, иллюминации — все это прекрасные средства, чтобы прикрыть то, что есть в жизни ужасного, безобразного, жестокого.

Его Сальватор Вальс, эта помесь Бела Куна с Хлестаковым («ведь для того и живешь, чтобы срывать цветы удовольствия» — предел желаний этого «Сальватора», Спасителя человечества) — нечто абсурдное, бессмысленное, казалось бы невозможное, и вместе с тем все же *реальное*, поскольку оно художественно убедительно. Тем самым в Вальсе — ключ к пониманию природы Антихриста. В этом разгадка проблемы нашего времени. Антихрист смешон, но *дела* его — ужасны. Ибо для того, чтобы добиться всеобщего блаженства, он не останавливается ни перед чем. И если что-либо мешает ему безмятежно срывать цветы удовольствия, нарушает хоть сколько-нибудь состояние эйфории,— Хлестаков скидывается Бела Куном...»[1]

«...Единственное спасение — увидеть Антихриста *в себе*... подавляющее множество людей *желает* служить Антихристу... они поверили в изобретение Вальса и готовы им воспользоваться; спорят же между собою только о том, кому на

---

[1] На Западе много писали о террористических подвигах венгерского коммуниста Бела Куна, занимавшего видные посты в Советской России (в частности, ему приписывают кровавую расправу над офицерами в Крыму).

эту машину принадлежит «право» и против кого следует пустить ее в ход».

А ведь ни Набокову в его лазурном ривьерском изгнании, ни рецензенту «Современных записок» не известно было еще об успешных работах по созданию атомного оружия.

ПАРИЖ... ПА РИШ...

Осенью Набоков получил французское удостоверение личности, и в середине октября семья перебралась в Париж, где друзья сняли для Набоковых элегантную однокомнатную квартиру в XVI округе, на рю Сайгон. Большая красивая комната служила и спальней, и детской, и гостиной, в просторной кухне хозяева готовили, ели, а часто и принимали гостей; в большой и светлой ванной, поставив чемодан на биде, Набоков писал. Фондаминский называл его орлом, запертым в ванной, и с умилением рассказывал друзьям об этом гении, не имеющем письменного стола. Тоской о собственном столе проникнуто немало произведений эмигрантской литературы — вспомним строки Цветаевой...

На кухне у Набоковых часто бывали теперь Ходасевич, два старших «дружка» — Фондаминский и Зензинов, Алданов, сестра Анатолия Штейгера Алла Головина и последняя любовь Бунина Галина Кузнецова, оставившая его ради Марги Степун (нетрадиционная измена, для рассказа о которой у традиционной литературы еще не находилось слов).

Сразу по приезде Набоков закончил рассказ «Посещение музея», историю о том, как, заблудившись в провинциальном французском музее, бродя по вполне реальным залам и коридорам в поисках выхода, герой попадает вдруг на заснеженную улицу и при свете фонаря, «форма которого уже давно кричала ему свою невозможную весть», узнает...

«Увы! Это была не Россия моей памяти, а всамделишная, сегодняшняя, заказанная мне, безнадежно рабская и безнадежно родная. Полупризрак в легком заграничном костюме стоял на равнодушном снегу, октябрьской ночью, где-то на Мойке или на Фонтанке, а может быть, на Обводном канале,— и надо было что-то делать, куда-то идти; бежать, дико оберегать свою хрупкую, свою беззаконную жизнь. О, как часто во сне мне уже приходилось испытывать нечто подобное, но теперь это была действительность»...

Еще одно возвращение в Россию — опять сопряженное со страхом «за хрупкую свою беззаконную жизнь» (как в юношеском «Расстреле»). Удивляешься неизбывности этого волнения, этой ностальгии, навязчивости этого воображаемого «подвига». Что побудило его снова обратиться к теме возвращения? Может, то, что возвращение это становилось все более безнадежным по мере того, как крепли тоталитарные режимы в мире. А может, и предстоящее неизбежное прощание с тем главным, что у него еще оставалось от России,— с языком. На исходе был 1938-й...

В конце ноября объявление в «Последних новостях» сообщало: «2 декабря в Мюсэ Сосиаль» (5 рю Лас-Каза) состоится вечер В. В. Сирина — чтение новых произведений. Билеты в 5, 10 и 15 франков продаются в конторе «Последних новостей», в «Доме книги» (9 рю Эперон), в «Либрери юниверсаль» (89 рю де ля Помп) и в «Либрери Монитор» (61 бульвар Мюра)».

На вечере Набоков читал два новых рассказа — «Посещение музея» и «Лик», а несколько дней спустя он принялся за свой первый английский роман. Нет сомнения в том, что он задумывал эту книгу, еще сидя на Лазурном Берегу. Что идея «вспыхнула в его мозгу» раньше и что он давно уже исподволь подходил к своей первой английской книге. И все же подобный переход представляется поразительным: писатель, достигший такой виртуозности, такого совершенства в родном языке, создавший свой собственный русский стиль, вдруг отказывается от него «ради второсортного», по его собственному выражению, чужого. Вряд ли у него при этом радостно было на душе. К тому же вряд ли ему удавалось забыть в ту пору, что мать лежит сейчас больная среди пражской своей нищеты, что немцы не сегодня — завтра доберутся до Чехословакии...

Журчал в комнате Митин голосок. Потом и он затихал — гасла светлая полоса под дверью. Набоков сидел в выстывающей к вечеру ванной комнате, перед чемоданом, установленным на биде, зябко потирал руки, писал — долгие часы мучительного труда. Он писал свой изысканно-сложный английский роман, в ткани которого переплелись его раздумья над природой художественного творчества, мысли о невозможности познать и понять чужую судьбу, его идеи создания биографии, воссоздания «истинной жизни» другого человека; его воспоминания о недавних невзгодах, смятении, семейных неладах, тяжком испытании запрещенной любви, его раздумья о грехе и соблазне, о родстве, о братстве, о русском языке и английском...

Сюжет романа при внимательном рассмотрении совсем не прост. Умирает один из двух кровных братьев — талантливый писатель Себастьян Найт. И вот его брат, с которым покойный писатель никогда не был особенно близок при жизни, пытается написать его биографию, по крупице восстанавливая прошлое. Читатель русских романов Набокова многое узнает в этом английском романе — и усадьбу близ Петербурга, и колледж Святой Троицы в Кембридже, уже знакомые нам черты идеальной возлюбленной Себастьяна, которая самоотверженно живет его жизнью, пишет под диктовку, перепечатывает его романы. Узнаваемы и данные в пересказе младшего брата сами эти романы, а также художественные приемы Себастьяна Найта. Так, «чтобы взлетать в высшие сферы серьезных чувств, Себастьян, по своему обыкновению, пользуется пародией, как подкидной доской».

О его книге «Граненая оправа» мы узнаем, что «каждый ее персонаж... лишь воплощение того или иного писательского приема. Это все равно, как если бы художник сказал: „Смотрите, я вам сейчас покажу картину, изображающую не пейзаж, а несколько способов его изображения, я верю, что гармоническое их сочетание заставит вас увидеть пейзаж таким, как я этого хочу"» (не правда ли, до крайности похоже на то, как говорил о Набокове Ходасевич — да и сам Себастьян Найт чем-то напоминает Ходасевича). О книге Себастьяна «Успех» мы узнаем, что в ней можно найти «блистательную игру обусловленностями... изучение причинных связей беспричинных событий», всего, что соединило для счастья героя и героиню романа (не то ли было в «Даре»?). Знакомы нам и мысли героя, только что в первый раз проводившего девушку до дому: «Не вынести мне этого обратного течения времени. Наш последний поцелуй уже умер...» (Еще одно «прощание с предметами».) Мы узнаем, что Себастьян (точь-в-точь как сам Набоков) «находил неуместным и даже оскорбительным выражать признательность тому, кто отзывается о книге, выполняя свой долг, и тем самым подмешивать к холодящей невозмутимости беспри-

страстного суда тепловатую «человечность» отношений...»
Узнаем мы и другие суждения русско-английского писателя,
скажем, вот это: «Уверен, что отводить «сексу» почетное
место при попытке разобраться в душе человека, или, того
хуже, раздувать «половой вопрос» (если только такой существует), объясняя с его помощью все прочее,— не более, чем
грубая логическая ошибка. Накатывающая на берег волна —
это еще не все подлунное море, скрывающее в своей пучине
дракона, хотя и лужица в выемке скалы, и голубая дорога
в Поднебесную, сверкающая алмазной рябью, равно состоят
из воды...» Или вот это: «У него была странная привычка:
даже самых нелепых своих персонажей он наделял мыслями, желаниями, впечатлениями, которыми был сам одержим».

Как в «Даре», где не только показаны процесс написания
книги и результат этого процесса, но изложены также претензии критиков к уже вышедшей книге, весь набор расхо-
жих, банальных суждений и критических пошлостей, так
и в первом английском романе Набокова есть критическая
биография Найта, написанная его секретарем и литагентом,
пошляком Гудменом. В этой книге о Себастьяне Найте сказано многое из того, что уже говорилось о самом Набокове: что
он «решительно отказывается проявлять хоть мало-мальское
любопытство к вопросам современности»; что он не желает
присоединяться ни к каким движениям; что он «не понимает,
что его «соло» — это еще не соль земли, и оно не сродни
солнцу, как ошибочно полагает сей любитель латыни» (в это
время уже задуман был Набоковым «Солюс рекс», в котором
будет присутствовать этот латинский корень, брошенный на
разживу ленивым биографам и критикам будущего); что «его
боль поначалу — искренняя реакция темпераментного юнца
на жестокость мира... потом — модная маска, теперь обернулась новой и страшной реальностью...» А вот и еще — рука,
протянутая первому набоковскому биографу (или опять на-
живка?): «Это лицо, эти глаза смотрятся, подобно Нарциссу,
в прозрачную воду... Он глядит на собственное отражение
в пруду».

Дальше автор романа останавливается на развилке собственной судьбы и проигрывает ее варианты. Себастьян бросает свою идеальную возлюбленную и устремляется вослед
роковой русской даме, которая приводит его к полному кра-
ху: он умирает в бедняцкой больнице близ Парижа (как

когда-то набоковский дядя-миллионер). Перед смертью он просит вызвать телеграммой своего кровного брата. Тот мчится в Париж, добирается ночью до больницы и сидит у постели, надеясь, что эти последние минуты братской близости помогут ему понять тайну умирающего, которая словно бы уже забрезжила перед ним, будущим биографом, в последней книге Себастьяна «Сомнительный асфодель». Несколько минут, что рассказчик провел у постели умирающего, переменили всю его жизнь (хотя и выяснилось, что это был вовсе не тот умирающий и что брат его умер накануне), ибо он сумел понять, «что душа — всего лишь способ бытия, а не какое-то неизменное состояние, что всякая душа станет твоей, если уловить ее биение и следовать ему. Посмертное существование — это, может быть, обретенная нами неограниченная свобода поселяться по своему желанию в любой душе, в любом числе душ: «Вот почему Себастьян Найт — это я. У меня такое чувство, будто я воплощаю его на освещенной сцене, а люди, которых он знал, приходят и уходят... И вот маскарад подходит к концу. Маленький лысый суфлер захлопывает свою книгу, медленно гаснут огни. Конец, конец. Все они возвращаются к обычной жизни (а Клэр в свою могилу), но герой остается, ибо мне не выйти из роли, нечего и стараться: маска Себастьяна приросла к моему лицу, сходство несмываемо. Себастьян — это я, или я — это Себастьян, а то, глядишь, мы оба — суть кто-то, неизвестный ни ему, ни мне»[1].

Таков конец романа. «Не значит ли это, что долголетняя одержимость поисками брата привела героя к помешательству?» — спрашивает Бойд. Нам известно, что Себастьян сам собирался написать автобиографию под названием «Истинная жизнь Себастьяна Найта». А что вообще означает псевдоним «В», который Набоков дает рассказчику. Не означает ли это, что английское «В» надо сменить на русское «В» и тогда английская книга Найта станет русской книгой, а герой из Себастьяна станет русским Севастьяном. Вспоминается также, что в последний год своей жизни Себастьян собирался написать роман о жизни незаметного человека — кого-либо, похожего на его незаметного брата — а потом вызвал брата телеграммой.

Идя по следу вслед за Бойдом и другими корифеями

---

[1] Пер. А. Горянина и М. Мейлаха.

набоковедения, мы приходим к предположению, что не только все персонажи биографического расследования, которое ведет рассказчик, нереальны, но сама эта биография — плод художественного воображения постоянно присутствующего среди героев... Владимира Набокова.

Б. Бойд пишет: «Конечно, еще и книгу в руки не взяв, мы знали, что автор ее Набоков. Однако, стараясь оставаться в рамках книги, мы без конца попадали из одной ловушки в другую: «В» как безумец, «В» как Себастьян, «В» становится Себастьяном при посредничестве тени Себастьяна, Себастьян сам придумал «В», сам Себастьян — плод выдумки. Это падение с одного уровня на другой было задумано автором с самого начала, и Набоков достигает того, что у нас просто дух захватывает, когда мы с каждого этажа проваливаемся на тот, что ниже. Набоков играючи пользуется нашим нежеланием закрыть книгу на достигнутом уровне. Он высказывает предположение, что загадка бытия — это нечто такое, что мы пытаемся разрешить и должны пытаться разрешать в течение всей жизни, однако разгадка приходит к нам только тогда, когда книга жизни уже захлопнута».

Брайан Бойд считает, что набоковский роман может быть истолкован как произведение о недостижимости и непознаваемости прошлого. Выполняя волю покойного брата, рассказчик, не читая, сжигает две пачки писем. В одной из пачек были, по всей вероятности, письма той самой загадочной Нины Речной, которую тщетно ищет герой, чтоб лучше понять ее роковую роль в жизни и смерти его брата. Б. Бойд напоминает нам, что еще совсем недавно сам Набоков требовал, чтоб Ирина Гваданини сожгла его любовные письма, которые не должны достаться биографам. Набоков желал бы, чтоб его интимная жизнь оставалась столь же недосягаемой для биографов, как жизнь его Себастьяна. Надо сказать, что он в значительной степени этого достиг, хотя его письма, адресованные Ирине, все же уничтожены не были и австралийский биограф Набокова их, судя по всему, даже читал...

Как видите, в этом первом английском романе Набокова темы философские столь же тесно переплетаются с элементами автобиографии, как и в «Даре». Бойд выделяет в романе любовную тему: Набоков на своем герое «отыгрывает» вариант или «узор» судьбы, которого самому ему удалось избежать (как, впрочем, и весьма болезненную для него тему второго языка).

Разнообразным аллюзиям, намекам и литературным играм в этом первом английском романе Набокова поистине несть числа. Вряд ли стоит их все разгадывать, и вряд ли это нам по силам. Вот какие требования предъявляет к читателю русский набоковед А. Долинин: «Идеальный читатель прозы Набокова должен владеть по крайней мере двумя (а лучше — четырьмя) языками, ибо иначе он не поймет многих спрятанных значений ключевых слов, многих важных намеков и отсылок. Так, скажем, человек, знающий только английский язык, конечно, заметит шахматную тему в «Истинной жизни Себастьяна Найта», поскольку фамилии героев Найт и Бишоп совпадают с названиями легких шахматных фигур (конь и слон, соответственно), а французское слово Дамье (шахматная доска) переведено в самом тексте. Но правильно оценить позицию на доске книги он сможет лишь в том случае... если сумеет расшифровать и остальные — иноязычные — шахматные намеки в романе: если будет знать, что две фамилии главной героини — Туровец и Лесерф — тоже отсылают к названиям фигур, но только русским, туре и ферзю (персидское происхождение последнего слова, кстати, объясняет, почему в тексте содержатся упоминания о персидской царевне и «Англо-персидском словаре»); что «Шварц» по-немецки «черный», а «Белов» по-русски — противоположный цвет; что корень во французском географическом названии Рокбрюн может быть прочитан как «рокировка» и т. п....»

Этой цитатой из предисловия к московскому изданию Набокова мы вовсе не хотим запугать читателя (да и сам Набоков назвал однажды предположения о шахматных ходах этого романа «совершенно ошибочными»), но лишь хотим показать, что для любителя «игр» в английских романах найдется еще больше головоломок и кроссвордов, чем в русских, хотя вряд ли и этому любителю понадобится знание четырех языков. (Как указывает один из набоковедов, Набоков и сам-то знал только три.) Остальные же читатели (даже и не питающие пристрастия к играм) смогут порадоваться тому же роману на прочих уровнях, безошибочно отличая при этом хорошую прозу от средней, остроумную шутку от плоской, а хороший перевод от плохого — другими словами, смогут все же получить удовольствие и от такого сложного романа, как «Истинная жизнь Себастьяна Найта».

Срок представления рукописей на литературный конкурс в Лондоне истекал в конце января 1939 года, и Набоков успел отослать «Себастьяна» в срок. Для этого ему пришлось посидеть над рукописью с Люси Леон: он опасался, что его английский будет звучать слишком «иностранно» и могут проскочить ошибки. Он приходил к супругам Леон, и Набоков с Люси усаживались за столик (тот самый, за которым месье Леон на протяжении двенадцати лет работал с Джойсом над его «Поминками по Финнегану»).

«Я была так зачарована глубокой магией этого рассказа, — вспоминает Люси Леон о работе над «Себастьяном Найтом», — что с нетерпением ждала всякий раз продолжения. Каждый вечер я пересказывала его мужу».

Однажды Люси и ее муж пригласили в гости Набокова и Джойса вместе. Однако затея эта разочаровала чету Леон: Набоков в тот вечер «не блистал». Тридцать лет спустя, в своих воспоминаниях, Люси Леон высказала предположение, что Набоков оробел в присутствии великого Джойса. Прочитав подобное, семидесятилетний Набоков был глубоко уязвлен. Было отчего. Тогда, в свои сорок, он был уже знаменитым писателем великой русской литературы. Примерно так он и объяснял позднее в своем комментарии к мемуарной записи Люси Леон: «...мне было сорок, и достаточно ясное понимание того, что́ я успел сделать в русской литературе, не позволяло мне испытывать трепет в присутствии живого писателя».

Набоков, правда, объясняет, что он и вообще-то никогда не блистал в компании. Думается, это не так. Конечно, он предпочитал круг близко знакомых людей, однако многочисленные воспоминания свидетельствуют, что в чужой компании он тоже умел бывать веселым и остроумным. Может, он был в тот вечер не в настроении: дела его шли не слишком успешно. С шикарной рю Сайгон супруги Набоковы перебрались на окраину, к воротам Сен-Клу, и поселились в скромном отельчике, где жили старый друг отца Август Каменка и его жена. Позднее, в Америке, все парижские обиталища вспоминались героям Набокова как тесные и убогие, а сам город как довольно мрачный и серый (туристу этого не понять, но эмигрант поймет без труда). Георгий Гессен вспоминает, как Набоков уныло повторял как-то, сидя в кафе на бульваре Сен-Жермен, один и тот же каламбур: «Париж... па риш (небогат)».

Тогда же, в январе Набоков решил написать продолжение «Дара». Рассказ «Круг» он считал первым добавлением к роману, а теперь задумывал новое добавление и даже начал сочинять книгу отца героя, натуралиста Константина Годунова-Чердынцева — «Бабочки и моли Российской Империи». Для начала он написал тридцатистраничное резюме книги, и это был истинный шедевр жанра. Набоков был в то время уже признанный мастер русской прозы. Вот только русская проза никому больше не нужна была в Париже. Русская эмиграция неудержимо шла к упадку вместе со всей Европой, завороженно, по-кроличьи глядящей в глаза удаву, и Набоков все лихорадочней искал выхода в англо-саксонский мир, искал применения своим силам, искал работу, которая была бы нужна кому-нибудь и оплачивалась, искал заработка...

В конце марта он собрался в Англию, чтоб заработать там на жизнь чтениями и поискать постоянную работу. Перед поездкой он атакует Глеба Струве жалобными письмами, составляет для него наметки прошений («положение бедного эмигрантского автора!!! гордость эмиграции!!! ищет работы...»). Одно из писем к Струве кончается непривычным — «умираю/гибну». Не надо, конечно, понимать эти панические жалобы буквально (точно такие содержались в письмах лауреата Бунина к А. Толстому и Телешову): сорокалетнему Набокову еще далеко до гибели.

...Тем временем Елена Ивановна Набокова-Рукавишникова умирала в тесной палате пражской больницы. Лучшей больницы она себе позволить не могла...

В Лондоне Набоков остановился у Саблина, некогда сменившего его дядю Константина Набокова на посольском посту в Лондоне. У Саблиных он и читал свои новые рассказы; потом читал «Себастьяна Найта» — на обеде, организованном в его честь Глебом Струве. Работы в Англии он никакой не нашел и в конце апреля вернулся в Париж. Вера с сыном переехала тем временем в довольно убогую двухкомнатную квартирку на рю Буало.

2 мая умерла в Праге Елена Ивановна Рукавишникова.

Вспоминают, как Набоков вошел в комнату, где над чем-то смеялись его друзья, Георг Гессен и Миша Каменка. Он сказал тихо: «Моя мать умерла сегодня утром». И потер лоб указательным пальцем...

Нетрудно догадаться, что́ он мог переживать в тот день. Его письма последних лет полны криков о помощи: помогите моей матери! Кто-то должен ей помочь. Сам он помочь ей не мог. Может быть, и не очень старался. Жестокое чудище —

его Дар — первенствовало в его жизни. Он ведь и видел мать всего один раз за эти годы — в 1937-м... Восьмилетний Ольгин сын Ростик, которого раньше растила Елена Ивановна, остался теперь на попечении старенькой Евгении Гофельд.

Что вспомнилось ему в тот день? Что он вздохнул с облегченьем, когда мать перебралась с братом и сестрами в Прагу? Что он обещал свозить ее в Аскону, как только разбогатеет, а уехал на полгода в Пиренеи, когда с деньгами стало чуть-чуть полегче? Уехал не с ней, а с Верой...

Но разве он не похож на других сыновей?

Кто из его поклонников или врагов может сказать, что Набоков в этом оригинален?

...Брат Максима Винавера пригласил Набокова прочесть доклад в Манчестере. Снова пробудилась надежда на Англию. У Карповича что-то как будто наклевывалось в Америке, в Корнельском университете. Ни в Англии, ни в Америке ничего не получилось.

А в тот день, когда Набоков вернулся из Лондона, умер Ходасевич. Хоронили его 16 июня. Еще совсем недавно они беседовали дома у Ходасевича... В марте оба ходили на вечер Корвин-Пиотровского, неделю спустя сидели на кухне у Набоковых. А в конце мая, когда Набоков зашел навестить Ходасевича, говорить ему уже было нельзя. Яновский, незадолго до смерти Ходасевича напечатавший критический отзыв о его «Некрополе», так рассказывает о похоронах поэта:

«На кладбище, уже после стука осыпающихся комьев глины, по дороге назад, у ворот ко мне проворно подошел худощавый тогда и в спортивных брюках «гольф» Сирин; очень взволнованно он сказал:

— Так нельзя писать о Ходасевиче! О Ходасевиче нельзя так писать...

Я сослался на то, что никто не предвидел близкой его смерти.

— Все равно, так нельзя писать о Ходасевиче! — упрямо повторял он».

В вышедшем после похорон 63-м номере «Современных записок» была напечатана небольшая, на одном дыхании написанная заметка Набокова о Ходасевиче. «Утешения нет,— писал Набоков,— если поощрять чувство утраты личным воспоминанием о кратком, хрупком, тающем, как градина на подоконнике, человеческом облике. Обратимся к стихам».

О поэзии Ходасевича Набоков сказал здесь во весь голос: «Крупнейший поэт нашего времени, литературный потомок Пушкина по тютчевской линии, он останется гордостью русской поэзии, пока жива последняя память о ней. Его дар тем более разителен, что полностью развился в годы отупения нашей словесности, когда революция аккуратно разделила поэтов на штатных оптимистов и заштатных пессимистов, тамошних здоровяков и здешних ипохондриков... Правительственная воля, беспрекословно требующая ласково-литературного внимания к трактору или парашюту, к красноармейцу или полярнику, т. е. к некоей внешности мира, значительно могущественней, конечно, наставления здешнего, обращенного к миру внутреннему... И хотя понятно, что личное отчаяние невольно ищет общего пути для своего облегчения,— поэзия тут ни при чем: схима или Сена компетентнее. Общий путь, каков бы он ни был, всегда в смысле искусства плох именно потому, что он общий... В России и талант не спасает; в изгнании спасает только талант. Как бы ни были тяжелы последние годы Ходасевича, как бы его ни томила наша бездарная эмигрантская судьба, как бы старинное, добротное человеческое равнодушие не способствовало его человеческому угасанию, Ходасевич для России спасен — да и сам он готов был признать, сквозь желчь и шипящую шутку, сквозь холод и мрак наставших дней, что положение он занимает особое: счастливое одиночество недоступной другим высоты. Тут нет у меня намерения кого-либо задеть кадилом: кое-кто из поэтов здешнего поколения еще в пути и — как знать — дойдет до вершин поэтического искусства, коли не загубит жизни в том второсортном Париже, который плывет с легким креном в зеркалах кабаков, не сливаясь никак с Парижем французским, неподвижным и непроницаемым...

...Мне самому дико, что в этой статье, в этом быстром перечне мыслей, смертью Ходасевича возбужденных, я как бы подразумеваю смутную его непризнанность и смутно полемизирую с призраками, могущими оспаривать очарование и значение его поэтического гения. Слава, признание, все это и само по себе довольно неверный по формам феномен, для которого лишь смерть находит правильную перспективу... Как бы то ни было, теперь все кончено: завещанное сокровище стоит на полке, у будущего на виду, а добытчик ушел туда, откуда, быть может, кое-что долетает до слуха больших

поэтов, пронзая наше бытие своей потусторонней свежестью — и придавая искусству как раз то таинственное, что
составляет его невыделимый признак».

В то лето Набоковым улыбнулась вдруг небольшая удача — денежный перевод из какого-то английского журнала,
благодаря которому им удалось удрать из пыльного серого
Парижа.

Сперва они жили в альпийской деревушке Сэнтенекс,
потом в русском пансионе во Фрежюсе. Со смертью Ходасевича связано одно из лучших тогдашних стихотворений Набокова «Поэты».

> Пора, мы уходим — еще молодые,
> со списком еще не приснившихся снов,
> с последним, чуть зримым сияньем России
> на фосфорных рифмах последних стихов.
> ...Сейчас переходим с порога мирского
> в ту область... как хочешь ее назови:
> пустыня ли, смерть, отрешенье от слова,
> иль, может быть, проще: молчанье любви.
> Молчанье далекой дороги тележной,
> где в пене цветов колея не видна,
> молчанье отчизны — любви безнадежной —
> молчанье зарницы, молчанье зерна.

Стихотворение не только подхватывало чистую ноту, зву-
чавшую у мертвого друга. Оно подхватило и его недокончен-
ный спор — старую литературную распрю: Набоков подписал
стихи новым псевдонимом, использовав девичью фамилию
своей прабабки,— Василий Шишков. И общий их с Ходасевичем литературный враг Георгий Адамович, до сих пор не
принявший без нареканий еще ни одной строчки набоковской поэзии, клюнул на эту приманку. Он дал в «Последних
новостях» восторженный отзыв об этом стихотворении, в котором каждая строчка, каждое слово показались ему талант-
ливыми, и посетовал только, что не может процитировать все
стихотворение целиком, и выразил недоумение, кто же он
такой, этот высокоодаренный Василий Шишков, призвал его
откликнуться. И Набоков откликнулся, почти сразу, напечатав рассказ под названием «Василий Шишков». Рассказ о молодом поэте («необыкновенно симпатичный, грустный, чи-
стый человек»), который принес автору тетрадку прекрасных

стихов («Недавно по моему почину одно из них появилось в свет, и любители поэзии заметили его своеобразность...»), а потом, отчаявшись во всех своих начинаниях, решил «исчезнуть», «раствориться». «Неужели же,— завершает свой рассказ Набоков,— он в каком-то невыносимом для рассудка, дико буквальном смысле имел в виду исчезнуть в своем творчестве, раствориться в своих стихах, оставить от себя, от своей туманной личности только стихи? Не переоценил ли он „прозрачность и прочность такой необычайной гробницы?"»

Надо отдать должное Адамовичу: он признал, что был одурачен, и подтвердил, что стихи очень хорошие...

Французская критика откликнулась, наконец, в эти дни на существование русской эмигрантской литературы: сам Сартр удостоил набоковское «Отчаяние» рецензии в журнале «Ситюасьон». Рецензия была разносная. Сартр не только объявил Набокова имитатором Достоевского, но и сравнил его с действительно довольно близким ему Олешей. Однако уже в следующей строке рецензии сартровская левизна сыграла с ним дурную шутку. Он противопоставил жалкое существование лишенного корней бедняги-эмигранта лучезарному счастью быть членом советского общества, которое вкушал, по мнению Сартра, советский писатель Юрий Олеша. Увы, Юрий Карлович Олеша, вконец изнасилованный к этому времени социалистической критикой и цензурой, уже уродовал в те дни свои старые произведения, писал холуйские статейки и пьесы, ежедневно боясь за жизнь, «за твою рабу» — как, впрочем, и другие счастливые литераторы в зоорландском Ульдаборге Набокова, «этом городе ранних смертей». Набоков отплатил Сартру той же монетой (даже сравнение с Достоевским ему вернул) еще через полвека, в связи с переводом (довольно, впрочем, убогим) сартровского романа на английский.

Набоковы вернулись в Париж первого сентября, а третьего началась война. В Париже было затемнение, многие, опасаясь бомбежек, отсылали детей из города. Анюта Фейгина забрала Митеньку и увезла его в Довиль. В это время добрейший Марк Алданов снова оказал Набокову услугу. Он был приглашен для преподавания в Стэнфорд, но пока не собирался в Америку и порекомендовал вместо себя Набокова. Это облегчало Набокову получение американской визы.

Жизнь Набоковых в Париже становилась все труднее. Саба Кянжунцев теперь ежемесячно поддерживал старого друга. В письме к дочери мать Сабы Е. С. Кянжунцева так рассказывала о визите Набокова: «В. заходил на днях. Выглядит ужасно. Саба ему аккуратно теперь выдает по 1000 фр. в месяц (до сих пор получил 4000), но, конечно, ему этого не хватает. Теперь он получил три урока по 20 фр. К нему приходят ученики. В Америке ему обеспечена кафедра и есть вообще перспективы хорошо устроиться, но сейчас он не может ехать, так как ждет квоты».

Итак, известный в эмиграции писатель Сирин снова предлагал уроки английского — об этом среди прочих малоутешительных новостей сообщала милюковская газета. Ученики на сей раз подобрались симпатичные — иные из них стали его друзьями на всю жизнь. Один ученик, Роман Гринберг, был бизнесмен, которого литература всегда больше интересовала, чем бизнес, другая, Мария Маринель (одна из трех сестер Гутман, которые соорудили себе сценическое имя из трех своих имен — Мария, Ина и Елизавета) — музыкантша.

Приступ межреберной невралгии вскоре свалил Набокова. Вот дневниковая запись Н. Берберовой, посетившей его на рю Буало во время болезни:

«Нищая, глупая, вонючая, ничтожная, несчастная, подлая, все растерявшая, измученная, голодная русская эмиграция (к которой принадлежу и я)! В прошлом году на проданном матрасе, на рваных простынях, худой, обросший, без денег на доктора и лекарство, умирал Ходасевич. В этом году — прихожу к Набокову: он лежит точно такой же. В будущем году еще кого-нибудь свезут в больницу, собрав деньги у богатых, щедрых и добрых евреев. (Принесла Набокову курицу, и В. сейчас же пошла ее варить.)»

Во время болезни он увидел как-то в газете фотографию шимпанзе, и тогда возникла, как он объяснял двадцать лет спустя, «первая маленькая пульсация «Лолиты»: «Насколько помню, начальный озноб вдохновения был связан с газетной статейкой об обезьяне... Толчок не был связан тематически с последующим ходом мыслей, результатом которой, однако, явился прототип настоящей книги: рассказ, озаглавленный «Волшебник», в тридцать, что ли, страниц». Набоков вспоминает, что герой рассказа был европеец, а «безымянная нимфетка была француженка», что герой «женился на больной матери девочки, скоро овдовел и, после неудачной попытки приласкаться к сиротке в отдельном номере, бросился под колеса грузовика. В одну из тех военного времени ночей, когда парижане затемняли свет ламп синей бумагой, я прочел мой рассказ маленькой группе друзей. Моими слушателями были М. А. Алданов, И. И. Фондаминский, В. М. Зензинов и женщина-врач Коган-Бернштейн; но вещицей я был недоволен и уничтожил ее после переезда в Америку, в 1940 году».

Позднее переводчик рассказа на английский Д. В. Набоков (сын писателя) опубликовал письмо, которым его отец сопроводил рукопись «Волшебника», отсылая ее 6 февраля 1959 года в издательство «Патнэм». Набоков пишет, что они с Верой нашли только что эту рукопись, отбирая перед отъездом бумаги для передачи в Библиотеку Конгресса.

Внимательный читатель заметит, что еще и задолго до «Волшебника» малолетние героини бесконечно волновали воображение персонажей Набокова — и Эммочка из «Приглашения на казнь», и выглядящая совершенной девочкой Магда из «Камеры обскуры». Не будет вовсе уж фантастическим предположить, что они волновали и самого автора. Является ли такой соблазн сам по себе преступлением? Может быть, и нет, но способен привести к преступлению. Является ли он сам по себе безнравственным? Набоков скорей всего считал, что является, ибо жестоко казнил своих героев, преступивших черту. Он сравнивал как-то Льюиса Кэрролла и Оскара Уайлда, имевших «отклонения» от так называемый «сексуальной нормы»: Уайлд кончил жизнь в тюрьме, а Кэрролл, напротив, вошел в историю литературы как лучший друг английских детишек. Пренебрегши стыдливостью ханжеских времен и традиционной, придерживаясь выражения Набокова, русской «чопорностью», мы могли бы продолжить этот список. Трагически кончил жизнь наш Чайковский, зато в дальнюю, плодотворную дорогу увело это ощущение собственной «ненормальности» и Пржевальского, и Миклухо-Маклая.

В предисловии к «Волшебнику» Дмитрий Набоков замечательно пишет о пристрастии отца к узорам, которые он, бывало, обводил карандашом на салфетке где-нибудь за столом в Монтре, соединяя их во все более причудливые узоры. Дмитрий Набоков считает, что нечто подобное («в более широком смысле») лежало в основе набоковского художественного синтеза.

«Отклонения вообще, а физические и психологические в частности, были одним из многих источников, питавших

художественную фантазию Набокова,— пишет Дмитрий Набоков.— Преступная педофилия героя — так же, как позднее
та же самая черта у Гумберта, в другом произведении
и в другой обстановке; как злодейская одержимость Германа
в «Отчаянии», как сексуальные отклонения, которые представляют один из элементов «Бледного огня» и других произведений; как безумие шахматиста Лужина и музыканта Бахмана; как уродство Картофельного Эльфа и сиамских близ-
нецов в «Двухголовом чудище» — все это находим мы в числе
тем, использованных Набоковым в целях творческого преображения». Герой «Волшебника», по наблюдению Д. Набокова,
с самого начала обречен. Однако и он тоже (как он ни
отвратителен) — он тоже мечтатель, он тоже без конца анализирует свои душевные движения.

Несмотря на его цинизм, в нем проскальзывают и человеческое сострадание и нормальные отцовские чувства, да
и сам он, по мнению Д. Набокова, способен вызвать сострадание. Как безумный король, он живет в своем собственном,
особом, поэтическом измерении и в этом смысле напоминает,
по мнению Д. Набокова, других набоковских монархов — некое подобие прокаженного Лира, живущего в своем сказоч-
ном уединении у моря «с маленькой Коделией» («Королевство у моря» — так Набоков озаглавил вначале роман «Лолита»). Однако отцовское вытесняется в герое «Волшебника»
инфернальным, зверь одерживает верх.

Дмитрий Набоков пишет о «множественности уровней»
рассказа, о нарочитой размытости многих зрительных впечатлений и обо всем сложнейшем комплексе средств выражения. Перевод этого рассказа на английский был задуман
сыном писателя как образец переводческого отношения
к текстам Набокова, как урок «переводческой этики».

Русский «Волшебник» появился в печати совсем недавно — сперва в мичиганском альманахе в США, потом в санкт-
петербургской «Звезде». Среди первых откликов на эту публикацию была статья нью-йоркского критика Петра Вайля
в московской «Независимой газете» (3 окт. 1991.). Вайль пишет, что «Набоков мог стать культовой фигурой Запада на
полтора десятка лет раньше, ибо хотя «Волшебник» не столь
необходимо подробен, как «Лолита», зато он более тонок
и изящен. А в откровенности, прямоте, эмоциональном напо-
ре пра-Лолита свою последовательницу, пожалуй, превосходит».

А главное — «Волшебник», по мнению Вайля, сексуальнее «Лолиты»: «В литературе, на любом языке, не много столь эротических текстов. ...Набоков... сумел приспособить нашу целомудренную словесность для передачи абсолютно непристойных мечтаний сорокалетнего педофила. Нет ничего эротичнее во всех русских мечтах и русских текстах. При этом целомудрие не оскорблено...»

Главное, отмечает Вайль, тема преступления и наказания в «Волшебнике» явлена «особенно отчетливо и даже лапидарно: согрешил — будешь наказан».

Сравнивая наказанного смертью героя «Волшебника» с наказанным за похоть героем стихотворения «Лилит», Вайль заявляет, что «чувство Волшебника — это любовь, конечно». «Произнеся это слово,— продолжает Петр Вайль,— мы переводим повесть в иной ряд, ставя рядом с великими книгами о любви, наказанной смертью: в тот, где размещаются «Ромео и Джульетта» и «Анна Каренина». И тогда возникает новая эмоция: за любовь убивать нельзя, если она — настоящая любовь. Похоже, «Волшебник» про это, в отличие от «Лолиты»...

Петр Вайль считает, что «по взрывному... нравственному пафосу, по скрытой нравоучительности, по явному любованию грешником и безжалостной расправе с ним «Волшебник» — вещь русская». Критик утверждает, что автор «Волшебника» предстает более зрелым, усталым, морализирующим, чем автор «Лолиты», и это «запутывает набоковскую линию в нашей словесности, и без того причудливую и диковинную».

Упоминание о чтении «Волшебника» в парижский вечер, когда ради светомаскировки парижане прикрывали источник света синей бумагой,— одна из немногих подробностей военного времени, которые мы находим у Набокова.

ПРОЩАНИЕ И СМЕРТЬ СИРИНА

В исчирканном черновике воспоминаний Евгении Каннак, приятельницы Набокова по кружку поэтов, я наткнулся на трогательную сцену. Когда месье Каннак ушел на войну,

Женя решила запереть их трехэтажный особняк близ парка Монсури и переехать с ребенком к матери. Набоков в эту пору как-то сказал Жене, что им с Верой тоскливо без радио, и она предложила ему забрать радиоаппарат из их особняка. Ей хорошо запомнилась эта встреча в пустом особняке в годы войны. «Он был худ, расстроен, нервен, — рассказывает она. — И мне казалось, что ему неприятно было слышать о том, что мой муж мобилизован, что я еще не знаю, где он находится и куда его пошлют.

...— А вы, наверно, скоро уедете?

— Да. Еще не знаю точно, когда, может быть, весной. Мне очень неприятно покидать Европу, и, может быть, надолго.

...Странное было чувство — как будто все обрывалось, все прежнее исчезало и заменялось — чем?

Мы стали вдвоем, в четыре руки, очень неловко и неряшливо заворачивать в толстую бумагу радиоаппарат. «Вы извините, у меня обе руки левые, я ничего не умею, даже гвоздь вбить». Но и я была в этом отношении не лучше, такой же бездарной — у нас обоих, хоть мы вовсе не принадлежали к одной среде, сказывались остатки барского воспитания. Наконец кое-как справились и он ушел».

Если вспомнить, что она была в него когда-то «по уши влюблена», легко представить себе, как дрожали у нее руки во время той встречи (она надписала сверху «свидание», потом зачеркнула) в пустом особняке близ парка Монсури. А он и через тридцать пять лет, увидев ее в Париже, вспомнил, какое на ней было тогда платье. «Кто его знает, с его необыкновенной памятью все было возможно, — записала она незадолго до смерти, — но я даже не знаю, было ли у меня такое платье». Потом вдруг вспомнила, сидя над исчирканным листом, — и с торжеством надписала над строкой: «было!» И продолжила свой бесхитростный рассказ:

«В ту зиму мы встречались еще несколько раз — наши мальчики однолетки, вместе играли, но я ничего не помню (и не удивительно)...

И потом — годы молчания, полной оторванности от эмигрантской литературы (каждый раз, когда я что-то писала по-русски, хотя бы для себя — думала: это последние слова на родном языке. Хватит. Отвяжись. Но он не отвязался, по моей, конечно, вине»).

Откуда оно, это «отвяжись»? Возможно, поразившее ее

набоковское, бессознательно заимствованное. А может, все же и свое. От сходства ощущения.

В конце октября Набокову удалось списаться со Стэнфордом. Теперь необходимо было еще письменное ручательство какого-нибудь видного русского из Америки. Набоков обратился с этой просьбой к Карповичу, к Питириму Сорокину и к Александре Толстой. Толстая добыла для него ручательство знаменитого Сергея Кусевицкого, дирижера Бостонского симфонического оркестра. Началось хождение за визами. Митя еще был в Довиле, и Вера, не щадя времени, терпеливо переходила от одного ведомственного окошка к другому. Шла война, Сталин с Гитлером начали раздел мира, а странный муж Веры Евсеевны Набоковой был погружен в решение «совершенно новой» и совершенно оригинальной шахматной проблемы. Тот, кто найдет простейший способ решения задачи, должен был, по замыслу составителя, испытать восторг художника.

Примерно в это время происходит последний разговор (и разрыв) З. Шаховской с В. Набоковой. В начале войны, вскоре после выхода ее написанных по-французски воспоминаний о детстве З. Шаховская зашла к Набоковым. В. В. Набокова она дома не застала, и вот тут, по свидетельству З. Шаховской, у нее и состоялся неприятный разговор с Верой, которая обвинила З. Шаховскую в антисемитизме, из-за приведенного в мемуарах З. Шаховской воспоминания о комиссарше еврейской наружности, приказавшей расстрелять двух мальчиков-кадетов. В романе «Дар» Набоков отмечает особую, может, даже чрезмерную чувствительность Зины ко всему, что казалось ей оскорблением ее человеческого и национального достоинства. Можно предположить, что происходившее в те дни в Германии не ослабило этой чувствительности. В те дни речь шла уже не просто о вкусах, о «гусиной коже» Штейгера... Воспоминания Шаховской вышли в Москве по-русски, но истинного содержания того парижского разговора между двумя женщинами мы так никогда и не узнаем. В односторонней передаче он звучит не вполне убедительно. Сомнительно, чтоб жена В. В. Набокова испытывала «ненависть к ...России», как вспоминает З. Шаховская. Чтоб у нее, неверующей, были признаки «религиозной нетерпимости». Не слишком точно и утверждение З. Шаховской, будто антисемитские настроения «в эмигрантской среде в то время вряд ли существовали». Известно, что они существовали, как на бытовом, так и на высоко теоретическом (социалистическом, национал-социалистическом, евразийском, младоросском или солидаристском) уровне. У многих они развеялись при первом знакомстве с настоящими фашистами, с началом геноцида. Друг А. Штейгера, благородный князь Ширинский-Шахматов, еще за два-три года до войны хваставший, что он первый изобрел национал-социализм, сразу после вторжения немцев говорил жене Яновского, что ему хочется нацепить на рукав желтую звезду. Он и погиб в фашистском лагере... Однако до 1940 года и он и многие другие говорили иначе.

Сообщив в своей книге, что В. Е. Набокова в этом их разговоре скатилась на позиции расизма и огульно обвиняла «весь русский народ», З. Шаховская пишет, что это «презрение к русскому народу» ее «не обрадовало», что она была «обеспокоена позицией Набокова». А в невинном «Прощании» Набокова З. Шаховская вскоре нашла и подтверждение своему беспокойству... Эх, не приди З. Шаховская в гости в отсутствие своего друга в то смутное военное время, не подари она друзьям эту свою еще не вышедшую книгу воспоминаний, да не напиши она ее в конце-то концов... Увы, ничего не переделаешь. Да и «поздно, и герой выходит в очередной сад, и полыхают зарницы... и звезды грозно и дивно горят на гробовом бархате...»

* * *

Чтобы уплыть в Америку, Набоковым нужна была прежде всего выездная виза. В префектуре объявили, что их паспорта утеряны. Было отчего впасть в отчаянье. Очередной чиновник с безнадежным видом ушел «искать паспорта». И тогда Вера решилась на взятку. Она положила две сотни франков на стол чиновника. «Что это?» — спросил он, вернувшись. «Это вам. Нам нужны паспорта». Он снова ушел. «Может, пошел за жандармом»,— думала она. Но она должна была хоть что-то сделать: она давно уже была настоящей главой семьи. Чиновник вернулся и сказал, что паспорта нашлись, просто они в министерстве. Вскоре Набоковы получили выездные французские визы. Теперь нужны были еще американские визы на въезд в страну.

Подошло Рождество. «Последние новости», как всегда, печатали объявления русских ресторанов, приглашавших на встречу Нового, 1940 года. Всем было ясно, что ничего хорошего этот год не сулит. В последний день 1939 года «Последние новости» опубликовали протест русской эмигрантской интеллигенции против безаконного вторжения сталинской армии в Финляндию. На сей раз под документом была и подпись В. Сирина-Набокова. Снова, в который уж раз, свободомыслящие интеллигенты России подчеркивали, что они не путают сталинский режим с Россией, русским народом. «Позор, которым снова покрывает себя сталинское правительство,— говорилось в обращении,— напрасно переносится на порабощенный им русский народ, не несущий ответственности за его действия. Преступлениям, совершаемым ныне в Финляндии, предшествовали такие же и еще худшие преступления, совершаемые теми же людьми в самой России.

Мы утверждаем, что ни малейшей враждебности к финскому народу и его правительству, ныне геройски защищающим свою землю, у русских людей никогда не было и быть не может... сталинское правительство, не имеющее никакого права говорить от имени русского народа, проливает с благословения Гитлера русскую и финскую кровь... за его преступления, быть может, придется расплачиваться русскому народу.

Мы утверждаем, что Россия, освободившаяся от коммунистической диктатуры, легко договорится с Финляндией, не нарушив своих интересов и проявив полное уважение к правам и интересам этой страны, которой мы выражаем глубокое сочувствие».

И подписи: имена, которые сегодня больше говорят русскому сердцу, чем десятилетиями блуждавшие по страницам газет имена ничтожных марионеток, вроде Молотова и Жданова. Вот эти подписи: И. Бунин, М. Алданов, Б. Зайцев, Н. Бердяев, С. Рахманинов, З. Гиппиус, Д. Мережковский, Н. Тэффи, А. Ремизов, В. Сирин.

И все же не шахматные задачи, и не политические воззвания, и даже не предотъездные хлопоты были в эти месяцы главным его занятием. Архивы показывают, что и в эту смутную пору он много пишет, так что вряд ли можно согласиться с набоковедами, которые говорят о кризисе его русского творчества в эту пору, о тупике. Конечно, в тупике была тогда вся европейская жизнь, а особенно жизнь эмигрантская: впереди лежали годы молчания, безнадежности, унижений и страха. Страха не за себя, верней, не столько за себя, сколько за детей. За шестилетнего сына...

И все же он работал. Закончив «Волшебника», наметил план второго тома романа «Дар». Две главы были уже написаны — «Ультима Туле» и «Солюс Рекс». Набоков полагал назвать новый роман «Solus rex». Именно под этим названием вторая глава нового романа была напечатана в последнем (самом последнем!) номере «Современных записок». Биограф Набокова Брайан Бойд (единственный, кому довелось работать в набоковских архивах в Монтре) сообщает о наметках этого нового романа. Одна из его глав должна была рассказывать о приезде Федора и Зины в 1937 году в Париж после бегства из Германии. Здесь они вынуждены жить в однокомнатной парижской квартирке вместе с молодым русским нацистом, племянником Зининого отчима Щеголева. В последней главе Зина погибает, а Федор встречает человека по фамилии Фальтер. Вернувшись в Париж, Федор встречается с Кончеевым. В конце «Дара» строки из «Онегина» намекали на продолжение книги, и во втором томе романа Пушкин должен был занимать не меньшее место, чем в первом. Герой романа пишет продолжение пушкинской «Русалки»: князь искушаем смертью в подводном мире, где он сможет вступить в общение с бессмертным духом девушки, погубившей из-за него свою жизнь (позднее, в Америке, уже окончательно отказавшись от продолжения «Дара», Набоков печатает отдельно свой финал «Русалки»). Убитый потерей жены, Федор приводит французскую проститутку (их разговор, контрастирующий с его мыслями и душевным состоянием, пригодился позднее в «Лолите»). Вообще, многое из того, что Набоков задумывал и писал в эту пору, всплыло позднее в главных его английских романах — «Зловещем уклоне», «Лолите» и «Бледном огне», однако в другом контексте и на другом языке. От этой плодотворной зимы и весны уцелели записи в блокнотах, наброски прозы и стихов, «Solus rex», а также «Ультима Туле» — один из самых трудных и серьезных набоковских рассказов. Вспоминая позже о незаконченном романе, Набоков рассказывал:

«Среди написанного в эти прощальные парижские месяцы был роман, который я не успел закончить до отъезда и к которому уже не возвращался... Быть может, закончи я эту книгу, читателям не пришлось бы гадать: шарлатан ли Фальтер? Подлинный ли он провидец? Или же он медиум, посредством которого умершая жена рассказчика пытается донести смутный абрис фразы, узнанной или не узнанной ее мужем? Как бы то ни было, ясно одно: создавая воображаемую страну (занятие, которое поначалу было для него только способом отвлечься от горя, но со временем переросло в самодовлеющую художественную манию), вдовец настолько вжился в Туле, что она стало постепенно обретать самостоятельное существование. В первой главе Синеусов говорит между прочим, что перебирается с Ривьеры в Париж, в свою прежнюю квартиру; на самом же деле он переезжает в угрюмый дворец на дальнем северном острове. Искусство позволяет ему воскресить покойную жену в облике королевы Белинды — жалкое свершение, которое не приносит ему торжества над смертью даже в мире вольного вымысла. В третьей главе ей предстояло снова погибнуть от бомбы, предназначавшейся ее мужу, на Энгельском мосту, буквально через несколько минут после возвращения с Ривьеры. Вот, пожалуй, и все, что удается рассмотреть в пыли и мусоре моих давних вымыслов...

С другой стороны, истинный читатель несомненно узнает искаженные английские отголоски моего последнего русского романа в книге «Зловещий уклон» (1947) и особенно в «Бледном огне» (1962). Меня эти отзвуки слегка раздражают, но больше всего я сожалею о незавершенности романа потому, что он, как мне кажется, должен был решительно отличаться от всех остальных моих русских вещей качеством расцветки, диапазоном стиля, чем-то не подлежащим определению — в его мощном подводном течении...»

Так писал Набоков в предисловии к американскому сборнику, куда вошли оба куска из недописанного романа. Критика считает, что рассказ о бывшем учителе Фальтере, которому открылась вдруг некая истина и которого преобразило это страшное, невыносимое для человека открытие (преображение личинки в бабочку — по-немецки «фальтер»),— один из самых сильных рассказов Набокова.

В том же последнем номере «Современных записок» напечатано и знаменитое «Прощание» Набокова, еще одно прощание с Россией в бесконечной череде набоковских прощаний, объяснений в любви, споров с родиной.

Отвяжись... я тебя умоляю!
Вечер страшен, гул жизни затих.
Я беспомощен. Я умираю
от слепых наплываний твоих.

Тот, кто вольно отчизну покинул,
волен выть на вершинах о ней,
но теперь я спустился в долину,
и теперь приближаться не смей.

Навсегда я готов затаиться
И без имени жить. Я готов,
чтоб с тобой и во снах не сходиться,
отказаться от всяческих снов;
обескровить себя, искалечить,
не касаться любимейших книг,
променять на любое наречье
все, что есть у меня,— мой язык.

Очевидно, что речь идет здесь о языке, главном, что осталось ему от России. О трудности отказа от самого ценного, что есть у писателя,— от своего языка. В эту мучительную минуту он и просит Россию помочь ему в этом расставанье, неведомую новую Россию, которая сегодня где-то в черной пропасти, в одном лагере с Гитлером, покоряющим мир.

Но зато, о Россия, сквозь слезы,
сквозь траву двух несмежных могил,
сквозь дрожащие пятна березы,
сквозь все то, чем я смолоду жил,
дорогими, слепыми глазами
не смотря на меня, пожалей,
не ищи в этой угольной яме,
не нащупывай жизни моей!

Тем, кто на основании этих строк упрекал Набокова в отречении от родины, справедливо ответил петербургский набоковед А. Долинин: «Только имеющий пробку вместо уха может не расслышать признание неразрывной, кровной, органической связи писателя с родной культурой».

Американская литературоведка Э. К. Божур, анализируя психологию двуязычных писателей (билингв), писала, что у них нередки угрызения совести и ощущение «предательства» по отношению к родному языку. Нечто подобное слышится в набоковских стихах и прозе той поры.

...В апреле 1940 года немцы напали на Норвегию. На очереди были прочие страны Европы. Набоковы готовились к бегству в Америку. Набоков узнал, что ХИАС, организация помощи евреям, зафрахтовала пароход, чтоб вывезти беженцев из Европы. В Париже продажей мест на этот пароход занимался старый друг В. Д. Набокова Яков Фрумкин, который рад был помочь сыну В. Д. Набокова и предложил ему каюту за полцены. Писателю, возможно, вспомнился при этом эпизод из той поры детства, когда гувернером у них с братом был образованный, порядочный, но безъюморный молодой еврей, выведенный позднее в автобиографии под усеченной фамилией «Ленский»: «В 1910-м году мы как-то с ним шли по аллее в Киссингене, а впереди шли два раввина, жарко разговаривая на жаргоне,— и вдруг Ленский, с какой-то судорожной и жестокой торжественностью, озадачившей нас, проговорил: „Вслушайтесь, дети, они произносят имя вашего отца!"»

Так вот и для Фрумкина, в 1940 году, имя В. Д. Набокова не было пустым звуком.

Итак, половина стоимости каюты была уже как бы уплачена, оставалось достать вторую половину — ни много ни мало 560 долларов. Меценатка, мадам Маршак устроила благотворительный вечер, где Набоков прочел «Облако, озеро, башню» и другие рассказы. Потом Алданов и Фрумкин, взяв с собой Набокова, совершили объезд состоятельных еврейских семей. Впрочем, в одном из поздних писем Б. К. Зайцева (московский набоковед О. Михайлов цитирует его как бы в упрек Набокову) говорится, что Зайцев тоже ездил с Алдановым собирать деньги. Собрали кое-что и близкие друзья Набоковых — кто сколько мог. Митя заболел, и врач рекомендовал его родителям подождать нового парохода. Однако ждать было больше нечего. У них хватило денег даже на каюту первого класса, и они купили билет. Немцы уже вторглись к тому времени в Бельгию, Голландию и Люксембург, а к середине мая перешли и французскую границу. Пришло время проститься с друзьями и с Европой.

Зайдя в один из последних дней попрощаться с Керенским, Набоков застал у него Бунину и Зинаиду Гиппиус с Мережковским. Они теперь разговаривали с Гиппиус вполне мирно (хотя вряд ли ее могла обрадовать разносная набоковская рецензия на недавно составленный ею сборник). «Вы едете в Америку? — повторяла Гиппиус,— но отчего вы уезжаете? Отчего вы уезжаете?» Она стала уговаривать его не добираться до моря в поезде, а отправиться в автобусе, потом снова с удивлением спросила, отчего он уезжает. Ни ей, ни ее мужу, ни их секретарю Злобину предстоящая фашистская оккупация вовсе не казалась таким уж страшным бедствием. Что до Мережковского, то он успел еще до войны сделаться певцом Муссолини...

Часть своих книг и бумаг, а также коллекцию бабочек Набоков упаковал в корзину и оставил в подвале у Фондаминского. (После гибели Фондаминского, после всех испытаний и мытарств той страшной поры бумаги Набокова добрались десять лет спустя до Америки.)

«Шамплэн» отплывал из Сен-Назера. У маленького Мити была в тот день высокая температура... В пути Набоков сел готовить свой курс лекций — о Тургеневе и об «Анне Карениной». Он надеялся, что найдет в Америке преподавательскую работу, которой так и не сумел достать в Европе. Надеялся, что за океаном ему удастся прокормить семью. На корабле было полно беженцев-евреев. Они убегали за океан от нового гитлеровского погрома, как некогда бежали от погромов белостокских, кишиневских, одесских. Набоков тоже должен был спасать свою семью: в Европе ее не ждало ничего, кроме печей крематория.

Старый Свет уходил все дальше за корму. Там остались писатель Владимир Сирин и его слава лучшего из молодых писателей русской эмиграции.

На обширном американском континенте разбросанные там и здесь горстки русских эмигрантов не представляли собой единой эмигрантской колонии. О писателе Сирине слышали тут не многие. В европейскую пору он был на вершине своей русской славы, но теперь, в сорок лет, надо было начинать все заново. И хотя ему больше не пришлось изведать европейской полунищеты, восхождение к новой славе далось ему тяжелее, чем в молодости. Оно было медленней и ненадежней. И кто мог сказать в 1940, удастся ли ему снова одолеть судьбу? Во всяком случае, на пристани в Нью-Йорке его никто не встречал.

ГЛАВА ШЕСТАЯ

ЖИТЬ И РАБОТАТЬ ПО-АМЕРИКАНСКИ

НА СВЕРХВЫСОКОМ УРОВНЕ ИСКУССТВА.

ВДАЛИ ОТ СИНИСТЕРБАДА

ПРОКЛЯТАЯ БЕЗВЕСТНОСТЬ

СТАРАЯ ТЕМА, СТАРЫЕ СПОРЫ

БЕДНАЯ АМЕРИКАНСКАЯ ДЕВОЧКА

ЖИЗНЬ В МАСТЕРСКОЙ

ГЕРОИЧЕСКИЙ ТИМОФЕЙ ПАЛЫЧ

СКАНДАЛ И СЛАВА

ЖИТЬ И РАБОТАТЬ ПО-АМЕРИКАНСКИ

Он заранее настроился принять и полюбить Америку. Да, собственно, больше ему ничего не оставалось — дальше бежать было некуда. Может, именно поэтому Америка понравилась ему с первого шага. При таможенном досмотре куда-то запропастился ключ от сундука. Носильщик, пощекотав замок железкой, с легкостью открыл крышку. Таможенники увидели две пары боксерских перчаток и пришли в игривое настроение. Натянув перчатки, они стали скакать по таможне, имитируя матч, эти страшные люди, таможенники! Один из них любезно добыл Набокову американскую газету, другой разрешил воспользоваться телефоном. И язык был знаком, почти знаком. Может, это был и не совсем тот английский, что изучали, а потом преподавали супруги Набоковы, однако их понимали — это главное. Ни Наташа, ни Бобби де Кальри встретить их не пришли: вышла какая-то неувязка с расписанием. Набоковы взяли такси и поехали на 87-ю улицу, к Наташе Набоковой-Шаховской. У них была стодолларовая бумажка. Всего одна. Ничего не поняв на счетчике — то ли 9 то ли 99 долларов, они протянули все свое сокровище, и шофер весело махнул рукой в ответ:

— Э, мэм, каб у меня были такие деньги, разве я бы крутил баранку...

У них отлегло от сердца — люди здесь были благожелательные. Они хотели тебе помочь. И у них было чувство юмора. Чего больше желать беженцу? Эти люди разных национальностей, приехавшие сюда вчера, позавчера, или, может, чуть раньше, — они все уже были американцы. Что ж, он тоже будет американец. Не житель несуществующего Петербурга, не псевдо-берлинец, не псевдо-парижанин, не дачник-ментонец, не даже европеец. Просто американец. Раз уж так сложилась судьба...

Поселились пока у Наташи. Друзья, конечно, скоро нашлись. Здесь был старый учитель рисования знаменитый Добужинский, был ученик Набокова Роман Гринберг. Были Бобби де Кальри, профессор Михаил Карпович и развеселый, общительный кузен Ника Набоков. Был Рахманинов...

Ника потащил Набокова в русский отдел «Голоса Америки». Кому-то Набоков там не понравился — то ли начальству, то ли ФБР, и в конце концов на это место взяли самого Нику. Но Ника не успокаивался — подыскивал все новые связи для кузена-писателя. Пост книжного разносчика-велосипедиста Набоковы временно отвергли и в этом состоянии неопределенности уехали в Вермонт, на дачу Карповича — отдыхать. Набоков писал оттуда в старую Европу (которую уже на пароходе начал вспоминать с ностальгическим чувством благодарности и ужаса) сестрам-арфисткам Маринель, которым обещал помочь с отъездом с Штаты: «Живем среди великолепных зеленых зарослей у этого изумительного доброго Карповича, где можно разгуливать полуголым, пишу английский роман и ловлю американских бабочек... Положение мое мучительно неопределенное, пока ничего не вышло, и мысль о зиме внушает страх, но все же, если сравнивать, тут истинный рай...»

Михаил Михайлович Карпович был послан в Америку представителем Временного правительства, позднее читал в Гарварде русскую литературу, долгое время редактировал русский «Новый журнал». Сама дача его была, вероятно, менее впечатляющей, чем та, что потом описана была в «Пнине», но и гостеприимство хозяина, и поток гостей-эмигрантов представлены в романе весьма похоже. Да и скорость, с какой расковывался «в легкомысленной атмосфере Нового Света» Тимофей Пнин, едва ли превышала ту, с какой привыкал к обычаям сам Набоков, — он был уже загорелым до неприличия.

По возращении из Вермонта он с огромной энергией взялся за поиски работы. И здесь судьба (и ее пособник кузен Ника) послала ему Эдмунда Уилсона, чье знакомство с Набоковым совпало со временем особого увлечения этого увлекающегося американца русской литературой и Пушкиным. Эдмунд Уилсон был известный критик, прозаик и журналист. Как и большинство американских интеллектуалов, он был, конечно, радикал и левак, искал альтернативы американским несправедливостям и вопиющему неравенству, и ему, как многим в ту пору, казалось, что свет брезжит с Востока. Ведь это там где-то поднялась таинственная и великолепная фигура врага буржуазии Ленина, одержавшего великие победы; там где-то затаилась могучая, загадочная Россия, которая несмотря на свои несколько странные порядки все-таки, вероятно, укажет миру иной путь. И, как большинство западных левых, Уилсон всегда готов был прийти на помощь человеку, авансом поверив в его необычайную талантливость: он был расположен к новой дружбе. Богатые люди и большинство «правых», они, быть может, и согласятся с твоей критикой тоталитаризма, похлопают тебя по плечу, но потом сядут в свой «шевроле» и уедут, не спросив даже, ходит ли еще автобус или ты пешком потащишься на свою окраину. А этот левый Уилсон с таким жаром стал заниматься делами Набокова, как будто это лучший его друг только что нагрянул из нищей Европы. Как будто у него, у Уилсона, своих дел нет и он поступил к Набокову на должность высокооплачиваемого литературного агента. Конечно, Набоков был ему интересен, все же коллега. Но и для Набокова Уилсон был интересный собеседник, которого здесь, в дебрях штата Нью-Йорк, так кровно интересовали маленькие трагедии Пушкина (тут еще и о самом Пушкине-то никто не слышал), русская просодия (в которой он так ничего и не понял), Сухово-Кобылин, Маяковский, Лермонтов, Л. Д. Троцкий с Ильичом и Максимом Горьким. В августе того же 1940 года завязалась удивительная переписка Набокова с Уилсоном, собранная позднее в огромном томе (так что, если американцы, изучающие литературу, забудут ненароком своего некогда известного критика и прозаика Уилсона, биографы Набокова о нем напомнят).

В первом письме Набокова Уилсону содержалась необходимая ссылка на вездесущего кузена Нику. И Уилсон не только ответил Набокову, но и усадил его вскоре за работу. За настоящую работу — литературную. Уилсон вел отдел литературы в журнале «Нью-Рипаблик», и вскоре Набоков уже писал рецензии и книжные обзоры для его журнала (то о Ш. Руставели, то о труде, посвященном русским духоборам). А потом они вместе переводили пушкинского «Моцарта и Сальери». Уилсон не оставался в убытке: он стремительно расширял свое знание о России. Но человек не так-то охотно расстается со своими заблуждениями и иллюзиями, особенно с теми, которые принесли ему когда-то душевный мир, славу и деньги. Книга Уилсона «На финляндскую станцию» пользовалась в Америке большим успехом. Это была книга о марксизме, о великом Ленине и славном социалистическом будущем человечества. Легко понять, что из прекрасного американского далека происшедшее в России представлялось Уилсону куда более смутно, чем сыну знаменитого русского либерала, русскому эмигранту и русскому писателю, видевшему революцию вблизи, а Ленина — насквозь. Однако и у Уилсона были свои, вполне веские причины искать в заокеанской русской дали какие ни на есть альтернативы американской жизни. Стало быть, имелись и психологические основания не доверять экспроприированным классам, всякой «реакционной» эмиграции и «белогвардейщине» (при сохранении полного доверия к Горькому, К. Цеткин и, скажем, Л. Троцкому, к советской журналистике и к партийным постановлениям). Так что уже в первых письмах друзей обозначились два полюса их дискуссий — Пушкин и Ленин. Пушкина любят оба, хотя понимают его в разной степени и по-разному (именно эти расхождения углубляли с годами пропасть между ними). С Лениным все обстоит еще хуже (хотя Уилсон с годами и подчитал по этому вопросу кое-какую немарксистскую литературу). Конечно, Уилсон послал Набокову свою «Финляндскую станцию», а Набоков Уилсону своего «Себастьяна Найта». Роман Уилсону очень понравился. По существу, «Найт» так и остался единственным произведением Набокова, которое понравилось ему и о котором он отзывался всегда с искренней доброжелательностью. Однако для Уилсона и одной книги было достаточно: он был человек щедрый. Он представил Набокова всем издателям, которых знал сам, так что благодаря Уилсону (и своему таланту, конечно) Набоков попал в лучшие американские журналы (без Уилсона процесс этот, при том же таланте, мог затянуться на десятилетия). Более того, когда Уилсону что-нибудь у Набокова не нравилось, он молчал, боясь помешать его карьере.

Прочитав левацкую книжку Уилсона, Набоков также повел себя вполне честно и пристойно. Правда, он не употребил и сотой доли тех сарказмов, что наверняка вертелись у него на кончике пера (все это он оставил впрок для «Бомстона» из «Других берегов» и прочих, безымянных героев), и все же он с определенностью высказал все, что он думает об иллюзиях Уилсона. Это случилось на исходе 1940 года (письмо Набокова датировано 15 декабря). Отпустив для начала спокойный комплимент композиции книги, Набоков заметил, что подобная попытка Уилсона упростить марксизм была бы объявлена в Москве «безответственной эклектикой» и привела бы в ярость самого Маркса, ибо «без его темнот и абракадабры, без его опасных умолчаний, шаманских заклинаний и всей магнетической белиберды марксизм не марксизм. Марксизм и другие мечты об Идеальном Государстве сводятся к тому, что первый их автор является потенциально и первым тираном этих государств. Личные прихоти правителя могут дать нам больше правдивой информации о соответствующем периоде истории, чем все вульгарные общие рассуждения по поводу классовой борьбы и т. д. ...»

Набоков объясняет далее, что отец Ленина был типичным русским интеллигентом, а не каким-то уникальным святым в прежней России, и что русские интеллигенты были бескорыстными служителями народа, независимо от того, принадлежали они к числу большевиков, кадетов, народовольцев или анархистов. (Не называя имени отца, Набоков рассказывает здесь незнакомую его биографам историю о том, как один кадет — без сомнения, это был В. Д. Набоков — рискнул своей свободой, чтоб предупредить меньшевика, который должен был прийти на нелегальное собрание). Переходя от Ульянова-отца к сыну, Набоков указывает на официальный характер использованных Уилсоном источников, на ханжеский тон всех этих мемуаров.

«Все это грубоватое добродушие, эта прищуринка, этот детский смех и т. д., на которых так любовно задерживаются его биографы, представляются мне особенно мерзкими. Это как раз та атмосфера жизнерадостности, как раз тот ушат человеческой доброты, на дне которого лежит дохлая крыса, что я вывел в своем «Приглашении на казнь» (которое, я все еще надеюсь, вы прочтете). «Приглашение» это запланировано вполне мило и осуществится вполне мило и приятно, если только вы не будете ПОДНИМАТЬ ШУМ (так говорит палач «пациенту»...). Другой ужасающий парадокс ленинизма в том, что все эти материалисты считали возможным швыряться миллионами реальных людских жизней ради гипотетических миллионов, которые когда-нибудь смогут быть счастливы».

Спору этому не было видно конца, пока же Уилсон познакомил Набокова с Лафлиным (основателем издательства «Нью дайрекшинз»), и Набоков предложил ему для издания несколько своих романов, переведенных на английский. Тот же Лафлин заказал Набокову перевод сборника современной русской поэзии, и, надо сказать, в переписке с издателем Набоков обнаружил довольно неплохое знание советских поэтов, а также высказал свое истинное к ним отношение. Во-первых, выяснилось (а мы могли только догадываться об этом по «пристрастности» Набокова к этому имени), что лучшим, по его мнению, является Пастернак: настоящий поэт (и Набоков сам вызывается его перевести). Во-вторых, Набоков считает возможным опубликовать несколько стихотворений Заболоцкого и Мандельштама, по одному стихотворению Багрицкого и Маяковского, но называет еще и Сельвинского, и Есенина. «Самые лучшие, конечно, Пастернак и Ходасевич»,— пишет Набоков, указывая, что последний немало повлиял на молодую советскую поэзию, так же, как, скажем, Сельвинский на «блестящего молодого поэта (недавно умершего в Париже) Поплавского». Набоков и Эдмонду Уилсону рекомендует Пастернака как «первоклассного поэта». Для журнала Уилсона .он пишет статью о советской литературе. Одновременно Набоков готовится к своему первому курсу лекций в американском колледже Уэлсли. Он предложил свой курс сразу нескольким университетам, но «клюнул» только женский колледж в Уэлсли. До Набокова там читал лекции друг Марины Цветаевой, театровед и мемуарист князь Сергей Михайлович Волконский, умиленно описывавший в воспоминаниях и красивый кампус, и милые девичьи лица. Уэлсли отозвался на предложение Набокова совершенно случайно — кто-то, где-то, вероятно, роясь в библиотеке колледжа, обнаружил, что это тот самый Набоков, который когда-то переводил на русский самого Льюиса Кэррола (кто ж мог тогда предвидеть в девичьем колледже, что тропка от Кэррола ведет прямым путем к «Лолите»).

Так или иначе, академической Америке «проф» Набоков все же пригодился достаточно быстро. В марте 1941 года он поехал на лекции в Уэлсли и вместе с кузеном Никой успешно прочел там двухнедельный курс, после чего Уэлсли кормил Набоковых еще лет восемь.

Обнаружились и другие, довольно низкооплачиваемые, но «упоительные американские возможности». Набокову разрешили работать в энтомологическом отделе Нью-Йоркского Музея естественной истории. Там были «совершенно очаровательные» люди (жаль только не было лишней ставки), и Набоков провел в лабораториях этого музея много счастливых часов.

Все эти удачи создали у него радужное убеждение, что с «умом и талантом в Америке не пропадешь». Да и доброжелательности американцев он не переставал удивляться, и позднее, покинув Америку, всегда вспоминал ее с благодарностью, гордо заявляя, что он в не меньшей степени американец (после четверти века апатридства он довольно скоро получил здесь американское гражданство), «чем яблочный пудинг» или чем «весна в Аризоне».

Аризону он тоже вспомнил не зря. Через год после приезда в Америку он приглашен был прочесть факультативный курс по технике художественного творчества в Стэнфордском университете в Калифорнии. Эндрю Филд весьма живо рассказывает об этом курсе и о путешествии в Стэнфорд — первом путешествии Набоковых через эту огромную страну. Первое путешествие (которое всегда незабываемо) не прошло бесследно для набоковских романов. В тот первый год Набокову представили американку, изъявившую желание усовершенствовать свой русский язык. У нее был весьма скромный запас русских слов, в большинстве своем состоявший (по каким-то таинственным причинам) из русских ругательств, истинный смысл которых она, к счастью, не понимала. Мисс Дороти Лейтолд и суждено было завершить долгую репетиторскую карьеру Набокова, а также способствовать началу его лепидоптерической охоты в Америке. Кто-то сказал Набокову, что в Стэнфорд ему совсем не худо было бы отправиться на машине. Машины у Набокова не было, и мисс Дороти предложила супругам свой новенький понтиак. Выяснилось, что ни Набоков, ни его жена машину водить не умеют. «Пустяки, — сказала мисс Дороти. — Я вас довезу». Ей эта идея даже понравилась: она покажет им Америку, а дорогой выучит еще пяток русских слов.

«Завтра еду на машине в Калифорнию, — сообщал Набоков Уилсону, которого ласково называл теперь в письмах «дорогой Банни»,— с сетками для бабочек, рукописями и новым набором зубов» (невольно вспоминаются новые зубные протезы Тимофея Пнина, подобно его творцу, вечно страдавшего зубной болью: «откровение, новая заря, полный рот крепкой, деловой, белогипсовой и такой человечной Америки»). Они двинулись в путешествие, в котором отметили годовщину своей американской жизни. Мисс Дороти сама составила маршрут и сделала остановку у южной оконечности Большого Каньона...

Был прохладный день весны в Аризоне, когда, спускаясь по тропке в ущелье, Набоков обнаружил совершенно новую разновидность бабочки. Исполненный благодарности, он присвоил ей имя последней своей ученицы, подарившей ему и его семье это первое путешествие по Америке.

В этом путешествии он и увидел впервые ту придорожно-мотельную Америку, которая отныне в сознании читателей всего мира связана со знаменитым набоковским романом. Семилетний Митя, за годы европейского детства привыкший к тесным комнаткам пансионов, мгновенно приспособился к мотелям и на вопрос «Где живешь, мальчик?» бодро отвечал: «В маленьком домике у дороги».

Курс, который Набоков прочел в Стэнфорде, мог поразить не только американских студентов. Он приходил в аудиторию в рваных теннисных тапках на босу ногу и начинал со страстью (порой и с пеной у рта) зачитывать куски из своего «Себастьяна Найта». Потом он подробнейшим образом объяснял им все хитрости своего текста — о чем это все и как это сделано. Хитростей, как вы помните, там было много, и студенты, можно предположить, с такой прозой еще не были знакомы. Один из участников этого семинара вспоминал, что вести при этом записи было бы столь же абсурдно, как раскурочивать молотком роллс-ройс. Приглашение в Стэнфорд пришло от профессора Генри Ланца, и Набоков много общался с этим образованным и несчастным человеком (питавшим, по сообщению биографов, пристрастие к нимфеткам). Ланц откровенничал с Набоковым, и они много часов беседовали за шахматной доской. Первое путешествие Набокова явно лежало на путях к его «бедной американской девочке Лолите».

В Нью-Йорк Набоковы вернулись на поезде. «Проф» заработал в Стэнфорде свои профессорские восемьсот долларов. Если напомнить, что за «Себастьяна Найта» он получил полторы сотни долларов, то читателю станет ясно, почему писатель должен был искать преподавательскую работу. И почему, получив пригласительную телеграмму из Уэлсли, он тут же устремился в коледж. Он прочел там для начала несколько лекций о русских писателях, а также обзорные лекции на тему «Писатель и здравый смысл», «Жестокие истины о читателях», «Искусство писательства», «О странной судьбе русской литературы»: в них он говорил о Бунине и о Сирине (а также лягнул попутно Хемингуэя и Горького). Когда он закончил свой курс, уже ясно было, что его пригласят сюда снова.

Никогда еще Набокову не приходилось работать так много. Он решил заранее подготовить курс по крайней мере на сто лекционных часов — не меньше двух тысяч страниц конспекта. «Работа была огромная,— вспоминает он.— Но зато потом я мог больше не думать об этом. Я мог читать лекции, а думать при этом о чем-нибудь другом».

Из безмятежного американского рая тех лет он нередко переносился мыслями в Европу. Сестры Маринель со своей старой матушкой и Анюта Фейгина ждали от него помощи. Из Стэнфорда Набоков написал Зензинову и вскоре получил ответ: он узнал, что Фондаминского арестовали нацисты. В ответном письме Зензинову он написал, что холод объял его душу при этом известии.

Набоков в эту пору пишет английские стихи, переводит стихи с русского на английский. При всем внешнем благополучии он переживает жесточайшую психологическую драму, ибо он, по меньшей мере двадцать лет всецело живший в мире русского слова, погруженный в поиски его выразительности и совершенства, теперь запрещает себе писать по-русски. Он находится в процессе мучительного перехода на второй язык, и порой уверенность в своих силах покидает его, ему начинает снова казаться, что он пишет на «второстепенном» английском и что он теряет свой русский «музыкально недоговоренный лад». На протяжении еще нескольких лет он признается близким в тяжкой муке и в неожиданно накатывающем на него желании писать по-русски. Однажды он написал Георгию Гессену, что во время их последней встречи на него вдруг властно нахлынул Сирин...

В раннем английском стихотворении (оно было напечатано в одном из лучших американских журналов, куда тоже ввел его Уилсон,— в «Атлантик манфли») Набоков говорит о расставанье с «нежнейшим из языков», с его подлинным, с его единственным богатством. О том, что он шарит теперь в поисках искусства и сердца, вооруженный грубым каменным оружием. Об этой своей глубоко «личной трагедии» он не раз писал и позднее.

По мнению одной набоковедки, именно этот внутренний раздор стал причиной его столь настойчивого в ту пору ухода в энтомологию. Даже если это и так, не следует забывать, что Набоков был по-настоящему захвачен своей работой в лаборатории и давно мечтал о такой работе. Племянник писателя (сын Ники Набокова и Натальи Шаховской) Иван Набоков вспоминает, что, когда он заходил в зоологический музей в Кембридже, дядя с огромным увлечением показывал ему под микроскопом половые органы бабочек, по которым можно было различить некоторые из видов[1].

Набоков целый год вел курс литературы в Уэлсли, и у него появилось здесь немало друзей и поклонников. Среди них был, например, испанский поэт Хорхе Гильен, один из живших в ту пору в Америке поэтов-изгнанников; позднее он посвятил Набокову стихотворение. С одним из этих изгнанников Набоков любил беседовать о Пушкине. Это был тот самый поляк Юлиан Тувим, что загостился однажды у Веры Семеновны Клячкиной.

Среди профессоров Уэлсли Набоков являл собой фигуру необычную, а по мнению многих студенток, и романтическую. Они находили его красивым, хотя одевался он в те времена довольно небрежно. Он много курил (в Уэлсли это было не принято), и одна из тогдашних его очень серьезных и старательных студенток запомнила именно этот сопровождавший его мужественный запах табака.

Иногда он говорил при девицах вещи, которые их шокировали. Так однажды он сказал за обедом, что ему нравятся женщины с маленькой грудью. Иногда он пытался утешать их в их студенческих горестях, однако тоже весьма странно. Когда одна из студенток остановила его однажды на дороге — он бежал с сачком охотиться на бабочек — и сказала, что не все успела прочесть к экзамену, он беспечно сказал ей на бегу: «Жизнь прекрасна. Жизнь печальна. Вот и все, что вам нужно знать». И побежал дальше.

---

[1] Из беседы автора этой книги с И. Н. Набоковым в октябре 1990 г.

Он любил заниматься со студентками индивидуально, наедине. Часто он говорил им, что литературу надо воспринимать чувственно: ощущая ее запахи, цвет, вкус... Многие из странностей Набокова-профессора внимательный читатель обнаружит в его романе «Пнин».

«Я думаю, мистер Набоков не принимал нас всерьез,— заключает свои воспоминания одна из его студенток (завершив старательный пересказ всего, что она запомнила из его лекций о Толстом, о Чехове и о Гоголе).— Мы были всего-навсего студентки. Нет сомнения, что именно мы пробудили у его Гумберта Гумберта столь глубокое отвращение ко всем, похожим на нас».

Однако эта же Ханна Грин считает, что проф. Набоков отдавал им всего себя и, как ей показалось, относился к ним со смесью мягкого недоумения и отчаяния, смиряясь в конце концов с тем, что судьба послала ему вот такую аудиторию — американских студенточек.

На самом-то деле главная беда заключалась в том, что его преподавательская работа в Уэлсли не была постоянной, и ему всегда могли отказать в ее продолжении. И только получив через несколько лет постоянный пост в Америке (то, от чего в годы золотой европейской нищеты он так долго отказывался), Набоков приобрел в собственность и то, от чего редко бывает избавлен человек на счастливой западной службе,— страх потерять место. Что до приглашенного профессора, то ему подобная утрата места грозит постоянно (Эдмунд Уилсон не раз сообщал в письмах своему другу, что вот он и снова потерял место, и даже просил однажды Набокова порекомендовать его в Уэлсли, если сам Набоков преподавать там больше не будет). Профессора и студенты Уэлсли не раз, спасая Набокова, отстаивали его перед администрацией, писали письма в его защиту, и все же постоянного места в Уэлсли для него так и не нашлось.

НА СВЕРХВЫСОКОМ УРОВНЕ ИСКУССТВА

В 1942-м он ездил в Йейльский университет в надежде найти постоянное место и позднее так рассказывал Уилсону об этой поездке: «Они предложили мне место ассистента профессора русского языка в летнем семестре, но, поскольку мне бы пришлось заодно обучать русскому и самого профессора, я отказался. Это человечек по фамилии Т..., чьей фонетической системе я должен был бы там следовать... уже от его упражнений вопить хочется. Сам он родился в Америке, но родители его родом из Одессы, и у него контракт с университетом на пять лет. Одесса говорит на самом ужасном во всей матушке России жаргоне, а то, что он усвоил его у родителей уже в Бруклине, дела никак не поправило. Это симпатичный, энергичный человечек... и поскольку мы с ним должны были учить тех же студентов по очереди, с неизбежностью возникали бы весьма любопытные ситуации. Так что я остаюсь без работы».

Нельзя сказать, чтоб положение это вовсе не задевало Набокова. В следующем письме Уилсону он восклицает: «Смешно — знать русский лучше, чем кто бы то ни было — по крайней мере в Америке,— и английский лучше, чем любой русский в Америке,— и испытывать такие трудности в поисках преподавательской работы. Единственное, что мне удалось выбить, это место ассистента в Муз. Сравнит. Зоол. с 1 сентября — на один год (1200 долларов) — три часа в день и все бабочки в моем распоряжении...

Меня тут посетил секретарь этого человека — как там его зовут — того, что написал «Табачную дорогу» и что пишет сейчас роман из советской жизни... Спрашивал, как ему записать английскими буквами такие слова, как «немецкий», «коллкоз» (он пишет это «кольхольц») и тому подобные вещи. Героя его зовут Владимир. Все очень просто. И меня просто измучил мой персональный черт, искушая отсыпать ему горсть непристойностей вместо «здравствуйте» и «спокойной ночи» (напр. «разъеби твою душу»,— с достоинством сказал Владимир)».

Чтоб жить поближе к Музею сравнительной зоологии, Набоковы сняли квартиру на окраине Бостона, в Кембридже, на Крэйджи Серкл 8. После этого Набоков отправился на поиски работы, сравнивая себя с путешествующим Чичиковым. Он посетил несколько колледжей, где читал лекции и пытался зацепиться — Коукс возле Флоренса (то бишь Флоренции), колледж Спелмана в Атланте, женский колледж штата Джорджия в Вэлдосте и Южный университет в Сноуни. Он пишет, что его радужные лекции выслушивали там с большим почтением, от чего его восхищение американской системой образования возрастало все больше (всю меру этого восхищения можно оценить, прочитав «Пнина»), но преподавательского места для него так и не нашлось.

Набоков сообщает Уилсону, что подал просьбу о стипендии из фонда Гугенхейма для написания романа, который условно им назван «Человек из Порлока» (именно так звался человек, который прервал Кольриджа, работавшего над поэмой «Кубла Хан»,— после чего Кольридж забыл, что он собирался еще написать). Алданов, начавший издавать в Нью-Йорке «Новый журнал», взял у Набокова кусок задуманного в Париже романа, озаглавленный «Ультима Туле», и стихотворение «Слава» (единственное, что Набоков еще позволял себе в то время писать по-русски, были стихи). В богатой Америке удалось продать целых пятьсот экземпляров нового русского журнала. В следующий раз Алданов рискнул отпечатать тысячу экземпляров, и тут же убедился, что продать можно только пятьсот. В Европе в межвоенную пору русские эмигранты, сидевшие на чемоданах и ждавшие краха большевиков, возвращения в Россию, прихода Царства Божия наконец, много читали, спорили, ходили в театр, жертвовали на родную литературу. В Америке (точно так же, как нынче) они сразу начинали думать о постоянном устройстве — о покупке дома и мебели, об овладении языком, об электрификации и газификации, помноженной на автомобилизацию. Энергичному Андрею Седых или Вейнбауму с трудом удавалось собрать здесь среди соотечественников сотню долларов для «самого академика Бунина».

Существовали, правда, американские благотворительные фонды, но их надо было убедить, что претендент «достоин». При такой системе, конечно, всегда побеждает самый шустрый (вы, может, помните главное качество профессора французской литературы Блоренджа из «Пнина», того, что вовсе не знал по-французски, зато лучше всех умел охмурять филантропов). Набокову, впрочем, пришлось легче, чем другим: у него был бескорыстный друг Уилсон, у которого была «легкая рука»...

Летом 1942 года Набоковы снова гостили на вермонтской даче Карповича в окружении таких же бездачных русских эмигрантов, как они сами. Набоков был в то лето по уши в работе. «Блуждаю за Гоголем по мрачному лабиринту его жизни,— писал он Уилсону,— и как основной ритм книги, избрал, между прочим, ход пешки (пожалуйста, отметь). Интересно, есть ли какая-нибудь возможность выследить некоего (анонимного) «гражданина Соединенных Штатов», с которым Гоголь сидел за табльдотом в пансионе (анонимном) в Любеке в августе 1829 года. Или мудрого англичанина, который давал Пушкину уроки атеизма. Когда закончу, отправлюсь на трехмесячные каникулы с моей грубой и здоровой русской музой».

Однако книга о Гоголе никак не подходила к концу. Набоков давно уже договорился с издателем Лафлиным, что напишет для него за умеренную плату (о последнем вы могли бы догадаться по авансу, уплаченному Лафлином за «Себастьяна Найта») книгу о Гоголе для американских студентов. Он уже давно мечтал написать об этом гениальном, странном, безумном Гоголе! Не о Гоголе — авторе «натуральной школы», «разоблачающем самодержавие», и не о Гоголе-«реалисте», но о Гоголе — безумном фантасте, совершающем непостижимые поступки, о «темах» и «узорах» его судьбы, о России, созданной его неистовым воображением и воспринятой социокритиками как «гнусная российская действительность». Написать о переплетении узоров судьбы, сохраняя ритм, напоминающий ход пешки...

Работа затягивалась. Набоков то просил отсрочки, то требовал увеличения гонорара. Новый роман требовал все больших усилий. К тому же Набоков неожиданно написал большой рассказ. Первый свой рассказ по-английски (потом он напишет их множество, и притом великолепных). Рассказ этот, может, единственный такой у Набокова, пересказывал реальные события в мало «перетасованном» виде: Набоков изложил в нем необычайную историю популярной исполнительницы русских песен Надежды Плевицкой и ее мужа генерала Скоблина, оказавшихся агентами ГПУ. В своем рассказе Набоков выдвигает гипотезу, подтвержденную позднее скромной книжечкой (Набоков ее видеть не мог) французского комиссара Белэна из «Сюртэ», которому довелось последним беседовать с Плевицкой перед самой войной: главным действующим лицом в этой серии предательств и преступлений был все-таки сам генерал Скоблин, которого многие в эмиграции считали лишь марионеткой властной жены, называя его за глаза «генерал Плевицкий». Неутоленное тщеславие бывшего героя-корниловца толкнуло его к преда-

410

тельству и шпионажу. В случае с набоковским рассказом, как часто бывает, неортодоксальное мышление писателя помогло открытию, остававшемуся недоступным штатным психологам и детективам.

Книга о Гоголе оказалась мало приемлемой и для критики, и для читателей. Конечно, Набоков обошелся здесь со своими читателями-студентами не менее круто, чем обходился с ними в лекционных залах, принимая их за взрослых и излагая им свою, и только свою точку зрения (даже если она и совпадала иногда с точкой зрения Розанова или Мережковского и расходилась со всеми канонами). Это была типично набоковская биография, без намека на «хрестоматийный глянец». Вот вам небольшой «петербургский отрывок» из «Гоголя»:

«Пушкин чувствовал какой-то изъян в Петербурге... Но странность этого города была по-настоящему понята и передана, когда по Невскому проспекту прошел такой человек, как Гоголь. Рассказ, озаглавленный именем проспекта, выявил эту причудливость с такой незабываемой силой, что и стихи Блока и роман Белого «Петербург», написанные на заре нашего века, кажется, лишь полней открывают город Гоголя, а не создают какой-то новый его образ. Петербург никогда не был настоящей реальностью, но ведь и сам Гоголь, Гоголь-вампир, Гоголь-чревовещатель, тоже не был до конца реален. Школьником он с болезненным упорством ходил не по той стороне улицы, по которой шли все; надевал правый башмак на левую ногу, посреди ночи кричал петухом и расставлял мебель своей комнаты в беспорядке, словно заимствованном из «Алисы в Зазеркалье». Немудрено, что Петербург обнаружил всю свою причудливость, когда по его улицам стал гулять самый причудливый человек во всей России, ибо таков он и есть Петербург: смазанное отражение в зеркале, призрачная неразбериха предметов, используемых не по назначению, вещи, тем безудержнее несущиеся вспять, чем быстрее они движутся вперед...»[1]

Тщетно стал бы любой читатель (а не только коннектикутский студент) искать, где тут «обзор творчества», а где социальный анализ эпохи.

Один из французских набоковедов написал как-то о сходстве Набокова и Гоголя, умевших творить в «пустоте», созда-

---

[1] Пер. Е. Голышевой.

411

вать «мечту внутри мечты». Конечно же, Набоков был, как и Гоголь, «творец воображаемых миров»...

Для Набокова важно было определить в Гоголе главное и продолжить свою полемику со «старомодным методом» Чернышевского (довольно распространенным в ту пору и среди американских критиков). Набоков отмечал, сколь роковую роль сыграло для Гоголя «одно ходячее заблуждение»: «Писатель погиб, когда его начали занимать такие вопросы, как «что такое искусство?» и «в чем долг писателя?» Эту часть книги Набокова высоко оценил Георгий Федотов. Впрочем, не преминул он отметить и главное упущение Набокова: «Искусство не сводимо на нравственность — как пытались у нас сводить Гоголь и Толстой, — написал Г. Федотов в «Новом журнале». — Но искусство — почти всегда — вырастает из той же глубины, что и нравственная жизнь... Ключ к Гоголю-художнику, в последнем счете, дается его религиозной драмой». Набоков старался в своем очерке оставаться в рамках эстетической интерпретации, однако его поклонник и друг Г. Федотов поймал его на непоследовательности (будто автор парадоксальной прозы должен быть последовательным)[1].

О набоковских «заметках, посвященных анализу творческого воображения Гоголя» Федотов пишет: «Ценность их определяется конгениальностью обоих художников. Один из самых больших, если не самый большой русский писатель наших дней, и притом искушенный в рефлексии на проблемы искусства, пишет о самом великом мастере русского слова; в Гоголе главная связь самого Сирина с русской литературной традицией».

Так писал для пятисот русских читателей один из виднейших тогдашних русских философов и богословов. А «самый большой русский писатель», завершая анализ гениальной «Шинели», объяснял девочкам из Уэлсли и мальчикам из Стэнфорда, что гоголевская «повесть описывает полный круг — порочный круг, как и все круги, сколько бы они себя ни выдавали за яблоки, планеты или человеческие лица».

«И вот, если подвести итог, рассказ развивается так: бормотание, бормотание, лирический всплеск, бормотание, лирический всплеск, бормотание, лирический всплеск, бормота-

---

[1] Разговор между Пниным и Шато во время купания («Пнин») наводит на мысль, что все эти проблемы Г. Федотов и В. Набоков обсуждали на летнем отдыхе в Вермонте у Карповича.

ние, фантастическая кульминация, бормотание, бормотание и возвращение в хаос, из которого все возникло. На этом сверхвысоком уровне искусства литература, конечно, не занимается оплакиванием судьбы обездоленного человека или проклятиями в адрес власть имущих. Она обращена к тем тайным глубинам человеческой души, где проходят тени других миров, как тени безымянных и беззвучных кораблей. ...если вас интересуют... «идеи», «факты» и «тенденции», не трогайте Гоголя. Каторжная работа по изучению русского языка, необходимая для того, чтобы его прочесть, не оплатится привычной для вас монетой. Не троньте его, не троньте... Но я буду очень рад не случайному читателю — братьям моим, моим двойникам... Сначала выучите азбуку губных, заднеязычных, зубных, буквы, которые жужжат, гудят, как шмель и муха-цеце. После какой-нибудь гласной станете отплевываться. Первый раз просклоняв личное местоимение, вы ощутите одеревенелость в голове. Но я не вижу другого подхода к Гоголю (да, впрочем, и к любому другому русскому писателю). Его произведения, как и всякая великая литература,— это феномен языка, а не идей...

...Ну что ж,— сказал мой издатель,— мне нравится, но я думаю, что студентам надо рассказать, в чем там дело... Я имею в виду *сюжеты*... Я прочел все очень внимательно и моя жена тоже, но сюжетов мы не узнали. И потом, в конце должно быть что-нибудь вроде библиографии или хронологии...

...Отчаявшиеся русские критики, трудясь над тем, чтобы определить влияние и уложить мои романы на подходящую полочку, раза два привязывали меня к Гоголю, но поглядев еще раз, видели, что я развязал узлы и полка оказалась пустой».

Так кончалась книжка о Гоголе, недосягаемо стоящем на своей пустой полке.

ВДАЛИ ОТ СИНИСТЕРБАДА

Размышления над Гоголем, над чертями, над советской поэзией и над собственным бесславным плаваньем в океане никогда не слыхавшей о Владимире Сирине Америки навеяли ему на кампусе колледжа Уэлсли стихотворение «Слава», которое было затем напечатано в знаменитом малотиражном «Новом журнале». В этом стихотворении странный гость посещает Набокова, сумерничающего на кампусе девичьего колледжа,— «некто ... с копотью в красных ноздрях», некий «разговорчивый прах», меняющий панамы, фески, фуражки и указывающий собеседнику-автору, что он и сам ведь «страны менял, как фальшивые деньги, торопясь и боясь оглянуться назад, как раздваивающееся привиденье...»

«Твои бедные книги,— сказал он развязно,
безнадежно растают в изгнанье. Увы,
эти триста листов беллетристики праздной
разлетятся, но у настоящей листвы
есть куда упасть, есть земля, есть Россия...
...а бедные книги твои
...опадут в пустоте, где ты вырастил ветвь...
...Кто в осеннюю ночь, кто — скажи-ка на милость,
В захолустии русском, при лампе, в пальто,
среди гильз папиросных, каких-то опилок
и других озаренных неясностей, кто
на столе развернет образец твоей прозы,
зачитается ею под шум дождевой...»[1]

«Никогда»,— говорит автору искуситель с красными ноздрями,—

...никогда не мелькнет твое имя — иль разве
(как в трагических тучах мелькает звезда)
в специальном труде, в примечанье к названью
эмигрантского кладбища...»

И как некогда он смехом истреблял тирана, Набоков смехом изгоняет не только искусителя, но и самое искушение славой.

И я счастлив. Я счастлив, что совесть моя,
сонных мыслей и умыслов сводня,

---

[1] Эти строки вспомнились журналисту из «Огонька» Андрею Чернову, когда он застал в нынешней Выре своего друга-архитектора (местного уроженца, занятого, между прочим, восстановлением набоковского дома) за чтением прозы В. В. Набокова.

не затронула самого тайного. Я
удивительно счастлив сегодня.
Эта тайна та-та, та-та-та-та, та-та,
а точнее сказать я не вправе.
Оттого так смешна мне пустая мечта
о читателе, теле и славе...

Так он заговорил вдруг в русских стихах о своей тайне,
о которой позднее вдова его в кратеньком предисловии
к этим вот самым стихам, вошедшим в посмертный сборник
«Ардиса», писала:

«Этой тайне он был причастен много лет, почти не сознавая ее, и это она давала ему его невозмутимую жизнерадостность и ясность даже при самых тяжелых переживаниях
и делала его совершенно неуязвимым для всяких самых
глупых или злостных нападок». Далее Вера Евсеевна отсылает нас к описанию отца героя в «Даре», к этой «дымке, тайне,
загадочной недоговоренности», к неизвестному, чем этот человек был овеян и «что, может быть, было в нем самым-
самым настоящим». Этот человек, возможно, знал «кое-что
такое, чего не знает никто...».

Что это за тайна (тайна бессмертия или тайна мироздания?), раскрывшаяся писателю под звездным небом и помо-
гающая ему изгонять и дьявола с его искушением славы,
и чувство отрешенности от родины, и чувство напрасно про-
житой жизни, тайна, позволяющая отвергать разнообразных
(местных?) богов, которыми кишит мир, — сказать не берем-
ся. Ясно, что не господин с копотью в красных ноздрях
раскрыл ему эту тайну. И не какое-либо сугубо научное,
материалистическое воззрение ее раскрыло. Обе эти гипотезы русского набоковедения со стихотворением Набокова (не
говоря уже о прозе) не согласуются. Но что это было? Этого
мы так и не узнали.

Отклик на стихотворение «Слава» появился в самой крупной эмигрантской газете Америки — нью-йоркском «Новом
русском слове». Не раз обиженный в свое время Сириным, но
не помнящий этих домашних споров Марк Слоним представлял поэта как бы заново, понимая, что если и есть в Америке
люди, слышавшие о Набокове-Сирине, то «широкая масса
русских за рубежом не дает себе отчета в том, что Сирин —
самый блестящий и талантливый из всех эмигрантских писа-

телей, выдвинувшихся за границей»[1]. Слоним понимал, что «сложность, замысловатость его творчества» мешает Набокову сделаться любимцем публики, ведь «читатели и критики предпочитают простые домашние изделия». «Но для тех, кто умеет ценить подлинные достижения высокого искусства,— писал Слоним,— Сирин по праву является одним из самых одаренных, оригинальных и блестящих его представителей».

А Набоков пока работал над вторым своим английским романом.

С легкой руки Уилсона Фонд Гугенхейма дал Набокову для этой работы стипендию в 2500 долларов, учрежденную бывшим сенатором Саймоном Гугенхеймом в память о своем сыне. Роман назывался пока «Человек из Порлока». Позднее Набоков дал ему новое название. Некоторые русские переводчики передают это название несколько, на мой взгляд, громоздко, неблагозвучно и невыразительно — «Под знаком незаконнорожденных» (в английском заглавии — всего четыре(!) слога). Сам Набоков объяснил это так: «Термином «зловещий уклон» называют в геральдике поперечную полосу, проходящую слева направо и обозначающую (как ошибочно полагает широкая публика) незаконнорожденность. Избирая для книги такое название, я пытался обозначить очертанья (намеченные искажением в зеркале бытия) того пути, по которому пошла история всего зловещего и левого (правого) в геральдике мира. Слабая сторона подобного заглавия в том, что серьезный читатель, который ищет «общего смысла» и «общечеловеческого интереса» (что почти то же самое), станет искать их и в этой книге». Рискуя заслужить уничижительное прозвище «серьезный читатель», напомню все же, что английское слово «синистэр» (зловещий) похоже на итальянское слово «синистра», означающее «левый», так что уклон этот (или наклон) указывает на вполне определенное направление («левое», оно же «правое»). Так что можно предположить (раз уж мы все равно нарушили запрет и стали искать «общего смысла»), что название это навеяно все же уклоном, под который покатилась мировая история в наш век безжалостных тоталитарных режимов. Американская пропаганда к тому времени окончательно разобралась с Гит-

---

[1] М. Л. Слоним (однофамилец Веры Евсеевны Набоковой) — критик, литературовед, издатель, бывший эсер, друг М. И. Цветаевой. О его человеческих качествах высоко отзывается в своей новой книге цветаевед Вероника Лосская.

лером: он был тиран и человеконенавистник, одним словом, фашист. Со Сталиным, на взгляд той же пропаганды, все обстояло сложней. Он был союзник, и средства массовой информации дружно взялись в ту пору за его реабилитацию. Особенно старались «специалисты по России», вроде недавнего американского посла в Москве Дэвиса. Это они кормили теперь американцев счастливой рабоче-колхозной клюквой. Набоков написал Уилсону о своем желании, чтоб русские разгромили Германию. И чтоб Сталин с Гитлером были сосланы на один остров и поселены по соседству. Мысль для тогдашней Америки почти крамольная...

«Зловещий уклон» — это был (конечно, на первом, самом поверхностном уровне его прочтения) роман о некоей стране, где к власти пришел диктатор Падук. Из русских романов Набокова этот новый роман ближе всего к «Приглашению на казнь», к рассказам «Истребление тиранов» и «Посещение музея». Когда вышел в свет «русский номер» журнала «Лайф» с доброй улыбкой Сталина во всю обложку (фотография, сделанная женой Эрскина Колдуэла Маргарет Бурк-Уайт), с восторженной статьей о Ленине и с фотографией бывшего посла Дэвиса на фоне безвкусной, но обширной коллекции активварных изделий, купленных им в России (или полученных в дар от Хозяина), Набоков не выдержал и послал в популярный журнал письмо, доводившее до сведения лихой редакции и читающей публики, что Пушкин не «примыкал к офицерскому заговору», что он не был сослан на Кавказ, что Александр III не был убит террористами, что смехотворная коллекция посла Дэвиса представляет не русское искусство, а единственно буржуазный вкус самого посла, что в сообщении о том, что царь Петр собственноручно дал пинка России к прогрессу, содержится определенное смешение конечностей, что фотография могучих спортсменок на фоне портрета Сталина способна вызвать лишь богохульный смех американцев, а не «сочувствие и понимание», за которые так искренне ратуют в журнале оптимизм и невежество. Письмо Набокова, конечно, не было напечатано, однако он написал в те же дни стихотворение, проникнутое непоколебленным его презрением к диктатуре и жалостью к измученной, распятой родине:

Каким бы полотном батальным ни являлась
советская сусальнейшая Русь,

417

какой бы жалостью душа не наполнялась,
не поклонюсь, не примирюсь
со всею мерзостью, жестокостью и скукой
немого рабства — нет, о, нет,
еще я духом жив, еще не сыт разлукой,
увольте, я еще поэт.

Стихотворение это умилило Керенского и наверняка понравилось многим эмигрантам (впрочем, далеко не всем — в это время Милюков уже написал свою «Правду большевизма», где сравнивал Сталина с Петром и оправдывал все средства, приведшие к столь высокой цели). Мисс Макафи из Уэлсли, прослышав о взглядах их временного лектора, порекомендовала ему помягче выражаться о столь популярном ныне в Америке диктаторе и его диктатуре. Отретушированный идол доброты и обаяния в идеально отглаженных брюках, великий Сталин все чаще появлялся теперь на страницах американской печати, и Набоков писал Уилсону:

«Некоторые мелочи в отчете о тегеранской конференции показались мне восхитительными, например: «Сталин свободно общался с гостями через переводчика» или «Сталин поднял бокал и трезво огляделся». Когда глядишь на фотографию, очевидным становится, что это не настоящий Сталин, а один из многих его дублеров — гениальная находка Советов. Я даже вообще не уверен, что эта фигура, похожая на восковую фигуру из музея Тюссо, настоящий человек, ибо создается впечатление, что так называемый переводчик, мистер Павловск (?), который на всех фотографиях выглядит этаким кукловодом, явно руководит всеми движениями куклы в военной форме. Обрати внимание на эту брючную складку у фальшивого Джо — экспоната № 3. Только у восковой куклы может быть такая нога. Я подумываю написать подробный отчет обо всем этом мероприятии, ибо это и в самом деле очень изобретательно — особенно то, как кукла передвигается и резкими движениями поднимает 34 тоста. Мистер Павловск великий фокусник».

В этой атмосфере всемирного восторга перед военными победами кровавого палача России появилось и стихотворение Набокова «О правителях».

С каких это пор, желал бы я знать,
под ложечкой

мы стали испытывать вроде
нежного булькания, глядя в бинокль
на плотного с ежиком в ложе?
...Умирает со скуки историк:
за Мамаем все тот же Мамай.
...Покойный мой тезка,
писавший стихи и в полоску,
и в клетку, на самом восходе
всесоюзно-мещанского класса,
кабы дожил до полдня,
нынче бы рифмы натягивал
на «монументален»,
на «переперчил»
и так далее.

Усиленные занятия энтомологией, преподавание, переводы из русской поэзии и новый роман не мешали Набокову писать английские рассказы. После рассказа о Плевицкой, он пишет рассказы «Что как-то раз в Алеппо...» и «Забытый поэт», а также английскую версию своего французского рассказа о гувернантке — «Мадемуазель О». Уилсон ввел Набокова в лучшие американские журналы, и рассказы его начали печататься в «Нью-Йоркере», в «Атлантик манфли», в «Харперз мэгэзин» и в «Партизан ревью».

Это был расцвет их дружбы, переписки и сотрудничества с Уилсоном, и Набоков даже несколько ревнует «дорогого Банни» (так он теперь обращается к Уилсону в письмах) к другим русским. А русских на горизонте возникает немало — все люди из прошлого: и Нина Чавчавадзе, и Калашников, и Бобби де Кальри, и даже вот еще — этот хамоватый врач-прозаик Яновский из окружения Адамовича. Набоков опасается, что кто-нибудь из них может отозваться о нем не слишком благожелательно, а потому, страхуясь, спешит сам отзываться о них более, чем сдержанно. Он пишет Уилсону, что этот Яновский мужлан и писать не умеет; что Бобби, хоть и всегда был к нему добр, все-таки гомосексуалист и ничего собой не представляет... Набоков опасается, что его «бедные собратья» будут осаждать Уилсона и обременять его просьбами.

Конечно, это были все еще довольно трудные годы для Набокова, однако его слова о бедственном или даже катастрофическом положении в письмах к Уилсону, следует воспринимать уже со скидкой на американские представления о катастрофе. Ибо и квартиры, которые они с Верой снимают в Америке, превосходят размерами европейское их жилье, и летней охоты на бабочек они больше не пропускают, и Митя учится в хорошей, дорогой платной школе, и голода нет в помине, хотя еще идет война. Ну, а деньги... Да кому ж это когда хватало денег в Америке?

Летом 1943 года Набоков ловит бабочек близ Солт-Лейк-сити, где на склонах гор — ели и где совершенно нестеровский пейзаж. Он гостит у Лафлина, консультирует его издание советских авторов. Выясняется, что он высоко ценит и Олешу, и Ильфа с Петровым.

В конце 1943 года Набоков, позволив себе изменить английскому языку со своей русской музой, пишет «Парижскую поэму» («Новый журнал» напечатал ее в седьмом номере). В ней — все те же ностальгические описания ночного Парижа, что и в недавно законченном рассказе про Алеппо («Чуден ночью Париж сухопарый...»).

Ощущение пройденного витка жизни, поиски начал, попытки разобраться в направлении и «узоре жизни» очень сильны во всем, что пишет Набоков в эту пору.

> В этой жизни, богатой узорами
> (неповторной, поскольку она
> по-другому, с другими актерами,
> будет в новом театре дана),
> я почел бы за лучшее счастье
> так сложить ее дивный ковер,
> чтоб пришелся узор настоящего
> на былое — на прежний узор...

И вот главное желание героя поэмы:

> ...с далеким найдя соответствие,
> очутиться в начале пути,
> наклониться — и в собственном детстве
> кончик спутанной нити найти.

Эти побеги в русскую поэзию отражали еще не усмиренную муку перехода на английский. «На прогулке,— рассказывал он в одном из тогдашних писем к жене,— я вдруг был блаженно пронзен молнией вдохновенья. У меня появилось страстное желание писать, и писать по-русски, а я ведь не должен. Сомневаюсь, чтоб кто-нибудь, кому этого не пришлось пережить, смог по-настоящему понять эту муку, всю трагичность ситуации».

Иногда он предпочитал не писать вообще, раз уж нельзя писать по-русски. Он, жалуясь, говорил Георгу Гессену, что вряд ли еще кому-нибудь приходилось выкидывать такой кунштюк, как ему.

Когда он кончил «Парижскую поэму», Вера извлекла из-под груды научных статей о бабочках его второй английский роман и «поговорила с ним серьезно». Набоков перечитал первые главы «Зловещего уклона», нашел, что они не так плохи, и снова сел за работу. В конце марта он смог отослать редактору издательства «Даблдей» Доналду Элдеру первую часть рукописи и письмо с кратким изложением еще не написанных глав. В книге будут утонченные достижения духа на тоскливо-красном фоне кошмарных преследований и угнетения. Главный герой, ученый и поэт, а также ребенок становятся жертвами и свидетелями безумия мира.

Тоталитарное государство хочет привлечь на свою сторону всемирно известного философа, он отказывается... И так далее. Набоков предупреждает, что грубый пересказ не может передать самого важного в книге — ритма и атмосферы. Полностью понять все издатель сможет лишь тогда, когда получит всю рукопись. Сегодня у нас перед глазами и книга, и написанное еще через двадцать лет авторское предисловие к ней, и статьи, написанные за последние двадцать лет критиками и набоковедами. На одном, более поверхностном уровне, который Набоков считает как бы наименее важным, это роман о столкновении искусства и разума с тоталитарным угнетением. И даже на читателя, знакомого уже и с Замятиным, и с Кафкой, и с Оруэллом (о котором Набоков отзывался, впрочем, довольно пренебрежительно), роман производит сильное впечатление.

Попробуем рассказать об этой не слишком популярной книге чуть подробнее. На первой странице романа философ Адам Круг смотрит в больничное окно на ночную улицу, где видна лопатообразная лужа. Только что умерла от операции (можно предположить, что и эта смерть под ножом хирурга как метод тоталитарного преследования — одна из точных набоковских догадок) любимая жена философа. Он отправляется домой — в заречную часть города, и тут начинаются его злоключения. Власть в стране недавно захватил глава Партии Среднего Человека, эквилист («уравнитель») Падук (естественно было предположить, что оба тогдашних повелителя мира страдали падучей). Часовой на мосту безграмотен, он держит ночной пропуск вверх ногами, бормочет что-то о совокуплении с матерью (фигура речи, которую поймет только русский читатель), и наконец пропускает философа, но на другом конце моста от него требуют подписи предыдущего поста охраны (того самого, где часовой не умеет ни писать ни читать) и отсылают его обратно. Философ кружит по мосту, ибо власть абсурдна (и оттого выглядит такой реальной). Кончается тем, что Круг и еще какой-то задержанный охраной лавочник подписывают пропуска друг другу. Из дома философа среди ночи вызывают в университет. Ректор умоляет его и других ученых подписать заявление о лояльности, иначе университет будет закрыт, и особые надежды ректор возлагает на Круга, которого возвышает над коллегами не столько его крупный международный авторитет, сколько то случайное преимущество, что он учился в детстве в одном классе с нынешним диктатором. Круг уважает своих коллег-ученых за то, что каждый из них достиг высокого уровня в своей области, и за то, что они просто неспособны на физический акт убийства. Однако они так же, как и сам Круг, не борцы: они подписывают позорную присягу на верность диктатору; одни повздыхали и подписали, другие не вздыхали, но подписали, третьи подписали и повздыхали потом или, не сделав поначалу ни того, ни другого, по здравом размышлении все-таки подписали. Ректор просит Круга поговорить по-дружески с его бывшим одноклассником. Круг объясняет, что Падук имел в классе кличку Жаба и что сам он, Адам Круг, имел обыкновение сидеть у него на морде во время школьной переменки.

Назавтра философ уезжает с маленьким сыном к своему другу Максимову, который пытается убедить его, что нужно бежать; но Круг все еще не понимает опасности. Однако в тот же день увозят в тюрьму Максимова, потом Эмбера и наконец всех, кто так или иначе был связан с философом. Наконец, и его самого тоже увозят в тюрьму, разлучив с мальчиком. Ему обещают вернуть арестованного сына, если он капитулирует, и вот они уже мчатся в какое-то страшное учреждение, где новых «сирот» (а их немало в упорядоченном раю) используют для «психологических» опытов над преступниками. Сына его уже нет в живых, а самого Круга сердобольный Автор делает сумасшедшим, чтоб избавить от нестерпимой отцовской муки. Его выводят в тюремный двор, который он принимает за двор школьный. Друзья подходят к нему, умоляя своим покаяньем избавить их от муки и смерти. Круг бросается на Жабу-диктатора. Раздаются выстрелы, и Автор-избавитель собственной персоной выходит на сцену, чтобы прижать голову героя к груди... Потом Автор встает из-за стола, заваленного черновиками рукописи. Он слышит странный звук — моль ударилась о сетку окна. Он видит через окно лопатообразную лужу — нечто вроде следа, что мы оставляем в теле окружающей материи. Он думает о том, что такая ночь хороша для охоты на молей. Вот и все... Моли, бабочка, лужа, которая иногда после грозы стоит близ дома 8 на Крейджи Серкл в Кембридже (штат Массачусетс) — это уже история самого Творца, того, кто создал Адама Круга и его окружение, и его кошмарные сны. А, может, это все и было сном — от первой лужи до финальной, мы с вами вольны так думать, тем более что и сам Круг, в благословенную минуту безумия понял, что и сам он, и жена его, и сын — это все лишь причуды его воображения.

Мы закрываем книгу с сердцем, ноющим от любви и ненависти — от ненависти к «падучим» режимам нашей планеты, то падающим, то вновь оживающим, от страха за наших близких, от презрения к недоумкам, для которых главное не мыслить («не мыслю, значит существую» — так перевертывает Набоков картезианскую формулу), да и к себе, так долго терпевшему молча... Книга потрясает именно на этом, первом уровне.

В поисках иных уровней мы перечитываем ее более внимательно, усмехаемся разнообразным языковым находкам и шуткам, узнаем русские и немецкие слова в языке Падукграда и Омигода (Божемойск?), где имя каждого из персонажей представляет лишь анаграмму другого, ибо проблемы плавного перехода с одного языка на другой и вообще языковые проблемы играют тут важную роль. «Семантическая прозрачность, уступающая истончению языка, или напротив сгущению смысла», по мнению Набокова, в той же степени характерна для городов, подобных Синистербаду, «в какой валютные проблемы типичны для уже утвердившихся тиранических режимов».

Конечно, мы без труда узнаем некоторые из языковых образований и цитат, узнаем кусочки из Ленина и советской Конституции (той самой, которую восторженный Бердяев готов был тогда признать самой демократической в мире), узнаем красный флажок с символом — пауком. Автор сам отсылает нас к пресловутой нацистской псевдоделовитости, однако предупреждает, что это все же не самое важное в романе. В порядке уступки читателю Набоков сообщает, что главная тема романа — это биение любящего сердца героя, это мука, которой может быть подвергнуто его сердце, исполненное пронзительной нежности, — «именно ради страниц, посвященных Давиду и его отцу, была написана и должна быть прочитана эта книга». Эту главную тему сопровождают две другие — тема тупоголовой жестокости, которая сама сводит на нет свои усилия, уничтожая нужного ребенка и сохраняя ненужного, и тема благословенного круга.

Из предисловия Набокова мы узнаем, что речь в романе вовсе не идет о жизни и смерти в полицейском государстве, а все эти нелепые герои — только абсурдные видения, только гнетущие галлюцинации Адама Круга. Они «без вреда исчезают», как только Автор «распускает труппу».

Набоков упоминает далее о «фантастическом зеркале ужасов и искусстве псевдоцитирования, опирающемся на темные места из Шекспира». Шекспиру посвящена в романе целая глава. Друг Круга Эмбер переводит Шекспира на родной язык, вдвоем они обсуждают «Гамлета», и эти их разговоры очень важны. Не только потому, что Шекспир необходим людям в такую эпоху, но и потому, что Шекспир вообще — великое и загадочное явление, человек на все времена. В главе о Шекспире встречается множество тончайших намеков и разнообразных трактовок Гамлета, здесь происходит столкновение гуманистических идей с черносотенными, проводится линия от Офелии к русской русалке и, наконец, дается трактовка «Гамлета», предложенная профессором Хаммом (или Хамом),— теория, согласно которой масонские интриги, вдохновляемые Шейлоком крупного финансового капитала, «лишают... семью Фортинбраса законного права на датский трон».

Набоковеды Л. Ли и Пейдж Стегнер среди приемов, использованных в этом романе, отмечают искусное переключение с одного рассказчика на другой, все эти едва различимые, но вполне определенные переходы, а также множество «отступлений», столь характерных для любимого Набоковым Лоренса Стерна (да и любимого им Гоголя тоже, добавим мы). Иногда отступления эти растягиваются на целую главу, и можно смело сказать, что они-то и составляют плоть романа. Важную роль для автора и для «самых внимательных» из его читателей играют в романе бесчисленные литературные намеки и детали, вроде упомянутой уже лопатообразной лужи, которая представляет в повествовании некий другой, вероятно, более реальный мир. Здесь великое множество пародийных ссылок на самые разнообразные тексты — от классических романов до пошлых бестселлеров и даже табличек в туалетных комнатах. Сам Набоков раскрывает нам в предисловии намеки на песню Верфеля, название популярного фильма «Унесенные ветром» и на лигатуру двух романных заглавий — «На тихом Дону без перемен...» Так как число подобных, все более зашифрованных, мало кому понятных, а может быть, и мало кому интересных намеков будет возрастать в английских романах Набокова, небезынтересно привести рассуждение Набокова на эту тему в позднем предисловии к «Зловещему уклону»:

«Может возникнуть вопрос — а стоило ли автору придумывать и рассеивать в тексте эти ненавязчивые указатели, самая природа коих требует, чтоб они не были слишком заметны. Да и кто даст себе труд заметить, что Панкрат Цикутин, старый вахлак-погромщик — это Сократ Болиголов Ядовитый; и что «ребенок храбр» в намеке на эмиграцию — фраза из того набора, при помощи которого проверяют, умеет ли претендент на американское гражданство читать... Большинство читателей не прочь были бы не заметить всего этого; благосклонный читатель даже принесет сюда, на мою скромную вечеринку, собственные символы и средства передвижения, и транзисторные приемники; люди иронического склада ума укажут на роковую тщету этих моих разъяснений, содержащихся в предисловии, и посоветуют мне в следующий раз позаботиться о сносках (сноски людям с определенным складом ума всегда кажутся забавными). В конечном счете, однако, единственное, что важно, это чтобы сам автор испытал чувство удовлетворения. Я редко перечитываю свои книги, да и то чаще всего с чисто утилитарными целями — чтоб сверить перевод или новое издание; однако в тех случаях, когда я проглядываю их заново, наибольшее удовольствие доставляет мне именно побочный шепоток какой-нибудь затаенной темы».

ПРОКЛЯТАЯ БЕЗВЕСТНОСТЬ

Со времени написания письма к издателю, где изложено было содержание романа, до момента, когда Набоков поставил последнюю точку, прошло еще два года. Набоков по четырнадцать часов в сутки просиживал в музее, разглядывая и зарисовывая органы бабочек при помощи «камеры люциды». Приносило это скромную тысячу с небольшим в год. Да еще около тысячи он прирабатывал за семестр в девичьем коледже в Уэлсли. Осталось множество воспоминаний о нем — и студенток, и преподавательниц из Уэлсли — тех, кто ездил с ним в коледж из Бостона на микроавтобусе, нанятом в складчину, тех, кто дружил с ним или помогал ему (как Сильвия Беркман), тех, кто слушал его лекции (когда он болел, те же лекции зачитывала Вера). Девушки и молодые женщины из Уэлсли все еще находили его романтическим, в высшей степени интеллигентным и породистым европейцем. Однако некоторые, встречая его после недолгого перерыва, замечали, что он стал прибавлять в весе. Лицо его, округляясь, теряло оригинальную резкость почти индейских черт. Округлялось и брюшко. Он сказал как-то Алданову, что у него стала грудь, как у молоденькой девушки.

Те, кто бывал у Набоковых, отмечали, что обстановка их дома небогата, да им, похоже, ничего и не было нужно. Единственной роскошью, которую они позволяли себе, были траты на дорогую Митину школу, на его дорогие игрушки. Набоков внимательно присматривался к здешней школе, и позднее наблюдения эти пригодились ему для «Пнина».

Преподавание и поездки в Уэлсли, конечно же, утомляли его, но он привязался к этому коледжу и даже через пять, через семь лет все еще пытался «зацепиться» в нем, однако постоянного места там не было.

Он по-прежнему переписывался с Уилсоном и по нескольку раз в год встречался с ним — то в Бостоне, то на Кэйп-Коде, где у Уилсона была дача (Кэйп-Код, или Тресковый Мыс, близ которого воды Атлантики теплее, чем во всем этом душном раю,— любимое место отдыха горожан восточного побережья). Переписка их продолжалась и, по-видимому, доставляла Набокову удовольствие. Иногда в письмах к Уилсону он читал своему другу настоящий курс русской просодии. Иногда он вдруг рассказывал в письме какую-нибудь байку про несуществующего брата Павла или излагал содержание сна, в котором Уилсон явился ему в образе Черчилля и в компании Ходасевича. Друзья жаловались друг другу на финансовые трудности, на нежелание университетов брать их в штат. Набокову, жившему рядом с Гарвардским университетом, было обидно, что знаменитый университет не приглашает его преподавать русскую литературу. Одной из причин этой неудачи было, возможно, и то, что отношения Набокова с Романом Якобсоном были довольно напряженными. Передают, что Якобсон на все предложения пригласить Набокова возражал, что для преподавания литературы вовсе не нужен писатель: не будете же вы для преподавания зоологии приглашать слона...

Война, наконец, закончилась, и Набоков получил из Европы грустные известия. Младший брат Кирилл, служивший переводчиком у американцев в Западной Германии, отыскал Набокова через журнал «Нью-Йоркер», в котором увидел один из его рассказов. От Кирилла Набоков и узнал о гибели брата Сергея в немецкой тюрьме. Говорили, что Сергей пострадал за свои «англо-саксонские симпатии», однако никто ничего не знал толком. В печах нацистских крематориев сгорели не только И. Фондаминский, но и мать Мария, и Юрий Фельзен, и веселый кудрявый Миша Горлин, и жена его Рая Блох, и вдова Ходасевича Ольга Марголина, и еще многие друзья. Набоков написал в Прагу Евгении Константиновне Гофельд, которая была лучшей подругой Елены Рукавишниковой в последние два десятилетия ее жизни, и в октябре 1945 года получил письмо от любимой сестры Елены (в замужестве Сикорской), по-прежнему жившей в Праге. Она рассказывала о страшных годах оккупации, о пражском восстании, о приходе русских и «отъезде» многих эмигрантов «на дачу» (в советские лагеря): «Прожили мы жуткие дни. Я все время с тех пор вспоминаю милого Цинцинната. Я видела и булочников, жонглирующих французскими булками, и розы в стаканах на приеме в ратуше. Милый, милый Цинциннат!»

В конце октября Набоков написал сестре первое письмо. Он сообщал о себе: «Полысел, потолстел, обзавелся чудными фальшивыми зубами — но внутри осталась все та же прямая как стрела аллея. Лучшее, что я написал в смысле стихов... я написал здесь... Теперь перепахиваю очень большую и довольно чудовищную штуку. Четыре дня в неделю (вот уже четвертый год) провожу за микроскопом в моей изумительной энтомологической лаборатории, исследуя трогательнейшие органы. Я описал несколько видов бабочек, один из которых поймал сам, в совершенно баснословном ущелье, в горах Аризоны. В некотором смысле тут воплотились (чуть-чуть косоватенько, но с редкой четкостью) мои заветнейшие «даровые» мечты.

...Семейная жизнь моя совершенно безоблачна. Страну эту я люблю... Наряду с провалами в дикую пошлость, тут есть вершины, на которых можно устроить прекрасные пикники с «понимающими» друзьями... Весть о Сереже меня особенно потрясла... Если бы моя ненависть к немцам могла увеличиться (но она достигла пределов), то она бы еще разрослась».

Среди писем Набокова в тот год было, между прочим, и коротенькое декабрьское письмо преподобному Гардинеру Дэю с возражением против того, чтоб его сын участвовал в сборе одежды для немецких детей. Поскольку страна не может одеть и детей своих союзников, и детей врагов, то начинать надо, по мнению Набокова, с детей союзников — с греческих, чешских, французских, бельгийских, китайских, голландских, норвежских, русских, еврейских детей, и только потом уж дойдет очередь до немецких. А когда американский военный журнал захотел купить права на «Зловещий уклон» для перевода его на немецкий в целях перевоспитания немцев, Вера, отвечая за мужа, выразила сомнение в возможности такого перевоспитания, объяснив попутно, что воображаемая диктатура в романе содержит черты и нацизма и коммунизма, а также тоталитарные черты нетоталитарных режимов.

Переписка Набокова с сестрой была в первое время очень оживленной, затухая понемногу в последующие годы. В письмах Набокова — много о его работе, о бабочках, о сыне, картинки семейной жизни. Вот супруги Набоковы смотрят в окно — одиннадцатилетний Митя уходит в школу: «Он шагает к углу, очень стройненький, в сером костюме, в красноватой жокейской фуражке, с зеленым мешком (для книг), перекинутым через плечо». Охотно пишет Набоков и о работе в лаборатории: «Работа моя упоительная, но утомляет меня вконец, я себе испортил глаза, ношу роговые очки. Знать, что орган, который рассматриваешь, никто до тебя не видел, прослеживать соотношения, которые *никому* до тебя не приходили в голову, погружаться в дивный хрустальный мир микроскопа, где царствует тишина, ограниченная собственным горизонтом, ослепительно белая арена — все это так завлекательно, что и сказать не могу (в некотором смысле в «Даре» я «предсказал» свою судьбу, этот уход в энтомологию)».

Он описывает свои еженедельные, утомительные, с тремя пересадками путешествия в Уэлсли, где «чудное озеро, бесконечные цветники, муравчатые луга, плющ на деревьях, замечательная библиотека и т. д.».

Американская жизнь Набокова предстает в этих письмах как довольно мирная, идиллическая. Иногда, впрочем, воспоминания о том, что произошло, да и сейчас происходит в мире, исторгают у него настоящий крик боли: «Митюшенька великолепно учился в этом году, получил приз по латыни. Душка моя, как ни хочется спрятаться в свою башенку из слоновой кости, есть вещи, которые язвят слишком глубоко, например, немецкие мерзости, сжигание детей в печах — детей, столь же упоительно забавных и любимых, как наши дети. Я ухожу в себя, но там нахожу такую ненависть к немцу, к конц. лагерю, ко всякому тиранству, что как убежище ce n'est pas grand'chose»[1].

Ненависть к фашизму и, к глубокому сожалению, также и к немцам как народу (чувство, на наш взгляд, недостойное интеллигента), а также любовь к сыну и страх за него с большой силой выражены во многих произведениях того времени — в рассказах «Разговоры» и «Ланс», в романе «Зловещий уклон», позднее и в «Бледном огне».

При чтении этих вполне интимных писем Набокова к сестре испытываешь противоречивые чувства. После смерти Елены Рукавишниковой, растившей Ольгиного сына Ростислава (Ростика), мальчик остался на попечении старенькой и нищей Евгении Константиновны Гофельд, которая частными уроками и прогулками с чужим ребенком не зарабатывала и 400 крон в месяц. Елена добавляла сколько могла. Теперь она обратилась за помощью к американскому брату. Набоков написал, что он смог бы высылать 15—20 долларов в месяц. Елена с достойной твердостью посоветовала ему высылать 20—25, и Набоков согласился, однако, как только

---

[1] Не Бог весть как много *(фр.)*.

у Ростика появилась служба, спросил в очередном письме, можно ли ему посылать 20 долларов вместо 25, так как 25 обременительно. Американцы, которым я это письмо показывал, находили, что все здесь о'кей, русские приходили в ярость. Елена Сикорская на мой вопрос об этом пожала плечами и сказала о любимом брате, что «в общем, он мог бы жить один со своей работой», т. е. был все-таки индивидуалист...

В 1945 году произошло два события: Набоков бросил курить и получил американское гражданство. Его поручитель Михаил Карпович, предупредив Набокова, чтоб он вел себя с серьезностью на экзамене по английскому, сопровождающем обычно процедуру получения гражданства, остался ждать за дверью. Чиновник-экзаменатор дал Набокову для перевода фразу о ребенке (ту самую, что вошла потом в роман «Зловещий уклон»): «ребенок храбр». Набоков высказал предположение, что ребенок мог быть и лысым (созвучие «боулд» — «болд»). Чиновник настаивал, что ребенок все-таки храбр. Набоков мягко возразил, что волос у младенцев тоже иногда совсем мало. Внимательно обдумав это соображение, чиновник разразился хохотом, и оба они долго еще острили на эту тему, а Карпович обмирал за дверью от страха, думая, что все рухнуло...

В том же году Набоков написал английское стихотворение «Вечер русской поэзии» — о скипетре, утерянном за морем, об утраченных сокровищах языка... «Мало найдется людей, которые, потеряв так много, так мало жаловались бы»,— писал позднее о Набокове Джон Апдайк. Набоков умел сохранять жизнерадостность, умел радоваться всему, что посылала судьба, хотя трудностей на его долю выпало много. Он сохранял страсть к труду, высочайшую профессиональную честность, умение радоваться и лаборатории, и музею, и Аризоне, и ночной лампе над письменным столом, и шахматной доске. И, конечно, жене и сыну. Лишь иногда он вдруг жаловался другу «Банни» Уилсону, что платят все-таки ничтожно мало, что на постоянную работу брать не хотят, а между тем русский тут у них преподают идиоты (вроде этого типа из Иейла). Верный Уилсон реагировал на эти жалобы мгновенно: затевал какие-то переговоры с Принстоном, искал для Набокова новые заказы. К сожалению, восторг, испытанный Уилсоном при чтении «Себастьяна Найта», больше никогда уже не повторился. «Зловещий уклон» ему вовсе не понравился, и он написал Набокову, что политические сюжеты, мол, ему, Набокову, не даются, что сатира должна быть еще страшней, чем действительность, а фашистская действительность на самом деле еще страшней, чем в романе Набокова. Зато друг Уилсона Алан Тэйт был в восторге от романа, о чем Уилсон добросовестно сообщил Набокову. В целом же американская критика встретила роман довольно холодно. Это и посегодня один из наименее известных английских романов Набокова. Что до русских критиков, то З. Шаховская, к примеру, нашла, что в романе, напротив, «мало набоковской иронии и слишком много личной, непереработанной ненависти к тоталитаризму» (из чего можно заключить, что русской критике еще трудней угодить, чем американской).

Летом Набоков переписывал (а Вера тут же перепечатывала) некоторые лекции из своего курса русской литературы. Набоков старался в этих лекциях не только дать анализ главных черт творчества писателя, но и рассказать о его времени, о России, о жизни писателя, держась, конечно, в рамках своих принципов и не забывая предупредить будущих своих биографов: «Мне отвратительно залезать в драгоценную жизнь великого писателя и подглядывать за течением ее из-за забора — ненавижу вульгарность этого «общечеловеческого интереса» — шуршание юбок и хиханьки в коридорах времени — ни один биограф никогда не заглянет в мою собственную жизнь».

Любимыми произведениями Набокова были «Анна Каренина», «Мертвые души», «Ревизор», «Шинель», «Евгений Онегин», «Дама с собачкой» и «Герой нашего времени».

«Толстой — величайший русский прозаик,— писал Набоков.— Оставив в стороне их предшественников — Пушкина и Лермонтова, мы могли бы перечислить величайших художников русской прозы в таком порядке: первый — Толстой, второй — Гоголь, третий — Чехов, четвертый — Тургенев. Это чуть-чуть похоже на объявление результатов конкурса студенческих работ, и нет сомнения, что Достоевский и Салтыков уже ждут за дверьми моего кабинета, чтоб пожаловаться на низкие оценки».

Словно отвечая на знаменитое ленинское положение о «двух Толстых», Набоков заявлял, что «довольно трудно отделить Толстого-проповедника от Толстого-художника — тот же самый глубокий медлительный голос, то же могучее плечо, взметающее облако видений или груз идей. Что бы следовало сделать, так это вышибить ораторский ящик из-под его ног, обутых в сандалии, а потом запереть его в каменном доме на необитаемом острове, снабдив бутылями чернил и большим запасом бумаги — подальше от всех предметов, как этических, так и педагогических, чтоб они не мешали ему наблюдать, как темные волосы вьются над белою шеей Анны. Но сделать этого нельзя: Толстой один, и борьба шла внутри одного и того же человека».

Набоков отмечает величайшее открытие Толстого-художника: «Романное время у него совпадает с временем каждого из читателей, и это придает его героям обаяние людей нам знакомых. Пожилые русские обсуждают за вечерним чаем героев Толстого как реальных людей, как своих знакомых, ибо пульс толстовской прозы совпадает с нашим собственным пульсом...»

Девочки из Уэлсли находили его лекции завораживающими. Но они уже слышали от него, что надо долго-долго учить этот трудный русский язык, чтобы когда-нибудь оценить все эти сокровища. Он и учил их теперь русскому. А для начала он читал им вслух по-русски, чтоб они просто прониклись музыкой языка. Ведь ребенок именно с этого начинает постигать язык...

Однако и его преподавание в Уэлсли и работа в музее подходили к концу. Еще раз попытавшись получить постоянное место в Уэлсли, Набоков снова получил приглашение только на год. Неуверенность в том, будет ли работа завтра, была мучительной, и Набоков принял предложение о преподавании в Корнеле. Набоковым предстояло переехать в Итаку.

СТАРАЯ ТЕМА, СТАРЫЕ СПОРЫ...

А летом ему снова выпала счастливая охота на бабочек в Скалистых Горах, в удивительном уголке Национального парка. Набоков писал оттуда Уилсону, что, вероятно, какая-то часть его существа рождена в Колорадо, ибо он испытывает здесь все время сладостный укол узнавания.

Здесь, в колорадских лесах, он скорей всего и почувствовал снова «пульсацию» старой темы. В послесловии к «Лолите» он относит эту «вторую пульсацию» ко временам Итаки, однако письма его позволяют установить и более ранние даты. В самом же романе знакомство героя с Лолитой датировано 20 мая 1947 года.

Всякий, кто читал «Дар», помнит откровения мерзкого отчима Зины Мерц, подсказывающего сюжетец молодому писателю: «Эх, кабы у меня было времечко, я бы такой роман накатал... Из настоящей жизни. Вот представьте себе такую историю: старый пес, но еще в соку, с огнем, с жаждой счастья,— знакомится с вдовицей, а у нее дочка, совсем еще девочка,— знаете, когда еще ничего не оформилось, а уже ходит так, что с ума сойти. Бледненькая, легонькая, под глазами синева,— и, конечно, на старого хрыча не смотрит. Что делать? И вот, недолго думая, он, видите ли, на вдовице женится. Хорошо-с. Вот, зажили втроем. Тут можно без конца описывать — соблазн, вечную пыточку, зуд, безумную надежду. И в общем — просчет. Время бежит-летит, он стареет, она расцветает — и ни черта. Пройдет, бывало, рядом, обожжет презрительным взглядом. А? Чувствуете трагедию Достоевского?»

Поразительный был писатель! Нет, не Достоевский (у которого это все тоже было, в его «Бесах», а может, и в его жизни тоже),— сам Набоков. Приведенные полстраницы из «Дара» содержат зародыш «Лолиты», мало еще развитый, как любой зародыш, но все уже есть в нем, и ручки и ножки сюжета: и вдовица, и брак, и мука искушения, и обреченность, и герой-преступник (ведь Щеголев пробовал однажды приставать к Зине). Но еще нет красоты, нет величия зрелой прозы... Внимательный читатель вспомнит, конечно, что девочка уже скакала у него по тюремным коридорам (Эммочка), выбегала навстречу из подъезда (Магда), выплывала из райского тумана детских воспоминаний. Красота незаматерелой женщины, несравненная красота девочки-ребенка — что значила она для Набокова? «Ни один биограф никогда не заглянет...» — сказал он в лекции о Толстом, и в который уже раз предупредил, что подглядывать отвратительно — что ж, на том и порешим. Одно ясно — тут снова столь плодотворная для его прозы преступная аберрация психики, экстремальная ситуация, попытка выпрыгнуть за решетку...

Новый, 1948 год принес Набокову много перемен. Он известил о своей отставке миссис Хортон из Уэлсли и попросил Мориса Бишопа, своего нового покровителя из Корнела похлопотать, чтобы курс его не начинался раньше одиннадцати часов (он поздно вставал, отсыпаясь после ночной работы). Кроме того, он попросил коллегу Форбса получить для него разрешение работать в лаборатории в Корнеле (не бросать же вовсе бабочек!). Он писал в это время биографические очерки для «Нью-Йоркера» (составившие позднее его автобиографию «Убедительное свидетельство»). Благожелательная и заботливая Кэтрин Уайт печатала их с большой охотой. То же лето принесло, впрочем, и кое-какие мелкие огорчения. Заботливая Кэтрин решила отчего-то, что ей позволено «упростить» его синтаксис в очерке «Мой дядя». Последовал отчаянный обмен письмами, после чего Уилсон, как всегда, помог Набокову. Их жестокие споры о политике, о романах Набокова и поэтике Пушкина (Уилсон считал себя знатоком во всех трех областях) не мешали Уилсону при любом конфликте вступаться за Набокова. Между тем споры их так и не были разрешены — до самого их разрыва. В начале 1948 года Набоков написал Уилсону еще одно длинное письмо о России и революции. Оно не только подводило итоги многим их беседам на эту тему, но и отвечало на тогдашние выступления американских радикалов (в том числе и самого Э. Уилсона), которые и перед лицом сталинского террора хотели бы сохранить свои революционные иллюзии, представляя историю России в удобном для них преломлении. Вот оно, это письмо от 23 февраля 1948 года:

«Дорогой Банни,

Ты наивно сравниваешь мое (и «старых либералов») отношение к советскому режиму (в широком смысле) с отношением «разоренных и униженных» американских южан к «нехорошему» Северу. Ты, должно быть, плохо знаешь и меня, и «русских либералов, если не видишь той иронии и презрения, с которыми я отношусь к тем русским эмигрантам, чья «ненависть» к большевикам вызвана сожалением об утрате капиталов или классовых привилегий. Нелепо было бы (хотя это и совпало бы с советскими писаниями по этому вопросу) искать материальную подоплеку в отрицании русскими либералами (или демократами или социалистами) советского режима...

Термин «интеллигенция» в Америке (например, у Рава в «Партизан ревью») имеет не тот смысл, в каком его употребляли в России. Интеллигенцию здесь странным образом

434

ограничивают кругом врачей, адвокатов, ученых и т. д., тогда как в России в нее включали также и людей, принадлежащих к другим классам и профессиям. Типичный русский *интеллигент* на самом деле с большой подозрительностью косился бы, например, на поэта-авангардиста. Главными чертами русской интеллигенции (от Белинского до Бунакова) были: дух самопожертвования, неистовая приверженность к политике или политической мысли, активная симпатия к угнетенным любой национальности, фанатическая цельность, трагическая неспособность опуститься до компромисса, истинный дух международной ответственности... Впрочем, от людей, которые за сведениями о России обращались к Троцкому, трудно ожидать понимания всего этого. У меня к тому же сильное подозрение, что распространенное представление о том, что литературе и искусству авангарда отлично жилось при Ленине и Троцком, порождено главным образом фильмами Эйзенштейна — «монтажом» — или чем-то еще в этом роде — крупные капли пота катятся по суровым щекам. Тот факт, что дореволюционные футуристы примкнули к партии, тоже способствовал некоему, не соответствовавшему действительности представлению об авангардной атмосфере, которую американские интеллектуалы связывают с большевистской революцией.

...Вполне допускаю, что если б мы поменялись местами, то молодые писатели русского авангарда (живя, скажем, в какой-нибудь американоподобной России) с подобным же энтузиазмом и сочувствием обращали взгляд к объятому пламенем Белому Дому...

А сейчас я хочу вам сказать кое-что из того, что считаю правильным и чего, полагаю, вы не сможете отрицать. При царях (несмотря на глупый и варварский характер их правления) у свободолюбивого русского человека было несравнимо больше возможностей и средств для самовыражения, чем в любой из периодов ленинского или сталинского режима. Человек был защищен законом. В России были бесстрашные и независимые судьи. Русский суд был после александровских реформ великолепным установлением, и не только на бумаге. Периодические издания разнообразных направлений и всевозможных политических партий, легальных или нелегальных, процветали, и все партии были представлены в Думах. Общественное же мнение было всегда либеральным и прогрессивным.

При Советах с самого начала диссидент мог рассчитывать для своей защиты только на какую-нибудь случайную прихоть правительства, но отнюдь не на законы. Никакие партии, кроме правящей, больше не могли существовать... Бюрократия, прямая преемница партийной дисциплины, немедленно взяла в свои руки власть. Общественное мнение рассеялось. Интеллигенция перестала существовать. Любые перемены, происходившие между 1919 годом и сегодняшним днем, были сменой декораций, которые могли более или менее замаскировать черную бездну угнетения и террора».

Летом 1948 года Набоковы покинули Кембридж и некоторое время прожили в Нью-Йорке. Именно тогда Уилсон обратил внимание своего друга на исповедь русского педофила, некоего Виктора X., включенную знаменитым специалистом по сексуальной психологии Хэвелоком Эллисом в приложение к шестому тому французского издания его капитального труда (американские издатели изъяли это документальное сообщение, что уже само по себе могло бы послужить предостережением для замышляющего новый роман Набокова). Исследователь этой исповеди набоковед Дональд Рэйфилд считает Виктора X. прототипом главного героя «Лолиты» и сходство между ними находит не только в характере, но и в некоторых фактах их жизни. Так или иначе, Набоков, в котором уже происходила вторичная «пульсация» Лолитиной темы, исповедь эту прочел и поблагодарил Уилсона за книгу: «История про любовную жизнь русского мне понравилась ужасно. Забавно до крайности. В отрочестве ему, кажется, поразительно везло на девочек, обладавших такой быстрой и щедрой отзывчивостью. Конец довольно блачевный». (Набокову нравилось это искажение слова «плачевный»; он даже включил его позднее в роман.)

1 июля Набоковы приехали в Итаку. Морис Бишоп, возглавлявший отделение романских языков, заранее снял для них дом до сентября. Позднее они нашли другой дом, потом сняли третий. Всего за десять лет жизни в Итаке они сменили десяток домов. Вера всегда была в курсе того, где освобождается дом, да и друзья старались известить их, если кто-нибудь переезжал на новое место или уезжал в долгий академический отпуск. Переезды Набоковых были притчей во языцех в Корнеле, и друзья, приходя в гости после очередного переезда, пытались узнать какие-нибудь из прежних вещей. Таких вещей было совсем немного. Набоковы так и не

свили собственного гнезда ни в Америке, ни в Европе. Раз или два Набоков объяснял кому-то из студентов или друзей, что у него ведь уже был когда-то дом в России, так стоит ли еще раз, снова...

Движимое имущество у них появилось, впрочем, именно в эту пору, после переезда в Итаку — первый автомобиль. Набоков за руль так и не сел, но Вера научилась водить. Машина была, конечно, «не роскошью, а средством передвижения» — другого транспорта в Итаке, пожалуй, и не было. Машина нужна была и для летних выездов. После первого «плимута» у Набоковых был «олдсмобиль» и, наконец, зеленая «бюйка» («бюик»), которую они называли «лягушкой».

Оказалось, что русской кафедры в Корнеле нет. Набоков преподавал русский язык при кафедре современных языков и литературы, а также при кафедре романских языков, у Мориса Бишопа, что было удобно, так как благодаря этому ему, как и прежде в Уэлсли, удавалось избегать заседаний кафедры, собраний и прочей бесполезной академической суеты. В курс литературы он вносил свое писательское пристрастие к конкретным деталям. Он учил студентов внимательно читать и перечитывать текст, пытаясь представить себе, что и как происходит в произведении. Отсюда нередки в его записях схемы передвижения героев, рисунки, планы. Самым популярным курсом Набокова оказался его курс европейской литературы, в котором он рассказывал о двух любимых своих романах — «Анне Карениной» и «Мадам Бовари». Лекции эти собирали в аудитории до четырехсот студентов. Мало-помалу вокруг него сложился кружок почитателей, а три его корнельских студента стали в конце концов известными набоковедами — Альфред Аппель, Стивн Паркер и Мэтью Брукколи.

После перенапряжения и болезней, мучавших его в последнее время в Кембридже, жизнь в Итаке показалась ему спокойной и мирной. Он стал снова стремительно прибавлять в весе и говорил, что являет теперь собой нечто среднее между поэтом Апухтиным и генералом Макартуром.

В дружеском письме Уилсону Набоков рассказал о новом доме, который они сняли в Итаке, о новой машине и о Митиных теннисных успехах. Он предлагал Уилсону заняться вместе переводом «Онегина», однако, на счастье, Уилсон не спешил согласиться. В том же письме Набоков обрушился на Фолкнера, который представлялся ему весьма посредственным писателем, а также на социально-экономический подход к литературе, который, по его мнению, вредил и самому Уилсону. Кончалось же это письмо с необычной теплотой: «Вы один из немногих людей в мире, по которым я очень скучаю, когда долго их не вижу. Я в добром здравии, и мои академические занятия здесь намного более спокойны и менее обременительны, чем в Уэлсли...»

Весной 1949 года Набоков сообщил Уилсону, что собирается «бешено писать», потому что продал на корню свои мемуары издательству «Харперз». Кроме того, он собирался предложить издателю небольшую книжечку — прозаический перевод «Онегина», «полный прозаический перевод с примечаниями, объясняющими ассоциации и дающими прочие объяснения к каждой строке — то, что я готовил для своих занятий. Я просто убежден, что не стану больше делать рифмованных переводов, их диктат абсурден и непримирим с точностью и т. д.».

После этого поистине важного сообщения Набоков информирует своего друга, что никто не берется печатать ни его новый перевод «Слова о полку Игореве», ни его статью об этой поэме, полагая, что это «слишком научно».

Набоков рассказывает также, что Вера только что привезла его из Нью-Йорка, где он развлекался, играя в шахматы с Романом Гринбергом, Георгием Гессеном, Борисом Николаевским и Георгием Церетели.

В Нью-Йорке у Набокова состоялось чтение, организованное эмигрантским обществом «Надежда». В рекламной заметке об этом чтении корреспондент «Нового русского слова» рассказал своим читателям, кто такой В. Набоков, добросовестно перечислив его книги — от «Машеньки» до «Гоголя». Вряд ли такая заметка возможна была бы в «Последних новостях», читатель которых знал, кто такой Сирин-Набоков. Однако в Америке у эмигрантов были другие интересы. «Надоела безвестность...» — писал Набоков Уилсону. Он бы смог повторить это, вероятно, и через двадцать, и через тридцать лет, если б не появилась на свет его «бедная американская девочка»...

Набоковы с нетерпением ждали наступления Митиных каникул, и Набоков писал сестре Елене: «Мы скучаем без него, живем с Верой очень тихо и очень счастливо». Письмо сестре касалось возможности приезда племянника Ростика в Америку и содержало жалобы на дороговизну жизни. Однако это уже были не совсем русские жалобы: жалованье Набокова в Корнеле выросло со временем от пяти до десяти тысяч долларов в год, гонорары его стали более регулярными, и стоит ли удивляться, что ежемесячная помощь племяннику (двадцать пять долларов) стала его обременять.

Весной 1950 года Набоков почти полмесяца пролежал в больнице, страдая от межреберной невралгии. У него были сильные боли, по ночам ему впрыскивали морфий. Выйдя из больницы, он сел дописывать последнюю главу воспоминаний. Она была посвящена Митиному европейскому детству, и нынешняя разлука с сыном делала ее разнеженной.

С начала учебного года Набоков стал снова читать лекции. Рассказывая о Диккенсе, он вспоминал своего отца, который дождливыми вечерами в Выре часто читал им вслух «Большие ожидания». Войдя в аудиторию, Набоков обычно раскрывал свой конспект или книгу и начинал быстро читать. Потом Набоков шел к младшим студентам — разбирать с ними «Даму с собачкой». В письмах он жаловался, что блестящие детали рассказа, конечно же, ускользают от его студентов.

Альфред Аппель вспоминает, как однажды он вошел в класс за Набоковым, тронул его за рукав и тихо сказал: «Мистер Набоков, вы попали не в тот класс». Набоков поправил на носу очки, оглядел застывшие перед ним фигуры студентов и сказал: «Вы видели сейчас аттракцион, который вас ожидает на третьем курсе. Записывайтесь на курс литературы...» Подобные сцены можно найти и в «Пнине». Так же, как профессор Пнин, его творец с увлечением рассказывал (точнее, зачитывал свой рассказ) об удивительном русском интеллигенте, докторе Чехове.

Набоков рассказывал, как нищие люди, больные туберкулезом, приезжали в Ялту из Одессы, Харькова, Кишинева. Они знали, что Чехов устроит их, накормит, найдет им кров.

«Эта огромная доброта пронизывает литературные произведения Чехова, но это не литературная программа, не идейная установка, это просто природная окраска его таланта».

Дальше лектор переходил к тончайшему анализу чеховских «печальных книг для людей с чувством юмора», которые единственно и могут по-настоящему понять его печаль. Набоков рассказывал о чеховском герое-идеалисте, странном и печальном создании, мало известном за рубежом и вымирающем в нынешней России Советов. Набоковская лекция о Чехове была гимном русской интеллигенции, а кончалась она анализом его любимого чеховского рассказа, в который автор как бы «входит без стука» — этой упоительной чеховской «Дамы с собачкой»...

Через два-три года Корнел перестал удовлетворять Набокова. Заработок его был ниже, чем в других университетах, а преподавание языков стояло в Корнеле на довольно низком уровне. Гарвард был, конечно, заведением более престижным, но, когда отношения между Набоковым и Якобсоном стали улучшаться, Набоков в ответ на предложение о сотрудничестве вдруг отправил Якобсону довольно резкое письмо: «Честно говоря, я не могу переварить эти ваши поездки по тоталитарным странам, даже если они продиктованы всего-навсего научными соображениями».

Летом 1951 года Набоковы жили в Теллуриде, маленьком рудокопском местечке на юго-западе Колорадо. Набоков искал одну редкую бабочку, а Митя, покинув на время родителей, сперва участвовал в ораторском чемпионате в Лос-Анджелесе, а потом в Вайоминге производил, по сообщению отца, «жуткие взлазы со знаменитыми ползунами по горам».

В сентябре Митя начал учиться в Гарварде, и Набоков с нежностью рассказывал о нем сестре: «Ему семнадцать, он громаден, поет басом в епископальном хоре и больше всего интересуется в следующем порядке: альпинизмом, барышнями, музыкой, бегом, теннисом и науками... но во многом малыш, каким был, когда, весь золотистый, играл на пляже в Ментоне или Санта-Монике...»

В конце года Набоков пожаловался Уилсону, что ни один журнал не хочет покупать его рассказ «Ланс». Журналы хотели сейчас другого. Он же упорствовал, не соглашаясь писать прозу с так называемыми «общечеловеческими интересами», и предпочитал оставаться в малодоходной сфере «экспериментальной» литературы. «Мне здесь смехотворно и унизительно недоплачивают,— рассказывал он Уилсону о Корнеле. И тут же добавлял: «Я люблю плакаться — вот почему я тебе все это пишу».

«БЕДНАЯ АМЕРИКАНСКАЯ ДЕВОЧКА»

Вышел из печати британский вариант его автобиографии («Память, говори!»), и Гарольд Никольсон в «Обзёрвере» высказал удивление, что человек может быть несчастен в английском Кембридже и счастлив в Америке. «Могут ли шахматы, бабочки и романы выжить в шумной Америке?» — вопрошал Никольсон. И рекомендовал поменьше писать о бабочках и побольше — о политике.

Но жизнь Набокова в шумной Америке никогда не была шумной. Он работал дома или в библиотеках, все больше корпел над комментариями к «Онегину». К тому же, после вспышки новой идеи (новой «пульсации») вовсю шла его работа над новым романом, о котором он сообщал лишь иногда, мельком и притом весьма таинственно. Порой можно было кое о чем догадаться — хотя бы, например, по тому непривычному пафосу, с каким он начал свою корнельскую лекцию о Флобере.

Флобер был близкий ему мастер. По три месяца работал Флобер над маленькой сценкой, доводя ее до совершенства. И Флобер понимал, что «литература есть обман. Что всякое искусство есть обман. Роман Флобера не был ни реалистическим, ни натуралистическим. В нем не было даже простого правдоподобия. В нем было искусство. И оно заслуживало бессмертия... Девушки Эммы Бовари никогда не было на свете: книга «Мадам Бовари» пребудет всегда и вовеки. Книга более долговечна, чем девушка».

«Книга рассказывает об адюльтере и содержит ситуации и намеки, которые шокировали стыдливое ханжеское правительство Наполеона III. Роман даже предстал перед судом за непристойность. Только вообразите это. Я рад сообщить, что Флобер выиграл процесс. Это произошло ровно сто лет тому назад. В наши дни, в наше время... Но давайте вернемся к нашей теме».

Предвидел ли Набоков, что ждет впереди его «бедную американскую девочку»? И да, и нет. В душе он все же надеялся, что сдаст как обычно рукопись и вскоре увидит книгу. Оставалось ее написать. Пока же подошел вдруг черед для его многострадального русского шедевра. Благородный Алданов уговорил богачей Фордов раскошелиться на издание великой русской книги. Форды купили права, и «Дар», впервые без идиотических цензурных сокращений, был издан в американском «Издательстве имени Чехова», одном из лучших в ту пору эмигрантских издательств.

Нужно ли объяснять, почему никто не заметил в Америке выхода русского «Дара»? Так немного оставалось там читающих эмигрантов. Да и те, кто поддерживал некогда огонь духовности в парижском и берлинском изгнанье, умирали сейчас один за другим, унося за собой воспоминания о прекрасной эпохе эмиграции,— И. В. Гессен, В. М. Зензинов... Впрочем, живы еще были неистовые «зубры» эмиграции, и нью-йоркская газета «Россия» отозвалась на смерть Зензинова неистовой бранью. О. Иоанн Сан-Францискский выступил в печати, защищая память этого чистого, бескорыстного человека.

Совсем по-другому «зубры», доживавшие свой век в Южной Америке, отозвались в те же годы на смерть в аргентинском легочном санатории убийцы В. Д. Набокова, «хорошего, прекрасного человека» П. Шабельского-Борка, который, своевременно успев сбежать из нацистского Берлина, где он «делил квартиру с близким человеком» из гитлеровской администрации генералом Бискупским под охраной Гитлера, поселился в Аргентине и отдал остаток жизни собиранию газетных вырезок об императоре Павле. В виршах, посвященных «дорогим узникам» Борку и Таборицкому, некий В. М. (В. Мержеевский?) восклицал: «Страдальцы милые за истину святую, Борцы бесстрашные мятежных наших дней!» Для тех, кто успел забыть о подвиге Шабельского-Борка, автор виршей сообщал, что усопший «своим выстрелом, мстя за... цареубийство, за преступления революции... вызвал искреннее восхищение в сердцах всех русских людей, верных престолу и отечеству».

Американский редактор предложил Набокову отрецензировать литературные воспоминания И. А. Бунина. Набоков отказался и так мотивировал свой отказ в письме редактору: «Я помню портреты Чехова и Толстого, включенные в эту книгу воспоминаний Бунина, которую вы мне любезно прислали, и я надеялся, что прочие портреты будут на том же высоком уровне. К сожалению, это не так.

Если бы я стал писать статью об этой книге, она, конечно, была бы разгромной. Между тем автор, с которым я был близко знаком, теперь очень старый человек, и я не чувствую, что смог бы подвергнуть разносу его книгу. И раз я не могу похвалить ее, я лучше вообще не буду о ней писать».

В Нью-Йорке Роман Гринберг показал Набокову одну из глав его автобиографической книги, переведенную Гринбергом на русский язык. Перевод огорчил Набокова: по-русски все звучало как-то грубовато и категорично, обидно для живых еще героев этой книги... Надо бы самому переписать эту книгу по-русски, но где взять время?

Работы становилось все больше, и преподавание отнимало бесценное время.

Гугенхеймовский фонд снова выделил Набокову стипендию — на сей раз для занятий «Евгением Онегиным». В заявлении о стипендии Набоков добросовестно перечислил свои доходы и расходы: Корнел платил ему пять с половиной тысяч долларов в год (после вычета налогов оставалось четыре с половиной); на жизнь у семьи уходило 3600 в год, на Митино обучение в Гарварде 2000 (да еще 240 долларов в год племяннику). Стипендия Гугенхейма должна была хоть отчасти освободить его от Корнела, однако пока что этого не произошло. «Е. О.» не отнимет у меня слишком много времени,— писал Набоков Уилсону, благодаря его за хлопоты о стипендии,— и я мог бы безболезненно сочетать эту работу с другими удовольствиями. Но я сыт преподаваньем. Я сыт преподаваньем. Я сыт преподаваньем. Сто пятьдесят экзаменационных работ я должен буду прочесть, прежде чем уехать в Кембридж».

Набоков часто упоминает в письмах эти студенческие работы, которые глядят на него из угла. Американская материальная обеспеченность и американский высокий уровень жизни, кажется, имели и оборотную сторону. Получив когда-то шестьсот долларов от американского издателя, Набоковы кричали: «Мы богаты!» — снимали лишний номер в Ментоне или в Каннах, вели «жизнь амфибий» — между письменным столом и морем. Получив пять тысяч в Итаке и двухтысячную стипендию, Набоков писал жалобное письмо Уилсону (который и сам бился как рыба об лед, ища место в университете) и садился за проверку девичьих сочинений («Достоевский и гештальт-психология» — именно эту тему разрабатывала героиня «Пнина», пухленькая и глупенькая аспирантка Кэтти Кайф). В Америке у них не было золотой европейской нищеты. Но не было и нищей европейской свободы. Отношения между нищетой и свободой на поверку оказались весьма сложными...

Весной 1953 Набоков и Вера вдвоем уехали в отпуск. Они добрались до Аризоны, потом через озерный край Калифорнии — до Орегона. Собирали бабочек по дороге. В Эшланде их догнал Митя на старенькой «бюйке». Его подвиги ошеломляли стареющего отца — Митя добивал уже третью машину, проезжал по тысяче миль в день и собирался купить аэроплан. В то лето он участвовал в студенческой экспедиции в горы Британской Колумбии, строил дорогу в Орегоне, где правил грузовиком; он был «блистательно бесстрашен» и любим товарищами. Вот и сейчас, едва успев поцеловать родителей, он укатил куда-то в Колорадо. Набоков и Вера снова остались вдвоем в Эшланде. Тревожиться за сына. И работать. Именно тогда по-настоящему началась работа, которую Набоков до конца дней называл главным испытанием сил, главным своим романом, своей любимой книгой. Книга эта сделала скромного корнельского профессора Набокова (в свое время, впрочем, широко известного эмигрантским читателям как блистательный Владимир Сирин) всемирно известным писателем.

С волнением, с затаенным торжеством и большой таинственностью Набоков сообщал Уилсону из Орегона, что он кое-что напечатает к осени 1954 года — кое-что, кое-что... Что пишется ему хорошо и что «в атмосфере крайней секретности» он создает нечто «поразительное». Похоже, он, как Пушкин, похаживал в эти дни вокруг стола, приговаривая: «Ай да Сирин, ай да сукин сын!» Он чувствовал, что создает замечательную вещь, и был счастлив... Он ведь вообще был счастливый человек и прожил счастливую жизнь. Это угадала еще чуткая Вера Николаевна Бунина, увидев его впервые: ничего «рокового», в отличие от других братьев-писателей. Вот и сейчас — ему писалось, а рядом была его союзница и помощница: она так же поклонялась и служила его таланту, как тридцать лет назад. И у обоих в сладкой тревоге замирало сердце — их американский мальчик отчаянно гонял по этой огромной стране, не боясь ни вершин, ни пропастей...

В домике, который они сняли в Эшланде, кипела работа. Надпись на воротах строительной площадки гласила: «Вход воспрещен»...

Это он сочинил позднее, когда работа была закончена, ворота широко распахнуты, но строительные леса уже разобраны, «когда рабочие разошлись, инструменты исчезли» и «золотая пыль клубится в косом луче, конец». Пока же было еще далеко до конца...

Сложная и прекрасная постройка того лета называлась «Лолитой».

* * *

Об этом романе написано много книг. Одни анализируют роман в контексте мировой культуры, другие разбирают отдельные темы и мотивы, его влияние на литературу, искусство, мораль, религию. Иные авторы анализируют приемы романиста, пытаются найти его «исчезнувшие инструменты»; разыскав подсобных рабочих, берут у них интервью; бродят по строительной площадке с собакой-ищейкой и фрейдистским бедекером — ищут, где зарыта собака-комплекс. Есть серьезные книги-путеводители, книги-отмычки, которые объясняют запрятанные автором тайны «Лолиты» (от чего роман только становится еще более таинственным и непостижимым). Каждый открывает в этом романе что-нибудь свое, в меру своей образованности, чувствительности, опыта (и в меру своей испорченности тоже). Всем ясно, что роман этот полон метафор, иносказаний, философских намеков. Однако «Лолита» может быть прочитана и на других, более поверхностных уровнях. В большей степени, чем другие романы Набокова, это роман о любви, однако это еще и роман о пошлости — американская мотельная цивилизация изображена здесь не менее язвительно, чем мир немецкой пошлости или эмигрантской пошлости в ранних романах. Это книга эротическая. Любители крутого секса будут, вероятно, несколько разочарованы пристойностью этой книги, и все же книга эротическая. Короче говоря, в «Лолите» много найдется для любого внимательного и чуткого читателя. Во всяком случае, читатели раскупили весь ее американский, весь английский, весь индийский, весь арабский, весь советский «массовый» тираж. «Набоков не был бы Набоковым,— писал московский набоковед и прозаик Виктор Ерофеев,— если бы его книга существовала лишь на уровне метафорического прочтения. В этом сложность и привлекательность этого мастера прозы, что элементы метафорического прочтения и виртуозной игры с психологической деталью, со словом... связаны у него и неразделимы».

В предисловии липового доктора философии (вполне, конечно, пародийном) говорится, что попавшая ему в руки рукопись «Лолита, Исповедь Светлокожего Вдовца» была написана заключенным «Гумбертом Гумбертом» (двойственность этого псевдонима тоже, конечно, тщательно проанализирована лолитоведами и нейропсихологами), умершим в тюрьме за несколько дней по начала судебного разбирательства. Гумберт Гумберт — американец европейского происхождения, циник, эрудит, извращенец (педофил), «волосатая обезьяна». Исповедь эта (подобно исповеди в русском «Отчаянии») написана ее автором как защитительная речь (ибо обращена к присяжным) — в целях самооправдания. Неудовлетворенное в детстве желание — предшественницей Лолиты была то ли Аннабел Ли из поэмы Эдгара По, то ли маленькая француженка Колетт из набоковской автобиографии — сделало героя педофилом. Увидев двенадцатилетнюю «Лолиту» — Долорес Гейз (после своего неудачного брака со зрелой Валерией и странствий по психушкам), Гумберт влюбляется в девочку, женится на ее вдовице-матушке, а после кстати последовавшей гибели вдовицы отправляется в путешествие с этой избалованной, испорченной, прелестной и убогой американской школьницей (по малости лет она особенно наглядно демонстрирует идеалы массовой цивилизации). Пока, как видите, сюжет лишь немногим отличается от сюжета «Волшебника» или «задумки» мерзкого Зининого отчима. И, однако, все в этом романе другое — и герой, и девочка, и дальняя американская дорога, и бесконечные странствия героя. Циничный и одержимый страстью Гумберт вступает в связь с маленькой Лолитой (она, впрочем, первая приходит к нему ночью — от сиротского одиночества, от ранней, бессмысленной испорченности), становится рабом ее прихотей и в то же время ее сторожем, рабовладельцем: он крадет у нее детство. Путешествие их кончилось тем, что Лолита сбежала от Гумберта с пошляком, извращенцем и еще большим циником, чем он сам,— с драматургом Куильти.

Гумберт находит ее только через годы. Она выросла, подурнела, она замужем за глухим рабочим, бедна, ждет ребенка, она «откровенно и неимоверно брюхата». Она больше не нимфетка... И вот тут Гумберт понимает, что по-настоящему любит ее, хотя от прежней Лолиты, от волновавшей его нимфетки почти ничего не осталось: «От нее осталось лишь легчайшее фиалковое веяние, листопадное эхо той нимфетки, на которую я наваливался с такими криками в прошлом; эхо на краю красного оврага с далеким лесом под белесым небом, с бурыми листьями запрудившими ручей, с одним последним сверчком в сухом бурьяне...» Снабдив ее деньгами, Гумберт отправляется на поиски Куильти, которого собирается казнить: как своего соперника, как растлителя, как преступного двойника. После убийства Куильти (потрясающая сцена убийства) герой отдает себя в руки правосудия. В тюремной психиатрической больнице он пишет свою исповедь и умирает, дописав ее. Лолита умирает еще раньше, от родов...

По выходе романа в свет и сам автор и первые рецензенты потратили немало сил, чтоб доказать, что в романе нет непристойностей, что это не порнография. А также чтоб разгадать многочисленные лепидоптерические, шахматные, литературные и прочие головоломки, содержащиеся в этом романе. И только автор первой книги о Набокове (молодой набоковед Пейдж Стегнер) начал сводить все вместе, заявив, что рецензенты проглядели художественное воздействие романа в целом: «Лолита» — величайший роман Набокова. Конечно же, это и впрямь головоломка, полная намеков и словесных игр, ложных следов и незаметных ключей; это и гротескная картина рекламной Америки, подростковых нравов и прогрессивного образования; это, наконец, трогательная история обезьяны Гумберта, запертой в тюремную камеру неосуществимой любви (конечно, это его любовь к утраченному детству, возвращаемому для него нимфетками) и рисующей решетки этой камеры». Стегнер говорит, что все это — комическое, трагическое, гротесковое, извращенное — сливается в романе и производит огромное художественное воздействие.

Конечно же, Гумберт совершает по отношению к девочке преступление, но вопрос в том — осужден ли он автором? Для набоковедов (в том числе и для москвича В. Ерофеева) это несомненно. Все свое искусство и самую жизнь Гумберт хочет отдать, чтоб сделать Лолиту бессмертной, дать ей жизнь «в создании будущих поколений». «Говорю я о турах и ангелах, о тайне прочных пигментов, о предсказании в сонете, о спасении в искусстве. И это — единственное бессмертие, которое мы можем с тобой разделить, моя Лолита». Другими словами, тема человека, ставшего рабом страсти, соединяется в романе с извечной набоковской темой художника, а также с темой любви, поставленной в неблагоприятные обстоятельства. Один из учеников Набокова, набоковед Альфред Аппель писал, что стремление Гумберта ближе к стремлениям поэта, чем к позывам сексуального извращенца, и это неудивительно, ибо по-своему, хотя и в достаточно искривленном

447

зеркале, они отражают художественные устремления его создателя — Набокова. Это становится очевидно внимательному читателю очень скоро, и об этом более или менее обстоятельно пишут все набоковеды — от Паркера до Джулии Баадер, так формулирующей это наблюдение: «Через всю «Лолиту» настойчиво проходит отождествление Гумберта-любовника и Гумберта-художника, повседневного романно-сентиментального существования Лолиты и ее таинственного гумбертовского преображения: «Да и она вовсе не похожа на хрупкую девочку из дамского романа. Меня сводит с ума двойственная природа моей нимфетки... эта смесь в Лолите нежной мечтательной детскости и какой-то жутковатой вульгарности, свойственной курносой смазливости журнальных картинок... в придачу к этому мне чуется неизъяснимая, непорочная нежность, проступающая сквозь мускус и мерзость, сквозь смрад и смерть, Боже мой, Боже мой... И наконец — что всего удивительнее — она, *эта* Лолита, *моя* Лолита, так обособила давнюю мечту автора, что надо всем всем и несмотря ни на что существует только — Лолита».

По мнению Джулии Баадер, отвращение Гумберта к «нормальной большой» женщине соответствует его презрению к банальному словоупотреблению и традиционным общим местам в искусстве. Говоря о трагедии своего отказа «от природной речи», Набоков пишет в послесловии к роману, что он лишен тем самым «всей этой аппаратуры — каверзного зеркала, черно-бархатного задника, подразумеваемых ассоциаций и традиций — которыми туземный фокусник с развевающимися фалдами может так волшебно воспользоваться, чтобы преодолеть по-своему наследие отцов». Дж. Баадер видит в этой фразе некий «ключ к технике преодоления» традиций («наследия») современной прозы.

Двенадцатилетнюю Долорес Гейз, жившую в провинциальной Америке, Гумберт наделяет высшей соблазнительностью и превращает в созданное заново произведение искусства. Однако в ней остается нечто, не поддающееся преображению, нечто угрожающее ее нимфеточной соблазнительности. И вот это нечто (которое он в конце концов и полюбит) оказывается не по плечу самому ее творцу и пересоздателю.

Джулия Баадер отмечает, что характеристики Куильти, Гумберта и Лолиты постоянно смещаются, да и каждая сцена этого романа позволяет несколько версий прочтения. Все это создает впечатление, что роман как бы пишется вот сейчас, сию минуту. Не только зрение Гумберта является призматическим, но и зрение самого автора — и у нас создается не только иллюзорное представление о происшедшем, о том, что рассказал Гумберт, но и о том, что создал автор,— о самом Гумберте. Все ненадежно в этом романе — рассказчик ненадежен, реальность двумысленна. «Реальность» Гумберта — это реальность его желания. И неудивительно, что он проглядел человеческую уникальность своей нимфетки (об этом немало сказано в покаянном финале романа, где Гумберт-сочинитель все чаще выходит из тени: «Спокойно произошло слияние, все попало на свое место, и получился, как на составной картинке-загадке, тот узор ветвей, который я постепенно складывал с самого начала моей повести с таким расчетом, чтобы в нужный момент упал созревший плод...»).

Признавая главенство этой «литературной» темы в его сложном романе, Набоков уточняет в своем послесловии «изящную формулу» одного из его критиков, когда говорит, что книга его все же не отчет о его «романе с романтическим романом» (как предположил критик), а скорее отчет о его романе «с английским языком». Однако здесь же Набоков предупреждает, что со стороны людей, не читавших его русских книг, всякая оценка его английской беллетристики не может не быть приблизительной. Наш же внимательный читатель, уже знакомый с «русским» Набоковым, сразу вспомнит и «Отчаяние», и «Соглядатая», и многое другое: тот же разрыв между страстью и обладанием, и создание романа в романе, и неудача негениального художника, и «ненадежность» рассказчика.

Джулия Баадер рассматривает столкновение Гумберта с Куильти как «ритуальное убийство Гумбертом псевдоискусства»... Грех Гумберта в этом случае заключается в том грубом обращении, которому неопытный художник подвергает хрупкую душу еще не созревшего субъекта. Грех же коммерческого художника Куильти еще более тяжкий... Таким образом, все сложности романа — это воплощение художественных проблем и творческого процесса. Жизнь-воображение неотличима от «реальной» жизни Гумберта. Эти сложности могут раздосадовать читателя, приученного к столь милой нашему сердцу определенности. Однако и вознаграждены мы по-царски — этой удивительной поэтической и трогательной прозой... Брайан Бойд к многочисленным трактовкам «Лолиты» добавляет еще одну: он пишет о Гумберте и Куильти как о героях, вписанных в произведения друг друга...

Альфред Аппель (один из самых упорных исследователей «Лолиты») обращается к бабочке — одной из основных метафор в романе. Как бабочка развивается из личинки («нимфы»), так и сама Лолита превращается из девочки-нимфетки в женщину, а влечение Гумберта из похоти превращается в истинную любовь. Именно эта «метаморфоза» (в лекциях своего профессора Набокова студент Аппель не раз слышал об этих метаморфозах — у Стивенсона, Кафки и других писателей, у которых проф Набоков выделял главное — процесс созревания и метаморфозы художественного произведения) — именно она дает Гумберту возможность преобразить свое преступление в искупительное творение искусства, а читателю присутствовать при рождении бабочки из куколки. Впрочем, первой эту важную для романа метафору отметила набоковедка Диана Батлер, проследившая рождение романа летом 1953 в грозовом Орегоне — между походами за бабочками и блистаньем молний; она же отметила, что грозы, как и бабочки, играют немаловажную роль в романе. Пейдж Стегнер писал, что страсть Гумберта к нимфеткам «равна страсти Набокова к бабочкам» (нимфа — это ведь личинка бабочки). Д. Батлер прослеживает очень сложную связь между писанием «Лолиты» в Орегоне и поисками редкой бабочки-самочки, и, как отмечают набоковеды, эта страсть к лепидоптерии наложила несомненный отпечаток на структуру романа. Из прочих метафор важную роль здесь, по мнению Аппеля, играют зеркала, вечные набоковские зеркала, преграждающие путь герою, когда он ищет выхода, пытаясь преодолеть одиночество и эгоизм.

Немало работ посвящено было роли шахмат и шахматной символики в «Лолите».

А. Апель выделяет в романе также пародию — этот «трамплин» художественного произведения; однако еще и Стегнер отмечал в романе пародирование фрейдистского мифа, темы «психологического двойника», темы искупления и очищения посредством уничтожения своего двойника, пародирование голливудского убийства, и так далее, и так далее. Что до чисто литературной пародии, то простое перечисление имен и произведений, пародируемых в романе (а также, как называет их набоковед А. Долинин, «подтекстов»), займет не одну страницу. Здесь будут мелькать русские и западные имена (всего пятьдесят имён) знакомых нам всем или малознакомых авторов (П. Мериме и Ронсара, у которого, кстати, уже встречались «нимфетки», Блока, Бюргера и Милна, Олкота и Вергилия, Бодлера и Стивенсона, Дугласа и Китса, и, конечно, Эдгара По, знаменитого По, чьей жене было 12 лет, много-много Эдгара По). Как правило, ссылки эти играют какую-то (на первый взгляд, не всегда слишком важную, однако для автора вполне существенную) роль в тексте, но по большей части они доступны всё же только специалисту, да и то вооружённому грудою словарей. Недаром один из видных исследователей «Лолиты» Карл Проффер писал, что «всякий, кто, вознамерившись читать такого довольно-таки садистического автора, как Набоков, хочет понять хоть половину из того, что происходит, должен держать под рукой энциклопедии, словари, справочники... Читатель должен продвигаться медленно и мыслить логически... идеальный читатель «Лолиты» — это учёный, человек с широкой подготовкой, много читающий на нескольких европейских языках, этакий Шерлок Холмс, первоклассный поэт, обладающий сильной памятью...» Того же мнения придерживается А. Долинин, подготовивший на основе трудов Проффера, Аппеля и Дитера Циммера обширные комментарии к новому русскому изданию «Лолиты». К ним мы и отсылаем самых любопытных из читателей.

Иногда комментаторы дают на выбор несколько гипотез аллюзии, языковой игры и каламбура. Беда, на наш взгляд, в том, что когда, наконец, разберёшься, на что всё-таки намекал автор, не становится зачастую ни смешнее ни любопытнее (что отмечали и некоторые из критиков этой «герметической» прозы, в том числе москвич В. Ерофеев).

В романе немало реминисценций из Пруста и Джойса, весьма существенных и для самого автора и для наиболее внимательных из его читателей.

Не смутят ли эротические сцены романа нашего непривычного, а то и «чопорного» читателя? Виктор Ерофеев в предисловии к «Лолите» говорит и о государственной политике, загнавшей нашего читателя «в глухой угол невежества», и о традиционной стыдливости русской литературы. Однако сдвиги в литературе неизбежны, хотя враги любых сдвигов (что у нас, что в США) охотно используют слово «порнография». Сам Набоков даёт в послесловии к «Лолите» определение этого слова: «В наши дни выражение «порнография» означает бездарность, коммерческую прыть и строгое соблюдение клише. Непристойность должна соединяться с банальщиной... в порнографических романах действие сводится к совокуплению шаблонов. Слог, структура, образность — ничто не должно отвлекать читателя от его уютного вожделения...» Во всяком случае, степень порнографичности определяют не милицейское следствие и не министерские указы.

Упомянем еще и мнение первого набоковского биографа Эндрю Филда: он считает, что на самом деле никакого убийства Куильти в романе не произошло, и находит несколько косвенных на это указаний. Филд вспоминает в связи с «Лолитой» старинное наблюдение Ходасевича о том, что смысл произведений Набокова — в игре приемов. Напоминая же о литературном экскурсе Гумберта, перечисляющего не редкие в литературе случаи любви к очень и очень юным героиням, Филд отмечает давнишнюю неприязнь Набокова к его взрослым и зрелым героиням, а также тот факт, что любовь у героев Набокова всегда бывает особенно сильной вдали от предмета любви.

* * *

— А ты как думаешь, Володь? — спросил я. — Отчего все-таки девочки? Они же маленькие. Их так жалко...

— Я думаю, ему это просто интересно как писателю — такая вот крайняя ситуация: любовь к девочке. Она для него плодотворна как для писателя.

Володя похлопал себя по голой груди и предложил поплавать. Мы стояли на краю бассейна и были мы, как говорят французы, «а пуаль», то есть в чем мать родила, да и все незнакомые люди вокруг нас тоже были совершенно голые. А двое голых парней, еще и бородатых вдобавок, обсуждали с молодой беременной дамой написанный полвека назад рассказ Нины Берберовой, самой модной в тот год в Париже русской писательницы. Похоже, всеобщая эта нагота никому не причиняла здесь неудобства, хотя в первое мгновение, когда мы свернули в полдень с людной набережной Сены и Володя толкнул калитку в воротах, я испытал короткое замешательство, ибо люди в саду (в отличие от людей, заполнявших набережную) были все как есть голые. Это был какой-то частный нудистский (и вполне нудный) клуб, но жара в тот день в Париже стояла невыносимая, и я рад был, когда Володя пригласил меня искупаться. Я стоял и думал, что ни бассейн, ни баня, ни порно-фильм ничего не добавляют в Мире эротики, одни только мастерство и Дар...

— Мне трудно представить себе режим, либеральный или тоталитарный, в чопорной моей отчизне, при котором цензура пропустила бы... — начал Володя. Я узнал этот текст из набоковского постскриптума к русской «Лолите».

— Уже пропустили,— сказал я.— Выпустили для начала сто тыщ. Скоро будет еще полмильона... Всех издадут. Нас с тобой же выпустят. Только жить русский писатель должен очень долго. Как Берберова. Или дольше.

Володя Марамзин был лет двадцать назад прекрасный ленинградский писатель. Потом его посадили. Просто так. Потом выжили из России. Здесь он еще некоторое время издавал журнал... Теперь он прекрасный парижский переводчик-технарь. Париж ничего не потерял, кроме своих цепей. Да и писатели ему, кажется, не нужны. Питер терять привык. Да и цепи у него тогда оставались.

— Пошли окунемся,— сказал Володя.— И за работу.

Я вспомнил, устыдившись своего безделия, что он кончил сегодня переводить только под утро...

ЖИЗНЬ В МАСТЕРСКОЙ

В начале 1954 года новый роман, над которым Набоков работал столько лет, его любимое американское детище, ставшее позднее событием американской и европейской культурной жизни середины нашего века, роман «Лолита» был готов к отправке издателю. Набоков послал его для начала Пэту Ковиси в издательство «Викинг» и стал с замиранием сердца ждать ответа.

Работы у него меж тем не убавлялось. Ему даже пришлось на время отложить пушкинский роман в стихах, потому что на столе лежала другая, очень интересная и умиротворяющая работа — «Анна Каренина». Издательство «Саймон энд Шустер» попросило Набокова выправить перевод романа, написать к нему предисловие, комментарии и аннотацию. Работа оказалась адски трудоемкой: на одни только сноски к первой части романа ушло два месяца, а надо было еще написать предисловие и комментарии. Но прежде — «блаженная стадия собирания материала» в университетской библиотеке, которая «самыми надежными и прочными узами соединена была с сердцем...» — это о сердце Тимофея Пнина, но ведь и с сердцем Набокова было то же: библиотека Корнела, библиотека Гарварда, Библиотека Конгресса... Вот герой «Пнина» «извлекает ящик с карточками из обширной груды каталога и, точно огромный орех, уносит его в укромный уголок и там в тиши наслаждается этой умственной пищей, беззвучно шевелит губами, критически одобрительно или озадаченно комментируя прочитанное... Пнин добирался до... книг и наслаждался их лицезрением: забытые журналы Ревущих Шестидесятых в переплетах под мрамор; исторические монографии вековой давности, их сонные страницы покрыты бурыми пятнами плесени; русские классики в трогательно-жалких переплетах с камеями...» История о профессоре Пнине, этом странном, нелепом, трогательном русском интеллигенте в благожелательном, но непостижимом окруженье американского университета с его застенчивыми гениями, его наглыми пошляками и невеждами, исполненными академического достоинства, — эта поразительно смешная и трогательная история уже начала печататься в «Нью-Йоркере», где хорошо платили, но приходилось отстаивать целостность своего текста от покушений матерински попечительной Кэтрин Уайт. Издательство «Викинг» купило эту историю целиком, на корню, а «Нью-Йоркер» еще ждал новых кусков (выясняя попутно у автора, нельзя ли избежать нападок на психоаналитиков). Тем временем Набоков столкнулся вдруг с трудностями в другой своей работе, вконец его измучившей. Вот что он сообщал об этой работе в письме Кэтрин Уайт из Нью-Мексико, где он в то лето писал и ловил бабочек: «Пять месяцев прошло со времени вашего письма, в котором вы говорили о второй Пнинской главе,— простите меня за долгое молчание! Все это время я был поглощен совершенно мучительной работой — созданием русской версии и переписыванием «Убедительных свидетельств». Я, наверное, не раз вам рассказывал, какая это была мука в начале сороковых годов переходить с русского на английский. Пройдя через это жестокое перерождение, я дал себе клятву, что никогда больше не совершу возврата от облика сморщенного Хайда к своему вальяжно-

454

му Джекилу — и вот снова после пятнадцатилетнего странствия я купаюсь в горькой роскоши моего языкового могущества».

Набоков с легкой душой взялся поначалу за свой перевод автобиографии, однако совсем скоро стало ясно, что он «взялся за безумное дело»: «Недостатки объявились такие, так отвратительно таращилась иная фраза, так много было и пробелов и лишних пояснений, что точный перевод на русский был как бы карикатурой Мнемозины. Удержав общий узор, я изменил и дополнил многое». Так он написал позднее в предисловии к русской версии автобиографии, которая не только называлась по-другому, но и вообще отличалась от английской: «...русская книга относится к английскому тексту, как прописные буквы к курсиву или как относится к стилизованному профилю в упор глядящее лицо: «Позвольте представиться,— сказал попутчик мой без улыбки.— Моя фамилья N.». Мы разговорились. Незаметно пролетела дорожная ночь. Так-то, сударь»,— закончил он со вздохом. За окном вагона уже дымился ненастный день, мелькали печальные перелески, белело небо над каким-то пригородом, там и сям еще горели, или уже зажглись окна в отдаленных домах...

Вот звон путеводной ноты».

На таком вот русском писал Набоков тем летом, сразу после окончания своей изощренной английской «Лолиты». Однако у нас нет оснований сомневаться в том, что переход этот дался ему ценой огромного труда и мук. О муках этого рода свидетельствовали в свое время и другие двуязычные писатели («билингвы»). Трудности же Набокова заключались не только в перестройке речи, ее музыки. Ему вообще пришлось писать другую книгу — книгу для русского читателя, которому многое не нужно (смешно) было объяснять, кое-что было бы неинтересно, а кое-что понятно с полуслова, с полузвука. Набоков возвращался здесь к читателю, воспитанному на прозе Сирина. Конечно, читателей этих оставалось уже совсем немного, а новый призыв его русских читателей еще плотно сидел за железным занавесом, спорил о прозе Дудинцева или об «Оттепели» Эренбурга, пел песни на пионерских сборах...

В том же письме Кэтрин Уайт, написанном в горах близ Таоса в Нью-Мексико, Набоков, пожаловавшись на перегрузку, рассказывает, что, едва покончив с переводом автобиографии, он сел готовить для печати свои университетские лекции о Кафке, Прусте и Джойсе. Эти три писателя, которые давно стали символом новой литературы нашего века, были высоко ценимы Набоковым. Он не скрывал своих связей с ними, однако усердно при этом сбивал со следа любопытных интервьюеров, отрицая ненавистное для него «влияние». На Кафку оказал «влияние» Флобер, напоминал Набоков в своей лекции, но Кафка был величайшим немецким писателем нашего времени, он был прежде всего художник, «а следовательно, был в какой-то степени святой» («я и по себе это очень ясно чувствую»,— добавлял Набоков скромно). Прелесть индивидуальных снов Кафки (как и индивидуальных снов Гоголя), по мнению Набокова, в том, что их человеческие герои принадлежали к тому же фантастическому миру, что и не люди, однако стремились выбраться из этого мира, сбросить маску, шинель или панцирь. «Красота плюс жалость — вот что ближе всего к определению искусства,— говорит Набоков в лекции о Кафке.— Где красота, там и жалость, по той простой причине, что красота должна умереть...» И дальше Набоков разбирает столь важные для него подробности рассказа «Превращение» — в какой квартире жил герой рассказа, в какое именно он превратился насекомое...

Когда Набоков начинает говорить о Прусте, кажется по временам, что он говорит и о своей только что переписанной автобиографии. Пруст (как и Набоков) не описывает прошлое,— он воскрешает его, извлекая на свет наиболее яркие моменты и образы прошлого. Рассказывая о дистанции между рассказчиком и самим Прустом в его романах, Набоков утверждает, что роман Пруста не автобиография и не исторический отчет, а такая же фантазия, как, скажем, «Анна Каренина», как «Превращение» Кафки, или каким был бы, скажем, Корнельский университет, если бы Набоков взялся описать его из дали времени. В последнем томе эпопеи герой Пруста Марсель раздумывает об идеальном романе, который он напишет когда-нибудь. Так вот, труд Пруста лишь копия такого идеального романа — но зато какая копия! Набоков проводил в своей лекции интереснейшие параллели между Прустом, Гоголем и предтечей Пруста — Толстым...

Этот год принес Набокову не только новые труды, но и новые невзгоды. Первым вернул ему «Лолиту» Пэт Ковиси из издательства «Викинг». За ним то же сделало с рукописью издательство «Саймон энд Шустер». Как сообщал Набоков Уилсону, оба издателя объяснили ему, что читателю этот роман может показаться порнографическим. «Теперь я отослал роман в «Нью дайрекшнз»,— пишет Набоков другу,— но сомнительно, чтоб они его взяли. Я считаю этот роман своей лучшей английской вещью, и хотя в теме ее и в ситуациях несомненно присутствует чувственность, это произведение чистого искусства и безудержного веселья. Я рад был бы, если б ты когда-нибудь его прочитал. Пэт Ковиси сказал, что всех нас упрячут в тюрьму, если мы его напечатаем. Эта неудача меня угнетает...»

Испуганный издательскими угрозами, Набоков отчеркивает последний абзац в письме Уилсону и пишет против него сбоку: «все это по секрету». Вскоре он получил письмо и от Лафлина из «Нью дайрекшнз». Лафлин писал, что это литература самого высокого класса и что роман, конечно, надо печатать, но только Лафлин и его компаньон опасаются преследований, которые могут обрушиться на автора и на издателя. Происходило нечто парадоксальное, удивительное, необъяснимое. Набоков, напечатав под своим именем антитоталитарный роман и рассказы, продолжал жить в фашистской Германии. Отправляя же рукопись из мирного Корнела в издательство «Даблдей», он просит в случае публикации подписать этот его лучший американский роман псевдонимом. Тогда он ничего не боялся. Теперь он опасается за себя, за свой пост в Корнеле. Впрочем, «Даблдей» все равно вернул ему рукопись, так ни на что и не решившись, и Набоков отправил ее во Францию.

Все эти неудачи удручали его. Он жалуется в письмах, что ни «Онегин», ни «Лолита» никак не улучшили его материального положения, и теперь вся надежда на «Пнина». «Нью-Йоркер» очень хорошо платил ему за каждую главу «Пнина» — дело было теперь за автором: предстояло завершить роман.

Весной Митя должен был закончить Гарвард, и уже в январе нежный отец придумал для него увлекательную переводческую работу. Набоков предложил Пэту Ковиси, чтоб его «Викинг» издал «Героя нашего времени» в переводе, который будет сделан «замечательным молодым переводчиком», а он, Набоков, сам, совершенно бесплатно отредактирует этот перевод. В следующем письме, впрочем, пришлось объяснить Пэту несколько подробнее, что такое «Герой нашего времени». Набоков писал издателю о свежести лермонтовской прозы, о ее доступности и даже усматривал в романе Лермонтова некоторые элементы американских вестернов — все эти бурые скалы, маячащие на горизонте, как мираж, и романтические приключения.

Тем временем пришел ответ из «Партизан ревью». Филип Рав писал, что он боится напечатать даже отрывок из «Лолиты», хотя бы и под псевдонимом. Итак, вольномыслящая Америка на «Лолиту» никак не отваживалась, а вот в старой доброй Европе нашелся смельчак-издатель. Правда, пока один-единственный на весь Париж, на всю Европу. Он, впрочем, и раньше был известен своей смелостью, своим авантюризмом и своим недюжинным вкусом. Он умер в 1990 году в Париже (так и не разбогатев), и вскоре после его смерти вышел последний том его интересных воспоминаний, в которых супругам Набоковым посвящены довольно язвительные страницы. Впрочем, тогда, в 1955 году отношения между затравленным автором шедевра и смелым издателем, привыкшим к оплеухам и неблагодарности, были еще вполне идиллическими. Разыскала этого издателя старая знакомая и переводчица Набокова Дуся Эргаз, и звали его Морис Жиродиас. Четырнадцати лет отроду Морис уже рисовал обложку для рискованного «Тропика рака» Генри Миллера, который отважился тогда издать его отец. Позднее отец, если верить обозревательнице «Монда», был настолько удручен наступлением нацизма, что по существу покончил с собой, доканав в одиночестве бутылку коньяку (с французской точки зрения, это верное самоубийство). Сын умер от сердечного приступа во время счастливого интервью по поводу выхода в свет его мемуаров. С именем этого «самого известного среди неизвестных» издателей связано было издание книг Генри Миллера, Лоренса Даррела, Сэмюэля Бекетта, Донливи, Казанцакиса, Берберовой, маркиза де Сада и других славных (наряду, конечно, со многими бесславными). Но главным его успехом считается, как сообщал в некрологе тот же «Монд», «открытие рукописи почти неизвестного автора Владимира Набокова под названием «Лолита». Получив от Дуси Эргаз рукопись романа, Жиродиас прочел ее в один присест, пришел в восторг и отправил в набор — в отличие от всех прочих издателей, выражавших свой восторг в сугубо интимных письмах, однако в них же с достоинством говоривших о страшных «опасностях», грозящих им в мирной Америке (невольно задумаешься над относительностью всех «опасностей»).

Летом 1955 Набоков с благодарностью писал Жиродиасу, что прочел корректуру первой части и в восторге от того, что сроки публикации назначены столь близкие. Он спрашивал, как Жиродиас собирается рекламировать книгу в Европе и в Америке. «Мы с вами знаем, что «Лолита» — серьезная книга с серьезным замыслом,— писал Набоков.— Я надеюсь, публика именно в таком качестве ее и воспримет. Меня огорчил бы «успех скандала».

Отметьте, что даже Набокову, прожившему десять лет в Америке, еще не вполне ясен механизм «успеха» или «триумфа»: он, как видите, опасается «скандала», а ведь это единственный залог успеха (скандал политический, судебный, моральный,— все равно какой). Эстет и авантюрист Жиродиас пережил уже немало скандалов на своем веку и не боялся еще одного. Его издательство «Олимпия» в ту пору пробавлялось полузаконным выпуском эротических книжек на английском языке, которые покупали в основном американские солдаты, служившие в Европе. Зоркий глаз американского таможенника без труда выискивал зеленую обложку «Олимпии» в вещмешке джи-ай, возвращавшегося на родину. Однако его авантюры не мешали Жиродиасу оставаться тонким ценителем литературы и неукротимым борцом против ханжества. Он не меньше гордился парадоксами своей жизни, чем его новый автор гордился парадоксами своих утонченных романов («Я родился французом и стал издателем авангардной литературы на чужом языке...— писал он позднее,— посвятил свою юность мистической философии, чистоте и воздержанию, и стал порнографическим писателем».)

Набоков с нетерпеньем ждал парижского издания, однако американская неудача продолжала его угнетать, и осенью он с горечью сообщал Уилсону, что Рав из «Партизан ревью» по совету своего адвоката вернул ему его маленькую «Лолиту»: «Меня привела в уныние мысль, что мое чистое и аскетически строгое создание может быть воспринято каким-нибудь шустрым критиком как порнографический трюк. Опасность эта кажется мне тем более реальной, что *даже* ты не понимаешь и не хочешь понять структуру этого сложного и необычного произведения».

Неумение и нежелание Уилсона вчитаться десять лет тому

назад в «Зловещий уклон» наметили первую трещину раскола между друзьями. Можно представить себе, как горько в нынешнюю тяжкую для него пору отозвалось в душе Набокова непонимание Уилсона.

Летом 1955-го Набоков отослал в «Викинг» рукопись под условным названием «Мой бедный Пнин». В сентябре Ковиси написал Набокову письмо, сильно его задевшее. Ковиси предлагал новую, менее высокую, чем раньше, сумму аванса, мотивируя это тем, что книга оказалась короткой и что вообще это — собрание очерков, которые уже печатались в журнале. Набоков написал, что против сокращения аванса не возражает, зато решительно возражает против определений вроде «собрания очерков». Набоков объяснял издателю, что он ставил перед собой в этой книге очень важную художественную задачу — создание нового характера, и что при работе над романом ему пришлось отказаться от многих соблазнов, которые подсказывал сюжет, так что он вовсе не собирается теперь «дорабатывать» книгу (как видите, соблазну учить писателей их ремеслу не в силах противостоять и деловые американские издатели). Набоков оспаривал и соображение Ковиси о том, что «это не роман». Отчего? Оттого, что он недостаточно длинный? «Ну, а что такое роман? — спрашивает Набоков в письме. — «Сентиментальное путешествие по Франции» Стерна это роман? Не знаю. Знаю только, что «Пнин» не собрание очерков. Я не пишу очерков. И должны ли мы впихивать книгу в рамки какой бы то ни было категории?»

«Пнин» — книга замечательно смешная, трогательная и на определенном уровне прочтения совершенно простая и «реалистическая». Ее герой — рассеянный русский эмигрант, все потерявший в изгнании. Он всегда делает что-то не то в этой непонятной Америке, везде он как будто не на своем месте (только попав в русскую среду, он перерождается — становится вдруг ловок, обходителен, очень умен и трогательно чувствителен). Он повседневно вступает в странные отношения с предметами современного быта: у него «роман» со стиральной машиной, он «очеловечивает» свои отношения со всеми приборами — и всегда терпит крах. Его лекции о русской литературе, которые он читает своим студентам, отличающимся, по признанию американского профессора Стегнера, совершенно энциклопедическим невежеством и, конечно же, не понимающим ни русских текстов, ни рассуждений Пнина,— лекции эти уморительны (и сколько бы ни отстранялся автор от своего героя, усугубляя гротескные черты Пнина, так и представляешь себе его собственные лекции в Уэлсли и Корнеле, где он зачитывает текст, перепечатанный Верой, и только время от времени, выхватив глазами очередную горсть слов, поднимает взгляд к аудитории). А каково окружение Пнина, все эти жулики и пройдохи, вымогающие субсидии на подозрительные цели и подозрительные темы! Каков глава отделения французской литературы (который не любит литературы и не знает французского), чей курс небрежно списан из старого популярного журнала, найденного на чердаке!..

* * *

Я глянул за окно на улицу Насьональ — парижский летний день обещал быть жарким. Потом я взглянул на часы, отложил работу и пошел будить чужого пацана. Пацан прилетел накануне и спал среди дочкиных кукол и мишек. Он был американский студент, сын моего бывшего редактора, который осел теперь где-то на роскошных задворках Вашингтона. Проходя в ванную мимо моего стола, пацан кинул взгляд на книгу и усмехнулся понимающе:

— А-а, «Пнин»...

— Ты что, читал «Пнина»? — удивился я.— У вас там что, еще книги читают в Америке?

Потом я вспомнил, что мальчик-то был все-таки из русской семьи.

— Я учусь в этом самом Корнеле,— сказал симпатичный Димка.— Как же мне «Пнина» не читать?

— А что, похоже? — спросил я, погладив своего грязного «Пнина», зачитанного в процессе перевода.

— Один к одному,— сказал пацан.

— И проф Блорендж еще там?

— Куда ж он денется? — сказал понятливый Димка.

Набоков страсть как не любил, когда у него находили что-нибудь «сатирическое». Он заявлял, что не любит сатиру. И еще он жуть как не хотел обидеть Америку, а всегда ведь находятся дураки, которые обижаются на книги. Хитрые ловкачи даже организуют их возмущенные письма — письма тулонских докеров или ялтинских шоферов. Но что поделаешь с набоковским текстом, если он писатель иронический, этот Набоков...

Помню, я спросил как-то у переводчицы В. П. Аксенова,

когда же мой любимый писатель напишет про американскую бочкотару. Она возмущенно всплеснула руками:

— Что вы, как можно? Америка ему столько дала.

Я вспомнил, как один дальний родственник говорил мне когда-то с энтузиазмом:

— Советская власть тебе все дала...

Что это означало? Что я должен помалкивать? Или что могут еще добавить к тому, что дали? Давали тогда много...

Но в Америке как будто не сажали за книги. Отчего же все они так боялись, набоковские друзья-издатели, которых позднее, в послесловии к «Лолите» он тактично называл то Экс, то Икс?..

ГЕРОИЧЕСКИЙ ТИМОФЕЙ ПАЛЫЧ

При внимательном чтении «Пнин» оказывается вовсе не таким уж простым романом. Во-первых, внимательный читатель замечает, что рассказчик опять не вполне надежен. Во-вторых, у видного русского литератора, героя романа, какие-то сложные отношения с главным его героем: он его счастливый и безжалостный соперник в любви. Не исключено еще при этом, что он выдумщик. «Вы не верьте ни одному его слову... — крикнул как-то, еще в парижскую пору их знакомства, честный Пнин, — он все выдумывает». Рассказчик двоится, даже троится, а Пнин и вовсе как будто ускользает от рассказчика. По определению Джулии Баадер, существует «реалистический» Пнин, «живой», может, самый «живой» из всех набоковских персонажей, ускользающий от произвола сочинителя. Доступен ли такой Пнин проникновению рассказчика в его нутро? Вряд ли. Ведь главное условие продолжения человеческой жизни — это, согласно Набокову, «ее укромность, сокрытость от глаз... Человек может существовать лишь до тех пор, пока он отгорожен от своего окружения». Неожиданные приступы странной болезни (у него «тень за сердцем» — так и сам Набоков в одном из писем описывал свою болезнь) разрушают эту оболочку, и тогда Пнин точно сливается со своим прошлым, выпадает из реальности. Очнувшись, он приходит к выводу, что главное —

это просто продолжать существование. Это возвращение в жизнь знаменуется появлением белочки на аллее сквера. Белочка (как и эта скамья, и листья, и эти соцветья) уже присутствовала некогда в детской комнате Пнина, в резьбе ширмы и в узорах обоев. Она появляется всякий раз при его погружении в прошлое или в размышлениях о смысле существования. Именно белочка возвращает его к реальности. Своей настоятельной жаждой она отвлекает его от горьких слез после визита его бывшей жены. На открытке, посланной Пниным Виктору,— снова белочка, а подпись объясняет, что по-гречески слово белка означает «тенехвост»: тень прошлого неизменно идет в хвосте жизни. Иногда все эти связи достаточно тонки, обозначены лишь одним словом, намеком. Вот, к примеру, эпизод, в котором Пнин шествует в университетскую библиотеку: «Гудок поезда прозвучал вдали со степной печалью. Тощий бельчонок метнулся через солнечное пятно на снегу, туда, где тень ствола, оливково-зеленая на траве, становилась на время серовато-синей, а сам ствол с царапучим и шустрым скрипом возносил свои голые сучья в небо... Бельчонок, скрытый теперь в каком-то развилке, сердито стрекотал, брюзжа на хулиганов, выживших его с дерева».

Степная печаль гудка в Новой Англии, бельчонок, выжитый с законного места,— а дальше вдруг упавший том раскрывается на фотографии русского поля, цветов, Толстого... Добравшись до библиотеки, Пнин и сам уподобляется белке, унося с собой книги в гнездо, как орех.

Пнин очеловечивает белочек. У одной из них, вероятно, жар, она хочет пить... А случайно ли первую любовь Пнина, убитую нацистами в концлагере, звали Мира Белочкина?

Самые наблюдательные из читателей (обычно это набоковеды, конечно) приметили еще и Золушку. На новоселье у Пнина заходит речь о башмачке Золушки — и Пнин объясняет, что он был вовсе не стеклянный, а из беличьего меха. По мнению набоковедов, есть какая-то не вполне ясная связь между Пниным, белочкой, Золушкой, сыном Лизы Виктором, талантливым художником, пытающимся постигнуть «градацию зольно-пепельных Золушкиных оттенков, превосходящих возможности человеческого восприятия», и духовным («водным») отцовством Пнина. Так или иначе, размышляя об этих приемах Набокова, нельзя не согласиться с героиней романа Джоун Клементс, которая на той же вечеринке у Пнина (она была уже «сильно навеселе» и прерывала «фразы... глубокими охающими вздохами») говорит о некоем писателе: «...чего он добивается — хоо — почти во всех своих романах — хоо — это — хоо — выражения фантастической повторяемости определенных ситуаций?»

Как указывал сам Набоков, главное достижение этого романа — образ Тимофея Палыча Пнина, вечного изгнанника и беглеца. От окружающего мира он прячется в свою особость, в свою непохожесть и, конечно,— в русскую литературу, в красоту, в эстетику. Он, не жалуясь и не жалея себя, живет в тех обстоятельствах, в которые поставила его судьба, сберегая, однако, при этом свое я, ибо слияние с внешним миром — смерть. И Пнину удается выстоять во всех мировых и личных катастрофах, сохранив себя. История с прекрасною хрустальной чашей, подаренной Пнину Виктором (и потому имеющей для Пнина особый смысл),— один из самых впечатляющих аккордов этой темы. После ухода гостей с его новоселья и последовавшего за этим сообщения профессора Гагена о том, что услуги Пнина больше не нужны Уэйндельскому (Вандальскому) университету (а стало быть, и мечта о своем собственном, после тридцати пяти лет бездомности, доме снова рухнула), Пнин принимается за мытье посуды.

«В раковине Пнин приготовил пузырчатую ванну для посуды, ножей и вилок, потом с бесконечной осторожностью опустил в эту пену аквамариновую чашу. При погружении звонкий английский хрусталь издал приглушенный и мягкий звон. Ополоснув янтарные стаканы, ножи и вилки под краном, он опустил их в пену... Дотошный Пнин ополоснул щипцы и уже начал их протирать, когда эта ногастая штука вдруг каким-то непонятным образом выскользнула из полотенца и стала падать вниз, как человек, сорвавшийся с крыши. Пнин почти что успел изловить щипцы — его кончики пальцев успели коснуться их на лету, но это лишь точнее направило их полет к пенной поверхности, скрывавшей сокровища, оттуда тотчас же за всплеском раздался душераздирающий треск разбитого стекла.

Пнин отшвырнул полотенце в угол и, отвернувшись, стоял какое-то мгновение, глядя в черноту за порогом распахнутой кухонной двери... Он выглядел сейчас очень старым, с полуоткрытым беззубым ртом и пеленою слез, замутивших невидящий, немигающий взгляд. Наконец со стоном болезненного предчувствия он повернулся к раковине и, набравшись духу, глубоко погрузил руку в мыльную пену. Укололся об осколки стекла. Осторожно вынул разбитый стакан. Прекрасная чаша была цела».

Униженный, уволенный, все потерявший Пнин уцелел снова. Он выжил. Он сохранил себя. Он уезжает из Уэйндела, оставляя позади и рассказчика, и своего двойника-имитатора Кокарека, к лицу которого словно приросла его, пнинская маска: автор точно хочет сказать, что в подражании нет истинного искусства, нет индивидуальности, всегда способной на непредвиденное.

Для Пнина, как и для его творца, отмечает Пейдж Стегнер, бегство от нестерпимых страданий и пошлости этого мира лежит в поисках стиля. Путь самого Набокова тоже проходит через искусство иронии, пародии, через хитрости композиции.

Но как выжить в мире, где царят не только пошлость, но и душераздирающая жестокость, концлагеря, где возможна смерть его детской любви Миры Белочкиной?..

«Если быть до конца честным с самим собою, то никакая сознательность и совесть, а стало быть, и никакое сознание вообще не могли существовать в мире, где возможно что-либо вроде Мириной смерти. Приходилось забыть — потому что невозможно было жить с мыслью о том, что эту изящную, хрупкую, нежную молодую женщину, с этими ее глазами, с этой улыбкой, с этими садами и снегами за спиной, свезли в скотском вагоне в лагерь уничтожения и убили, впрыснув ей фенол в сердце, в это нежное сердце, биенье которого ты слышал под своими губами в сумерках прошлого».

Страданье — участь людей, но Пнин находит в себе силы жить, а страхи, которые посещают его во сне, не придуманы — это реальные страхи фашистских лагерей, так хорошо знакомый нам по Набокову страх большевистских расстрелов, бегства, преследований террора. Ответом на жестокость мира и на засилие пошлости становится погружение в красоту — красоту русской литературы и русского предания.

«Один из моих немногих близких друзей,— писал Набоков,— прочитав «Лолиту», был искренне обеспокоен тем, что я (я!) живу «среди таких нудных людей», меж тем как единственное неудобство, которое я действительно испытываю, происходит от того, что я живу в мастерской, среди неподошедших конечностей и недоделанных торсов».

Набоковеды невольно сопоставляют две сцены бегства,

написанные Набоковым с небольшим разрывом во времени,— бегство Гумберта, прижатого к обочине дороги, и бегство непокорившегося Пнина: «Маленькая легковушка дерзостно обогнула первый грузовик и, вырвавшись наконец на свободу, прыснула вверх в сиянье дороги, сужавшейся вдали до тоненькой золотой нити, мреющей в легком тумане, где гряды холмов так прекрасно преображали пространство, что предсказать невозможно было, какое чудо там может случиться».

* * *

В конце лета Набоков сообщил Уилсону, что работа над «Онегиным» подходит к концу. Перевод самого романа и вариантов к нему был давно готов, а вот комментарии — они все разрастались, и при всяком удобном случае Набоков уезжал из Итаки, чтоб поработать в библиотеке Гарварда, покорпеть там над новыми книгами. Описание его нынешних трудов можно найти и в его романе, там, где он пишет о библиотечных бдениях Пнина: «Его исследования давно вошли в ту блаженную стадию, когда поиски перерастают заданную цель и когда начинает формироваться новый организм, как бы паразит на созревающем плоде. Пнин упорно отвращал свой мысленный взгляд от конца работы, который был виден уже так ясно, что можно было различить ракету типографской звездочки... Приходилось остерегаться этой полоски земли, гибельной для всего, что длит радость бесконечного приближения. Карточки мало-помалу отягчали своей плотной массой картонку от обуви. Сличение двух преданий; драгоценная подробность поведения или одежды; ссылка, проверив которую, он обнаружил неточность, которая явилась следствием неосведомленности, небрежности или подлога; все эти бесчисленные триумфы bezkoristniy (бескорыстной, самоотверженной) учености — они развратили Пнина, они превратили его в опьяненного сносками ликующего маньяка, что распугивает моль в скучном томе толщиной в полметра, чтоб отыскать там ссылку на другой, еще более скучный том».

Набоковы снова проводили лето в Скалистых Горах. Сперва они снимали домик в Южной Юте, или в Ютахе, как по-русски называл этот штат Набоков. Там отец с сыном закончили перевод «Героя нашего времени» и отправили его в издательство «Даблдей».

«Розоватые, терракотовые и лиловые горы создавали фон,

созвучный кавказским горам Лермонтова из «Героя нашего времени»»,— писал Набоков в письме Уилсону. Двадцатилетний Лермонтов был автором весьма родственным для его эмигрантского собрата, и набоковеды подметили, что даже предисловие, которым Набоков снабдил свой с Митей перевод «Героя нашего времени», было в известном смысле тенью того предисловия, что Лермонтов предпослал своему роману: «та же полемичность при отстаивании своего кредо, тот же иронический тон в отношении читателя». Суждения Набокова о литературе во многом совпадали с лермонтовскими взглядами. Предисловие Набокова к переводу «Героя нашего времени» не только анализировало «спиральную композицию» знаменитого романа и давало высокую оценку «исключительной энергии повествования и замечательному ритму лермонтовской прозы» — оно знакомило с набоковскими принципами перевода, в которых он утвердился сравнительно недавно — с принципами так называемого «честного переводчика»: «Начнем с того, что следует раз и навсегда отказаться от расхожего мнения, будто перевод «должен легко читаться» и «не должен производить впечатление перевода» (этих комплиментов критик-пурист, который никогда не читал и не прочтет подлинника, удостоит любой бледный пересказ). Если на то пошло, всякий перевод, не производящий впечатления перевода, при ближайшем рассмотрении непременно окажется неточным, тогда как единственным достоинством добротного перевода следует считать его верность и адекватность оригиналу». Как видите, Набоков здесь тоже употребляет термин, который так любят наши современные русские переводчики, однако мои русские коллеги имеют при этом в виду адекватность не только содержания, смысла, «общей идеи», но и адекватность художественного воздействия — во всяком случае максимально возможное приближение к такому воздействию. Читая же предисловие Набокова, мы скоро убеждаемся, что под «адекватностью» он, в сущности, понимает лишь смысловую «точность». Он сообщает, что «с готовностью принес в жертву требованиям точности... хороший вкус, красоту слога и даже грамматику...». Желая, вероятно, оправдать эти жертвы, Набоков объясняет, сколь далека проза Лермонтова от изящества, и утверждает, что «общее впечатление возникает благодаря чудесной гармонии всех частей и частностей в романе». Однако как достичь этой «чудесной гармонии... частностей», пренебрегая вкусом и красотой слога, Набоков не объясняет. Остается надеяться, что его практика будет противоречить его теории. Ибо вкус и красота слога в переводе куда важней, чем соответствие любой теории, а почему нужно жертвовать грамматикой, и вовсе непонятно. Ведь даже начинающий переводчик знает: перевод, погрешающий против вкуса, слога и грамматики, оказывается при ближайшем рассмотрении *неточным*.

С пушкинским романом в стихах дело теперь обстояло еще сложнее. Набоков еще недавно создавал великолепные поэтические переводы на английский из Пушкина, Тютчева и других русских поэтов, а раньше переводил на русский Р. Брука, А. Рембо или, к примеру, «Декабрьскую ночь» А. Мюссе. Этот последний перевод наш замечательный ученый С. С. Аверинцев, выражаясь, в порядке исключения, почти «не научно», назвал не только редкой удачей, но и почти идеальным образцом того, чем должен быть на пределе своих возможностей художественный перевод. Точнее — чудом. Вот небольшой отрывок из набоковского Мюссе:

> В мое пятнадцатое лето
> по вереску в дубраве где-то
> однажды брел я наугад;
> прошел и сел в тени древесной
> весь в черном юноша безвестный,
> похожий на меня, как брат.
> ...Друг, мы дети единого лона.
> Я не ангел, к тебе благосклонный,
> и не злая судьбина людей.
> Я иду за любимыми следом,
> но, увы, мне их выбор неведом,
> мне чужда суета их путей.

Так переводил юный Набоков. И вот теперь, через много десятилетий после того, как сам он дал столько образцов стиха, близкого к онегинской строфе, Набоков перелагает «Евгения Онегина» «подстрочником», а в эпиграфе к предисловию бросает вызов самому Пушкину, солидаризируясь с Шатобрианом. Набоков выносит в эпиграф строки из критического отзыва Пушкина о шатобриановском переводе Мильтона: «Ныне (пример неслыханный!) первый из французских писателей переводит Мильтона *слово в слово*, и объявляет, что подстрочный перевод был бы верхом его искусства, если б только оный был возможен!»

Балконы в Монтре.
1970 г.

Что привело на шестом десятке лет нашего знаменитого поэта и переводчика («первого из французских писателей» — тоже ведь не случайно выбрана фраза) к отказу от поэтического (да и прозаического тоже) перевода? Отчаяние, охватившее его при чтении несовершенных переводов русской литературы на английский и французский языки? Полемический задор? Страх перед будущими переводчиками его собственных произведений? Усталость?..

> И ныне замечаю с грустью,
> что солнце меркнет в камышах,
> и рябь чешуйчатее к устью,
> и шум морской уже в ушах.

Эти русские стихи Набокова вошли в его подборку из семи стихотворений, напечатанную в тот год «Новым журналом». В противовес гимну «точности» и «смысла», содержащемуся в предисловии к роману Лермонтова, в новых стихах он согласен на «ничью» между музыкой стиха (которой только что призывал жертвовать в переводах) и «смыслом»:

> ...удовлетворяюсь, стало быть,
> ничьей меж смыслом и смычком.

В новых стихах были и строки о России, снова о России:

> Есть сон. Он повторяется, как томный
> стук замурованного. В этом сне
> киркой работаю в дыре огромной
> и нахожу обломок в глубине.
> И фонарем на нем я освещаю
> след надписи и наготу червя.
> Р. О. С. ...нет, букв не различаю.

СКАНДАЛ И СЛАВА

Любимая книга между тем приносила ему мало радости. Выпущенная в двух частях «Олимпией» в серии «Спутник пассажира», «Лолита» расходилась вяло. Даже трудно было понять, как она расходится: с учетом проданных экземпляров у Жиродиаса порядка не было. Американская таможня изъяла как-то раз экземпляр при въезде, но не нашла в книге криминала (таможенники оказались менее пугливыми, чем американские интеллектуалы-издатели) и вернула ее владельцу. Да и скандал в Корнеле, которого так опасались и Набоков, и Вера Евсеевна, не разразился. Все прошло до обидного тихо. Весной 1956 года Набоков писал Морису Бишопу: «Только что узнал, что Галлимар собирается опубликовать «Лолиту». Это даст ей респектабельный адрес. Книга пользуется некоторым успехом в Лондоне и Париже. Пожалуйста, дорогой друг, дочитайте ее!

Честно говоря, я не слишком озабочен «гневом папаш». Эти бдительные мещане были бы столь же обеспокоены, узнай они, что я разбираю в Корнеле «Улисса» перед аудиторией в 250 душ обоего пола. Я знаю, что «Лолита» — моя лучшая книга. И мое спокойствие проистекает от моей убежденности, что никакому суду не удастся доказать, что книга «распутна и похотлива»... «Лолита» — это трагедия... «порнография» же подразумевает известные намерения и определенную позицию. Трагическое и непристойное — понятия взаимоисключающие».

Скандал все же затевался мало-помалу.

Сперва в интервью видной английской газете знаменитый писатель Грэм Грин назвал «Лолиту» одной из лучших книг года.

Потом страж английской добродетели журналист Джон Гордон, главный редактор «Лондон Санди Экспресс» (Набоков называет его просто «реакционным фельетонистом»), обрушился на Грина, а заодно и на самого Набокова. В канун нового, 1957 года Набоков отправил Грину письмо. «Захотелось поговорить» в новогодний вечер, и Набоков пожаловался Грину, что бедная Лолита переживает тяжкие времена. Сделай он героиню мальчиком, коровой или велосипедом, мещане и глазом бы не моргнули. С другой стороны, «Олимпия» известила автора, что любители (любители!) «разочарованы тем, что во второй части история принимает столь скучный оборот». Вдобавок, по сообщению его французского агента, книга была запрещена во Франции министерством внутренних дел.

Жиродиас между тем не сидел сложа руки. Он писал

памфлет о «деле Лолиты», и Набоков присылал ему из Америки кое-какие материалы на эту тему. По совету Грина английский издатель решился купить у Набокова право на британское издание, однако нужно было еще выждать года два-три, потому что парламент готовился к обсуждению нового законопроекта о непристойности. «Лолита» подлила масла в огонь, и теперь скандал вокруг нее в Англии разрастался. Набоков, кажется, не понимал еще, какая это удача. Зато это отлично понял Грэм Грин, написавший в ответном письме Набокову, что «Лолита» отличная книга. «В Англии, — добавлял он, — можно сесть в тюрьму. Но лучшего повода для этого не придумаешь».

Вряд ли Набоков желал тюрьмы, сумы или даже простого скандала. У него были в то время другие, самые разнообразные хлопоты. Во-первых, «Издательство имени Чехова» выпустило по-русски сборник рассказов «Весна в Фиальте». Позднее, в комментарии к рассказу «Уста к устам», тому самому, где когда-то так легко узнавали Иванова и Адамовича с их «Арионом» — «Числами», Набоков напомнил читателю, что этот рассказ «напечатан был только в 1956 году Нью-Йоркским издательством в составе... сборника «Весна в Фиальте», когда все, кого можно было заподозрить в отдаленном сходстве с героями рассказа, были надежно, и без наследников, мертвы». Но и тут автор предисловия, как можно отметить, был «ненадежен»: Иванов с Адамовичем еще живы были в 1956-м, да и жена Г. Иванова Ирина Одоевцева, из-за которой началась когда-то бесконечная распря, тоже была жива. Набоков, был, кстати, несколько уязвлен тем, что в своей тогдашней книге о «русской литературе в изгнании» старый приятель Г. Струве, приводя во множестве хулительные отзывы Иванова о Сирине, ни словом не упомянул о причине этой вражды.

В это время в воображении Набокова происходит новая вспышка (или «пульсация»). Пройдет немало времени, прежде чем новый замысел (претерпев немало изменений) воплотится в замечательном романе, может, даже одном из самых своеобразных романов мировой литературы — в «Бледном огне».

Комментарии к «Евгению Онегину», которые по всем расчетам давно должны были подойти к концу, продолжали разбухать. В феврале 1957 года Набоков смог известить друзей, что комментарии с гигантским указателем наконец «совершенно завершены». Однако он так и не смог сдать рукопись, ибо все еще продолжал работать. Комментарии, перевод романа, статья о просодии, указатель составили 2500 страниц, четыре тома. Это был труд любви («быть русским — это значит любить Пушкина»), без которого, вероятно, отныне не обойтись англоязычным студентам и поклонникам Пушкина. Да и русский читатель прочтет с интересом все эти сообщения о пушкинской России, о взаимоотношениях Пушкина с иностранной литературой и языками, о пушкиноведении и переводах Пушкина на различные языки. Мой сверстник усмехнется, прочитав у Набокова язвительные строки о знаменитых комментариях Бродского и вспомнив наши счастливые школьные годы, когда Бродский был нарасхват среди школяров, а пример с «боливаром» кочевал из одного школьного сочинения в другое. Бродский открыл, что не случайно Онегин водрузил себе на голову «широкий боливар»: Симон-то Боливар был как-никак борцом за независимость Южной Америки, а стало быть... Набоков уподобил это рассуждению о том, что американки носят платок «бабушка» из вящей симпатии к СССР. Вообще любитель комментариев может «поймать кайф», раскрыв наугад любой из трех томов набоковских комментариев. Вот, например, что можно узнать в связи с мотовством отца Онегина, который, как известно, «давал три бала ежегодно и промотался наконец». Набоков сообщает, что в записи от 1835 года Пушкин с дотошностью подсчитал, что отец Байрона промотал за год 587 500 рублей. Это примерно равно сумме, которую друг Пушкина князь Вяземский проиграл в карты в 20-е годы того же счастливого века, но зато втрое превышает общую сумму пушкинских долгов к роковому дню гибели поэта. Чуть ниже мы читаем о гувернерах Евгения, «убогих французах», и некоем аббате Николе, которого Лев Пушкин, дед поэта, повесил у себя во дворе. Далее комментатор подробно объясняет, что означали тогда слово «щепетильный» и слово «педант» (и все это с «упоительными ссылками» на письма, на рисунки Пушкина, на подробности из жизни его друзей). Или вот — бал у Лариных. Как рассадить гостей? Набоков заимствует из старинной английской книги описание бала в имении Полторацких под Торжком. Среди гостей на балу у Лариных — Пустяков со своей «половиной». Откуда у нас в языке эта «половина»? Тут же подробности о черемухе (и о том, какие ассоциации она вызывает у русского), о дуэлях, о русских национальных жестах (что значит, например, «махнул рукой»), о датах, связывающих смерть Дельвига и смерть Ленского со смертью самого Пушкина, и снова — о русской деревне, о яблочной водке, о винах, потребляемых в провинции и в столицах. В общем, как говорил Белинский по тому же поводу, «энциклопедия русской жизни», плюс еще «справочник пушкиниста». Сам же Набоков писал, что «в искусстве и в науке без деталей нет удовольствия...».

Набоков признался сестре, что устал от своего «кабинетного подвига». И впрямь это был подвиг, самоотверженный и бескорыстный труд. Набоков уже произнес это слово, «бескорыстный», в «Пнине» и потом повторял несколько раз в письмах. Уилсону он написал, что России с ним «никогда не расплатиться».

Набоков в этом письме звал Уилсона в гости, хотя ручеек их переписки стал теперь совсем слабеньким, а старые споры не прекращались. Уилсон (такой же неисправимый спорщик и упрямец, как сам Набоков) снова пытался уличить друга в незнании русских слов, а Набоков снова и снова объяснял Уилсону, что его представление о дореволюционной России как византийской империи было почерпнуто в старинной книжке де Вогюэ или большевистских брошюрах его, Уилсоновой, радикальной юности. В письмах Набоков сообщал Уилсону о своих новых успехах: вот Джейсон Эпстайн из «Даблдей» привел к нему редакторшу из издательства Хайнемана — и еще, и еще. Потом он вдруг вспоминал, что и в «Даблдей», и в другие места привел его когда-то не кто иной, как Уилсон — и сдержанно благодарил.

В конце концов Уилсон все же приехал навестить старого друга и чуть позже, конечно, описал свой визит (как без этого писателю?). Уилсон рассказал в своей книге, что он, скрюченный подагрой, сел обедать за отдельный стол и что Вера была этим недовольна, потому что ей пришлось отвлекаться от мужа. Что они с Набоковым тайком, по-мальчишески обменялись книжками вольного содержания, а Вера, обнаружив, что они обсуждают эти книжки, заявила, что они хихикают, как школьники, и велела Уилсону забрать привезенную им скабрезную «Историю О». Дальше шла дневниковая запись Уилсона, публикация которой отнюдь не улучшила их и без того уже непростые отношения:

«Я всегда рад повидаться с ними, но уезжаю все-таки с тяжелым чувством. В его трудах мне отвратительно Schadenfreude[1]. Всех всегда надо унизить. Самому ему после отъезда из России и гибели отца пришлось пережить много унижений, и он особенно остро воспринимал их, ибо в нем оставалось еще нечто от надменного юноши из богатой семьи... И вот теперь его персонажи оказались в его власти и он подвергает их пыткам, отождествляя себя с ними[2].

И все же многое в нем вызывает восхищение — его сильный характер и невероятная трудоспособность, его безраздельная преданность семье и строгая преданность своему искусству, в этом смысле у него есть общее с Джойсом, единственным писателем, которым он по-настоящему восхищается. Невзгоды, ужасы и тяготы, подобные тем, что ему пришлось пережить в изгнании, многих людей сломили и принизили, а его стойкость и талант помогли ему преодолеть их».

Пожалуй, это был последний американский визит Уилсона к Набокову. Им все труднее было договориться. Уилсону не нравились ни перевод «Онегина», ни «Лолита». Может, он все же немножко завидовал неожиданному успеху «Лолиты», слава которой росла как снежный ком. И нападки Джона Гордона, и шум, поднятый вокруг романа в Париже,— все пошло книге на пользу. Не самой книге, конечно, а ее коммерческому успеху. Успех американского издания (в издательстве «Патнэм») превзошел все ожидания. В Корнеле студенты под Рождество толпились у дверей профессорской, прося Набокова надписать их экземпляры «Лолиты», предназначавшиеся для рождественского подарка.

«„Лолита“ имеет невероятный успех,— писал Набоков сестре в Женеву,— но это все должно было бы случиться тридцать лет тому назад. Думаю, что мне не нужно будет больше преподавать — да жалко будет бросать мой идиллический Корнел. Я еще ничего не решил, но теперь ничто не помешает нам посетить по-американски Европу. Меж тем я готовлю Е. О. для печати и кончаю английский перевод „Слова о полку Игореве“».

«Лолита» вышла теперь в Дании и Швеции. Можно было уже не тревожиться ни о завтрашнем, ни о послезавтрашнем дне. Набокову предстояло оставить утомительное преподава-

---

[1] Злорадство (нем.).
[2] Нечто подобное о Пнине писал и К. Чуковский. Вовсе не уверен в справедливости этих наблюдений.

ние, и ему сразу как-то стало грустно. Позднее, в разговоре со своим бывшим студентом Набоков вспоминал: «Мне нравилось преподавать, нравился Корнел, нравилось сочинять лекции о русских писателях и великих европейских книгах и читать их. Но когда тебе под шестьдесят, особенно зимой, сам физический процесс преподавания становится трудным — вставать каждое утро в определенный час, преодолевать снег на подъездной дороге, шагать в класс по длинным коридорам, рисовать на доске карту джойсовского Дублина или устройство спального вагона на линии Москва — Санкт-Петербург в экспрессе начала 1870-х. Почему-то самые яркие мои воспоминания связаны с экзаменами... Общее чувство скуки и катастрофы. Половина девятого. Полторы сотни студентов — немытые и небритые мужчины и относительно ухоженные молодые женщины. Нервное покашливание, какие-то шумы, шорох страниц. Некоторые из мучеников погружаются в размышление, соединив руки за головой. Я встречаю их мутные взгляды, устремленные с надеждой и ненавистью ко мне, — к этому источнику тайного знания. Девушка в очках подходит к моему столу и спрашивает: «Профессор Кафка, вы хотите сказать, что... Или вы хотите, чтоб мы отвечали только на первую часть вопроса?» Великое братство троечников, костяк нации, упорно царапает что-то в блокнотах, на листках. Дружный шум, возникающий, когда большинство студентов одновременно переворачивает страницу, бригадный труд. Когда мне удается поймать чей-нибудь взгляд, он поднимается к потолку в благочестивом размышлении. Окна туманятся. Юноши сдирают с себя свитера. Девушки жуют жвачку в учащенном ритме. Десять минут, пять, три... Время истекло...»

Сын Митя теперь пел. У него был мощный бас. Он служил в армии и повидаться прилетал домой на самолете. «...Первый раз, когда он вошел в своей нарядной форме, я вспомнил Юрика, — писал Набоков сестре. — Он... с блеском ползал под настоящим пулеметным огнем, командовал взводом, водил его на ночных маневрах в лесах...»

Казалось, вот — все, что не далось отцу, он осуществит. Но кто сможет осуществить то, что далось отцу?

На Рождество Митя принес отцу бесценный подарок — начало своего перевода на английский романа «Приглашение на казнь». Перевод понравился Набокову, и отныне сын стал его самым любимым переводчиком — очень бережным, не позволяющим себе вольностей, разделяющим новое пристрастие отца к «буквальности перевода», знающим все отцовские требования.

В феврале 1959 года Набоков сделал запись о пространстве и времени, главных тайнах жизни и мироздания. Еще одна новая «пульсация» происходит в его мозгу. Эти бергсонианские размышления (столь же характерные для Набокова вообще, как и для его излюбленного Пруста) привели еще через несколько лет к созданию большого (самого, наверное, большого у Набокова) романа — «Ада».

В марте Набокова посетил его английский поклонник, издатель Джордж Уайденфелд. Он хотел издать «Лолиту», но в его планы входило также и скорейшее издание «Зловещего уклона», «Истинной жизни Себастьяна Найта», «Николая Гоголя», а также английский перевод «Защиты Лужина», «Приглашения на казнь», «Дара» и «Камеры обскуры».

Набоков теперь предупреждал своих издателей, чтоб они не помещали на суперобложках лестные высказывания Эдмунда Уилсона о нем: у них с Уилсоном было теперь слишком много расхождений. Последнее из них касалось «Доктора Живаго». Набоков считал роман беспомощным, почти советским, полным банальностей. Он не называл его иначе, как «Доктор Мертваго». Уилсон написал о романе большую, восторженную («символико-социальную», как сказал Набоков) статью, однако не смог оценить ни одной крупной набоковской работы последнего времени (кроме, пожалуй, «Пнина»).

Весной Набоковы отправились в последнее свое долгое путешествие по огромной и прекрасной стране, двадцать лет назад давшей им приют, а потом и гражданство.

В мае они добрались до Аризоны и остановились в одном из уютных домиков близ каньона Оу Крик. После девяти месяцев первенства в списках книгопродажи «Лолита», ненадолго уступив другим книгам, снова вырвалась на третье место, так что корреспонденты массовой печати продолжали охотиться за самым знаменитым автором Америки, и один из них даже добрался до каньона. По возвращении он подробно описывал в своем репортаже лепидоптерические страсти, кипевшие в Аризоне (если верить его описанию, Набоков даже заплакал, упустив какую-то бабочку).

Набоков редактировал на отдыхе Митин перевод «Приглашения» и писал предисловие к «Лолите».

В июле знаменитый режиссер Стэнли Кубрик предложил

Набокову приехать в Голливуд, чтобы написать сценарий для «Лолиты». За право экранизации автору уже было заплачено, и весьма солидно. Сумма, предложенная студией за сценарий, превышала все дололитные гонорары Набокова вместе взятые. Но и работа имела свою «специфику». Кино находилось под особым присмотром охранителей морали, так что Кубрик предложил сделать в фильме какую-нибудь приятную концовку. Ну, например, Гумберт женится на Лолите, и вся семья радостно благословляет их брак...

Из душного Лос-Анджелеса Набоков снова поднялся в горы, ища киновдохновения, однако и там ничего путного не смог придумать. В начале сентября Набоковы вернулись в Нью-Йорк, и Набоков решился, наконец, написать в Корнел письмо с просьбой об отставке. Митя теперь учился в Нью-Йорке, а Набоковы собирались плыть в Европу. В Корнеле вовсе не испугались «Лолиты»: да, профессор литературы написал оригинальную книгу, ну и что же,— предоставим ханжам и мещанам изъявлять частным образом свое неудовольствие. Более того, Набоков был приглашен прочесть в Корнеле в апреле 1958 года публичную лекцию, которую он озаглавил «Писатели, читатели и цензура в России». Здесь было мало нового для тех, кто знал взгляды Набокова, зато содержалось немало впечатляющих цитат из различных мыслителей века (от д-ра Альфреда Розенберга до Ленина и Хрущева) — на тему о подчиненной роли литературы в идеологизированном обществе. Был здесь также совсем свеженький любовный диалог из новой повести Сергея Антонова, немало потешивший аудиторию (герой испытывает любовь к партии, в первую очередь, и к женщине чуть-чуть), а также артистически прочитанный любовно-производственный пассаж из «Цемента».

В результате всех европейских скандалов, вызванных «Лолитой»,— издательских, газетных, парламентских — книга вышла там на первое место среди американских бестселлеров (сразу за ней шел роман Пастернака, снискавший славу тоже не без участия скандала). И конечно, на Набокова обрушился целый поток рецензий и отзывов, газеты от него требовали интервью. Теперь уже многие отваживались на высказывания, на которые раньше решался один только Алан Тэйт — «гениальный писатель», «великая книга». Даже со стороны профессиональных моралистов что-то не слышно было слишком уж пронзительных окриков. Журнал американских католиков прямо заявил, что этот блестящий роман открывает новую традицию в американской литературе. Зато роман вызвал неподдельное возмущение Адольфа Эйхмана, отставного палача, ждущего суда в камере иерусалимской тюрьмы.

Как и можно было ожидать, русской эмигрантской (а потом и советской) критике принять роман было нелегко: он ее шокировал. Русская газета в Америке напечатала пародийный стишок. Другие русские отзывы были менее легкомысленными, но столь же растерянными. Зинаида Шаховская писала, например, о «разгуле разрушения» в творчестве писателя, о том, что он «украшает небытие цветистыми гирляндами своих литературных поисков» и «с западной утонченностью» выражает «кошмар человечества без руля и без ветрил»; что это «черная литература, истинный смысл которой скрыт, он зловещ». Шаховская противопоставляла Набокова и Пастернака.

В целом «Лолита» шокировала русских критиков, она казалась им нерусской, и только Н. Берберова заявила в те дни в «Новом журнале», что «Лолита» столь же европейский роман, сколько и американский, сколько и русский — для того, кто не перестает, несмотря ни на что, считать Россию частью Европы, и непременной, и существенной ее частью».

Со статьей З. Шаховской Набоков ознакомился перед самым отплытием из Америки, и, возможно, она напомнила ему прежние страсти, кипевшие в эмигрантской печати вокруг его русских романов. Он подумал, что его бедная американская школьница, которая после стольких лет издательских мытарств и скандалов принесла ему победу, поможет теперь вернуть из небытия и его русские шедевры. Наверно, ему странно было, что в новой рецензии его прежней подруги, написанной по-французски, почти через двадцать лет (после всех мировых потрясений) оживали забытые уже прокурорские интонации русской прессы (еще через тридцать лет, уже после смерти Набокова, Д. Урнов вышлет ему «приглашение на суд» через малопопулярную московскую «Литучебу»).

Еще в ту пору, когда появились скандинавские издания «Лолиты», Набоков сказал Альберту Пэрри: «Вот увидите — начинается мое восхождение». Конечно же, это было восхождение — восхождение к славе и материальному благополучию. Издания «Лолиты» принесли, по сообщению Филда, около четверти миллиона долларов, а отношения с Голливудом — еще около двухсот тысяч. Было ясно, что теперь будет издаваться все, что напишет Набоков, и что материальные тяготы больше не будут его тревожить.

Елена Владимировна Сикорская получила в начале сентября телеграмму: «Плывем на «Либертэ» 29-го сентября, пробудем в Париже несколько дней и будем в Женеве числа 12-го октября. В конце октября мы должны быть в Англии, где я должен прочесть лекцию в Кембридже. «Лолита» выходит в Англии около 10 ноября. Если меня там не посадят в тюрьму, мы с Верой в середине ноября проедем в Милан, где хотим наладить учение Мити-певца... наши планы еще не окончательно сложились... Чтобы не опоздали октябрьские деньги, прилагаю чек на 50».

Последняя фраза показывает, что долгие дни европейской скудости и американской бережливости не прошли бесследно. При расчетах с русским Литературным фондом в Америке, по свидетельству З. Шаховской, которая ссылается на А. Седых, «разыгрались (прибегая к формуле двух любимых Набоковым московских авторов) безобразные сцены». Весьма сдержанно откликался наш любимый писатель и на другие призывы о денежной помощи (можно представить себе, что их стало теперь много). По сообщению Филда, одним из объектов такой, весьма скромной помощи явилась погибающая от болезней и нищеты Ирина Гваданини. Впрочем, не за традиционный русский размах любим мы этого замечательного писателя. Скорее за размах и самоотвержение, проявленные им при низкооплачиваемом комментировании «Онегина» или при работе над заведомо «труднопроходимой» прозой.

Итак, впервые после девятнадцати лет разлуки Набоковы собрались в Европу. Бумаги Набокова были сданы на хранение в Итаке, можно было плыть. Похоже, именно в плавании окончательно оформилась у Набокова идея нового романа, еще одного его литературного открытия, в котором слились и воображаемое королевство за морем, и его изгнанье, и его мысли о творчестве. Он обдумывал новую, совершенно оригинальную книгу...

Думал он, вероятно, и о своей жизни. Ему только что исполнилось шестьдесят. Жизнь его состояла пока из трех почти равных долей, трех двадцатилетий — русского, европейского и американского. Он уподобил их трем виткам спирали.

«Спираль» — одухотворение круга». Если назвать тезисом «первую дугу, с которой спираль начинается в центре», то антитезисом будет продолжающая ее спираль покрупнее, а синтезом продолжающая ее еще более крупная дуга. «Цветная спираль в стеклянном шарике — вот модель моей жизни»,— писал он. Дугой тезиса был его двадцатилетний русский период (1899—1919). Антитезисом — пора эмиграции (1919—1940). Американский период наметил синтез. Сколько оставалось ему еще?

* * *

В престижном парижском издательстве «Галлимар» шел прием. В комнатах толклись издатели, корреспонденты газет и радио, литераторы, критики. Сверкали блицы, слышалась разноязычная речь. В центре внимания был в тот день высокий, довольно тучный американский писатель русского происхождения — Владимир Набоков, автор нашумевшей «Лолиты». Многие здесь помнили его худеньким, порывистым, устремленным вверх, неистовым, полунищим. Одни из этих людей были приглашены им, другие пришли сами. Почти никто из этих русских не видел его последние девятнадцать лет, которые тут, в Европе, равны были столетию прежней жизни,— столько вместили они страха, горя, потерь... Его друзья переменились, но и он был настолько неузнаваем, что они ахали, забывая совершенно о том, как изменились сами...

Среди приглашенных в «Галлимар» на коктейль была его старая берлинская знакомая Женя Каннак. Она вспоминала:

«...множество народа, французские писатели, русские, много иностранцев. Оба Набоковы были очень элегантны, держались с большим достоинством. Вокруг Н. вертелись издатели,— помню представителя «Ророро» (Ровольт), который обратился к нему с приглашением: непременно приезжайте к нам, у вас столько преданных читателей — почему вы ни разу после войны не были в Германии?

И он — очень спокойно: «По той же причине, по какой я никогда не был в России, хотя меня и звали: я бы всегда боялся, сам того не зная, пожать руку убийце».

Немецкий издатель промолчал, отступил и испарился».

Но самое яркое описание этой встречи мы находим, конечно, у бывшей милой приятельницы Набокова Зинаиды

Шаховской, которую сам Набоков на прием не пригласил. Может быть, Вера Евсеевна помнила их довоенную ссору. И уж, наверно, супруги не успели забыть совсем недавнюю статью З. Шаховской о Набокове, содержавшую не только обвинения в аморализме, но и будто ожившие после двадцати лет небытия обвинения в нерусскости, в инфернальности. З. Шаховская пришла на прием как журналистка и ждала с другими журналистами в редакционной комнате. Она рассказывает:

«В тесноте и жаре мы ждали, пока он появится среди нас. Он вошел, и длинной вереницей, толкая друг друга, гости двинулись к нему. Годы ни его, ни меня, конечно, не украсили, но меня поразила, пока я к нему приближалась, какая-то внутренняя, не только физическая — в нем перемена. В. обрюзг, в горечи складки у рта было выражение не так надменности, как брезгливости, было и некоторое омертвение живого, подвижного в моей памяти, лица. Настал мой черед, и я, вдвойне тронутая радостью встречи и чем-то, вопреки логике, похожим на жалость, собиралась его обнять и поздравить — но, когда он увидел меня, что-то в В. закрылось. Еле-еле пожимая мою руку, нарочно не узнавая меня, он сказал мне: «Bonjour, Madame».

Я всякое могла ожидать, но это — это не было похоже на В. Скажи он мне: «Ну, милая моя, и глупости же ты обо мне написала», или «а статья твоя идиотская», я сочла бы это даже нормальным... но такая удивительная выходка человека, которого я помнила воспитанным, показывала в нем что-то для меня новое — и неприемлемое... В тот день я потеряла друга...»

Можно добавить, что Набоковы приобрели в тот день врага, ставшего в какой-то степени и их первым русским жизнеописателем,— не слишком счастливое сочетание...

После Парижа Набоков побывал в Лондоне, прочел лекцию в старом добром Кембридже, после американских университетов показавшемся ему отчего-то провинциальным. В Женеве он повидался с сестрой Еленой и племянником, потом добрался до Милана, где Дмитрий теперь учился оперному пению, съездил в Рим, побывал на Сицилии. Прелестная сицилийская Таормина Набокову не понравилась. Может, именно там докучали ему рокочущие мотоциклы, столь любимые юными итальянцами. Из таорминского отеля Набоков написал длинное письмо своему издателю Джорджу Уайденфелду. Узнав из газет, что Уайденфелд заказал Луи Арагону книгу об истории Советской России, Набоков высказал в письме предположение, что книга будет соответствовать советской версии этой истории (без конца переписываемой в соответствии с новой «линией»). Если вспомнить, что Арагон считал лагеря на Беломор-канале величайшим открытием цивилизации, можно понять недоумение Набокова, предложившего издателю хотя бы заказать какому-нибудь из настоящих ученых комментарии к подобному очерку истории...

В поисках «уголка» для работы Набоковы проехали весь лигурийский берег Италии, пересекли границу и осели в Ментоне. Из литературных впечатлений и знакомств этой первой после двух десятилетий отсутствия поездки в Европу Набоков выделял знакомство с Аленом Роб-Грийе. «Лучший французский писатель — это Роб-Грийе, с которым мы виделись в Париже,— писал Набоков Уилсону,— многие французские критики непонятно почему валят его в одну кучу со всякими Бюторами и Саррот...» Набоков настоятельно советовал Уилсону прочесть «Ревность» и «Соглядатая» Роб-Грийе.

В феврале 1960-го Набоковы вернулись в Америку и после нескольких дней, проведенных в Нью-Йорке, двинулись в Лос-Анджелес, где Набоков должен был писать сценарий для Кубрика. Они поселились в живописном цветущем каньоне, где было много бабочек, однако сомнительно, чтоб многомесячное сочинение сценария было занятием столь уж приятным. Приходилось придумывать новые диалоги, потом их выкидывать, без конца сокращать или удлинять текст, тщетно добиваясь от режиссера и продюсера, чего же они все-таки хотят. Набоков вполне лояльно высказывался позднее об этом фильме, так мало общего имеющем с его романом. Правда, если верить А. Филду, Кубрик взял с романиста слово, что он не будет слишком уж ругать фильм.

Потом Набоковы снова уплыли в Европу. Стоял ноябрь. Из Шербура они через Париж отправились в Милан к Мите, а затем поселились в Ницце, на знаменитом Променад дез Англэ. Прогуливаясь у моря, Набоков сочинял поэму для героя «Бледного огня» Джона Шейда. Это была, кажется, самая длинная набоковская поэма.

Иногда, отрываясь от стихов, он вдруг сочинял какую-нибудь эпистолярную прозу, например, письмо редактору журнала «Эсквайр», где, систематизировав многочисленные нелепости и неточности, содержащиеся в статье «Эсквайра», посвященной его особе, он переходил к главному: «Разрешите мне в заключение процитировать следующий совершенно невероятный пассаж из статьи: «Он... конечно, считает, что в старые добрые царские времена у свободолюбивого русского было больше свободы, чем при Ленине, не уточняя, кого он имеет в виду — свободолюбивых аристократов или свободолюбивых рабов».

Ирония всегда хороша, но когда она не опирается ни на какие факты, она давится с голоду собственным хвостом; ибо любая школьница знает, конечно, что рабы исчезли в России уже в 1861 году, то есть за год до освобождения рабов в данной стране, а все, кому дорога свобода, отдают себе, конечно, отчет, что рабство было восстановлено в России именно Лениным».

ГЛАВА СЕДЬМАЯ

НА ПОСЛЕДНЕМ БЕРЕГУ. ОТЕЛЬ ИЗ ДЕТСТВА.

С ЧЕГО НАЧИНАТЬ ЧТЕНИЕ?

ЗА НАГЛУХО ЗАПЕРТЫМИ ВОРОТАМИ

ПО ПРИЧИНЕ НЕОБЫЧАЙНОЙ УДАЛЕННОСТИ

НАДЕЖДА, Я ВЕРНУСЬ ТОГДА...

ДОБЫТЧИК УШЕЛ ТУДА...

НА ПОСЛЕДНЕМ БЕРЕГУ.
ОТЕЛЬ ИЗ ДЕТСТВА

В ту осень Набоковы впервые поселились в роскошной старомодной гостинице «Монтрё Палас» на берегу Женевского озера, называемого также озером Леман. И в маленьком курортном Монтрё, и по всему этому берегу, до самой Женевы, живало за последние полтора столетия немало русских. Гоголь бродил по этим берегам, обдумывая «Мертвые души», бывал здесь Толстой, да и Достоевский проезжал тут нередко, направляясь в игорный дом. Бывали здесь и Тютчев, и Вяземский, и Чехов; Жуковский наблюдал в этих местах за играми тринадцатилетней Лизхен Ройтерн, еще не предвидя своей судьбы. Что же до ссыльных и беглых революционеров (в основном большевиков, меньшевиков и эсеров), то из них, как остроумно предложил Филд, здесь можно было бы составить целое правительство (спасибо, уже составили!). Живали здесь в свое время и Руссо, и Байрон, и Ромен Роллан, а на кладбище в Монтрё одним из самых великолепных (впрочем, и одним из самых заброшенных) надгробий был к середине века памятник на могиле Прасковьи Набоковой, вдовы кузена министра юстиции Д. Н. Набокова. Так что место это для русско-американского писателя было не вовсе уж чужое или чуждое.

Отель этот впервые порекомендовал Набоковым дирижер Юрий Маркевич. Питер Устинов, живший здесь, тоже за него высказался, да и Набоковым место показалось удобным:

рядом, в Милане, учился Митя; в относительной близости обитали европейские издатели, которых у Набокова становилось все больше; американские издатели тоже бывали здесь во время своих европейских вояжей. А в Женеве жила сестра Елена. Да и для новой его книги атмосфера оказалась вполне подходящей...

Думается, что вообще Швейцария вошла в жизнь Набокова не случайно. Еще приехав сюда на каникулы из Кембриджа вскоре после эмиграции, юный Набоков поражен был совершенно русским запахом здешней еловой глуши, где за опушкой все чудится бревенчатая изба да белая русская церковка. И, конечно, не случайно вошел в его жизнь этот старомодный отель, напоминавший о довоенной (еще до той войны) Европе. Он словно пришел из тех же воспоминаний, что коричневые экспрессы времен беспечной (еще до катастрофы) роскоши, времен его русского и заграничного детства — всего, что словно ушло вдруг на дно Черного моря в тот день, когда он покинул Россию. Очертания прежнего рая словно угадывались в тишине этих гостиничных ковровых холлов, в отблеске солнца на белой скатерти ресторана. Узор накладывался на узор...

Жить в отеле, когда можешь купить свой собственный дом, два дома, три дома,— так ли это нелепо, как может показаться? Ведь содержать дом хлопотно — надо искать прислугу. Дом требует уменья, вечных забот, ремонта и содержания, обогрева, охраны — много всякого (чем заниматься уже не хочется) требует дом. А в отеле все под боком — прислуга, ресторан, телефоны, свой парк, транспорт, да и гости (во всяком случае те, кому такой отель по средствам).

В этот последний период жизни Набокова (как-никак целых восемнадцать лет!) жизнь его была еще беднее внешними событиями, чем в США. Так что наша биография в еще большей степени, чем раньше, превращается в историю его книг, сюжеты и герои которых витают в уже знакомом нам с вами прошлом и не так уж часто выходят из круга знакомых нам идей. Главным местом действия на весь этот период жизни становится кабинет Набокова на шестом этаже отеля (где были не обычные номера, а квартиры), небольшой парк при отеле, улица (чаще всего одна и та же) и уголок Альп, куда Набоков ездил охотиться на бабочек.

Альфред Аппель, не раз бывавший в Монтрё, с почтительностью описывает этот известный нам по многим фотографиям кабинет Набокова: пюпитр (нечто вроде аналоя или кафедры), за которым он пишет стоя; стол, за которым он работает сидя; кушетку, на которой он пишет лежа; бабочек под стеклом и открытку с репродукцией «Благовещения» фра Беато Анжелико, где у архангела Гавриила такие радужные крылья, точно у тропической птицы или у бабочки; и маленькую потемневшую семейную фотографию, снятую еще до первой войны. Это здесь он, по словам его ученика Аппеля, «трудится над каждой фразой, старательно царапая на этих своих знаменитых бристольских карточках размером три дюйма на пять, так, словно он какой-нибудь средневековый или ренессансный миниатюрист, а не стенописец XIX века». Многие авторы описывают также неизменный том словаря, который, что верный пес, дремлет у его ног,— всегда под рукой (он также виден на фотографиях).

В первые годы Набоковы еще путешествовали — ездили в соседнюю Италию на Митин оперный дебют и его концерты, ходили по итальянским музеям, а в 1962 году даже плавали в Америку на премьеру «Лолиты». В день прибытия судна «Куин Элизабет» в Нью-Йорк «какие-то журналисты беседовали с Набоковым в отеле «Сэйнт-Реджис», и позднее он опубликовал это интервью. Один из журналистов, сразу взяв быка за рога, спросил у знаменитого писателя, отчего интервьюеры считают его столь скучным персонажем. Набоков ответил, что он даже гордится тем, что не может представлять интереса для публики: «Я никогда в жизни не был пьян. Никогда не употреблял словечек на три буквы из школьного жаргона. Никогда не трудился в конторе или в забое. Никогда не принадлежал ни к какой группе или клубу. Никакая школа или верование не оказали на меня влияния. И ничто не представляется мне более скучным, чем политические романы и литература с социальными идеями». Перечень фобий Набокова оказался краток. Он сказал, что ненавидит глупость, угнетение, преступления, жестокость и тихую музычку. А величайшее в мире удовольствие доставляют ему писание и охота на бабочек. Один из журналистов спросил, не признак ли надвигающейся старости эти беспрестанные «э-э» и «бэ-э» в его ответах. «Вовсе нет,— сказал Набоков.— Я всегда был ужасный оратор. Слова мои ютятся где-то глубоко в сознании и, чтобы обрести физическое существование, им нужен лист бумаги. Вдохновенное красноречие всегда представлялось мне чудом. Я переписывал — иногда по несколько раз — каждое опубликованное мной слово. Мой карандаш живет дольше, чем ластик». Набоков признался, что и на кафедре в Уэлсли или в Корнеле он все время шастал глазами в текст. В заключение он ответил на вопрос о возможностях развития литературы в России, признав, что на такой вопрос ответить нелегко: «Беда в том, что никакое правительство, какое бы оно ни было умное и гуманное, не может породить великих художников, тогда как плохое правительство, конечно, может мешать им и угнетать их. Следует помнить также — и это очень важно, — что единственные, кто процветают при любом правительстве, это мещане. В сиянии мягкого режима столь же редко появляется большой художник, как и в менее благополучные эпохи отвратительных диктатур. Поэтому я ничего не могу предвидеть, хотя я надеюсь, конечно, что под влиянием Запада, и особенно Америки, советское полицейское государство отомрет постепенно. Кстати, меня огорчает позиция, занимаемая глупыми и бесчестными людьми, которые самым смехотворным образом приравнивают Сталина к Маккарти, Освенцим к атомной бомбе и безжалостный империализм СССР к здравой и бескорыстной помощи, которую США оказывают народам, попавшим в нужду».

Некоторые из поздних (после 1962 года) интервью Набокова были изданы отдельной книгой. В ней много парадоксов, «крутых мнений», полупризнаний, обманных ходов и «иллюзорных решений». Желающий узнать из этих интервью что-либо об «истинной жизни» писателя не должен забывать, что Набоков сам предупреждал не раз о «поддельной нити Лжеариадны» и пленительности обмана в искусстве. И конечно же, он лукаво морочил репортеров, совершенно по-американски создавая свой собственный, выбранный им в старости «имидж». Сделать это было тем легче, что он сам заранее отбирал вопросы, на которые согласен отвечать, и заранее писал на них ответы, которые потом зачитывал. В эту пору о нем писали уже не только журналисты, но и литературоведы, молодые ученые, аспиранты, студенты. Монографии о Набокове появляются одна за другой (первой явилась на свет монография молодого американца Пейджа Стегнера) — в Гейдельберге, в Бонне, в Хельсинки, в Цюрихе, но чаще всего, конечно, на родине набоковедения, в Америке. Какие-нибудь «Парадоксы (или загадки) у Набокова...» становятся не менее популярной темой среди тамошних аспирантов, чем «Образ народного заступника в поэме „Кому на Руси жить хорошо?"» или «Коммунисты в романе Шолохова» среди прежних советских школьников.

Набоков пишет в эти годы предисловия к английским переводам своих русских романов, а иногда и работает над этими переводами вместе с любимым своим переводчиком — сыном Митей. Набоковские пометки на полях Митиных переводов дышат не столько обычной его авторской придирчивостью и педантизмом, сколько нестерпимой отцовской нежностью. Набоков не уставал удивляться многочисленным Митиным талантам — оперная сцена, автомобильные гонки, альпинизм и вот — переводы...

— Митя подвозил меня из отеля в Монтрё на станцию, — рассказывала мне в Париже адвокат Набокова Л. А. Ширман, выигравшая когда-то набоковскую тяжбу с Жиродиасом. — Он так гнал машину, страшно было... Он очень способный. Он даже слишком способный. Он очень милый.

С ЧЕГО НАЧИНАТЬ ЧТЕНИЕ?

В первые годы своей жизни в Монтрё Набоков работал над завершением романа, начатого еще в Соединенных Штатах. Это был роман небывалой композиции: он состоял из предисловия к поэме, самой поэмы, комментариев к поэме, а также указателя имен. Все вместе составляло удивительное произведение американской литературы — роман, да еще и с «детективной» приманкой, «Бледный огонь». Набоковед Стивн Паркер указывал в этой связи, что набоковские поиски нетрадиционной формы романа в сущности не выламываются из традиции русского романа, не раз искавшего совершенно новую форму. Что до самой уникальной композиции нового романа Набокова, то предтечей ее, по мнению Паркера, можно считать построение его гигантского труда о «Евгении Онегине»: «Там тоже были предисловие к роману в стихах, перевод этого романа, а потом обширнейшие, составляющие три четверти объема всего труда и едва ли не самые в нем интересные набоковские комментарии. Форма эта повторялась теперь в пародийном плане и на новом, куда более сложном, уровне».

Об этом романе писали много, а загадки его дали пищу для любопытства и эрудиции целой армии набоковедов. Первыми занялись этим романом Пейдж Стегнер и бывшая жена Эдмунда Уилсона писательница Мери Маккарти, чья статья, по словам Э. Фрилда, явилась образцом критической щедрости и долго будет жить в американской литературе рядом с романом Набокова. «Бледный огонь», — писала Мери Маккарти, — это шкатулка с сюрпризами, ювелирное изделие Фаберже, механическая игрушка, шахматная задача, адская машина, западня для критиков, игра в кошки-мышки и набор для любителя самоделок... Его внешняя странность не может заслонить тот факт, что это одно из великих творений искусства нашего века, что это современный роман, про который все думали, что он скончался, но который только притворялся мертвым... это творение совершенной красоты, симметрии, странности, оригинальности и моральной правдивости».

Мери Маккарти одной из первых объяснила, что роман этот раскрывается на различных уровнях, при том, что он вообще не лежит на «уровне мысли», привычном для современной критики. Он построен в фиктивном пространстве на манер тех вместилищ памяти, которые изображались на средневековых рисунках, с отделениями для цифр и для слов, или тех хранилищ, которые проектировали астрологи.

Мери Маккарти предлагает начать разбор этого сооружения с первого этажа. В центре произведения — поэма «Бледный огонь», написанная американским поэтом Джоном Шейдом. Ему шестьдесят один год, он преподает в американском колледже Уордсмит и живет неподалеку от колледжа в отцовском доме вместе с женой Сибил. Они женаты уже сорок лет. Их дочка Хэйзел, будучи подростком, покончила с собой, бросившись в близлежащее озеро. Шейд читает в университете курс об Александре Попе, и его собственная поэма вдохновлена стихотворными размерами Попа, хотя содержанием своим, как считает Мери Маккарти, она скорей напоминает баллады Уордсуорта. По соседству с Шейдом, в доме судьи и профессора Голдсуорта, уехавшего на год в отпуск, поселяется профессор Чарлз Кинбот, человек очень одинокий, гомосексуалист-неудачник, впоследствии автор комментариев к поэме Шейда. Кинбот — выходец из некоей Земблы, страны, расположенной к северу от России. Восхищаясь гением Шейда, он старается почаще бывать у поэта, подробно рассказывает ему об истории Земблы и ее монархе. В университете к Кинботу относятся презрительно, и только гуманный Шейд жалеет его. Потом Шейда по ошибке убивает некий Джек Грей, а Кинбот, завладев рукописью поэмы, законченной Шейдом в день смерти, удаляется с нею в Седарн, чтоб написать к ней комментарий и подготовить ее к изданию.

То, что нам раскрывается в комментариях Кинбота, составляет уже как бы новый этаж этой сложной романной постройки. Комментатор пытается доказать читателю, что на самом деле поэма Шейда навеяна его, Кинбота, рассказами о короле Земблы Карле Возлюбленном, о революции в Зембле и бегстве короля, так что по существу вся поэма посвящена событиям, происходившим в Зембле. Мало-помалу мы начинаем подозревать, что этот профессор Кинбот и есть укрывшийся в Америке беглый король Земблы Карл Возлюбленный. Тайная полиция революционной Земблы («теневики»), выследив его, нанимает анархиста Якова Градуса, чтоб он убил опального монарха. Градус шаг за шагом, день за днем (по мере написания Шейдом его великой поэмы) приближается к университету и наконец стреляет в короля, убивая по ошибке поэта. Так представляется Кинботу все происшедшее, однако внимательный читатель теряет к его рассказу доверие по мере чтения и начинает подозревать, что этот Кинбот сумасшедший. Позднее читатель обнаруживает, что он вообще не Кинбот, этот человек, а профессор русского языка Боткин, страдающий манией преследования, столь нередкой среди эмигрантов и беженцев, хотя некая страна за «железным занавесом», конечно, существует на самом деле, и детективная история, подобная той, которую придумал Боткин и в которую он втянул читателя, вполне могла иметь место. Можно объяснить все безумием Боткина, ибо нам уже более или менее ясно, что Джек Грей, сбежавший из тюремной психушки, куда упрятал его судья Голдсуорт, явился, чтобы убить судью, и только по ошибке убил похожего на него поэта. Однако открытие каждого нового плана в романе влечет за собой открытие следующего, и новый роман Набокова более, чем когда-либо у него, повторяет бесконечное отражение предмета в двух зеркалах, а то и русскую матрешку, из чрева которой появляются все новые сюрпризы.

Мери Маккарти, первой отыскавшая источник набоковской Земблы в «Эссе о человеке» Попа, приводит отрывок из этого эссе, в котором Поп говорит о поисках Крайнего Севера и «крайности» порока, когда каждый народ говорит, что там, где-то к северу от него, еще северней, там еще хуже и порок там ужаснее, где-то там, в Зембле, то есть не у нас, а за нашим порогом. У Шейда за порогом — сосед Боткин, у Боткина — Шейд (у Шейда из пороков — его пристрастие к виски, у Боткина — его «мальчики для пинг-понга»). Однако ведь и сам Шейд — лишь отражение в оконном стекле...

Еще сложнее приходится читателю, когда он обнаруживает обратную согласованность некоторых частей поэмы с комментарием. С естественностью приходит в голову, что сочинял поэму и комментарии один и тот же человек. Но кто из двоих? Был ли Шейд творцом Кинбота или, напротив, Кинбот-Боткин сочинил все вместе взятое. И здесь мнения даже самых опытных читателей расходятся. Для Брайана Бойда несомненно, что это именно Шейд, в совершенстве владеющий и стихом и прозой, сочинил историю Кинбота. Подобно тому, как в самом начале своей поэмы Шейд видит себя отраженным в оконном стекле, так и Кинбот отражает Шейда, но только в отражении этом как в зеркале — все наоборот (и там, где в здешних Апалачах буква «А», в далекой Зембле — буква «зет», последняя буква английского алфавита).

Борясь с неразрешимой тайной смерти (смерть дочки для Шейда — неизжитое горе), желая понять ее загадку, поэт стремится войти в чужую душу (не тем ли был, если помните, занят и рассказчик в «Истинной жизни Себастьяна Найта»?), при этом душу, как можно более непохожую на его собственную. Как отмечают наблюдательные набоковеды, Кинбот и есть полная противоположность Шейду (ведь и рассказчик из «Себастьяна Найта» предполагал, что наше «потом» и «там» предоставит нам полную возможность «жить в чужих душах, в любом числе чужих душ»). Отчего же все-таки для своего эксперимента Шейд выбрал этого мерзкого и сумасшедшего педераста Кинбота-Боткина? Может, оттого, что для него, Шейда (как и для Набокова — мы с вами ни на минуту не забываем о нашем герое), любая человеческая душа бесценна и незаменима.

И вот, с одной стороны, Шейд избирает смерть, чтобы, освободившись от своей личности, жить по смерти (к такому выводу приходит Б. Бойд). С другой, Шейд создает Кинбота, этого замкнутого на себе человека (о бесконечном его эгоцентризме свидетельствуют и его комментарии, и составленный им смехотворный указатель), человека, который в то же время пытается преступно проникнуть в чужую душу, в душу Шейда. Шейда в Кинботе могла привлечь не только многое озаряющая нотка безумия (Набоков, как помните, никогда не уставал изыскивать для своей прозы самых разнообразных безумцев, чем немало смущал русскую критику), но и его безысходное одиночество. Ведь одна из целей Шейда — понять непостижимое трагическое одиночество своей бедной дочери, добровольно ушедшей из жизни. Сам Шейд нашел возможность вырваться из одиночества благодаря идеальному браку с Сибил (и это, между прочим, особенно раздражает Кинбота). Что до безумного Кинбота, то он, чтобы преодолеть одиночество, изобретает сказочнуюЗемблу и свой статус короля-изгнанника. Шейд пытается преодолеть горечь утраты с помощью своего искусства: изобретая для этого и отчаяние Кинбота (в душу которого он проникает) и собственную смерть (это проникновение позволяющую). Завершив анализ романа, Брайан Бойд переходит к жизни самого Набокова (и в этом нет неожиданности, ибо присутствие автора в этом романе несомненно). «Укрытому за двумя персонажами Набокову предстояло самому справиться с двумя горестями своей жизни: с утратой России и с бессмысленным убийством отца. Чувства Набокова к России довольно прямо — хотя и в фантастической форме — выражены в зеркальном мире Земблы».

На эту мысль, в частности, наводят Бойда некоторые даты и факты: «День рождения В. Д. Набокова приходится на 21 июля: это день убийства Шейда... Таборицкий и Шабельский-Борк прострелили сердце В. Д. Набокова, хотя собирались убить Милюкова (точь-в-точь как Градус или Грей собирался убить Кинбота или Голдсуорта, но уж конечно не Шейда, которому он прострелил сердце). Более того: после смерти В. Д. Набокова эмигрантскую организацию в Берлине возглавил некий С. Д. Боткин».

Итак, Бойд считает Шейда автором поэмы и комментариев, творцом самого Боткина-Кинбота. В подтверждение этой версии мы могли бы еще напомнить лжехудожников из «Отчаяния» и «Соглядатая» или порассуждать об уже знакомой нам глухоте «лжехудожника». Однако мы скромно останемся в стороне от набоковедческих баталий и лишь известим читателя, что есть также другие толкования романа.

Набоковед Грэйбз, например, выдвигает многочисленные аргументы в пользу Кинбота как автора не только комментариев, но и самого Шейда. «Если Кинбот мог придумать историю Карла Возлюбленного, отчего не мог он придумать и Шейда вместе с его поэмой и с его убийством?» — вопрошает Грэйбз. «Во всяком случае,— продолжает он,— возможность разнообразных прочтений означает, что вопрос о конечном впечатлении остается на удивление нерешенным и что сам читатель в необычно широкой мере вовлекается в его решение». Именно поэтому многие набоковеды (и Мери Маккарти первая) называли этот роман детективом-самоделкой, игрушкой «сделай сам»; очертания романа и его понимание меняются даже в зависимости от того, в каком порядке вы станете его читать. Кинбот советует в предисловии начинать чтение с комментариев. Грэйбз в своей работе рассматривает три способа прочтения и три несовпадающих впечатления от романа, находя поистине удивительным, что при всех уловках в стараниях все-таки невозможно установить, какая трактовка событий предпочтительнее. Читателю романа таким образом предоставляется еще большая свобода трактовки, чем в других романах Набокова. Легко предсказать, что эта неопределенность и ускользающая реальность любой из версий не может не раздражать читателя, привыкшего к более определенным условиям игры. Недаром же Н. Берберова писала когда-то, что Набоков не только создает новый тип литературы, но и создает нового читателя. Набоков говорил, что он нашел своего читателя в Америке. Но, конечно, есть такой читатель и в других странах, в том числе и на родине писателя. Однако, несмотря на массовые тиражи изданий, это все еще не «массовый» читатель. Так или иначе, почти все набоковеды отмечали трудность чтения романа, признавая единодушно его большие литературные достоинства. Эндрю Филд считает «Бледный огонь» одним из трех лучших романов Набокова (два других — это «Дар» и «Лолита»), Брайан Бойд — лучшим: «Головокружительная проба сил, море комического наслаждения, тест на воображение, исследованье проблем жизни и смерти, безумия и здравомыслия, отчаянья и надежды, любви и одиночества, затаенности и разделенной судьбы, доброты и эгоизма, созидательности и паразитизма, а также увлекательное путешествие в страну открытий».

Мы не говорили здесь о поэме Шейда, которую многие набоковеды-американцы считают замечательным произведением поэзии. Приводя строки об отражении заснеженного двора на стекле, Бойд заявляет: «Не много найдется в английской поэзии произведений, равных «Бледному огню».

Мы не затронули еще многих сторон романа, скажем, литературных пародий и реминисценций в нем (самое его название идет от Шекспира, а в ткани его живут и Поп, и Гёте, и Уордсуорт, и «Алиса в стране чудес», и еще многое). Мы не говорили о словесных играх: самую «игру словами» Набоков сопоставляет с «игрой мирами» (и в английском слова эти ближе по звучанию, чем в русском). Мы ничего не сказали о языкотворчестве (существует диссертация, посвященная структуре «зембланского» языка в романе), о роли красного и зеленого цветов. И еще, и еще...

Легко понять, что, когда в интервью Би-би-си Набоков заявил, что, сочиняя книги, он просто играет в свое удовольствие, он, как обычно, лукавил. И все же многие критики, раздраженные непонятностью этой книги, восприняли ее именно как игру. С этим ничего не поделаешь: предоставив читателю свободу трактовки смысла романа, Набоков мог ожидать и разнообразия читательских суждений о нем, так что если такие читатели, как Мери Маккарти, Эндрю Филд и Брайан Бойд высказали свой безусловный восторг, если даже специалист по юмору из юмористического «Панча» счел книгу очень смешной, то, скажем, автор из престижного американского «Комментари» нашел главный недостаток книги в том, что она «не смешна там, где намеревается быть смешной», а обозреватель английского «Лиснера» заявил, что «может, конечно, мистер Набоков и гений, однако пусть он пробует свои загадки и криптографические игры на ком-нибудь другом, только не на мне».

Мы упомянули выше об интервью, которое Набоков дал корреспондентам Би-би-си, настигшим его на альпийском склоне в Зерматте, где он по обыкновению ловил бабочек. Первое, о чем спросили англичане,— собирается ли Набоков когда-нибудь вернуться в Россию. «Я никогда не вернусь,— ответил он,— по той простой причине, что вся та Россия, которая нужна мне, всегда со мной: литература, язык и мое собственное русское детство. Я никогда не вернусь. Я никогда не сдамся. К тому же уродливая тень полицейского государства и не развеется еще при моей жизни. Не думаю, чтоб там знали мои произведения — ну, вероятно, какое-то число читателей все же имеется в моей собственной секретной

497

службе, но не надо забывать, что Россия стала невероятно провинциальной за последние сорок лет, не говоря уж о том, что людям там указывают, что́ им читать и что́ им думать. В Америке я чувствую себя лучше, чем в любой другой стране. Именно в Америке я нашел лучших своих читателей и самые близкие ко мне воззрения. Интеллектуально я дома в Америке. Это моя вторая родина в полном смысле этого слова».

Нет сомнения, что, отвечая так, лукавый Набоков хотел не только сделать приятное американцам, но и досадить корреспондентам-англичанам. Кореспонденты просили, чтобы Набоков объяснил им причины своего пристрастия к литературным ловушкам и обманам. «Мальчиком я был вроде фокусника,— сказал Набоков.— Мне нравились маленькие фокусы — превращать воду в вино и все такое; но мне думается, я попадаю здесь в неплохую компанию, ибо любое искусство — обман, так же, как и природа; все обман в этом добром старом розыгрыше — от насекомых, которые притворяются листьями, до популярных соблазнов размножения. Знаете, как началась поэзия? Мне всегда думалось, что она началась тогда, когда пещерный мальчик примчался по высокой траве в свою пещеру, крича: «Волк, волк», а на самом деле никакого волка не было. И его гориллоподобные родители, большие поборники правды, дали ему, конечно, взбучку, но рождение поэзии уже произошло — высокая поэзия родилась в высокой траве».

Супруги Набоковы надолго обосновались в Монтрё. Когда Питер Устинов переезжал из отеля, он звал за собой Набоковых. Они посетили его новый дом и даже купили себе участок в горах, но так и не двинулись с места. Не уехали они и тогда, когда ушел из отеля его директор, с которым они успели подружиться. Они оказались тяжелы на подъем. А может, просто перемена мест не играла в их жизни столь уж существенной роли.

В 1964 году Набоковы снова предприняли путешествие в Америку. На выступлении Набокова в Гарварде университетский Мемориальный зал был полон до отказа (тот самый зал, где двенадцать лет назад он читал лекции). Из Гарварда супруги поехали в гости к Бишопам в Итаку. Им нужно было договориться о доставке набоковского архива в Монтрё. Бишопы нашли, что Набоков хорошо выглядит, а Вера стала еще красивей.

ЗА НАГЛУХО ЗАПЕРТЫМИ ВОРОТАМИ

В начале 1964 года в Америке вышел «Евгений Онегин» в переводе Уолтера Арндта, который Набоков еще успел помянуть в печати недобрым словом перед сдачей в набор у Болингена своего собственного перевода. Набоков писал, что этот новый перевод «еще хуже» прежних. Но вскоре перевод Арндта получил в Америке премию Болингена. Еще обидней было другое. В том же самом году Уилсон навестил Набокова в Швейцарии, однако не сказал, что его собственная рецензия на набоковский перевод «Евгения Онегина» лежит в «Нью-Йорк Ревью эв Букс». Рецензия вышла уже в июле и, как легко было предвидеть, содержала резкие нападки на набоковского «Онегина». Эндрю Филд считает несправедливым, что бо́льшую часть рецензии Уилсон посвятил переводу, который по объему составляет лишь около трети тысячестраничного комментария Набокова, а об огромной набоковской работе над исследованием связей Пушкина с современной ему английской и французской литературой Уилсон упомянул лишь в одной, хотя и похвальной, фразе. При этом он тут же позволил себе усомниться в анализе пушкинских источников, которому Набоков уделил особое внимание. Набоков в своей работе приходил к выводу, что Пушкин пользовался в основном французскими переводами английской литературы, так как английский знал не слишком твердо, зато великолепно знал и старую и новую французскую литературу. При этом Набоков давал в своих комментариях интереснейший анализ лексики Пушкина и примеры употребления Пушкиным старых слов, и вряд ли попытки Уилсона вступать здесь в спор с Набоковым имели шансы на успех. Но этот спор по поводу романа Пушкина (в который ввязались А. Берджес, Р. Пауэл и другие) окончательно испортил отношения между старыми друзьями. Больше они никогда не виделись. Набоков лишь отвечал открытками на рождественские открытки Уилсона, но иногда в разговорах с кем-нибудь из американцев вдруг с сожалением вспоминал об их столь славной некогда дружбе...

Набоковский подстрочный перевод «Онегина» вызвал немало нареканий. Набоков реализовал в нем свои новые взгляды на перевод, которые он с большой страстностью высказывал в интервью Альфреду Аппелю: «Говорят, есть на

Малайях такая птичка из семейства дроздовых, которая тогда только поет, когда ее невообразимым образом терзает во время ежегодного Праздника цветов специально обученный этому мальчик. Потом еще Казанова предавался любви с уличной девкой, глядя в окно на неописуемые предсмертные мучения Дамьена. Вот какие меня посещают видения, когда я читаю «поэтические» переводы русских лириков, отданных на заклание кое-кому из моих знаменитых современников. Замученный автор и обманутый читатель — таков неминуемый результат перевода, претендующего на художественность. Единственная цель и оправдание перевода — возможно более точная передача информации, достичь же этого можно только в подстрочнике, снабженном примечаниями»[1].

Среди прочих откликов на набоковского «Евгения Онегина» приплыл к американскому берегу и отклик из подмосковного Переделкина. Прислал его один из первых советских теоретиков перевода восьмидесятидвухлетний Корней Иванович Чуковский. До Переделкина дошел не только онегинский четырехтомник Набокова, но и злой анекдот о Чуковском, рассказанный Набоковым в автобиографии. Ссылаясь на веселый рассказ отца, Набоков пишет, что в 1915 году во время поездки в Англию с делегацией Чуковский на приеме во дворце стал на своем варварском английском добиваться от короля, что́ он думает об Оскаре Уайльде (в ту пору менее знаменитом в Англии, чем в России). Ничего не поняв в варварской речи гостя, король поспешил перевести разговор на погоду и заговорил на французском, который он знал не лучше, чем Чуковский знал английский... Чуковский писал, что, хотя Набоков и сочинил о нем этот злой анекдот, он все же остается его «любимым писателем», что больше всего Чуковский любит «Бледный огонь», но, по его мнению, и «Лолита», и «Пнин», и «Защита Лужина», и онегинский четырехтомник — «бесспорные шедевры» («Из четырехтомника я узнал много нового, многое прочитал с упоением»). Чуковский добавлял, что, конечно, он согласен не со всеми теоретическими положениями Набокова о переводе, так как он, Чуковский, очень любит книгу набоковских переводов «Пушкин, Лермонтов, Тютчев», о которой сам Набоков, вероятно, забыл, когда писал свои новые «Стансы о „Евгении Онегине“», изничтожающие поэтов-переводчиков. В том же письме Чу-

---

[1] Перевод М. Мейлаха.

500

ковский сообщал, что сочинил довольно большую статью о набоковском «Онегине» и даже собирается ее напечатать. При этом Чуковский высоко отозвался о статье Уилсона: «Эдм. Уилсон написал очень талантливо, очень тонко об «Онегине» Вл. Вл-ча, как жаль, что при этом он, Уилсон, так плохо знает русский язык и так слаб по части пушкиноведения. Вл. Вл. его сотрет в порошок».

Эти откровения Чуковского были адресованы загадочной Соне Г., переписка с которой скрасила последние годы Чуковского, а вся история этой переписки, отчасти напоминающая знаменитые коктебельские розыгрыши, представляется мне весьма трогательной. Первое письмо от «Сони Г.» Корней Иванович Чуковский получил осенью 1964 года, и при взгляде на эту подпись ему представилась хотя и не совсем молодая, но вполне еще моложавая американка русского происхождения, прекрасно знающая русскую литературу, судящая обо всем смело и независимо. Чуковский ответил, и письма его к Соне с каждым разом звучали все более влюбленно: «Милая, загадочная Соня... Мне все чудится, что откроется дверь и в мою комнату войдет быстрая, красивая, шумная, моложавая дама и скажет: «Я Соня». Хоть бы прислали свою карточку, чтобы я понял, почему я, занятый по горло, почти 90-летний старик, с таким удовольствием пишу Вам письмо и так жду Вашего письма с небрежной подписью...»

Корней Иванович умер, так и не узнав, кто была «загадочная Соня», пережившая его, впрочем, ненадолго. В своей переписке они обсуждали книги Башевиса Зингера (от которого К. Чуковский был в восторге), американские выступления Евтушенко (от которых Соня была в ужасе) и прочие литературные события, однако для нас наиболее интересны многочисленные упоминания о Набокове, которого Соня представила Чуковскому как своего друга (кстати, в этом не было преувеличения). Однажды Чуковский сообщил Соне, что свою статью о четырехтомном набоковском «Евгении Онегине» он закончил и она уже переводится на английский язык: «Надеюсь получить в нашем Союзе писателей официальное разрешение напечатать статью в «Нью-Йорк Ревью эв Букс». Соня похвалила в своем письме арндтовский перевод «Онегина» и даже списала для Чуковского перевод «Ворона», сделанный Арндтом. 22 апреля 1967 года Корней Иванович написал Соне, что, прочитав статьи в юбилейном набоковском номере «Трикуотерли», он решил все же отложить свою собственную статью о «Евгении Онегине» на полку своих «посмертных записок» (вероятно, к тому же и «официального разрешения» Союза писателей на столь серьезный шаг надо было ждать годами, а выживание в условиях террора, много лет истреблявшего его друзей и близких, приучило Корнея Ивановича к разумной осторожности). Это, апрельское, письмо, написанное восьмидесятипятилетним Чуковским в последнюю переделкинскую весну его жизни, очень трогательно: «Милая загадочная Соня! У нас уже весна! Птицы, зелень, дальние прогулки и сладкие дымки от сжигаемых прошлогодних листьев. Пройдешь по улице — и справа и слева костры — и этот древний, с детства милый запах...» А дальше, в этом последнем письме, прощающие, совершенно пасхальные строки о злой проделке младшего Набокова, о его благородном отце...

«Относительно Влад. Влад-ча: люди, прочитавшие его мемуары (я не читал их), пишут мне с удивлением, с возмущением по поводу его строк обо мне... Но я вскоре поостыл и думаю, что в *то время* — в 1915—16 гг.— во мне было, очевидно, что-то, что дало пищу его анекдоту. Самый анекдот — выдумка, но возможно, что он верно отразил то неуважительное чувство, которое я внушал окружающим. Я был очень нескладен: в дырявых перчатках, не умеющий держаться в высшем обществе — и притом невежда, как все газетные работники,— невежда поневоле, самоучка, вынужденный кормить огромную семью своим неумелым писанием...[1] Отец же Вл. Вл. был человек очень высокой культуры. У него была особая игра: перечислять все имена героев Диккенса — чуть ли не триста имен. Он соревновался со мною. Я изнемогал после первой же сотни. Мы в шутку состязались в знании всех романов А. Беннета. Он и здесь оказывался первым: назвал около двух десятков заглавий, я же читал всего восемь. Я всегда относился к нему с уважением и любовно храню его немногие письма и дружественные записи в „Чукоккале"».

В ответном, майском (тоже последнем) своем письме Соня, передав привет дочери писателя Л. К. Чуковской, которую знали и ценили в Америке, снова касалась истории со смеш-

---

[1] Примерно такой же автопортрет Чуковского мы находим в относящейся к тем же 60-м годам переписке К. Чуковского с его иерусалимской корреспонденткой Р. П. Марголиной.

ным набоковским анекдотом: «Относительно Набокова: после того, как я написала ему насчет его выдумки относительно Вашей поездки в Лондон вместе с его отцом, он в ответ просил меня передать Вам, что его сын вырос на Вашем «Крокодиле» и на «Мойдодыре». Мне кажется, что он чувствует себя очень неловко, будучи уличенным».

Это сообщение крайне любопытно. Во-первых, мы еще раз узнаем, до какой степени популярна была среди берлинских эмигрантов советская литература. И во-вторых, задумываемся над тем, мог ли Набоков полностью сочинить подобный анекдот для своей автобиографической (хотя и очень «придуманной») книжки? Какова вообще степень ее автобиографичности?

Загадка «Сони Г.» уже четверть века назад была раскрыта нью-йоркским «Новым журналом». Из множества русских Сонь Г., приехавших в Нью-Йорк из России, Соней Г. могла бы оказаться, к примеру, С. Гринберг, жена Набоковского друга Романа Гринберга. Однако Соней оказался... сам Роман Николаевич Гринберг, парижский ученик Набокова и его нью-йоркский друг, в котором литературные пристрастия не раз брали верх над «делами». Р. Гринберг выпустил в Америке пять номеров русского альманаха «Воздушные пути», издание которого поэт Л. Ржевский назвал «одним из самых блестящих эпизодов эмигрантской периодики 60-х годов»: именно здесь были впервые напечатаны 57 стихотворений Мандельштама, два варианта «Поэмы без героя» Ахматовой, поэма Цветаевой «Перекоп», наброски поэмы Пастернака, четыре новеллы Бабеля, стихи И. Бродского, письма В. Д. Набокова. Отправляя однажды письмо в Переделкино и опасаясь, что осторожный Чуковский не ответит неблагонадежному издателю «западного» альманаха, Р. Гринберг и выбрал себе романтический псевдоним, что позднее подарило читателю и благодарным литературоведам пачку прекрасных романтических писем.

Жаль все же, что Набоков сам не написал Чуковскому. Однако он в то время уже почти не писал личных писем, да и деловую переписку Вера Евсеевна взяла на себя (и надо сказать, объем ее работы сильно увеличился). К тому же сомнительно, чтобы он решился написать что-нибудь примирительное, как Чуковский, или признать свою ошибку.

Корреспонденты, расспрашивавшие в те времена Набокова о его образе жизни, получали от него довольно подробный отчет: «Просыпаюсь я между шестью и семью часами поутру и пишу до половины одиннадцатого, как правило, стоя у кафедры... Первый перерыв бывает в половине девятого во время нашего с женой завтрака и разборки почты... Около одиннадцати я вымокаю минут двадцать в горячей ванне с мочалкой на голове и языкотворческими мыслями в голове, увы, вторгающимися и в мою нирвану. Прогулка с женой вдоль озера, потом скудный обед, а потом двухчасовой сон, после чего я возобновляю работу до ужина, то есть до семи. Американский друг подарил нам «скрэбл» с русскими буквами, изготовленный в Ньютауне, штат Коннектикут, так что мы играем час или два в русский «скрэбл». Потом я читаю в постели — периодические издания или какой-нибудь из романов, который гордые издатели посылают мне с надеждой. С одиннадцати до двенадцати длится моя обычная борьба с бессонницей. Таков мой образ жизни в холодную пору. Лето я провожу в погоне за бабочками на цветущих склонах и горных осыпях, и конечно, после ежедневной пятнадцатимильной прогулки сплю я еще хуже, чем зимой. Последнее прибежище для отдохновения в сочиненье шахматных задач...»

Что до общества, то его, по свидетельству Набокова, составляли писателю утки на Женевском озере, некоторые приятные персонажи из его романа, сестра в Женеве, непрерывный поток блестящих американских интеллектуалов, его навещающих, и «мистер Ван Вин, который спускается из горного шале, чтобы встретиться с некой темноволосой дамой на углу улицы, видном в окно Набоковской башни из мамонтовой кости. Кто еще? Сам мистер Вивиан Бэдлук» (Плоховыглядящий — еще одна из множества анаграмм его имени)...

Самое существенное здесь сообщение — о мистере Ван Вине, герое нового огромного романа, над которым Набоков работал все последние годы.

Иногда корреспонденты наезжали с кинокамерами, и тогда стареющий писатель разыгрывал для них настоящего Набокова: провожал взглядом бабочку, что-то записывал (или делал вид, что записывает) в записную книжку во время прогулки...

Митя работал теперь над переводом романа «Король, дама, валет», а Набоков делал поправки и писал новое предисловие к роману. Кроме того он завершал очень важную и трудную работу — русский перевод «Лолиты». Той осенью, на Сицилии, он написал грустный и прекрасный постскриптум к своему русскому переводу. Грусть эта прежде всего была навеяна тем, что, хотя Россия и ожила, зашевелилась где-то там за своим бронированным занавесом, ему трудно было разглядеть нового русского читателя, магический кристалл ему «мало кого ... показывал». Разве что «несколько старых друзей, группу эмигрантов (в общем, предпочитающих Лескова), гастролера-поэта из советской страны, гримера путешествующей труппы, трех польских или сербских делегатов в многозеркальном кафе, а совсем в глубине — начало смутного движения, признаки энтузиазма, приближающиеся фигуры молодых людей, размахивающих руками... но это просто меня просят посторониться — сейчас будут снимать приезд какого-то президента в Москву».

«Вопрос же — для кого, собственно, «Лолита» переводится,— писал Набоков,— относится к области метафизики и юмора. Мне трудно представить себе режим, либеральный или тоталитарный, в чопорной моей отчизне, при котором цензура пропустила бы „Лолиту“».

Читатель с приятным удивлением отметит, что не всякий пессимистический прогноз сбывается, даже если он касается нашей бедной родины: прошло всего два десятилетия, и издания «Лолиты» наводнили Россию...

Для самого Набокова тогдашнее его возвращение к русской прозе, причем в одном из труднейших жанров — в самопереводе — было новым нелегким испытанием. Приступая к переводу «Лолиты», Набоков задумывал «руссизацию» сразу нескольких своих американских романов как «завершение круга своей творческой жизни, а вернее, начала новой ее спирали». Однако перевод «Лолиты» явился по существу последним русским его трудом и стоил ему двух лет напряженных усилий. И дело не только в том, что автоперевод, как не раз указывали лингвисты и нейропсихологи, представляет особую трудность, ибо разрушает в сознании билингвы перегородки между языками, оберегающие психику писателя. Дело было еще и в том, что современный американский язык и американские жаргоны требовали от переводчика знания соответствующего русского языка, более или менее современных жаргонов. Даже если многие из слов, обозначающих американские реалии, имели в русском языке соответствующие эквиваленты, Набоков их знать не мог. К тому же многие лаконичные английские обороты не переводились на русский ни лаконично, ни достаточно точно. Психолингвисты утверждают, что равное знание двух языков мешает переводить, «нарушается языковое равновесие». Нечто в этом роде переживает (уже как болезнь) писатель Вадим Вадимович, автобиографический герой последнего законченного романа Набокова («Взгляни на арлекинов!»).

После признания, что его «мутит» от «дребезжания» его «ржавых русских струн», Набоков дает в своем послесловии к «Лолите» удивительный образ оголенного сада, в который превратился его «дивный» язык («все, что есть у меня, мой язык»): «Увы, тот «дивный русский язык», который, сдавалось мне, все ждет меня где-то, цветет, как верная весна за наглухо запертыми воротами, от которых столько лет у меня хранился ключ, оказался несуществующим, и за воротами нет ничего, кроме обугленных пней и осенней безнадежной дали, а ключ в руке скорее похож на отмычку». Однако, сделав поэтическое полупризнание в неудаче, Набоков ищет то ли полуутешения, то ли полуоправдания этой неудаче: «Утешаюсь, во-первых, тем, что в неуклюжести предлагаемого перевода повинен не только отвыкнувший от родной речи переводчик, но и дух языка, на который перевод делается. За полгода работы над русской «Лолитой» я не только убедился в пропаже многих личных безделушек и невосстановимых языковых навыков и сокровищ, но пришел и к некоторым общим заключениям по поводу взаимной непереводимости двух изумительных языков».

Дальше Набоков дает удивительное сравнение русского и английского языков, еще один художественный образ и еще одно полупризнание в неудаче (правда, и это набоковское послесловие может иметь целью не раскрытие тайн, а скорее их сокрытие): «Телодвижения, ужимки, ландшафты, томление деревьев, запахи, дожди, тающие и переливчатые оттенки природы, все нежно-человеческое (как ни странно!), а также все мужицкое, грубое, сочно-похабное, выходит по-русски не хуже, если не лучше, чем по-английски; но столь свойственные английскому тонкие недоговоренности, поэзия мысли, мгновенная перекличка между отвлеченнейшими понятиями, роение односложных эпитетов, все это, а также все относящееся к технике, модам, спорту, естественным наукам и противоестественным страстям — становится по-русски топорным, многословным и часто отвратительным в смысле стиля и ритма».

Дальше Набоков дает историческое обоснование этого, увы, очень интересного и все же сугубо личного опыта. Логично предположить, что если бы Митя учился не в Сент-Джеймсе, а в московской спецшколе, в московском, а не в гарвардском университете, и притом не в сороковые—пятидесятые, а в шестидесятые годы (когда переводилась «Лолита»), если бы к тому же русский стиль Набокова сложился не в двадцатые годы, а позже, то и трудности, может, были бы другие. Равно как и теоретические выводы о различии двух языков. Впрочем, дочитаем эти «общие заключения» до конца: «Эта неувязка отражает основную разницу в историческом плане между зеленым русским литературным языком и зрелым, как лопающаяся по швам смоква, языком английским: между гениальным, но еще недостаточно образованным, а иногда и довольно безвкусным юношей и маститым гением, соединяющим в себе запасы пестрого знания с полной свободой духа. Свобода духа! Все дыхание человечества в этом сочетании слов».

Даже если пренебречь спором о свободе духа, придется признать, что у языков есть, конечно, различия, однако ведь и переводящим на эти зрелые английский и французский порой до смешного не хватает их возможностей, чтоб передать драгоценные перлы русского текста — и в любой сфере «недоговоренностей», и в сфере «отвлеченнейших понятий», и в сфере «противоестественных страстей»... Возможно, именно знакомство с этими несовершенными переводами привело Набокова к его запретам на испытанные методы художественного перевода, запретам, которыми он сам, слава Богу, с великолепной непоследовательностью пренебрег при переводе «Лолиты». Перевод ее выполнен в великолепной русской традиции (может, чуть менее раскованно, зато и с куда большим мастерством, чем его «Алиса (то бишь Аня) в стране чудес»): чтоб передать смешное, Набоков ищет смешное по-русски, не надеясь, что читатель полезет в оксфордский словарь. По временам он, правда, словно бы не доверяет возможностям русского юмора и восприимчивости русского читателя — отсюда некоторое «многословие» (в котором он и сам признается). К примеру, в начале второй части романа Набоков приводит заманчиво-пейзажные названия отелей — всякие «Дворы» и «Подворья», «Горные дали», «Лесные дали», «Сосновые дали», находя для своего перевода пошловато-рифмованные — «Закаты», «Перекаты»,

«Чудодворы», «Красноборы», «Красногоры», «Просторы», «Зеленые Десятины», «Мотели-Мотыльки». Незаметно, чтоб Набоков стремился здесь к «буквальному» переводу. Если б «Лолиту» переводили сегодня, непременно вспомнили бы, что покойный классик завещал переводить лишь минимум, так что предложили бы оставить все по-английски, скажем, «Хилл-Крест Кортс», «Пайн-Вью Кортс», «Маунтин-Вью Кортс». Не смешно, зато научно обоснованно. Набоков, увы, тоже оставлял в «Лолите» довольно много непереведенных английских слов, как бы призванных придать тексту «кулёр локаль» (которого в романе и без того предостаточно). Скажем, английское «брекфаст» вместо русского «завтрака». В «Других берегах» такая замена, может, была оправданна: Набоковы завтракали не как все, а как тогдашние англичане (мазали на хлеб прозрачную патоку). Однако слово так понравилось Набокову, что он употребляет его и в переводе «Лолиты»: Гумберт Гумберт, который вовсе не англоман, а француз, тоже не завтракает, а «брекфастает», и это, сдается мне, пример не слишком удачного обогащения языка. В описании тех же самых отелей реклама предлагает «шашлык на воздухе», и в воображении Гумберта безотказно возникают дурно пахнущие подростки (старшеклассники, школьники) в майках-безрукавках, которые будут прижиматься разгоряченной щекой к щечке Лолиты. «Буквалист» Набоков с большой свободой пишет в русском переводе про «ночные пикники»: «...что у меня в уме вызывало только мерзкие представления о зловонных гимназистах в майках и о чьей-то красной от костра щеке, льнувшей к ее щеке...» Понятно, что ревнивое воспоминание Гумберта о бойскауте, лишившем Лолиту невинности, могло потребовать намека на атмосферу туристской стоянки, и оттого, пользуясь своим «авторским правом», Набоков заменил ужин и шашлык на костер и пикник (не при отеле же костер, а в бойскаутском лагере, в турпоходе). Зато пропала в переводе эта щека, которая в оригинале тлеет как головешка под золой. И уж вовсе не годятся «зловонные гимназисты», ибо в русские шестидесятые слово «гимназисты» годилось лишь в описаниях прошлого (вроде слова «акцизный»). Нынешние «тишёртки», они, конечно, тоже майки, однако все же майки с короткими рукавами, ибо нормальные майки не обтягивают так противно (для Гумберта) молодые мускулы.

А иногда Набоков вдруг начинает объяснять русскому

читателю то, что, ему кажется, он не поймет без объяснений. Скажем, в описании гостиниц, где «озадаченные его акцентом служащие хотели выяснить фамилию его покойной жены и девичью фамилию его покойной матушки», Набоков вводит «расистского пошиба дирекцию», которая «хотела непременно знать и т. д.». Но чаще автор все же забывает, на радость читателю, о требованиях буквализма, и там, где Гумберт в оригинале попросту «разочаровался», в переводе появляется прекрасное набоковское «действительность меня скоро расхолодила». Конечно, это не «буквальный» и даже не «точный» перевод, а набоковская проза, которая и пленяла нас в русской «Лолите» в далекие уже шестидесятые годы, когда первые смельчаки провозили переводную книжку в Россию: язык его был щедрым, и там, где на американца автор мог просто махнуть рукой (как на студента в аудитории Корнела), русскому читателю переводчик порой заговорщицки протягивал руку. (Если в английском было «А помнишь, Миранда», то в русском: «А помнишь ли, помнишь, Миранда, как говорится в известной элегии...») Это была для нас в шестидесятые другая, еще не читанная проза, и помню, что многие из нас, молодых переводчиков (мы учились тогда переводить у почтенных мэтров из Первого переводческого коллектива), приняли ее за новое слово в переводе, за совсем другой перевод. Собственные полупризнания Набокова в его «постскриптуме» к «Лолите» мы приняли тогда за стопроцентную мистификацию: ничего себе неудача, всем бы такие!

Переменилось ли мое мнение за тридцать лет? Отчасти переменилось. Я думаю сегодня, что это прекрасный, но весьма вольный, авторский (автор все может себе позволить) перевод. И еще — несмотря на истинное пиршество, предложенное нам гениальным автором, мне как переводчику в русском тексте не хватает кое-чего из того, что было в английской «Лолите» и потерю чего автор-переводчик предлагает списать на бедность родного языка, высказываясь с такой безнадежностью о «взаимной непереводимости двух таких изумительных языков».

* * *

Следующая главка нашей книги — снова о переводе Набокова, на сей раз уже посленабоковском.

Все началось очень романтично: молодой набокофил, выпускник Московского университета улетал в эмиграцию. В тощем эмигрантском багаже он увозил свою рукопись — перевод набоковского «Пнина». Ему повезло в заокеанских далях — он нашел преподавательскую работу, был обласкан семьей покойного Набокова, а также набоковедом — издателем Карлом Проффером и под руководством вдовы писателя сделал еще несколько вариантов своего перевода. Книга вышла в набокофильском издательстве Профферов «Ардис», и на титульном листе было обозначено, что перевод сделан Геннадием Барабтарло при участии Веры Набоковой. За эти годы молодой набокофил стал солидным университетским набоковедом.

Навестив в год выхода книги русский книжный магазин издательства «ИМКА-пресс», что под горой Святой Геновефы на левом берегу Сены (рю Монтань Сент-Женевьев в Латинском квартале), автор этой книги выпросил для прочтения русского «Пнина» — и закручинился. Да, конечно, в переводе встречались вполне набоковские обороты, слова, словечки и можно было даже вспомнить, как все это смешно в оригинале, но как всякому читавшему английского «Пнина», мне в этом русском не хватало слишком многого. Общий смысл книги был, конечно, передан, однако все здесь было не так трогательно, не так изящно и, главное,— не так смешно, как в английском. Пропали смешные названия и имена (нет даже попытки перевести их германоподобно); напрочь исчезла ужасно смешная в оригинале английская речь профессора Гагена. Ритм прозы стал неуклюж и «спотыклив» — может, из-за многих правок, из-за восьми вариантов перевода. Чувствуя все же, что кое-что не получилось в его одобренном и даже «канонизированном» тексте, переводчик написал в послесловии о честной попытке дать «буквальный» перевод. Он пишет, к примеру, что боялся сделать речь Пнина «громоздкой» и «неоправданно комичной» и потому отбросил комизм вообще. Он объясняет, что в русском тексте следовало сохранять «безупречную» и «правильную» русскую речь Пнина. Звучит это неубедительно. Ведь Пнин говорит в романе не на «безупречном» русском, а на смешном ломаном английском, что много раз оговорено в романе, и хочешь не хочешь надо искать способ для передачи такой речи. И даже специальный «Набоковский англо-русский словарь», которым бесспорно овладел ученый переводчик, тут не помогает. Ведь когда «длинноногая» Джоун Клементс в длинном утреннем халате бежит к телефону и переводчик делает ее при этом «долголягой», то образцом ему служит, естественно, «многолягий» Нижинский из русской «Лолиты». Вацлав Нижинский снят в прыжке, и ухищрения современной фотографии наделяют его множеством ног, а скорее даже, множеством ляжек, ибо фотография эта висит в подвале у пожилого джентльмена, известного своими специфическими любовными вкусами. Каков, однако, смысл «долголягости» там, где нужно было лишь обозначить широкий шаг этой обаятельной женщины? И для чего, скажем, тащить в этот перевод малоудачный уже и в «Лолите» «брекфаст» (бедный Пнин тоже «брекфастает»)? Но главное — следует ли ради сомнительных преимуществ «буквального» перевода жертвовать удивительным ритмом набоковской прозы? Разве Набоков жертвовал им в своем переводе «Лолиты»? Да прислушайтесь, Бога ради: «Минуту спустя я уже обменивался и с ней и с ним прощальными рукопожатиями на улице, на крутой улице, и все вертелось, летело перед приближающимся белым ливнем, и фургон с матрацом из Филадельфии самоуверенно катился вниз к опустевшему дому, и пыль бежала и вилась по той самой тротуарной плите, где Шарлотта, когда для меня приподняли плед, оказалась лежащим комочком, с совершенно нетронутыми глазами, с еще мокрыми черными ресницами, слипшимися, как твои, Лолита!» При явной невозможности сохранить ритм четырех энергичных английских глаголов Набоков делает все, чтобы ритм прозы сохранить, и уж тут не до «буквализма».

Я нашел, что «канонический» перевод «Пнина» не в меру «спотыклив», и мне захотелось перевести любимый роман заново. При тогдашних надеждах на издание (как и нынешних гонорарах) — это была такая же «прихоть библиофила», как и собственный набоковский перевод «Лолиты»... Позднее московское издательство захотело издать мой перевод, и я даже слышал, что у издательства были из-за этого какие-то неприятности в связи с существованием «канонического» перевода. Разве переводы не нуждаются время от времени в «переперводе»? Вот ведь и сам Набоков писал в 1975 году Глебу Струве, что решил вместе с сыном сделать новые переводы старых рассказов, и объяснял, вполне убедительно, что прежние переводы, сделанные Струве, устарели, потому что «время стоит на месте, а художественная интерпретация на месте не стоит» — ясно и четко. Я сдал свой перевод в издательство, но вот тут на меня стали оказывать давление набоковеды-составители, которые точно знали, что переводить надо «буквально», то есть «честно», то есть подстрочно, а лучше вообще поменьше с иностранного переводить, оставлять что можно, умный поймет и по-иностранному. Смешного им тоже не нужно было, ибо получается не буквально, а стало быть, и нечестно... Я отбивался как мог, но кое-где пошел на компромисс. Мне и до сих пор жаль моей пухленькой Кэтти, аспирантки Пнина, которая так его искушала («мягкая заноза в стареющей плоти Пнина») — она была такая кругленькая, мяконькая, глупенькая, что автор назвал ее Бетти Блисс (повтор начальных взрывных «б» и бесконечное американское «блаженство», полный кайф в переводе). Я, конечно, назвал аспирантку Кэтти Кайф и был уличен, атакован, пристыжен, отступил, и теперь она Кэтти Кисс, прости, бедняжка, но хоть кое-что от киски удалось сохранить, да и англо-русский словарь в унисон эстрадному пению нам мурлычет здесь про поцелуй...

Кстати, у наших издательств «стало доброй традицией» не платить «валюту» иностранным авторам (и наследникам). Валютой они могли еще в ту пору поддержать маломощного автора-коммуниста или даже целую компартию, но ни за что нельзя было заплатить нищему Бунину гонорар, причитавшийся ему за московское издание его сочинений. Загадочное слово — «валюта». Тем более когда платить пытаются за «вдохновенье», а рукопись взять задарма... Набоков это все давным-давно описал, еще в «Зловещем уклоне»: то, как власть наперед пытается оплатить «вдохновенье». И легко догадаться, что безудержные и не оплачиваемые тиражи набоковских изданий в России могут сегодня смущать и обижать наследника покойного писателя.

ПО ПРИЧИНЕ НЕОБЫЧАЙНОЙ УДАЛЕННОСТИ...

Какая-то русская женщина прислала Набокову фотографии Выры и Рождествена. Она рисковала, вступая в переписку с врагом Отечества, и была наказана за это у себя там, в суровом Ленинграде. Набоков не верил в настоящую советскую «оттепель». Но он уже знал, что и русская его «Лолита» и русское издание «Приглашения на казнь», только что вышедшее в Париже, проникают в Россию. Что там у него есть читатели.

Критик Раиса Орлова незадолго до смерти рассказала в зарубежном русском журнале «Форум», как на редакционном совещании в Москве, уже в семидесятые годы, она предложила издать какой-либо из ранних (пусть даже самых «невинных») романов Набокова, и тогда взял слово один вполне номенклатурный критик (мой бывший сокурсник) и с пафосом к ней обратился:

— Как можете вы, жена и мать, предлагать книгу, написанную автором «Лолиты»!

После чего этот чопорный критик отправился представлять нашу мораль за границей, а по возвращении был задержан таможенниками: он, конечно, вез на родину самую черную порнуху. Вскоре после этого его накрыла московская милиция в самом разгаре порнографических съемок на дому...

Жизнь в Монтрё шла по раз заведенному порядку. Набоков выходил погулять по тому же ежедневному маршруту — до газетного киоска, где покупал кучу газет и журналов, потом вдоль озера...

В киоске он покупал также изготовленные по его заказу бристольские карточки, на которых писал свой новый толстенный роман. Два ящика были уже почти заполнены исписанными карточками... Иногда навстречу Набокову попадался актер Джеймс Мейсон, игравший главную мужскую роль в фильме «Лолита», и писатель со вздохом отмечал, что Гумберт Гумберт стареет. Иногда Вера уезжала куда-нибудь по делам семьи, и, по воспоминаниям племянника, Набоков вел себя тогда, как школьник, сбежавший с уроков.

— Я раз обедал с дядей во время одной такой отлучки, он дурачился и шутил без конца,— рассказывал мне в переводческой комнате ЮНЕСКО в Париже Владимир Сикорский.— Дядя Кирилл, тот был еще веселей, но и с дядей Владимиром тоже бывало очень приятно. Что до Веры Евсеевны, то я ее несколько побаивался. Она из немногих людей, которых я побаивался когда-либо... Честно говоря, я робел и перед первым свиданием с дядей тоже. Мать в детстве замучила меня рассказами о гениальном брате. Но он оказался веселый...

Однажды во время такого Вериного отсутствия сестра Елена приехала к брату, чтоб пожить вместе в его шестикомнатной квартире на шестом этаже отеля. Приглашая Елену, Набоков написал ей длиннейшее письмо-инструкцию со множеством пунктов, регламентирующих распорядок дня, права и обязанности гостя — с приложением рисунков и планов. Письмо юмористическое, однако поражающее своей педантичностью. Вспоминая об этом письме, Елена Владимировна снисходительно улыбается братниной старческой причуде. Ему, впрочем, тогда не было и семидесяти, а ей ведь сейчас за восемьдесят...

В сентябре 1966 года один из любимых корнельских учеников Набокова Альфред Аппель приехал в Монтрё взять интервью у учителя. Процедура была обычная — Набоков требовал заранее присылать ему вопросы, потом писал на них ответы (на те из вопросов, на которые хотел бы ответить). Никаких импровизаций, никаких сюрпризов. Его письменное интервью — это каждый раз новое (хотя и не вполне оригинальное) произведение литературы. Аппель спросил, каким писателем считает себя Набоков — русским или американским. «Я всегда, еще с гимназических лет в России, придерживался того взгляда, что национальная принадлежность стоящего писателя — дело второстепенное...— ответил Набоков.— Искусство писателя — вот его подлинный паспорт... Вообще же я себя сейчас считаю американским писателем, который был когда-то русским».

Учитель и ученик «беседовали» о преподавании, о сочинительстве, и Набоков сделал одно, на мой взгляд, очень точное признание: «Как сочинитель самое большое счастье я испытываю тогда, когда чувствую или, вернее, ловлю себя на том, что не понимаю... как и откуда ко мне пришел тот или иной образ или сюжетный ход...» Дальше следовал упрек тем, кто приписывают все достижения уму,— и упрек справедливый: сюжет возникает из непостижимых глубин сознания. Однако для того и существуют дотошные биографы, чтоб отыскать, «откуда пришел» тот или иной сюжет, образ.

Набоков говорил в этом интервью также о сходстве Льюиса Кэрролла с героем его «Лолиты»: «Как и все английские дети (а я был английским ребенком), Кэрролла я всегда обожал... Есть у него некое трогательное сходство с Г. Г., но я по какой-то странной щепетильности воздержался в «Лолите» от намеков на его несчастное извращение, на двусмысленные снимки, которые он делал в затемненных комнатах. Он, как многие викторианцы — педерасты и нимфетолюбы, — вышел сухим из воды. Его привлекали неопрятные костлявые нимфетки в полураздетом или, вернее сказать, в полуприкрытом виде, похожие на участниц какой-то скучной и страшной шарады».

Аппель спросил учителя, нравятся ли ему какие-нибудь писатели советского периода, на что Набоков ответил: «Два поразительно одаренных писателя — Ильф и Петров — решили, что если главным героем они сделают негодяя и авантюриста, то, что бы они ни писали о его похождениях, с политической точки зрения к этому нельзя будет придраться, потому что ни законченного негодяя, ни преступника, вообще никого, стоящего вне советского общества, — в данном случае это, так сказать, герой плутовского романа, — нельзя обвинить ни в том, что он плохой коммунист, ни в том, что он коммунист недостаточно хороший. Под этим прикрытием, которое обеспечивало им полную независимость, Ильф и Петров, Зощенко и Олеша смогли опубликовать несколько совершенно первоклассных произведений, поскольку политической трактовке такие герои, сюжеты и темы не поддавались. До начала 30-х годов это сходило с рук. У поэтов была своя система. Они думали, что если не выходить за садовую ограду, то есть из области чистой поэзии, лирических подражаний или, скажем, цыганских песен, как у Ильи Сельвинского, то можно уцелеть. Заболоцкий нашел третий путь — будто его лирический герой полный идиот, который в полусне что-то мурлычет себе под нос, коверкает слова, забавляется с ними, как сумасшедший. Все это были люди невероятно одаренные, но режим добрался в конце концов и до них, и все один за другим исчезали по безымянным лагерям»[1].

Американские издатели посещали Монтрё в надежде получить права на издание новых и старых набоковских произведений. Издательство «Макгро-Хилл» превзошло всех конкурентов, заплатив за новое издание «Короля, дамы, валета» миллион долларов (из них четверть миллиона авансом). Мог ли этот мильон доставить столько же радостей, сколько пять тысяч марок, заплаченных когда-то за этот же роман Ульштейном? Вопрос риторический...

Набоков продолжал в ту пору работать над романом

---

[1] Пер. М. Мейлаха.

«Ада». В нем по окончании было 880 страниц (2500 карточек). Когда же пузатый том первого издания романа пришел в Монтрё, Набоков написал издателю, что, прижимая к груди «Аду», он встал на весы в ванной, и они показали восемьдесят восемь с половиной килограммов вместо обычных восьмидесяти семи. Эндрю Филд вспоминает, как Набоков любовно качал на коленях (точно младенца) эти две с половиной тысячи бристольских карточек, заполнивших две коробки,— исписанных, переписанных, выправленных — свой огромный новый роман, свою «Аду».

Роман начинается с фразы о том, что все несчастные семьи похожи одна на другую, зато все счастливые — счастливы по-своему. Прочитав ее, русский покачает головой, думая о том, как сумеет опознать эту фразу американец, не штудировавший «Анну Каренину»? Но торжество его будет преждевременным: хотя русских фраз, выражений, названий, реалий и реминисценций в романе предостаточно, французских и прочих тоже немало, а главное, не только Толстого или Аксакова хорошо бы знать читателю «Ады», но и Шатобриана, Чехова, Байрона, Шекспира, Борхеса, Эдгара По, а также «Дон Жуана» и «Дон Кихота», и Пруста, конечно, и всяких итальянских, голландских и прочих старых художников (в первую очередь Иеронима Босха). Итак, первая же фраза романа вводит нас в мир этакой русско-американской (современная Америка смешана в ней с дореволюционной Россией) страны Эстотии, где говорят, как в набоковской семье, на трех языках, а города называются несколько странно для американского (но не для русского) уха — Луга, Калуга и т.д.; в мир роскошной усадьбы, где слуг и гувернанток не меньше, чем бывало до революции в русском богатом доме; в идиллическую довоенную эпоху, где есть уже, однако, и автомобили, и телефоны (они называются на придуманном языке, еще одном из языков романа — «дорофоны»), а также многие другие современные удобства. В этой усадьбе живут Марина Дурманова, ее муж и их дочки Ада и Люсет. В гости к ним приезжает четырнадцатилетний Ван (Иван), сын Марининой сестры Аквы и Демона ван Вина. Чертеж, представляющий генеалогическое древо семьи (и напоминающий тот, что С. Д. Набоков предпослал генеалогическому очерку набоковской семьи), вводит нас в семейные дебри, одновременно, и с умыслом, вводя в заблуждение. Ибо мы открываем малопомалу, что Ван вовсе не кузен Ады, а ее кровный брат, так как Демон — давнишний и постоянный любовник Марины Дурмановой. Это немаловажно, так как главное содержание первой части (да и романа в целом) составляет любовная история Ады и Вана. Чуть позднее мы узнаем, что и родила Вана тоже не душевнобольная, хилая Аква, а ее сестра Марина: то есть Ван состоит в прекрасной, но противоестественной связи с родною сестрой. Первая часть этого огромного романа составляет добрую его половину, а остальные четыре части сокращаются по мере приближения к концу (точно суры Корана). Набоковеды ставят это в связь с набоковской (и Вановой) теорией времени. Однако это может объясняться и просто свойствами нашей памяти, о которых однажды говорил Набоков в своем интервью: более давние времена помнятся старым людям лучше, чем сравнительно недавние. Ван же начинает писать эту автобиографическую хронику в восемьдесят семь лет и ставит последнюю точку в возрасте девяноста семи лет. Уже эти цифры дают нам понять, что Ван — человек необычный, в некотором роде супермен. Он наделен самыми разнообразными талантами, он писатель, психолог, философ, циркач, плэйбой и половой гигант. Его роман с Адой начинается в 1884 году и завершается с его смертью (перед самой сдачей рукописи Набокова в набор). Четыре года юные Ван и Ада прожили в разлуке, а когда они наконец встретились, Ван узнал об изменах своей до крайности темпераментной сестры, и они расстались снова. Во второй части повествуется о занятиях Вана (философия, Кембридж, хождение на руках) до новой его встречи с Адой в Нью-Йорке. Теперь они готовы соединиться надолго, может, навсегда, но случайно их настигает отец Вана (и, как выясняется, также отец Ады) старый Демон ван Вин, по настоянию которого влюбленные разлучаются. Третья часть романа еще короче второй, однако охватывает период в семнадцать лет: Ада живет в браке с Андреем Вайнлэндером, умирают Марина и Демон, кончает с собой из-за безответной любви к Вану единоутробная сестра Ады прелестная Люсет, развращенная сестрой и бывшая одно время любовницей Ады и Вана. Четвертая часть, совсем короткая, описывает два летних дня 1922 года и кратко излагает содержание книги Вана о фактуре времени. В коротенькой пятой части Ван завершает свои записки и празднует вместе с Адой свой девяносто седьмой день рождения. Хотя роман назван «семейной хроникой» (с намеком на Аксакова), главное внимание в нем уделено не всей семье, а Вану, от лица которого ведется повествование, и еще Аде. Впрочем, одни набоковеды считают, что рассказчиком действительно является Ван и рассказ его отражает некую «объективную», хотя и фантастическую «реальность», ибо действие романа происходит, если верить Вану, на некой планете Антитерре, и роман по жанру своему — нечто вроде фантастики. Другие исследователи отождествляют Вана с Набоковым, фантастический мир Антитерры (с ее Эстотией и всем прочим) предстает у них как некое литературное воплощение автобиографического мира Набокова, как некая параллель набоковской автобиографической книге. Иные читатели не без основания подозревают, что Ван — такой же «ненадежный повествователь», как и другие герои Набокова, а планета Антитерра — плод фантазии Вана. И конечно, все наблюдательные читатели отметили присутствие в романе самого автора, который вдруг выходит иногда на авансцену, заявляя (как это было во второй части романа), что как бы ни хитрили герои, он сам уже предопределил заранее исход главы. Вероятно, это он же, переодетый художником (в фартуке, похожем на мясницкий), пишет в Нью-Йорке свое неведомое полотно, наблюдая за героями романа.

В новом романе Набокова еще больше эротики, чем в предыдущих книгах. Кроме бесчисленных любовных приключений героя, тут описаны еще посещения международного борделя, опоясавшего весь мир своими филиалами. По мнению Брайана Бойда, «моральная слепота» героев сосуществует с их поразительной любовью и интеллектом. Сам Набоков (в интервью корреспондентам «Тайма») отрицал свое родство с подобными Вану «ненавистными сородичами» и заявил даже, что Ван «вызывает у него отвращение». Набоковед Стивн Паркер полагает, что нарушение величайших социальных, моральных и этических запретов в романе, вероятно, не будет слишком уж тревожить читателя (плененного чарами этой великолепной пары, связанной столь могучей любовью), когда он вскроет истинную природу подобных проступков. Паркер, как и некоторые другие, имеет в виду метафорическое прочтение этой темы. «„Ада“,— пишет набоковед Джулия Баадер,— развивает и воплощает литературную тему пожизненного и жгучего романа писателя с языком и со сводящими с ума волнующими образами. Это роман кровосмесительный, ибо воображение и словесные усилия воплощения, рождающие совместно эти ярко вспыхивающие на мгновенье картины, имеют один и тот же созидательный источник, одно лоно». Дж. Баадер объясняет, что «Ада» — это роман о художнике и процессе создания романа, а равно о литературных условностях и стиле прозы. Набоковед Стайнер прямо указывал, что «инцест является тропом, при помощи которого Набоков драматизирует свою давнюю преданность русскому языку, к поразительным изменам которому вынудило его изгнание». В той же своей работе («Межпланетный») Стайнер пишет: «На верхнем уровне абстракции нам не кажется неуместным видеть в инцесте метафору для выражения взаимоотношений русских и английских трудов В. В... зеркала́, инцест и постоянное смешение языков являются родственными центрами набоковского искусства».

Зеркала, нам с вами уже знакомые со времен Лужина, в этом новом романе играют роль еще более значительную. Джулия Баадер начинает свой анализ с первой главы семейной хроники, в которой двойняшки Аква и Марина выходят замуж за Винов, родившихся в один год. Бесчисленные двойники в романе — отражение главных героев, их «грубые негативы». Это зеркальное отображение и есть, по мнению Баадер, символ набоковской техники. Баадер считает своим долгом объяснить, что «в терминах психологии двойник — это традиционный образ скрытого «я», которое мучительно раскрывается посредством случайного отражения. Двойник может представлять также «я», намеренно отчуждаемое от материального мира, и «я», которое можно созерцать с эстетической дистанции[1]. Для безумца (который часто синонимичен художнику) двойник, отраженный в зеркале или в озере, представляет собой его «истинное я» (как в «Соглядатае» или во взаимоотношениях между Гумбертом и Куильти). Двойник может являться и подавленным «я», и дьяволом, и извращенцем, и убийцей, всем тем, что скрыто в негативной потенции художника. Смерть часто наступает там, где происходит попытка слияния с двойником. Эта попытка слияния разрушает защитную скорлупу личности и может повести либо к самоуничтожению, либо к растворению этого «я» во множестве разнообразных вымышленных творений...»

Одна из важнейших в «Аде» — проблема времени и про-

---

[1] Правда, сам В. В. Набоков отмахивался и отрекался от термина «двойник», как и от всей здесь использованной терминологии.

странства (для нас с вами, уже знакомых с романами Набокова, не новая). Поток ярких подробностей, деталей создает у Набокова искусственный, уникальный мир в совершенно недвижном времени и в воображаемом пространстве. Именно так понимает набоковскую трактовку этой проблемы в романе Джулия Баадер. Одержимый, подобно Прусту (да и самому Набокову), проблемой течения времени, Ван пишет книгу о «фактуре времени», где утверждает, что следует говорить об интервалах между событиями, а не о подлинном течении времени. Человеческая память — это «сложная система тонких мостиков», переброшенных между восприятием и мозгом. В памяти остаются не ускользающее время, а отдельные сцены и картины. Память — это некая «шикарная фотостудия», это картинная галерея, где собраны портреты, картины, а потому «измерение времени бессмысленно». Существует поэтому лишь прошлое, это «постоянное накопление образов», существует «индивидуальное время», и не существует будущего, по существу — небытия: «У бытия, любови, библиотек нет будущего».

Самый процесс сочинения семейной хроники для Вана — искупление и возвращение детства. Полемика с Прустом сочетается в романе с пародированием множества писателей.

Роман изобилует самыми разнообразными живописными эффектами. Самая проза должна, по Набокову, восприниматься как произведение живописи, при помощи чувств, вся вместе, издали. Яркие детали помогают воссоздавать время, а эстетическое наслаждение сочетанием этих деталей превосходит то воздействие, которое могут произвести традиционный сюжет и развитие характеров. Автор дает нам яркие вспышки словесной игры, эмоциональные прозрения, а непоследовательность в изложении только отчетливей выделяет непоследовательность человеческого сознания и пытается представить нам его тайну.

Как отмечают многие набоковеды, в этом романе автор старается отстранить себя от художника-героя (который, как всегда у него бывает, лжехудожник, не ощущающий своей ответственности перед другими людьми). Вот что пишет Джулия Баадер: «Во многих произведениях Набокова мы встречаем героев-художников, которые являются безумцами, извращенцами, одержимыми и вообще имеют какие-либо пороки... Однако Набоков каждый раз непременно старается подчеркнуть (изменением интонации, вводом автора в конце книги), что все эти смехотворные и ущербные герои-художники лишь марионетки в руках всеведущего...»

Языковые игры в романах Набокова никогда еще не занимали такого места, как в «Аде». Набоков дает себе здесь полную волю, не стесняя себя языковыми барьерами. Оттого такой противоречивый и неединодушный прием оказали этому знаменитому роману даже многие из завзятых поклонников Набокова. Не то чтоб их тревожила непонятность трехъязычной речи. Критику этой несдержанности можно было услышать чаще даже от тех, для кого эти три-четыре европейских языка не создавали трудностей (например, от Стайнера). Иные считали книгу перенасыщенной барочными деталями, скучной и труднчитаемой (именно так отозвалась о ней поклонница «Бледного огня» Мери Маккарти). Некоторым критикам многие каламбуры и языковые игры показались, напротив, понятными, но не слишком смешными. Ну да, фамилия фотографа Сумерникова таит в себе антоним к фамилии братьев Люмьер (по-русски — Световы), но так ли уж это смешно? Стоит ли вам лазить для этого в словарь или читать толстенный «Ключ к „Аде“»? Однако большинство восприняло книгу как вершину творчества Набокова, его шедевр.

— Самая интересная книга моего дяди? — переспросил Владимир Сикорский во время нашей беседы. И ответил решительно:

— «Ада», конечно. Вам тоже так показалось?

— Ну, может... Но только при первом чтении. А вот «Дар» я читаю без конца.

Владимир Всеволодович вежливо пожал плечами. Радио что-то буркнуло, и он убежал в конференц-зал ЮНЕСКО, к себе в кабинку. А я опять остался наедине с его дядей...

* * *

Весь год к Набоковым ходил молодой бородатый австралиец. Звали его Эндрю Филд. Набоковым он понравился, и они согласились рассказывать ему о своей жизни, взяв с него предварительно расписку, что он выкинет из своей книги все, что им не понравится, и вообще будет стараться, чтобы книга им понравилась. Так принялся за работу первый биограф Набокова.

Среди других посетил в это время Монтрё корреспондент

«Тайма». Он спросил, что́ Набоков думает о сотрясшей Европу «студенческой революции». Набоков, который и раньше не считал своим долгом следовать моде или «задрав штаны бежать» за молодежью (как, скажем, поступал его недруг Сартр), ответил довольно резко: «Хулиганы никогда не бывают революционерами, они всегда реакционеры. Среди молодежи найдешь также самых больших конформистов и мещан, например, хиппи с их групповыми бородами и групповыми протестами. Демонстранты в американских университетах так же мало озабочены судьбой образования, как футбольные болельщики, громящие в Англии станции метро, озабочены судьбами футбола. И те и другие принадлежат к одному семейству глупых хулиганов — хотя среди них попадается и небольшая прослойка умных мерзавцев».

Набоков писал в то время предисловие к английскому изданию первого своего романа — «Машеньки», и в этом предисловии прозвучало трогательное признание: «По причине необычайной удаленности России и еще оттого, что ностальгия всю жизнь остается нашей безумной попутчицей, чьи душераздирающие сумасбродные поступки мы уже приучились сносить на людях, я не испытываю никакого неудобства, признавая сентиментальный характер своей привязанности к первой моей книге».

Завершилась многолетняя Митина работа — перевод «Подвига». Конечно, Набоков принимал в этом труде самое деятельное участие, а по завершении его написал к переводу новое предисловие.

Все эти годы он не только продолжал охотиться на бабочек, но и сочинял два энтомологических труда. Первый из них замышлялся как сугубо научный труд о европейских бабочках. Сообщая о будущей книге издательству, Набоков писал, что в ней будет минимум текста и максимум цветных фотографий, представляющих примерно 400 видов и полторы тысячи подвидов бабочек. Вторая книга задумана была как альбом произведений живописи, в котором должна быть представлена эволюция изображения бабочек в картинах голландских, итальянских, испанских и прочих художников мира, а также, возможно, и эволюция самих видов бабочек — как она отражена в живописи. Зинаида Шаховская (сама вдова художника) вспоминает, что в молодости Набоков был не так уж хорошо знаком с мировой живописью[1]. Она рассказывает, что он забыл однажды название знаменитого полотна Босха. Думается, что, если это и было так, в последующие сорок лет жизни он явно ликвидировал это отставание: и в «Аде», и в «Пнине», и в других его произведениях картины старых мастеров играют важную сюжетную роль. Что же до Иеронима Босха, то на одной из частей его триптиха, называемой «Сад земных наслаждений», в романе «Ада» держится очень многое.

Набоков упорно работал над обеими книгами о бабочках, однако сообщал издателю, что ему понадобится еще несколько лет для их окончания. Судя по всему, он не испытывал еще сомнений в своей неистощимой, казалось, работоспособности.

В том же письме в издательство («Макгро-Хилл») Набоков сообщал, что хочет написать американскую часть автобиографии, которая явится как бы продолжением его английской книги «Память, говори» и будет называться «Америка, говори». Попутно Набоков предупредил издателя (уже заплатившего ему к тому времени неслыханные гонорары), что поездка в Бостон, Итаку и Колорадо должна обойтись недешево (то есть это издателю она должна обойтись недешево. Похоже, для низкооплачиваемого профессора из Уэлсли путешествия были доступнее, чем для богатого писателя). Впрочем, все три проекта были пока отложены — Набоков теперь писал новый роман, по нескольку часов в день. Роман о невозможности снова пережить то, что было. О губительности самой попытки воспроизвести прошлое в реальности...

Жизнь супругов Набоковых шла между тем в неизменном, размеренном ритме. Иногда приезжали гости — чаще всего американские друзья-набокофилы и набоковеды, путешествующие по Европе, американские и европейские издатели, чаще других — Альфред Аппель с женой. Они вместе обедали, за обедом Набоков шутил, каламбурил, а ученик все аккуратно записывал. Аппель и сам давно уже читал лекции в университете. Однажды он рассказал учителю, что монахиня-слушательница, сидевшая на его лекции в задних рядах аудитории, пожаловалась ему, что какая-то молодая парочка рядом с ней все время милуется во время лекции. «Сестра, —

---

[1] Вышедший недавно во французском переводе рассказ 1924 года «Венецианка» с этим сообщением, впрочем, не согласуется.

сказал ученик Набокова,— в наше беспокойное время надо быть благодарным, что они ничего хуже не делают». Набоков всплеснул руками: «Ой-ёй-ёй, Альфред! Надо было сказать: «Сестра, скажите спасибо, что они не трахаются».

Новый его роман назывался «Прозрачность предметов» (в буквальном переводе — «прозрачные» или «просвечивающие предметы»), и начинался он с поисков главного героя, персонажа, человека, лица, личности, персоны (один из набоковедов возводит английское слово «пёрсон» к старофранцузскому и латинскому словам, обозначавшим также маску актера, представляющую характер). Герой в конце концов нашелся — его так и зовут — Пёрсон (Хью Пёрсон), и в некоторых сочетаниях фамилия его означает просто «человек» (там, например, где автор признает, что человек он неважнецкий), а иногда вообще ничего не значит и годна лишь для оклика («эй, ты! — окликает его жена,— эй, Пёрсон!»). Однако еще важнее, чем имя героя, само название романа. Предметы, окружающие человека, «прозрачны», ибо сквозь них просвечивает другая реальность, как правило — прошлое. Воспоминания всегда владели Набоковым, но, думается, с возрастом эта «прозрачность» окружения возрастает для каждого из нас, не так ли, читатель? Увидев дом на московской (петербургской, женевской, берлинской) улице, вдруг вспоминаешь, что здесь жил твой друг или одна девочка, у которой... В новом романе Набокова много этих «прозрачных предметов, сквозь которые светится прошлое» (в набоковедческом переводе московского издания это звучит красиво, но неточно: «Просвечивающие предметы, наполненные сиянием прошлого!» — довольно странный ход для поклонников «буквального» перевода).

Начнем с наименее существенных (во всяком случае, наименее затронутых набоковедением) сцен романа. В Швейцарии, обнаружив в бумажнике только что скончавшегося отца пачку денег, герой, утолявший до сих пор «в одиночку» свой эротический зуд, немедленно заговаривает с уличной женщиной, которая приводит его в номер старой гостиницы, где девяносто три года назад останавливался на пути в Италию один русский писатель... Вот он сидит за столом, этот писатель, и собирает рюкзак для пешей прогулки, раздумывая, куда же ему положить наброски романа, условно пока названного «Фауст в Москве»: «Сейчас, когда он сидит за этим ломберным столиком, тем самым, на который потаскушка Пёрсона бухнула объемистую сумку, через эту сумку как бы просвечивает первая страница сего «Фауста» с энергично вымаранными строками...»[1]

В Нью-Йорке герой приводит жену в свою комнату, ту самую, где жил когда-то ее молодой возлюбленный, погибший потом во Вьетнаме, и сквозь привычные предметы ей видится этот майор... Герой покупает в сувенирной лавочке фигурку лыжницы (через семнадцать лет после того, как видел эту фигурку в первый раз, еще путешествуя с отцом), изготовленную из аргонита. И если для Пёрсона через эту фигурку, вероятно, просвечивает его первый приезд в Швейцарию, смерть отца и прочее, то вездесущий автор видит также, что «резьба по аргониту и раскраска были выполнены в Грюмбельской тюрьме узником-гомосексуалистом, грубым Армандом Рэйвом, задушившим сестру своего дружка, с которым эта сестрица состояла в кровосмесительной связи». Убийцу зовут почти так же, как покойную жену Пёрсона, и этим незамеченным совпадением трудолюбивым набоковедам еще предстоит заняться.

История начинается в романе с некоего условного «настоящего» времени, через которое просвечивает прошлое. Хью Пёрсон в четвертый раз приехал сейчас в Швейцарию: между первым его приездом (когда здесь умер его отец) и нынешним прошла чуть не вся жизнь. Во второй раз Пёрсон приезжал по поручению издателя, к живущему в Швейцарии романисту барону Р. Тогда же он встретил здесь свою будущую жену Арманду. Не застав дома Арманду, он вместе с ее русской матушкой разглядывает в альбоме соблазнительные (матушка об этом не догадывалась, вероятно) детские фотографии Арманды. Впрочем, малолетки больше занимают барона Р., чем нашего гостя. У Пёрсона другая беда: он ходит в сомнамбулическом сне, причем именно во сне он бывает особенно силен и ловок.

Пёрсон женится на Арманде и однажды во сне душит спящую рядом жену. Отмаявшись в тюремной психушке (там он вел «Тюремно-психиатрический альбом», в котором один из пациентов, «дурной человек, но хороший философ», сделал для него «странную», однако не вовсе нам не знакомую запись: «Обычно считают, что если человек установит факт жизни после смерти, он тем самым разрешит загадку бытия

---

[1] Пер. А. Долинина и М. Мейлаха.

или станет на путь к ее разрешению. Увы, эти две проблемы необязательно сливаются в одну или хотя бы частично совпадают»), Пёрсон снова едет в Швейцарию, куда влекут его воспоминания о задушенной жене и об отце. Через просвечивающие предметы и пейзаж он хочет увидеть и воскресить ушедшее, но, как справедливо замечает набоковед Паркер, герой убеждается, что действительность не совпадает с нашими воспоминаниями, и неудачная попытка профессионального редактора Хью Пёрсона «отредактировать текст своей собственной жизни» противоречит практике барона Р. (в следующем романе Набокова писатель будет уже князем), который отказывается редактировать свои тексты в угоду издателю.

О писателе Р. (Филд подсказывает, что зеркальным отражением английского «R» является русское «Я») мы узнаем, что он писал по-английски гораздо лучше, чем говорил, что писал он на карточках, которые соединял в пачки, закрепляя их резинкой, что он обожал каламбуры и писал сюрреалистическую прозу, а еще, что он любил нимфеток и совратил свою тринадцатилетнюю падчерицу Джулию («щекоча ее в ванночке, целуя ее мокрые плечи, а однажды унеся ее завернутой в большое полотенце к себе в логово, как это восхитительно описано в его романе»), однако «в сиянии эдемического упрощения нравов» (по мнению героя, а может, и автора, оно уже наступило) никто не ставил ему этого в упрек (в том числе, конечно, и автор).

Р. умирает в больнице от рака печени, а за день до смерти пишет в своем последнем письме: «Смешно — я всегда думал, что умирающему открывается суетность всего на свете, тщета славы, страстей, искусства и тому подобное. Я думал, что дорогие для нас воспоминания истончаются в умирающем человеке, как волокна радуги; но я ощущаю теперь совершенно обратное: самые банальные мои чувства, а также те, что свойственны другим мужчинам, разрастаются до огромных размеров. Солнечная система становится лишь отраженьем в кристаллике моих (или твоих) ручных часов. И чем сильней я усыхаю, тем огромней я становлюсь. Это, наверное, необычно. Окончательный отказ от всех религий, какие когда-либо вымечтали люди, и окончательное спокойствие перед лицом окончательной смерти. Если б я сумел в одной большой книге объяснить такую троякую окончательность, книга эта несомненно стала бы новой Библией, а ее автор основателем новой религии. К счастью для моего самомнения, такая книга не будет написана — и не только потому, что умирающий не может написать книгу, но и потому, что она не смогла бы одной вспышкой выразить то, что может быть постигнуто только мгновенно».

Думается, несмотря на множество совпадений, не следует все же (поверив намеку Филда) переворачивать английское «R», чтоб получить адекватное русское «Я». И все же этот роман, действие которого происходит в Швейцарии, часто приводит на ум грузного семидесятилетнего русского, то гуляющего по Монтрё и наблюдающего за группами пожилых туристов, что пытаются «смягчить горе своего одиночества»; то вылезающего из машины, подобно тому персонажу, что «извлекал свою угловатую тушу из такси», тогда как «голова его все еще оставалась пригнутой в этом проеме, рассчитанном на вылезающих карликов»; то регистрирующего все добытое за день на бристольской карточке. «Жизнь можно сравнить с человеком, танцующим в разных масках вокруг своей собственной личности...» (Вот и еще одна маска-«персона»...)

О названии книги автор говорит так: «Заглавие, которое просвечивало через книгу, как водяной знак, заглавие, которое родилось вместе с книгой, заглавие, к которому автор так привык за годы нагромождения исписанных страниц, что оно стало частью каждой из них». Название это, как вы помните,— «Прозрачность предметов». (В нашем русском переводе шесть слогов вместо четырех английских. Впрочем, в «буквальном» московском переводе «Просвечивающие предметы» и вовсе десять вместо четырех.)

Пёрсон погибает во время пожара в отеле. К этой смерти вело нас множество авторских намеков, и, если мы их не заметили — наша вина. Увидев по телевидению пожар во время их медового месяца, жена Пёрсона заставляет его репетировать различные противопожарные действия. Пёрсон узнает позднее, что комнаты, которые они занимали в Стрезе, и впрямь сгорели. Во сне он, спасая (именно от пожара) некую Джульетту или Джулию, душит Арманду, и перед его собственной гибелью в огне ему снятся те же самые комнаты в Стрезе. Пожар его страхов становится реальностью, что не должно было бы слишком удивлять человека, подобного Пёрсону, для которого перегородки между сном и реальностью столь относительны. Ведь и сам автор романа сообщает нам («не собираясь объяснять необъяснимое»): «Люди научились жить с черной ношей... с догадкой, что «реальность» только «сон»... Надо, впрочем, помнить, что не бывает миража без точки, в которой он исчезает, точно так же, как не бывает озера без замкнутого круга достоверной земли».

Редактор Хью Пёрсон попытался извлечь из-под прозрачной сегодняшней реальности вчерашнюю, сделать то, что дано только художникам, не вняв предупреждению автора: «На материю, и естественную, и искусственную, наброшен тонкий покров непосредственной реальности, и всякий желающий пребывать внутри «сейчас», вместе с «сейчас», или над «сейчас», пусть, пожалуйста, не рвет эту натянутую пленку. Или окажется, что неопытный чудотворец, вместо того, чтобы шествовать по водам, идет прямехонько на дно под взгляды изумленных рыб...»[1]

Закрыв с каким-то щемящим чувством этот предпоследний набоковский роман, я стал вглядываться, что́ там через его ткань просвечивает. Как и через все английские романы Набокова, просвечивало что-то русское. Ну да, это и был тот самый русский роман, перевод которого Набоков с сыном незадолго перед этим сдали в набор,— роман «Подвиг»... Долговязый англичанин Дарвин подходил через швейцарский хвойный лесок к дому, где жила мать его погибшего друга Мартына... Чтоб не провалиться «прямехонько на дно под взгляды изумленных» набоковедов, я не стал нырять дальше, углубляя свою тоску по русским романам Набокова и по его берлинской молодости...

НАДЕЖДА, Я ВЕРНУСЬ ТОГДА...

Лауреат Нобелевской премии Александр Исаевич Солженицын написал письмо в Шведскую королевскую академию, чтобы выдвинуть на Нобелевскую премию кандидатуру Набокова. «Это писатель ослепительного литературного дарования,— писал А. Солженицын,— именно такого, какое мы зовем гениальностью... Он совершенно своеобразен, узнается

---

[1] Перевод А. Долинина и М. Мейлаха.

с одного абзаца — признак истинной яркости, неповторимости таланта. В развитой литературе XX века он занимает особое, высокое и несравнимое положение». Набокову не нравились произведения Солженицына (еще в большей степени, чем, скажем, стихи Бродского), однако он обычно оговаривался, что не может высказывать свое мнение об этих авторах публично, поскольку их преследует тоталитарное государство. Когда Карл Проффер прислал Набокову стихи Бродского, Набоков написал, что нашел там много выразительных рифм и метафор, но обнаружил ряд неправильных ударений и некоторое многословие. «Однако эстетическая критика была бы несправедливой,— писал Набоков,— если учесть эти ужасные условия и страдания, которые читаются в каждой строке поэмы». Набоков просил, чтобы Профферы послали от него поэту джинсы в подарок, а позднее благодарил за хлопоты и допытывался, сколько должен Профферам за штаны. Стена, отделяющая его от всего русского, что еще недавно было столь неприкасаемо советским, мало-помалу таяла.

Всякий, кто внимательно читал «Аду», заметил, наверное, песню, которая наряду с известнейшими русскими романсами исполняется в русском ресторане, где ужинают герои романа. «Солдатские частушки безвестного русского гения»,— роняет о ней лукавый конспиратор Набоков, однако даже не зная английского, по одному только звучанию строки в этом удивительном — и далеко не «буквальном» — переводе можно узнать знаменитую песню Окуджавы:

> Уэн дэ тру батч аутбой дэ райэт...
> Когда трубач отбой сыграет...

В письме непонятливому французскому переводчику Набоков запросто объяснял, что это песня Окуджавы «Надежда, я вернусь тогда...», и можно отметить, что в хороших стихах (ах, это замечательное — «острый локоть отведя»!) Набокову не помешали даже ненавистные (и трагические) «комиссары в пыльных шлемах».

Личная переписка Набокова к тому времени сильно сократилась. Он еще писал временами Профферу и Аппелю по поводу их набоковедческих работ, иногда писал Глебу Струве, но из неделовых корреспондентов оставался, пожалуй, только старый приятель по Тенишевскому училищу Самуил Розов. В 1973 году старик Розов даже приезжал повидать

Набокова, и они гуляли по горам в Зерматте. Переписка их не прервалась и тогда, когда Розов вернулся к себе в Израиль. Когда же Израиль в очередной раз подвергся нападению его уязвленных соседей, писатель послал письмо и денежный чек израильскому консулу, желая оказать поддержку этой стране, где у него было много друзей, в ее борьбе против, как он написал, «арабольшевистской агрессии».

В одном из писем Розову Набоков жаловался на своего биографа (теперь он ставил это слово в кавычки) Филда, рукопись которого пестрела ошибками и выдумками. После кропотливой полугодовой работы Набоков отослал Филду 178 страниц второй исправленной версии его биографии, приложив 25 страниц замечаний. Ошибок и неточностей там было действительно много. При чтении биографии Филда у русского читателя возникает некоторое ощущение неловкости — такое же бывает, наверно, у американца и австралийца при чтении русской книги, посвященной жизни американского или австралийского автора. Филд взял, конечно (и был прав), интервью у всех, кто когда-либо знал Набокова, так что в текст биографии попали некоторые неприятные для Набокова воспоминания и подробности (возможно, не всегда слишком точные). В результате отношения между автором книги и ее героем были окончательно испорчены (можно только радоваться, что Набоков не увидел последнего варианта книги Филда, где содержится анализ его нарциссизма).

Была и еще одна мелкая неприятность в ту пору. Нью-йоркский «Новый журнал» напечатал рассказ Зинаиды Шаховской «Пустыня». В этой пустыне Набоков (он весьма прозрачно окрещен там Вальденом) пребывает один, ибо только что похоронил жену. Герой вспоминает о покойной жене, задавившей его, парализовавшей его волю, разлучившей его с друзьями, а может, и иссушившей его талант. Примерно та же гипотеза развита была через пять лет в книге З. Шаховской «В поисках Набокова». В этой книге немало прекрасных исторических деталей и, главное, документов, писем. В целом же, я надеюсь, дорогой читатель, вы уже получили здесь достаточную прививку против темпераментных женских мемуаров... Помню, моя учительница на стезе перевода, талантливая переводчица с английского, французского и немецкого Рита Яковлевна Райт-Ковалева показала мне однажды в Голицыне рукопись своих очень живо написанных воспоминаний о Маяковском, Хлебникове, Пастернаке. После внимательного их прочтения я понял, что главной бедой этих так плохо кончивших (но при жизни, пока у них еще оставался шанс исправиться, все же друживших с умной, интеллигентной Ритой) поэтов, было то, что они выбрали себе не тех подруг жизни (возможно, беда эта объясняется и тем, что Рита была одна такая, а подруг у каждого из них было за жизнь минимум две-три). Позднее, после выхода этих мемуаров, смешные довоенные фотографии всех этих дам внесли еще большую неразбериху в стройную концепцию мемуаристки. Мир вашему праху, милая Рита Яковлевна...

Эти мелкие неприятности не мешали Набокову заниматься литературным трудом. Новый его роман назывался «Взгляни на арлекинов!», и в конце ноября Набоков сообщал сыну, что исписал уже 250 карточек (около ста страниц), что работает ежедневно, по пять часов в день, что работа идет успешно и весело. В том же письме он сочувствовал своему «единственному» по поводу его зубной боли и напоминал, что сам тоже всю жизнь маялся с зубами. Это была грустная тема, однако все же вот, нет худа без добра,— сближала. Вероятно, в таком сближенье оставалась нужда: Митя был внимателен и к отцу, и к матери, а все же был он где-то далеко — то пел в Нью-Йорке, то участвовал в автомобильных гонках в Италии (и небезопасное это пристрастие не всегда сходило ему с рук благополучно), то увлекался морскими мотогонками и альпинизмом. Он сменил уже несколько гоночных машин, собирался купить быстроходный катер, он был красив, бесстрашен, талантлив, однако не порабощен Даром. Набоков думал иногда, вероятно, что, может, оно и к лучшему: одному из корреспондентов он пожаловался, что литература занимала слишком много места в его жизни... Допускаю, что, скучая по сыну, он вспоминал и о своей матери, умершей вдали от него, в бедности. Мы ведь очень мало знаем об угрызениях его совести. На мысль о них наводит иногда образ отца героя в «Прозрачности предметов», да еще мимохожая фраза в том же самом романе: «Немало мучительства творится во мраке угрызений, в темнице неповторимого».

Набоков был еще подвижен, он гонялся за бабочками по горам, однако на дальнее путешествие решиться уже не мог: он собирался сплавать в Южную Америку за бабочками, собирался съездить в Израиль, куда его приглашали и друзья, и консул, однако так и не двинулся с места. Он никогда не летал на самолете. Можно уже было, наверное, съездить и в Выру, посетить родные места, сестра Елена вот съездила, привезла ему осколок кирпича из фундамента вырского дома... Он не решился. Осторожная Вера предупреждала его, что ЧК пока только меняет названия, и вести из России нет-нет да подтверждали это ее здравое наблюдение. Так что Набоков благоразумно отправил в это путешествие героя нового своего романа — а сам остался в Монтрё. Но все же Россия, без сомнения, приблизилась к нему в эти годы. В декабре Набоков послал Профферам, которые собирались в Россию, стодолларовый чек для семей русских диссидентов — чтобы скрасить им по возможности рождественский праздник.

В феврале 1974 года, узнав о появлении Солженицына на Западе, Набоков смог впервые написать ему и поблагодарить за письмо в Шведскую академию. Набоков писал, что они смогут теперь увидеться, однако эта встреча так и не состоялась. Дмитрий Набоков объясняет это странным недоразумением, подробностей он не сообщает. Наряду с несколькими объяснениями существует и неподтвержденная версия, весьма похожая на легенду: Солженицын пришел в отель «Монтрё Палас» и, оглядевшись, не пожелал оставаться среди этой роскоши. Допускаю, впрочем, что так могло быть. Мне показалось когда-то, что даже на привычного к Швейцарии женевского профессора-слависта Жоржа Нива (в отличие от Солженицына счастливо избежавшего наших лагерных бараков) ковровая роскошь «Монтрё Паласа» произвела странное впечатление.

26 мая лондонская газета «Обзёрвер» напечатала письмо Набокова, призывающее помочь Владимиру Буковскому. «Героическая речь Буковского в защиту свободы, произнесенная во время суда, и пять лет мучений в отвратительной психиатрической тюрьме,— писал Набоков,— будут помниться еще долго после того, как сгинут мучители, которым он бросил вызов. Однако это слабое утешение для страдающего ревмокардитом узника, который переведен сейчас в пермский лагерь и погибнет там, если чудо общественного мнения его не спасет. Я призываю всех лиц и все организации, более моего связанные с Россией, сделать все что возможно, чтобы помочь этому мужественному и ценному человеку».

* * *

Было еще сумрачно, почти темно, но улицы Кембриджа уже заполнили заспанные студенты. Многие из них ехали на велосипедах... Мы же шли пешком — почти бежали: Буковский опаздывал на лекцию. Я поглядывал на него сбоку: впервые мне доводилось видеть человека героического. Человека, который не боялся Лубянки. Так же вот Набоков разглядывал, наверно, в гостях у Фондаминского всех этих невероятных боевиков-социалистов и смельчаков, переходивших советскую границу, так, словно это была граница между Францией и Бельгией. И вот рядом со мной бежал на занятия человек, который самолично пересекал все границы дозволенного и смертельно опасного. «Мужественный и ценный человек»,— сказал о нем Набоков...

Буковский остановился, торопливо пожал мне руку: он спешил на лекцию по биологии. Он снова стал студентом — после стольких лет тюрьмы и психушки, после блистательной победы над КГБ, после высочайшего признания правительств, и на родине (которая его, который не был ничьим шпионом, тайком обменяла на чужого генсека), и на Западе, где его приняла английская королева (таких всего два счастливца в год бывает), после значительного успеха его книги — после всего этого он сел за парту со студентами, попрекавшими его на переменках недооценкой коммунистической свободы. Героический человек...

Он ушел, а я остался один в чужом Кембридже. На «кондитерскую с пирожными-мухоморами» денег у меня не было, я пошел на лекцию к каким-то кембриджским филологам. «Мудрая мумия» мямлила что-то про «Сельское кладбище» Грея. Я ждал, пока рыбкой блеснет в скучном потоке лекции красное словцо. Если оно и блеснуло, я пропустил его или не понял. Мой сосед сонно хохотнул. Он сообщил мне, что он американец, что он уже два года слушает эту нуду, но теперь деньги кончаются и надо ехать обратно. Или искать тут работу... Я вспомнил о корнельских студентах, понимавших на лекциях Набокова куда меньше, чем я тут. Вспомнил об их профессоре, робко отрывавшем глаза от конспекта и снова нырявшем за порцией слов...

Согревшись, я пошел на речку Кем, где мокли под дождем плоскодонки, а вечером еще бродил по Тринити Коледжу, до тех пор, пока кто-то из студентов не затащил меня на свою вечеринку. «Русский? — спросил он. — А-а-а... Пошли посидим у нас...» Сидеть было негде: они там не сидели на вечеринке — они стояли, пили и общались стоя. Пить я не пью, а пожевать было нечего, да и общение показалось мне странным (Это ты? — О, это я! — А помнишь вчера? — У-у-у, вчера...). Я стал искать среди них Лоди Набокова, Никиту Романова, Бобби де Кальри, Алекса Понизовского, Петра Мрозовского, Мишку Калашникова... Мне показалось, что я нашел Дарвина, но он был уже сильно пьян. Пытался даже угадать Доналда Маклина — чтоб остеречь, но и его, кажется, не было... Вспомнилось, как я встретил однажды этого рыжего выпускника Кембриджа в гостях у московского приятеля-историка (тогда ярого коммуниста, потом столь же ярого антикоммуниста). Англичанин был тогда пьян до умиления. Кивнув на прелестную немочку на другом конце стола, он сказал мне, снизив голос на четверть: «Ее мать приехала к нам в Кембридж и сказала: «Надо уходить в подполье. Надо поработать для партии». Ее мать была в Коминтерне. А я был молодой...» Я хотел спросить, чему собственная мама учила его в детстве, но не хватило жестокости. Он умер совсем недавно в Москве, вероятно, один — семейство давно вернулось к себе в Альбион. Мир праху твоему, грустный предатель родины. Пролетарская, всемирная, ничья родина ушла на дно, а наша всеобщая родина — планета Земля, Свет Божий — она отчего-то не пользуется пока популярностью. Все предпочитают теперь «малую родину». Свою Выру. Свой Гранчестер...

Назавтра я разыскал друзей в ближнем Хэверхилле, и добрая Энджела Карвер повезла меня в Гранчестер. Дул ветер, нес какую-то мерзкую изморось, и Гранчестер показался мне еще более убогим, чем казался Набокову во время его прогулок. Отчего-то они волновали меня оба — и Брук, павший на первой войне, и Набоков, умерший за два года до моей Англии. О Бруке я, впрочем, услышал не раньше, чем о Набокове, — совершенно случайно: переводил роман пролетарского Силлитоу, и там один солдат выразился как-то странно: «Руперт Брук твою мать!» Я долго лазил по словарям, пока крошечный англичанин Боттинг не объяснил мне, что это рифмующий слэнг, надо искать матерное слово в рифму. Маленький Том Боттинг, который зачем-то воевал в Испании, потом из-за этого дрожал в Нижнем Новгороде, славном городе имени товарища Горького, не осуждавшего самых крутых репрессалий... Прозрачность предметов...

* * *

Восьмой английский роман Набокова (последний из законченных им) так же, как и его восьмой русский роман (последний из законченных им русских романов), был во многом автобиографическим. Вместо обычного в западных изданиях списка «Другие произведения того же автора» в новом романе приведен был список «Другие книги Повествователя», и в нем легко было обнаружить и «Машеньку» (под псевдонимом «Тамара»), и «Защиту Лужина» («Пешка берет королеву»), и «Истинную жизнь Себастьяна Найта» («Ищи под Истиной»), и «Лолиту» («Королевство у моря»), и другие важнейшие книги Набокова со слегка смещенными датами выхода в свет. Повествователя в романе звали Вадим Вадимович Н., он родился в Петербурге в один день с Набоковым, бежал из России, учился в Кембридже, жил на Лазурном Берегу, в Париже, в США, страшно мучался, переходя с русского на английский, воевал с плохими переводчиками, потом получил американское гражданство, преподавал в университете, переехал в Швейцарию и так далее... Книги этого В. В., изящно пересказанные в новом романе, тоже вполне узнаваемы. Впрочем, расхождения между автором романа и героем (или, как говорят иные набоковеды, «отстранение» автора от героя-повествователя) тоже значительны. Во-первых, герой страдает неприятным психическим заболеванием — стоит ему во сне или в мыслях представить себе, что он меняет направление движения, как у него начинается ужасающая головная боль, а то и вовсе припадок. Последняя его любовь, идеальная возлюбленная, объясняет ему, что истоки его болезни в смешении пространства и времени: «Он смешивает направление и продолжительность. Он говорит о пространстве, но при этом имеет в виду время... Никому не дано в физических терминах представить себе обратимость времени. Время необратимо». Герой подозревает, что это лишь тонкий эвфемизм, при помощи которого невеста пытается помочь ему забыть о его собственной смертности, однако он и сам убеждается вскоре в этой необратимости времени: когда он (семидесяти пяти лет от роду) собрался жениться на женщине, почти вдвое его моложе, жизнь вдруг приходит к концу — в тот самый момент, когда кончается его болезненное наваждение. Впрочем, мы можем найти в романе опровержения этой версии, выдвинутой возлюбленной героя. Писательское искусство героя позволяет ему «вспоминать в обратном порядке», то есть вспоминать предметы и события, которые еще только появятся (это не такая уж редкая способность, и она, вероятно, знакома многим писателям, хотя, может, это и не «память наоборот», а всего лишь развитое воображение, достраивающее реальность на основе остроощутимых писателем мелочей, обостренное умение «предчувствовать»; наверное, всякий писатель всегда чуть-чуть экстрасенс и гадалка, во всяком случае, предсказатель своей судьбы).

Интересно мнение нейропсихологов и психолингвистов о болезни В. В., героя последнего набоковского романа. Э. К. Божур, опираясь на труды нейропсихологов, утверждает, что билингвы, вроде Набокова и его Вадима Вадимовича, не могут ожидать равномерной и полной двухсторонности лингвистической вселенной. Для Набокова это и была его реальность смешанных, но не совершенно симметричных лингвистических миров. Явление, описанное в романе, не новость для нейропсихологов, занятых изучением двуязычных пациентов (точно о таком случае рассказывают, например, Э.Шнейдерман и Ш. Демарэ). Как на главную странность Э. Божур указывает на то, что В. В. может описать словесно поворот при движении, который не дается ему в воображении. Образы лево-правой симметрии в последнем романе Набокова подвергает анализу и Джонсон, напоминая, что переход героя от русской к английской литературе (и языку) совпадает с «длительным периодом его безумия и приходится как раз на время прибытия героя в Новый Свет, так что путешествие это физически дублирует его лингвистический переход с русского на английский». После приступа болезни, как отмечает Джонсон, В. В. был поражен параличом в симметричных точках...

Кроме этой болезни, героя нового романа «отстраняет» от автора и множественность его браков. Герой был женат на юной Айрис, на Аннет Благовой, на Луизе, а собирается жениться в четвертый раз — на своей новой, идеальной подруге, читающей в финале романа карточки, на которых записан новый роман героя (что может быть выше такого слияния?). Набоков вовсе не женился так часто, наблюдательно отмечает один из набоковедов...

Автор романа и его герой снова и снова предостерегают нас здесь от попыток постигнуть «истинную» жизнь человека, но оба понимают, что любой настырный биограф, «этот реалистический, дристаллистический биограффитист», этот «мерзкий сыщик», станет искать в женах героя романа черты существовавших когда-либо возлюбленных автора: скажем, Светланы в Аннет или Ирины в Луизе. Труднее, чем с женами, придется «биограффитисту» с нимфетками, которые влекут героя романа неудержимо, а также с почти кровосмесительной любовью В. В. к собственной дочери. Впрочем, даже и в романе то и другое уложилось в рамки европейских законов: с нимфеткой Долли ван Борг герой сошелся лишь когда она выросла и стала весьма лихая девица, а дочь сама порвала с ним после его нового брака и, главное, — случайного упоминания о Долли (это очень похоже на ревность). Написаны все эти любовные истории прекрасно, однако создается впечатление, что никогда еще Набоков не был таким американским писателем, как здесь (а может, это американская литература уже тянулась к нему так сильно в ту пору — есть ведь целая набоковианская школа американских писателей, не говоря уж о боготворившем его современном классике Апдайке. О набоковской школе русских писателей разговор, увы, останется за рамками этой книги.) Многие критики считали, впрочем, что в целом роман этот написан несколько небрежно, может, даже нарочито небрежно (с установкой на автопародию).

В этом последнем романе Набоков обозначает связь между фактами своей биографии и своими романами, — влияние его Мира на творения его Дара: «Конечно же, настоящие мемуары в значительной степени представляют ценность как catalogue raisonnée корней, истоков, а также разнообразных каналов, из которых рождались и по которым проистекали образы моих русских и особенно моих английских сочинений».

И критиков, и читателей озадачило название романа. Разговор с несуществующей тетушкой в тексте романа мало что объяснил:

«Взгляни на арлекинов!»

«Каких арлекинов? Где?»

«Да везде. Вокруг тебя. Деревья арлекины, слова арлекины. И расположение их, и сложение. Прибавь одно к другому — шутки, образы — получится тройной арлекин. Так давай! Играй же! Изобретай мир! Изобретай действительность.

Так я и поступил. Да что там, я изобрел и саму тетушку ради первых своих мечтаний..»

Несколько больше могут объяснить словари и набоковеды, сообщающие, что в Средние века арлекином называли
переодетого дьявола в маске (отца героя романа прозвали
Демоном); что арлекин в итальянской «комедии дель арте»
непременно держал в руках некое подобие волшебного жез-
ла, то есть был такой же фокусник и волшебник, как сам
автор романа. Автор без конца употребляет в романе сокра-
щенное английское название этого романа — «лат» и даже
говорит, что герой его хотел написать роман под названьем
«Невидимый лат». «Лат» по-английски «тоненькая палочка»,
«дранка». А толстый английский словарь вроде того, что, как
верный пес, всегда лежал у ног Набокова, объясняет, что
арлекин, как правило, вооружен был волшебным жезлом из
дранки. Заслуга этих тончайших открытий принадлежит набоковеду Грэйбзу. Впрочем, не можем поручиться, что
и у него не было на этой стезе предшественников.

Среди увлекательнейших страниц нового романа я хотел
бы (рискуя уподобиться Кинботу, который повсюду ищет
свою Зембу) указать на несколько строк из описания поездки героя в Ленинград (той самой, на которую настоящий,
«более совершенный» В. В. так и не решился). В романном
Ленинграде было, может, уже не так страшно, как когда-то
в «Посещении музея», однако все же еще достаточно мрачно,
да и дочка В. В. с мужем-энтузиастом оказались где-то
в «тундровом доме отдыха» (после войны сестра Елена написала Набокову, что советские власти отправляли русских
эмигрантов из Праги «на дачу»).

Вероятно, разглядывая на советской открытке новый памятник Пушкину, Набоков дал в романе следующее его описание: «Дора должна была встретить меня... перед Русским
Музеем около статуи Пушкина, сооруженной лет десять тому
назад управлением метеослужбы... Метеорологическое родство памятника явно возобладало над культурным. Пушкин
во фраке, чья правая пола вечно задрана, скорее невским
ветерком, чем поэтическим порывом, глядел вверх и влево,
в то время как правая его рука была протянута куда-то
в противоположную сторону, точно он желал проверить, не
идет ли дождь (что совсем не лишнее в пору цветения чере-
мухи в ленинградских парках)».

Знакомыми в Ленинграде герою показались только собаки, голуби, лошади (где он их видел?) да старые гардеробщи-
ки. Зато симпатичная подруга его дочери Дора сказала ему,

что он «тайная гордость России». Самому Набокову теперь часто приходилось слышать это от всех приезжавших из России. Он знал, что какому-то русскому смельчаку даже удалось, обманув цензуру, напечатать статью о стихах оказавшегося неизвестным цензуре поэта Годунова-Чердынцева[1]. Может, он знал и то, что в интеллигентских домах Москвы и Ленинграда его портрет в иконостасе домашних библиотек давно вытеснил Хемингуэя, о чем самый, наверное, петербургский из тогдашних ленинградских поэтов писал так:

> Он в свитерке по всем квартирам
> Висел, с подтекстом в кулаке.
> Теперь уже другим кумиром
> Сменен, с Лолитой в драмкружке[2].

Слава пришла к нему — и русская слава была на подходе, однако радоваться жизненным достижениям становилось все трудней. Уже и в «Прозрачности предметов» была эта грустная нота, а в новом романе она зазвучала отчетливей... «Я и в самом деле верил двадцати с небольшим отроду, что к середине века я буду знаменитый и ничем не стесненный писатель, живущий в свободной, всеми уважаемой России на Английской набережной Невы или в одном из своих великолепных загородных поместий и пишущий там прозу и стихи на бесконечно гибком языке моих предков... Предчувствие славы кружило голову как старые вина ностальгии... Я ощущал эту грядущую славу кончиками пальцев, корнями волос, точно дрожь, вызванную грозовыми раздрядами и грустным голосом певца перед первым ударом грома или строкой из «Короля Лира». Отчего же слезы и сейчас туманят стекла моих очков, когда я вызываю этот призрак славы, так искушавший меня и терзавший полстолетья тому назад? Видение ее было невинным, оно было подлинным, его отличие от того, чем она является на самом деле, уязвляет мне сердце, точно горечь разлуки».

Впрочем, если в 60-е годы слава его была в зените, то 70-е годы, пожалуй, были отмечены некоторым ее спадом. Интел-

---

[1] Автором статьи был М. Ю. Лотман.
[2] Но, конечно, официальная критика еще стращала широкую публику. Так, О. Михайлов в 1974 году писал, что искусство Набокова «никчемное искусство», враждебное «реализму как таковому».

лигенцию больше интересовали теперь Маркес и Чинуа Аче-бе, освободительные движения и антиколониализм. Некоторые критики называли Набокова анахронизмом.

В ту пору, когда Набоков подходил к концу своего романа об арлекинах, Национальный книжный комитет США пригласил его в Нью-Йорк, чтобы вручить присужденную ему Национальную литературную медаль. Набоков предпочел остаться дома и дописать роман, а за медалью отправил сына Митю, прочитавшего перед Комитетом его заявление, которое кончалось так: «Я хочу, чтоб вы знали, что в ту самую минуту, когда вы слушаете голос моего сына, я нахожусь или за столом, или в постели, дописывая последние строки неказистым, но неуступчивым огрызком карандаша».

ДОБЫТЧИК УШЕЛ ТУДА...

Новый сборник своих старых рассказов, переведенных на английский, Набоков собирался назвать «Письмо в Россию». Еще десять лет назад мысль, что его романы могут появиться в России, казалась ему фантастической (тогда в предисловии к английскому «Дару» он заявлял, что не в силах представить себе «режим в России», при котором это может произойти). Теперь было все очевиднее, что идет к этому. Это волновало, но и внушало опасения: как смогут принять его книги после десятилетий оглупления и запугивания литературы. В конце 1974 года он писал, обращаясь к жене:

Ах, угонят их в степь, Арлекинов моих,
в буераки, к чужим атаманам!
Геометрию их, Венецию их
назовут шутовством и обманом.

Забегая на десять — пятнадцать лет вперед, можно отметить, что опасения были напрасными. Конечно, первое предисловие к книге Набокова было недоброжелательно-перестраховочным (опиралось оно в основном на книгу З. Шаховской, на статьи Г. Иванова и Адамовича), а организаторы первого набоковского круглого стола в «Литгазете» старались на всякий случай соблюсти «дистанцию» и «пропорцию». Для пропорции в то время слово предоставляли влиятельному Д. М. Урнову, которому Набоков казался недостаточно образованным, а проза его — цитаты давались отчего-то только из «Машеньки» — устаревший и скучной.

Удачливый критик сообщал, что вынужден был читать всю эту прозу задолго до нас с вами «по долгу службы» (нам бы такую службу), однако не дочитал. В целом же «чужих атаманов» уже и тогда оказалось гораздо меньше, чем даже на Западе, а нынче новое поколение критиков вовсю анализирует уже и «геометрию» и «Венецию»...

В горах, в живописном альпийском Зерматте Набоков гулял со своим учеником Альфредом Аппелем, и ученик не успевал удивляться энтомологической страсти и охотничьей прыти семидесятипятилетнего учителя.

А Ленинград тех лет недаром показался герою набоковского романа страшным. В конце года Карл и Эллендеа Профферы сообщили Набокову о том, что в Ленинграде арестован писатель Владимир Марамзин. 30 декабря Набоков отправил из Монтрё телеграмму в ленинградский групком писателей:

«С ужасом узнал, что еще один писатель обречен на муку только за то, что он писатель. Только немедленное освобождение Марамзина способно помешать новому страшному преступлению».

* * *

Отъехав от дома, Володя вырулил на авеню Фош, одну из самых красивых улиц Парижа, и я спросил:

— Слушай, вчера я как раз наткнулся на телеграмму Набокова... о тебе... Ты знаешь?

— Мне рассказывали.

— Я давно хотел тебя спросить, за что собственно тебя...

Еще не докончив, я понял, что вопрос совершенно дурацкий. Набоков, и тот знал в своем Монтрё, за что — так и написал в телеграмме: «только за то, что он писатель». Разве этого недостаточно, чтоб посадить человека в тюрьму?

— Это было после отъезда Бродского, — сказал Володя. —

541

Мы тогда решили сами издать его стихи. Самиздат.

— Всего делов-то?

— Хейфец получил за это семь лет. Пять плюс два. А у меня в апреле был обыск, в июле посадили. По четыре, по восемь часов подряд допрашивали. Хотели, чтоб побольше людей в это запутать. Я отвечал: «На этот вопрос я отвечать не буду, чтоб не причинять вреда третьим лицам». Следователь даже удивился — что за дурацкий такой ответ. А я говорю: «Да вот, недавно прочел: Ленин именно так отвечал в полиции». Он говорит: «Что же вы нас с царской полицией сравниваете?..»

Володя усмехнулся, и мы, наверное, подумали об одном: где такие наивные, чтоб сравнивать их с полицией царских времен. Той, что разрешила ссыльному путешествие в первом классе: ехал себе, играл в шахматы с доктором и расспрашивал дорогой, какое там у них самое здоровое место в Сибири...

— Телеграмму набоковскую они спрятали, конечно.

— Набоковы это поняли,— сказал я,— Вера Евсеевна написала Профферам...

— Она умерла вчера... Слышал?

Мы помолчали оба. Потом я сказал:

— Через три дня она написала Профферам, что Набоков, мол, не верит, что самая трогательная просьба, обращенная к кровожадному тигру или акуле, может растрогать их сердце. Что просто Набоков был тронут их обращением и вот — отправил телеграмму. Они подождали, а одиннадцатого февраля Вера Евсеевна послала текст этой телеграммы корреспонденту «Тайма». Просила напечатать, чтоб оказать моральное давление...

— В феврале я вышел. Сказали — чтоб за десять дней собрался и уехал. А то, говорят, влепим на всю катушку...

— Все опять по-ленински. Хотя размах не тот. Он в 22-м году предложил философам: или за границу немедленно или расстрел...

— Это что ж надо совершить такое, чтобы выслали из своей страны...

Я вылез у метро на площади Шарль де Голль-Этуаль. Было близко к полуночи. Володе еще надо было везти перевод в расшифровку, а потом снова работать — всю ночь. Работа была срочная. Слава Богу, когда есть хоть такая работа.

Набоков писал новый роман, покрывая ровными строчками бристольские карточки. Однажды он вынул из пачки чистую карточку и нарисовал на ней красивую, сияющую бабочку. Над бабочкой написал: «Ну вот, моя душенька». И поставил даты: «15.IV.1925 — 15.IV.1975». Пятьдесят лет, как они расписались и он заплатил последние пфенниги за недорогую гражданскую процедуру... В преддверии этого нешуточного юбилея Набоков писал, обращаясь в Вере:

> Только ты, только ты все дивилась вослед
> черным, синим, оранжевым ромбам...
> «N писатель недюжинный, сноб и атлет,
> наделенный огромным апломбом...»

В последних строках точно слышны отзвуки берлинских тогдашних пересудов... Конечно, это была огромная человеческая и писательская удача — обрести домашнюю поклонницу своего творчества на целую жизнь, на полстолетия. Кому еще из русских писателей выпадала такая удача? Достоевскому, пожалуй. Кому еще? Даром, что ли, профессор Пнин так смешно и трогательно сетует на семейные неудачи Толстого, Тургенева, Пушкина...

Готовя к изданию новый сборник, Набоков решил вместе с Митей перевести заново несколько старых рассказов и известил об этом Глеба Струве, попросив у него прощения (ибо старый перевод сделан был Струве). В том же письме Набоков говорил, что подумывает превратить «Аду» в русскую прозу — «не совжаргон и солжурнализм — а романтическую и точную русскую прозу».

Летом, охотясь на бабочек в окрестностях Давоса, Набоков поскользнулся на крутом скользком склоне и упал. Он пролежал несколько дней, потом вернулся в Монтрё, но осенью ему пришлось подвергнуться операции, о которой он сообщал своему другу Розову в январе. Бойд пишет, что у Набокова была опухоль простаты. В январе он уже чувствовал себя лучше. Он писал свой новый роман и продолжал воевать с Филдом, который ему испортил немало крови. Митя в ту пору пел в опере в Лионе, а Вера Евсеевна отвечала на бесчисленные письма.

Набоков собирался закончить роман летом, потом написать для нового сборника несколько рассказов. По-английски, конечно: у него было ощущение, что он уже никогда больше не будет писать по-русски. Того, что ему не суждено было закончить этот роман, он, вероятно, все же не чувствовал, потому что решил по приглашению мэра Иерусалима Тедди Колека поехать в Израиль, и уже заказал там квартиру на апрель 1977 года.

В мае 1976-го Набоков прочитал присланную ему издателем книгу Саши Соколова «Школа для дураков» и написал Профферу, что это лучшее из произведений советской прозы, изданных его «Ардисом». Он просил передать автору, что это «обаятельнейшая, трагическая и трогательная книга».

В октябре «Нью-Йорк Таймс Бук Ревью» попросил Набокова назвать некоторые из книг, прочитанных им за последнее время. Набоков назвал новый отличный перевод Данте, вышедший в Принстоне, книгу «Бабочки Северной Америки» и роман «Оригинал Лауры». Речь шла о незаконченной рукописи романа, который он начал писать до своей болезни и который был уже завершен у него в мозгу: «Я, должно быть, прошелся по нему раз пятьдесят и в своей ежедневной горячке читал его небольшой и сонливой аудитории в садовой ограде. Аудиторию составляли павлины, голуби, мои давно умершие родители, два кипариса и несколько молодых медсестер, склонявшихся надо мной, а также семейный врач, такой старенький, что стал почти невидимым. Вероятно, из-за моих запинок и приступов кашля моя бедная Лаура имела меньший успех, чем, надеюсь, возымеет у мудрых критиков, когда будет должным образом издана».

Эти ответы были напечатаны вскоре после его возвращения из больницы. Но он ведь и сам пророчил недавно, что «умирающий не может написать книгу». В январе 1977 года Набоков писал Карлинскому, что все еще нетвердо стоит на ногах.

Зимой отец и сын Набоковы были на прогулке в горах, в Ружмоне, близ Гстаада. Д. В. Набоков с надеждой думал, что ему снова доведется увидеть, как загорелый, с сачком в руках, в шортах и шиповках отец будет карабкаться по альпийскому склону. «Это были те редкие минуты,— вспоминал Д. В. Набоков,— когда сын и отец говорят о подобных вещах, и он сказал мне тогда, что он совершил все, чего ему хотелось в жизни и в искусстве, что он по-настоящему счастливый человек. Он сказал, что все им написанное — у него в памяти — как непроявленная пленка. Нечто похожее на то, как Шопенгауэр видел разворачивающиеся перед ним события». Рассказывая об этом разговоре вскоре после смерти отца, Д. В. Набоков упомянул о непроявленном фильме — о чистых бристольских карточках, где должно было появиться окончание недописанного романа, «который был бы самым блистательным из романов отца, самой концентрированной возгонкой его созидательных возможностей, однако отец был решительно против публикации незаконченной вещи».

Альфред Аппель сообщает, что только треть этого романа была готова.

В феврале в Монтрё приехала съемочная группа Би-Би-Си, чтоб снять беседу с Набоковым для своей литературной программы. Роберт Робинсон рассказывает о грустном зимнем пейзаже Монтрё, об отеле, этом старомодном караван-сарае, имевшем слегка заброшенный вид («они тут *жили*»,— удивляется корреспондент). Набоков «был очень болен... он опирался на палку, лицо его было бледно, а воротник сорочки, казалось, был на два-три номера больше, чем нужно...»[1]

«Если вы хотите меня угостить, пройдемте в бар»,— сказал он удивленному корреспонденту, привыкшему, чтоб его угощали.

Потом они сели за стол. Разложив свои бумажки, Набоков предложил, чтоб ему поставили на стол немножко водки в кувшине. «Не хочу, чтобы создалось ложное впечатление, что я старый пьяница, поэтому лучше поставить кувшин»,— сказал он. Он объяснил, что очень ослабел от болезни и рюмка водки может его подбодрить. Потом началось это странное, чисто набоковское интервью. По очереди поднося к глазам карточки с вопросами и ответами, они зачитывали их перед камерой. «Я скучный оратор,— сказал Набоков,— я плохой оратор, я просто жалкий оратор». Он опять рассказывал в этом интервью о своей юности, о Кембридже, о творчестве поздних лет, когда лед опыта сходится с огнем вдохновения. О чисто субъективной писательской задаче как можно более точно воспроизвести книгу, которая уже сидит у него в мозгу. Он говорил, что он ленив, но при первой возможно-

---

[1] Эндрю Филд высказывал предположение (основанное, возможно, на подобных же рассказах), что у Набокова был рак.

сти хотел бы вернуться в Соединенные Штаты, потому что волнение, испытанное им на некоторых тропах Скалистых гор, можно сравнить только с волнением, которое он испытывал в русских лесах, где он никогда больше не побывает...

Репортер напомнил слова Альберто Моравиа о том, что писатель обычно одержим чем-то одним, о чем и пишет всю жизнь, и Набоков ответил, вполне по-набоковски, что его персонажи дрожат от страха, когда он приближается к ним с бичом. Воображаемые деревья осыпаются, когда он грозится пройти под ними. И если он и одержим чем-либо, то он уж постарается не показать этого в художественной прозе.

Так он закончил свое последнее интервью.

А март выдался в Монтрё на редкость теплый. В этом теплом марте он согласился принять гостью из Москвы. Это была прекрасная русская поэтесса Белла Ахмадулина, и она вспоминает это свидание «как удивительный случай в ее судьбе».

«В первые мгновенья я была поражена красотой лица Набокова, его благородством,— писала она десять лет спустя.— Я много видела фотографий писателя, но ни одна не совпадает с подлинным живым выражением его облика.

...Он спросил: „Правда ли мой русский язык кажется вам хорошим" „Он лучший",— ответила я. „Вот как, а я думал, что это замороженная клубника"».

Набоков сказал гостье, что за время болезни у него сочинился роман по-английски. Сочинился как бы сам собой, остается только записать его на бумаге. Упомянул также о книге своих стихов, которая готовилась к выходу. «Может, я напрасно это делаю, мне порой кажется, что не все стихи хорошие». А потом пошутил: «Ну еще не поздно все изменить...»

Когда читаешь этот рассказ Ахмадулиной, невольно приходит в голову мысль, не раз возникавшая у меня при чтении произведений Набокова и так сформулированная однажды самым «набоковским» из наших писателей Андреем Битовым: «Еще неизвестно, чего в нем больше — гордости и снобизма или застенчивости и стыдливости». Вспоминаются также слова Владимира Солоухина, подобно многим русским мечтавшего увидеть Набокова и так говорившего об этом: «Я бы ему сказал... что на первом месте для меня... это ваши стихи».

Белла Ахмадулина, осуществившая эту русскую писательскую и читательскую мечту семидесятых годов, пишет:

«Мною владело сложное чувство необыкновенной к нему любви, и я ощущала, что, хотя он мягок и добр, свидание с соотечественником причиняет ему какое-то страдание. Ведь Россия, которую он любил и помнил, думала я, изменилась с той поры, когда он покинул ее, изменились люди, изменился отчасти и сам язык... он хватался за разговор, делал усилие что-то понять, проникнуться чем-то... быть может, ему причиняло боль ощущение предстоящей страшной разлуки со всем и со всеми на Земле, и ему хотелось насытиться воздухом родины, родной земли, человека, говорящего по-русски...

...Я заметила ему, что он вернется в Россию именно тем, кем он есть для России. Это будет, будет! — повторяла я. Набоков знал, что книги его в Советском Союзе не выходят, но спросил с какой-то надеждой: «А в библиотеке (он сделал ударение на «о») — можно взять что-нибудь мое?» Я развела руками».

Набоков приучил нас, своих читателей, к мысли, что не может быть «истинной жизни Себастьяна Найта». Может быть Найт Гудмена, Найт В., Найт еще чей-то... Есть Набоков Шаховской, Э. Филда, Б. Бойда... Вот вам еще один Набоков — Беллы Ахмадулиной.

В марте у Набокова поднялась температура, и его снова положили в больницу. Сын Митя уехал на выступления в Мюнхен. В мае Вера Евсеевна написала сыну письмо, благодаря за розы, присланные к Материнскому дню, который на Западе справляют в мае. Набоков сделал приписку: «Милый мой, твои розы, твои благовонные рубины, полыхают на фоне весеннего дождя... Обнимаю тебя, горжусь тобой, будь здоров, мой любимый».

Это было в мае.

* * *

В том же мае я получил первый в своей жизни «общегражданский заграничный паспорт» — я мог ехать во Францию «по частному приглашению». Я уже не раз пытался «повидать Запад» — и в двадцать шесть, и в тридцать шесть. И вот в сорок шесть у меня первый паспорт... Помню, как перед самым моим отъездом мы сидели с Андреем Битовым в ленинградском Доме литераторов и говорили о нашем любимом писателе: что сказать, если я вдруг его увижу? Но как я его увижу — он ведь не во Франции, он в Швейцарии?..

Сойдя на берег в Марселе, я двинулся дальше на попутках, как, бывало, в России. И оказалось: меня больше не волновали замок графа Монте-Кристо, мельница Доде. Меня теперь интересовали вилла Ивана Бунина в Грасе, следы русских эмигрантов... Добравшись на попутках до Гренобля, я осознал, куда двигаюсь так стремительно. Я добирался в Монтрё. Я, конечно, не забыл, что у меня только французская виза, что мое первое заграничное путешествие может стать последним, однако, все чаще вспоминая об этом, я все ближе подходил к швейцарской границе[1]. На безлюдной вечерней улице пограничного Анмасса меня выручил старый учитель месье Арманд. Он нашел мне ночлег, а утром за десять минут без приключений довез меня до Женевского университета. Я сказал там, что мне очень нужно к Набокову. Профессор Жорж Нива и его ассистент Симон Маркиш пожали плечами. Монтрё далеко отсюда, кроме того, сказали они, не так-то легко договориться о свидании с Набоковым, вот в последний раз по поводу Ахмадулиной... На уроке русского языка я стал шепотом спрашивать у студентов, есть ли у кого машина? Нашлась студентка, которая была на стажировке где-то в России, она сказала очень смешно: «Я знаю, что советские люди помогают друг другу. У меня есть машина». Правда, не было бензина, но проф Маркиш дал нам денег на бензин. Мы помчались вдоль Женевского озера, и, честно говоря, я в тот раз почти не заметил ни берегов, ни озера. (Позднее я не раз бывал тут снова и даже поселил на берегу озера своего Жуковского с его будущей немецкой женой, тогда еще нимфеткой.)

Мы добрались до Монтрё, и тут я в первый раз оробел, увидев аппаратуру телевизионного наблюдения над входом в отель «Монтрё Палас». Но мы их, конечно, обошли. Мы спрятались за колонну, а потом юный чернокожий уборщик показал нам, где лифт. Еще сильней оробел я у дверей набоковской квартиры. Я знал, что он может рассердиться. Он просто должен был рассердиться. Однако отступать было некуда. Из двери вышла какая-то женщина, и я спросил у нее про Владимира Владимировича... Она совсем тихо и грустно ответила мне по-русски, что Владимиру Владимировичу очень плохо... Я молчал. Она стояла, не уходила. Я спросил, сможет

---

[1] Подробнее о моем первом европейском «автостопе» можно прочесть в книге «Ты уже за холмом», но о швейцарской и прочих своих эскападах я тогда умолчал, конечно.

ли она передать ему — лучше даже прочитать ему — письмо. Она кивнула, и я сел писать. Я пытался вспомнить, о чем мы там говорили с Андреем в Доме литераторов,— и не мог вспомнить. Я просто написал ему, что мы его очень любим. Подписался я — «писатель из Зембли»... Отдав письмо, я остановился потерянно в казенном гостиничном коридоре. Студентка тронула меня за рукав, напомнив, что я не один...

* * *

Добравшись, наконец, на попутках до Парижа, я узнал, что Набоков умер в больнице 2 июля 1977 года.

Д. В. Набоков рассказывает, что, когда он прощался с отцом накануне его смерти, глаза Набокова вдруг наполнились слезами: «Я спросил, почему. Он сказал, что некоторые бабочки уже наверное начали взлетать...»

* * *

Это было в начале восьмидесятых. Поэт остановил меня на берегу в Доме литераторов и сказал с торжеством: «Смотри, какое колдовство: он умер 7.7.77. Его звали ВеВе, и он похоронен в Веве...»

Из этой находки домашнего набоковедения у меня засело в памяти Веве, и я отчего-то часто думал про это кладбище, словно в первый мой швейцарский визит я не высказал всего бедному ВВ. А так случилось, что я в тот самый год снова попал во Францию, снова вышел на дорогу и снова добрался на попутках до швейцарской границы. Границу я снова перешел без визы и вскоре был уже в Веве, где над озерным берегом, над железной дорогой и русской церковью раскинулось великолепное кладбище. Там я и бродил — и час и два — среди прекрасных деревьев и фонтанов, среди птичьего пения и русских могил, которых оказалось великое множество... Набокова не было там, а я все бродил, выговаривая то, что не успел сказать в первый свой самозваный визит и что отчасти высказано в этой книге. Я понял в конце концов, что Набокова нет здесь, в Веве[1].

---

[1] В Веве 7.07.77 состоялась кремация, после чего В. В. Набоков был похоронен на кладбище Клэренс в Монтрё, том самом, где была могила Пр. Набоковой. В апреле 1991 года прах Веры Набоковой был захоронен в той же урне, что и прах ее мужа.

И еще я понял, что это не так важно. Он ведь написал в тяжкую осень 38-го, когда умер его друг-поэт: «Как бы то ни было, теперь все окончено: завещанное сокровище стоит на полке, у будущего на виду, а добытчик ушел туда, откуда, быть может, кое-что долетает до слуха больших поэтов, пронзая наше бытие своей потусторонней свежестью — и придавая искусству как раз то таинственное, что составляет его невыделимый признак».

ОГЛАВЛЕНИЕ

Литературный редактор П. Песков
Корректор Т. Сазанская

Издание № 7

Тираж 21000 экз.

Формат 60х90/16

Отпечатано в Чехии

Реализация книги:
Фирма "РиД", Санкт-Петербург, тел. (812) 567-1845
Издательство "ПЕНАТЫ", Москва, тел. (095) 196-6110

1977 год, Последняя фотография.

Сын Набокова Дмитрий с матерью.
Монтре, 1989 г.

Володе - 2 года
1901г.